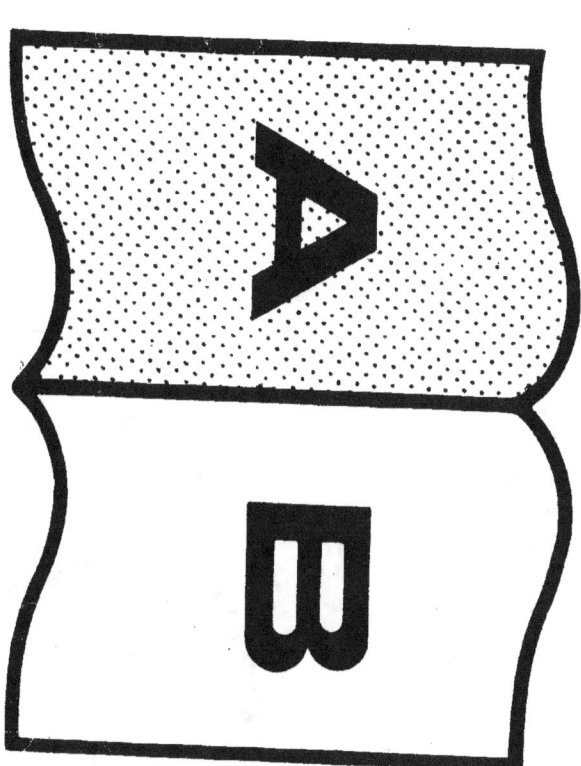

Contraste insuffisant
NF Z 43-120-14

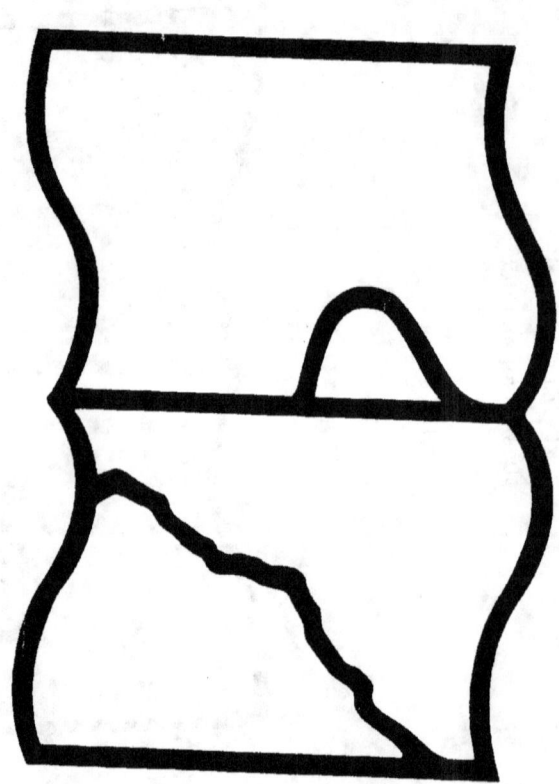

Texte détérioré — reliure défectueuse

NF Z 43-120-11

CATALOGUE

RAISONNÉ

DES ESTAMPES

DU CABINET

DE M. LE COMTE RIGAL.

Par F.-L. REGNAULT-DELALANDE,

PEINTRE ET GRAVEUR.

Prix : 7 f. 20 c.

PARIS,

Chez L'AUTEUR, rue Saint-Jacques, cul-de-sac
des Feuillantines, n.º 12.

1817.

DE L'IMPRIMERIE DE LEBLANC.

TABLE DES MATIÈRES.

Avertissement.................................... pag. v

ESTAMPES.

Graveurs d'Italie, d'Allemagne, de Flandre, de Hollande, d'Angleterre et de France, n.° 1 à 925.................... 1

ESTAMPES DIVERSES.

Morceaux à l'eau-forte, par différens Maîtres.

Ecole d'Italie, n.° 926 à 929....................... 469
——— d'Allemagne, n.° 930 à 934................... 470
——— de Flandre, n.°s 935 et 936.................. 473
——— de Hollande, n.° 937 à 941................... 474
——— d'Angleterre, n.° 942........................ 476
——— de France, n.° 943 à 955..................... ibid.

Morceaux à l'eau-forte, d'après différens Maîtres.

Ecole d'Italie, n.° 956 à 959....................... 483
——— d'Allemagne, n.°s 960 et 961.................. 484
——— de Flandre, n.° 962.......................... 485
——— de Hollande, n.° 963 à 965................... ibid.
——— d'Angleterre, n.° 966........................ 487
——— de France, n.° 967 à 969..................... ibid.

Morceaux au burin, par et d'après différens Maîtres.

Ecole d'Italie, n.°s 970 et 971..................... 489
——— d'Allemagne, n.° 972 à 974................... 490
——— de Flandre, n.°s 975 et 976.................. 492
——— de Hollande, n.° 977 à 981................... 493
——— d'Angleterre, n.° 982........................ 495
——— de France, n.° 983 à 987..................... ibid.
Pièces en manière noire, n.° 988................... 498

Pièces gravées sur bois, en manière de crayon, au pointillé,
   au lavis ou à l'aquatinta, n.ᵒˢ 989 et 990.................. 499
Omission, n.º 991... 500

ESTAMPES DOUBLES.

Graveurs italiens, n.º 992 à 994............................ 501
――――― allemands, n.ᵒˢ 995 à 999........................ 502
――――― flamands, n.º 1000 à 1002........................ 504
――――― hollandais, n.º 1003 à 1010....................... 505
――――― français, n.º 1011 à 1015......................... 508
Estampes diverses, n.º 1016 à 1018.......................... 509
Recueils, Cabinets, etc., n.º 1019 à 1035................... 510
Livres sur les Arts, n.º 1036 à 1055........................ 513
Planches gravées, n.º 1056.................................. 515
Table des Maîtres... 517
Liste des Catalogues publiés par F.-L. Regnault Delalande.... 541

AVERTISSEMENT.

Animé d'une vive passion pour les arts, M. le comte Rigal ne put voir, sans admiration, les excellentes productions du dessin et de la gravure; à peine âgé de quinze ans, et plein de cette vigueur d'esprit que donne la jeunesse, il résolut de former une Collection où les Artistes pussent puiser d'utiles leçons, et les curieux ajouter à leurs connaissances; aidé des conseils des plus habiles Maîtres d'alors, auxquels l'unirent bientôt les liens de l'amitié, on s'aperçut par le discernement qu'il apporta dans ses choix, combien il savait mettre à profit leurs excellentes leçons. Dès l'année 1762, M. le comte Rigal commença à acquérir des Estampes, et n'épargna ni peine ni dépense, pour se procurer des Pièces dignes de concourir à l'exécution de son glorieux projet. Aucune occasion pour le réaliser ne fut négligée, et les Cabinets célèbres, vendus depuis en Allemagne, dans les Pays-Bas et en France, devinrent en quelque sorte tributaires de son noble penchant.

Nous ne nous permettrons pas de faire l'éloge de l'excellence des choix de M. le comte Rigal; on s'apercevra aisément à l'inspection de la plus grande partie des Morceaux de sa Collection, que ce curieux a eu pour but, dans le choix de ses Estampes, la réunion d'Épreuves transparentes et d'un ton brillant, argentin et vigoureux.

Persuadé, comme les plus habiles Artistes, qu'une Eau-Forte gravée par le Maître lui-même, peut être assimilée au dessin, où le vol rapide de sa pensée est en quelque sorte fixé, et où la finesse d'expression est entièrement conservée, M. le comte Rigal s'est particulièrement laissé entraîner au penchant qu'il avait pour ce genre de productions; aussi cette partie de sa Collection est-elle la plus riche de celles que possède la France.

Il suffira, pour donner une idée de ce Cabinet, de citer ici, au nombre des Pièces rares et des Morceaux capitaux à l'eau-forte ou au burin, les Estampes suivantes; savoir :

ECOLE D'ITALIE.

Par *Bella* : saint Prosper, et le Pont-Neuf : l'Epreuve de ce second Morceau est tirée avant la girouette.—*Vanni*:

AVERTISSEMENT.

l'Extase de saint François. — *Ann. Carracci* : Jésus et la Samaritaine, Epreuve avant la lettre. — *Bartolozzi* : le Silence, et le Massacre de Innocens, Epreuves avant la lettre * — *Raph. Morghen* : la Cène ; la Transfiguration ; la Madone ; l'Aurore ; saint Jean ; la Magdeleine ; Thésée ; la Sainte-Famille, et le Portrait de Moncade, dit *le Cavalier* : toutes ces Pièces, Epr. avant la lettre. — *Longhi* : le Père-Eternel, et la Magdeleine, Epr. avant la lettre.

ECOLE D'ALLEMAGNE.

Par *Holbéen* : vingt-trois des Sujets de la Danse de la Mort, Epr. très-rares, avec les inscriptions en allemand. — *Bakhuyzen* : les Vues dites de l'Y, Epr. avant les numéros. — *J. H. Roos* : les différens Animaux, Suite n.ºs 18 à 30 ; la première Pièce avec le titre allemand, les autres avant les n.^{os} ; les 2.me et 7.me Morceaux avant les inscriptions ou titres ; et Campagne avec ruines, n.° 40, Epr. rarissime. — *Wille* : Ménagère hollandaise ; Observateur distrait ; petit Physicien, et jeune Joueur d'instrument, Epreuves avant la lettre. — M. *Girardet* : la Transfiguration ; le Triomphe de Titus ; la Sainte-Cène ; l'Enlèvement des Sabines ; et la Déification d'Auguste, Epreuves avant la lettre. — *Muller* père : la Madone ; sainte Cecile, et la Bataille de Bunker's Hill, Epr. avant la lettre. — *Muller* fils : saint Jean l'évangéliste, Epreuve avant la lettre.

ECOLE DE FLANDRE.

Par *Molenaer* : la faiseuse de Kouks : Pièce extrêmement rare. — *Uden* : des soixantes Pièces qui composent son œuvre, beaucoup s'y trouvent avec des remarques. — *Van Dyck* : le Titien et sa Maîtresse, Epreuve avant le nom de *Bon-Enfant*. — *Fyt* : deux Paysages, n.ºs 17 et 18, Pièces rarissimes. — *Hecke* : les Joueurs de dés, n.° 15, et la Prairie, n.° 16, Pièces rarissimes. — *Genoels* : Paysages, n.ºs 74 à 82, Pièces extrêmement rares. — *Milet* : Paysages, n.ºs 29 à 31, très-rares. — *Edelinck* : la Sainte-Famille, Epreuve avant les armes ; la Magdeleine, Epreuve avant la bordure, et les Portraits de

---

* On a suivi, dans la désignation des Morceaux, l'ordre dans lequel ils sont décrits.

Dilgerus, et de Champagne, premières Epreuves. — *Deyster :* Sacrifice de Noe, Pièce rare. — *Flamen :* Poissons, n.os 60 à 66, rares, et dans les Morceaux n.os 143 à 474, beaucoup de Pièces rares.

ECOLE DE HOLLANDE.

Par *Roel. Roghman :* Rupture des Digues de Jaaphannes et de Houtewael : quatre Sujets sur une même planche, Pièce de la plus grande rareté. — *Bronchorst :* l'Adoration des Rois, n.º 25, et la Sainte-Vierge et l'Enfant-Jésus, n.º 26. — *S. à. Bolswert :* le Couronnement d'épines, le Christ dit *à l'éponge ;* Silene, et le Reniement de saint Pierre : l'Epreuve du deuxième Morceau est avant la lettre, les autres, premières Epreuves. — *Lauwers :* la Tabagie, première Epreuve. — *Saftleven :* les Paysages, n.os 18 à 28, premières Epreuves ; la Porte dite *des Femmes blanches,* Epreuve avant le ciel ; les Eléphans, toutes prem. Epr., et differens Paysages, n.os 37 à 41, Pièces extrêmement rares. — *Waterlo :* Paysages n.º 1 à 136 ; dans ce nombre, beaucoup d'Epreuves d'Eau-Forte seulement. — *Breenbergh :* le *Back Beer,* n.º 24, et les Paysages n.os 25 à 29, Epr. de la plus grande rareté. — *Suanevelt :* la Fileuse et le Paysan qui boit dans son chapeau (pag. 357), Epr. avant la lettre ; Pièces rarissimes. — *Bega :* la jeune Aubergiste, n.º 33, Epreuve rarissime. — *Weenix :* le Taureau, Pièce très-rare. — *A. Both :* l'Ermite ; l'Anachorète, et les Pélerins, rares Epreuves avec remarques. — *J. Both :* Paysages, n.os 1 à 4, Epreuves rarissimes, avant le nom de *Matham,* et avec des différences ; Paysages, n.os 5 à 10, rares Epreuves, avant les mots : *Both fe ;* Vues de *Ponte Molle,* et Passage du Bac (pag. 63), Epreuves avant nombre de travaux et avant la lettre : Pièces rarissimes et peut-être uniques. — *Berghem :* Paysages avec animaux, n.os 1 à 16, toutes premières Epreuves ; la Vache qui pisse s'y trouve avant toutes lettres, Pièce rarissime, et la Suite dite *la petite Laitière,* n.os 22 à 28, superbes Epreuves. — *Potter :* les Chevaux, n.os 9 à 13, superbes Epreuves, le premier des chevaux est avant les crins de la queue prolongée ; le Vacher (1643), n.º 14, Epreuve de la planche entière ; la Tête de Vache, n.º 16 ; la Vache couchée, n.º 17 ; et le Singe près du *Zabucaia,* n.º 18, Pièces extrêmement rares. — *Stoop* : les Chevaux, n.ºˢ 1 à 12, Epreuves avant les numéros, et le titre du voyage de l'Infante de Portugal, Pièce rarissime. — *Ulft* : l'Hôtel-de-Ville d'Amsterdam, et le Château de Gorcum. — *Zeeman* : les deux Maisons fortifiées, n.º 3, Epreuve rarissime ; l'Incendie, n.º 5, Epreuve très-rare ; les Elémens, n.ºˢ 19 à 22 ; Batailles navales, Marines et Paysages, n.ºˢ 155 à 167, Pièces rares. — *Bye* : le Chien métis, n.º 85 ; les trois Moutons, n.º 103 ; les deux Chiens, n.º 105, le Chien épagneul, n.º 106, et la Vache couchée (1657), n.º 108, Pièces rares ; Vache debout, n.º 111 ; Veau couché, n.º 112 ; Brebis couchée, n.º 113 ; Vache pleine, n.º 114 ; les deux Cochons, n.º 115 ; le Bouc, n.º 116 ; et la Vache couchée devant une palissade (1657), n.º 117, Pièces rarissimes. — *C. Visscher* : la Fricasseuse, Epr. avant le nom de Clément de Jonghe, et Coppenol, Epr. avant la lettre. — *Almeloveen* : les Saisons et les Rives, n.ºˢ 13 à 20, Epr. avant la lettre ; et les Portraits de Clément X et de Voet ; n.º 37 : Pièce rare. — *Cabel* : Paysages, n.ºˢ 56 à 59, Pièces rares : presque tous les autres Morceaux de ce Maître, premières Epreuves. — *Ruisdael* : le Paysage, n.ºˢ 2 (Epr. avec le ciel blanc) ; n.º 4, Intérieur de forêt ; n.º 5, Champ de blé, cette dernière Pièce avant le nom du Maître ; n.º 7, Pays où serpente une rivière : ces quatre Morceaux très-rares ; et les Paysages, n.ºˢ 8 à 10, Pièces de la plus grande rareté. — *Le Ducq* : le Chien couché, n.º 10, Epreuve extrêmement rare ; la Sainte-Vierge et l'Enfant-Jésus ; les trois Mages, et saint Joseph : n.ºˢ 11 à 15, Etudes, de la plus grande rareté. — *Adr. Van de Velde* : Vaches et Bœufs dans des prairies, n.º 11 à 13 ; Brebis, n.º 14, et Belier, n.º 15, superbes Epreuves ; la Bergère qui caresse son chien, n.º 17, très-rare Epreuve avant la lettre ; la Porte du Bourg, n.º 18, et Halte de Chasseurs, n.º 19, Pièces très-rares ; l'Hôtellerie ; la Fileuse ; le Cavalier, et les Chasseurs, n.ºˢ 22 à 24 : Morceaux de la plus grande rareté. — *Du Jardin* : le Portrait de De Vos. — *Hughtenburgh* : huit Sujets militaires (Pièce en manière noire), Morceaux rares. — *Hondius* : Chasseurs et Animaux, n.ºˢ 1, 2, 4, 6 et 7, Pièces rares. — *H. et J. Jonckheer* (*P. V.*) : Chiens dans différentes attitudes, Epreuves

qui ne sont presque qu'à l'eau-forte : Morceaux rarissimes.
— *V......(J.-V.)* : Vues de Harlem, 15 Morceaux, Epreuves avant la lettre et les numéros : Pièces rares. — *Meer de Jonghe* : Brebis et Agneaux, n.ᵒˢ 1 et 2 : Pièces très-rares. — *Sweerts* : le Fumeur, Epreuve avant la lettre : Pièce très-rare. — *Naiwjncx* : les deux Suites des Paysages, premières Epreuves.

ECOLE D'ANGLETERRE.

Par *Hogarth* : les 12 Sujets tirés du poëme d'Hudibras. — *Woollett* : le Sujet dit *saint Jean et la Magdeleine*; Macbeth; le Matin; le Soir; les Paysans joyeux; les Habitans des Chaumières; Tobie et l'Ange; le Printemps; Didon et Enée; les Cueilleurs de pommes; la petite Chaumière; la Bataille de la Hogue; la Mort du général Wolffe; Apollon et les Saisons; la Campagne de Cicéron; la Solitude; la Pêche; Jacob et Laban; et le Temple d'Apollon : ces dix-neuf Estampes, Epreuves avant la lettre. — *Browne:* Apollon et la Sybille; et le Voiturier Epr. avant la lettre. — *Middiman :* Amusement des Bergers, Epreuve avant la lettre. — *Sam. Smith :* Moïse trouvé, Epreuve avant la lettre.

ECOLE DE FRANCE.

Par *Claude Gelée*, dit *le Lorrain:* 26 Vues, Paysages et Marines; plusieurs de ces Morceaux avec remarques.— *Poilly:* la Vierge, dite *la Vierge au berceau*, première Epreuve avant des contretailles.— *Pesne :* les sept Sacremens, premières Epreuves; les sujets où sont représentés: la Confirmation, l'Eucharistie et le Mariage, avec des remarques particulières; pièces de la plus grande rareté.— *Nanteuil:* les Portraits de Pompone et de Loret.— *Masson:* les Pèlerins d'Emmaüs, pièce dite *la Nappe* ; les Portraits de Marin et de Brisacier, l'un avant la contretaille, l'autre avec les fautes dans l'inscription.— *Le Clerc :* l'Œuvre de ce Maître *.— *Gir. Audran :* le Temps et la Vérité, Epreuve avant la draperie.— *Drevet* fils : le Portrait de Bos-

---

* Cet Œuvre est composé de 4700 Pièces : dans le Catalogue, page 194, on n'en a indiqué le nombre qu'à 3432, ayant d'abord eu l'intention de retirer les Epreuves répétées, ce qu'on n'a pas exécuté.

AVERTISSEMENT.

suet, Épreuve avant les points. — *Balechou:* Sainte-Geneviève, Épreuve avant la lettre; la Tempête; le Calme, et les Baigneuses, anciennes Épreuves, la première avec le mot *compagine* pour *compagnie*. — *Boissieu:* des 142 Morceaux de l'Œuvre de ce Maître, on en trouve ici 131; beaucoup sont à l'eau forte pure, d'autres avec des différences, et plusieurs tirés sur papier de la Chine.— M. *Bervic*: Laocoon; Saint-Jean; l'Enlèvement de Déjanire; l'Éducation d'Achille; le Repos; la Demande acceptée; Louis XVI (Portrait en pied), et l'Innocence: ces huit Morceaux, Epr. avant la lettre.— M. *Blot:* le Jugement de Pâris; les Bergers d'Arcadie, et Marcus Sextus, Epr. avant la lettre.— M. *Desnoyers:* la Vierge dite *la Vierge au Rocher*; la Vierge dite *la belle Jardinière*; la Vierge dite *la Vierge de Foligno*; la Foi; l'Espérance; la Charité; Bélisaire, et Phèdre et Hippolyte; ces huit Morceaux, Épreuves avant la lettre; celles de la belle Jardinière et de Bélisaire avant les titres tracés à la pointe.— M. *J. Massard:* la Mort de Socrate, Épreuve avant la lettre. — M. *Raph. Urb. Massard:* Sainte-Cécile; les Muses; Saint-Paul à Éphèse; et la Chananéenne, Épreuves avant la lettre.— M. *Morel:* Serment des Horaces, et Bélisaire, Épreuves avant la lettre.— M. *Tardieu:* Lucifer, Épreuve avant toutes lettres.

Le Catalogue est divisé en neuf Classes: dans la première se trouvent les Estampes par des Maîtres des différentes Écoles; on a indiqué à la suite de leurs noms, leur genre de travail, le lieu de leur naissance, le Maître sous lequel ils ont étudié, et enfin, à la plupart, l'époque et le lieu où ils ont cessé d'exister. Dans les cinq Classes suivantes se trouvent les Pièces dont on n'a pu former d'articles séparés, la septième se compose des Recueils, la huitième des Livres sur les Arts, et la neuvième, du Recueil des Planches gravées (Fleurs et Fruits) d'après M. *Bessa*.

Les Estampes en feuilles ou en suites sont décrites dans chaque Classe, par ordre alphabétique de Graveurs; on a suivi, pour l'indication des Maîtres d'après lesquels différens Morceaux ont été exécutés, l'ordre des Écoles, et, autant qu'il a été possible, dénommé les Auteurs par ordre chronologique.

AVERTISSEMENT.

Dans la description des sujets, la droite ou la gauche est indiquée eu égard à la personne qui regarde; par les mots: *Dans la marge*, nous avons toujours sous-entendu la marge du bas; on a eu soin de prévenir, lorsque les noms d'Auteurs, les inscriptions ou les n.^{os} se trouvaient dans les autres marges. Les noms des Maîtres d'Italie ont été écrits comme ils s'écrivent en Italien.

L'ortographe incorrecte des noms d'Auteurs et d'Editeurs, celle des adresses et des autres inscriptions qu'on trouve aux Estampes, a été (autant que l'ont permis les caractères typographiques) scrupuleusement suivie. Aux Estampes de plusieurs des Maîtres, notamment à celles de Flamen, d'Haeften et de Zeeman, les fautes sont tellement multipliées, qu'en lisant la description que nous en avons faite, on croirait presque à chaque ligne trouver des fautes d'ortographe.

Les numéros qui précèdent la description des Estampes de 73 des 78 Maîtres dont les Ouvrages à l'eau-forte ont été décrits par M. Bartsch, dans son Ouvrage intitulé *le Peintre-Graveur*, se rapportent à ceux qu'on trouve dans les volumes 1, 2, 4 et 5 dudit Ouvrage. *Guil. de Heusch, J. Melch. Roos, Abr. Storck, J. B. Weeninx* et *Ph. Wouwermans*, sont les seuls de ces 78 Maîtres dont la Collection de M. le comte Rigal ne possède pas d'Estampes; mais on y trouve différens Morceaux par *Breenbergh, Bronchorst, Bye. Cabel, Deyster, Du Sart, Flamen, Fyt, Genoels, Haeften, Hecke, Hugtenburgh, Le Ducq, Martss, Milet, Molenaer, Neyts, Ossenbeek, Ostade, Roel. Roghman, H. Roos, Ruisdael, Her. Saftleven, Stoop, Sweerts, Uden, Uytenbrouck, Adr. Van de Velde, Weeninx* et *Zeeman*, toutes ces Pièces, dont M. Bartsch n'a pas donné de description, se trouvent décrites dans notre Catalogue, à l'article de chacun de ces Maîtres, à la suite des Estampes désignées par ce biographe; au nombre de ces Morceaux, ceux dits de *de Bye, Fyt, Milet, Ostade* et *Sweerts* sont sans nom d'auteur, et celui d'*Uden* n'est marqué que des lettres *L. v. V.*; on trouve aussi de plus de trente des Maîtres dont les ouvrages sont décrits dans *le Peintre-Graveur*, des Epreuves avec des remarques qui n'y sont pas mentionnées.

AVERTISSEMENT.

Les Estampes dont on a donné la grandeur, sont mesurées du trait carré qui entoure la Composition; on a donné celle de la planche, lorsqu'il n'y a pas de trait carré.

L'étoile près des numéros sert à désigner les Morceaux sous verre.

La Table des Maîtres est placée à la fin du Catalogue; leurs noms et prénoms sont suivis des numéros des pages où leurs ouvrages sont décrits.

NOTA. On trouvera à la suite de cette Table la liste des Catalogues que nous avons publiés depuis l'année 1785.

Malgré le soin apporté à la correction des épreuves, nous avons, depuis l'impression des feuilles, trouvé quelques fautes typographiques; savoir: page 28, *Linnée* pour *Linné*; pages 41 et 42, *Andéole* pour *Andéol*; page 70, à l'article n.° 174, après les mots : *l'une du tombeau de*, manque le mot *Néron*; page 100, art. 220, *Wisscher* pour *Visscher*; page 174, art. 382, *Henri IV* pour *Henri VIII*; plusieurs des autres fautes se trouvent dans des pluriels oubliés, et dans des chiffres, aux nombres ou aux mesures indiquées : erreurs qu'on doit attribuer à la célérité mise à opérer le tirage.

Abréviations employées dans le cours du Catalogue.

Epr.	Epreuve.	l.	ligne.
Est.	Estampe.	pl.	planche.
H.	hauteur.	prem.	première.
L.	largeur.	Tr.	Travers.
P.	pièce.	vol.	volume.
p.	pouce.		

La Vente de la Collection qui compose ce Cabinet, se fera à Paris, en décembre 1817. Elle commencera le 10 dudit mois.

CATALOGUE
DU CABINET
De M. le Comte RIGAL.

ESTAMPES ENCADRÉES OU EN FEUILLES.

AKEN, (JEAN VAN) *dessinateur et graveur à l'eau-forte* *; *né en Hollande. Les ouvrages d'Aken tiennent beaucoup à ceux d'Herm. Saftleven, qu'il paraît s'être proposé pour modèle.*

Morceaux par AKEN, sur ses propres dessins.

1 à 6.

1 1 à 6 Différens Chevaux; six pièces : à la première, où un cheval est vu mangeant, les petites branches d'un arbre; à gauche, deux paysans assis à terre; sur le ciel : *I. V Aken fecit;* à droite de la terrasse : *Clément de Ionge excud.;* sur les ciels, à gauche, des numéros de 1 à 6. H. 2 p. 7 à 8 l. L. 3 p. 6 à 8 l.

1 à 10.

2 7 à 16 Différens Paysages : 1 le Pont de bois, 2 le Bateau, 3 les Monticules, 4 le Bouquet d'arbres, 5 la Chasse, 6 les Ruines, 7 le Chemin du bois, 8 le Voyageur assis, 9 le Villageois en route, 10 la Chaumière sur la colline. Sur le ciel, à gauche au premier Morceau : *I. Van Aken fecit*, et au bord du devant, sur l'eau : *Clément de Ionghe excud.;* à droite, sur les ciels, des n.ᵒˢ de 1 à 10. H. 3 p. 6 à 8 l. L. 5 p. 2 à 3 l.

---

* Sous la dénomination de graveurs à l'eau-forte, nous ne comprenons que les maîtres dont les ouvrages sont principalement exécutés par ce procédé, et qui n'ont employé le burin que pour en raccorder les travaux.

Suite des Morceaux d'AKEN.

3 17 Halte de Voyageurs : à la droite, un villageois et une villageoise, l'un sur un âne, l'autre sur un mulet; au bas, à gauche : *I. V. Aken inve. et fecit.* H. 6 p. 10 l. L. 9 p. 6 l.

Morceaux d'après HERM. SAFTLEVEN.

1 à 4.

18 à 21 Vues du Rhin : 1 Voyageurs sur la montagne ; 2 les trois Bateaux ; 3 la Barque que l'on charge ; 4 le Repos des quatre Voyageurs ; au bas, sur les terrasses ou sur l'eau : *H. S. inventer I. V. Aken fecit* ou *fec. ;* au premier Morceau seulement : *Clément de Ionghe excudit ;* sur les ciels, à gauche, des numéros de 1 à 4. H. 7 p. 11 l. L. 10 p.

Premières Epr. ; à la première Pièce, aux secondes Epr. : NICOLAUS VISSCHER EXCUDIT.

5 *Estampes.*

ALBERTI, (CHERUBINO) *peintre et graveur au burin* * *; né au bourg du Saint-Sépulcre, en* 1552; *mort à Rome, en* 1615.

4 Dieu créant Adam ; l'Ange chassant Adam et Eve du paradis terrestre ; le Sacrifice d'Abraham ; des Frises où sont représentés des sujets de la Fable ou de l'Histoire ; une Suite de dix Vases, etc., d'après Polidoro Caldara. 33 Estampes.

ALIAMET, (JACQUES) *graveur à l'eau-forte et au burin ; né à Abbeville, en* 1728; *mort à Paris, en* 1788; *élève de* JAC.-PHIL. LE BAS.

5 Le Rachat de l'Esclave ; la grande Chasse au Cerf ; la Rencontre des deux Villageois ; l'ancien Port de Gênes, et le grand Paysage en hauteur (pièce de la galerie de Dresde), d'après Berghem. 5 Estampes.

Les deux premières Pièces avant la lettre.

---

* Sous la dénomination de graveurs au burin, sont compris les maîtres qui n'ont employé que le burin dans l'exécution de leurs ouvrages, et ceux qui ne se sont servis de l'eau-forte que pour la préparation de leurs planches.

Estampes encadrées ou en feuilles.

ALMELOVEEN, (JEAN) *dessinateur et graveur à l'eau-forte; né en Hollande; imitateur d'Herm. Saftleven.*

Morceaux d'après HERM. SAFTLEVEN.

6   1 à 12 Vues de villages hollandais : 1 de Capel, 2 Jaarsveld, 3 Langerack, 4 Krimpen, 5 de Hoeck Van Kleyn Ammers, 6 Loopick, 7 Thienhoven by Ameyde, 8 Groot Ammers, 9 Schoonhoven, 10 Lekkerkerck, 11 Leexmond, et 12 Streeskerck. Dans la marge du bas, au premier Morceau, à gauche : *H. S. invent.* A droite : *J. Almeloveen fec.* Suite sans n°. H. 2 p. 11 l. à 3 p. 2 l., compris 5 l. de marge. L. 1 p. 10 l. à 2 p.

1 à 4.

7   13 à 16 Les Saisons, quatre paysages avec figures et animaux. Dans des lozanges, au bas du premier Morceau, au-dessous du mot *ver* (le printemps), *H. S. invent. J. Almeloveen fec.* et le n.°; aux autres seulement le titre et le n°.

Premières Epreuves avant la lettre, et les n.os; au sujet représentant le printemps, le ciel blanc; Epr. de la plus grande rareté, dont Bartsch ne parle pas.

1 à 4.

8   17 à 20 Vues de Rives, où sont : la Barque; le Radoubeur de Barque; le Bateau qu'on décharge; la Barque qu'on charge. Au premier Morceau à gauche, dans la marge : *H. S. invent*; à droite : *J. Almeloveen fec.* au-dessous le n.°; aux trois autres, à droite, seulement le n.°. H. 5 p. 8 à 9 l., compris 6 l. de marge. L. 5 p. 8 à 11 l.

Premières Epreuves avant la lettre et les numéros. Le premier Morceau est de plus avant l'arbre sur le petit terrain à gauche et avant les montagnes du fond; le quatrième, avant la montagne et avant des masses d'arbres au terrain à gauche, et la croix près du chemin au haut du rocher, à droite. Epreuves très-rares, dont Bartsch ne parle pas. Celles indiquées par ce biographe sont de secondes Epreuves.

Morceaux d'ALMELOVEEN, sur ses propres dessins.

1 à 6.

9   21 à 26 Six Paysages. *Première Suite.* On y voit le petit Port, les Moissonneurs, le Moulin à vent, la Promenade, la Barque

Suite des Morceaux d'ALMELOVEEN.

à voile, les cinq Voyageurs. A chaque pièce, à droite de la marge : *Joan: ab Almeloveen inv: et fec.* et le n°. H. 5 p. 1 à 3 l. L. 7 p. à 7 p. 1 l.

27 à 32. Six Paysages. *Deuxième Suite*, où sont la Rencontre des Paysans, la petite Maison, la Barque à voile, les quatre Barques, le petit Cabaret, les Rochers. Dans la marge, aux quatre premiers Morceaux : *Joan ab. Johan.* ou *Joan Almeloveen Inv. et fec.* ou *fecit* gravés. A la seconde, à droite ; aux autres, à gauche. Suite sans numéro. H. 3 p. 3 à 4 l. L. 5 p. 7 à 8 l.

33 à 36 Quatre Paysages. *Troisième Suite*. Le Bateau remonté* manque ; le petit Pont à trois arches, le Fleuve entre les montagnes, le Pont à quatre arches. A gauche de la marge, aux trois derniers Morceaux : *Johan Almeloveen jnv. et fec.* Grandeurs de ces Morceaux : H. 3 p. 9 l. L. 5 p. 10 l. Suite sans n°.

Des trois Suites, 15 *Estampes*.

10 37 Clément X et Gibert Voet. Sur un papier que le Souverain-Pontife tient à la main : *Clemens X nat. 1590. Gisbertus Voetius nat. 3 Mart. 1589.* A droite, sur un livre ouvert qui occupe toute la largeur du bas de la composition : *J. J. Almeloveen Jnv. et fec.* H. 6 p. 2 l. L. 4 p. 7 l.

ALTDORFER ou **ALTORFER**, *surnommé* **LE PETIT ALBERT**, (ALBERT) *peintre et graveur sur bois**, à l'eau-forte et au burin ; né à Altorff en Suisse, dans le seizième siècle.*

11 L'Histoire de la Chûte de l'homme et de sa Rédemption (Suite de quarante Pièces) ; Jahel et Cisara, saint Christophe, saint Jérôme, un Porte Drapeau, et un Paysage. Morceaux gravés sur bois, et marqués la plupart d'un double *A* en caractère gothique ; au Sujet de saint Christophe, l'année 1513. 46 petites Estampes.

---

* Le Bateau remonté. A gauche de la marge : *J. A. F.*

** On emploie ordinairement, pour exécuter ces planches, le bois de poirier ; et pour les ouvrages précieux, le bois de buis : avant de tailler ses travaux, l'artiste les dessine sur la planche.

Estampes encadrées ou en feuilles.

AMATUS, (FRANCESCO) *Napolitain.*

12 L'Enfant prodigue, les yeux élevés au ciel, assis, gardant des pourceaux. Pièce sans nom de maître. — Saint Jérôme, assis près d'un rocher, occupé à lire. — Vieillard assis, faisant lire un enfant. A terre, à gauche, à ces deux derniers Morceaux : *Franc. Amatus In.* H. 8 p. à 9 p. 10 l. L. 6 p. 3 à 10 l. De ces 4 Estampes, 1 est double.

Anc. Epreuves. Du second Morceau, 2 Epr. ; une est avant les tailles, à la partie du rocher, à droite, et avant la lettre.

AUDEN AERD, (ROBERT VAN) *peintre et graveur à l'eau-forte et au burin; né à Gand, dans le dix-septième siècle; mort vers le milieu du siècle suivant.*

13 Agar, le Sacrifice d'Abraham, Rébecca et Éliézer, David victorieux, Bethsabée, l'Adoration des Rois, des Sujets de Vierges, de saints et de saintes, Apollon et Daphné, d'après Maratti; et la Samaritaine, d'après Ann. Carracci. 24 Estampes.

AUDOUIN, (M.^{r}) *graveur à l'eau-forte et au burin; né à Paris; élève de* JAC. FIRM. BEAUVARLET.

14 La Vierge dite *la belle Jardinière*, d'après le Tabl. de Raffaello au Musée royal; le Christ mis au tombeau, d'après le Tabl. d'Amerighi, dit le Caravaggio, qui se voyait dans l'église neuve, à Rome. Morceaux en haut. 2 Estampes. 1803-1809.

Epreuves avant la lettre.

15* Vénus arrachant une épine de son pied, d'après un Tabl. dit de l'école de Raffaello.

Epreuve avant la lettre.

AUDRAN, (GIRARD) *graveur à l'eau-forte et au burin; né à Lyon, en 1640; mort à Paris, en 1703; élève de son père et de son oncle* CLAUDE AUDRAN.

16* Le Temps délivrant la Vérité des insultes de la Colère et de l'Envie, et la rendant à l'Eternité, d'après le Tabl. du Poussin au Musée royal.

Epreuve avant la draperie.

17. Saint Protais, martyr : d'après le Tabl. de Le Sueur qui se voyait à l'église de Saint-Gervais à Paris.

Ancienne épreuve.

18. David devant l'Arche, Salomon et Bethsabée, Judith, Esther, et le martyre de sainte Agnès, d'après Zampieri; sainte Françoise, d'après le Poussin; le martyre de saint Laurent, d'après le Sueur : Epr. avant des tailles, et plusieurs contre-tailles sur les nuées; et le Portement de Croix; d'après P. Mignard, 8 Estampes. La sixième est avant la lettre.

AUDRAN, (BENOIT et JEAN) *graveurs à l'eau-forte et au burin; nés à Lyon, l'un en 1661, l'autre en 1667; morts à Paris, l'un en 1721, l'autre en 1756; élèves de leur oncle* GIR. AUDRAN.

19. Six Sujets tirés de l'Histoire d'Alexandre-le-Grand; et deux de l'Histoire de Constantin : la Bataille contre Maxence, et le Triomphe de Constantin, d'après Le Brun. Des six premiers Morceaux gravés par *B.* et *J. Audran*, cinq d'après des Tableaux du Musée royal; les deux Sujets de Constantin ont été exécutés par *N.-H. Tardieu*, sous la conduite de B. et J. Audran. 8 Estampes.

Anciennes Epreuves.

20. Galathée, d'après Maratti, et le Portrait du prince Eugène, d'après Vivien, par *J. Audran*; le Frappement du Rocher, petite copie sous l'adresse d'Audran; et six Paysages, par *Germ. Audran*. 9 Estampes; la seconde, avant la lettre.

Estampes encadrées ou en feuilles.

BAADER, (Amélie) *de Munich; élève de* Geor. Dillis; *a gravé à l'eau-forte et au pointillé.*

21 L'Amour, d'après Correggio; des Bustes et des Portraits, d'après Domenihino, Backer, Dorner et Kelhofer; et des Études, d'après des Estampes de Schmidt de Berlin; vingt-huit Morceaux, à plusieurs, 1784. Trois Epr. sont doubles. 31 Estampes.

BÆCK, (Elias) *dessinateur et graveur à l'eau-forte; né en Allemagne.*

22 Différens Paysages avec figures et animaux; à l'un de ces Morceaux, représentant une forêt où est un chasseur, dans la marge, à gauche : *Ieri: Wolff. exc: Aug Vin:*; au milieu, un n.° 2; à droite : *Elias. Bæck. Sc:* H. 6 p. 6 à 7 l. L. 4 p. 10 à 11 l. 6 Est.

BAKHUYZEN *ou* **BACKHUYZEN**, (Ludolf ou Louis) *peintre; né à Embden, en* 1631*; mort à Amsterdam, en* 1709*; élève d'*Ald. Van Everdingen. *Bakhuyzen a gravé à l'eau-forte.*

23 1 à 10 *Différentes Marines, dites Vues de l'Y, bras de mer près d'Amsterdam :* 1 Vue de mer, où une déesse sur un char, tient un écusson aux armes de la ville d'Amsterdam; à droite, à un tonneau flottant : *L. BAK.* H. 6 p. 11 l. L. 8 p. 4 l. — 2, Marchande de poissons, au bord de la mer; sur le devant : *L. B. INV.*; et près d'un ancre : 1701. — 3, Vaisseaux en mer; au pavillon d'un des bâtimens : *L. B.* — 4, Vaisseau s'avançant à toutes voiles; à l'horizon, la ville d'Amsterdam. — 5, Les deux Bateaux; à la semèle de celui dont la voile est enverguée : *L. B.* — 6, Yacht; à son pavillon, un lion figuré, et les lettres : *L. B.* — 7, Barque en carène; à une petite nasse : 1701; et à droite, à un morceau de bois : *L. BAK.* — 8, Mariniers mettant une barque à flot; à droite du rivage : *L. BAKH*, 1701. — 9, Port de mer où un homme pousse une brouette; à gauche : *L. B.* 1701. — 10, Mer agitée où est un vaisseau à voiles ferlées; à droite, à un roc surmonté d'une tour : *L. B.* 1701. H. 6 p. 2 à 4 l. L. 8 p. 5 à 8 l.

Au bas du premier Morceau de cette suite, six vers hollandais: *Zoo bouwt men hier..... en geplant*, gravés sur une pl. de 3 l. de haut. sur 5 p. de larg., qui s'impriment séparément; aux sept Pièces suivantes des n.ᵒˢ de 1 à 7, à gauche, dans la marge,

Suite des Morceaux de BAKHUYZEN.

aux dix Est. : *L. Bakhuizen fecit et exc cum Privil-ord : Hollandiæ et West Frisiæ.* — Suite précédée d'un titre en cinq lignes : *Stroom en Zeegezichten...... Heeren Staten General out 71 Jaar*, gravé sur une pl. de 6 p. 1 l. de haut. sur 8 p. 11 l. de larg. plus, le portrait de Bakhuisen vu à mi-corps, dans un ovale ; pl. en manière noire ; au bas de la pl. un distique latin : *Aemula naturæ Bakhuisia......*, gravé sur une pl. de 11 l. de haut. sur 5 p. de larg. qui s'imprime séparément.

Prem. Epr. avant les n.os aux Morceaux ordinairement numérotés de 1 à 7.

11 à 13 Port de mer, Marine, avec rocher escarpé, et portrait de Bakhuisen. Manquent *.

BALECHOU, (JEAN-JOSEPH) *graveur au burin ; né à Arles, en Provence, en* 1715; *mort à Avignon, en* 1764, *élève de* MICHEL, *graveur de cachets, à Avignon, se perfectionna à Paris, dans l'école de* BERN. LÉPICIÉ.

24* Sainte Geneviève gardant ses moutons ; d'après Car. Vanloo. Est. en haut.

Epreuve avec le collier blanc, avant le changement fait au bas du jupon de la Sainte, et avant les armes et la lettre.

25* La Tempête, le Calme, les Baigneuses ; d'après Vernet. 3 Est. en larg.

Premières Epreuves ; la Tempête avant l'orage continué, les contre-tailles sous l'arc-de-triomphe,

---

* 11 Port de mer où sont cinq barques et chaloupes ; et vers le milieu, un rocher avec tour. H. 9 p. 8 l. L. 14 p. 8 l. Morceau rare. — 12 Vue de mer ; à gauche, au sommet d'un rocher escarpé, une tour ronde ; à droite, dans la marge : *L. B F.* H. 4 p. 6 l. ; compris 3 l. de marge. L. 6 p. 2 l. — 13 Louis Bakhuisen, coiffé en grande perruque, vu en buste, le corps tourné vers la droite. H. 11 p. 9 l. L. 9 p., la marge du bas, 3 p. 5 l. de H. Ce Morceau, gravé à l'eau-forte, est extrêmement rare.

Estampes encadrées ou en feuilles. 9

et celles sur le rocher à la droite de la composition, et avec le mot compagine pour compagnie, à la cinquième ligne de la dédicace. Le Calme, avec de légers points sur la lune : ces deux Morceaux avant les tailles sur les dédicaces et avant l'adresse de Buldet.

BALESTRA, (ANTONIO) *peintre ; né à Vérone, en 1666 ; mort à Venise, en 1734, s'est formé sur les ouvrages de C. Maratti. Balestra a gravé à l'eau-forte.*

26 La Sainte Vierge et l'Enfant-Jésus sur des nuées : le Sauveur tient à la main droite une petite croix ; dans la gloire qui les entoure, deux anges et quatre chérubins. Sujet dans un ovale ; titre : *Dilectus meus mihi et ego illi.* La Sainte-Vierge, assise sur des nuées, tenant l'Enfant-Jésus ; près d'eux, le jeune saint Jean, que la Vierge soutient de sa main droite. Tit. : *Mater pulcræ dilectionis.* A ces Morceaux, au bas, à gauche : *Antonius Balestra in: et fecit*, 1702. H. 5 p. à 5 p. 2 l. L. 4 p. à 4 p. 4 l. — Le Génie de la Géométrie mesurant un triangle ; à terre, à gauche : *AB. f.* Pièce de 2 p. 6 l. carrée. — Soldats : l'un debout, tenant une pique ; l'autre assis à terre ; au bord du devant, à gauche : *A. Balestra fe:* H. 3 p. 8 l. L. 2 p. 11 l. — Figure drapée, tenant un livre : elle est placée dans la lettre O. H. 2 p. 1 l. L. 2 p. — Monument décoré d'un médaillon avec le buste de Michel san Micheli, architecte de Vérone : un génie montre ce buste à une femme, debout, qui tient à sa main gauche une équerre ; à terre : *AB in.* H. 9 p. Larg. 6 p. 3 l. 6 Estampes.

BARATA, (L......) *dessinateur ; né à Florence, a gravé à l'eau-forte.*

27 Dix Vues de Monumens antiques de Rome : à droite du premier Morceau, à un débris d'architecture : *L. BARATA IN SCVL. et EX ;* et le n.° 1, aux cinquième et huitième ; à droite, sur le ciel : *C. Dankertz Excudit.* Estampes avec des n.ᵒˢ de 1 à 10. H. 5 p. 9 à 11 l. L. 7 p. 9 l. à 8 p.

BARGAS (A...F...) *peintre ; né à Bruxelles, vers la fin du dix-septième siècle, imitateur de P. Bout, a gravé à l'eau-forte.*

28 Danse de Villageois ; Halte de Cavaliers ; le Muletier ; la Fou-

taine; le Bac; Sujets avec paysages. Dans les marges : *AF. Bargas jn et f.* Cinq Morceaux. H. 5 p 6 l. L. 6 p. 6 à 9 l. — Fiancée reçue à la porte d'une église, par le clergé; et Marché près d'une ville; dans les marges, à droite : *Petrus Bout pinxit*; à gauche : *AF Bargas Fecit.* H. 10 p. 9 l. à 11 p. L. 15 p. 6 l. à 16 p. 5 l. — Halte de gens de la campagne devant une hôtellerie; dans la marge, à gauche : *P. Baut inuen:*; à droite : *f. Bargas fecit.* H. 7 p. 2 l. L. 11 p. 1 l. 8 Estampes.

BARLOW ou BARLOUW, (Francis ou François) *peintre; né en Angleterre, dans le dix-septième siècle; on le croit élève de* Shepherd, *peintre de portraits. Barlow a gravé à l'eau-forte.*

29 *Nouvaux Livre d'oyseaux Desinée au Naturel.* Sept Pièces : *F. B. delin J. Gole exo...* In-fol. en larg. Multæ et diversae Avium Species.... 1655, *with aditions*; ce tit. en 11 lignes, sur une draperie. Morceau placé en tête d'une Suite d'Oiseaux, en 15 petites pièces, tit. compris. 22 Estampes.

Les Fables d'Esope et de plusieurs autres excellens mythologistes, dessinées et gravées par *F. Barlouw.* 112 pl. compris le titre, où Esope est représenté. Amsterdam, 1714, in-4. rel.

BARRIÈRE, (Dominique) *dessinateur et graveur à l'eau-forte; né à Marseille, vers* 1630.

30 *Villa Aldobrandina*, ou peintures de la Villa Aldobrandine, à présent Pamphile, ou *di bel respiro*, à Frascati. Au nombre des 22 pl. in-fol. de cet Ouvrage, dix Sujets représentant l'hist. d'Apollon, gravés d'après les figures peintes par *le Domenichino*, et les paysages peints par *Gio. Bat. Viola*. Pièce marquée du monogramme ou chiffre formé des lettres *D. B.* (Dominique Barrière). Vol. relié en vélin.

Fête publique, sur la place Navone, à Rome, en 1650; gr. in-fol. en larg., et neuf autres morceaux; Vue marine et Paysages.

BARTOLOZZI, (Francesco) *peintre et graveur à l'eau-forte, au burin et au pointillé; né à Florence, en* 1725; *élève de* Ferreti *et de* Jos. Wagner.

31 La Sainte-Vierge faisant observer le silence au jeune

Estampes encadrées ou en feuilles.

Suite des Morceaux de BARTOLOZZI.

saint Jean, pendant le sommeil de l'Enfant-Jésus ; d'après Ann. Carracci. Est. en larg.

Epreuve avant toutes lettres.

32 Le Massacre des Innocens, d'après le Tableau de Guido Reni, qui se voyait à la chapelle Ghisilieri, dans l'église Saint-Dominique, à Bologne. *Morceau gravé en* 1807, *à Lisbonne, par F.* BARTOLOZZI, *à l'âge de* 82 *ans.*

Epreuve avant la lettre.

33 Didon expirant sur le bûcher, d'après Cipriani. Sujet composé dans un ovale. Est. en largeur, 1778.

Epreuve avant la lettre.

BARTSCH, (ADAM) *dessinateur et graveur à l'eau-forte, au burin, et à l'imitation des dessins faits au crayon.*

34 Sujets et Etudes de figures, d'après des dessins de Guercino da Cento : à quelques-uns de ces Morceaux, des dates de 1800 à 1807. 24 Estampes.

35 Sujets, Paysages avec figures et animaux, d'après Rembrandt, Berghem, Wouwermans, Roos, etc. Diverses Etudes, Têtes et Portraits, sur les dessins du graveur ; on distingue dans ces derniers, le Portrait de Bartsch, exécuté par lui-même, en 1785. 17 Estampes.

36 Chariot de bagage de dragons russes ; l'Equipage d'un officier russe, d'après Kobell. 2 Estampes en larg., 1799.

BASIRE, (JAMES) *graveur à l'eau-forte et au burin; né en Angleterre, vers le milieu du siècle dernier.*

37 Oreste et Pilade, (*Pylades and Oreste*) d'après le Tableau de West, de la collection d'Alex. Giddes, 1771.

Epreuve avant la lettre, et sur papier de soie.

Estampes encadrées ou en feuilles.

BEGA, (CORNEILLE BEGYN ou) *peintre*; *né à Harlem, vers* 1620; *mort dans la même ville, en* 1664; *élève d'*ADR. VAN OSTADE. *Bega a gravé à l'eau-forte.*

38 *Het Werk compleet Van den Vermaarden..... en Geëtst.* Œuvre de C. Bega peintre renommé, inventé et gravé par lui-même. Ce titre se trouve ici en écriture.

Têtes et Bustes.

2 et 3 Jeune Femme vue à mi-corps, tournée vers la gauche. — Vieille en bonnet fourré, le regard élevé. H. 1 p. 6 à 7 l. L. 1 p. 2 à 3 l.

4 Vieille en bonnet fourré, dirigée vers la gauche : sa mine est riante. H. 1 p. 9 l. L. 1 p. 2 l.

Deux Epreuves : à la première, la taille qui paraît indiquer le bas du vêtement, n'est pas ébarbée, et semble former un pli. Bartsch ne parle pas de cette remarque.

5 Paysan en bonnet fourré : sa physionomie est riante ; on aperçoit, sur le fond, à la hauteur de l'œil droit, une taille. H. 1 p. 9 l. L. 1 p. 6 l.

Deux Epreuves : la première avant que la planche n'ait été ébarbée, et où la taille, sur le fond, est très-prononcée. Epreuve rare, dont Bartsch ne parle pas.

6 Paysan tourné vers la gauche : son bonnet est légèrement tracé. H. 1 p. 4 l. L. 1 p. 3 l.

7 Vieille en bonnet bordé de fourrure, vue à mi-corps, dirigée vers la gauche. Planche ovale. H. 2 p. 1 l. L. 1 p. 9 l.

Première Epreuve avant le trait de l'ovale.

8 Estampes.

Sujets à une seule figure.

39 8 et 9 Homme en manteau court. — Femme portant une cruche. Cette seconde figure sur une planche lozange. H. 1 p. 6 à 9 l. L. 1 p. 3 à 8 l.

10 Homme les mains dans son pourpoint. Grandeur de la pl. H. 2 p. 2 l. L. 2 p. 3 l.

Deux Epreuves : la première de la pl. non ébarbée. Bartsch ne parle pas de cette remarque.

11 à 13 Paysanne assise, une pipe à la main droite. — Vieille,

Estampes encadrées ou en feuilles.

Suite des Morceaux de BEGA.

un pot sur ses genoux. — Fumeur assis, sa pipe à la main. H. 2 p. à 2 p. 4 l. L. 1 p. 8 l. à 2 p. 1 l.

14 Vieille debout, dirigée vers la droite. H. 2 p. 10 l. L. 1 p. 5 l.

Deux Epreuves; à la première, deux légers croquis à la pointe: l'un, aux pieds de la vieille, représente une tête renversée; l'autre, à la droite, un peu au-dessus de la main de la femme, le coude d'une figure.

15 Homme en manteau court : un bonnet élevé descend sur ses yeux. H. 2 p. 11 l. L. 1 p. 9 l.

16 et 17 Buveur, assis sur un baquet retourné : il tient un pot. — Paysan, le chapeau à la main; il se repose sur un banc; à terre, à gauche : *C. Bega*. H. 3 p. 1 à 2 l. L. 2 p. 2 à 3 l. Au premier Morceau, une marge de 7 l.

Quatre Epreuves, deux de chaque Morceau; les premières à l'eau-forte, tirées avant que les planches n'ayent été ébarbées; Remarque dont Bartsch ne parle pas. Ce biographe n'indique que les secondes Epreuves.

18 Femme debout, un panier sur la tête, et un pot à la main; à la gauche, une colline; au-dessous d'un double trait, à gauche de la terrasse : *C. Bega*. H. 3 p. 10 l. L. 2 p. 7 l.

Première Epreuve : on y voit au haut de la colline, une pierre légèrement tracée; et au bas de la composition un trait horizontal passé sur le pied de la femme; à la droite des traits non ébarbés. Bartsch ne parle pas de cette dernière remarque, qui semble devoir servir à constater les toutes premières Epreuves.

19 Paysan à la fenêtre; au bas, à gauche, près du trait carré : *C. Bega*. H. 3 p. 1 l. L. 2 p. 11 l. De chaque côté, 3 l. de marge; celle du bas est d'une ligne et demie.

Deux Epreuves : la première, où partie des travaux ne sont qu'à l'eau-forte, est avant le jambage droit et l'appui à la croisée; l'ombre du volet n'y est que légèrement indiquée. Bartsch ne parle pas de ces remarques. La seconde Epreuve est très-vigoureuse de ton.

20 Paysan, vu jusqu'aux genoux, assis près d'une table : il allume sa pipe; le haut et la gauche du trait carré sont doubles. H. 3 p. 4 l. L. 2 p. 11 l.; la marge du haut, 4 l.; celle des côtés, 2 l.; celle du bas, 6 l.

8 *Estampes.*

Estampes encadrées ou en feuilles.

Suite des Morceaux de BEGA.
Sujets de plusieurs figures.

40 21 Femme assise, allaitant un enfant; près d'elle, un paysan. Léger croquis. H. 1 p. 5 l. L. 1 p. 3 l.

22 Paysan assis, vu à mi-corps et par le dos; le dossier de son siége est en forme de rateau; près de lui, une vieille en corset et en tablier. La main droite de l'homme n'est pas terminée, et le corset et la bavette de la vieille ne sont que légèrement indiqués. H. 2 p. 5 l. L. 1 p. 9 l.

Deux Epreuves : à la première, où des raies de gratoir sont encore apparentes, on voit bien distinctement le corset et la bavette du tablier de la vieille. Ces remarques n'ont pas été indiquées par Bartsch, ce biographe n'ayant vraisemblablement vu qu'une seconde Epreuve, où les traits du corset et de la bavette sont à peine visibles. La seconde Epreuve est telle que l'a décrite Bartsch.

23 à 25 Deux Paysans et une Femme près d'une cheminée. — Villageois, assis sur un banc, prenant une jeune fille par la main. — Paysan embrassant une femme assise. Ce dernier Sujet, de demi-figures, est connu sous le titre des *deux Amoureux*. H. 2 p. 10 à 11 l. L. 2 p. 2 à 8 l.

26 La Danse au Cabaret, Composition de cinq figures. H. 3 p. 2 l. L. 2 p. 10 l.

Deux Epreuves : la première avec le fond blanc, exception faite de quelques essais de hachure.

27 Le Chanteur, Composition de trois figures, légèrement gravée. H. 4 p. 1 l. L. 2 p. 9 l.

Deux Epreuves : à la première, le bord à gauche est irrégulier, et présente au-dessus de l'ombre portée par les figures, une espèce de cran. Bartsch ne parle pas de cette Remarque.

28 Une femme assise, vue jusqu'aux genoux : elle tient un enfant endormi. H. 3 p. 6 l. L. 3 p.

Nota. *La marge autour du trait carré porte du haut et des côtés ligne et demie à deux lignes, et par le bas, cinq lignes.*

11 Estampes.

41 29 Les Buveurs, Composition de trois figures. H. 3 p. 11 l. L. 3 p. 9 l.

Deux Epr. : à la prem., qui est très-rare, un double trait au haut du bonnet de l'homme assis sur un petit tonneau; trait qui paraît avoir été fait dans l'intention de donner au bonnet une forme plus élevée, ce que Bega n'a pas effectué.

Estampes encadrées ou en feuilles.

Suite des Morceaux de BEGA.

30 Paysan près d'une femme assise, un enfant dans ses bras. H. 4 p. 11 l. L. 4 p. 1 l.

31 Femme assise, un enfant dans ses bras; près d'elle, un paysan assis semble parler à un homme qui tient un pot; il n'y a de terminé dans ce Sujet, que le buste de la femme, l'homme qui tient le pot, et le fond; le surplus n'est qu'au trait. H. 5 p. 8 l. L. 4 p. 5 l.

32 Vieille Aubergiste en bonnet de fourrure : elle est debout, près de quatre paysans qui occupent la gauche. H. 6 p. 6 l. L. 4 p. 11 l.

Deux Epr., la première avant I. COVENS ET C. MORTIER EXCUDIT.

33 Jeune Aubergiste debout et tête nue : elle écoute un paysan dont la main est posée sur son dos; à droite, un homme assis sur un baquet renversé; dans le fond, un autre homme vu par le dos; à terre, à gauche : *Corn. Bega fec.* H. 6 p. 5 l. L. 5 p. 10 l.

Trois Epr., deux avant la lettre : la prem. de ces deux Epr., d'une rareté extrême, est avant nombre de travaux; la figure de la femme, partie de la bavette de son tablier, la gauche du chapeau, du vêtement, et la main du paysan qui parle à l'aubergiste, n'y sont pas ombrées : le dessus du chapeau de l'homme assis à la droite est presque blanc; la partie ombrée du dos du paysan qui est dans le fond, n'est couverte que d'une seule taille, et le bas de la quatrième douve du baquet est presque blanc; à l'Epr. avec la lettre, le nom de BEGA. Bartsch ne parle d'aucune des remarques de la première de ces Epr., et n'indique pas non plus le nom du maître qu'on trouve à la seconde.

La Copie de la jeune Aubergiste, gravée de sens opposé, sans nom de maitre; à gauche, dans la marge : *Corn. Bega.* Cette marge coupée ne laisse pas voir le nom du graveur qui doit être à la droite. H. 7 p. 1 l. L. 5 p. 9 l.

34 La jeune Aubergiste caressée : Composition de trois figures. H. 7 p. 3 l. L. 6 p. 1 l.

35 Le Cabaret : Composition de cinq figures. H. 8 p. 4 l. L. 6 p. 6 l.

Deux Epr., la prem. avant les mots I. COVENS ET C. MORTIER EXCUDIT, gravés au bas, à gauche.

13 *Estampes, compris la copie.*

36 Les Paysans en société; manque *.

---

* Les Paysans en société. Bartsch annonce avoir tiré la descrip-

BEICH, (JOACHIM-FRANÇOIS) *peintre; né à Ravensbourg, en Souabe, en 1665; mort à Munich, en 1748. Beich a gravé à l'eau-forte des paysages dont les Compositions rappellent celles du Guaspre et de Salvatore Rosa.*

1 à 6.

42 Points de Vues de sites agrestes, pris dans le Tyrol : à la gauche du premier Morceau, un muletier et deux mulets; à droite, dans l'ombre, sur un tertre, près d'une fontaine dont les eaux tombent en cascade : *J. Beich fecit*; et au bas, du même côté, dans la marge, au milieu de laquelle est le numéro : *Jeremias Wolff excudit.* Sur les terrasses ou sur l'eau, à plusieurs des autres Pièces : *F. B. fecit.* H. 8 p. 9 l. L. 5 p. 8 l.

Prem. Epr. : on n'y voit de n.º qu'aux 2, 3 et 4.ᵉ Morceaux.

1 à 8.

Vues prises dans les campagnes de la Bavière : à la première, vers la gauche, à un grand piédestal : *Joachim Franc: Beich. invent. et fecit aquæ fortæ Jeremias Wolff excud. Aug. Vind.* n.º 75. Au bas, du même côté, à chaque Morceau, le numéro; à trois, sur la terrasse; aux autres, au-dessous du trait carré. H. 6 p. 7 l. L. 5 p. 7 l.

Prem. Epr.; *aux secondes*: JOB.-MICH. PROBST. EXCUD.

Vue d'un Port de mer ; autres d'un canal et de divers lieux des campagnes de la Souabe. Six Morceaux sans noms d'auteurs ni numéros. H. 3 p. L. 6 p. 8 l.

20 *Estampes.*

BEISSON, (M.ʳ) *graveur à l'eau-forte et au burin; né à Aix, en Provence; élève de* J.-GEOR. WILLE.

43 Sainte Cécile, l'apôtre saint Paul, la Magdeleine, saint Jean l'évangéliste et saint Augustin ; dans le haut, un concert d'Anges, d'après le Tabl. peint par

---

tion de ce Sujet du *Dictionnaire des Artistes*, par Heineke, qui lui-même l'avait prise dans le Catalogue de Marcus, page 452, n.º 2236; l'existence de cette Estampe, dont il n'est parlé que dans l'Ouvrage de Marcus, paraît plus que douteuse.

Estampes encadrées ou en feuilles.

Raffaello Sanzio pour l'église de Saint-Jean *in monte* à Bologne; Est. en haut.

Epr. avant la lettre.

BELLA, (STEFANINO DELLA) *dessinateur et graveur à l'eau-forte; né à Florence, en 1610; mort dans la même ville, en 1664; élève de* GIO. BATT. VANNI *et de* REMIG. CANTA GALLINA. *Bella commença à étudier d'après les ouvrages de Callot.*

44 Le Départ de Jacob; Bataille des Amalécites; la Fuite en Egypte; des Sujets de Vierges; diverses Bacchanales; Sièges, Batailles, Combats navals; Cérémonies publiques, et Fêtes; les Polonais; les Morts; Vues d'Italie, des Pays-Bas et de France; les Saisons; des Marines; des Paysages avec figures et animaux; Suites de Caprices militaires, Marches de troupes et Embarquemens; Jeux de cartes; Cahiers de figures; Principes du dessin; Animaux; Grotesques; Frises, Cartouches, Vases et autres ornemens, etc., etc. Mille Estampes : dans ce nombre, beaucoup de prem. Epr., quelques-unes avant la lettre; douze Pièces avec des différences, neuf doubles, et dix copies. 2 Porte-Feuilles, in-fol.

45 Saint Prosper, évêque, descendant du ciel, une épée nue à la main, venant au secours d'une ville assiégée, qu'on croit être celle de *Reggio*, en Italie. Morceau en larg., 1639. — Le Reposoir, dédié à M. Tubœuf. Pièce en larg., 1642.

46 La Perspective du Pont-Neuf de Paris, gr. Est. en larg. 1646.
Prem. Epr. avant le coq placé sur la pointe du clocher de l'église de Saint-Germain-l'Auxerrois.

BEMMEL, (PETRUS VAN) *dessinateur et graveur à l'eau-forte; né en Allemagne, florissait au commencement du siècle dernier.*

47 Quatre Paysages : e premier, un pays agreste, couvert de montagnes et de cascades; à gauche, sur l'eau : *P. V. Bemel fe*; le second, avec rivière, où est un pont de bois; à droite de la terrasse : *P. V. Bemel f.* 1716, gravé à rebours; au troisième, une baraque, à peu de distance d'une rivière; à terre, du côté droit : *Petr. Van Bemel fecit* 1716; dans le quatrième, des cascades; à droite, un dessinateur; à gauche, sur le ciel : *P. V. Bemel fe*. H. 4 p. 10 l. L. 6 p. 7 à 9 l. Suite sans numéro.

BERGHEM ou *plutôt* **BERCHEM**, (CLAS ou NI-
COLAS) *peintre* ; *né à Harlem, en* 1624 ; *mort dans
la même ville, en* 1683 ; *élève de* J. VAN GOYEN,
NIC. MOYAERT., P. GREBBER *et* J. WEENINX.
Berghem a gravé à l'eau-forte.

48 1 La Vache qui s'abreuve : à droite, près de l'abreuvoir, un berger debout, appuyé sur un grand bâton, parle à un homme assis à côté d'une femme qui vient de se laver les jambes; plus loin et derrière le berger, deux paysannes assises; sur le devant, du même côté, un bouc près d'un mouton couché ; à gauche, deux vaches dans l'eau : l'une après en avoir bu, en laisse découler de sa bouche ; près d'elles, un belier; un mouton et une chèvre; plus loin, une ruine avec bas-relief, dans le fond, des montagnes *. H. 10 p. 4 l. L. 13 p. 11 l.

Première et très-rare Epreuve : à la gauche, sur l'eau, en très-grands caractères, gravés à l'eau-forte : N. BERCHEM: *f*: 1680.

49 La même Estampe.

Deux Epreuves : à l'une où l'inscription N. Berchem *f*. 1680, *gravée à l'eau-forte, est effacée ; on trouve à la place, mais un peu plus bas, en deux lignes et en très-petits caractères :* DELI-
NEAT: ET SCULPT: PER N. BERCHEM ET IN LUCEM
EDIT: N: VISSCHER CUM PRIVIL: *à la seconde de ces
Epr. :* LEON SCHENK EXCUD: **. *Cette seconde adresse est gravée à la droite de la terrasse.*

50 2 La Vache qui pisse : on la voit vers le milieu de la Composition, sur un terrain élevé ; à la droite du devant, un homme, une femme et un enfant, couchés et endormis ; plus loin, du même côté, un bœuf, un belier et un mouton, et un âne qui brait ; derrière eux, un coq perché sur la porte d'une

---

* Le numéro qui précède la description de cette Estampe, et ceux qu'on trouve avant celle des Morceaux suivans, gravés par *N. Berghem*, se rapportent également aux deux Catalogues de l'œuvre de ce Maître ; l'un fait par *Hendrick de Winter.* Amsterdam, 1767, in-8. L'autre, par *Adam Bartsch.* Vienne, 1805, in-8.

** Il y a des Epr. modernes, tirées après le nom de *L. Schenk*, effacé.

Estampes encadrées ou en feuilles.

Suite des Morceaux de BERGHEM.

mâsure; à la gauche du devant, deux chèvres et un mouton; beaucoup plus loin, divers animaux; dans le fond, des montagnes; au milieu de la terrasse, sur le trait carré qui entoure la Composition, une espèce de cartouche. H. 7 p. 5 l. L. 9 p. 6 l.

Première Epr. avant toutes lettres; Morceau de la plus grande rareté. De Winter ni Bartsch ne parlent de cette Epreuve.

51 La même Estampe, seconde Epr. : sur l'espèce de cartouche au bas de la composition : C. P. * *Berghem inventer et fecit,* elle est avant les mots *F. de Widt excudit.*

52 La même Estampe, seconde Epr. double, aussi avant l'adresse de *de Widt;* plus, une Epr. avec le nom de *de Widt* effacé, et remplacé par les mots G. *Valk excudit.* Au haut, à droite, à cette Epr., au-dessus du trait carré, la lettre *C.*; au bas du même côté, dans la marge, un n.° 1.

53 3 Les trois Vaches en repos, deux couchées et une debout : à droite, à peu de distance d'un grand arbre, un berger et une bergère assis; vers la gauche, derrière les vaches, un bouc; du même côté, dans l'éloignement, un pâtre et deux animaux; plus loin, une tour; dans le fond, des montagnes; un mouton couché est à la droite du devant; à la gauche, un vieux tronc d'arbre. H. 6 p. 3 l. L. 8 p. 9 l.

Prem. Epr. extrêmement rare, où le nuage vers le milieu du ciel, au-dessus d'un petit bouquet d'arbres, n'est que tracé. Elle est avant les travaux sur les montagnes du fond, et avant la lettre.

54 La Contre-Epreuve de l'Estampe précédente : cette Contre-Epreuve, faite sur une Epr., avec le nuage au trait, avant les travaux sur les montagnes, et avant la letttre, est très-vigoureuse de ton.

55 La même Estampe, les trois Vaches en repos.

Deux Epreuves avec le nuage et les deux montagnes teintés à la pointe sèche. La prem. de ces Epr. est avant la lettre; à la seconde, au haut du ciel, à gauche: N. BERGHEM *fe.* **

---

* C. P. (*Claas Pieters-Zoon*), Nicolas, fils de Pierre.

** Aux quatrièmes Epr., on trouve au ciel un petit nuage mince, divers travaux faits à la planche, et les mots *F. de Widt excudit.* Aux cinquièmes Epr. l'adresse de *de Widt* est effacée.

Estampes encadrées ou en feuilles.

Suite des Morceaux de BERGHEM.

56　4　Le Joueur de Cornemuse parlant à un paysan monté sur un âne, dont les pas sont dirigés vers la droite; plus loin, un pâtre conduit des moutons; un bœuf et une vache précèdent les moutons; dans le fond, des arbres et des montagnes. H. 6 p. L. 8 p. 8 l. H. de la marge du bas, 5 l.

Première et très-rare Epr. avant la lettre.

57　　La même Est.: au haut du ciel, à gauche: *N. Berchgem fe.*

58　5　Le retour des champs: un paysan monté sur un âne, précédé d'une chèvre et d'un mouton, descend un monticule, et dirige sa marche vers la gauche; plus loin, à droite, une femme, un panier sur la tête, est accompagnée d'un bouc et d'un mouton; en avant, du même côté, un belier et quatre moutons; à gauche, sur la terrasse: *Berghem*, 1644. H. 6 p. 4 l. L. 6 p. 9.

Epreuve avant la totalité des travaux sur le ciel*.

59　6　Pâtre vu par le dos: il joue de la flûte, près d'une jeune fille assise; à la gauche, derrière la jeune fille, un mouton; plus loin, une haute montagne couverte d'arbres; à la droite, un bœuf couché, un âne et une chèvre. Morceau sans nom de maître. H. 6 p. 10 l. L. 5 p. 2 l.

Deux Epreuves: la première avant le numéro à droite de la marge. Dans la seconde Epreuve, un n.° 51, numéro gravé depuis à la pl., pour la placer dans le nombre de celles qui composent l'œuvre de Karle du Jardin**.

60　7　Pâtre debout, vu par le dos: il parle à une paysanne assise à terre, allaitant un enfant; à gauche, derrière de grands arbres, une vache; du même côté, sur le devant, une brebis et un agnelet couchés sur l'herbe. Morceau sans nom de maître. H. 7 p. 4 l. L. 5 p. 4 l.

Quatre Sujets d'Animaux.

I.

61　8　Pâtre jouant de la flûte, assis vers la droite, sur une

---

* Il existe des Epreuves où le ciel est blanc; aux dernières épreuves le ciel est entièrement couvert de tailles.

** On trouve des Epr. d'essai de ce Morceau, imprimées avant que la pl. n'ait été terminée.

Suite des Morceaux de BERGHEM.

fontaine; près de lui une fileuse debout; à gauche, six animaux, vaches, beliers et moutons.

2.

9 L'âne qui brait : à sa droite, un pâtre se dispose à traverser une rivière ; une femme et un mouton sont déjà dans l'eau. Composition de onze figures et animaux.

3.

10 Berger gardant des animaux : il est près d'un gros arbre ; à gauche du troisième plan, un cheval et une vache couchés; un âne, deux chèvres, un belier et trois moutons occupent le surplus de la Composition.

4.

11 Femme devant une hôtellerie : elle est sur un âne, et tient un verre renversé, ce que regarde l'hôtesse, placée à sa porte; près de là, un homme en manteau, et divers animaux ; au fond, à droite, une femme sur un âne : elle est vue par le dos. Les quatre Estampes précédentes avec les n.os 1, 2, 3, 4, à la droite des terrasses; à la première, au-dessus du n.o 1 : *C. Berghem f.* 1652. *Frederick de Widt Excudit.* Au haut des trois autres, du même côté : *C. Berghem fe.* H. 9 p. 8 l. L. 7 p. 8 l. *

12 Jeune Femme montée sur un mulet qui hennit : derrière elle, un rustre à cheval, un papier dans les mains, semble chanter; sur le papier : *Berghe f.* A droite, dans l'éloignement, un âne chargé. H. 10 p. 10 l. L. 7 p. 8 l. **

---

* Les premières Epreuves n'ont pas de numéro; l'on y trouve le nom du maître et l'année gravée à l'eau-forte. Nous venons de décrire les secondes Epreuves; aux troisièmes Epreuves, l'adresse de *Jus. Danckerts*.

** Aux premières Epreuves, l'année 1655, après le nom du maître; les montagnes du fond n'y sont pas terminées, et l'âne n'est pas chargé de paquets. Aux secondes Epreuves, l'année 1655, les montagnes terminées, et l'âne chargé; aux troisièmes Epreuves, le nom de *P. Goos*, après celui du maître, gravé à la place de l'année 1665; aux quatrièmes Epr., il n'y a ni année ni nom d'édit.

Estampes encadrées ou en feuilles.

Suite des Morceaux de BERGHEM.

62 Pâtre, jouant de la flûte ; jeune Femme montée sur le Mulet qui hennit.

Ces deux Morceaux, l'un, première Epreuve avant le n.°, à la droite de la terrasse, où l'on trouve gravé à l'eau-forte : C. BERGHEM *f*. 1652 ; *à l'Epreuve du second Sujet, sur le papier que le rustre tient à la main :* P. GOOS EXC., *à la place où était l'année* 1655.

1.

63 13 Femme qui trait une vache : à droite et sur le devant, une vache couchée et une debout ; à gauche, deux moutons se reposent.

2.

14 Trois Chevaux et deux Chèvres se reposant ; à gauche, un paysan debout.

3.

15 Deux Vaches, l'une couchée, l'autre qui pisse : à gauche, au fond, deux pâtres et des animaux.

4.

16 L'Ane debout, sur le devant d'une campagne, où sont à gauche, une chèvre et quatre moutons, et à droite, un pâtre et une jeune fille assis sur un terrain élevé. Hauteur de cette Estampe et des trois précédentes, 4 p. 5 l., et environ 6 p. 3 l. de larg.

Premières Epreuves avant la lettre et avant les n.°ˢ

64 Les quatre Estampes précédantes doubles.

Epreuves avec le nom du maître et avec le n.° ; à la première, au bord de la terrasse : DELIN : ET : SCULPT: PER N: BERCHEM ET IN LUCEM EDIT : PER NICOLAUS VISSCHER CUM PRIVIL: ORDIN: GENERAL: BELGII: FŒDERAT: *et le n.°* 1 *; aux trois autres, au milieu :* CUM PRIVILEGIO, N. B. *; et à droite, le* N.°

17 Tête de Bouc tournée vers la gauche ; au bas de l'Estampe : *N. Berchem Fec; N: Visscher edid: cum Privilegio.* Après cette inscription et au-dessous, un n.° 5. H. 2 p. 3 l. L. 2 p. 7 l. *

---

* On trouve de cette première Estampe et de celle du n.° 18, de premières Epreuves avant la lettre.

Suite des Morceaux de BERGHEM.

18 Tête de Bouc tournée vers la droite ; au bas de l'Estampe : *N. Berchem Fec: N: Visscher edid: cum Privil :* et à droite, un n.º 5. H. 3 p. 1 l. L. 7 p. 2 l.
6 *Estampes.*

19 Tête de Bouc, dite au front noir. Manque *. Nous n'avons ici que la copie par Bartsch : Copie gravée dans le sens de l'original.

20 à 22 **.

65 23 à 28 La petite Laitière : on la voit au premier Morceau d'une Suite de six paysages avec animaux, Suite dite *la Petite Laitière :* elle est debout, appuyée contre un piédestal ; à droite, une vache mugit ; sur le devant, du même côté, une chèvre ; à la table renfoncée du piédestal, l'inscription : *C. P. Berghem. Fesit et Excud.* 1644, et au-dessus de ce titre un n.º 1. A la seconde Estampe, une Vache debout, dirigée vers la droite ; près d'elle, une chèvre couchée ; plus loin, deux moutons. A la troisième, une vache debout, dirigée vers la gauche : devant elle, un mouton couché. A la quatrième, un chemin, où une vache marche vers la gauche ; du côté opposé, deux moutons. A la cinquième, deux vaches : l'une, vue par derrière, marche vers la droite. A la sixième, du côté droit, une vache sort d'une mare. A ces cinq derniers Morceaux, dans le haut, à trois à gauche, à deux à droite, le n.º H. 3 p. à 3 p. 4 l. L, 3 p. à 3 p. 5 l. 6 Estampes.

Superbes Epreuves : deux (celles sous les n.ºs 24 et 26) avant les ciels terminés ***.

---

* Tête de Bouc vue de trois quarts, dirigée vers a droite : il n'y a que la partie au-dessus du nez qui soit blanche. H. 3 p. L. 2 p. 7 l. Morceau extrêmement rare.

** Trois petites Estampes où sont représentées des têtes de boucs et de beliers, décrites par *Henr. de Winter*, sous les n.ºs 20, 21 et 22, manquent ; la manière indécise dont cet auteur en parle, porte à croire qu'il ne les connaissait pas, et qu'il n'en a fait la description que d'après des notes qui lui ont été données ; description traduite depuis par Bartsch, dont les recherches, pour voir ces Estampes ou pour en trouver une notice, paraissent avoir été infructueuses.

*** On trouve de premières Epreuves de ces Estampes, avant la

Suite des Morceaux de BERGHEM.

66 29 à 56 ANIMALIA *ad vivum delineata et aquâ forti œri impressa* STUDIO ET ARTE NICOLAI BERCHEMI. Titre qu'on trouve à la 1.re Estampe de chacune des quatre Suites d'animaux ci-après, savoir: 1.re SUITE, n.os 29 à 34, six Estampes, représentant deux beliers et des moutons : à la première, une femme tournée vers la droite, assise sur une pierre qui lui cache les jambes; plus loin, une autre femme vue par le dos. Le titre gravé sur la pierre. — 2.e SUITE, n.os 35 à 40, six Estampes représentant des boucs : à la première, un pâtre tourné vers la gauche, assis sur une longue pierre qui porte le titre. — 3.e SUITE, n.os 41 à 48, huit Estampes, moutons et brebis : à gauche de la première, une femme assise sur une longue pierre, sur laquelle est le titre. A la dernière, un bas-relief, Sujet de figures et d'animaux; au n.o 2 de cette Suite : *C. Beerighem f.*; aux n.os 3 et 4 : *C. Berghem f.*; au n.o 7 : *C. Berrighem.* — 4.e SUITE, n.o 49 à 56, huit Estampes, boucs, beliers et chiens : à la première Est., du côté droit, un berger assis sur une longue pierre, tient de la main gauche un fléau, son chien est près de lui; sur la pierre, le titre. Aux n.os 2 et 4 de cette Suite : *C. Berrighem f.*; au n.o 7 : *C. Berri-ghem.* Au bas, à droite de chaque Morceau de ces Suites, des n.os; dans le haut, du même côté, des lettres alphabétiques; au bas, à gauche, aux deux dernières Suites, les n.os répétés. La première suite marquée d'un C, la deuxième d'un D, la troisième d'un A, la quatrième d'un B. Haut. des Estampes de chaque Suite, 3 p. 9 à 10 l. L. 4 p. 2 à 11 l. * Plus, vingt-huit Contre-Epreuves des Morceaux qui composent les quatre Suites. 56 Pièces.

---

lettre et avant les n.os; les secondes Epreuves, celle que nous venons de décrire sont avant les ciels terminés, aux 2.e et 4.e Morceaux (n.os 24 et 26). Aux troisièmes Epreuves, les numéros aux six Morceaux, et les ciels des 3.e et 4.e Pièces (n.os 24 et 26), terminés.

* Les premières Epreuves des quatre Suites sont à l'eau-forte pure; les secondes, terminées, n'ont ni lettres ni numéros; aux troisièmes Epreuves, le nom de *Clémendt de Jonghe*; celui de *F. de Widt* est aux quatrièmes Epreuves; les cinquièmes, de l'édi-

Estampes encadrées ou en feuilles.

Suite des Morceaux de BERGHEM.

67 Les Est. des quatre Suites précédentes répétées, 28 Pièces. Epreuves où il n'y a plus les lettres *C. D. A. B.*, ni aucun numéro.

68 Suite de Boucs, n.°⁵ 35 à 40, répétée une troisième fois. Au premier Morceau, un pâtre tourné vers la gauche, assis sur une longue pierre où est le titre.

Epreuves avec les mots Clemendt de Ionge excud; gravés au bas, à droite, à la Pièce où est le titre.

BERGLER, (JOSEPH) *dessinateur et graveur à l'eau-forte; né à Salzbourg.*

69 Le Portrait de J. Bergler, gravé par lui-même, en 1813 (d'après le dessin de *Woldher*). Divers Sujets de l'Histoire sacrée et de l'Histoire profane; Scènes d'incendie et d'inondation; Etudes, etc.: dessinés et gravés par *Bergler*, de 1802 à 1811. Plus, saint Jean, gravé à Prague, par *Jos Quaisser*, sur le dessin de Bergler, fait d'après Raffaello. 25 Estampes.

BERLINGIERI, (CAMILLO) *dessinateur; né à Ferrare, dans le Bolonais. Berlingieri a gravé à l'eau-forte.*

70 Campagnes près d'une ville, Paysages coupés de rivière, et Vue de mer entre des rochers: Compositions ornées de quelques figures. Au bas, à sept de ces Morceaux: *Camillo Berlingieri.* H. 4 p. 3 à 5 l. L. 5 p. 5 à 10 l. 8 *Estampes.*

BERTAUX, (M.ʳ DUPLESSI) *dessinateur et graveur à l'eau-forte; né à Paris; élève de* MAR.-JOSEPH VIEN, *peintre.*

71 Le Portrait de J. Duplessi-Bertaux, vu de face et en buste. Différens Sujets, et des Paysages; d'après Giulio Pipi, Tiziano, Rubens, Teniers, Vander Meulen, Wouwermans, Berghem, Van de Velde, Le Poussin, Claude le Lorrain, Le Sueur, Le Brun, Jouvenet, M. Guérin, et autres. 57 Estampes.

---

tion d'*Huquier*, sans aucune adresse, sont celles que nous venons de décrire. *Nota.* On trouve des deux dernières Suites, des Epreuves avec le nom de *Th. Matham* Ces Epreuves ont été imprimées avant celle de l'édition de *Cl. de Jonghe.*

Estampes encadrées ou en feuilles.

Suite des Morceaux de BERTAUX.

72 Camées antiques de la Galerie de Florence, d'après les dessins de M. Wicar; et diverses Médailles. 56 *Estampes.*

73 Sujets tirés des Fables d'Esope et des Fables de La Fontaine; Grétry traversant l'Achéron; Scènes aux Champs-Elysées et au bois de Boulogne; diverses Figures pour l'Histoire de France et pour la Guerre qui a procuré l'indépendance aux Etats-Unis d'Amérique; Titre et Cartouches. Plusieurs de ces Morceaux, d'après Le Paon, J. Mich. Moreau, Vincent; MM. Joly, Isabey, Lafitte, Rochn, C. Vernet et Wicar: plusieurs des autres sur les dessins du graveur. 96 *Estampes.*

74 Vues et Monumens, d'après les dessins de Desprez et de M. Melling, pour les Voyages de Naples et Sicile, et de Constantinople. Dans celles de ce dernier ouvrage, les Paysages par *V. Pillement.* 18 *Estampes.*

75 Séparation de Louis XVI et de sa Famille; Apothéose de Louis XVI; Arrivée de Sa Majesté Louis XVIII à Calais; les Portraits de Louis XVIII, d'Alexandre I.er et de Guillaume III. Divers autres Portraits, et des Etudes de figures et de têtes. 19 *Estampes.*

76 Militaires de différentes armes; Arts et Métiers; Ouvriers; Marchands ambulans; Scènes de Théâtre et autres; Etudes de Chevaux, etc. Morceaux exécutés sur les dessins du graveur. 150 *Estampes.*

77 Evénemens et Scènes diverses pendant le cours de la Révolution. Morceaux gravés par M. *Bertaux*; 61 sur ses propres dessins, et 2 d'après Boizot et M. Wille. 63 *Estampes.*

78 Evénemens et Scènes de la Révolution; la plupart de ces Sujets composés dans des formes de frise, par M. *Bertaux*; quelques autres de grand format, d'après M. Monnet. 84 *Estampes.*

79 Trente-cinq Sujets, Actions diverses des Campagnes d'Italie; d'après les dessins de M. C. Vernet.

80 Trente-quatre Sujets; Vues, etc., pour le Voyage d'Egypte; d'après les dessins de M Denon.

81 Sujets tirés des Campagnes d'Allemagne; quelques-uns de ces Morceaux d'après les dessins de M. Lafitte; les autres sur les dessins du graveur. 37 *Estampes.*

Estampes encadrées ou en feuilles.

BERVIC, (M.ʳ) *graveur au burin ; né à Paris ; élève de* J.-GEOR. WILLE.

82 Laocoon fils de Priam et prêtre d'Apollon, et ses deux enfans, enveloppés par deux énormes serpens; d'après le groupe antique d'Agésandre, Polydore et Athénodore, trouvé à Rome, en 1506, dans les ruines du palais de Titus, sur le mont Esquilin. Est. en haut.

Epreuve avant la lettre ; le nom de Bervic à la pointe sèche.

83 Saint Jean dans le désert, d'après le Tableau de Raffaello, à la galerie de Florence. Est. en haut.

Epreuve avant la lettre; les noms d'auteurs à la pointe sèche.

84* L'Enlèvement de Déjanire, d'après le Tableau de Guido Reni au Musée royal. Est. en haut.

Epreuve avant la lettre.

85* Education d'Achille, d'après le Tableau de M. Regnault, peint pour la réception de ce Maître à l'ancienne académie. Est. en haut.

Epreuve avant la lettre.

86 Le Repos, d'après Lépicié. Est. en haut.

Epreuve avant la lettre.

87 La Demande acceptée, d'après Lépicié; gr. Est. en larg.

Epreuve avant la lettre.

88 Louis XVI en manteau royal, d'après le Tableau de M.ʳ Callet : portrait en pied; Est. en haut. gravée en 1790.

Epreuve avant la lettre.

89 L'Innocence, d'après M.ʳ Mérimée. Est. en haut.

Epreuve avant la lettre et avant le médaillon où est représenté le portrait de C. de Wailly, fondateur de la Société des amis des arts, société pour laquelle cette planche a été gravée.

Estampes encadrées ou en feuilles.

Suite des Morceaux de M. BERVIC.

90 Les Portraits du prince Massalski, évêque de Vilna, d'après Kymli, 1780; du comte de Vergennes, sur le dessin du graveur, 1780; de Linnée, d'après Roslin; et de Sénac de Meillan, d'après Duplessis (l'Epreuve de ce dernier portrait est avant la lettre) 4 Estampes.

BETTELINI, (PIERRE) *graveur à l'eau-forte, au burin et au pointillé; né près de Lugano; élève de* GAET. GANDOLFI *et de* FRANC. BARTOLOZZI.

91 Sainte Martine, d'après le Tabl. de Pietro Berettini de Cortone, au Musée royal.

Epreuve avant la lettre.

BIEDERMANN, (J.... J....) *dessinateur et graveur à l'eau-forte; né en Allemagne.*

92 Groupes de figures; Groupes d'animaux; Etudes de figures; Etudes d'animaux; vingt-quatre Morceaux marqués : *J.-J Biedermann f.* Pièces numérotées, dans le haut, de 25 à 48. 24 Est.

BISSCHOP, (C....) *dessinateur et graveur à l'eau-forte; né en Hollande.*

3 Vues de prairies : dans la première, deux chevaux dirigés vers la droite où est un petit pont de bois. Dans la seconde, un vacher, un seau à la main; plus loin, trois vaches : une est couchée. Un cheval, dirigé vers deux vaches couchées, et qui paraissent ruminer, se voit dans la troisième. Dans la quatrième, une laitière tient un seau; près d'elle, trois vaches, une debout, beugle; à gauche de la marge du bas, à chaque Morceau: *C. Bisschop f.t* H. 4 p. 5 à 6 l. L. 5 p. 8 à 9 l.

Deux Suites d'Epreuves, les premières avant les fonds, les secondes avec les fonds, mais avant les ciels et la lettre. 8 Est.

Les quatre Prairies. Précédentes Estampes répétées.

Deux SUITES d'Epreuves, les premières avant la lettre. 8 Est.

Quatre Prairies : on y voit des vaches; dans la première, une vache broute l'herbe. A la seconde, une vache couchée. Dans la troisième, une vache couchée, vue par le dos, regarde à droite. Dans la quatrième, une vache couchée, dirigée vers la droite

Estampes encadrées ou en feuilles.

Suite des Morceaux de BISSCHOP.

où est une rivière. Au haut, à gauche, à la première pièce : *C. Bisschop f.* Ce nom, aux trois autres Morceaux, est au bas, dans la marge. On y trouve à toutes quatre le n.° H. 3 p. 8 à 9 l. L. 5 p. 3 à 5 l.

Vache couchée : à droite, une haie en planches ; vache marchant vers la droite ; au haut, à gauche, à chaque Morceau : *C. B. f* ; dans la marge du prem. Morceau, le n.° 1. H. 2 p. 4 l. L. 3 p. 7 l.

Taureau et Vache en regards, vus en buste : à la corne gauche du taureau, un bout de longe ; Etudes sur un fond blanc. Grandeur de la planche : H. 3 p. 11 l. L. 7 p. 5 l.

Morceau rare.

Les mêmes Etudes séparées : à chaque Pièce, dans le fond, des prairies ; aux ciels, de légers nuages ; sur le devant du Morceau, où est la vache, une barrière en bois ; vers la droite, au-dessus de son col : *C Bisschop f.* tracé très-légèrement ; de plus, dans la marge, au premier morceau : *C Bisschop. f.* ; et au haut, à gauche, à chaque Morceau : *C Bisschop f.* H. 3 p. 9 l. L. 3 p. 5 à 7 l.

9 Estampes.

BISSELL, ( ) *graveur à l'eau-forte ; né en Allemagne.*

96 Compositions et Etudes, d'après des dessins de Raffaello, Pietro Berettini, Ann. Carracci, Barbieri, Tiziano, Courtois, dit *Le Bourguignon*, et autres ; 17 Pièces. — Deux grands Paysages, avec ruines, d'après Kobell. 19 Estampes.

BIZEMONT, (M.r de) *dessinateur et graveur à l'eau-forte, au lavis et sur bois ; né au château Thignonville, en Beauce.*

97 Diverses Compositions de Sujets : autres de paysages avec figures et animaux ; Vue ; Etudes de figures et de vases. Plusieurs de ces Morceaux, d'après Agos. Carracci, Reni, Barbieri, Palmieri, Ostade, de Larue, Sarazin, et M. Bertin ; d'autres sur ses propres dessins. 29 Estampes.

BLEKER, (G . . . . . .) *peintre ; né à Harlem, florissait vers 1638. Bleker a gravé à l'eau-forte.*

98 1 L'Ange promettant un fils à Abraham : au haut, à gauche *G. Bleker f.* 1638. H. 5 p. 2 l. L. 7 p. 9 l.

DE LA NÉCESSITÉ

D'UN

CASINO A NICE

PAR

LÉOPOLD AMAT

Chevalier de la Légion-d'Honneur,
Directeur du Journal **La France Méridionale.**

> Il faut à Nice un *Casino* : — Non pas un *Casino*, Café-chantant, non plus un *Kursaal*, maison de jeu ; mais un *Casino-Cercle*, un *Casino de famille*, où les fêtes et les plaisirs s'allieront à d'utiles récréations ; où les sciences, les lettres et les arts se donneront la main, etc.
>
> *France Méridionale,* L. AMAT.

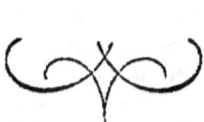

NICE,

IMPRIMERIE, LITHOGRAPHIE ET LIBRAIRIE CHARLES CAUVIN,

Rue de la Préfecture, 6.

1864.

Suite des Morceaux de BLEKER.

2 et 3 Deux Sujets de Jacob et de Rachel. Manquent *.

4 La Résurrection du Lazare; sur le tombeau : *G. Bleker Invent et fecit ;* vers la droite, à terre, *et* précédé des lettres : *P. C. V.* réunies. H. 8 p. 5 l. L. 10 p. 8 l.

5 Paul et Barnabé à Lystre : à gauche, dans la marge : *G. Bleker f.* 1638. H. 11 p. L. 16 p. 9 l.

6 Vacher jouant de la flûte en gardant des animaux; à droite, sur le ciel : *G. Bleker f.* 1638. H. 5 p. 3 l. L. 7 p. 10 l.

4 Estampes.

99 7 et 8 Troupeau s'abreuvant à une rivière; à droite, au pied d'un arbre, un bouvier. — Pâtre marchant derrière un troupeau, près duquel est une villageoise à cheval. Morceaux sans nom de maître. H. 5 p. 8 à 9 l. L. 8 p. 9 l.

9 Paysan assis, regardant une laitière traire une vache ; à terre, à gauche : *G. Bleker f.* 1643. H. 5 p. 8 l. L. 8 p. 9 l.

10 à 12 Chariot à quatre roues; à terre, à gauche, près d'une oie : *G. Bleker f.* 1648. — Chariot à deux roues ; à gauche, au ciel : *G. Bleker,* 1643. — Villageois et Villageoise dans un cabriolet; à droite, dans la marge : *G. Bleker f.* 1643. H. 7 p. 6 l. L. 11 p.

6 Estampes.

BLOT, (M.ʳ) *graveur au burin ; né à Paris ; élève d'*AUGUSTIN DE SAINT-AUBIN.

100 Ann. Carrache, Van Dyck, d'après ces Maîtres ; la Magdeleine, d'après Tiziano. Tableaux de la galerie de Florence.

L'épreuve du second Morceau est avant la lettre, aux deux autres la lettre grise.

01* Le Jugement de Pâris, d'après le Tabl. d'Adr. Vander Werff. H. 16 p. 10 l. L. 12 p. 10 l., non compris les marges du cuivre.

Epreuve avant la lettre.

* Jacob donnant un baiser à Rachel : Morceau sans nom de maître. 19 p. 7 l. L. 14 p. 9 l. — Jacob s'entretenant avec Rachel. Dans la [m]arge : *G. Bleker f.,* 1638. H. 16 p. 3 l. L. 10 p. 7 l.

Estampes encadrées ou en feuilles.

Suite des Morceaux de M.r BLOT.

102 Le Jugement de Pâris, d'après Adr. Vander Werff, Estampe de plus petite proportion. H. 8 p. L. 6 p. 2 l., non compris les marges du cuivre.

Epreuve avant la lettre.

103 Mars, Vénus et les Amours, d'après Le Poussin; Estampe en larg.

Epreuve avant la lettre.

104 Les Bergers d'Arcadie, d'après Le Poussin, très gr. Est. en larg. 1810.

Epreuve avant la lettre; le titre en lettre grise.

105 Le Verrou, le Contrat: Est. en largeur, d'après Fragonard. Jupiter enlève Io; Jupiter, sous la forme de Diane, séduit Calisto : Sujets de demi-figures. Est. en hauteur, an VII, d'après M.r Regnault. 4 Estampes.

Epreuves avant la lettre.

106 Marcus Sextus, d'après M. Guérin; très-gr. Estampe en largeur.

Epreuve avant la lettre.

107 Femme vue à mi-corps; elle se presse le sein, et fait jaillir de son lait sur deux pigeons, d'après Morelse; Dame vue en buste, d'après Scalken; jeune Femme vue à mi-corps : elle porte une toque ornée d'une plume, d'après Grimou, 1774. 3 Estampes.

Epreuves avant la lettre.

108 Scène de la Thébaïde, tragédie de Racine; Psyché près de l'Amour, poëme de Lafontaine, et Scènes de Phèdre, de Mahomet et de l'Enfant prodigue, Théâtre de Voltaire, d'après les dessins de Moitte, M.r Gérard et J. M. Moreau : les deux premiers Morceaux in-4°, les autres in-8°. Monseigneur le Dauphin et Madame, fille du Roi, d'après M.me Le Brun; l'Abbé de Géry, sur

Estampes encadrées ou en feuilles.

le dessin du graveur, en 1780 ; et Champagne, Portrait copié d'après l'Estampe de Ger. Edelinck. 8 Est.

Epreuves avant la lettre.

BOEL, (PIERRE) *peintre, né à Anvers, en 1625 ; mort à Paris, dans un âge très-avancé ; élève de* FRANC. SNEYDERS. *Boel, passé en France, y fut presque continuellement occupé aux ouvrages que Ch. Le Brun faisait alors exécuter par ordre du Roi, aux Gobelins : le talent qu'il avait de mettre plus de feu qu'aucun autre dans ses ouvrages, et de les animer, se retrouve dans les Morceaux qu'il a gravés à l'eau-forte.*

109 1 à 6 Différens Oiseaux, Compositions terminées par des fonds de paysages : 1.º trois Chiens près d'un Ane chargé de volailles ; à droite, à un morceau d'architecture en ruine, le titre : *Diversi uccelli di Petro Boel ;* 2.º deux Faucons tombant sur un Héron ; 3.º trois Aigles se disputant un jeune Chevreuil étendu à terre ; 4.º Paon perché sur un morceau d'entablement en ruine ; 5.º des Butords et des Canards sauvages, à droite : *P. B. F. ;* 6.º des Canards fuyant à l'arrivée de deux Eperviers ; à droite dans l'ombre : *P. B.* Suite sans numéro. H. 5 p. 10 l. à 6 p. 2 l. L. 8 p. 7 l. à 9 p.

Rares et superbes Epreuves.

110 7 La Chasse au Sanglier ; au nombre des onze chiens qui le poursuivent, un est couvert d'une chemise de maille ; sur une pierre à gauche : *P. B.* H. 6 p. 11 l. L. 11 p. 10 l.

Rare et superbe Epreuve tirée avant que la planche n'ait été entièrement ébarbée.

Morceaux attribués, pour la gravure, à BOEL.

111 8 Deux Eléphans, deux Lions et deux Linx ; dans le fond, un parterre entouré d'une balustrade au-delà des montagnes. Ce Morceau touché avec beaucoup de fermeté est sans nom d'auteur. Au bas, une marge blanche. H. 11 p. 11 l. compris la marge de 11 l. L. 18 p. 10 l.

9 à 14. Différens Oiseaux : 1.º deux Aigles et un Griffon au sommet d'une montagne ; 2.º des Ducs sur une grande roche ; 3.º deux Autruches, deux Païs et un Casuel dans une campagne ; 4.º deux Bleuets, deux Becharoux et deux Casuels

Estampes encadrées ou en feuilles.

dans un parc, près d'un escalier; 5.° des Pélicans de mer, les uns au bord d'une pièce d'eau, les autres dans l'eau; 6.° Canes musquées, Damoiselles, Oiseaux royals, Oies de Canada, Poules de Turquie et Outardes, dans la cour d'une ménagerie. A chaque Morceau dans la marge, le nom des oiseaux; au coin à gauche: *P. Boel del*; à droite: chez *G. Scotin..... à l'Estoile*. H. 8 p. 6 à 10 l. L. 12 p. 5 à 11 l.

    Nota. Du premier Morceau deux Epreuves; une à l'eau-forte seulement, et avant la lettre, les cinq autres anciennes d'Epreuves.

    Huit Estampes.

BOEL, (CORYN) *graveur à l'eau-forte et au burin; né à Anvers; florissait dans le 17.ᵉ siècle.*

112 Scènes pastorales: à la gauche du premier Sujet, un berger présente la main à une jeune femme qui tient une houlette; dans le second, un pâtre embrasse une laitière dont le pot au lait est à terre; dans les fonds, des campagnes où sont des animaux: Compositions, dont l'invention est attribuée à Rubens. Pièces sans nom d'auteurs. Vers la droite, à terre, au second Morceau, sur une pierre, l'année 1667 légèrement tracée. H. 6 p. 3 à 7 l. L. 11 p. 5 à 3 l.

    Morceaux rares. Plus, du pâtre et de la laitière, une copie gravée dans le sens de l'original: elle est marquée, au bord de la terrasse, à gauche: CORYN BOEL f.

113 Le Médecin aux urines; le Paysan violonneur; deux Scènes de singes, Concert et Barbier; et les Fumeurs au cabaret. Cinq Morceaux. H. 7 p. 1 l. à 9 p. 5 l. L. 8 p. 10 l. à 13 p. 5 l.

    Paysan debout jouant de la flûte. H. 4 p. 5 l. L. 3 p. 5 l. Les Joueurs de boule, à peu de distance d'une chaumière. H. 3 p. 11 l. L. 5 p. 5 l. Le Concert, le Buveur, le Fumeur: ces trois dernières Compositions, chacune de deux demi-figures. H. 5 p. 10 l. à 7 p. 2 l. L. 5 p. 2 à 10 l. Diverses Actions représentées par des singes: sept Estampes; à celle qui sert de titre, deux singes près d'une sphère, sur laquelle on en remarque d'autres qui se livrent aux plaisirs; au bas, au-dessous de la sphère: *Franc. Vanden Wyngaerde ex*. H. 3 p. 10 à 11 l. L. 5 p. 3 à 4 l.

    Nota. A ces dix-sept Estampes, au bas, à gauche: D. TE-

Estampes encadrées ou en feuilles.

NIERS IN. ET EXCUD. CUM PRIVILEGIO, *différemment écrit; à droite, aux onze premières:* CORYN BOEL f. ; à une ce nom est au haut.

BOISSIEU, (JEAN-JACQUES de) *peintre, dessinateur et graveur; né à Lyon, en* 1736; *mort dans la même ville, en* 1810. LOMBARD *et* FRONTIER *lui donnèrent les premières leçons du dessin. De constantes études d'après les Tableaux des grands maîtres des Pays-Bas, et sur-tout celles qu'il fit d'après nature, concoururent à le perfectionner.*

114 1 Boissieu, vu à mi-corps et de face, un chapeau rond sur la tête; il tient à la main un dessin représentant un paysage avec figures et animaux; devant lui, sur une table, le buste d'un des fils de Laocoon. Dans la marge, à droite J.-J. D. B. (Jean-Jacques de Boissieu), 1796. H. 10 p. 8 l. L. 8 p. 6 l. 6 *z*. *

Première Epreuve, où le dessin représente le portrait de l'épouse de l'auteur, remplacé depuis par un paysage.

Sujets de figures entières.

2 Saint Jérôme, assis près d'un arbre, occupé à écrire; au fond, à gauche, le lion près d'une cabane en planches; du même côté, dans la marge : J. J. DB., 1797. H. 16 p. L. 11 p. 7 l. 7 3.

Première Epreuve d'eau-forte pure, le ciel blanc et les lettres J. J. DB. et l'année 1797 *répétées à la droite de la marge ; on trouve aux secondes Epr., des travaux faits à la pointe sèche et à la roulette, travaux qui ont donné à cette planche un ton plus vigoureux.*

3 Deux Pères du Désert; l'un debout en extase, près d'un gros arbre; l'autre plus loin à droite, assis, plongé dans la méditation; au milieu de la marge, le titre : *les Pères du Désert;* à gauche : DB. 1797. Le principal personnage de cette

---

* Ce numéro, et ceux qu'on trouve après la description de plusieurs autres morceaux gravés par ce maître, correspondent au catalogue publié par lui-même à Lyon, en 1801, in-8.°

Estampes encadrées ou en feuilles.

Suite des Morceaux de BOISSIEU.

Composition, est copié d'après un Tableau de Ribera, où est représenté saint François. H. 16 p. L. 11 p. 7 l. 72.

Première Epreuve d'eau-forte pure, le ciel blanc; elle est avant le titre.

3 *Estampes; la première sur papier de soie.*

115 Le Portrait de Boissieu, seconde Epreuve, où le dessin représente un paysage; — saint Jérôme, Epreuve de la planche terminée; — les Pères du Désert, Epreuve de la planche terminée; elle est avant le mot désert (*les Pères du.....*). 3 Estampes. Epreuves sur papier de soie.

116 Saint Jérôme; les Pères du Désert. 2 Estampes.

117 4 Le Souverain Pontife Pie VII bénissant des enfans; sujet composé de huit figures. Dans la marge, l'inscription: *Sinite parvulos Venire ad me;* à droite: *J. J. DB.*, 1805. H. 10 p. 2 l. L. 7 p. 11 l.

5 Promenade du Souverain Pontife Pie VII, sur la Saône, lors de son passage à Lyon, le 27 avril 1805; dans la marge, au-dessous de trois lignes de titre, l'inscription: *Transeundo Benefaciebat*; à gauche: *J. J. DB: del. et scul: aqua forti.* H. 8 p. 8 l. L. 14 p. 1 l.

6 Les Moines au chœur, chantant l'office; un est à genoux, les autres dans les stalles. Sujet composé de neuf figures; à droite dans la marge: *J. J. B.*, 1795. H. 6 p. 8 l. L. 9 p. 2 l. 3½.

3 *Estampes; les deux premières sur papier de soie.*

118 7 Famille réunie devant une cheminée, la lueur du foyer les éclaire; au fond, à gauche, un homme, une femme et un enfant, éclairés par une lampe: Composition de treize figures. Morceau piquant d'effet. A droite, dans la marge: *DB.*, 1800. Pièce connue sous le titre de *la Soirée Villageoise.* H. 8 p. 4 l. L. 12 p. 2 l. ¼.

Première Epreuve avant les travaux faits depuis à la planche.

8 L'Ecrivain public, près de son échoppe; à droite, une racommodeuse de linge, et un enfant effrayé d'un chien qui

Estampes encadrées ou en feuilles.

Suite des Morceaux de BOISSIEU.

veut lui enlever sa soupe ; du côté opposé, une vieille appuyée sur un bâton et un chien couché. Composition de sept figures. A droite, dans la marge : *DB.*, 1790. H. 9 p. 6 l. L. 14 p. 1 l. 57.

Première Epreuve qui n'est presque qu'à l'eau-forte.

9 Quatre Tonneliers dans un caveau ; l'un à gauche, tête nue ; dans le fond, deux autres portent un baquet ; à droite, dans la marge : *DB.*, 1790. Morceau piquant d'effet, connu sous le titre des *Grands Tonneliers.* H. 9 p. 6 l. L. 14 p. 1 l. 58.

10 Les Joueurs de boules ; l'un à genoux à la gauche, est prêt à lancer sa boule vers le cochonet qu'entourent ses camarades ; ce que regardent des hommes assis sur un vieil arbre qui leur sert de banc. La scène se passe près de l'ancienne porte de Vaize, à Lyon. Dans le fond, des arbres et des fabriques. Composition de douze figures ; dans la marge, le titre : *Ancienne porte de Vaize à Lyon ;* et à droite : *J. J. DB.*, 1803. H. 9 p. L. 13 p. 4 l.

Epreuve sur papier de soie.

4 *Estampes.*

119 La Soirée villageoise ; l'Ecrivain public : Epreuves des planches terminées ; le Jeu de Boule. 3 *Estampes.*

120 11 L'Ermitage : près de là, plusieurs Ermites, un assis à terre, occupé à lire ; à la droite du devant, au-delà d'une mare, derrière un grand arbre, un jeune garçon et deux vaches ; du même côté, dans la marge : *DB.* 1793. H. 7 p. 7 l. L. 11 p. 2 l. 48.

Première Epreuve avant les tailles, à la gauche et au milieu du ciel.

12 Intérieur de Ferme ; à droite, un vieillard amuse, par ses gestes, un enfant qu'une femme assise tient sur ses genoux ; au fond, vers la gauche, un caveau où sont une femme et un enfant ; dans la marge, à droite : *DB.*, 1793. H. 7 p. 4 l. L. 11 p. 9 l. 50.

13 Intérieur de Ferme : à droite, un vieillard et cinq enfans ; du côté opposé, deux vaches dans une étable, un petit gar-

Suite des Morceaux de BOISSIEU.

çon leur porte du foin ; à gauche, sur un tonneau : *DB.*, et au-dessous, dans la marge : *DB.*, 1780. H. 8 p. 6 l. L. 12 p. 4 l. *37.*

Première Epreuve qui n'est presque qu'à l'eau-forte ; elle est tirée sur papier de Chine.

14 Le Maître d'école réprimandant un enfant debout devant lui ; un autre enfant assis à sa gauche, étudie sa leçon ; au fond, à droite, des écoliers autour d'une table. Composition de quatorze figures ; dans la marge, à droite : *DB.*, 1780. H. 8 p. 6 l. L. 12 p. 4 l. *38.*

15 Maréchal ferrant un cheval attaché à la porte de sa maison : dans le fond, une tour en ruine ; vers la droite du devant, un mendiant demande l'aumône à un cavalier ; à gauche, dans la marge : *J. J. DB.*, 1808. H. 6 p. 10 l. L. 11 p. 1 l.

Première Epreuve tirée avant que la planche n'ait été nettoyée, et où le ciel à droite est encore couvert de raies d'ébarboir. Morceau extrêmement rare à trouver ainsi.

5 *Estampes.*

121   L'Ermitage, seconde Epreuve, le Ciel terminé ; Intérieur de ferme où un vieillard amuse un enfant ; Epreuve sur papier de soie ; Intérieur de ferme où un enfant porte du foin à deux vaches, seconde Epreuve, planche terminée ; le Maréchal, seconde Epreuve, les raies d'ébarboir effacées : elle est sur papier de soie. 4 *Estampes.*

122   La Soirée villageoise, l'Intérieur de ferme, n.° 12 ; et le Maréchal. 3 *Estampes.*

123   16 Vieillard faisant l'aumône à une vieille qu'un enfant accompagne : à gauche, un homme et une femme près d'un rémouleur ; à droite, dans la marge : *DB.*, 1780. On ne voit que partie du haut des chiffres de l'année. H. 5 p. 9 l. L. 7 p. 9 l. *76.*

17 Vieux Mendiant assis, les deux mains dans son chapeau. On voit avec difficulté, au haut du fond, à gauche : *DB.,* 1772. H. 10 p. 7 l. L. 7 p. 11 l. *26.*

18 Vieillard assis, faisant lire un enfant : à gauche, une table

Suite des Morceaux de BOISSIEU.

couverte d'un tapis ; du même côté, au haut du fond : *DB*., 1770. Sujet connu sous le titre du *Maître d'école*. H. 6 p. 9 l. L. 4 p. 7 l. *32*.

Epreuve à l'eau-forte seulement.

19 Deux Enfans jouant avec un chien : à droite, un jeune homme conduit une femme aveugle; du côté opposé, une autre femme assise. Dans la marge : *DB*., 1789. H. 5 p. 6 l. L. 4 p. 5 l. *33*.

20 Vieillard donnant une leçon de botanique à quatre enfans. La scène se passe dans un jardin; au fond, à gauche, de hautes montagnes; dans la marge : *J. J. DB.*, 1804. H. 5 p. 11 l. L. 4 p. Planche gravée pour servir de titre à un ouvrage sur la botanique.

Pièce rare ; Epreuve sur papier de soie.

21 Fête champêtre : vers la gauche, le seigneur du village et sa femme; un pauvre leur demande l'aumône. Composition de cinquante-une figures ; dans la marge : *J. J. DB.*, 1773✶. H. 8 p. 9 l. L. 12 p. 10 l. *28*.

22 Les Charlatans : leurs tréteaux se trouvent adossés à l'arc de Titus. Composition de plus de vingt-huit figures; à gauche, à terre : *DB.*, 1773✶. Sujet connu sous le titre des *Petits Charlatans*. H. 7 p. 2 l. L. 9 p. 7 l. *29*.

Cette première Epreuve avant l'astérique, après l'année, est tirée sur papier de soie.

23 Les deux Tonneliers dans un caveau : l'un, à gauche, un chapeau sur la tête; l'autre, à droite, près d'un tonneau marqué *J. J. DB.*, 1770; dans le fond, une vieille, vue par le dos ; au milieu de la marge : *DB*. p. et sc. Pièce dite les *Petits Tonneliers*. H. 4 p. 8 l. L. 6 p. 10 l. *10*.

8 *Estampes.*

24 La Gouvernante, manque ✶.

✶ Vieille Gouvernante assise sur une chaise de tapisserie : elle est dirigée vers la gauche; près d'elle, deux petites filles ; l'une, assise sur un tabouret, étudie sa leçon; l'autre, debout, son ouvrage à la

Estampes encadrées ou en feuilles.

Suite des Morceaux de BOISSIEU.

Sujets de demi-figures.

124 25 Deux Enfans jouant avec des bulles de savon : à droite, un perroquet perché sur son bâton ; dans la marge, à gauche, 1799 ; au milieu : *Aqua forti* ; à droite : *J. J. DB.* H. 10 p. L. 14 p. 70.

Première Epr. à l'eau-forte pure ; elle est avant les mots : Aqua forti.

26 Peintre peignant un vieillard à longue barbe. On voit sur la toile l'ébauche de la tête ; à gauche, dans la marge : *D. B.*, 1780. H. 9 p. 3 l. L. 12 p. 6. l. * 55.

27 Vieillard jouant du hautbois : deux jeunes paysans l'écoutent ; l'un tient au bras un mouton ; sur le devant, un agneau dans un panier ; à droite, dans la marge : *DB.*, 1782. H. 9 p. 3 l. L. 12 p. 6 l. 56.

28 Vieillard jouant de la vielle ; première planche. Manque **.

29 Vieillard jouant de la vielle : il a un chapeau sur sa tête ; au bas, à droite : *DB*✶. H. 6 p. 11 l. L. 6 p. 4 l. 9.

4 Estampes.

125 L'Aumône ; le Maître d'école, n.° 18 ; la Leçon de botanique ; les petits Charlatans, deux Epreuves, une avant l'astérique ; les Bulles de savon, Epreuve de la planche terminée ; le Hautbois, planche terminée ; et le Vielleur, n.° 29. *8 Estampes.*

Vues d'Italie et de France.

126 30 Vue du temple de la Sybille et de la Cascade à Tivoli : vers la droite, un dessinateur ; dans la marge, au milieu,

main ; à droite, au haut du fond : *DB.*, 1770. H. 6 p. 7 l. L. 4 p. 7 l. L'on a de ce Morceau, des Epreuves sans la jeune fille debout, son ouvrage à la main, où cette partie de la planche est couverte de marques de brunissoir.

* On trouve de ce Morceau quelques Epreuves où est représenté un enfant qui regarde par-dessus l'épaule du peintre. Ce que le maître a depuis supprimé.

** Vieillard, un chapeau sur sa tête ; il joue de la vielle de la main gauche ; au haut : *DB.* H. 6 p. 10 l. L. 6 p. 9 l.

Estampes encadrées ou en feuilles.

Suite des Morceaux de BOISSIEU.

le titre ; à droite : *J. J. DB.*, 1809. H. 10 p. 2 l. L. 13 p. 11 l.

Epreuve sur papier de soie.

31 Vue du passage du *Garillano*, en Italie, connu du temps des Romains, sous le nom d'Iris : on y remarque un bac ; et sur le devant, à gauche, un cheval près d'une auge ; à droite, un courrier ; dans la marge : *DB.*, 1793. H. 7 p. 6 l. L. 11 p. 9 l. *49.*

32 Vue du temple du Soleil de l'arc de Titus et Fragment du palais des Empereurs ; à droite de la terrasse, dans l'ombre : *DB.*, 1773. Dans la marge, les armes et la dédicace au duc de La Rochefoucault, par *Jean-Jacque de B.* H. 8 p. 8 l. L. 12 p. 2 l. *30.*

33 Vue d'*Aquapendante*, sur la route de Sienne, à Rome : à gauche, sur le ciel : *DB.*, 1773. Dans la marge, deux lignes de titre, et les armes et la dédicace au duc de La Rochefoucault, par *Jean-Jacque de B.* H. 8 p. 8 l. L. 12 p. 2 l. *31.*

Première Epreuve. L'angle du haut mal formé, et où le mot dédié et la lettre A sont apparens.

34 Vue du temple de Vesta et des vestiges d'anciens Aqueducs, à la gauche d'une campagne, où un pâtre, une paysanne et des animaux passent une rivière ; dans la marge, à droite : *DB.*, 1774. H. 9 p. 3 l. L. 12 p. 4 l. *39.*

35 Vue du sépulcre de *Cecilia Metella*, à Capo di Bove ; à gauche du devant, des paysans, des paysannes et des animaux ; dans la marge, les armes et la dédicace au duc de La Rochefoucault ; à droite, 1780. H. 9 p. 6 l. L. 13 p. 5 l. *4 l.*

Première Epr., avant les armes et la lettre ; seulement l'année.

36 Vue du pont *Lucano*, sur la route de Rome à Tivoli : à gauche du devant, trois enfans et une fileuse ; sur le ciel, à droite : *DB.*, 1772. Dans la marge, les armes et la dédicace au duc de La Rochefoucault, par *Jean-Jacques de B*✶ ; et à gauche : *Dessiné et Gravé par J. J. DB.* H. 9 p. 7 l. L. 14 p. 1 l. *46.* *

7 Estampes.

---

* On a de ce Morceau des Epreuves avant toutes lettres.

Estampes encadrées ou en feuilles.

Suite des Morceaux de BOISSIEU.

127 37 Vue de l'île Barbe, sur la Saône, à une lieue de Lyon; à la gauche, une grande barque à voile; dans la marge, le titre; et à gauche : *J. J. DB.*, 1808. H. 7 p. 7 l. L. 11 p. 4 l.

Toute première Epreuve avant la planche nettoyée. Ce qu'on remarque à la marge du bas et à celles des côtés. Elle est aussi avant l'adresse de Frauenholz.

38 Entrée du village de Lantilly : à droite, des maçons réparent le mur d'une maison; dans la marge, le titre; à gauche et à droite : *J. J. DB.*, 1804 répété. Morceau connu sous le titre des *petits Maçons*. H. 9 p. 10 l. L. 13 p. 9 l.

Epreuve sur papier de Chine.

39 Vue du pont et du château de Sainte-Colombe, en Dauphiné : vers le milieu du devant, des barques près d'un ponton où sont des hommes; à droite, dans la marge : *DB.*, 1800. H. 8 p. 7 l. L. 11 p. 7 l. *67*.

Epreuve sur papier de soie.

40 Vue près de l'Arbresle, en Lyonnais : un pâtre, des vaches et des moutons y passent près d'un champ de blé joignant à une maison entourée d'arbres, qui est vers la droite; du côté opposé, dans la marge : *DB.*, 1793. H. 7 p. 9 l. L. 11 p. *47*.

Première Epreuve d'eau-forte pure, et avant les bords de la planche nettoyée.

41 Vue de Saint-Andéole, en Lyonnais; on y remarque un vieillard en prière au pied d'une croix; à la droite, un homme conduit un baudet; dans la marge : *J. J. DB.*, 1774. H. 9 p. 7 l. L. 13 p. *42*.

Première Epreuve d'un travail léger; elle est sur papier de soie.

42 Vue des bords de la rivière d'Ain; à droite, au bord de l'eau, deux hommes assis; l'un pêche à la ligne; sur la rive opposée, à gauche, une maison et des arbres; vers le milieu de la marge : *DB.*, 1774. H. 5 p. 6 l. L. 7 p. 7 l. *18*.

Epreuve sur papier de soie.
6 *Estampes.*

Estampes encadrées ou en feuilles.

Suite des Morceaux de BOISSIEU.

128   Vues du temple du Soleil : 2.ᵉ Epreuve, les armes et la dédicace effacée; — d'*Aquapendente* : 2.ᵉ Epreuve, où le mot *dédié* et la lettre *A* sont effacés, et l'angle au haut, à droite, rétabli; — du temple de Vesta; — du sépulcre de *Cecilia Metella* : 2.ᵉ Epreuve, avec les armes et la dédicace; — de l'île Barbe : Epreuve sur papier de soie; — de l'entrée de Lantilly; — de Sainte-Colombe; — des environs d'Arbresle : Epreuve sur papier de soie; — de Saint-Andeole : Epreuve avant les travaux rentrés au burin; — et celle des bords de la rivière d'Ain. 10 *Estampes.*

129   Vues de *Cecilia Metella*, des environs d'Arbresle, et de Saint-Andeole. 3 *Estampes.*

130   43 et 44 Vue de Champ-Verd, près de Lyon. Presqu'au milieu du devant, un saule sans branches; à terre, à gauche : *DB, f.* 1764. — Vue du château de Madrid, près Paris; le château est à la droite. H. 4 p. 11 l. à 5 p. 1 l. L. 8 p. 9. l.

*Deux suites d'Epreuves, les premières avant l'adresse d'*ARTARIA.

45 à 50 Vues de Saint-Romain-sur-Gier, en Lyonnais; — du grand chemin de Fontainebleau à Bouron; dans la marge : *à Paris*, 1764; — de l'entrée de la Forêt de Fontainebleau, sur la route de Lyon; dans la marge : *à Paris*, 1764; — de la Fontaine de Choulan, près de Lyon; au haut, à droite : *DB f.*, 1764; — de Montagnes avec cascades à la droite; dans la marge : *D Boissieu f.*, 1764; — et d'une cascade tombant d'une maison très-élevée; à gauche, sur le ciel : *DB. f.* H. des trois premiers Morceaux, 4 p. 3 à 4 l. L. 3 p. 7 à 8 l. H. des trois derniers, 5 p. 6 à 7 l. L. 4 p. 6 à 8 l. 1 à 6.

51 à 54 Quatre Vues de Lyon; 1.º de l'ancien Saint-Clair qui a servi d'emplacement aux maisons Milanois et Munet; à la gauche du devant, un homme et une femme dans un batelet; dans la marge, le titre; à droite : *J. F. de Boissieu invenit et sculp.*; — 2.º du fort Saint-Clair et d'une partie de la ville; à gauche deux bateaux, l'un avec grande baraque

Estampes encadrées ou en feuilles.

Suite des Morceaux de BOISSIEU.

en planches; dans la marge, le titre; à droite: 1760, *f. D* ; et à rebours, *DB. f.*, Epreuve avant le titre; — 3.º de la porte d'Ainay; à droite les débris d'un bateau ; sur le ciel : *DB. f.* 1761; dans la marge : *J. F. de Boissieu inv. et sculpsite*, et le titre; 4.º Vue du Pont sur le Rhône; les eaux occupent toute la droite; au bord du milieu de la terrasse, vers la gauche : *DB. f. in*, 1761; Epreuve avant le titre, et avant le nom du maître dans la marge. H. 6 p. 10 l. à 7 p. 2 l. L. 11 p. 11 l. à 12 p. 3 l.

14 *Estampes.*

Paysages.

131 55 Intérieur d'une Forêt, où des bucherons abattent un viel arbre : à gauche, un villageois et une vache ; dans la marge, à droite : *DB* 1798. Pièce dite *la Grande Forêt.* H. 16 p. 9 l. L. 21 p. 7 l. *74.*

Première et très-rare Epreuve à l'eau forte pure.

132 La même Estampe, Epreuve de la planche terminée et portée à un ton très-vigoureux.

133 56 Paysanne sortant d'un bois : elle est sur un âne, un enfant dans ses bras, et arrive précédée d'un vieillard qui porte une petite fille ; d'un villageois et de deux vaches pour passer à gué une rivière, les deux vaches sont déjà dans l'eau; au fond à droite, des montagnes; du même côté, dans la marge : *DB*, 1790. H. 14 p. 2 l. L. 17 p. 8 l. *71.*

Epreuve sur papier de soie.

134 La même Estampe.

Epreuve sur papier ordinaire.

135 57 Des Hommes au bord d'une rivière d'où ils viennent de tirer un noyé ; à gauche, la tour *Metellus*; dans la marge, à droite : *DB*, 1797. H. 11 p. 4 l. L. 15 p. 3 l. *59.*

58 Villageois conduisant une charrette attelée d'un cheval, sur un grand pont de trois arches en pierre; à la droite du devant, près d'un tronc d'arbre, une vache et un pâtre ; dans la marge, à gauche, 1799; à droite : *J.-J. DB.*, 1799. H. 11 p. 4 l. L. 15 p. 3 l. *60.*

Première Epreuve d'eau-forte pure : elle est avant le ciel.

Estampes encadrées ou en feuilles.

Suite des Morceaux de BOISSIEU.

59 Des Villageois se reposant au coin d'un bois, près d'une femme qui fait manger un enfant; plus loin, une fileuse; à droite, dans l'éloignement, une rivière. Composition de dix figures; à gauche, dans la marge : *J.-J. DB*, 1803. H. 6 p. 10 l. L. 7 p. 6 l.

60 Deux Rustres et une Villageoise dans une campagne où sont une fabrique et un ancien mur, avec fontaine; au fond, vers la droite, une colline et de grands arbres; site pris dans les environs de Lyon. Morceau connu sous le titre de *l'Oratoire*. Dans la marge, à gauche : *J.-J. DB*; à droite, 1804. H. 6 p. 7 l. L. 9 p.

Epreuve sur papier de soie.

61 Un Homme à cheval : un rustre et deux vaches passant à gué une rivière; plus loin, vers le milieu, sur un roc, un petit fort où l'on arrive par un pont de bois; à gauche, de hautes montagnes couvertes de fabriques; du même côté, dans la marge : *DB*, 1800. H. 8 p. 7 l. L. 11 p. 7 l. 66.

62 La Cascade; elle est formée par une rivière qui serpente entre des montagnes et des bois : vue prise par un temps de pluie; à droite; sous des arbres, un pâtre, un petit garçon et deux vaches; dans la marge : *J.-J. DB.*, 1809. H. 9 p. 10 l. L. 13 p. 9 l.

Epreuve sur papier de soie.

6 *Estampes.*

136 63 Vue d'un lieu champêtre où coule une rivière : à droite, au bord de l'eau, deux hommes; l'un dessine, l'autre lit; dans la marge : *J.-J. DB*, 1796, les chiffres 9 et 6 à rebours. H. 7 p. 3 l. L. 12 p. 2 l. 62.

64 Paysage traversé par une rivière : un homme y conduit un bateau où sont deux villageois, une femme, un enfant et deux vaches; à droite, les colonnes d'un ancien temple; dans la marge : *DB*, 1796. H. 7 p. 3 l. L. 12 p. 2 l. 63.

65 Vieille Chapelle entourée d'arbres : sur le devant, un villageois et une villageoise, près d'un jeune garçon qui fait

Estampes encadrées ou en feuilles.

Suite des Morceaux de BOISSIEU.

danser un chien; à la droite, une rivière tombe en cascade; dans la marge: *DB, f.* 1799. H. 7 p. 8 l. L. 12 p. 4 l. 64.

Première Epreuve d'eau-forte : elle est avant le ciel; les montagnes du fond s'y voyent à peine.

66 La Digue ; à la gauche d'une campagne, au-delà, une hauteur couronnée de vieux bâtimens ; à droite, sur un terrain peu élevé, un berger, une bergère et des animaux; dans la marge : *DB*, 1799, H. 7 p. 8 l. L. 12 p. 4 l. 65.

Première Epreuve d'eau-forte : elle est avant le ciel.

67 Vieux Château délabré où est un cabaret : sur le devant, à droite, un saule; du côté opposé, sur une rivière, un bateau chargé de tonneaux; dans la marge : *J.-J. DB*, 1807. H. 6 p. 9 l. L. 11 p.

Première Epreuve sur papier de soie : elle est avant l'adresse de Frauenholz.

68 Bateliers conduisant un bateau chargé de vieux arbres ; à la droite, un moulin à eau; au-delà, sur une montagne à pic, un ancien château ; dans la marge, à gauche : *J.-J. DB*, 1807. H. 7 p. 9 l. L. 11 p. 4 l.

Première Epreuve avant les travaux raccordés à la pointe sèche, et avant l'adresse de Frauenholz.

6 *Estampes.*

137 Le vieux Pont de pierre, pl. terminée; Repos des villageois; la Conversation; la vieille Chapelle, n.º 60, pl. terminée, Epr. sur papier de soie. La Digue, pl. terminée, seconde Epr. : elle est sur papier de soie. Les Bateliers, Epr. avant la lettre et sur papier de soie. 6 Estampes.

138 69 Bateau en réparation dans un chantier à Savigny : à droite, des scieurs de long ; sur le devant, un paysan, une paysanne et une vieille fileuse ; dans la marge, au milieu : *Savigny ;* à droite : *J.-J. DB*, 1803. H. 6 p. 2 l. L. 9 p. 5 l.

Epreuve sur papier de soie.

Estampes encadrées ou en feuilles.

Suite des Morceaux de BOISSIEU.

70 Pâtre à pied et femme à cheval, précédés de quatre bœufs ou vaches traversant une campagne ; à droite, sur un lieu élevé, des ruines ; dans la marge, à gauche : *DB*. H. 7 p. 6 l. L. 11 p. 9 l. 27.

71 Entrée d'une Forêt : à droite, une mare et une cabane ; du côté opposé, un homme à cheval et deux paysans, l'un appuyé sur un bâton, l'autre, précédé d'un cheval sans selle ; sur l'eau de la mare : 1772. Dans la marge, à gauche : *DB*✱. H. 9 p. L. 13 p. 10 l. 44.

72 Autre Entrée de Forêt : sur le devant, à gauche, deux villageois et une petite fille, à peu de distance d'une masure couverte en chaume ; à la droite, un homme à cheval se fait indiquer le chemin ; dans la marge : *DB*✱. H. 9 p. L. 13 p. 10 l. 43.

Première Épreuve d'eau-forte, où les angles du haut et du bas, à droite, sont mal formés : elle est avant le ciel, et avant l'astérique après le chiffre DB.

73 Vue d'une campagne pendant l'hiver : des villageois et des villageoises s'y chauffent ; vers la droite, un arbre sans feuilles ; dans la marge : *J.-J. B.* H. 9 p. 6 l. L. 7 p. 1 l. 52.

74 Vue d'une Campagne au printemps : un pâtre et deux bergères y gardent des animaux ; à gauche, le tronc d'un vieux cerisier ; dans la marge, d'un côté, 1795 ; de l'autre : *J.-J. B*, l'an 3. H. 9 p. 6 l. L. 7 p. 1 l. 52.

Épreuve sur papier de soie.

75 Paysage où est une baraque en planches et en paille ; sur le devant, une petite fille, un fagot sous le bras, suit un paysan et un enfant que précède une vache. Composition dans le goût de Wynants ; dans la marge, à droite *DB J.-J.*, 1803. H. 5 p. 4 l. L. 6 p. 10 l.

Épreuve sur papier de soie.

76 Pays coupé par une rivière qu'un pâtre, deux vaches et un chien passent à gué ; sur la rive opposée, des ruines

Estampes encadrées ou en feuilles.

Suite des Morceaux de BOISSIEU.

et des chaumières ; à droite, un terrain couvert d'arbres; dans la marge : *J.-J. DB*, 1803. H. 5 p. 5 l. L. 7 p.

Epreuve sur papier de soie.
8 *Estampes.*

139 La vieille Chapelle ; la Digue ; le Chantier à Savigny ; l'Entrée du bois, n.° 72, pl. terminée, deux Epreuves, une avant l'astérique ; le paysage avec baraque, n.° 75 ; Paysage où un pâtre et des animaux passent un gué, n.° 76. 7 Est.

140 77 Anesse debout, près d'un ânon couché dans une campagne : au fond, à droite, un pâtre et une vache; dans la marge, à gauche : *J.-J. DB*, 1797. H. 5 p. 5 l. L. 7 p. 6 l. *34.*

78 Vue d'un petit Bois : à droite, un chasseur; à gauche, sur le ciel : *DB*. Etude faite d'après nature. H. 6 p. L. 8 p. *25.*

79 Vue de Rochers, manque *.

80 Vue de mer : à gauche, une barque à voile ; du côté opposé, sur des rochers, une vieille tour ; au coin, sur l'eau et dans l'ombre : *DB*. H. 6 p. 5 l. L. 9 p. 4 l. *36.*

81 Moulin d'Italie, près d'un rocher d'où tombent trois cascades ; sur le devant, vers la droite, deux barques ; au bord du milieu de la terrasse : *DB*✱. H. 6 p. 7 l. L. 9 p. 5 l. *16.*

82 Paysage où, vers la droite, trois femmes lavent du linge à une pièce d'eau ; on voit, dans l'éloignement, des vestiges d'un ancien temple ; vers le milieu de la marge : *DB*, 1773. Pièce dite *les Petites Laveuses.* H. 4 p. 4 l. L. 5 p. 9 l. *16.*

83 Paysage traversé par une rivière, sur laquelle est un pont à trois piles, en pierre, et recouvert en planches ; à gauche, des vestiges d'anciens édifices ; au fond, à droite, le temple

---

* Site de Rochers où des eaux tombent en cascade : à la droite du devant, une fileuse debout, vue par le dos, parle à un villageois assis sur une pierre, son bâton d'une main, l'autre élevée ; derrière la fileuse une chèvre couchée ; à gauche, une vieille souche garnie de peu de branches. H. 6 p. L. 8 p. 7 l.

Estampes encadrées ou en feuilles.

Suite des Morceaux de BOISSIEU.

de la Sybille ; vers le milieu de la marge : *DB*, 1773. H. 4 p. 4 l. L. 5 p. 9 l. 17.

Deux Epreuves : la première d'eau-forte seulement.

84 à 93 1.re *Suite de dix Paysages Gravés à l'eau-forte, Par Boissieux, Peintre, A Paris, chez Basan.* Ce titre, gravé sur un roc ; à la gauche de ce 1.er Morceau, un villageois sur un âne. 2.e Chevriers et chèvre près d'une rivière. 3.e Ile couverte de bois : à gauche, deux hommes dans un bateau. 4.e Pêcheur à la ligne, à demi-couché sur un arbre : dans l'eau, deux vaches, d'après Ruysdael. 5.e Lever du Soleil: à gauche, un paysan et un baudet passent un petit pont, d'après Claude le Lorrain. 6.e Homme dans un bateau, abordant près de vieilles tours : sur le rivage, un religieux parle à une femme. 7.e Vestiges d'acqueducs. 8.e Religieux près d'un chasseur, sur un chemin au haut duquel est une charrette chargée de foin. 9.e Paysage avec rivière et pont de bois : à gauche, un chemin coupé sur une montagne. 10.e Paysan sur un bouriquet : à la droite, une cascade tombe dans une rivière. Aux neuf dernières Pièces de cette Suite, sur les ciels ou sur les eaux : *DB. f.* ; à sept, 1763 ; à droite, dans la marge, aux dix Morceaux, le nom du graveur ; au haut, dans la marge ou sur le ciel, les n.ºs 1 à 10. H. 5 p. 1 l. à 6 p. 4 l. L. 7 p. 3 l. à 8 p. 11 l.

Anciennes Epr., celles des n.ºs 1 à 4 doubl. à l'eau-forte.

94 à 99 *paisages Dessinés et gravés par* J.-J. DB, *à Lyon*, 1739, Titre gravé à une grande pierre qu'on voit au 1.er Morceau de cette Suite ; à gauche, dans la marge : *A Paris chés la Ve de F Chereau....* 2.e Le Moulin à eau. 3.e La Fontaine. 4.e La Fileuse. 5.e Les deux Maisonnettes couvertes en tuiles. 6.e La vieille Tour. Aux 2.e et 4.e Pièces, sur les ciels : *DB. f.* ; aux deux dernières : *De Boissieu f.* Six Pièces sans n.^{os}. H. 4 p. L. 5 p. 4 à 6. l.

Deux Suites d'Epreuves ; la première, d'eau-forte et avant les ciels, est tirée en rouge.

27 *Estampes.*

Estampes encadrées ou en feuilles.

Suite des Morceaux de BOISSIEU.

Portraits, Têtes, Etudes, Vignettes et Grifonemens.

141 100 Le Souverain Pontife Pie VII, vu à mi-corps et de profil, tourné vers la gauche, dessiné à son passage à Lyon, en 1805 : dans la marge, la tiare, et les clefs, trois lignes de titre ; et à droite, *J.-J. DB. sculp. aqua forti.* H. 7 p. 4 l. L. 6 p.

Epreuve sur papier de Chine.

101 Le Portrait de Mr de Boissieu, docteur en médecine, manque *.

102 La Servante de J.-J. de Boissieu manque **.

103 Vieillard à front chauve, vu de trois quarts forcés, tourné vers la droite; au bas du buste . *DB*, 1770. H. 8 p. 9 l. L. 6 p. 9 l. *12.*

104 Vieillard vu presque de face, un bonnet sur la tête, il regarde à droite; au bas : *DB*, 1770. H. 7 p. 3 l. L. 6 p. *14.*

105 Homme tourné vers la gauche, tête nue, vu de trois quarts; au haut, à droite : *DB, f.* 1770. H. 8 p. 9 l. L. 6 p. 9 l. *13.*

106 Vieille, dite *la Boudeuse* ; tournée à droite, elle est vue de trois quarts forcés ; sur son bonnet rond, un mouchoir ; au bas, à droite : *DB*, 1770, H. 8 p. 9 l. L. 6 p. 9 l. *11.*

107 Quatre Etudes, demi-figures et têtes; au bas, à gauche, un vieillard les mains jointes; au haut, à droite : *DB*, 1770. H. de ce Morceau, 8 p. 9 l. L. 7 p. *20.*

108 Trois Etudes, têtes d'hommes d'âges différens, une tête de

---

* 101 M. de Boissieu, docteur en médecine, frère de J.-J. de Boissieu, peintre et graveur, vu en buste, coiffé en perruque, dirigé à gauche. Grandeur de la Planche : H. 6 p. 11 l. L. 4 p. 10 l.

** 102 La servante de J.-J. de Boissieu, vue à mi-corps, en casaquin et en tablier, tête nue, ses cheveux retenus avec une bandelette ; elle est tournée vers la gauche. Les chairs, à ce portrait, sont en partie gravées au pointillé ; au bas, à droite . *DB*, 1770. Grandeur de la Planche : H. 8 p. 10 l. L. 7 p. 9 l.

Suite des Morceaux de BOISSIEU.

bouc, une tête de belier; au bas de la planche, presqu'au milieu : *J.-J. DB*, 1803. H. de ce Morceau, 6 p. 1 l. L. 8 p. 2 l.
Deux Epreuves, une sur papier de soie.

109 Sept Etudes de têtes : dans ce nombre, deux de vieillards à longue barbe, coiffés en grands bonnets; à gauche : *J.-J. B*, 1795. H. de ce Morceau, 9 p. L. 7 p. 4 l. 23 *.

110 Homme vu jusqu'à la ceinture : il pince de la guitare; sept autres Etudes, six de têtes de vieillards : une n'est que tracée; et une tête de chien; au bas : *J.-J. DB*. H. 9 p. L. 7 p. 4 l. 24.
Deux Epreuves, une sur papier de soie.

111 Huit Etudes de têtes : sept d'hommes, dont un vieillard vu de face, à barbe courte, et en chapeau rond relevé, et une d'enfant; à droite : *J.-J. B*. H. de ce Morceau, 9 p. L. 7 p. 4 l. 22.
Deux Epreuves.

112 Vieillard à barbe blanche, vu à mi-corps, un manchon à la main ; douze autres Etudes : dans ce nombre, celle d'un homme auquel on va faire la barbe; au haut, à droite : *DB*, 1770. H. 8 p. 9 l. L. 7 p. 2 l **.

113 Chatte assise : devant elle, un petit chat couché, tourné vers la gauche; à droite, dans la marge : *DB*. Ce chiffre, répété à la gauche, est à peine visible. H. 3 p. 3 l. L. 2 p. 6 l.
Epreuve sur papier de soie.

114 à 119 *Livre de Grifonemens, inventés et gravés par de Boissieu, à Paris, chés Pariset*. C. P. R. Titre gravé au premier Morceau de la Suite, sur un rocher, près duquel est un paysan ; 2.° Homme vu par le dos, appuyé sur son bâton, et quatre figures et têtes. 3.° Trois Paysans, un assis, et deux près d'un tonneau; 4.° Aveugle conduit par un chien; quatre paysannes et deux autres Etudes ; au coin de la pl. :

---

* Il a été tiré de cette pl. quelques Epreuves, où le bonnet du vieillard à droite, est blanc.

** On trouve de cette pl. un très-petit nombre d'Epreuves, où à droite, est une grosse tête d'homme, vue de trois quarts, remplacée depuis par les six Etudes que nous venons d'indiquer.

Estampes encadrées ou en feuilles.

Suite des Morceaux de BOISSIEU.

de Boissieu, f. 5.ᵉ Tête de Religieux, vu de profil, tourné à droite. 6.ᵉ Homme en bonnet de fourrure, et trois autres Etudes de têtes d'hommes; au bas, vers la droite: *De Boissieu, f.* H. 3 p. 6 l. à 4 p. L. 4 p. 7 l. à 5 p. 3 l.

Nota. Sur la marge, à plusieurs de ces Morceaux, on trouve écrit à la pierre noire: *Eau-forte de J.-J. DB. gravés en 1758.*

120 et 121 Deux Feuilles, l'une de huit griffonnemens, l'autre de deux, manquent *.

122 et 123 Tête de Vieillard à grande barbe et à cheveux plats, tourné à gauche; au bas, 1773. — Vieillard en bonnet plat, il regarde à droite. H. 3 p. 6 à 7 l. L. 2 p. 11 l.

Nota. Des curieux attribuent ces deux Etudes à De Boissieu, d'autres les croyent exécutées par un imitateur de ce maître.

124 et 125 Vignette et titre manquent: **.

23 *Estampes.*

Morceaux par DE BOISSIEU, *d'après différens Maîtres.*

142 126 Homme vu de trois quarts, dirigé vers la droite: sa tête est nue et sa barbe courte; il porte au cou une fraise de batiste: buste gravé en partie au pointillé, d'après un Tableau de Van Dyck, du Cabinet de M. Sève, à Lyon, pl. de 1770. H. 9 p. 6 l. L. 6 p. 8 l. 15.

127 Homme les mains croisées, vêtu d'un manteau noir,

---

* 120 Feuille où sont huit Etudes: dans ce nombre, une dame coiffée en cheveux, assise, un livre à la main, et une tête de chien; au bas, à gauche: *DB.* Grandeur de la pl.: H. 2 p. 11 l. L. 4 p. — 121 Vieille Fileuse, un fuseau et une quenouille dans les mains, un grand chapeau sur la tête; à droite, un vieillard à barbe, et tête nue, vu de profil; au bas, à droite: *DB.* Grandeur de la pl.: H. 1 p. 6 l. L. 3 p. 2 l.

** 124 Deux Anges à genoux sur des nuages, adorant une croix placée sur un cœur enflammé, ceint d'une couronne d'épines, entouré d'une gloire où sont huit chérubins. H. 3 p. 7 l. L. 2 p. 6 l.

125 Vue de port: à la gauche du devant, des masses d'arbres; près de là, une pierre avec armoirie, et sur le plat d'un livre à terre: *Ex libris P. H. Souchay Equitis.* H. 2 p 9 l. L. 3 p. 10 l.

52   *Estampes encadrées ou en feuilles.*
   Suite des Morceaux de BOISSIEU.

surmonté d'une fraise en mousseline, vu à mi-corps, tête nue tournée de trois quarts : vers la gauche, de ce côté, sur la muraille, un croquis de trois bustes de paysans ; dans la marge : *J.-J. DB*, 1803. Au milieu : *Tiré de mon Cab: à droite*: *D. Teniers p.* H. 6 p. 11 l. L. 5 p. 10 l.

Deux Epreuves, une sur papier de soie.
3 *Estampes.*

128 Paysage d'après Fouquières, manque *.

143 129 Chasseur son fusil sur l'épaule : il sort d'un bois où un cavalier et une dame se promènent : à gauche, une rivière ; deux hommes y pêchent à la ligne ; dans la marge : *J. Wynants pinxit. J.-J. De Boissieu, scul: aqua.forti*, 1806; le chiffre 6 est à rebours, et la première lettre du prénom du peintre ressemble à la lettre *f.* H. 15 p. 4 l. L. 21 p. 6 l.

*Prem. Epr. avant l'adresse d'*Artaria : *elle est sur pap. de soie.*

130 Paysage d'après Swanevelt, manque **

131 Villageois prêt à passer à gué une rivière où sont deux vaches et un chien : à droite du rivage opposé, une autre vache ; un côteau garni d'arbres et des montagnes occupe le fond, d'après Berghem; dans la marge, à gauche : *Ber: p.;* au milieu : *Tiré de mon C.;* et à droite : *DB J.-J.*, 1803. H. 7 p. 11 l. L. 10 p. 7 l.

Epreuve sur papier de soie.

---

* 128 Paysan près d'une jeune fille montée sur un âne, deux bœufs les précèdent, ils passent à gué une rivière et se dirigent vers la gauche ; dans le fond, des bois et des montagnes ; dans la marge, à gauche : *Fouquières del.* au milieu : *tiré du Cabinet de M. Mariette*; à droite : *DB, sculp.*, 1772. H. 7 p. 4 l. L. 11 p. 2 l.

** 130 Point de Vue de Paysage, pris à l'instant d'un ouragan : à gauche, sur un terrain élevé, deux hommes en manteau, près de grands arbres battus par les vents ; plus loin, un cavalier ; au-delà, une rivière ; à la droite de la rive opposée, des ruines et des fabriques; dans la marge, à gauche : *J.-J. DB*, scul. 1772. au milieu : *tiré du Cabinet de M.r Lempereur;* à droite : *Herman Svanvelt. Del.* H. 6 p. 9 l. L. 10 p. 7 l.

Estampes encadrées ou en feuilles. 53

Suite des Morceaux de BOISSIEU.

132 Pays montueux : sur le devant, des pâtres et des animaux traversent une rivière, d'après Berghem ; dans la marge, à droite : *DB. d'après Berghem.* H. 4 p. 4 l. L. 5 p. 8 l. *7.*

133 La Digue rompue : sur le terrain, à gauche, trois hommes, deux en manteau ; du côté opposé, huit villageois, un est à cheval, d'après le Tabl. d'Asselin Craesbèke, du Cab. de M. Tronchin ; dans la marge, l'inscription *Gravé à l'eau-forte.....* et à gauche : *J.-J. DB.* 1782. H. 11 p. 9 l. L. 16. p. 11 l. *8.*

4 Estampes.

144 134 Vue d'une Campagne : à la gauche, un bouvier assis sous de grands arbres, à peu de distance d'un canal où sont deux vaches : une des vaches boit ; l'autre est prête à sortir de l'eau ; dans des champs, à la droite, on remarque, près d'un buisson, deux pâtres, une vache et une chèvre ; plus loin, un village ; au-delà des montagnes ; dans la marge, vers la gauche : *J. Ruisdaal pin: ;* au milieu : *J.-J. De Boissieu sculp:aqua forti,* 1806. H. 15 p. 11 l. L. 22 p. 3 l.

*Prem. Epr. avant l'adresse d'*ARTARIA *: elle est sur papier de soie.*

135 Le Moulin à eau : à droite, sur la berge, deux dessinateurs, d'après le Tabl. de Jac. Ruysdael, du Cab. de M. Tronchin ; dans la marge, l'inscription : *Peint par Jacque Ruisdaal..... serviteur De Boissieu ;* et, à droite : 1782. H. 11 p. 2 l. L. 15 p. 7 l. *69.*

Epr. sur papier de soie.

136 Le Moulin de Ruysdael ; vers la gauche, un homme conduit un bateau où sont quatre paysans et un cheval ; d'après un Tabl. de Jac. Ruysdael, du Cab. Mariette ; sur l'eau : *DB.* 1774 ; dans la marge, le titre et deux lignes d'inscription ; et à droite : *DB.* 1774. H. 9 p. 3 l. L. 12 p. 4 l. *40.*

Prem. Epr. avant les deux lignes d'inscription : elle est sur papier de soie.

137 Pays coupé par un chemin où un homme se repose ; à gauche, deux mâsures couvertes en chaume ; du côté opposé,

Estampes encadrées ou en feuilles.

Suite des Morceaux de BOISSIEU.

un champ de blé ; d'après un Tabl. de Ruysdael, du Cabinet Baudouin ; sur le ciel : *DB* 1772; dans la marge, deux lignes d'inscription. H. 8 p. 9 l. L. 14 p. 4 s.

Prem. Epr. d'eau-forte, avant l'astérique après DB. dans la prem. ligne d'inscription. Pièce sur papier de soie.

138 Un Pâtre et un Taureau traversant une rivière : sur le terrain, à droite, derrière une haie, près d'une chaumière, un villageois et une villageoise ; dans la marge : *J. Ruisdaal Del J.-J. DB. sculp:* 1772, tiré du Cab. de M. de Souchay, écuyer à Lyon. H. 6 p. 2 l. L. 7 p. 19.

5 *Estampes.*

145 139 Le Repos des Faucheurs : un, à la gauche, est couché près d'un pré où un de ses camarades achève de couper ; vers le milieu, trois faucheurs et deux paysannes se reposent, pendant que trois villageois chargent de foin une charrette attelée de deux chevaux ; dans la marge, à gauche : *DB. J.-J. slup: aqua forti,* 1795 ; à droite : *adrien Van den Velde p.* H. 9 p. 8 l. L. 13 p. 5 l. 54.

Epr. sur papier de soie*.

140 Les Charlatans sur des traiteaux adossés à une maison villageoise : au fond, à gauche, des montagnes couvertes de ruines. Composition de quatorze figures, d'après le Tabl. de K. du Jardin, au Musée royal, précédemment dans le Cab. Blondel de Gagny. A terre, à gauche : *J.-J. DB.* 1772✶ ; à droite : *K. du jardin pinxit.* 1657 ; dans la marge, deux lignes d'inscription. Sujet dit *les grands Charlatans.* H. 9 p. 4 l. L. 12 p. 4 l. 53.

Prem. et très-rare Epr. où l'angle droit du haut et l'angle gauche du bas sont mal formés : elle est avant le ciel terminé et avant J.-J. DB. 1772✶, *et les deux lignes d'inscription. Morceau tiré sur pap. de Chine.*

146 Le Charlatan, Estampe répétée.

Seconde Epr. ; elle est avant les angles raccordés, avant le

---

* On trouve de ce Morceau, de prem. Epr. où la culotte du faucheur couché près du pré, est entièrement blanche.

Estampes encadrées ou en feuilles. 55

Suite des Morceaux de BOISSIEU.

ciel terminé, et avant l'astérique après 1772. Morceau sur pap. de soie.

141 Deux Femmes et un jeune Garçon près d'un lavoir où tombent les eaux d'une fontaine, à la droite d'une campagne couverte de bois; du côté opposé, dans l'éloignement, une ville; d'après le Tabl. du Poussin, du Cab. de M. de Champvieux; dans la marge : *Peint par N. Poussin*..........*J.-J. DB.* 1804. H. 10 p. L. 13 p. 5 l.

Epr. sur pap. de soie.

142 Pâtre jouant du flageolet près d'une bergère qui garde des chèvres; des rochers avec cascades et un moulin à eau sont à la droite; du côté gauche, une rivière où est un pont en pierre dont on ne voit que deux arches; d'après le Tabl. de Claude le Lorrain, du Cab. de M. Mayeuvre de Champvieux; dans la marge : *Peint par Claude Lorrain*.... *J.-J. DB.* H. 10 p. 1 l. L. 13 p. 5 l. Pl. de 1804.

Epr. sur pap. de Chine.
3 *Estampes.*

147 Villageois prêt à passer un gué, n.° 131 : le Moulin à eau; le Moulin de Ruysdael : Epr. avec les deux lignes d'inscription; Pays coupé par un chemin, n.° 137 : Epr. avec l'astérique après *DB*.; les Faucheurs; les grands Charlatans : 2 Epr. avec l'astérique; l'une est avant le ciel terminé et avant les angles raccordés. Deux Femmes et jeune Garçon à côté d'un lavoir; et Pâtre jouant du flageolet près d'une bergère. 8 Estampes.

BOLOGNÈSE. (Gio.-Franc.) *Voyez* **GRIMALDI.**

BOLSWERT, (Par Schelte à) *graveur au burin; né à Bolswert en Frise, florissait dans le dix-septième siècle.*

148 La Conversion de saint Paul, d'après Rubens; tit. *Illustrissimo ac reverendissimo Domino*... Est. en larg. *Première épreuve* : *S. à Bolswert Sculp. et excudit.*

Suite des Morceaux de S. à BOISWERT.

149 Trois cavaliers combattant un lion qui se jette avec fureur sur un de leurs compagnons, pendant que deux autres à pied, se défendent contre une lionne, d'après Rubens; tit. *Excellentissimo heroi Alexandro Croy,* ... Pièce dite *la Chasse aux lions.* Est. en larg.

Première épreuve.

Morceaux d'après Ant. Van Dyck.

150* Le Couronnement d'épines : un bourreau présente au Sauveur un roseau, les autres dérisoirement le saluent Roi des Juifs ; d'après un Tableau de Van Dyck qui est en Prusse ; tit. *Plectentes Coronam de Spinis.* ... Est. en haut.

Première épreuve avant les contre-tailles au vêtement du soldat qui est à la droite.

151 Jésus en Croix recommandant sa mère à son disciple bien-aimé ; à gauche un des bourreaux présente une éponge au Sauveur ; d'après le Tableau de Van Dyck, qui se voyait à Gand dans l'église Saint-Michel. Tit. *cum vidisset Jesus Matrem,* .... Pièce en hauteur. Estampe connue sous le titre du *Christ à l'éponge.*

Première Epreuve où saint Jean n'a pas la main droite posée sur l'épaule de la Sainte-Vierge. Elle est avant les contre-tailles à la partie ombrée du corps et du bras droit du Christ, et sur la croix, au-dessous du bras de la Magdeleine, avant une petite ombre portée devant le gros doigt du pied de l'homme qui présente l'éponge, et avant que l'ombre portée par l'os de mort qui est à terre, n'ait été prolongée ; à gauche de la terrasse : A VAN DYCK PINXIT ; *dans la marge, au-dessous du verset de saint Jean, la dédicace à* D. Franc. de

Suite des Morceaux de S. à BOLSWERT.

Moncada ; à la suite de cette dédicace : OBSERVAN-
TIÆ ERGO MARTINUS VAN DEN ENDEN *.

152 Le vieux Silène soutenu par un homme et une femme ; derrière eux un vieillard et un nègre. Tit. *Genua labant nutatq.*... Sujet de demi-figures. Estampe en hauteur.

Première Epreuve avant les contre-tailles sur les cuisses de Silène, et avant toutes lettres.

153* Le Reniement de saint Pierre : la scène se passe dans un corps-de-garde où des Soldats jouent aux cartes à la clarté d'un flambeau ; Morceau d'un grand effet, d'après Seghers ; au bas, quatre vers : *Quid trepidas! vox est ;*... Sujet de demi-figures. Est. en larg.

Première Epreuve. Voyez pour l'Estampe qui sert de pendant à ce Morceau, l'article de NIC. LAUWERS.

---

* Dans la Collection de Messire del Marmol, Conseiller au Conseil souverain du Brabant, on voyait de cette Est. une Epr. avant la couronne d'épines autour de la tête du Christ, et avant toutes lettres. Dans cette Pièce rarissime, non terminée, mais incontestablement toute première Epreuve, saint Jean est représenté la main posée sur l'épaule gauche de la Ste-Vierge. Il n'y a dans cette Epreuve aucun nom d'auteur, et l'ombre portée en avant du gros doigt du pied de l'homme qui présente l'éponge, n'existe pas. L'Epreuve que nous annonçons ci-dessus, n.º 151, est une première Epreuve de la planche terminée. Aux secondes Epreuves, où la main de saint Jean est remise sur l'épaule de la Vierge, on trouve une ombre portée en avant du gros doigt du pied de l'homme qui présente l'éponge ; le nom de Van Dyck, à la droite de la terrasse ; et dans la marge du bas, une seule ligne : *cum vidisset Jesus matrem....* Aux troisièmes Epr. où la main de saint Jean est de nouveau supprimée, le titre et la dédicace entièrement regravés. La place qu'occupait la main de saint Jean, assez mal raccordée, fera aisément reconnaître ces dernières Epr.

58   *Estampes encadrées ou en feuilles.*

BOOM, (A. H. V.) *peintre de paysages, florissait dans le dix-septième siècle ; Boom a gravé à l'eau-forte.*

154   1 et 2 Deux Paysages : vers la droite de l'un, trois chaumières entourées d'une haie délabrée, percée d'une porte placée presqu'au milieu du devant; sur le ciel, à gauche : *V. boom f.* Pièce dite *le Hameau*; le second présente un pays plat où coule un ruisseau; à la droite, au bord de l'eau, un vieux chêne. Morceau dit *la Pièce d'eau.* H. 4 p. 9 l. L. 6 p. 6 l.

Pièces rares.

BORESUM, (A.... V....) *Dessinateur et graveur à l'eau-forte.*

155   1 et 2 Bœuf bridé d'un licou. — Deux Vaches, l'une debout, l'autre couchée ; sur les terrasses, à droite, au premier Morceau, et au second, à gauche : *A. Boresom fec.* ; et aux deux Pièces, à droite, les n.os 4 et 3. H. 4 p. 3 l. L. 6 p. 1 l.

3 et 4 Le Hibou. — Le Canard. Manquent*.

BOSSI, (Benigno) *dessinateur et graveur à l'eau-forte, au lavis et à l'imitation du crayon ; né à Porto d'Arcisato, dans le Milanais, en* 1727.

Morceaux gravés par BOSSI, *d'après différens Maîtres.*

156   *Opere varie incise da Ben Bossi dall' anno* MDCCLV *Sino all' anno* MDCCLXXXVI. L'Annonciation, d'après Allegri; la Vierge et l'Enfant-Jésus; la Vierge couronnée dans le ciel; sainte Catherine; Orphée; et Femme un enfant dans ses bras, d'après Mazzuoli ; deux Têtes, d'après Barbieri ; la Présentation au temple, d'après Carpioni. 10 Estampes (compris le titre.)

---

* 3 Hibou dirigé vers la droite, un rat dans ses griffes ; aux deux côtés de la Composition, trois autres rats. — 4 Canard vu de profil et couché; à gauche, dans le fond, des plantes et des roseaux; au haut de ces Morceaux, au milieu du premier, les lettres : *A. V. B.* réunies, suivies de la lettre *f*; au second, à droite : *A. V. Boresom fec.* H. 2 p. 8 l. L. 3 p. à 3 p. 1 l.

Estampes encadrées ou en feuilles. 59

Suite des Morceaux de BOSSI.

Recueil d'après des dessins de Mazzuoli, du Cab. *Alex. Sanvitali*, publié à Parme, en 1772; 20 Estampes (titre compris.) Jeux d'Enfans, d'après Larue, 1765. Est. en haut.

Mascarade à la grecque. 10 Pièces (titre compris); Vases. 31 Pièces (titre compris); Cheminées, 2 Pièces. Ces 43 Morceaux d'après Petitot.

74 *Estampes et Titres.*

Morceaux gravés par Bossi, sur ses propres dessins.

157 *Fisonomie possibili parte prima*, 1776; 13 Pièces, titre compris. *Raccolta di Teste inv. dis. et in. da B. Bossi.* 43 Pièces; plus, 31 Epr. répétées avec des différences; et deux Etudes de Têtes. 89 Est.

Divers Sujets fabuleux et autres: Jeux d'enfans; Etudes de figures; et Trophées; 27 Pièces; plus, 3 Epr. répétées, avec difrences. 30 Pièces.

119 *Estampes.*

BOTH, (ANDRÉ) *peintre; né à Utrecht, au commencement du dix-septième siècle; élève d'*ABR. BLOEMAERT *et frère de J. Both. André Both a gravé à l'eau-forte.*

158 1 et 2 L'Ermite en prière: l'Anachorète en prière; sur les terrasses, à droite, au premier Morceau; à gauche, au second: *A Both*, tracé à rebours. H. 6 p. 3 l. L. 4 p. 6 l.

Deux Suites d'Epr.: la première de l'Ermite, avant les tailles horizontales et verticales sur le linteau et le volet de l'Ermitage; les premières et les secondes tailles sur la roche, au-dessus de la croisée, et des contre-tailles au-dessus du livre, et au-dessous de la discipline, sur un pli de la robe, au-dessus du genoux droit de l'Ermite; et du même côté, à l'ombre d'une pierre près du nom du maître. A la première de l'anachorète les nuages presque blancs; la montagne du fond, à gauche, n'est qu'au trait; plusieurs parties des arbres et des plis de la robe sont avant divers travaux qui y ont été ajoutés depuis. Bartsch ne parle pas de ces remarques.

Estampes encadrées ou en feuilles.

*Suite des Morceaux d'*AND. BOTH.

3 et 4 L'Anachorète, (seconde pl.) le Frère quêteur. Manquent *.

5 Les Pèlerins en marche, dirigés vers la gauche : sur le devant, du même côté : *A. Both.* H. 3 p. 3 l. L. 2 p. 9 l.

Prem. Epr. avant le nom de Both. Remarque dont Bartsch ne parle pas.

6 et 7 Les Buveurs : l'Homme vu en buste. Manquent **.

8 La Tentation de saint Antoine : le saint assis à la droite, tient un crucifix ; sur le devant, du même côté : *ABoth*, tracé à rebours. H. 5 p. 4 l. L. 7 p.

9 et 10 Les Débauchés et la Fille de joie ; les Ivrognes et les Fumeurs. Compositions de chacune cinq figures ; à terre, à la première, à gauche ; à la seconde, à droite : *ABoth.* H. 6 p. 6 l. L. 8 p. 4 l.

BOTH, (JEAN**)** *peintre, né à Utrecht, vers* 1620 ; *élève d'*ABR. BLOEMAERT. *On retrouve dans les paysages gravés à l'eau-forte par Both, les belles distributions de lumière et les effets piquans qui distinguent ses meilleurs ouvrages.*

Le Portrait de J. Both, d'après Abr. Willars ; par C. Waumans. H. 5 p. 3 l. L. 4 p. 2 l.

I.

159 1 Paysage où un rustre et son chien, une femme sur un mulet, et un mulet chargé, marchent sur un terrain élevé ; au bas du terrain, une mare ; dans l'éloignement, une gorge de montagnes où sont deux villageois : l'un à pied, l'autre sur un âne que précède un bouriquet.

---

* 3 L'Anachorète : à droite, à terre, écrit à rebours : *AB.* 1632.
— 4 Le Moine quêteur ; au bas, à gauche : *A Both.* H. 3 p. 4 l. L. 2 p. 8 l.
** 6 Les Buveurs à table dans une campagne. H. 2 p. 6 l. L. 3 p. 5 l.
— 7 Homme vu en buste et de profil, dirigé vers la droite ; vers le milieu du fond, à gauche : *A. Both.* Pl. ronde ; diamètre 4 p. 4 l.

Estampes encadrées ou en feuilles.

Suite des Morceaux de J. BOTH.

2.

2 Vaste Pays coupé par un chemin, où deux mendians attendent le passage d'un chariot attelé de deux bœufs : du côté droit, et au milieu du fond, de hautes montagnes ; à gauche, au bas des montagnes, une ville et un port avec fanal.

3.

3 Campagne coupée par un chemin, où un rustre conduit un bœuf; un villageois monté sur un âne les précède; au haut du chemin, deux paysans et une bête de somme; vers le milieu du devant, près d'une mare, un grand arbre.

4.

4 Pays montueux : à la gauche, un chemin coupé; au pied d'une chaîne de montagnes, un paysan et son chien s'y désaltèrent à une source; sur le devant, au bas du chemin, deux mulets chargés de bariques. Grandeur des quatre Morceaux : H. 9 p. 7 à 9 l. L. 7 p. 5 à 6 l.

Les Epr. des Morceaux précédens avant nombre de travaux faits depuis par Both, pour donner plus d'effet et d'harmonie à ces pl.; ce qu'on remarque principalement aux deux premiers Morceaux ; dans l'un, les figures des deux villageois et le premier des deux baudets qu'on voit dans l'éloignement, n'y sont pas entièrement ombrés ; le villageois monté sur l'âne et l'âne lui-même, s'y trouvent presque blancs ; le second Morceau est avant les tailles prolongées au bas de la montagne, derrière la ville, et sur tout le côté de cette montagne que borde la dernière des trois masses de rochers qui la précèdent. Ce dernier Morceau est avant toutes lettres. On ne trouve au 1er, au 3me et au 4me, que les mots BOTH FE. Epr. de la plus grande rareté, dont Bartsch ni aucun biographe n'ont parlé. Bartsch n'annonce comme prem. Epr., sans indiquer aucune des remarques que nous venons de citer, que celles avec les mots : MATHAM EX. Ces Epr. se trouvent ici les secondes Epreuves.

160   Les quatre mêmes Estampes répétées.

Secondes et superbes Epr. Sur les ciels : aux trois premiers Morceaux, au coin à droite; au quatrième, au coin, à gauche:

Estampes encadrées ou en feuilles.

Suite des Morceaux de J. BOTH.

J. BOTH FE.; *au-dessous*: MATHAM EX.; *au second*: EX-CUD. *Le premier jambage de l'*M *au mot* MATHAM *est formé par un* T [*].

1.

161   5 Vue de *Ponte Molle*, sur le Tibre, à deux milles de Rome : aux extrémités du pont, des tours en ruines ; au bord du fleuve, vers le milieu, une barquette et une barque chargées de tonneaux ; à la droite, un homme en manteau, ordonne à trois mariniers de transporter de grandes bariques et une malle déposées sur le rivage.

2.

6 Vue prise de la Voie Appienne : vers le milieu du fond, les vestiges d'un tombeau antique ; et à gauche, une hôtellerie ; sur le devant, un vieux paysan parle à un jeune garçon qui tient par la bride un mulet chargé de bariques, pendant que le conducteur raccommode sa chaussure ; plus loin, à droite, trois enfans jouent à la boule.

3.

7 Vue du Tibre, dans la campagne de Rome : au bord du rivage un enfant garde la monture d'un cavalier ; près du cavalier, une dame à cheval : ils attendent pour entrer dans un bac que fait aborder un marinier, qu'un bouvier, deux bœufs et deux hommes en manteau en soient sortis ; dans le fond, au bord du fleuve, une ville près d'une montagne.

4.

8 Vue prise de Tivoli à six lieues de Rome : à gauche, la montée où sont les premières fabriques de cette ville ; vers le milieu du devant, un pâtre assis à terre, au bord du Teverone, garde deux vaches ; près de lui, un homme en manteau.

5.

9 Vue du Tibre, près du mont Soracte : un fleuve coule au pied du mont, trois pêcheurs y retirent un filet de l'eau ; près de là, à droite, deux cavaliers et un piéton ; et proche un buisson, un homme prêt à charger un mulet.

---

[*] Aux troisièmes Epr. les mots *Matham ex.* effacés. On trouve de ces sortes d'Epreuves avec des n.os de 1 à 4.

Estampes encadrées ou en feuilles.

Suite des Morceaux de J. BOTH.

6.

10 Vue d'une Campagne : à la droite, un torrent se précipite du haut d'une chaine de montagnes, et forme une fondrière, d'où sort une cascade ; au-dessus de la cascade, un pont de bois où passent un paysan, une femme et deux mulets ; du côté opposé, un villageois sur un bouriquet. Grandeur des six Morceaux : H. 6 p. 10 l. à 7 p. 2 l. L. 9 p. 3 à 8 l.

Prem. et superbes Epr. avant les mots : BOTH F^e. ordinairement placés à la gauche, sur les terrasses ou dans la marge.

162 Vue de *Ponte Molle* ; Vue du Tibre, ou le Passage du bac. Est. répétées.

Epreuves qui se distinguent par un grand nombre de remarques. Celle de PONTE MOLLE est avant la contre-taille sur l'ombre ; au bas de la partie latérale de la tour placée à l'entrée du pont, les tailles du haut du mur, en forme d'éperon qui soutient la tour placée à l'autre extrémité du pont, ne sont pas encore rentrées au burin ; le dessus de la barque, vers la droite, est avant une partie des contre-tailles ; les eaux n'y sont indiquées que par de légers travaux ; et toutes les parties, ordinairement teintées, le sont très-peu. Ce qu'on remarque plus particulièrement à droite, sur le devant du fleuve et près du bord, derrière le marinier, cette partie est presque toute blanche. Le ciel, où il n'y a que de légers nuages, est avant l'azur, ou bleu sans nuage, qu'on rend en gravure par une seule taille horizontale. A l'Epreuve du PASSAGE DU BAC, les eaux du fleuve ne sont que légèrement indiquées devant la ville qu'on aperçoit dans le fond et le long des terrains des deux rives ; la partie du fleuve, entre les deux pointes de terre, en avant, derrière le côté latéral du bac, est toute blanche ; le tertre à droite, et le dedans du bac, avant les tailles remises depuis, pour donner plus d'harmonie à cette pl. Bartsch, ni aucun biographe n'ont parlé de ces Epreuves, regardées comme des Morceaux de la plus grande rareté.

Morceaux gravés par J. BOTH, d'après André Both.

163 Les cinq Sens de l'Homme.

1.

11 La Vue (*l'GESICHT*), le Marchand de lunettes.

Suite des Morceaux de J. BOTH.

2.

12 L'Ouie (*t'GEHOOR*), Paysan lisant la gazette.

3.

13 L'Odorat (*DE REUCK*), jeune Femme nettoyant un enfant.

4.

14 Le Goût (*DE SMAEK*), la Marchande de gâteaux.

5.

15 Le Toucher (*t'GEVOEL*), l'Arracheur de dents.

Au bas, au coin, à gauche de la terrasse, au premier Morceau : *A Both*. A ce Morceau, et aux quatre suivans, dans les marges, quatre vers hollandais ; et à gauche, et à droite, différemment écrits ; à gauche : *Anderies Both Inventer* ; à droite : *Ian Both Fecit Fratres*. Aux cinq Morceaux de cette suite, sur les terrasses, le n.º H. 7 p. 4 l. L. 6 p. 3 l.

BOUILLIARD, (JACQUES) *graveur à l'eau-forte et au burin ; mort à Paris, en* 1806*; élève de* BONAV. L. PRÉVOST.

164 Sainte Cécile chantant les louanges du Seigneur ; d'après le Tabl. de P. Mignard, au Musée royal. Estampe en haut.
Epreuve avant la lettre.

BOURDON, (SÉBASTIEN) *peintre ; né à Montpellier, en* 1616*; mort à Paris, en* 1691*; Bourdon a gravé à l'eau-forte.*

165 Les sept Œuvres de miséricorde ; 1 Abraham recevant les trois anges ; 2 les Enfans d'Abadias apportant à boire aux cent Prophètes qui s'étaient cachés, pour éviter la fureur de Jézabel ; 3 Loth exerçant l'hospitalité envers deux Anges ; 4 Job faisant distribuer aux pauvres de l'argent et des vêtemens ; 5 David, revêtu d'un sac, pleure son péché, et intercède pour son peuple affligé de la peste ; 6 Nabuchodonosor rendant la liberté

Estampes encadrées ou en feuilles.   65

au prophète Jérémie, qu'il renvoie chargé de présens ; 7 Tobie ensevelissant les corps de ceux que Sennacherib faisait mourir. Compositions riches et variées, gravées par Le Bourdon, d'après des Tableaux qui lui ont acquis une grande réputation.

Premières Epreuves avec l'adresse du faubourg Saint-Antoine.

BOUT, (PIERRE) *peintre; né dans les Pays-Bas. Bout a gravé à l'eau-forte.*

166 Différens Paysages : 1 Marchands de Poissons sur le rivage de la mer. 2, Patineurs et Traineaux sur une rivière glacée : à la droite, une tente. 3, Le Traineau sur la glace. 4, Halte de Chasseurs, près d'une fontaine où Neptune est représenté assis, son trident à la main droite. 5, Jetée en avant d'une rive, revêtue d'un mur élevé : au-delà du mur, des maisons. Au premier Morceau, dans la marge, à gauche : *Petrus Baut. invenit;* à droite : *Mart. Vanden Enden, excudit;* au troisième Morceau, sur la glace, à gauche : *P. Bout.* H. 6 p. 11 l. à 7 p. 2 l. L. 9 p. 9 l. à 10 p. 11 l. Le cinquième Morceau est le plus grand de la Suite.

Anciennes Epreuves : la dernière Estampe est la plus rare des cinq.

BRAND ou BRANDT dit LE VIEUX, (JEAN-CHRÉTIEN) *peintre; né a Vienne en Autriche, en 1723. Brand a gravé à l'eau-forte.*

167 Le Soir, la Lune, gravés en 1786. H. 3 p. 10 l. L. 3 p. 3 l. n.os 15, 16. — Deux Paysages, d'après nature, 1786. H. 2 p. 8 l. L. 1 p. 10 à 11 l. n.os 11 et 12. — Deux Paysages, avec baraques en bois, couvertes en chaume. H. 3 p. 3 à 4 l. L. 2 p. 7 à 8 l. n.os 13 et 14. — Vaches, Beliers, Moutons et Chèvres dans des prairies, 1785; quatre feuilles. H. 1 p 8 l. à 2 p. 3 l. L. 3 p. 5 à 9 l. n.os 3, 4, 5, 6. — Vaches aux champs, 1785; deux feuilles. H. 2 p. 9 l. L. 2 p. 4 l. n.os 7 et 8. — Groupe de trois figures; deux feuilles. H. 2 p. L. 3 p. 10 à 11 l. — Etudes de Figures d'hommes ou de femmes; quatre feuilles. H. 2 p. 11 l. L. 2 p. à

5

2 p. 1 l. — Deux Etudes de têtes de femmes. Ces deux derniers Morceaux, d'après Guercino. H. 4 p. 3 l. L. 3 p. 2 l. n.ᵒˢ 17 et 18. 20 Estampes.

BRAND ou BRANDT le Jeune, (FRÉDÉRIC-AUGUSTE) peintre; né à Vienne, en 1730; élève de TROGER et de GRAN. Brand a gravé à l'eau-forte et au burin.

Vues de hameaux et de rivières, quatre Morceaux; à trois, à gauche, dans la marge : *Brand le Jeun, pinx. et Sculp.* H. 4 p. 11 l. à 5 p. 3 l. L. 6 p. 9 l. à 5 p. 1 l. — Vue d'une rivière avec barque; et Patineurs sur un canal glacé; sur le ciel, à droite, à chaque Morceau : *Brandt a Vienne fecit.* H. 5 p. 1 l. L. 6 p. 8 à 9 l. — Deux Paysages avec figures : dans l'un, des rochers, dans l'autre, une tente : *Bissel,* 1799. H. 10 p. 7 l. L. 9 p. 2 à 3 l. — Paysage avec ruines et figures; sur le ciel, à droite : *Schinnagel. à Vienne. pinx.* H. 5 p. L. 6 p. 6 l. — Paysage : à gauche, sur un piédestal : *Paysages gravé.... Chez Nothnagel l'ainé* 1771. H. 4 p. 11 l. L. 6 p. 6 l. 10 Estampes.

30 *Estampes des deux Brand.*

BRAUWER ou BROUWER, (ADRIEN) peintre; né à Harlem, en 1608; mort à Anvers, en 1640; élève de FRANÇ. HALS. On attribue à Brauwer les eaux-fortes suivantes.

168 1 Paysan, un pot à la main; il est assis sur un banc et dort la tête appuyée sur une cloison en planches : à droite, trois villageois à table; au bord du devant : *A Brouw.* H. 5 p. 7 l. L. 4 p. 11 l.

2 et 3 Deux Hommes vus à mi-corps : l'un, en grand chapeau, tient une cruche; devant lui, sur une table, un plat, un pain, une pipe et un réchaud de feu; à gauche, dans la marge : *A Brouwer in;* à droite : *F. V. W. excud.* Le second Sujet : un Paysan coiffé d'une toque, ornée de deux plumes, s'occupe à détruire la vermine qui le tourmente; devant lui, une table où sont un réchaud de terre brisé et une pipe; à gauche, au bas de la pl. : *A B.* H. 3 p. 5 à 6 l. L. 3 p.

Estampes encadrées ou en feuilles.

Suite des Morceaux de BRAUWER.

4 et 5 Deux Hommes vus à mi-corps : le premier, coiffé d'un bonnet où sa pipe est attachée, est assis, tourné de profil : devant lui, une table ; il compte son argent ; le second, debout, tient de ses deux mains un grand pot ; son chapeau à bord relevé lui descend sur les yeux ; au haut, à gauche, à chaque morceau : *ABrauer.* H. 5 p. 5 à 7 l. L. 4 p. 3 à 4 l.

6 et 7 Paysan et Paysanne représentés à mi-corps : le paysan vu de face, porte une toque qui cache en partie son œil droit ; la paysanne vue de profil, tournée vers la droite ; devant elle, sur une table, un pot, une pipe et un réchaud de feu ; au haut, à gauche, à chaque Morceau : *ABrauer.* H. 4 p. 3 à 4 l. L. 3 p. 4 l.

8 Paysan vu à mi-corps, assis et pansant une plaie qu'il a à la main gauche : près de lui, sur une table, une petite bouteille et un pot. Morceau sans marque, qu'on attribue aussi à Brauwer. H. 2 p. 6 l. L. 2 p. 1 l.

8 *Estampes.*

BRAY, (SALOMON DE) *peintre ; né à Harlem, en 1579 ; mort dans le* 17.ᵉ *siècle. On attribue à de Bray, plusieurs Morceaux gravés à l'eau-forte.*

169 De Bray, peintre et architecte d'Harlem, représenté à l'âge de 67 ans, en 1664, vu à mi-corps, dirigé vers la gauche. Planche gravée sur bois. H. 6 p. 8 l., compris la marge. L. 4 p. 9 l.

Morceaux qu'on attribue à DE BRAY.

1 Agar renvoyée par Abraham : des troupeaux sortent d'une étable et se dirigent vers la gauche ; à terre, au-dessous des pieds d'Agar : *BR fecit.* Ce Morceau est aussi attribué à Rein. Brakenburg. H. 6 p. L. 8 p. 11 l.

2 Bethsabée au bain : à gauche, David ; du même côté, sur une pierre : *BERSABE 1625* ; et les lettres *B. V.* H. 6 p. 3 l. L. 5 p. 8 l.

3 Le jeune Tobie assis à la porte de la maison de son père, où l'ange est prêt à entrer ; à terre, devant lui, le poisson. H. 5 p. 4 l. L. 4 p. 2 l.

Estampes encadrées ou en feuilles.

Suite des Morceaux de DE BRAY.

4 Jeune Femme marchant devant une vieille, montée sur un baudet chargé d'ustensiles de ménage : à droite, dans le fond, une église. H. 4 p. 2 l. L. 5 p. 6 l.

5 Villageois dans sa carriole : il présente sa bourse à trois voleurs à cheval qui viennent de l'assaillir ; à droite, un homme à pied ; vers la gauche, à terre : *BB fecit.* H. 4 p. 3 l. L. 5 p. 7 l.

6 Vue de monumens en ruine : à la droite du devant, un grand arbre ; du même côté, au bord de la terrasse : 1671 *D.Bray fecit.* H. 4 p. 10 l. L. 6 p. 8 l.

7 Estampes.

BREBIETTE, (PIERRE) *peintre ; né à Mantes sur Seine, à la fin du seizième siècle. Brebiette a gravé à l'eau-forte.*

170 Brebiette par lui-même ; Franc. Quesnel, peintre ; diverses Suites de Sujets tirés de l'Histoire sacrée et de l'Histoire profane, emblêmes, allégories, etc., composés et gravés par *Brebiette.* Quelques-uns de ces Morceaux en forme de frises : au nombre de ceux qu'il a exécutés d'après d'autres maîtres, on distingue Moïse sauvé des eaux, d'après Cagliari, et Jésus-Christ dans sa gloire, d'après Palma. Gr. Pièce en larg. 148 Estampes ; dans ce nombre des pièces doubles.

Anciennes Epreuves, plusieurs avant les noms de BONNART, CIATRES, LE BLOND *et d'*AUG. QUESNEL, *éditeurs.*

BREENBERG ou BREENBERGH, (BARTHOLOMÉ) *peintre ; né à Utrecht, vers* 1620 ; *mort en* 1660. *Breenbergh a gravé à l'eau-forte, d'une pointe fine et spirituelle.*

Suite de Vues et de Paysages.

171 1 à 17. — 1 Paysage où est un piédestal, avec l'inscription suivante, en neuf lignes : *Verscheijden Vervall'en gebouwen.... Bart. Breenbergh Schilder. Gedaen in 't Iaer 1540.* — 2 Vue du *Calidorium* des thermes de Dioclétien, à Rome. — 3, autre

Estampes encadrées ou en feuilles. 69

Suite des Morceaux de BREENBERG.

Vue des thermes de Dioclétien : à droite, près d'une arcade, un homme chargé d'un fardeau. — 4 Paysage : à la droite, une maison en ruine et une tour; sur le devant, une charrue.— 5 Paysage : à gauche, une tour hexagone, avec ceps de vignes. — 6 Vue d'une partie des murs de Rome : au haut, à gauche : *BB. f. Anno 1640.* — 7 Vue d'une ruine, à Saint-Laurent-le-Vieux, près Bolsene. — 8 Vue des restes de l'acqueduc de *Meza via*, entre Rome et Albano : à gauche, sur une table de pierre : *BB. f. 1640.* — 9 Vue de la tour Léonine, au-dessus de Frascati : à terre, à gauche : *BB. f. 1640.* — 10 Fragmens du Colisée. — 11 Vue de *Ponte-Mamolo* : au haut, à gauche, *BB. f. A 1639.* — 12 Vue d'une des grottes de Valmontone, à huit lieues de Rome : on y remarque deux religieux, un est assis. — 13 Vue des thermes de Caracalla : à droite, sur le ciel : *BB. f. 1631.* — 14 Vue de l'hôtellerie de *Prima Porta*, dans la campagne de Rome. — 15 Vue d'une cascade, à *Ponte della Trave* : sur le ciel, à droite, *BB. f. An° 1639.* — 16 Vue des restes d'un palais, à Tivoli. — 17 Vue d'une partie de la voie *Flaminia*, aux environs de Rome. H. 3 p. 5 à 9 l. L. 2 p. 3 à 5 l.

172 18 Vue des restes de la *Villa des Empereurs*, à Rome : sur le ciel, à gauche : *BB. f. 1640.* H. 3 p. 2 l. L. 1 p. 8 l.

19 Le Satyre prenant Corisque par les cheveux : à la droite, des rochers couronnés d'arbres. Sujet tiré du *Pastor fido*, poëme de Guarini. H. 3 p. 6 l. L. 2 p. 6 l.

20 Substructions des thermes de Titus, dans une campagne où sont une femme et trois satyres ; sur le ciel, à gauche : *BB. f. An° 1640.* H. 3 p. L. 4 p. 4 l.

21 Vue prise dans les environs du Colisée : à gauche, sur le devant, une femme et un enfant ; au ciel : *BB. f. An° 1640.* H. 3 p. 3 l. L. 5 p. 7.

22 Vestiges des thermes de Caracalla : vers le milieu, un homme se dirige du côté d'un ruisseau où est une planche ; à la gauche du devant, un puits ; à droite ; sur le ciel : *BB. f.* H. 3 p. 3. l. L. 5 p. 7 l.

Estampes encadrées ou en feuilles.

Suite des Morceaux de BREENBERG.

23 Intérieur de la grotte consacrée par Numa à la nymphe Egérie, grotte dite d'*Aqua Farella;* à droite, la longue table de pierre qu'y fit placer l'empereur Charles-Quint; au milieu du devant, à terre, sur une planche : *BB. f. A° 1640.* H. 8 p. 8 l. L. 4 p. 4 l.

173 24 Ours dans une cuve : au bord du devant de la cuve : *Back Beer* (Ours de cuve); sur le mur, à gauche, où la chaîne de l'ours est attachée : *BB. f.* H. 1 p. 9 l. L. 2 p. 2 l.

Morceau extrêmement rare.

174 25 Deux Vues gravées sur une même pl. : l'une du tombeau de sur la voie Cassia, à cinq milles de Rome; Breenbergh a placé à la droite de ce Morceau la fontaine qu'on trouve à côté de la *Villa* du pape *Giulio*, près la porte du Peuple; à gauche, sur le ciel : *BB. f.* La seconde Vue, celle du château de la famille *Boncompagne*, près l'*Aqua Acetosa*, au bord du Tibre, à Rome. H. de chacun des deux Morceaux, 1 p. 8 à 9 l. L. des deux Morceaux réunis, 3 p. 5 l.

26 à 28 Etudes diverses : manquent *.

Morceaux dont BARTSCH *n'a pas donné de description.*

175 29 Pays de rochers : à gauche, des fabriques italiennes et une maisonnette; on y arrive par un pont en pierre de deux arches; une rivière, qui prend sa source dans un des rochers, descend en serpentant, et vient baigner les rocs qui occupent les devants; sur le ciel, à droite : *BB f. An° 1639.* Morceau peu terminé. H. 3 p. 8 l. L. 5 p. 2 l.

Pièce extrêmement rare.

30 Vue de Rome prise du Colisée : les restes du temple du Soleil et de la Lune, et ceux de la fontaine appelée *Meta Sudence*, sont à la gauche; près de là, un paysan appuyé sur une colline; en avant, un cheval au pâturage et deux

---

* 26 à 28 Des Etudes de têtes d'hommes, de femmes et d'animaux chimériques, gravées sur deux pl.; une troisième pl. où sont des Etudes de têtes de vieillards et autres. A ces Morceaux, qui ne portent pas le nom de Breenbergh : *D. Gheyn, 1638.* H. 4 p. 3 l. L. 3 p.

Estampes encadrées ou en feuilles.

Suite des Morceaux de BREENBERG.

ânes couchés ; à droite, près d'un berger un bâton à la main, deux bufles ; derrière le berger, un chariot qu'on ne voit qu'à moitié ; sur les plans suivans, d'autres figures et des animaux. Pièce sans nom ni marque, dont le dessin et la gravure sont attribués à *Breenbergh.* H. 4 p. 1 l. L. 7 p. 1 l.

31 Vue des restes du temple du Soleil et de la Lune, du côté du Colisée : près de là, un paysan conduit un âne et regarde deux religieux à genoux ; une colline où un homme et une femme sont assis, occupe la gauche du devant. Pièce attribuée à *Breenbergh.* H. 4 p. 3 l. L. 3 p. 11 l.

32 Vue de Vestiges du Colisée : à la droite, des hommes s'entretiennent ensemble. H. 3 p. 2 l. L. 2 p. 8 l. Ce Morceau du dessin de Breenbergh, auquel on en attribue la gravure, fait partie d'une Suite de six Vues de ruines et autres antiquités ; Pièces sans noms ni marques.

BRINCKMANN, (PHILIPPE-JÉRÔME) *peintre ; né à Spire, en* 1709; *mort à Manheim, en* 1761; *élève de J.-G.* DATHAN. *Brinckmann a gravé à l'eau-forte, et paraît s'être proposé pour modèle les Estampes de Rembrandt.*

176   1 à 2 Le jeune David tenant la tête et l'épée du géant Goliath ; Judith, la main sur la tête d'Holopherne ; Sujets de demi-figures ; à droite, dans les marges, écrit à rebours : *P. H. Brinckmann inv. et fecit*, 1740 ou *et fecit* 1741. H. 2 p. 11 l. à 3 p. L. 2 p. 5 l.

3 et 4 Deux Sujets tirés de l'histoire de David ; à la gauche d'un des Morceaux, sur le collier d'un chien : *P. H. B.* H. 4 p. 8 l. L. 3 p. 9 l.

5 La Sainte-Famille ; Sujet de demi-figures, dans un paysage ; au bas à droite, la tête de l'âne ; au haut, à gauche, les lettres *P. H. B.* réunies. H. 3 p. 7 l. L. 2 p. 11 l.

6 et 7 Jésus et la Samaritaine, et notre Seigneur sous la forme d'un jardinier, se montrant à Marie-Magdeleine. H. 4 p. 8 à 11 l. L. 2 p. à 2 p. 1 l.

Estampes encadrées ou en feuilles.

Suite des Morceaux de BRINCKMANN.

8 La Résurrection de Lazare ; sur une des marches du perron où le Sauveur est placé : *J. H. Brinkman*. Au fond, à droite, un tombeau. H. 4 p. 9 l. L. 3 p. 8 l.

9 Thisbé se tuant près du corps mort de Pyrame ; à gauche, un homme pendu à un arbre. Dans la marge : *P. H. Brinckmann, inv: et fecit*. H. 4 p. 5 l. L. 3 p. 7 l.

10 Marche triomphale d'un Empereur romain ; Composition dans un cartouche ; au bas, à gauche, au-dessous du cartouche : *P. H. B: inv. et fecit*. Grandeur de la planche, H. 3 p. 5 l. L. 6 p.

11 Jeux d'enfans : Sujet composé de cinq figures ; au coin, à droite du bas : *P. H. B.* H. 1 p. 11 l. L. 1 p. 9 l.

12 et 13 Hommes vus en bustes : l'un en bonnet garni de fourrure ; l'autre en turban avec plumes. Au haut, à gauche, le chiffre ou le nom du maître. H. 4 p. 1 à 2 l. L. 3 p. 7 l.

Du second Morceau deux Epreuves.

14 et 15 Homme et femme vus à mi-corps : costumés à l'oriental ; le premier a les mains jointes. Au haut, à gauche : *P. H. Brinckmann, f.* H. 3 p. L. 2 p. 8 à 10 l.

Du premier Morceau, deux Epreuves.

16 Femme vue à mi-corps : elle est costumée à l'oriental, et tient un scarabée avec des pinces. Au haut, à droite : *P. H. Brinck: fecit* 1741. H. 3 p. 3 l. L. 2 p. 6 l.

17 et 18 Vieille et jeune Fille vues à mi-corps : l'une lit ; l'autre tient une espèce de bobine ; dans l'ombre, au haut du fond, à gauche : *P. H. Brinckmann, f.* H. 2 p. 6 à 7 l. L. 2 p. 2 à 3 l.

19 à 22 Quatre Bustes : Homme en bonnet plat ; à droite de la marge : *P. H. Brinck:* 1735, écrit à rebours ; — Homme en bonnet fourré, la tête appuyée sur sa main droite ; au haut du fond à droite, dans l'ombre : *P. H. Brinck.;* — Vieille vue de face, un voile sur la tête ; au haut du fond : *Brinckmann*, 1735 ; — Jeune Fille avec toque ornée de plumes ; son regard est baissé. H. 1 p. 7 l. à 2 p. 6 l. L. 1 p. 3 à 11 l.

23 Jeune Garçon conduisant un cheval, sur le devant d'une

Suite des Morceaux de BRINCKMANN.

campagne ; au bas , à gauche : *Brinckmann*. Planche au simple trait. H. 9 p. 6 l. L. 13 p. 8 l.

24 et 25 Deux Paysages : l'un avec cavalier suivi d'un villageois à pied ; dans le second , un pont de bois ; au bas de ce dernier Morceau, à gauche : *P. H. Brinck: f.* H. 7 p. 6 à 7 l. L. 6 p. 3 à 4 l.

26 à 30 Suite de Vues de lieux champêtres ; autres de mer et de rivières ; à ces cinq Morceaux, dans les marges , le nom du maître ; à l'un : *à Mannheim 1740* ; à deux de ces Pièces, le nom à rebours. H. 4 p. 3 à 8 l. L. 6 p. à 6 p. 5 l.

31 Rivière où des hommes conduisent des bateaux ; une espèce de baraque en chaume, adossée à un groupe d'arbres, occupe le terrain de la droite. Dans la marge, à gauche : *P. H. Brinckmann fecit et inv.* H. 4 p. 3 l. L. 6 p. 2 l.

Trois Epreuves , la première avant la retouche.

32 Vue de la fontaine du Loup : dans les montagnes , au-dessus de Heidelberg : (*Wolfs brunnen zu Heidelberg*). Sur le devant : *P. H. Brinckmann fecit*, 1735. H. 4 p. 5 l. L. 3 p. 11 l.

36 *Estampes.*

BRONCHORST, (JEAN-G......) *peintre ; né à Utrecht, en 1603, a gravé à l'eau-forte ; sa pointe est légère, ses ouvrages touchés avec fermeté, et vigoureux de ton.*

Morceaux d'après CORN. POELENBURCH.

177 1 La Sainte-Vierge et saint Jean près de Jésus en croix ; du même côté , un homme, et plus loin, deux saintes femmes ; au fond , des soldats ; à gauche, la ville de Jérusalem , et dans les airs, deux anges en pleurs ; dans la marge , deux distiques latins : *Insons sublimi pendens..... subire nevem.* C. P. *pinxit*, J. G. B. *fecit*. H. 14 p. 6 l. L. 11 p. 2 l.

Morceau rare.

2 La Magdeleine manque *.

---

* 2 La Magdeleine vue à mi-corps et de profil, un crucifix à la main

Estampes encadrées ou en feuilles.

Suite des Morceaux de BRONCHORST.

3 La Magdeleine, vue à mi-corps; devant elle, une tête de mort; au haut, à droite: *C. P inu J. G. fecit.* H. 5 p. 2 l.; L. 4 p. 4 l.

4 Vénus ordonnant à son fils d'aller blesser de ses traits le dieu des Enfers; à gauche, Neptune dans son char s'avance sur la mer; sur le devant: *C. P Inu J. G. B. Fecit*, 1636. H. 6 p. 9 l. L. 5 p. 5 l.

5 Vénus assise sur des nuées; au haut, à gauche: *C. P inu J. G. Fecit.* H. 5 p. 4 l. L. 4 p. 8 l.
Pièce rare.

6 L'Amour debout, son arc à la main; au haut, à gauche: *C. P inu F. G. Fecit*, 1636. H. 5 p. 8 l. L. 4 p. 10 l.

7 Nymphe endormie, surprise par un Satyre; dans la marge, un distique latin: *Quid Venerem spectas.... parata tuis;* à gauche: *C. V. Poelenb. Inven.*; à droite, *J. G Bronchorst Fecit.* H. 5 p. 7 l. L. 7 p. 9 l.
Morceau rare.

8 à 10 Les Portraits de Saft-Leven, de Jean de Laet, et un Buste de vieille: manquent **.

11 Vieillard chauve et sans barbe, vu en buste et de profil; sur le fond, à droite; *C. P inu J. G. Fecit.* Etude dans un ovale. H. 4 p. 9 l. L. 3 p. 8 l.

7 *Estampes.*

178 12 à 20 Ruines de l'ancienne Rome. 1 Fragmens et Vestiges de chapitaux, de piédestaux et autres antiquités; au fond

---

gauche; sur le fond, au-dessus de l'épaule de la Magdeleine. *C. P. Inu J.-G. Fec.* Sujet dans un ovale. H. 4 p. 3 l. L. 3 p. 6 l.

** 8 Her. Saft-Leven, vu à mi-corps; il tient à la main une estampe représentant un paysage; au bas, à droite: *Jean Van Bronchorst fecit.* H. 8 p. L. 6 p. 3 l.

9 Jean de Laet, historiographe hollandais, vu à mi-corps et de face; il tourne de la main gauche un feuillet d'un livre qui est devant lui; au bas, à droite: *I. V. Bronchorst fecit.* H. 7 p. 7 l. L. 6 p. 6 l.

10 Vieille, vue de profil et en buste; elle porte un bonnet et une cravatte nouée: Etude dans un ovale; vers le milieu du haut: *C. P. Inu J. G. Fecit.* H. 4 p. 9 l. L. 3 p. 8 l.

Estampes encadrées ou en feuilles.

Suite des Morceaux de BRONCHORST.

les Restes du palais des Empereurs ; à la droite du devant, sur un débri : *AVGVSTI NERVA DIVOT*. Dans la marge quatre vers latins : *Antiquitatis œstimator et styli . . . . vivum mori.* 2. Fragmens du palais des Empereurs ; à gauche, un homme en marche. 3. Vestiges d'une des portes et d'une partie des murs de Rome ; dans la marge : *Pars murorum Romæ Veteris.* 4. Vue latérale de l'arc de Constantin ; sur le ciel, à gauche : *Delineatio Arcus Triumphlis Constantini Magni Imp: Rom:* 5. Vue d'une partie du palais des Empereurs, devant lequel passe un villageois qui conduit un baudet chargé. 6. Vestiges du palais des Empereurs, vue prise du couchant ; dans la marge : *Ruinæ Pallity Imp. in foro Boario.* 7. Vestiges du Colisée : à droite, un homme un bâton sur l'épaule ; dans la marge : *Pars Amphitheatri Vespasiani Imp. vulgo il Coliseo dicti.* 8. L'Arc de Titus, et des Vestiges du palais des Empereurs : vers la droite du devant, un enfant nu parle à un vieillard enveloppé dans un manteau. 9. Vue des restes du palais des Empereurs : au fond, la partie occidentale du Colisée ; vers la droite, deux hommes, un est assis sur une pierre ; à six de ces Morceaux : *C. V. Poelenburch. Inventor I. G. Bronchorst Schulptor* ou *Sculptor.* Au 2.ᵉ Morceau ces noms se trouvent à droite de la terrasse ; au 4.ᵉ, au bas de l'arc ; aux autres, dans la marge ; les 5.ᵉ, 8.ᵉ et 9.ᵉ sans noms. H. 6 p. 8 l. à 7 p. 3 l. L. 9 p. 3 à 5 l. non compris les marges du bas, qui portent d'une ligne et demie à 7 l. Suite sans n°.

21 Arc des Orfèvres : à gauche, près des Vestiges du palais des Empereurs, un paysan conduit un baudet ; à terre *C. V. Poelenburch Inven. I. G: Bronchorst fecit ;* dans la marge : *Saxa cadunt, ... Stglusque rogum.* H. 12 p. 8 l. L. 11 p. Epreuve un peu rognée du haut.

22 à 24 Vue avec pont. — Vue avec bâtiment voûté, — et le Bouvier : manquent *.

---

* 22 Vue où est un pont en pierre, d'une seule arche ; un homme y fait passer un âne chargé ; 23 autre vue où est le mur d'un bâtiment ruiné ; un homme est près de là : ces 2 Morceaux attribués, pour le dessin, à Poelenburch, et pour la gravure, à Bronchorst. H. 5 p. 7 l. L. 4 p. 7 l. 24 Bouvier entouré de cinq bœufs, quatre sont à la

Estampes encadrées ou en feuilles.

Suite des Morceaux de BRONCHORST.

Morceaux dont BARTSCH *n'a pas donné de description.*

179 25 L'Adoration des Rois. Les Mages apportent des présens au Sauveur que la Sainte-Vierge, assise et élevée sur une estrade, tient sur ses genoux; dans les airs, trois anges et quatre chérubins; à la gauche, dans le fond, on aperçoit deux dromadaires et un cheval : Composition de plus de vingt-cinq figures, d'après C. Poelenburch. Pièce sans nom d'auteur; au bas, une marge blanche d'un pouce 6 lignes. H. 14 p. 6 l., compris la marge; L. 11 p. 1 l.

26 La Sainte-Vierge vue à mi-corps, l'Enfant-Jésus nu dans ses bras : des auréoles entourent leur tête; sur le fond, au-dessus du bras droit du Sauveur : *C. V. P. pincit; J. G. B. Fecit.* 1636. Sujet dans un ovale. H. 6 p. 1 l. L. 4 p. 8 l.

27 Bacchus ou plutôt Silène, vu de trois quarts, couronné de pampres, de vignes; buste éclairé par la droite. H. 2 p. 8 l. L. 2 p. 1 l.

28 Jeune Homme debout, la tête élevée; il montre de la main un roc où est un antre, sur un rayon qui part du haut du roc : *Se tu echo che cosi unita il sono.* Ecrit à rebours, à terre à gauche : *I. G. Bron fecit.* H. 4 p. 3 l. L. 3 p. 7 l.

BROWNE, (JOHN) *graveur à l'eau-forte et au burin ; né à Oxford, dans le commencement du siècle dernier.*

180 Apollon et la Sybille (*Apollo and The Sibyl* (d'après le Tableau de Salvatore Rosa, de la Coll. d'Ashburnham; très-gr. paysage en larg.; gravé en 1781.
Epreuve avant la lettre.

181 Le Voiturier (*The Waggoner*), d'après le Tabl. de la Collection d'Houghton; paysage en larg., 1776.
Epreuve avant la lettre.

---

gauche; dans le fond, un bâtiment en ruine : Morceau rare. Cette faible production qu'on dit être de Bronchorst, est sans nom d'auteur. H. 8 p. L. 7 p. 10 l.

Estampes encadrées ou en feuilles.

Suite des Morceaux de BROWNE.

182 Les Bandits prisonniers (*Banditti Prisoners*), d'après le Tabl. de J. et And. Both, de la Collection de Th. Dundas ; très-gr. Est. en larg., 1794.

183 La Cascade (*The Cascade*), d'après le Tabl. de Gaspar Poussin, de la Collection du Roi d'Angleterre. 1786. Est. en larg.

Epreuve avant la lettre.

184 La même Estampe.

Epreuve avec la lettre.

Le Chasseur *(The Sportsman)*, d'après le Tabl. de Gaspar Poussin de la Gal. Houghton. 1775. Est. en larg.

BRUSSELLES, (J. ou H.) *dessinateur et graveur à l'eau-forte.*

185 Paysage où sont des ruines : à droite, à une grande pierre : *Verscheyden Landschapp. getekend en Geest J.-B.* Divers Paysages, dessinés et gravés à l'eau-forte, par *J. B., J. Brusselles*; treize Vues, Sites des campagnes de Hollande : fumeur, un bonnet sur la tête, vu à mi-corps, dirigé vers la gauche ; il paraît être appuyé sur une table. Ces Morceaux d'une pointe fine, touchés avec beaucoup de légèreté. Huit portent 3 p. 4 l. à 4 p. 4 l. de haut. sur 5 p. à 6 p. 8 l. de larg. Les sept autres, 1 p. 11 l. à 3 p. 3 l. de haut. sur 1 p. 11 l. à 4 p. 8 l. de larg. A quelques-unes de ces Pièces, des n.ᵒˢ

15 *Estampes.*

BYE, (MARC DE) *dessinateur et graveur à l'eau-forte ; né en Hollande au commencement du dix-septième siècle ; élève de* JAC. VANDER DOES. *De Bye a su conserver aux animaux qu'il a gravés d'après Potter et Gérard, les caractères si bien exprimés par ces habiles Maîtres.*

Différentes Suites d'Animaux, d'après P. POTTER.

1 à 8.

186 1 à 8 Chèvres et Boucs : au premier Morceau le titre : *P. Pot-*

Estampes encadrées ou en feuilles.

Suite des Morceaux de DE BYE.

ter *inv. M. de Bye fec. N: Visscher excud.*, est à gauche, sur une pierre; vers la droite, un bouc; au bas, aux huit Pièces, près du trait carré, le n°. H. 3 p. 11 l. à 4 p. 1 l. L. 5 p. à 5 p. 3 l.

1 à 8.

9 à 16 Vaches et Bœufs (1.re Suite) : au premier Morceau, un vacher appuyé sur un petit mur où est le titre : *P. Potter inv. M. de Bye f. n.° 1. N. Visscher excu.*; derrière le mur, une vache, dont on ne voit que la tête; aux huit pièces, à droite, sur les ciels, le n.° H. 3 p. 10 l. à 4 p. 2 l. L. 5 p. 2 à 3 l.

1 à 8.

17 à 24 Vaches et Bœufs (2.° Suite) : au premier Morceau, près de diverses ruines, une vache, dont on ne voit que la tête ; et sur un mur : *n.° 3, P. Potter inv. M: de Bye fec.*; dans la marge : *Nicolaus Visscher excudit;* à droite, près des traits carrés, aux huit pièces, le n°. H. 3 p. 10 l. à 4 p. 1 l. L. 5 p. 2 à 4 l.

1 à 8.

25 à 32 Vaches et Bœufs (3.° Suite) : au premier Morceau, derrière une fontaine où est le titre : *P. Potter inv. M. de Bye f. Nic. Visscher excudit n.° 14;* une vache, dont on ne voit que la tête qui est baissée vers la terre. A chaque Morceau, le n°. H. 4 p. 7 à 10 l. L. 5 p. 11 l. à 6 p. 1 l.

Epreuves avant les n^{os}.

1 à 8.

33 à 40 Vaches et Bœufs (4.° Suite) : à gauche, au premier Morceau, sur une pierre carrée, derrière laquelle est une vache : *Paulus Potter inv. M. de Bye fec n.° 2 ;* dans la marge : *N. Visscher excudit;* à gauche, sur le ciel, aux huit Pièces, le n°. H. 3 p. 11 l. à 4 p. 1 l. L. 5 p. 1 à 3 l. 32 A à 32 H de l'addition donnée par Bartsch dans le 4.° volume du *Peintre-Graveur.*

1 à 8.

187 41 à 48 Lions, Ours, Loups et Cochons : à la droite du prem. Morceau, sur un vieux mur, près duquel est un lion couché, qu'on ne voit qu'à mi-corps : *Paul. Potter inv. Marc. de Bye fecit Nic. Visscher excudit;* au bas des huit Pièces, à

Estampes encadrées ou en feuilles.

Suite des Morceaux de DE BYE.

droite, près des traits carrés, le n°. H. 4 p. 8 à 9 l. L. 6 p.
à 6 p. 1 l. n.° 33 à 40. Ces n.os et ceux placés à la suite des articles suivans correspondent aux n.os du Catalogue de l'œuvre
de de Bye donné par Bartsch, dans son 1.er vol. du *Peintre-
Graveur.*

1 à 8.

49 à 56 Les Léopards : à la gauche du premier Morceau, sur
une grosse pierre, où grimpe un Léopard dont on ne voit
que la tête et les pattes de devant : *Paul. Potter delineavit
ad vivum;* à terre, sur le devant : *M: de Bye fecit N: Visscher
excud.;* aux huit Pièces, au bas, à droite, près du trait
carré, le n°. H. 4 p. 9 à 10 l. L. 6 p. à 6 p. 1 l. 41 à 48.

1 à 8.

57 à 64 Les Lions : au premier Morceau, un lion s'avance; à
la droite d'une grande pierre où est le titre : *P. Potter inventor
Marc. de Bye fecit* cIɔIɔCLXIV; et à gauche, sur l'épaisseur d'une pierre, où la patte droite du lion est posée : *N.
Visscher excudit;* au haut, à droite, le n°. H. 6 p. à 6 p. 1 l.
L. 7 p. 10 à 11 l. 49 à 56.

Aux Epreuves postérieures, l'adresse d'Ottens.

1 à 4.

65 à 68 Les Chasses au taureau, au loup, au sanglier et à l'ours :
dans les airs, au premier Morceau, sur une banderolle que
tient un aigle : *P. Potter inv. M. de Bye fecit;* au bas, dans la
marge : *N. Visscher excudit;* au coin des terrasses, aux
quatre Pièces, le n°. H. 5 p. 6 à 8 l. L. 7 p. 8 l. à 8 p. 5 l.
57 à 60.

Suite d'Animaux d'après MARC GÉRARD.

1 à 16.

188 69 à 84 Les Ours : au premier Morceau, à une pierre élevée
sur un vieux piédestal, où un ours pose la patte gauche : *Marc.
Gerard. inv.* cIɔIɔLIX. *Marc. de Bye fecit* cIɔIɔCLXIV;
à droite, à terre; *Nicolaus Visscher excud.;* au coin, au
bas, à droite, aux seize Pièces, le n°. H. 3 p. 10 l. à 4 p. 1 l.
L. 5 p. à 5 p. 3 l. 61 à 76.

Estampes encadrées ou en feuilles.

Suite des Morceaux de De BYE.

Morceaux gravés par DE BYE, *sur ses propres dessins.*

85 Le Chien Métis ; à gauche, sur un quartier de pierre : *fecit. Marc. de Bye.* 1660. H. 6 p. 7 l. L. 8 p. 4 l. 77.

Pièce rare; Épreuve sans les mots N. VISSCHER EXCUDIT.

86 Muletier frappant de la main droite un cheval qu'il tient par la bride ; à gauche, dans la marge : *Marcus de Bye inventor et fecit ;* à droite, *Nicolaus Visscher excudit.* H. 4 p. 9 l. L. 6 p. 4 l. 78.

1 à 16.

87 à 102 Les Moutons : à droite, au premier Morceau, une Fontaine décorée d'un Sphinx ; dans l'ombre, *M. De Bye: fecit*, 1664; au-dessus du Robinet : *N. Visscher excud.* Aux autres Pièces de la Suite, à droite, près du trait carré, le n°. H. 3 p. 11 l. à 4 p. 1 l. L. 5 p. à 5 p. 3 l. 79 à 94.

103 Les trois Moutons, un debout et deux couchés ; à droite, une haie en paille ; à terre : *M. De Bye*, 1657. H. 3 p. 11 l. L. 4 p. 1 l. 99.

104 Le Mouton qui se repose : manque *.

105 Les deux Chiens Métis couchés et endormis ; à terre, sur le devant : *M. De Bye*, 1657. H. 2 p. 9 l. L. 4 p. 4 l. 101.

106 Le Chien épagneul couché et endormi. H. 2 p. 6 l. L. 3 p. 11 l. 102.

107 Le Bouc couché : manque **.

108 Vache couchée à la gauche, proche d'une haie de planches ; à terre, près du trait carré : *M. De Bye*, 1657. H. 2 p. 9 l. L. 4 p. 104.

109 La Vache debout, le Bœuf debout : ces deux Morceaux manquent ***.

---

* 104 Mouton vu de profil, dirigé vers la gauche ; il se repose ; à terre, vers le milieu : *M. De Bye.* H. 4 p. L. 2 p. 7 l. 100.

** 107 Bouc couché, vu presque de face ; il se gratte la tête avec son pied gauche de derrière ; au bas, vers le milieu : *M. De Bye.* H. 3 p. 7 l. L. 2 p. 9 l. 103.

*** 109 Vache debout, vue de profil, dirigée vers la droite ; Pl. mal mordue, la première de ce Sujet que De Bye ait gravée, dans la

Estampes encadrées ou en feuilles.

Suite des Morceaux de DE BYE.

110 Saint Eustache, d'après Tempeste : manque *.

Morceaux dont Bartsch n'a pas donné de description.

Pièces sans nom de Maître.

190 111 Vache debout, en partie cachée par un gros arbre qui ne la laisse voir que jusqu'à l'épaule : à son licou une chaîne à laquelle est attachée une espèce de billot; un trait carré assez mal formé passe sur le haut de l'arbre, et entoure la Composition. Grandeur de la Pl. H. 2 p. 8 l. L. 3 p. 6 l.

112 Veau couché : à droite, dans l'éloignement, une rivière; dans le fond, des Fabriques et des Montagnes. H. 2 p. 8 l. L. 4 p. 2 l.

113 La Brebis couchée, vue de profil, dirigée vers la droite. H. 2 p. 4 l. L. 4 p.

144 La Vache pleine. Elle est couchée, vue par derrière, dirigée vers la gauche. H. 3 p. 9 l. L. 4 p. 8 l.

191 115 Deux Cochons près de leur toit, placé à la gauche contre un petit arbre. Le porc qui est en avant, mord une grande plante. H. 5 p. 1 l. L. 5 p. 2 l.

116 Le Bouc couché : devant lui de grandes plantes ; à gauche, dans le fond, quelques arbres et des montagnes ; à terre vers la droite, 1657. H. 3 p. 11 l. L. 5 p. 2 l.

117 Vache couchée devant une vieille palissade en planches, qui est à la gauche; sur le devant, 1657. H. 3 p. 11 l. L. 5 p. 2 l.

NOTA. *Les sept dernières Estampes, 111 à 117 proviennent du Cabinet de M. De Leyden fils, n.° 17 du Catalogue de cette Collection, vendue à Amsterdam en 1811.*

---

seconde Pl. (la quatrième de la seconde Suite des Bœufs et Vaches) on ne voit point, dans le fond à droite, les deux figures près de la barrière et le bouquet des deux arbres. — 105 Bœuf debout, vu de profil, dirigé vers la gauche. Cette Pl., la première de ce Sujet que De Bye ait exécutée, a mal réussi à l'eau-forte. Dans la seconde Pl. (la cinquième de la première Suite des Bœufs et Vaches), il n'y a pas de morceau de tronc d'arbre près du pied droit de derrière du bœuf. 106.

* Saint Eustache, un genou à terre; à droite, au haut d'une colline, un cerf. Dans la marge : *Anth. Tempeste inventor Marcus De Bye fecit, Nicolaus Visscher excud.* H. 5 p. 3 l. L. 3 p. 7 l. 107.

Estampes encadrées ou en feuilles.

BYRNE, (WILLIAM) *graveur à l'eau-forte et au burin ; né à Cambridge vers le milieu du siècle dernier.*

192 Apollon, Pâtre du Roi Admète (*Apollo Heredsman to King Admetus*), d'après le Tabl. de Lauri, de la Collection de Robert Bragg, 1768. Est. en larg.

Le Soir (*Evening*), d'après le Tableau de Claude le Lorrain, de la Collection de Methuen, 1769. Est. en larg.

CABEL, (ADRIEN VANDER) *peintre ; né à Ryswick, près de La Haye, en* 1631; *mort à Lyon, en* 1695; *élève de J.* VAN GOYEN ; *Cabel paraît s'être proposé pour modèle les meilleurs peintres d'Italie. Les paysages qu'il a gravés à l'eau-forte présentent, en général, des sites d'aspects riches et d'une grande vérité.*

193 Cabel vu à mi-corps dans un ovale : à gauche de la marge ; *Se ipse pinx.*, à droite, *Bouchet Sculp.*, 1693. Titre, *Adrian Vander Cabel, Peintre* ; et quatre vers français : *Ce Peintre dont l'adresse . . . . de plaire à la Fortune.* H. 7 p. 7 l. L. 6 p. 11 l.

Epreuve sur satin.

1 à 6.

1 à 6 Différens Paysages (1.ère suite) : au premier, sur le devant d'un Autel champêtre consacré au dieu Pan ; le titre : *premier livres des Paysages du Sieur Vendrecable*, et l'adresse d'*Audran*. Deux jeunes Femmes près d'une rivière, l'une les jambes dans l'eau, occupent la droite du second. Sur les devants des trois suivans, des hommes et des femmes s'entretiennent. Dans le sixième, la Fuite en Egypte. Dans les marges, le nom de Cabel et celui de l'éditeur *N. Robert*[*]. Sur les Terrasses, les n°⁵ 1 à 6. H. 7 p.

---

[*] Ces noms, à gauche, écrits presque toujours ainsi : *Adr. Vander Cabel jnu. et fecit;* ou *P. R.*, à droite : *N. Rob. ex* ou *P. R.*

Estampes encadrées ou en feuilles.

Suite des Morceaux de CABEL.

8 l. à 8 p. 4 l. L. 5 p. 11 l. à 6 p. 4 l. Le dernier Morceau ne porte que 5 p. 4 l. sur 8 p. de larg.

Premières Epreuves avant le titre et avant les n.^{os} (Exception faite du troisième Morceau).

7 Saint François stigmatisé : manque *.

A à F

8 à 13 Différens Paysages (2.e suite) : au premier, un pâtre surprend trois bergères endormies; près de là, sur le panneau d'un piédestal, le titre : *Segonds Liure de paysages du Sr Vendrecable*, et l'adresse d'*Audran*. Au cinquième Morceau, sur le devant, deux hommes tournés vers la droite; dans les marges les lettres *a* à *F*, et les noms d'auteur et d'éditeur. H. 5 p. 5 à 10 l. L. 8 p. 8 l. à 9 p. 3 l.

Premières Epreuves avant le titre et avant les lettres a à F. Du second Morceau, deux Epreuves.

A à F.

14 à 19 Différens Paysages (3.e suite) : le premier, la vue d'un port, sur l'eau, le titre : *a 3me.*; les noms d'auteur et d'éditeur aux 1.er, 3.e et 6.e sur le Ciel; aux autres, dans la marge du bas. H. 5 p. 5 à 9 l. L. 7 p. 6 l. à 9 p.

Premières Epreuves, cinq avant B. C. D. E. F. (Remarque qui, pour les quatre premiers Morceaux n'a pas été indiquée par Bartsch) plus deux Epreuves du quatrième paysage, une est avant N. Rob. ex cu P. R.

A à E.

20 à 24 Différens Paysages (4.e Suite) : au premier sur le devant, une femme court au bord d'une rivière; au haut, le titre, *a 4.me*; au cinquième paysage, dans le fond, à gauche, près d'une ville, un monument décoré d'un fronton et percé de trois croisées; au quatrième Morceau où est à gauche un château, sur le ciel le nom de Cabel; au bas

---

* 7 Saint François stigmatisé. Ce Morceau, répétition du second paysage de la première suite, est de sens opposé. Cabel a substitué à la place des deux femmes, un Saint François à genoux, les mains étendues. Pièce sans nom d'auteur. H. 7 p. 6 l. L. 5 p. 9 l.

Suite des Morceaux de CABEL.

des trois autres, les noms d'auteur et d'éditeur; au quatrième, le nom de l'éditeur seulement, sur les ciels les lettres *A. B. C. D. E.* H. 4 p. 6 l. à 7 p. 6 l. L. 7 p. 3 l. à 8 p. 10 l.

Premières Epreuves avant le titre et avant les lettres A. B. C. D. E. ; plus, trois Epr. doubles ; une du 1.er Morceau avec le titre; une du second, avec la lettre B; et une du cinquième, avec les noms d'auteur et d'éditeur.

25 Paysage, répétition du dernier Morceau de la suite précédente; ici on voit au Monument cinq croisées (pl. mal venue à l'eau-forte); à terre : à droite, *V. Cabe.* H. 4 p. 7 l. L. 7 p. 5 l.

I à VI.

26 à 31 Différens Paysages (5.e suite) : au premier, où est le titre 5.me à droite, un troupeau sort d'une étable; le second, répétition en sens contraire du cinquième paysage de la deuxième suite; ici les figures du devant différentes de pose, sont tournées à droite; dans les marges le n° et les noms d'auteur et d'éditeur, la sixième Pièce exceptée, où il n'y a sur le ciel que le nom de l'éditeur. Ce dernier Morceau, répétition en sens opposé du quatrième paysage de la suite précédente; le château s'y trouve à droite. H. 4 p. 9 l. à 5 p. 9 l. L. 7 p. 7 l. à 9 p.

Premières Epreuves avant le titre et avant les n^{os}.

I à VI.

32 à 37 Différens Paysages (6.e suite) : sur le devant du premier, un jeune garçon poursuit une jeune fille; dans la marge du haut le titre 6me ; à la gauche du second, une femme parle à un homme assis près d'une jeune fille, à l'ombre de grands arbres; dans les airs, près du haut des arbres un oiseau; dans les marges les noms d'auteur et d'éditeur, et le n.°, exception faite du premier Morceau sans le nom de Cabel; à gauche de la terrasse : *N. G. f.* H. 7 p. 2 l. à 8 p. 2 l. L. 10 p. 4 l. à 12 p. 8 l.

Premières Epreuves avant les n^{os}, le premier Morceau excepté ; plus, du troisième paysage, une seconde Epr. ; elle est avec le n°. sur la terrasse.

Estampes encadrées ou en feuilles. 85
Suite des Morceaux de CABEL.
1 à 5.

38 à 42 Différens Paysages (7.e suite) : à la droite du premier ; un homme pêche à la ligne ; sur le ciel, le titre 7.me. Le second, première répétition du deuxième paysage de la suite précédente ; dans les airs, deux oiseaux ; le troisième Sujet, répétition du premier paysage de la suite précédente, gravé de sens opposé : la femme poursuivie s'y voit à la droite ; dans les marges, les n.os et les noms d'auteur et d'éditeur, exception faite du troisième Morceau où il n'y a pas de nom. H. 7 p. 10 l. à 8 p. 2 l. L. 12 p. 2 à 6 l.

Epreuves avant les n.os.
A à F.

43 à 48 Différens Paysages (8.e suite) : au premier, sur une pelouse, un chevrier, une jeune fille et cinq chèvres ; dans la marge, le titre 8.me ; le troisième Morceau, seconde répétition du deuxième paysage de la sixième Suite, mais gravé de sens opposé aux deux autres ; dans les airs, comme dans la prem. répétition, deux oiseaux ; dans les marges, les lettres *A* à *F* et les noms d'auteur et d'éditeur, exception faite du 4.º Morceau, sans le nom de Cabel ; au bord de la terrasse, vers la droite : *N. G.* (*Nicolas Guerard*) *fe* *. H. 7 p. 9 l. à 8 p. 4 l. L. 12 p. 1 à 5 l.

Premières Epreuves avant le titre 8.me, et avant les lettres A à F.

194 49 La Sainte-Famille se reposant à l'ombre de grands arbres, à la gauche d'une campagne : dans la marge, les noms d'auteur et d'éditeur. H. 8 p. 8 l. L. 15 p. 6 l.

50 Saint Bruno à genoux sur un nuage peu élevé de terre ; il est en extase, les bras étendus ; au fond, à droite, un

---

* *Nicolas Guerard*, élève de Cabel, a exécuté plusieurs des planches qui portent le nom de Cabel. Ces Morceaux, bien que touchés avec moins de légèreté, ne sont cependant pas sans mérite. Les figures du saint Bruno et du saint Jérôme, dans les Estampes n.os 50 et 51, sont regardées comme étant de Nic. Guerard.

Suite des Morceaux de CABEL.

Ermitage; dans la marge, les noms d'auteur et d'éditeur. H. 17 p. 6 l. L. 12 p. 5 l.

51 Saint Jérôme assis, considérant un crucifix qu'il tient de sa main droite; dans la marge, les noms d'auteur et d'éditeur, et l'adresse d'*Audran*. H. 17 p. 4 l. L. 12 p. 4 l.

52 à 54 Trois Paysages; des fabriques ornent les fonds; dans le premier, un homme et une femme se reposent; un berger, précédé d'un troupeau qu'accompagne une paysanne à cheval, se voit dans le second; dans le troisième, un homme joue de la flûte au bord d'une rivière. H. 4 p. 1 à 3 l. L. 5 p. 11 l. à 6 p. 1 l.

55 Port de Mer avec bâtimens et canot; à gauche, la pointe d'une jetée; sur le ciel, les noms d'auteur et d'éditeur. H. 3 p. 10 l. L. 5 p. 8 l.

Deux Epreuves; la première avant toutes lettres, avant les contre-tailles sur la partie inférieure de la poupe du premier bâtiment; les tailles sur la proue du troisième, et les eaux continuées jusqu'à la place du trait carré; elle est aussi avant ce trait carré. Bartsch ne parle d'aucune de ces remarques.

Morceaux dont BARTSCH *n'a pas donné de description.*

195   56 Vue d'une Campagne où serpente une rivière; de petits tertres, garnis de saules, occupent les devants; plus loin, des arbres couvrent deux monticules baignés par les eaux; sur une des rives, vers le milieu de la Composition, un homme et une femme suivis d'un chien; une ville et des montagnes terminent le fond; dans la marge, les noms d'auteur et d'éditeur. H. 4 p. 2 l. L. 6 p.

57 Un Paysage occupé à droite par des arbres, dont la cime touche au trait carré du haut; près des arbres, un homme debout, les bras étendus, parle à une femme assise; on remarque du côté opposé, près d'une femme debout, la jambe d'un personnage; on ne voit pas le surplus de ce personnage; plus loin, à peu de distance d'une rivière, deux paysans, un pâtre et des moutons; au-delà, un village entouré d'ar-

Suite des Morceaux de CABEL.

bres, et des montagnes. Morceau sans nom d'auteur. H. 7 p. 11 l. L. 5 p. 6 l.

NOTA. Cette planche paraît avoir été tronquée du côté gauche, où le trait de la marge n'est pas indiqué.

58 Procris à genoux près d'un grand arbre, regarde Céphale poser le pied sur l'eau d'un ruisseau, dont il sonde la profondeur avec son javelot; le milieu et la gauche du fond présentent un pays de montagnes, où sont des fabriques et un monument terminé par une grosse tour ronde ; à la droite, un bois. Ce Morceau, où l'eau-forte a manqué dans plusieurs endroits, est sans nom d'auteur. H. 5 p. 2 l. L 8 p. 5 l.

NOTA. On voit à cette Epreuve, plusieurs marques de l'imperfection du cuivre.

59 Paysage, où une femme debout, parle à un homme assis à terre; sur le ciel, à droite, *A. V. Cabel*; répétition du paysage décrit sous le n.° 25, mais gravé de sens opposé ; on y voit aussi au monument dans le fond, cinq croisées. H. 4 p. 7 l. L. 7 p. 6 l.

60 Berger jouant de la flûte et gardant des moutons; près de lui, un pâtre couché ; à la gauche d'une campagne, où un chien aboye après un bœuf qu'on voit à droite dans un étang. Ce Morceau, qu'on attribue à Cabel, a, suivant P. Mariette, été gravé d'après ce maître, par *Claudine Bouzonnet Stella ;* à gauche, dans la marge : *N. Robert ex cum priu Regis.* H. 8 p. 10 l. L. 15 p. 6 l.

CALLOT, (JACQUES) *peintre, dessinateur et graveur; né à Nancy, en* 1593*; mort dans la même ville, en* 1635*; élève de* CLAUDE HENRIET, *de* JUL. PARIGII *et de* PH. THOMASSIN.

196 Le Portrait de Callot, par *Lasne*, en 1629; le Passage de la mer Rouge; les Sujets dits *la Grande Passion*, sept Pièces; *Ecce Homo*, d'après Stradan, en 1613 ; la Parabole de la mesure des grains; le Massacre des Innocens (deux Epr., l'une de la pl. de Florence, et l'autre de celle de Nancy); le Martyre de saint

Estampes encadrées ou en feuilles.

Suite des Morceaux de CALLOT.

Laurent; le Martyre de saint Sébastien ; *le Benedicite;* l'*Arbre de saint François;* le Miracle de saint Mansuet ; saint Nicolas prêchant; la tentation de saint Antoine (pl. dédiée à Ph. de la Vrillière); Pompe funèbre de l'empereur Matthias ; le Portrait de Deruet, peintre; le Combat de Veillane, en 1630; quinze Pièces des seize qui composent la Suite dite *les Batailles de Médicis;* Pandore (Epreuve avant le foudre) ; la Suite de dix-huit Sujets , dits *les grandes Misères de la guerre;* les Supplices ; le Combat à la barrière ; le Bras armé ; la Guerre d'Amour, fête donnée à Florence, en 1615; autre Fête donnée à Florence , au duc d'Urbain , en 1616. Ces deux Suites, d'après Parigii; *le grand Rocher;* le Pantalon ; le Zanni ou Scapin ; le Capitan ; Fête donnée à Florence , sur l'Arno, en 1619. Composition dans un cartouche, Morceau dit l'*Eventail*; la grande Chasse au Cerf, première Epr. : on y voit dans le fond , vers la droite, des chasseurs attachés à la poursuite d'un sanglier; Fête donnée dans la rue Neuve , à Nancy. Pièce dite *la Carrière de Nancy;* la petite Foire ou le Jeu de Boule , Epreuve avant la lettre. Les Figures pour la tragédie de Soliman, représentée à Florence, en 1616 ; la Vue du Pont-Neuf, de la Tour et de la Porte de Nesle ; et la Vue du Louvre et de la grande Gallerie ; en tout 102 Est. dans un vol. grand in-fol.

Les Epreuves de ce Recueil, la plupart avec remarques, avant la lettre ou avant les noms d'éditeurs, sont en général d'un beau choix et d'une belle conservation.

197 Le Portrait de Callot , d'après Van Dyck , par *Boulonois;* le Portrait de Callot , par *Lasne*, en 1629 ; le buste de Callot, dans une décoration d'architecture , par *Bosse;* la Sainte-Famille , d'après Sarto ; *Vita et Historia Beatæ Mariæ Virginis Matris Dei*..... 14 Pièces. Le Nouveau Testament, 11 P. La Vie de l'Enfant prodigue, 11 P. La Passion de Notre Seigneur, Suite dite *la petite Passion*, 12 P. *Le Porte-Dieu; Gloriosissimæ Virginis Deiparæ Elogium, etc.* 9 P. *Salvatoris Beatæ Mariæ Virginis*.... Les Apôtres, 16 P. Saint Pierre. *Martiryvm Apostolorvm*, 13 P. Saint Paul , d'après une Est.

Estampes encadrées ou en feuilles.

Suite des Morceaux de CALLOT.

de Swanenburg, du dessin de Bloëmaert; saint Jean dans l'île de Pathmos; le Triomphe de la Sainte-Vierge; la Parabole de la mesure des grains; le Prêtre exorcisant une femme possédée, d'après Boscoli; les Pénitens et les Pénitentes, 6 P. Saint François sortant d'un lis; saint François donnant la bénédiction; les vingt-trois Martyrs au Japon; les Tableaux de Rome, 30 P. Titre pour la Sainte-Apocatastase, Sermons prêchés à Nancy, en 1619; autre Titre, avec l'inscription : *Mvndvm Tradidit....*, et ceux de la confrérie du Gonfalon, de la congrégation de Notre-Dame du Collège des Jésuites, et de Notre-Dame-de-bon-Secours-lez-Nancy; Pompe funèbre de l'empereur Matthias; Portraits de François de Médicis, Louis XIII, roi de France et de Navarre, à cheval*, Louis de Lorraine, prince de Phaltzbourg, et Charles de Lorme, médecin du roi Louis XIII; Exercices militaires, 13 P. Combat et Rencontre de cavalerie; le *Bataillon* ; la Suite dite *les petites Misères de la guerre*, 7 P.; les grands Siéges : La Rochelle, l'île de Ré, et Bréda; les Bohémiens, 4 P.; les Fantaisies, 14 P.; Habillement de la Noblesse, 12 P.; *Capitano de Baroni*, 25 P.; *Varie figvre di Jacopo Callot*, 17 P.; *Bailli di Sfessania....* 24 P.; *Varie figure Gobbi....* 21 P.; *Capricci di varie figure....* 50 P.; *la petite Treille*; les Fêtes mobiles de l'année, 12 P.; les Images de tous les Saints et Saintes de l'année, suivant l'ordre du Martyrologe romain; Suite de 478 P.; et divers autres Sujets, des Paysages, etc., etc. En tout, 1115 Estampes; dans ce nombre, des Morceaux doubles et des Copies; le tout contenu dans 2 porte-feuilles gr. in-fol.

CANAL, (Giovanni-Antonio) *peintre vénitien; mort dans sa patrie, dans le siècle dernier; élève de son oncle. Canal a gravé à l'eau-forte.*

198 *Vedute Altre prese dai Luoghi altre ideate da Ant. Canal;* au bas,

---

* Ce Portrait est gravé au burin, par *Lasne* : le fond, où est représenté la Vue du Pas-de-Suze, forcé par l'armée française, commandée par le Roi, est gravé à l'eau-forte, par *Callot.*

à la plupart de ces Morceaux : *A Canal f.* 31 Estampes, 5 sont en haut.

CANTARINI *dit* LE PESARESE, (Simone) *peintre; né à Pesaro, en* 1612; *mort à Venise, en* 1648; *élève de* Guido Reni. *Cantarini a gravé à l'eau-forte.*

199 N.° 1 Adam et Eve. 2 Le Repos en Egypte, d'après *G. Renus* (Epreuve et Contre-Epreuve avant la lettre). 3 la Sainte-Vierge présentant un fruit à l'Enfant-Jésus, assis sur ses genoux ; le Sauveur prend le fruit avec sa main gauche. La copie de ce Morceau gravée de sens opposé, au bas : *Daman ex.* 4 la Sainte-Vierge donnant à téter à l'Enfant-Jésus ; à terre : *G. Renus in et fec* (2 Epreuves, une avant la lettre). 5 la Sainte-Vierge, l'Enfant-Jésus appuyé sur son sein ; à gauche, sainte Elizabeth, saint Jean et saint Joseph. 6 la même Composition, où Jésus penche la tête et regarde en bas : Morceau gravé de sens opposé ; à terre : *G. Renus in et fec.;* Epreuve avant la lettre. 7 la Sainte-Vierge, l'Enfant-Jésus, sur ses genoux, appuyé sur son bras droit. 8 la Sainte-Vierge soutenant de ses deux mains l'Enfant-Jésus, qui a les bras ouverts et les yeux élevés au ciel ; deux Epreuves, la première avant la retouche. Plus, la Copie de sens opposé, où saint Joseph est à gauche. 9 saint Jean à genoux, adorant l'Enfant-Jésus assis sur les genoux de la Sainte-Vierge ; dans la marge, à gauche : *Simone Cantarini In: et Fe;* à droite : *Gio: Iacomo Rossi formis alla Pace.* Deux Epreuves, une avant la lettre. La Copie gravée de sens opposé, saint Joseph est à la droite. 10 l'Enfant Jésus embrassant la Sainte-Vierge, qui le tient debout sur ses genoux ; à terre, à gauche : *S. C. da Pesare fc.;* Pièce en haut. 11 l'Enfant-Jésus, un chapelet dans les mains ; il est assis sur la Sainte-Vierge ; à terre, à droite : *S. C. da Pesare fc.;* Pièce en haut. 12 saint Jean-Baptiste baisant la main gauche du Sauveur, appuyé sur le sein de la Sainte-Vierge ; Pièce en haut., la Copie gravée de sens opposé. 13, la Sainte-Vierge, l'Enfant-Jésus sur ses genoux ; elle soutient de sa main droite la tête du Sauveur. Sujet dans un octogone.

Estampes encadrées ou en feuilles.

Suite des Morceaux de CANTARINI.

14 la Sainte-Vierge soutenant de sa main droite la tête de l'Enfant-Jésus, couché sur ses genoux; à droite, saint Joseph, occupé à lire. 15 la Sainte-Vierge, la tête appuyée sur sa main droite; elle considère l'Enfant-Jésus qui tient un oiseau; deux Epreuves, une avant la retouche. La copie de sens opposé, où le Sauveur tient le fil de la main gauche. 16 l'Enfant-Jésus tenant de la main droite un scapulaire; il est dans les bras de la Sainte-Vierge, assise sur des nuées. 17 Jésus portant sa croix; Epreuve et Contre-Epreuve. La Copie dans le sens de l'original. 18 la Sainte-Vierge montant au ciel, couronnée par deux anges; au bas, à droite: *S. C. De Pesare fe.* Epreuve avant la lettre. La Copie dans le sens de l'original: elle porte deux lignes de moins sur la hauteur. 19 saint Jean, enfant. 20 saint Jean dans le désert, la main gauche posée sur une croix. 21 saint Sébastien. La Copie dans le même sens, mais d'une ligne de moins sur la hauteur. 22 saint Antoine de Padoue, prenant dans ses bras l'Enfant-Jésus, qui lui apparait dans une gloire céleste; à terre, à gauche: *Simone Cantarini In e fe originale;* à droite, dans la marge, l'adresse de *Rossi.* Deux Epreuves, une avant la lettre. La Copie gravée de sens opposé; le saint y est à genoux à la droite; Morceau sans marque. 23 saint Antoine de Padoue, à genoux devant un autel, l'Enfant-Jésus dans ses bras. 24 saint Benoît délivrant un possédé, d'après Lod. Carracci. 25 l'Ange gardien; deux Epreuves. La Copie de sens opposé, où l'ange se dirige vers la droite; dans la marge, à gauche: *G. Renus in.* 26 Jupiter, Neptune et Pluton, faisant hommage de leur couronne aux armes du cardinal Borghèse; première Epreuve où le grand cartouche est armorié. 27 l'Enlèvement d'Europe; elle se dirige vers la droite; sur l'eau: *G. Renus in et fec.* Deux Epreuves, une avant la lettre. La Copie gravée de sens opposé: elle porte deux lignes de moins sur la largeur. 28 Mercure et Argus. Deux Epreuves, une avant l'adresse de *Rossi;* plus, une Contre-Epreuve. 29 Mars et Vénus, d'après P. Veronèse; à terre, à droite: *P. C. I.;* vers la gauche: *P. Veronensis in.* Première Epreuve avant *P. Veronens's in;* plus, une

Suite des Morceaux de CANTARINI.

Contre-Epreuve. 30 Vénus et Adonis. 31 la Fortune ; au bas, à droite : *G. Renus in et fec.*; deux Epreuves, une avant la lettre. La copie de sens opposé ; la fortune y tient la bourse de la main droite. En tout 56 Estampes, Epreuves ou Contre-Epreuves.

CARPIONI, (GIULIO) *peintre ; né à Venise, en* 1611 ; *mort à Vérone, en* 1674 ; *élève d'*ALEX. VAROTARI.

200 La Prière au jardin des Oliviers. H. 11 p. 2 l. L. 8 p. 1 l.

Un Ange adorant l'Enfant-Jésus que la Sainte-Vierge tient sur ses bras ; à droite, saint Joseph ; dans le haut, le Père-Eternel ; à un débris de corniche : *Giul. Carpioni Ven.* H. 11 p. 10. L. 8 p. 1 l.

La Sainte-Vierge occupée à lire ; l'Enfant-Jésus sur ses genoux ; près d'elle, saint Joseph ; à gauche de la terrasse : *Carpioni Veneto fe.* H. 7 p. 10 l. L. 5 p. 3 l.

Epreuve avant l'adresse de MAT. CADORIN.

La Sainte-Vierge soutenant l'Enfant-Jésus qui se baisse vers le petit saint Jean, qui est à ses pieds ; à gauche, saint Joseph ; à terre, à droite : *Giulio Carpioni Ven.* H. 8 p. 8 l. L. 5 p. 10 l.

La Sainte-Vierge debout, supportée par deux chérubins ; elle soutient l'Enfant-Jésus assis sur un nuage ; le Sauveur et la Vierge ont chacun à la main droite un chapelet ; au bas : *Giul Carpioni Ven*, Pièce dite *la Vierge au rosaire.* H. 8 p. 5 l. L. 5 p. 10 l.

Saint Jérôme à genoux, en prière ; dans les airs, cinq chérubins ; dans le fond, à gauche, le lion ; à droite, sur la couverture d'un livre : *Giul Carpioni Ven.* H. 8 p. 2 l. L. 6 p.

La Magdeleine les mains jointes, à genoux, en prière, appuyée sur un rocher où est une tête de mort ; dans le haut, une gloire d'anges et de chérubins ; à la gauche, près du rocher, une natte ; du côté opposé à une pierre :

Suite des Morceaux de CARPONI.

Carpioni Vene Fec. ; au bas de la marge, à gauche, l'adresse de *Cadorin*. Haut. compris la marge, 7 p. 10 l. L. 5 p. 1 l., la marge est de 6 l.

L'Elément de l'Eau, représenté par une Nayade, appuyée sur une urne que soutient un fleuve; à gauche, des tritons et des néréides. H. 3 p. 10 l. L. 5 p. 7. l.

Ce Morceau fait partie de la Suite des quatre Elémens.

Bacchanale, où un satyre, assis à terre, fait danser quatre enfans au son de la flûte. Composition de dix figures ; dans une frise, à droite, presqu'au haut : *Giul Carpioni Ven;* à terre, à gauche, l'adresse de *Cadorin*. H. 3 p. 11 l. L. 11 p. 8 l.

9 *Estampes.*

CARRACCI, (LODOVICO) *peintre ; né à Bologne, en* 1555; *mort dans la même ville, en* 1619; *élève de* PROSP. FONTANA. *Lod. Carracci a gravé à l'eau-forte et au burin.*

201 La Sainte-Vierge, l'Enfant-Jésus debout entre ses bras; à sa droite, saint Joseph. Sujet représenté sous une arcade vue en plafond, Morceau gravé au burin, Epr. avant les lettres *P. S. F.* (*Petrus Stefanoni formis*). — Quatre Anges rendant hommage à l'Enfant-Jésus que la Sainte-Vierge assise tient sur ses bras. — La Sainte-Vierge allaitant l'Enfant-Jésus, 1592; la Copie gravée du même sens, mais sans l'année. — L'Enfant-Jésus tenant de la main gauche une poire, et de l'autre, s'enveloppant dans la robe de la Sainte-Vierge, assise un livre à la main ; près d'eux, le petit saint Jean, *1604*; la Copie de sens opposé ; ces Quatre Sujets composés et gravés par *Lod. Carracci*. 6 Estampes.

CARRACCI, (Agostino) *peintre et graveur au burin, cousin de* Lod. *Carracci; né à Bologne, en* 1557; *mort à Parme, en* 1602; *élève de* Prosp. Fontana *et de* Dom. Passerotti, *peintre. Agos. Carracci étudia la gravure sous* Corn. Cort.

Morceaux gravés par Agos. Carracci, *d'après ses propres dessins.*

Sujets.

202 La Sainte-Famille, pl. gravée en 1597 : 2 Epr.; la Sainte-Vierge, vue jusqu'aux genoux, l'Enfant-Jésus sur ses bras la caresse; la Sainte-Vierge, l'Enfant-Jésus dans ses bras; près d'elle saint Joseph, appuyé sur son bâton; *Ecce Homo :* ces deux Sujets de demi-figures; saint Jean-Baptiste; le Père-Eternel, et les douze Apôtres; saint Jérôme à genoux dans une grotte : gr. pièce en hauteur; saint François de Paule; sainte Luce, vue en buste : 22 Estampes.

203 Les Grâces, Hésione, Galathée, la Nymphe endormie, Andromède, Cupidon fouetté, Susanne au bain : ces Morceaux font partie de la Suite nommée en Italie : *le Lascivie dei Carracci*; deux Intérieurs de forêts, où des hommes et des femmes se livrent aux plaisirs : Sujets connus sous le titre du *Siècle d'or*; l'Amour frappant avec une épée de feu un homme et une femme attachés à son char : ce dernier Morceau gravé par *Egid. Sadeler;* l'Amour luttant avec le dieu Pan, en présence de deux nymphes, 1599; sur le ciel : *Omnia vincit Amor :* 12 Estampes.

204 Le Portrait du Prête-Jean, roi d'Ethiopie; Sivel, comédien, un masque à la main; ces deux portraits en demi-figures; deux Scènes de Comédies; dans l'une, l'Eternité entourée de nymphes; dans l'autre, Persée.

Estampes encadrées ou en feuilles.

Suite des Morceaux d'AGOS. CARRACCI.

Panache orné d'un buste de Diane, et d'un Sujet de Salmacis et d'Hermaphrodite; sur la même planche, deux traits de la Fable et un buste : 6 Estampes.

De l'Estampe représentant le Prête-Jean, deux Epr., la première avant la couronne au-dessus du turban, et avant le fond terminé.

Morceaux d'après différens Maîtres.

205 Enée portant son père Anchise, d'après Barocci, 1595; saint Jérôme, vu à mi-corps : il tient un crucifix; saint François en extase, assis, vu jusqu'aux genoux, 1595, d'après Vanni; Jésus-Christ représenté en *Ecce Homo*, 1587; la Vierge et saint Jérôme, 1586, d'après les Tabl. d'Allegri, qui étaient, l'un à Rome, au palais Colonne, l'autre à Parme, dans une des salles de l'Académie; saint Simon, vu à mi-corps, une palme à la main, d'après Galitia, 1607. 6 Estampes.

206 Tiziano Vecellio, vu à mi-corps, en manteau garni de fourrure, 1587; d'après le Tableau peint par Tiziano.

Première Epr. avant les deux lignes d'inscription; au haut du fond : Titiani...... effigies.

La Sainte-Vierge sur un croissant; elle allaite l'Enfant-Jésus, 1589; d'après Ligotius.

207 Mars et la Sagesse, Mercure et les Grâces, d'après les Tabl. de Robusti, au palais de Saint-Marc à Venise; la Sainte-Famille, le petit saint Jean, saint Antoine et sainte Catherine, 1582; la Sainte-Vierge couvrant de son manteau deux saints confrères de la Miséricorde : Sujet dit *la Vierge au manteau*; d'après les Tabl. de Cagliari, qui se voyaient à Venise,

Estampes encadrées ou en feuilles.

l'un à l'église de Saint-François-de-la-Vigne, l'autre à l'église de la Miséricorde. 4 Estampes.

CARRACCI, (ANNIBALE) *peintre, frère d'Agost. Carracci; né à Bologne, en 1560; mort à Rome, en 1609; élève de* LOD. CARRACCI, *son cousin. Ann. Carracci a gravé à l'eau-forte.*

208 Suzanne au bain, l'Adoration des Bergers, première Epr. avant les mots *et inue*, après le mot *fecit*, et avant l'adresse de *Nico. Van Aelst*; l'Adoration des Mages, première Epreuve avant *Anibal Caratius inuentor et fecit Iustus Sadeler excudit**. Le Couronnement d'épines; première Epr. avant les mots *Annib. Carracius in et fecit 1605*, et le nom de *Van Aelst;* le Christ mort, Sujet dit le *Christ de Caprarole*, 1597; Epr. avant le nom de *Van Aelst*. 5 Estampes.

209 Jésus-Christ s'entretenant avec la Samaritaine ; à gauche, sur une pierre : *Anibal Car.^{s} : inuent : et sculp.*; et à terre : *P. Stephanonius Formis cum Priuilegio*; vers la droite, 1610. H. 10 p. 7 l. L. 15 p. 2 l.

Deux Epr. ; la première avant toutes lettres, et avec l'année 1595, à la place qu'occupe ordinairement l'année 1610**.

---

* Malvasia attribue cette Composition à Lod. Carracci; quant à la gravure, on la croit d'un des disciples des Carracci, *Sisto Badalocchio*, où *Franç. Bricci.*

** Selon Malvasia, ce Sujet est gravé par *Franç. Bricci*, d'après Agos. Carracci. Cependant le Tabl. de cette Composition, peint par *Annibale Carracci*, faisait partie de la galerie Lampieri, pour laquelle les Carracci avaient peint chacun un Tabl. Celui de Lodovico représentait la Chananéenne; celui d'Agostino, la Femme adultère; et celui d'Annibale, la Samaritaine. Tout porte donc à croire que la Composition de ce Sujet est d'Annibale; quant à la gravure, si Bricci en est l'auteur, on doit convenir qu'il l'a exécutée avec tout le succès possible; l'année 1610, qu'on trouve au bas de cette Est. se rapporte au temps où la planche passée dans les mains de Stephanoni, a été publiée depuis par cet éditeur.

Estampes encadrées ou en feuilles.

*Suite des Morceaux d'*ANN. CARRACCI.

210 La Sainte-Famille; à la gauche, l'Enfant-Jésus et le petit saint Jean assis sur le berceau, 1590; la Vierge dite *la Vierge à l'hirondelle*; l'Enfant-Jésus tient un oiseau qu'il vient d'arracher à saint Jean, 1587; ces deux Epr. avant le nom de *Rossi*, éditeur; Saint Jérôme à genoux, les yeux élevés au ciel, une pierre à la main gauche; Saint Jérôme vu à mi-corps, des lunettes sur le nez : ce Morceau est, dit-on, le premier gravé au burin par *Ann. Carracci*; la Magdeleine dans le désert, assise sur une natte; à gauche, sur la roche où la sainte est appuyée : *Carra: in :* au bord de la terrasse, 1591, et les lettres *P. S. F.* Pièce dite *la Magdeleine à la natte*; Epr. avant les lettres *P. S. F.* Vénus endormie, surprise par un satyre, (*Sujet dit aussi Jupiter et Antiope*) 1592; Mercure apportant à Pâris la pomme d'or; à droite, à terre : *Anni. Carr. in. fec *. 7 Estampes.

CASEMBROT, (ABRAHAM) *dessinateur et graveur à l'eau-forte; né dans les Pays-Bas.*

211 Vue du Port de Messine; au bas, à droite : *Abramo. Casembrot. in. et fecit. et ex.* Seize autres Morceaux; Marines, Vues de Rades et Vues de Ports; plusieurs marquées du nom ou du chiffre de Casembrot. Quinze de ces Pièces portent 4 p. à 4 p. 10 l. de haut., et 6 p. 7 l. à 7 p. de larg.; deux; 2 p. 9 l. à 3 p. de haut., et 4 p. 2 l. à 5 p. de larg. 17 Estampes.

CASTIGLIONE dit LE BENEDETTE, (GIOVANNI BENEDETTO) *peintre; né à Gênes, en* 1616; *mort à Mantoue, en* 1670; *élève de* GIO: BAT. PAGI *et de* GIO: AND. DE FERRARI. *Castiglione a gravé à l'eau-forte.*

212 Allégorie : un Génie assis y tient un livre où est le titre : *Genium Io : Benedicti Castilionis Ianuen-Inu. fe.;* Noé réunissant les animaux; Noé faisant entrer les animaux dans l'arche; Tobie

---

* Planche qu'on attribue aussi, pour la gravure, à *J.-B. Galestruzzi*, ou à *J.-And. Podesta.*

faisant enterrer les morts; l'Adoration des Anges ; Chœur d'Anges, près de l'Enfant-Jésus que tient la Sainte-Vierge ; l'Ange éveillant saint Joseph ; la Fuite en Egypte (Epreuve avant la lettre) ; la Résurrection du Lazare, deux Compositions différentes de ce Sujet, celle de petit format, gravée en 1645, par *Salvatore Castiglione*, frère du Bénédette; l'Invention des Corps des saints Apôtres saint Pierre et saint Paul; Diogène ; deux Sujets de la Mélancolie ; Homme découvrant des armures; Pan et Olympe; deux Sujets de Bacchanales; Fête au Dieu Pan ; Homme paraissant lire une inscription ; Marche de Figures et d'Animaux dans une campagne ; l'Ane chargé d'ustensiles ; le Pâtre à cheval. Cahier de six Têtes, une est regardée comme le portrait de Castiglione; autre Cahier de seize Têtes d'hommes et de femmes, la plupart coiffées de turbans ; à plusieurs de ces Morceaux, les lettres *BC*. (*Benedetto Castiglione*) liées ensemble, et l'année 1648. 45 Estampes.

CHANCOURTOIS, (M.ʳ) *peintre; né à Nantes. M.ʳ Chancourtois a gravé à l'eau-forte.*

213 Différentes Vues de Monumens et de Sites d'Italie, Paysages, et quelques Marines, gravés par *M. Chancourtois*, sur ses propres dessins, ou d'après Locatelli, F. Kobell, Robert, Roeser, Sarazin, et MM. Berlin, Bizemont, Echard, Noël, C. Rossi, Taunay et Valenciennes. Quarante-quatre Morceaux ; plus, vingt Epr. doubles; la plupart à l'eau-forte seulement, plusieurs avant les ciels, et avec d'autres différences. 63 Estampes.

CHODOWIECKI, (Daniel) *peintre, dessinateur et graveur; né à Dantzick, en 1728.*

214 Traits de l'Histoire de Frédéric II ; autres des guerres de la maison de Brandebourg ; derniers Momens et Mort de Coligni; des Figures pour les Œuvres de Voltaire, Rousseau, Gessner, Sterne ; autres pour les occupations des Dames, le Roman de Caroline de Licthefield, et le Déserteur; ouvrages imprimés à Berlin ; quelques-uns de ces Morceaux d'après Catel ; d'autres par *Crusius, Haois, Henne et J. Penzel*, 256 petites

Estampes encadrées ou en feuilles. 99

Pièces; plus, les Adieux de Calas à sa famille. Estampe en larg., Sujet peint et gravé à Berlin, en 1768. En tout 257 Est.

CLAUDE LE LORRAIN. *Voyez* GELÉE.

COCLERS, (L..... B.....) *peintre; né dans les Pays-Bas. Coclers a gravé à l'eau-forte.*

215 Les Portraits de P. P. A. Robert, et celui de J. Jansons, peintres, les Soins maternels, l'Education maternelle, la Balançoire (scène d'enfant); jeune Dame lisant une lettre, jeune Demoiselle à une croisée, la Récureuse; ces trois dernières Compositions en demi-figures. Les Pêcheurs; douze autres Morceaux; Etudes de Sujets, de figures, de portraits et de têtes; gravés par *Coclers*, sur ses propres dessins. Babel van Harlem ou la folle, vue à mi-corps, un Hibou sur l'épaule, d'après Hals; la Verdurière hollandaise, d'après Breklemkemp; et un Croquis, d'après Rembrandt. A quelques-uns de ces vingt-cinq Morceaux, 1780; en tout, compris 4 Epreuves avant la lettre ou avec des différences, 29 Estampes.

CRESPI, *surnommé* L'ESPAGNOL, (GIUSEPPE-MARIA) *peintre; né à Bologne, en* 1665; *mort dans la même ville, en* 1747; *élève de* MICH. TONI, DOM. CANUTI *et de* CAR. CIGNANI. *Crespi a gravé à l'eau-forte.*

216 Scène pastorale; Aventures de Bertholdet de Bertholdino; Suite de vingt-deux Pièces; dans les marges : *Gios. Crespi Jn.*, et trois vers italiens. 23 petites Estampes en hauteur.

DANCKERTS, (DANCKER) *graveur à l'eau-forte et au burin; né à Anvers, dans le commencement du* 17.ᵉ *siècle.*

Morceaux d'après NIC. BERGHEM.

217 La Chasse au Cerf : on le voit vers la droite; du côté opposé, un cavalier et une dame à peu de distance d'un bois. Estampe en larg.

Première Epreuve avant toutes lettres.

7*.

Suite des Morceaux de DANCKERTS.

218 Les Quatre Heures du Jour : *le matin*, un paysage traversé par une rivière où est un pont de bois ; *le midi*, des hommes à table près d'un cabaret ; *l'après-midi*, un pâtre, deux femmes, un enfant et des animaux se reposant dans une campagne ; *la nuit* présente un clair de lune, des hommes y sont occupés à pêcher des écrevisses à la lueur d'une torche de paille allumée. Estampes en larg.

Epreuves avant le nom de F. de Widt.

219 La Femme qui se repose : devant elle un pâtre debout, appuyé sur un long bâton : première Pièce d'une Suite de quatre Morceaux en larg.; 1.re *Epr. avant l'adresse de Cl. de Jonghe.* — Le Retour des Champs : un homme monté sur un bœuf, joue du flageolet, et fait danser une jeune fille : premier Morceau d'une Suite de six Estampes en larg. ; *premières Epr. avec l'adresse de Dan. Danckerts.* — La Conversation : on y voit un berger appuyé sur un long bâton ; il parle à une femme assise à terre près d'un bloc de pierre, où est le titre, Suite de quatre Morceaux en larg.; la première Pièce est avant le mot *excudit* et le n.°, et avec l'adresse de *Dan. Danckerts* : 14 Est.

220 La Chasse aux Pinsons ; la Chasse au Cerf : deux Pièces (*ex formis N. Wisscher*). La Suite de six Pièces, dites le Retour des Champs (*F. de Wit. exc.*): 8 Morceaux en larg.

Scène de Bacchanale : Composition de douze figures, d'après Holstein ; dans la marge, quatre vers : *Bacche meum decus,...... et veneris spiritus intus alit :* Pièce en haut.

9 *Estampes.*

Estampes encadrées ou en feuilles. 101

DANIEL, ( ) *graveur en manière noire.*

221 Lion sortant de sa caverne, d'après Graham : Est. en larg.

DASSONNUILLE, DASSONVILLE ou DASSON-NEUILLE, (Jacques) *dessinateur et graveur à l'eau-forte, florissait dans le 17.ᵉ siècle*. Les Compositions de ce Maître rappellent celles d'Adr. Van Ostade, que Dassonnuille paraît s'être proposé pour modèle.*

222 Des Fumeurs, des Villageoises et des Enfans réunis près d'une masure; Composition de douze figures; vers le milieu, sur la muraille, au-dessus d'une femme dirigée vers la gauche : *Jacques Dassonnuille, Jnventor et fecit* 1658, écrit à rebours ; le 8 à cette année est assez mal formé; 42 autres Pièces. Scènes familières, Tabagies, petits Concerts, Réunions de paysans, etc.; Morceaux exécutés par *Dassonville* ou qui lui sont attribués ; 44 Estampes, compris une Epreuve double ; la seconde de ces Epreuves, avec les mots : *Martinus vanden Enden excud.*

DAUDET, (M.ʳ) *graveur au burin; né à Lyon; élève de* J.-Geor. Wille.

223 Danse villageoise, d'après Breughel, 1775 ; Fuite en Egypte; Fête de village, d'après Teniers, 1780; Bataille de cavalerie, d'après Vander Meulen, 1778 ; Ruines d'une ville d'Italie, d'après Poëlenburgh ; grande Chasse au Cerf, d'après Wouwermans, 1778; le Berger italien, d'après Breenbergh, 1773; Paysage avec figures et animaux, d'après Both et Berghem : 8 Estampes.

Epreuves avant la lettre.

---

* Selon Basan, Dassonville serait né au Port Saint-Ouen, près de Rouen, en 1719. Cette date n'est nullement en rapport avec celle de 1658, qu'on trouve à un des Morceaux composé et gravé par ce Maître.

Estampes encadrées ou en feuilles.

Suite des Morceaux de M.ʳ DAVDET.

224 La pleine Vendange, 1776; le Troupeau hollandais, 1778; Pâtre et jeune Fille dansant au son du flageolet, 1775; Paysage où des animaux passent un gué, 1776; deux Ports de mer; et Paysage, où sont des figures et des animaux sur un chemin, d'après Berghem; Arc de triomphe et autres Monumens, d'après Vander Ulft, 1775; Pâtre, une jeune Fille et des animaux sur un chemin, dans une campagne agréable, d'après Moucheron, 1780 : 9 Estampes.

Epreuves avant la lettre.

225 Des Animaux dans un pré, d'après Du Jardin, 1777; Mendians demandant l'aumône à deux cavaliers arrêtés près d'une chaumière, 1777; Paysage avec figures et animaux, d'après Adr. Van den Velde; le Chasseur prenant des forces, d'après Bout; Vue d'une ancienne porte de Harlem, d'après Berkheyden, 1784; Fileuse à la porte de sa chaumière, d'après Is. Ostade, 1777; 1.ʳᵉ et 2.ᵉ Vues de Pirna en Saxe, et 1.ʳᵉ et 2.ᵉ Vues des environs de Meissen, d'après Wagner: 10 Est.

Epreuves avant la lettre.

DEMARNE, (M.ʳ) *peintre; né à Paris; élève de* GAB. BRIARD. *M.ʳ Demarne a gravé à l'eau-forte.*

226 Le Naufrage, différentes Scènes villageoises, la Bergerie, l'Abreuvoir, des Vues de prairies et de lieux champêtres, et des paysages avec figures et animaux : Morceaux spirituellement exécutés par M.ʳ Demarne, sur ses propres Compositions. 32 Estampes.

DENON, (M.ʳ) *dessinateur et graveur à l'eau-forte; né à Paris; élève de* CLAUDE HALLÉ, *peintre.*

227 Chasse au Sanglier, d'après Sneyders, 1788; les Lions, d'après Quadal; le Retour des Champs, d'après Fragonard; la Résurrection du Lazare, Pièce en haut.; ce dernier Morceau copié d'après l'Estampe de Rembrandt : 5 Estampes.

DESNOYERS, (M.ʳ) *dessinateur et graveur à l'eau-forte, au burin et au pointillé; né à Paris; reçut des leçons pour la gravure de* Jac.-L.-Mar. Demi. Darcis *et de M.ʳ* Alex. Tardieu.

228 La Vierge au Rocher, d'après le Tableau de Leonardo da Vinci, au Musée royal : Est. en haut.

Epreuve avant la lettre; le titre et la dédicace tracés à la pointe.

229 La Vierge dite *la belle Jardinière*, d'après le Tableau de Raffaello, au Musée royal : Est. en haut.

Epreuve avant toutes lettres; seulement le nom du graveur.

230 La Vierge au Donataire, dite *la Vierge de Foligno*, d'après le Tableau de Raffaello, qui se voyait d'abord dans l'église des religieuses de Sainte-Anne, dite *d'Ara Celi*, et depuis 1565, dans celle des Comtesses, à Foligno. 3 Est. en haut.

Epreuve avant la lettre, le titre tracé à la pointe.

231 La Foi, l'Espérance, la Charité, d'après Raffaello : Est. en larg.

Epreuves avant la lettre.

232 Bélisaire, d'après M.ʳ Gérard : Est. en haut.

Première Epreuve avant toutes lettres; seulement les noms d'auteurs.

233 Phèdre et Hippolyte, d'après M.ʳ Guérin : Est. en larg.

Epreuve avant la lettre; le titre tracé à la pointe.

Estampes encadrées ou en feuilles.

DEYSTER, (Louis de) *peintre; né à Bruges, vers 1656; mort dans la même ville, en 1711. Deyster a gravé à l'eau-forte et au burin.*

234   1 et 2 Départ d'Agar; dans la marge: *Qui ubi concepisset..... genes, Cap. XVI. L. d. deyster f. et Jnuetor.* — L'Ange engageant Agar à retourner près de Sara; dans la marge: *Sed Jussu Angeli..... Genes, Cap. XVI. L^s. de Deyster Jnutor et sculp:* H. 5 p. 8 l. L. 4 p. 7 à 8 l.

3 et 4 L'Ange consolant Agar, la Magdeleine; manquent *.

5 Magdeleine pénitente, assise, tenant une croix; dans la marge: *Maria Magdalena, L^s: de Deyster. Jn: et sculp:* H. 5 p. 6 l. L. 4 p. 7 l.

6 Deux Amours; l'un tient un arc, l'autre une flèche; à droite, un vestige d'architecture; dans la marge: *L^s: de Deyster Jnventor et Sculp:, Anno* 1698. Morceau gravé au burin. H. 5 p. 10 l. L. 4 p. 8 l.

7 Deux jeunes Garçons; l'un à genoux devant une petite statue de Vénus, que l'autre lui montre; au fond, à gauche, un Palais; sur le devant, un vase rempli de feu; au bas, une marge blanche. H. 5 p. 11 l. L. 4 p. 7 l.

8 La Fontaine; manque **.

Morceaux dont BARTSCH n'a pas donné de description.

9 Noé à genoux devant l'autel où brûle l'agneau, holocauste offert à Dieu par Noé, à sa sortie de l'arche; Composition de huit figures; dans la marge: *Ædificauit Noe Altare Domino et obtulit holocausta Super eo. Genes: Cap. VIII et L^s: de Deyster, inuentor et sculp:* H. 11 p. L. 13 p. 6 l.

10 Jeune Homme sur un rocher au bord de la mer; il est enveloppé d'une draperie flottante; il fuit à l'aspect d'un mons-

---

* 3 L'Ange consolant Agar; dans la marge: *Vocavit angelus....... Genes, Cap. XXI.*, et le nom de Deyster. H. 5 p. 9 l. L. 4 p. 8 l. — 4 La Magdeleine; à droite, deux anges, un d'eux lui montre une croix. H. 5 p. 11 l. L. 4 p. 2 l.

** 8 La Fontaine; on y voit un fleuve assis, le bras droit appuyé sur un vase. H. 5 p. 4 l. L. 3 p. 6 l.

Estampes encadrées ou en feuilles.

Suite des Morceaux de DEYSTER.

tre marin qui est à la gauche. Morceau sans nom d'auteur; Pièce à l'eau-forte et au burin, attribuée à Deyster. H. 4 p. L. 3 p. 4 l.

Cette Epreuve provient du cabinet de Leyden fils; n.° 122 du 34.° porte-feuille de cette collection.

DIEPENBEECK ou DIEPENBÈKE, (ABRAHAM) *peintre; né à Bois-le-Duc, vers* 1607; *mort à Anvers, en* 1675; *élève de* P. P. RUBENS. *Diepenbeeck a gravé à l'eau-forte.*

235 Paysan au pied d'un arbre, la tête appuyée sur sa main droite, tenant de l'autre un fouet, et la bride d'un âne debout devant lui; dans le fond, une campagne; sur le ciel, à droite : *Van Diepenbeeck fe.*, écrit à rebours, et l'année 1630. H. 2 p. 1 l. L. 5 p. 4 l. Plus, la copie de même sens que l'original, et avec le nom du maître écrit de même. H. 2 p. 3 l. L. 5 p. 4 l. et demie.

DIES, (ALBERT-CHRISTOPHE) *peintre, dessinateur et graveur à l'eau-forte; né dans le Hanovre.*

236 Vues des *villa* Adrienne, Borghèse et Mécène; des thermes de Caracalla; du lac de Némi; de Tivoli et des environs; vingt-quatre Pièces gravées à Rome, de 1792 à 1796. H. de seize de ces Morceaux, 9 p. à 9 p. 4 l. L. 12 p. 11 l. à 13 p. 1 l. H. des huit autres, 12 p. 4 à 8 l. L. 9 p. 2 à 7 l. — Deux Vues champêtres : *A. C. Dies f.*, *Romæ* 1782. H. 3 p. 2 à 3 l. L. 3 p. 9 l. — Deux Sites, coupés de rivière : *A. C. Dies fec. aq. fort, Romæ* 1784. H. 6 p. 9 l. L. 8 p. 11 l. à 9 p. 1 l. 28 Estampes.

Estampes encadrées ou en feuilles.

DIETRICH ou **DIETRICY**, (Christian-William-Ernest) *peintre ; né à Weimar, en 1712; mort à Dresde, en 1774 ; élève de son père et de* J.-Alex. Thiele. *Dietricy a gravé à l'eau-forte et en manière noire.*

237 Dietricy, vu à mi-corps dans son cabinet; d'après le Tableau peint par lui-même; gravé par *Schmuzer*, en 1765.

Sujets d'Histoire sainte.

Loth et ses Filles : *Dietrich. f.* 1731, (planche qui n'existe plus). H. 5 p. D. 3 p. 5 l.

Abraham prêt à sacrifier Isaac : *C. W. Dietrich fec.* 1730 (planche qui n'existe plus). H. 6 p. 8 l. L. 5 p.

Abraham montrant la forêt à Isaac à genoux sur le bûcher ; à droite, sur une pierre : *C. W. Dietrich* (planche qui n'existe plus). H. 6 p. L. 5 p. 2 l.

La Nativité ; à terre : *Dietricy f. A°* 1740. H. 6 p. 10 l. L. 9 p. 9 l.

La Nativité; la Sainte Vierge soutient la tête du Sauveur ; Morceau dans le goût de Rembrandt. H. 5 p. 3 l. L. 6 p. 4 l.
2 *Epreuves avec de légères différences.*

La Circoncision ; Composition de douze figures; à gauche *C. W. Dietrich.* H. 10 p. 6 l. L. 9 p. 1 l.

La Fuite en Egypte; Saint-Joseph tient un flambeau et conduit l'âne ; à gauche, près d'une mare : *Dietrich f.* 1734. H. 5 p. 1 l. L. 6 p. 9 l.

La Fuite en Egypte ; un ange éclaire la marche avec un flambeau. H. 6 p. 9 l. L. 5 p. 3 l.
Deux Epreuves, une avant la retouche.

Jésus parmi les Docteurs ; Composition de vingt-six figures ; à gauche, à une pierre : *C. W. E. Dietrich inv. et fec.* 1731. H. 7 p. 7 l. L. 10 p. 6 l.

Jésus guérissant les malades ; Composition de vingt-six figures ; au haut, à droite : *C. W. E. Dietrich f.* 1731. H. 7 p. 3 l. L. 10 p. 2 l.

L'Enfant prodigue presque nu, se présentant chez un fer-

Estampes encadrées ou en feuilles.

Suite des Morceaux de DIETRICH.

mier ; à terre , à gauche : *Dietricy* 1756. H. 13 p. 4 l. L. 10 p. 11 l.

Résurrection du Lazare ; au bas, au coin, à gauche : *Dietrich fec.* et un n.° 7. H. 6 p. 1 l. L. 5 p. Pièce publiée par *Boetius* *.

La Descente de Croix ; Composition de dix-neuf figures ; au ciel : *Dietricy feit A°* 1742. H. 9 p. 10 l. L. 6 p. 9 l.

L'Eunuque baptisé par saint Philippe ; au bas, à droite : *Dietricy f.* 1740. H. 7 p. L. 9 p. 10 l.

Apôtre guérissant des malades ; au haut, à droite : *C. W. Dietrich* tracé à rebours ; grandeur de la planche : H. 3 p. 4 l. L. 5 p.

Saint Jacques prêchant dans un village ; Composition de dix-sept figures. H. 6 p. 8 l. L. 8 p. 9 l.
    Epreuve avant Dietricy , 1740.

Saint Jérôme occupé à lire ; à terre, à gauche : *Dietrich fe.* 1731. H. 5 p. L. 3 p. 5 l.

    19 *Estampes.*

Sujets de l'Histoire profane.

238 Vénus assise sur des rochers ; près d'elle, deux amours ; à gauche, une rivière et des animaux ; au haut, *Dietricy : A°* 1742. Morceau à l'imitation de Poelenburgh. H. 6 p. 10 l. L. 9 p. 7 l.

Combats de Tritons ; trois différentes Compositions, imitées de Salvatore Rosa ; à ces Morceaux : *Dietricy* ; à deux, 1763. H. 3 p. à 3 p. 3 l. L. 5 p. 3 à 5 l.

Deux Nymphes près d'un Satyre ; au haut, à gauche : *Dietroy*, 1763. H. 3 p. 4 l. L. 4 p. 8 l.

Le Satyre et le Passant ; Composition de six figures, imitée de Jordaens ; à terre, vers la droite : *Dietricy*, 1739. H. 7 p. 8 l. L. 10 p. 2 l.

L'Alchimiste dans son cabinet, où un chirurgien panse la plaie qu'un homme a au genou ; à terre, à gauche : *Dietrich*

---

* Boëce, graveur, édit. de plusieurs des pl. de Dietricy.

Estampes encadrées ou en feuilles.

Suite des Morceaux de DIETRICH.

fec.; vers le milieu, le n.ᵃ 8 de *Boetius.* H. 6 p. 2 l. L. 5 p. 10 l.

Le Marchand de lunettes; Composition de six figures, imitée d'Adr. Van Ostade; à terre, à gauche : *Dietricy, A° 1741.* H. 5 p. 2 l. L. 4 p. 4 l.

Trois Epreuves ; la première avant le ciel terminé, et où le trait carré, à gauche de l'angle du bas, est malformé ; la seconde, terminée en manière noire, est aussi avant partie du trait carré.

Le Colporteur; il montre de la marchandise à une femme appuyée sur sa porte; au haut, à gauche: *C. W. E. Dietrich, fec.* 1731; planche non terminée. H. 5 p. L. 3 p. 3 l.

Le Gagne-Petit et le Savetier; Composition de sept figures, imitée d'Adr. Van Ostade; à terre, à gauche, *Dietricy bol f.* 1741. H. 5 p. 3 l. L. 4 p. 4 l.

Deux Epr. ; la 1.ʳᵉ où le rémouleur n'a pas de plume à son chapeau ; la 2.ᵉ terminée en manière noire.

Concert de Villageois; l'un d'eux joue de la musette; à droite, sur le tuyau de la cheminée: *Dietrich fecit* 1756; à gauche, sur le fond: *Dietricy 1756:* H. 3 p. 5 l. L. 5 p. 6 l.

Danse de l'Ours; un de ses deux conducteurs joue d'une espèce de flûte; dans la marge : *Dietricj* 1764. H. 4 p. 5 l. L. 3 p. 6 l.

Halte de Bohémiens; près d'eux un chameau; au haut, à gauche : *Dietrich fec:* et le n.° 10 de *Boetius.* H. 2 p. 8 l. L. 3 p. 3 l.

Le Charlatan entouré de gens de la campagne; Composition de vingt-cinq figures, imitation d'Adr. Van Ostade; dans la marge : *C. W. E. Diericy Inv., et Aqua forte, A°: 1740: den 9. Januaio;* — Morceau cintré du haut. H. 9 p. 2 L. L. 6 p. 10 l.

Arracheur de dents opérant un jeune garçon, pendant qu'une espèce de pierrot présente un petit paquet de drogue aux auditeurs; Composition de onze figures; on ne voit de la plupart des figures du devant, que la tête; imitation d'Adr. Van Ostade; sur le ciel: *Dietricy* 1767, et le n.° 66 de *Boetius ;* pl. cintrée du haut. H. 6 p. 3 l. L. 5 p. 2 l.

Suite des Morceaux de DIETRICH.

Le Marchand de mort-aux-rats; Composition de onze figures, imitée de Teniers; au haut, à droite: *Dietrich f.* 1732. H. 5 p. 3 l. L. 4 p. 5 l.

Hongrois vendant de la mort-aux-rats; son bras gauche est élevé; dans la marge: *Dietricy fecit* 1757 *den.* H. 5 p. 2 l. L. 3 p. 4 l.

Enfant couché à terre près d'une vieille qui dort dans un grand fauteuil; au haut du fond: *C. W. E. Dietrich fec* 1730; à droite, le n.° 9 de *Boetius.* H. 3 p. 4 l. L. 2 p. 7 l.

Soldat, un bandeau sur les yeux; il tient son casque de ses deux mains, et semble demander la charité; à terre, à droite: *Dietricj* 1762; Sujet dit *Bélisaire.* H. 4 p. 11 l. L. 3 p. 1 l.

Mendiant assis sur un rocher; il tient une vieille cruche, et de la main gauche présente son chapeau; au bas, à droite: *D.* 1764. H. 3 p. 8 l. L. 3 p. 6 l.

Sujets de demi-figures et études de têtes.

Les Musiciens ambulans. Composition, de six demi-figures, imitée d'Adr. Van Ostade, gravée dans le goût de Rembrandt. H. 6 p. 5 l. L. 4 p. 6 l.

Deux Epreuves, avec différences.

Femme près d'un marchand de mort-aux-rats; Composition dans un ovale; au haut, à gauche: *C. W. E. Dietrich fec.* 1731. H. 4 p. 11 l. L. 3 p. 4 l.

La Marchande de modes; Composition de quatre figures; une femme y compte des pièces de monnaie; au haut, à gauche: *C. W. E. D. fec.* 1731. H. 4 p. 10 l. L. 3 p. 4 l.

27 *Estampes.*

239 Pontife juif, vu de face; — Vieille dans un fauteuil; à droite, sur le fond: *C. W. E. Dietrich f.* 1731; — Homme, des lunettes à la main; à droite, au bas: *C. W. E. Dietrich fec.* 1731; au haut, à gauche, aux deux Morceaux: *Dietrich fec.* au-dessous des n.°⁵ *3* à *5* de *Boetius.* H. 5 p. 3 l. L. 4 p. 5 à 6 l.

Deux Enfans vus à mi-corps, l'un tient un papier où est

Estampes encadrées ou en feuilles.

Suite des Morceaux de DIETRICH.

écrit : *Christian. Wilhelm Ernst. Dietrich: inv: et: fecit Dresd:* A° *1739*. — Homme en turban garni de plumes; il est vu de face, et porte des moustaches; au haut, à gauche : *C. W. E. Dietrich. f. 1732*. — Vieillard à grande barbe; au bas, à gauche : *C. W. E. Dietrich*. H. 5 p. 1 à 6 l. L. 3 p. 10 l. à 4 p. 6 l.

Prêtre hollandais; il tient un livre. — Moine à large barbe. — Homme en bonnet élevé; il porte des moustaches. — Homme dont la coiffure est ornée de plumes; il porte des moustaches. — Jeune Femme en toque recouverte d'un mouchoir; elle est vue de profil, le regard élevé; à ces cinq Morceaux : *Dietrich f. 1732*; précédés, aux trois dernières, des lettres *C. W. E.* H. 5 p. 1 à 4 l. L. 3 p. 11 l. à 4 p.

Homme dont la coiffure est ornée d'une aigrette; il est vu de profil, et porte des moustaches. — Homme vu de profil, dirigé vers la gauche; il porte des moustaches. — Homme à moustaches, dirigé à droite, le regard élevé; à ces trois Morceaux : *C. W. E. Dietrich;* aux deux derniers, *1732*. H. 5 p. à 5 p. 1 l. L. 3 p. 4 l.

Religieux franciscain, les yeux baissés. — Homme à moustaches, la main sur sa poitrine; à ces deux Morceaux : *C. W. E. Dietrich fec. 1732*. H. 5 p. L. 3 p. 4 l.

Homme les bras croisés; il parait être assis. — Jeune Fille dirigée à droite; elle tient le bout de son tablier; au premier Morceau : *C. W. E. Dietrich fec. 1731*. H. 3 p. 10 l. L. 2 p. 8 l.

Vieillard debout, devant lui un homme à genoux. — Vieillard à barbe. — Deux Têtes de femmes. — Tête d'homme et Tête de femme. — Trois Têtes de paysans; à quatre de ces Etudes : *Dietricy;* aux deux dernières, *1742—63*. Haut. des deux premières Pièces : 1 p. 8 l. à 2 p. 3 l. L. 1 p. 6 l. à 2 p. 2 l. Haut. des trois dernières : 12 à 14 l. L. 2 p. à 3 p. 5 l.

Du second Morceau, 2 Epr., une d'eau-forte pure.

24 *Estampes.*

Scènes pastorales, Vues *et Paysages.*

240 Jeunes Filles à l'entrée d'une caverne où elles gardent des

Estampes encadrées ou en feuilles.

Suite des Morceaux de **DIETRICH**.

animaux; une d'elles à genoux, le pied gauche dans l'eau: imitation de Poelenburgh; à gauche, sous le trait carré: *Dietricy del et aqua fort. A° 1741 de 6 Octob.* H. 7 p. 2 l. L. 10 p.

Pâtre appuyé sur une vache, près de deux villageoises qui gardent des moutons. Imitation de Poelenburgh; au haut, à gauche: *Dietricy fe. A° 1740.* H. 6 p. 10 l. L. 9 p. 10 l.

Berger conduisant son troupeau vers une vieille arcade en pierre. Imitation de Berghem; à terre, à droite, *Dietricy, 1740.* H. 6 p. 9 l. L. 9 p. 6 l.

Vue du Temple de la Sybille, et des cascades de Tivoli; au haut, à gauche: *Dietricy 1745.* H. 7 p. 9 l. L. 5 p. 4 l. *Deux Epreuves, avec des différences.*

Paysage avec ruines et maison de villageois. H. 7 p. 10 l. L. 10 p. 8 l.

Vue de rivière et paysages de sites agrestes, avec rochers; quatre Morceaux avec le nom du maître différemment indiqué. H. 3 p. à 3 p. 2 l. L. 4 p. 10 l. à 5 p. 3 l.

Vue de campagnes avec rochers, canal, moulin à eau, et terres en culture; à ces quatre Morceaux: *Dietricy, 1742.* H. 3 p. à 3 p. 2 l. L. 4 p. 10 l. à 5 p. 3 l.

Vue de ruines et de maisons villageoises. — Autre de rochers; sur le devant, une grande croix en bois; au 1.er Morceau: *Dietricy, fecit a Rome 1743;* au 2.e *D. 1743.* H. 3 p. à 3 p. 2 l. L. 4 p. 11 l. à 5 p.

Six Paysages; la Chapelle, le Pont de Bois, le Troupeau près d'une statue de Flore, le Lac: imitation de Salvatore Rosa; le vieux Pont de pierre, le Port de mer; à la gauche, une tour; à ces Morceaux: *Dietricy f. 1744;* et les deux Femmes sur le devant d'une campagne. H. 5 p. 1 l. à 5 p. 7 l. L. 6 p. 8 l. à 7 p. 4 l.

Cinq Paysages où sont une vieille tour, des chûtes d'eau, des chaumières; une grange à foin, une statue de Pan et des baigneuses; à ces Morceaux: *Dietricy, 1744.* H. 3 p. à 3 p. 7 l. L. 4 p. 11 l. à 5 p. 4 l.

Vues de champs près de villages; à l'une, un enfant près d'un homme et d'une femme chargés; à l'autre, un paysan

Estampes encadrées ou en feuilles.

Suite des Morceaux de DIETRICH.

assis à terre; plus loin, un villageois et un enfant; à ces deux imitations de Ruysdael : *Dietricy, f. 1745—46.* H. 3 p. 9 l. L. 6 p. à 6 p. 1 l.

Bouvier un bâton à la main, devant lui un taureau; au haut, à gauche : *Dietricj, 1763 , fecit.* H. 3 p. 3 l. L. 5 p. 4 l.

Chemin d'un Village; on y voit une femme chargée; les moutons aux champs; aux ciels à ces deux Morceaux : *Dietricj, 1764.* H. 3 p. 4 à 9 l. L. 5 p. 8 à 9 l.

Villageois et deux bouriquets à la gauche d'une campagne où est une vieille arcade en pierre; à droite, à terre : *Dietricj, 1764.* H. 3 p. L. 5 p.

Trois Villageois dans une campagne ; à gauche, des montagnes; à droite, une rivière; sur le ciel : *Dietricj, 1764.* H. 5 p. 3 l. L. 7 p. 8 l.

Quatre Paysages. 1.° Chemin près d'un village ; 2.° Le Pont de bois. 3.° Le Paysan assis au bord d'une route. 4.° Les deux Chaumières, la Grange à foin, et Puits à bascule; au second et au troisième Morceaux : *Dietricj.* H. 1 p. 4 l. à 2 p. 1 l. L. 4 p. à 4 p. 8 l. La dernière Pièce est la moins grande.

Deux Paysages : à la gauche de l'un, un chemin entre des rochers; au milieu du second, un groupe de chaumières près de grands arbres; à terre, à droite, à ce dernier : *Dietricy.* H. 1 p. 9 l. à 2 p. 2 l. L. 2 p. 8 l. à 3 p.

Homme à genoux devant un Homme debout dans une campagne; à la droite, des ruines; sur le ciel : *D.* H. 1 p. L. 3 p. 2 l.

Trois Paysages où sont un saint religieux en méditation, un guerrier lié avec une corde attachée à une branche d'arbre, et deux hommes assis, l'un à terre, l'autre sur une roche. Imitation de Salvatore Rosa; à ces Morceaux : *Dietricy;* au dernier : *1748.* H. des deux premiers, 6 p. 8 à 9 l. L. 5 p. à 5 p. 1 l. H. du troisième, 10 p. 6 l. L. 8 p.

Deux Ermites dans une campagne, où sont, à droite, un grand pin ; à gauche, une chapelle et des baraques en planches; Vue de rochers avec cascades. Imitations d'Everdingen; à ces deux Morceaux, à l'un : *Dietricy;* à l'autre : DI; à tous deux : *1742.* Pièces d'environ trois pouces en carré.

Suite des Morceaux de DIETRICH.

Un Chevrier et trois Chèvres dans une campagne ; à gauche, une vieille tour en ruine ; sur le ciel : *Dietriy*, 1769. H. 9 p. 10 l. L. 7 p. 6 l.

Etudes d'animaux et Têtes d'animaux, boucs, chèvres, beliers, moutons, brebis et agneaux ; à ces cinq Morceaux : *Dietriqy ;* suivi à trois, à la suite du nom, du mot *fecit* et de l'année *1742—44.* H. 12 à 16 l. L. 2 p. 3 l. à 5 p. 2 l.
52 Estampes.

241 La Fuite en Egypte ; l'Enfant prodigue, 1756 ; Scène pastorale ; et 30 Vues et Paysages ; 33 Estampes.

DIETZSCH, (JEAN-CHRISTOPHE) *peintre ; né à Nuremberg, en* 1710 ; *mort dans la même ville, en* 1769. *Dietzsch a gravé à l'eau-forte.*

242 Intérieur de Cour de paysan ; Vues champêtres, et Paysages ornés de figures ; une de ces Pièces d'après J. A. Dietzsch ; les autres sur les dessins du graveur. Le plus grand de ces Morceaux est de 4 p. 11 l. de haut., sur 6 p. 7 l. de larg. 22 Estampes.

DILLIS, (GEORGES) *dessinateur et graveur à l'eau-forte, à l'aquatinta et au pointillé ; né à Giebing en Bavière, dans le siècle dernier.*

243 Intérieur de Forêt ; Paysages avec baraques et chaumières ; Vue de rivière avec pont de bois ; Animaux ; Vignettes ; Portraits et Etudes de Têtes ; à 5 de ces Morceaux, des dates de *1785* à *1806.* 43 Estampes, deux sur une même pl., plus, cinq Epr. doubles.

DORNER, (J.) *peintre ; né à Munich, dans le siècle dernier. Dorner a gravé à l'eau-forte.*

244 Enfant appuyé sur un tambour, d'après Franc. Van Mieris, 1771 ; le Portrait de Rembrandt, et des Etudes de Sujets, Figures, Têtes et Paysages. 14 Estampes.

DOES *père,* (JACQUES VANDER) *peintre ; né à Amsterdam, en* 1623 ; *mort à La Haye, en* 1673 ; *élève de* NIC. MOYAERT. *Does a gravé à l'eau-forte.*

245 Un Belier et quatre Moutons dans une campagne ; on y

remarque au fond, à droite, en avant d'une baraque, un pâtre et des moutons; sur le ciel : *J. Vander Does in A. 1650.* H. 4 p. 5 l. L. 5 p. 4 l.; plus, la Copie de ce Morceau, de même sens que l'original, mais moins grand d'une ligne sur tous sens; au haut, vers la gauche : *A Bartsch sc.*

DREVET *père*, (PIERRE) *graveur au burin; né à Lyon, en 1664; mort à Paris, en 1739; élève de* GERM. AUDRAN.

246 Louis-Hector-Victor de Villars, maréchal de France; — le cardinal de Fleury, d'après Rigaud.

DREVET *fils*, (PIERRE-IMBERT) *graveur au burin; né à Paris, en 1697; mort dans la même ville, en 1739; fils et élève de* PIERRE DREVET.

Portraits d'après HYAC. RIGAUD.

247 La duchesse d'Orléans, représentée en buste dans un ovale; près de l'ovale, des cornes d'abondance : pl. en forme de vignette, gravée en 1723, pour être placée en tête de l'oraison funèbre de cette princesse.

Epreuve avant la lettre.

Le cardinal Dubois.

248 Bénigne Bossuet, évêque de Meaux, représenté debout et en pied dans son cabinet; gravé par Drevet, en 1723, à l'âge de 26 ans.

Epreuve avant les points placés après le nom du peintre, pour indiquer chaque cent d'impression.

249 Samuel Bernard, assis près de son bureau : portrait en pied, gravé en 1729.

Première Epreuve avant le titre de conseiller-d'état.

De La Mothe Fénélon, d'après Vivien.

250 Adrienne Le Couvreur, d'après Ch. Coypel.

Première Epreuve avec le mot model *pour* modèle.

Estampes encadrées ou en feuilles.

Suite des Morceaux de DREVET *fils.*

251 Louis de La Vergne de Tressan, archevêque de Rouen, à genoux aux pieds de la Sainte-Vierge et de l'Enfant-Jésus, d'après Jac. Vanloo; deux Est. du même Sujet, gravées pour le Missel de Rouen : l'une pour l'Edition *in-4.°*, l'autre pour l'*in-8.°*.

Premières Epreuves : *dans l'Estampe de format in-8.°, les têtes seulement par* P. IMB. DREVET, *le surplus par* CL. DREVET.

DUCQ. (JEAN LE) Voyez LE DUCQ.

DUCHÉ, DUGHET ou DUGET, *surnommé* LE POUSSIN, (GASPARO) *peintre; né à Rome, en* 1613; *mort en* 1675; *élève de* NIC. POUSSIN. *Duché a gravé à l'eau-forte.*

252 Quatre Vues de Sites des campagnes de Rome; à la droite du premier, deux hommes au pied d'un chemin où est un cavalier, l'un assis, l'autre debout; dans le second, vers le milieu, un homme en bateau; vers la gauche du troisième, des hommes au bord d'une rivière, l'un d'eux pêche à la ligne; plus loin, un pont en partie ruiné; sur le devant du quatrième, vers le milieu, deux hommes près de monticules où sont de grands arbres; dans les marges, à gauche : *Gasparo Duche in sculp. ou sep Romæ.* H. 6 p. 11 l. à 7 p. 3 l. L. 10 p. 7 à 11 l.

Quatre autres Paysages, Sites agrestes; à chacun, sur le devant, deux figures. Composition dans des ronds; au bas des pl., à gauche : *Gasparo Duche in sculp. Romæ.* Diamètre, 7 p. 6 à 10 l.

8 *Estampes.*

DU JARDIN, (KARLE) *peintre; né à Amsterdam, vers* 1640; *mort à Venise, en* 1678; *élève de* NIC. BERGHEM. *Du Jardin a gravé à l'eau-forte.*

253 1 à 8 — 1 Fontaine en ruine; on y lit : *K. DV. JARDIN fe. et Excud.* 1652, *A. D.* 2 les deux Mulets; sur le ciel, à droite : *K. DV I. fe.* 3 la Vache et le Veau couchés; à gauche, au ciel : *K. DV I. fe.* 4 Cheval debout, Che-

Estampes encadrées ou en feuilles.

Suite des Morceaux de DU JARDIN.

val couché; à gauche, au ciel : *K. D. I. fc.* 5 Deux Chiens couchés près de divers attirails de chasse; à droite, au ciel : *K. DV. I. fe.* 6 les deux Anes; à droite, à une maison : *K. α. I. f 1652.* 7 la Chèvre et les deux Moutons couchés; à gauche, à terre : *K. DV. I. f. 1658.* 8 les trois Cochons devant l'étable; sur le ciel, à droite : *K. DV. I. fe. 1652.* Deux Epr. H. 5 p. 6 l. L. 5 p.

9 à 16 — 9 Village sur la montagne; à droite, au ciel : *K. DV IARDIN 1658 fe.* Deux Epreuves. 10 la petite Cascade; à gauche, au ciel : *K. DV IARDIN f. 1658*, l'année à rebours. 11 deux Hommes dans une campagne, un raccommode sa chaussure; sur le ciel, à droite : *K. DV IARDIN fe 1658, fe* et l'année sont à rebours. 12 Vue des restes d'un temple; à droite, au ciel : *K. DV IARDIN f. 1648*, l'*f* et l'année sont à rebours. 13 deux Chèvres et deux Chevreaux; au ciel, à gauche : *K. DV IARDIN f.* 14 trois Moutons et une Chèvre; près de là, sur la porte d'une bergerie : *K DV IARDIN 1658*, le nom et l'année sont à rebours. 15 deux Cochons; à gauche, sur l'étable : *K. DV Jardin fe 1656.* 16 trois Cochons près d'une haie; sur le ciel, à gauche : *K. DV IADIN fe.* H. 4 p. à 4 p. 6 l. L. 5 p. à 5 p. 9 l.

17 à 26 — 17 Deux Arbres sur un tertre baigné par un ruisseau; à droite, sur l'eau : *K. DV IARDIN f. 1659.* 18 des Moutons et un Ane dans un champ; au ciel, à gauche : *K. DV IARDIN fe. 1659.* 19 Paysan près de deux ânes au bord de l'eau; au haut, à droite : *K. DV IARDIN 1660 fec.* 20 des Hommes conduisant des mulets; au haut, à droite : *K. DV IARDIN. 1656. fe.* 21 Villageois et son chien au bord de l'eau; à droite, au ciel : *K. DV IARDIN. 1659 feo.* 22 Bouvier près de trois bœufs; au ciel, à gauche : *K. DV IARDIN fe 1660.* 23 Berger près d'un arbre, et vaches, brebis et agnelet couchés; au haut, à gauche : *K. DV JARDIN fe 1656.* 24 deux Bœufs; l'un se frotte contre un pieu; à gauche, au ciel : *K. DV JADIN 1655.* 25 deux Chevaux près d'une charrue; au ciel, à gauche : *K. D. fec. 1657.* 26 le Bœuf et l'Ane; au ciel, à droite : *K. DV IADIN fec.* H. 5 p. 1 à 10 l. L. 6 p. 4 à 10 l.

Estampes encadrées ou en feuilles.

Suite des Morceaux de DU JARDIN.

27 et 28 Villageoise accompagnée de son chien, et un âne et un belier traversant une rivière; au ciel, à gauche: *K. Dv IARDIN fe.* — Cavalier sur un champ de bataille où sont deux morts, un cheval, et plus loin un jeune garçon chargé de dépouilles; au ciel, à gauche: *K. Dv I. fe. 1652.* H. 6 p. 1 à 4 l. L. 7 p. 3 à 4 l.

29 à 34 — 29 Mulet debout et deux Anes couchés; dans la marge: *K. Dv IARDIN 1653 fe.* 30 Pâtre près d'un bœuf et d'un veau; au ciel, à droite: *K. Dv IARDIN fe. 1658.* 31 Bergère gardant une vache et trois moutons; son chien est près d'elle; au haut, à gauche: *K. Dv IARDIN feo 1653.* 32 un Ane entre deux Moutons; à droite, des arbres et des maisons; au ciel: *K. Dv IARDIN fe. 1653.* 33 trois Chèvres et deux Moutons; à droite, au ciel: *K. Dv IARDIN 1655.* 34 un Taureau, une Vache, un Veau; à gauche, sur une colline, deux autres vaches. H. 7 p. à 7 p. 3 l. L. 6 p. à 7 p. 10 l.

35 à 42 Six Moutons dans différentes attitudes; le Chien et le Chat couchés; et la Brebis et son Agnelet. A six de ces Morceaux, le nom du Maitre et l'année 1655. H. 2 p. 1 à 9 l. L. 2 p. 9 l. à 3 p. 9 l.

43 Vieillard, Femme et jeune Garçon, demi-figures; à gauche, au ciel : *K. Dv I.* H. 2 p. 3 l. L. 1 p. 11 l.

44 Des Etudes de Têtes et des Grifonemens. H. 1 p. 9 l. L. 2 p. 3 l.

45 à 50 Six Paysages; à cinq, des figures et des animaux. H. 1 p. 8 à 9 l. L. 2 p. 1 l.

Le Joueur de flûte *.

51 Jeune Garçon faisant danser un chien au son du violon; derrière lui deux chiens aboyent; au ciel, à gauche: *K. Dv IARDIN fec. 1658.* H. 6 p. L. 4 p. 3 l. A cette Suite, des n.os

---

* Voy. pour ce Morceau, attribué à Du Jardin, l'article Berghem, page 20 du présent Catalogue.

Suite des Morceaux de DU JARDIN.

placés à 39 des Pièces, sur les terrasses; aux 12 autres, au-dessous du trait carré.

Anciennes Epreuves*, le titre avant les mots G. VALK ET P. SCHENK EX. *Du huitième Morceau, deux Epreuves, la première avec un n.° 9, dont on a depuis fait le n.° 8, qu'on trouve aux Epreuves suivantes; du neuvième Morceau, deux Epreuves, la première avec un n.° 8; de ce chiffre qu'on a depuis assez mal effacé du bas, on a formé le n.° 9 qu'on voit aux Epreuves suivantes. Bartsch ne parle point de ces deux différences.*

254 52 Devos, poëte hollandais, vu presque de face, à mi-corps, un rouleau de papier à la main gauche; au haut du fond : K. DV IARDIN F. Dans la marge, quatre vers de Vondel :

Zoo spant Natuur door Vos een' regenboogh dichten......

H. 7 p. 5 l., compris 16 l. de marge. L. 4. p. 7 l.

Morceau extrêmement rare.

DUNKER, (BALTHAZAR-ANTOINE) *dessinateur et graveur à l'eau-forte; né à Saal, près de Stralsund, en* 1746; *élève de* JAC.-PH. HACKERT, *de* MAR.-JOS. VIEN *et de* NOEL HALLÉ.

255 Trois petits Paysages : au premier, un Pont; au second, un Villageois et un Porte-balle; au troisième, des Cascades. Morceaux par *Dunker*, sur ses propres dessins; Port de mer, d'après Berghem; Suite de 6 Vues; Environs de Rome, et une Vue de la Sicile, d'après Jac. Ph. Hacker; 22 Estampes.

---

* On connait de cette Suite cinq différentes éditions (Bartsch n'en annonce que quatre), savoir : la première avant toutes lettres au titre et avant les n.°*, rarissime à trouver; la deuxième est celle que nous venons d'annoncer; la troisième avec les mots *G. Valk et P. Schenx ex.* au titre; la quatrième avec les mots *G. Valk et P. Schenx ex.* effacés; la cinquième avec les dix planches n.° 23 à 26, 29 à 34, coupées d'un pouce sur la hauteur.

DUNOUY; (M.ʳ) *peintre; né à Paris; élève de* GABR. BRIARD.

256 Vues d'Italie et Paysages, très-spirituellement gravés par cet artiste, d'après ses propres dessins. 18 Estampes

Premières Epreuves, la plupart avant la lettre.

DUPREEL, (M.ʳ) *graveur à l'eau-forte et au burin; né à Paris; élève d'*ANT.-J. DUCLOS *et de* NIC. DELAUNAY.

257 Kermesse flamande, et Bataille, d'après deux Tableaux, l'un de Rubens, l'autre de Ph. Wouwermans. Ces deux Tabl. au Musée royal. Est. en larg.

Epr. avant la lettre.

DURINGER, (DANIEL**)** *dessinateur et graveur à l'eau-forte; né en Suisse, florissait dans le siècle dernier.*

258 Douze Paysages avec figures. Suite avec des nᵒˢ de 1 à 12. Au premier Morceau: *Daniel Duringer 27 inv. fecit* 55 nᵒ 1. H. 3 p. 4 à 7 l. L. 4 p. 9 à 10 l. — Intérieur d'un Bois où court un renard. H. 4 p. 10 l. L. 3 p. 6 l. 13 Estampes.

DU SART, (CORNEILLE**)** *peintre; né à Amsterdam, en 1665; mort dans la même ville, en 1704; élève d'*ADR. VAN OSTADE. *Du Sart a gravé à l'eau-forte et en manière noire.*

Morceaux gravés à l'eau-forte.
Sujets de demi-figures.

259 1 Trois Paysans, l'un à table, une cruche et un vidrecôme à la main; des deux autres, celui qui est debout à la droite, a les poings élevés. Sujet dit *les Crieurs.* H. 3 p. 8 l. L. 2 p. 8 l.

Seconde Epr. tirée après la pl. coupée et mise en ovale; au bas, à droite: COR DU SA. Epr. dont Bartsch ne parle pas *.

---

* Aux premières Epreuves avant que la pl. n'ait été coupée et mise en ovale, les mots *Cor. du Sart f 1685.*

Estampes encadrées ou en feuilles.

Suite des Morceaux de DU SART.

2 Hommes faisant *la figue*, manque *.

3 Deux Chanteurs à table : l'un tient une chanson, l'autre une pipe ; au haut du fond, à droite, une cruche suspendue ; sur la cloison, derrière l'homme qui tient sa pipe : *Cor. du Sart f. 1685*. H. 3 p. 10 l. L. 3 p. 7 l.

Deux Epr., la prem. de la pl. carrée, Pièce très-rare; la seconde de la pl. coupée, mise en ovale et réduite à 2 p. 10 l. de larg.

4 Les Chanteurs, gravés une seconde fois et de même sens ; sur l'épaisseur de la table : *Corn. du Sart fe. 1685*. Pl. exécutée d'une pointe plus fine ; au haut, à droite, deux cruches au lieu d'une qu'on trouve dans la pl. précédente. H. 4 p. 1 l. L. 3 p. 11 l.

La Copie des Chanteurs, gravée en manière noire, de sens opposé à la pl. précédente ; au bas une marge blanche. H. 4 p. 8 l. compris la marge de 3 l. L. 3 p. 11 l.

5 Buveur assis près d'un tonneau ; il chante le verre et la pipe à la main ; à droite sur le fond, au-dessus du tonneau : *Corn du Sart 1685*. H. 4 p. 6 l. L. 3 p. 11 l.

Morceau extrêmement rare.

6 Les deux Chanteuses à table ; l'une assise dans un fauteuil, un pot et un verre à la main, l'autre serrant sur son sein un très-grand pot qu'elle tient de ses deux mains ; à droite, à une des barres du fauteuil : *Corn du Sart fe. 1685*. H. 4 p. 2 l. L. 4 p. 1 l.

7 Estampes.

Sujets de figures entières.

260 7 Paysan le bonnet à la main, et Paysanne tenant une cruche et un flacon ; ils sont ivres et marchent vers la droite, au fond un village ; au bord de la terrasse, à gauche : *Corn du Sart f. 1685*. Sujet dit *le Couple ivre*. H. 4 p. 8 l. L. 3 p. 10 l.

8 Les Buveurs et les Chanteurs à table ; près d'eux, à droite,

---

* Homme en chapeau rond à haute forme, montrant le poing aux spectateurs, dit ainsi : *faisant la figue*. A gauche près de sa main : *C. D. S. f.*, au bas, *Quam Meminisse Juvat*. Pl. de forme ovale. H. 3 p. 8 l. L. 2 p. 11 l.

Estampes encadrées ou en feuilles.

Suite des Morceaux de DU SART.

un Joueur de violon qu'un petit garçon accompagne du tambour ; à terre, à gauche : *Cor. du Sart f. 1685.* Sujet dit *Le Violon debout.* H. 5 p. L. 4 p. 8 l.

9 Vieux Paysan donnant un baiser à une Femme âgée dont il tient la main ; à gauche, dans le fond, près d'une tente, des hommes, des femmes et des enfans ; au bord de la terrasse ; *Corn. du Sart f, 1685.* Sujet dit *le Baiser.* H. 5 p. 9 l. L. 4 p. 5 l.

10 Jeune Femme paraissant dire adieu à un Homme âgé qui la tient d'une main, et de l'autre serre la main d'un jeune Villageois qui accompagne la jeune Femme ; à droite, au-delà d'une très-grande porte, un village ; à terre : *Corn du Sart f. 1685.* H. 5 p. 9 l. L. 4 p. 5 l.

Epreuve et contre-Epreuve.

11 Cour d'Habitation villageoise : un vieilleur entouré de petits garçons y fait danser un chien, ce qui regarde une femme debout près de la porte de sa chaumière, tenant son enfant par la main droite ; au-devant d'une marche : *Corn. du Sart 1685.* Sujet dit *le Chien dansant.* H. 6 p. 2 l. L. 5 p. 5 l.

12 Vieille appliquant une ventouse au pied droit d'une Villageoise assise, tandis qu'un homme aiguise un instrument de chirurgie ; à terre : *Corn. du Sart fe et inv. 1695* ; dans la marge : KOPSTER, et deux distiques hollandais : *Zet jy de koppen maar . . . . haar klisteeren* ; et tout au bas, à droite : *J. Gole Exc. Amstelodami Cum Privilegio Ord. Holl. et West Frisiæ.* Sujet dit *la Ventouse.* H. 9 p. 6 l. compris 14 l. de marge. L. 6 p. 4 l.

Première Epr.; aux secondes Epr. le nom de J. GOLE *effacé. Bartsch ne parle pas des secondes Epr.*

13 Chirurgien de Village sondant la plaie qu'un Paysan a au bras gauche ; près d'eux, une femme affligée ; à terre : *Corn: du Sart fec et inv 1695.* Dans la marge : HEELMEESTER ; deux distiques : *De duyvel Meester Hans . . . . ben je gek* et *J. Gole Exc . . .* H. 9 p. 3 l. compris 13 l. de marge L. 6 p. 4 l.

Première Epr. avec l'adresse de Gole ; aux secondes Epr. cette adresse est effacée. Bartsch ne parle pas de cette seconde remarque.

Estampes encadrées ou en feuilles.

Suite des Morceaux de DU SART.

14 Jeune Garçon essayant un soulier à une Paysanne qui se tient debout sur son pied droit ; à terre, à un morceau de cuir : *Corn du sart fecit et invent.* Dans la marge : *DE VERMA-ARDE SCHOENMAAKER.* Sujet dit *le Cordonnier renommé.* H. 8 p. 4 l. L. 6 p. 6 l.

Seconde Epr. Aux premières Epreuves l'adresse de J. GOLE.

15 Chambre rustique ; à la droite, un gros homme debout devant une cheminée parait écouter un chanteur assis, qui s'accompagne du violon ; près d'eux des paysans, des femmes et des enfans, au bas d'un papier attaché à une toile accrochée autour du manteau de la cheminée. *Corn du Sart f. 1685.* Dans la marge: *Rusticus ex animo non pullus Hypocrita gaudet*, Sujet dit *le Violon assis.* H. 10 p. 7 l. compris 5 l. de marge. L. 8 p. 11 l.

*Seconde Epreuve avec de légers travaux faits au berceau * ; les premières Epr., extrêmement rares, sont avant ces travaux.*

16 Fête de Village. La scène présente une réunion nombreuse de gens de la campagne, et de marchands ; on y voit aussi des bateleurs ; sur le devant trois paysans et deux paysannes dansent au son du violon ; plus loin, à droite, un théâtre ambulant ; à gauche, au bord de la terrasse : *Corn du Sart fe. 1685*; au bas une marge blanche. H. 9 p. 8 l. compris 6 l. de marge. L. 12 p. 10 l.

11 Estampes.

Morceaux gravés en manière noire.

261   17 Vieillard vu jusqu'aux genoux; il tient de sa main droite un flacon, de l'autre un papier; au haut, à gauche : *Corns Du sart Fe et Inv.* H. 7 p. 2 l. L. 5 p. 8 l.

Morceau rare.

18 Le Barbier, manque *

———————————————

* Berceau, instrument dont on se sert pour la préparation des planches en manière noire.

* 18 Le Barbier ou Chirurgien de village ; il rase un jeune homme assis dans un fauteuil ; à gauche, sur un petit banc où sont des bouteilles : *Corn Dusart Fe et inv.* H. 9 p. 7 l. L. 7 p. 7 l. Morceau très-rare.

Suite des Morceaux de DU SART.

19 Paysan assis, sa pipe et un vidrecôme à la main ; il chante, un joueur de violon l'accompagne, et un homme assis lui présente une tabatière ouverte ; dans la marge, à gauche : *Corn Dusart pinxit et fecit 1685,* Sujet dit *le Tabac présenté.* H. 11 p. 10 l., compris 7 l. de marge, L. 9 p. 7 l.

20 à 31 Les Mois de l'Année, douze Estampes représentant des usages de Hollande, des occupations champêtres et des jeux ; savoir : *Janvier ;* on y voit un jeune garçon portant l'*Etoile des Rois ; Février,* un homme masqué une torche à la main, et deux enfans : l'un joue du *Rummel pot; Mars,* villageois et villageoise se jettant des boules de neige ; *Avril,* jeune femme versant à boire à un chasseur ; *Mai,* paysan portant un enfant : il regarde des poules et des poulets ; *Juin, les enfans de la Pentecôte* : l'un d'eux tient une branche de flambe, et montre une tire-lire ; *Juillet,* des moissonneurs : l'un d'eux jette du foin à une jeune fille étendue à terre ; *Août,* femme près d'un batteur en grange : elle verse du grain dans un sac ; *Septembre,* des gens de la campagne chargent des fruits dans une barque ; *Octobre,* trois buveurs dans une cave ; *Novembre,* paysans tuant un cochon, et des enfans jouant avec une vessie ; *Décembre,* paysanne et paysans qui patinent. A chaque Pièce, dans la marge, le nom du mois en latin, le nom de l'auteur et le nom de l'éditeur ; les deux derniers noms écrits ainsi, au sujet représentant le mois de mars : *Corn Dusart Pinxit et fecit J. Gole ex Amstelodami cum Privilegio.* Huit de ces Estampes, par *Dusart,* et quatre : Février, Avril, Juin et Décembre, d'après lui, par J. Gole. Au bas de la pl. représentant le mois de Janvier : *Januarius — les XII mois de l'année inventé et gravé par Corn Dusart, et terminé par J. Gole avec.......* H. 7 p. 4 l. L. 5 p 8 l.

Ces premières et très-rares Epreuves dont Bartsch ne parle pas, sont avant toutes lettres ; elles se distinguent encore par les remarques suivantes ; savoir : FÉVRIER, le manche du gril, derrière l'enfant qui joue du RUMMEL POT, est tout-à-fait ombré ; MARS, avant les flocons de neige sur le toit et sur la chaumière ; AVRIL, avant la triple bordure au bas du jupon de

Suite des Morceaux de DU SART.

la jeune fille ; MAI, le chapeau de la femme qui est du côté gauche, ne recouvre que la partie supérieure de son front, et le treillage de la cage suspendue à la droite, est moins serré que dans les secondes Epreuves ; AOUT, les épis, à la droite du devant, n'y sont pas encore éclaircis ; OCTOBRE, avant les lumières très-prononcées à la tinette, devant l'homme assis sur un tonneau; DECEMBRE, à la gauche du ciel, une volée de douze oiseaux, qu'on ne trouve pas aux secondes Epreuves.

14 Estampes.

Joie publique à l'occasion de la Prise de Namur, en 1695.

1.

262   32 Paysan exprimant sa joie : manque *.

2.

33 Artificier mettant le feu à une fusée volante ; dans la marge: *Vreden is beter als overwinning* (la Paix vaut mieux que des Victoires), et *C. Dufart inv: et fec: J. Gole exc: cum Privilegio ord : Holland :*

3.

34 Femme tenant d'une main un drapeau, et de l'autre un papier, où est représenté une orange au milieu d'un cœur ; au dessous, la devise : *Oranje in 't hart* (orange au cœur); dans la marge : PROCUL ITE PROFANI ; six vers : *De zege is....... van het stroopen*; et les noms de Dusart et de Gole. Pièce dite *la Femme du Parti orange.*

4.

35 Femme tenant d'une main une théière, et de l'autre une petite caisse avec l'inscription : PUYK VAN CINEESE TEE (du thé chinois excellent); dans la marge : *Vrolyke Tryn* (la joyeuse Catherine) ; quatre vers : *Dat heb ik..... Niet Dan teer*; et les noms de Dusart et de Gole.

---

* 32 Paysan dansant, son chapeau à la main droite ; il semble de l'autre jeter en l'air un verre vide. On voit, au fond de la Composition, le camp devant Namur; dans la marge : *Communia Gaudia*. Six vers : *Dat hec eerst.... en spange leven*, et les noms de Dusart et de Gole.

Estampes encadrées ou en feuilles.

Suite des Morceaux de DU SART.

5.

36 Femme une fusée volante à la main ; à droite, au-delà d'une porte de ville, un feu d'artifice ; dans la marge : *De Vrede maakt my gaande* (la Paix me soulève) ; et les noms de Dusart et de Gole.

6.

37 Indien ivre; il tient d'une main son bonnet, de l'autre un flacon ; à gauche, un vaisseau en mer; dans la marge : *Oostindien Vaarder* (Indien soldat qui a fait le voyage des Indes); et quatre vers hollandais. Cette suite ne porte pas de n°. H. 8 p. 6 à 9 l. L. 6 p. 6 à 8 l.

5 *Estampes.*

Premières et très-rares Epreuves dont Bartsch ne parle pas ; les 3.e, 4.e et 6.e avant toutes lettres, et les 2.e et 5.e avant les inscriptions dans les marges.

263 38 L'Arracheur de cors de pieds; il tient une canne garnie de guirlandes de cordons avec houpes; deux jeunes garçons accourent à lui; au fond, à gauche, des arbres et un clocher; du côté opposé, un paysan à la porte de sa maison; dans la marge, quatre vers : *Siet hier hebje... Extro hoo: O ;* et les noms de Dusart et de Gole. H. 8 p. 6 l. L. 6 p. 7 l.

Deux Epreuves; la première, de la plus grande rareté, et dont Bartsch ne parle pas, est avant le panneau vitré au-dessus de la porte ; les parties, frappées par la lumière aux cordons et aux houpes, n'y sont pas éclaircies ; elle est aussi avant les arbres, le clocher et les nuages ; et enfin avant toutes lettres.

39 Arlequin sur un théâtre, dansant avec une échelle; à gauche, sur les planches du théâtre : *Corn Du Sart fec et inv.* ; dans la marge : *Harlequin et J. Gole ex Amstelodami Cum Privilegio.* H. 8 p. 7 l. L. 6 p. 6 l.

Première et rare Epreuve avant toutes lettres dans la marge du bas ; Bartsch ne parle pas de cette Epreuve.

40 Un Trompette accompagnant un homme, qui d'une main tient un pot à thé, et de l'autre une lettre ; à gauche, une femme, les bras ouverts en signe de joie; à droite, un jeune garçon, deux enfans et un chien ; et plus loin, au-

Suite des Morceaux de DU SART.

delà d'une grande porte, des maisons et un clocher; dans la marge : *Lottery van Groottenbroek Vertoonnende met wat Vreugd de confiderabele Prysen tuys gebrogt worden*, et les noms de Dusart et de Gole. H. 8 p. 6 l. L. 7 p. 3 l.

Trois Epreuves ; les deux premières, dont Bartsch ne parle pas, sont avant la lettre ; l'une d'elles, Morceau rarissime, est avec des ornemens sur le pot à thé, et avant les maisons et le clocher au fond, à droite, qui se voyent à la seconde Epreuve, où le pot à thé est sans ornemens.

41 Les Sept, manquent *.

6 *Estampes*.

Morceaux en manière noire, dont Bartsch n'a pas donné de description.

Sujets de figures entières.

Les Ages, Suite de quatre Estampes.

1.

264 42 L'Enfance, représentée par un enfant assis, un moulin à vent et une cuiller à la main ; une jeune fille lui montre une poupée ; deux fenêtres à panneaux vitrés éclairent la chambre; dans la marge : *Les Quatres Ages de la vie humaine, Inventé et gravé par C. Dufart, et terminé par J. Gole, avec Privilége des Etats de Hollande, et de West-Frife*, au-des-

---

* 41 Sujet satyrique, où un enfant borgne, et à jambe de bois, un cadenas à la bouche, est à califourchon sur les épaules d'un fou, monté sur un âne ; sur la crinière de l'âne, un hibou ; à son épaule, un soufflet marqué du chiffre VII ; un homme portant un cochon de lait est à la gauche du fou; dans la marge : *Nos Sumus feptem*. Ces mêmes mots, exprimés à gauche et à droite, en Hollandais, en Allemand, en Français et en Anglais; au-dessous : *C. Dusar inv. J. Gole exc.*..... H. 9 p. 4 l., compris 7 l. de marge. L. 6 p. 9 l. Nous n'avons ici de ce Morceau, que la copie exécutée aussi en manière noire, mais de sens opposé à l'original; elle est moins large d'un pouce. Au-dessous des mots : *Nos Sumus septem; C. Dusart inv. Amft.*

Estampes encadrées ou en feuilles.

Suite des Morceaux de DU SART.

sous : *L'Enfance,* 1. *Age ;* et deux vers français : *L'Enfance ce printems.....*

Trois Epreuves ; deux avant les panneaux vitrés, et avant toutes lettres.

2.

43 La Jeunesse; un jeune homme paraissant adresser de doux propos à une jeune fille ; la scène se passe sous une treille, devant un cabaret; plus loin, à droite, un paysan embrasse une paysanne ; dans la marge : *La Jeunesse,* 2. *Age ;* et deux vers : *La Jeunesse assouvit......*

Deux Epreuves ; dans la première, qui est avant toutes lettres et avant le trait du haut de la marge, les parties de la Composition où frappe la lumière, ne sont pas éclaircies ; on n'y voit pas à gauche, au pied du banc, de touffe d'herbe; on remarque du même côté, derrière une cafetière posée sur le banc, un bâton appuyé contre la maison. Ce bâton ne se trouve pas aux secondes Epreuves.

3.

44 L'Age viril; un homme d'un air soucieux compte de l'argent, et une femme pèse de l'or ; au fond, à droite, un jeune garçon apporte des sacs ; dans la marge : *L'âge Viril,* 3. *Age* et deux vers : *L'homme également meur......*

4.

45 La Vieillesse; une vieille appuyée sur une béquille, présente une écuelle à un vieillard assis au coin du feu ; à gauche, un vieux pituiteux, le verre à la main ; dans la marge : *La vieillesse,* 4. *Age ;* et deux vers : *C'est un âge où Jamais.....*

Deux Epreuves ; la première avant le titre et avant les vers.

Cette suite ne porte pas de n.°; grandeur des 4 Morceaux : H. 9 p. 4 l., compris 7 l. de marge; L. 6 p. 9 l. Aux trois derniers Sujets, à gauche, dans la marge : *Corn. Dusart, Inv. et fec. J. Gole exc. cum Privil. Amstelodami.* différemment écrit.

Sujets de demi-figures.

46 Femme debout, tête nue, la gorge découverte; elle cherche une puce sur le bord de sa chemise ; devant elle, une

Suite des Morceaux de DU SART.

table où est son mouchoir de cou et une chauffrette ; à la droite, une lampe allumée ; Composition dans un ovale, dont les angles sont teintés ; Sujet dit *la Chercheuse de Puce.* H. 7 p. 1 l., compris 14 l. de marge ; L. 5 p. 2 l.

Morceau regardé en Hollande comme un des plus rares de l'œuvre de Dusart.

47 Femme assise à une table ronde ; elle tient un verre et une pipe ; un homme, en lui parlant, lui serre la main droite ; dans la marge, à gauche : *Corn. Dusart fecit* 1685. H. 6 p. 10 l., compris 7 l. de marge.

Deux Epreuves ; à la première, avant la lettre, les parties frappées par la lumière ne sont pas entièrement éclaircies ; ce qu'on remarque principalement sur la table, où l'ombre, fortement prononcée dans les secondes Epreuves, ne se trouve pas même indiquée dans la première Epr. Morceau que les Hollandais regardent aussi comme un des plus rares de l'œuvre de ce maître.

11 Estampes.

DYCK, (ANTOINE VAN) *peintre ; né à Anvers, en* 1599 ; *mort à Londres, en* 1641 ; *élève de* P. P. RUBENS. *Van Dyck a gravé à l'eau-forte.*

265 Jésus insulté par un de ses bourreaux, qui lui présente un roseau ; Sujet de demi-figures ; dans la marge, quatre vers : *Ecce Stat innocuus..... quanta manent.* Morceau connu sous le titre du *Christ au Roseau.*

Epreuve où la marge est coupée tout près des vers.

266 Phil. Le Roi, seigneur de Ravels, 2 Epreuves, la première à l'eau-forte ; Erasme de Rotterdam, P. Breughel, J. Snellincx, Josse Monper, J. de Wael, Ad. Van Oort ou Noort, F. Sneyders, F. Franck, 2 Epreuves, la première avant toutes lettres et avant le trait carré ; J. Breugel, 2 Epreuves, la première avant la lettre, le fond n'y est que commencé ; Jus. Svttermans et P. de Vos, peintres ; Luc. Vorstermans, 2 Epreuves, la première avec le fond blanc et avant toutes lettres ; et P. Du Pont ou Pontius, graveur. 18 Estampes.

Estampes encadrées ou en feuilles. 129

Suite des Morceaux de VAN DYCK.

267 Le Titien considérant sa maîtresse ; Sujet de demi-figures, d'après Tiziano ; au bas, quatre vers : *Ecco il belveder !..... del magno Titiano ;* et une déd. à *Lvca Van Vffel.*

Epreuve avant *A. bon Enfant exc.*

EARLOM, (RICHARD) *graveur en manière noire, à l'eau-forte et au pointillé ; né à Sommerset, en Angleterre, dans le siècle dernier.*

268 L'Ambassade d'Hyderbeck à Calcutta (*Embassy of Hyderbeck to Calcutta*). — La Chasse aux Tigres dans les Indes orientales (*Tiger Hunting in the East indies*) ; d'après Zoffani : Est. en larg. 1801—1800.

ECHARD, (M.ʳ) *peintre ; né à Caen. M.ʳ Echard a gravé à l'eau-forte et en manière noire.*

269 Portraits et Têtes d'études d'hommes et de femmes, sept Morceaux : à un, 1784 ; deux des Etudes d'après C. Visscher. H. 4 p. 4 l. à 6 p. 10 l. L. 3 p. 3 l. à 4 p. 7 l. — Allégorie représentant un génie appuyé sur un médaillon, avec buste de Louis XV. H. 7 p. 3 l. L. 5 p. 5 l. — Vue de l'intérieur d'une auberge, au village de Chambre, en Savoie. H. 8 p. 1 l. L. 6 p. 3 l. — Tour de Calais ; à droite, l'ascension aérostatique de MM. Romain et de Rozier. H. 9 p. 7 l. L. 8 p. — Diverses Ruines et Paysages, avec figures et animaux, cinq Morceaux. H. 5 p. 10 l. à 6 p. 8 l. — Vestiges de monumens ; près de là, des vaches, et sur le devant, un pâtre ; d'après Breenbergh. H. 8 p. 3 l. L. 6 p. 3 l. — Six Feuilles d'animaux, d'après Roos ; deux en haut. 22 Pièces ; plus, trois Epreuves doubles. 25 Estampes.

EDELINCK, (GERARD) *graveur au burin ; né à Anvers, en* 1649 ; *mort à Paris, en* 1707 ; *élève de* CORN. GALLE *le jeune ; se perfectionna sous* NIC. PITAU *et* FRANC. DE POILLY.

270*La Sainte-Famille, accompagnée de sainte Anne, du jeune saint Jean, et de deux Anges, l'un en acte

Suite des Morceaux d'EDELINCK.

d'adoration, l'autre prêt à répandre des fleurs sur le Sauveur; d'après le Tableau de Raffaello au Musée royal.

Première Epreuve avant les armes de Colbert, au bas du milieu du Sujet.

271* La Magdeleine repentante se dépouillant de ses vêtemens, et renonçant aux vanités du siècle; d'après le Tableau de Le Brun, qui se voyait à Paris, dans l'église des religieuses carmélites de la rue St.-Jacques.

Première Epreuve avant la bordure gravée autour de la Composition.

272 Nathanael Dilgerus, ministre de Dantzick; gravé en 1683.

Première Epreuve.

273* Philippe de Champagne, peintre; gravé en 1676, d'après le Tableau de ce Maître.

Première Epreuve.

ERMELS, (G.-P.) *peintre; florissait en Allemagne, dans le 17.ᵉ siècle. Ermels a gravé à l'eau-forte.*

274 Deux Paysages; à la gauche du premier, des débris d'architecture; près de là, une villageoise assise garde un taureau et deux moutons; à la droite du second, un pâtre fait jouer son chien; à côté de lui, une femme assise près d'une vache couchée; sur les devants des terrasses : *G. P. Ermels fec. 1697.* H. 4 p. 4 l. L. 5 p. 8 à 9 l.

Morceaux rares.

Estampes encadrées ou en feuilles.

EVERDINGEN, (ALLART ou ALDER VAN) *peintre; né à Alcmaer, en* 1621; *mort dans la même ville, en* 1675; *élève de* ROEL. SAVERY *et de* P. MOLYN. *Everdingen a gravé à l'eau-forte, et a quelquefois employé le procédé de la manière noire.*

275 1 et 2 Hameau près duquel est un saule; Hameau, près du ruisseau : *A. V. E. Allart ou Alder Van Everdingen*. Compositions dans des ovales. H. 2 p. 4 à 8 l. L. 2 p. 3 à 9 l.

3 Le Ruisseau, manque *

4 Paysage avec pont de bois; à droite : *A. V. E.* Epr. de la pl. en ovale. H. 6 p. L. 7 p.

5 et 6 Les quatre Hommes à l'ombre sous un arbre, le petit Pont de bois : *A. V. E.* H. 2 p. 7 l. à 3 p. 2 l. L. 2 p. 5 à 8 l.

7 à 10 La Cascade, le Porcher, la Meule, la Chapelle : *A. V. E.* H. 4 p. 7 à 8 l. L. 3 p. 9 à 11 l.

11 à 24 Les deux Tonneaux, le Pélerin, la Baraque de pêcheur, Vue de mer, la Chaumière délâbrée, l'Eglise sur la montagne, Hameau sur la pente d'une montagne, le Rocher, Hameau sur des monticules, les Tonneaux débarqués, le Charpentier, le Pont de pierre, les deux Solives, et le Chevrier; au 17.ᵉ Morceau : *A. V. E· fe* ; aux autres : *A. V. E.* H. 2 p. 3 à 8 l. L. 3 à 4 p.

25 à 29 Les Cabanes sur la colline, le gros Arbre, la Haie délâbrée, les Rochers, 2 Epr.; la Maison avec tourelle : *A. V. E.* H. 3 p. 1 à 5 l. L. 4 p. 9 à 10 l.

30 à 33 La Chaumière vue par derrière, le grand Rocher, les deux Nacelles et la Rivière qui serpente; au 3c.ᵉ et au 33.ᵉ Morceaux : *A. V. E.* H. 3 p. 8 à 9 l. L. 6 p. 9 l.

34 à 39 Le Rocher entouré d'eau, les trois Chèvres, la Chaumière près du torrent, les quatre Pins, la vieille Chaumière, et le Paysan près de la haie; au 37.ᵉ Morceau : *Everdingen*; aux autres : *A. V. E.* H. 3 p. 2 à 3 l. L. 5 p.

40 à 51 Le grand Rocher hors de l'eau, les trois Huttes sur le

---

* 3 Ruisseau avec petit pont de bois, au bord de l'eau six à sept saules. Pl. ovale. H. 2 p. 4 l. L. 2 p. 9 l.

Suite des Morceaux d'EVERDINGEN.

rocher, le Rocher pointu (manque *), les Porcs, le grand Rocher près d'une rivière, le Pont couvert, les deux Villageois sur la colline, la Voute de rocher, les deux Hommes à l'entrée de la baraque, le Charpentier, le Cavalier sur le pont, la Chèvre, et le Porte balle sur le pont de bois; à ce dernier Morceau : *A. VAN. EVERDINGEN. FE.*, aux autres : *A. V. E.* H. 3 p. 5 à 6 l. L. 5 p. 1 à 3 l.

52 à 55 La Nacelle, le petit Pont de bois, les deux Hommes au pied du rocher, et l'inscription; au 53.ᵉ Morceau : *A. V. E.*, aux autres : *EVERDINGEN* ou *ALLART VAN EVERDINGEN.* H. 3 p. 7 à 9 l. L. 5 p.

56 Les deux Solives; à gauche, sur une pierre : *A. V. E.* H. 3 p. 4 l. L. 5 p. 1 l.

57 à 64 Le Chariot, les deux Barques à voiles, les Pins près de la colline, les deux Bateaux, la Nacelle, le Roc au bord de l'eau, le Dessinateur, et le Moulin à eau; aux sept 1.ᵉʳˢ: *A. V. E.* H. 2 p. 11 l. L. 5 p. 4 l.

65 à 72 Les Planches au bord de l'eau, la Nacelle sous la voute de rocher, les deux Cavaliers, les quatre Pins au bord de l'eau, le Paysan à cheval, les trois Voyageurs, les deux Paysans sur la colline, et le Porte-faix; au 67.ᵐᵉ Morceau: *Everdingen*, aux autres : *A. V. E.* H. 3 p. 6 l. L. 5 p. 3 l.

73 à 80 Le Chariot, le Rocher pointu, les deux Hommes au bord de l'eau, les trois Paysans sur le chemin, la Tonne sous la grange, le Moulin à eau, la branche d'arbre, et le Paysan suivi de son chien; aux 75.ᵐᵉ et 77.ᵐᵉ Morceaux: *A. V. EVERDINGEN*; aux autres, le 79.ᵉ excepté : *A. V. E.* H. 3 p. 5 à 10 l. L. 5 p. 4 à 11 l.

81 à 87 Bucheron dans la forêt, la grande Rivière, la petite Grange, le Clocher, les deux Chariots, les trois Hommes chargés, et le Berger; au 81.ᵉ Morceau : *EVERDINGEN*, aux autres : *A. V. E.* H. 4 p. 2 à 6 l. L. 5 p. 6 à 10 l.

88 à 94 La Nacelle, le Bucheron dans la forêt, les deux

---

* 42 Rocher escarpé, baigné par une rivière; à gauche, deux figures, et sur un roc : *A. V. E.*

Estampes encadrées ou en feuilles.

Suite des Morceaux d'EVERDINGEN.

Echelles, le Clair de lune (manque*), les Cabanes, les deux grands Pins et le Quartier de rocher; aux 89.ᵉ, 90.ᵉ, 92.ᵉ et 94.ᵉ Morceaux: *A. V. E.* H. 3 p. 9 l. à 4 p. 10 l. L. 6 p.

95 à 98 Les Fontaines des eaux minérales de Spa, quatre Morceaux; au 96.ᵉ : *Everdingen*; aux autres : *A. V. E.* H. 4 p. 6 à 7 l. L. 6 p. 2 à 3 l.

99 à 102 Le Moulin à eau, la Butte, le Ruisseau dans le bois (Epr. de la pl. coupée), et la Cascade près du moulin; à ces Morceaux, le 101.ᵉ excepté : *A. V. E.* H. 4 p. 3 l. à 5 p. 1 l. L. 4 p. 8 l. à 7 p. 3 l.

103 à 105 Manquent**

1 à 57.

276 106 à 162 Cinquante-sept Estampes pour la fable du *Reynier*, le Renard, Suite sans n.º; *** dans la première, le renard monté sur un âne, est accompagné d'un ours et d'un belier; dans la dernière, le renard sur un âne couvert d'un harnois et d'une housse, marche entre un ours et un belier; un loup le précède. H. 3 p. 3 à 6 l. L. 4 p. 2 à 3 l. La dernière Pièce, 3 p. 5 l. en carré.

Anciennes Epreuves : une Epr. double du premier *Morceau*. On y trouve, au bas, dix vers hollandais : Het aangenaam toneel.... KAN OMVATTEN. Cette marge, qui depuis a été coupée, est de 2 p. 1 l. de haut. ****

---

* 91 Le Clair de lune; on y distingue, à la droite du devant, les débris d'un mur garni de pilotis.

** 103 Village où un homme chargé passe sur un petit pont de bois; à droite, à un roc qui sort de l'eau : *EVERDINGEN*. H. 5 p. 8 l. L. 7 p. 3 l. — 104 Vénus sur un nuage; devant elle, l'Amour armé d'une flèche; Pièce en manière noire, attribuée à Everdingen. H. 6 p. L. 4 p. 8 l. — 105 Trois Capucins assis à terre; l'un d'eux lit dans un livre posé sur ses genoux; Pièce en manière noire. H. 3 p. 6 l. L. 5 p. 5 l.

*** Ancien et fameux Poëme allemand de Henri d'Alkmaer.

**** Les Estampes de cette suite ont, dit-on, servi en premier, à la traduc. holl. des fables du renard, publ., suivant Gottsched, à Amsterdam, en 1694.

FISSCHER, (J....) *dessinateur et graveur allemand.*

277 Enfant à genoux à terre ; il trace des traits sur un papier ; près de lui, ses joujoux. Un Ecclésiastique occupé à lire dans son cabinet ; jeune Dame un enfant sur ses genoux, assise près d'une table où est un chien ; vingt-deux Portraits ou Têtes d'études ; diverses autres Pièces : dans ce nombre, un Paysage et des Etudes d'animaux. Morceaux exécutés à l'eau-forte, par *Fisscher*, sur ses propres dessins, et d'après d'autres maîtres ; à quelques Pièces l'année 1812. 34 petites Est.

FITTLER, (JAMES) *graveur à l'eau-forte et au burin ; né en Angleterre, dans le siècle dernier.*

278 L'Arc de Constantin (*Constantine's Arc*), d'après le Tableau de Claude le Lorrain, de la collection de Welbore Ellis : Est. en larg. 1782.
Epreuve avant la lettre.

279 Bataille navale entre les flottes anglaise et française, le 4 octobre 1797 (*The Victory obtained...*) ; d'après de Loutherbourg : gr. Est. en larg.

280 Bataille du Nil (*Battle of the Nille*), le 1.er août 1798 ; d'après de Loutherbourg : grande Est. en larg.

FLAMEN, (ALBERT) *peintre et graveur à l'eau-forte ; né dans les Pays-Bas, à la fin du 16.e siècle. La facilité que ce Maître avait acquise à dessiner à la plume, se reconnaît à la touche légère des travaux de ses planches.*

Morceaux gravés par FLAMEN, sur ses propres dessins.

281 1 à 60 Trois Suites de *Poissons de mer*, deux de *Poissons d'eau douce*, à chaque Suite des n.os de I à XII, la 1.re et la 3.me déd. à *Gvil Tronson*, la 4.me à *Fouquet*. A chaque Estampe les noms des poissons, en latin et en français. H. 3 p. 5 à 7 l. L. 6 p. à 6 p. 3 à 5 l.

Prem. Epr. avant l'adresse de I VAN MERLEN et les n.os. Exception faite de la 3.e Suite, où 6 Pièces sont avec les n.os Le titre de la prem. Suite est avant le titre 1.re Suite.

282 61 à 66 *Diverses Especes De Poissons tant de Mer, que d'Eeau*

Estampes encadrées ou en feuilles.

Suite des Morceaux de FLAMEN.

douce, 6 pièces sans n.°¹. Suite déd. à d'*Illiers de Chantemelle*; au bas le nom de l'éditeur *Jac*. *Lagniet.* H. 3 p. 7 à 10 l. L. 6 p. 2 à 4 l.

Suite rare.

67 Groupe de divers Poissons, manque *.

283 68 à 92 *Diuersæ Auium Specie*...... *Van Merlen excud.*, 1659. 13 Pièces. — LIVRE D'OYSEAVX, déd. à *Gil. Foucqvet.* 12 Pièces, à ces Suites des n.°¹ et les noms des oiseaux, en latin et en français, 1.ʳᵉ Suite. H. 2 p. 2 à 3 l. L. 3 p. 6 à 7 l. 2.ᵉ Suite. H. 3 p. 5 à 6 l. L. 7 p. 3 à 4 l.

Premières Epreuves avant les n.°¹. Exception faite des 3.ᵉ 10.ᵉ et 13.ᵉ pièces de la première Suite. La seconde Suite est de plus avant divers travaux, ce qu'on remarque particulièrement aux pl. représentant la Perdrix rouge et à celle où est le Geai; plus, des secondes Epr. aussi avant les n°¹.

93 à 111 *Veuës et Païsages du Chasteau de Longuetoise et des enuirons*, déd. à *de Seue, Abbé de l'Isle.* 12 Pièces avec des n.°¹ — Vues du Port-à-l'Anglais, de Conflan, de Peray du côté de Corbeil, de Marcoussi, autre Vue du château de Peray; aux 4 prem. des n.°¹ de 1 à 4. — Paysage où un Homme tient un chien en lèse, autre où un Pâtre conduit cinq vaches; dans la marge : à ce dernier, *Gallays ex.* et un n.° 4.

Epreuves avec les remarques suivantes: la première Suite avant les n° ; *au Port-à-l'Anglais* et *Excud. du dernier Paysage trois Epr., une avant le nom de l'Editeur, et une avec le n.° 4 seulement.*

284 112 à 122 bis. *Diuers Combats,* attaque et rencontre de Cavalerie, déd. au *Marquis d'Albert,* 6 Pièces sans n.°. —Tombeau d'un Polonais; de De Thou; de De Seve; de Guil. Duglas; et de Lambert; à ce dernier: *AB. Flamen fe.* Pl. de la première Suite. H. 3 p. 7 l. L. 6 p. 1 à 2 l. De la 2.ᵉ Suite, H. 4 p. 6 à 7 l. L. 3 p. 7 l.

NOTA. *Manque à la Suite des tombeaux, celui de Mon-*

---

* 67 Groupe de douze Poissons; au fond, une rivière; à droite, une tour; au bas, à gauche, le nom de *Flamen.* H. 3 p. 7 l. L. 6 p. 3 l.

Estampes encadrées ou en feuilles.

Suite des Morceaux de FLAMEN.

telon, le 5.e de ceux décrits par Bartsch, qui ne parle pas de celui Lambert que nous venons de citer.

123 à 129 Livre de Cartouches. 130 à 141. Divers Emblêmes. 142 un titre, manquent *.

143 à 152 *Divers paisages faits et inventés par Albert Flamand*. On y voit un Camp, les Pêcheurs et le Batelier, le Naufrage, les Baigneuses, les Pêcheurs à la ligne, la Chapelle, la vieille Tour carrée, la Chasse au cerf, les Cantiniers, et les deux Cochons qui fuyent : dix Sujets dans des ronds; au second n.º 2. *Perrelle jnu et fecit*, *G. Jollain exc.* **. Aux n.ºs 2, 4, 5, 8 et 10 : *AB Flamen fecit* différemment écrit; au n.º 8 : *I Lagnel ex*: au n.º 10 un n.º 11. Les 6.e, 7.e et 9.e coupés tout près de la gravure. Diamètre 3 p. 7 à 9 l.

Morceaux dont Bartsch n'a pas donné la description.

153 à 160 *La Vie et le Martyre du glorieux Apôtre saint André ;* 8 Sujets. Au bas, à chaque, quatre vers; dans les marges du haut; les n^{os} de 1 à 8. H. 4 p. 2 l. L. 2 p. 10 à 11 l.

NOTA. *Manque le titre, et les sujets n.ºs 6 et 7.*

161 à 175 *Les dix Commandemens de Dieu et les cinq Commandemens de l'Eglise ;* dans la marge, le commandement et le nº. Au 10 premières, à celle du bas, aux 5 autres à celle du haut, seulement le commandement; et au bas : *A PARIS, Chez Albert Flamand M.rd... Sainct-Sulpice, 1648, AB Flamand jn*

---

* 123 à 129 *Livre de plusieurs Cartouches inventéz et déssignéz par AB. Flamen. A Paris, chez Van Merlen, 1664.* 7 Pièces. H. 9 p. 1 l. L. 4 p. — 130 à 141. *Divers Emblêmes.* 12 Morceaux avec banderolle ; le premier Emblême, un Guerrier et quatre Oiseaux. Le douzième, un serpent aux aguets. H. 2 p. 9 l. L. 2 p. 7 l. — 42 Titre avec drap. où est un paysage avec écusson d'armes; dans la marge : *AB Flamen*, et le nom de *Van Merlen*. H. 7 p. 3 l. L. 3 p. 4 l.

** Le nom de Perelle aura été substitué à celui de Flamen pour faire servir cette pl. à compléter un cahier de paysages de Perelle.

Suite des Morceaux de FLAMEN.

et fecit. Auec priuil. du Roy, et les n.ᵒˢ 1 à 5. Ces 15 Sujets sur 5 pl. trois à chaque. H. des Sujets, 2 p. 7 à 8 l. L. 2 p. 9 l. H. des pl. 10 p. 4 l. L. 2 p. 6 l.

Epreuves et contre-Epreuves.

176 à 187 *Les douze Articles du Simbole des Apôtres ;* au bas, à chaque Sujet, le Simbole et le n.º Ces douze Morceaux sur une même pl. H. des Sujets, 2 p. 11 l. L. 3 p. 4 l. H. de la pl. 10 p. 2 l. L. 13 p. 10 l.

Epreuves et contre-Epreuves.

188 à 195 LES SEPT DEMANDES DE L'ORAISON DOMI-NICALE, *Repreſentées en autant de figures*, *Par Albert Flamen, Peintre, 1648.* Au bas, la demande et le nº. H. des Sujets, 3 p. 5 l. L. 2 p. 10 l. H. de la pl. où sont réunis le titre et les sept Sujets, 7 p. 11 l. L. 11 p. 7 l.

Epreuves et contre-Epreuves.

196 à 203 *Les sept Sacremens ;* le premier Sujet, où est le titre, représente Jésus crucifié, dont le sang coule dans un bassin où la croix est posée ; au bas des autres Morceaux, le titre et l'indication de la vertu du Sacrement ; au dernier : *A Flamen fecit*, Suite sans n.º et sur une même pl. H. des Sujets, 3 p. 4 l. L. 2 p. 9 l. H. de la pl. 7 p. 7 l. L. 11 p. 6 l.

Epreuves et contre-Epreuves. Manque la contre-Epreuve du titre.

286 204 à 305 *Emblêmes à la gloire du Très-Saint-Sacrement de l'Eucharistie ;* dans le premier, Orphée réunit les animaux au son de sa lyre ; dans le centième, un olivier dont l'huile coule dans deux vases ; au haut de chaque emblême une devise en latin ; au bas, dans la marge, la traduction en français ; en tête de la Suite, deux titres ; dans le premier, toutes les créatures adorant le Seigneur dans le Saint-Sacrement ; sur un arc-en-ciel où le Saint-Sacrement est posé : *Si exaltatus....* *Ioa. 12.* Au-dessous dans un Cartouche : ORPHEVS EVCHA-RISTICVS siue✳ ; et dans une banderolle : *Authore P. Augustino.... Profeſsore ;* au second titre, où l'empereur Justinien offre à Dieu une table enrichie de pierreries ; à une banderolle : *Naturæ gloria in arctum Digna Deo.* Pl. gra-

Estampes encadrées ou en feuilles.

Suite des Morceaux de FLAMEN.

vées pour l'ouvrage intitulé ORPHEVS EVCHARISTICVS *Authore P. Avgvstino Chesneav Victreensi Communitatis Bituricencis Ordinis Eremitarum sancti Augustini sacræ Theologiæ Lectore* PARISIS, M.DC.LVII. In-8.°, ouvrage dont il n'a paru que le premier vol. H. du premier titre, 5 p. 5 l. L. 3 p. 5 l. H. du second titre, 3 p. 10 l. L. 3 p. 2 l. H. de chaque Emblême, 3 p. 3 à 4 l. L. 2 p. 9 à 10 l.

287 306 à 357 *Emblêmes sur les Vertus de Saint-François de Sales*; à chacun des 52 Emblèmes, sur la gravure, une devise en latin; et au haut du feuillet, en caractères typographiques, le mot *Emblême*, le n.° de l'emblème en chiffre romain, et la traduction en français de la devise latine; au bas, deux vers français. Les pl. ne portent pas de n°. Elles ont été gravées pour *la Vie symbolique du bien heureux François de Sales, évêque et prince de Genève*, par *M. Adrien Gambart*. Paris, M.DC.LXIV, in-12.

358 à 408 *DEVISES ET EMBLÉSMES D'AMOVR, Graués à Paris, par Albert Flamen, Peintre;* au premier, un homme verse de l'eau sur le feu d'une forge; au dernier, un cœur percé d'une flèche; au haut de chaque Emblême une devise, à 44 en latin, à 6 les n.°s 11.°, 39.° 49.° 51.°, 61.° et 68.°, en espagnol; au bas, la traduction en français et des n.°s de 1 à 101 ainsi qu'il suit, 3, 5, 7, 9, et de suite jusqu'à la 51 pl. numérotée 101. Epr. avec le texte au dos. Suite gravée pour *les Devises et Emblêmes d'Amour moraliséz*, par *L. Boissevin*. Paris, Oliv. de Varennes, MDCLIII, in-12 H. du titre. 3 p. 3 l. L. 2 p. 5 l. H. des Sujets, 2 p. 10 l. à 3 p. L. 2 p. 4 l. à 3 p.

288 409 à 429 *Emblêmes divers.* Vingt-une Pièces; à 6, au haut, des n.°s, de 1 à 6; au bas : *AB. Flamen fe.* Des autres sans nom. Dix ne portent pas de n.° ; et cinq, les n.°s 2, 6, 16, 46 et 51. Ces Pièces, de même proportion que les Emblêmes précédens, paraissent faire partie de Suites différentes; cinq des Epr. ne sont pas entières.

430 Titre aux Armes de Guil. Tronson ; au bas : *AB. Flamen fe.* H. 5 p. 3 l. L. 3 p. 11 l.

431 à 433 Titre dans un Cartouche ; *Videte ne contemnatis....* *En S. Math. chap. 18;* au bas, *AB Flamen.* — Deux

Estampes encadrées ou en feuilles.

Suite des Morceaux de FLAMEN.

Sujets; à l'un, deux Anges tiennent la légende: *Venes les bien aimés*... Math. 25; à l'autre, dans la marge: *Vous aues... touſiours Math. 26.* A terre, à ces Sujets: *AB Flamen fecit.* H. 3 p. à 3 p. 5 l. L. 1 p. 11 l. à 2 p. 1 l.

434 Chasse au Sanglier devant le château du Peray: *AB Flamen.* H. 5 p. 4 l. L. 9 p. 1 l.

Deux Epreuves, la seconde de la pl. réduite à 4 p. 3 l. de H.

435 à 440 Suite d'Animaux, Cheval, Bœuf, Boucs, Mouton, Renard et Lapins d'inde; dans les fonds, des paysages; au bas: *AB Flamen fec. pr. R*, le 5.ᵉ Morceau sans *R*; et les noms des animaux en latin et en français. 6 pièces sans n°. H. 3 p. 3 à 4 l. L. 5 p. 11 l. à 6 p. 2 l.

441 à 446 Vues de Corbeil, de l'Armée de son Altesse royale, de Soisy, d'Estiolle; du château du Péray * et de celui de Senemont; aux 4 premières vues: *AB Flamen in et fec.* différemment écrit; de plus, à celle de Corbeil: *Cum priui Regis.* A ces pl. des n.ᵒˢ de 1 à 61. H. 3 p. 10 à 11 l. L. 7 p. 8 à 9 l. 1 l. L. 5 p. 1 à 4 l.

Premières Epreuves avant les n.ᵒˢ; plus, trois Epr. doubles.

447 à 458 Veuë de diuerſes paiſage au naturel, d'alentour de Paris; douze Morceaux; au premier, l'adresse de *P. Mariette*; aux autres les noms des lieux representés; et le n.ᵒ aux 2, 3, 4, et 5; *AB Flamen in et fec. Auec priuil du Roy.* H. 2 p. 11 l. à 3 p. L. 6 p. à 6 p. 3 l. Plus, 2 Epr. doubles.

459 à 470 Paiſages deſſignes apres le naturel aux enuirons de Paris, et graués par *Albert Flamen Peintre;* Suite de 12 Morceaux, dédiée à *Guil. Tronſon;* au premier Morceau, l'adresse de P. Mariette; aux autres, *AB Flamen in et fc Cum priuil Regis* différemment écrit; à tous le n.ᵒ. H. 12 p. 11 l. à 3 p.

Dix des Epr. de cette Suite sont avant les n.ᵒˢ. Pièces rares à trouver ainsi; plus, 7 Epr. doubles.

Morceaux d'après Israël Silvestre.

471 à 474 Vues de Notre-Dame de Bourgogne, près Nancy;

---

* Morceau déjà indiqué dans la Suite des Vues de Longuetoise, 93 à 111.

Estampes encadrées ou en feuilles.

du Pont du Rhône, à Lyon; de deux Moulins, l'un à fer, l'autre à blé, près Bar-sur-Seine; dans la marge, au premier Morceau : *Deſſignée par I Siluestre, et grauées par F. Flamen.* Suite avec des n.°˚ de 1 à 4 *. H. 3 p. 4 à 5 l. L. 6 p. 9 l.

FOCK, (HERMAN) *dessinateur et graveur hollandais.*

289 Villageoises au bord d'une rivière entourée d'arbres ; Laitière près la grille d'un parc ; à un pilastre de la grille : *Fock.* H. 10 p. 5 l. L. 8 p. 8 l. — Six Paysages ; au premier, des ruines ; au second, à la droite d'une prairie, un dessinateur ; dans la marge de cette Pièce : *H.˘ Fock fecit.* H. 5 p. 10 l. à 6 p. L. 8 p. 9 à 11 l. *Zes Landschappen..... en Geëtst* ou six Paysages dessinés d'après nature et gravés à l'eauforte ; 7 Morceaux, titre compris. H. 3 p. 7 à 9 l. L. 4 p. 2 à 5 l. —Sept Paysages, titre compris, dédiés, en 1801, à M. Jacques Kuyper, amateur des arts. H. 4 p. 4 à 9 l. L. 7 p. 9 à 11 l. —Douze Paysages et Vue de rivière et de canaux. H. 2 p. 9 à 11 l. L. 2 p. 4 à 5 l.—Six autres Vues, Chaumières, etc.; Morceaux en largeur. 41 Estampes, compris 1 Epr. double.

FORSSELL, (M.ʳ) *graveur à l'eau-forte, au burin et au pointillé.*

290 Homme en manteau et tête nue, d'après Van Dyck ; Tabagie, sur le devant un fumeur ; au fond une femme près de deux hommes qui jouent aux cartes ; d'après le Tabl. d'Adr. Van Ostade, au Musée royal.

Epreuve avant toutes lettres.

---

* On connaît encore de Flamen plusieurs autres Estampes. De ce nombre, le Sujet représentant le Jansénisme foudroyé ; le Triomphe bachique des bons Compagnons; l'Arc-de-triomphe dressé au faub. St.-Antoine, pour l'entrée de la Reine en 1660; disposition de la Milice de Paris, dans l'ordre où elle parut devant leurs Majestés, trois jours avant leur entrée dans cette ville ; le Portrait de Jean-Baptiste Morin, docteur en médecine, et professeur royal de mathématique. Ce dernier Morceau gravé en 1648.

Estampes encadrées ou en feuilles. 141

FOSSEYEUX, (M.ʳ) *graveur à l'eau-forte et au burin.*

291 Le Retour de l'Enfant prodigue, d'après le Tabl. de Spada au Musée royal : Composition de demi-fig. 1806.

Epreuve avant la lettre.

FRATREL, (Joseph) *peintre ; né à Epinal en Lorraine, en 1730 ; mort en 1783 ; élève de* Baudouin, *peintre d'histoire. Fratrel a gravé à l'eau- orte.*

292 Le Songe de saint Joseph ; saint Nicolas ; des Allégories ; le Fils du meunier ; les Portraits du prince Frédéric des Deux-Ponts, du baron Hubens, du chevalier de Caux, de Lambert Krahe, etc. Dix-sept Estampes de différens formats, réunies en un cahier in-fol. publ. à Manheim en 1799.

FREY, (J. de) *graveur à l'eau-forte ; né en Hollande.*

293 Jésus à table avec deux de ses disciples ; dans le château d'Emmaüs d'après le Tabl. de Rembrandt au Musée royal.

Epr. avant la lettre.

294 Vieillard à grande barbe, assis les mains jointes ; Homme à barbe courte et coiffé d'un chapeau à grand bord, 1797, d'après Rembrandt ; Homme dans un fauteuil, une canne en forme de béquille dans ses mains, 1797, d'après Koning ; et un Homme en manteau, une toque sur la tête, d'après Flinck. 4 Estampes.

Epr avant la lettre.

295 Pie VII Souverain-Pontife, d'après M. David, in-4° en haut.

FREY, (J.-M.) *graveur à l'eau-forte ; né en Allemagne.*

296 Scènes de la Vie privée représentées par des Villageois ; 19 Morceaux. H. 3 p. 4 à 5 l. L. 2 p. 11 l. à 3 p.—Douze Paysages ; quatre dans des ovales ; — deux petites Feuilles, Chèvre et moutons dans des champs ; au nombre des Sujets, plu-

sieurs d'après Grosmann, et parmi les paysages quelques-uns d'après Wagnerin. 33 Estampes.

FRISIUS, (Simon) *graveur hollandais; né à Leuwarde en Frise, à la fin du 16.ᵉ siècle.*

297 Paysages, d'après Math Bril; Suite de 25 Morceaux, sous le titre de *Topographia Variorum regionvm....* *Anno* 1611.—Deux autres marqués: *H. G in* A° 1608. — Six *idem : I. D. G. in.* — Quatre d'après Hondius : tous ces Morceaux en larg. ; plus, deux Paysages en haut. : dans l'un, Tobie et l'Ange ; sur le ciel : *Pieter lasman Inv.* 39 Estampes.

FYT, (Jean) *peintre; né à Anvers, vers* 1625. *Fyt a gravé à l'eau-forte, d'une pointe légère et pleine de feu.*

1 à 8.

298 1 à 8 Différens Animaux. — 1 les deux Boucs; à gauche, à terre : *I. Fyt fecit;* et dans la marge : l'adresse de *van Merlen 1666.* — 2 le Bœuf. — 3 le Cheval; à terre, à droite : *I° Fyt F.* — 4 le Chien couché; à gauche, à un roc : *I. Fyt.* — 5 la Vache couchée ; à terre : *Fyt*, écrit à rebours. — 6, le chariot; près de la grande roue : *I. Fyt.* — 7 la Vache vue presque de face et couchée. — 8 les deux Renards; à terre, à gauche : *I° Fyt.* Suite sans nᵒˢ. H. 2 p. 6 à 7 l. L. 3 p. 6 à 8 l.

Premières Epreuves, où l'imperfection de la préparation des cuivres est encore visible; du Sujet des deux Boucs, 2 *Epr., à la* 1.ʳᵉ *la marge du bas n'est pas indiquée, elle est avant le nom de* Fyt, *l'année et l'adresse de* Van Merlen; *le pied droit du bouc le plus en avant s'y trouve à* 2 *l. et demie du bord de la pl. dans les Epreuves ordinaires, il n'est qu'à* 1 *l. du trait de la marge.*

1 à 8.

299 9 à 16 Chiens dans différentes attitudes; à la 1.ʳᵉ Pièce le titre : *Suite dédiée à* DON CARLO GVASCO, *par Gio. Fyt, en* 1642; droite, à terre : *Ioannes Fyt pinxit et fecit.* — 2 les trois Chiens de chasse; à gauche, près d'un chapiteau : *1642. 8 et I° Fyt F.* — 3 les deux Levriers; sur un rocher, à droite : *I° Fyt.*

Estampes encadrées ou en feuilles. 143

Suite des Morceaux de FYT.

6. *1642.* — 4 les deux Chiens courans, un est couché; à gauche, sur une plante : *I₀ FyT.* — 5 les deux Levriers retenus par une corde : ils sont debout; à deux pierres, vers la gauche : *1640 I₀ FYT.* — 6 deux Chiens, l'un grimpe sur l'autre; à terre, *I° FyT. F.* — 7 les deux Dogues couchés; à terre, à gauche : *I° FyT.* — 8 Chien près d'un fusil et d'une gibecière; à terre, à droite : *I° FyT 1642. F. 7.* Suite sans n°⁸. H. 5 p. 8 l. à 6 p. 4 l. L. 8 p. à 8 p. 9 l.

Premières Epreuves avant les travaux éclaircis dans les parties des fonds qui approchent des animaux.

Une Copie des deux Chiens courans, gravée de sens opposé. H. 5 p. 3 l. L. 8 p. 4 l.

Morceaux dont BARTSCH n'a pas donné de description.

17 et 18 Deux Vues, l'une d'un pays sec et couvert de montagnes; sur les devants, des quartiers de rochers; à droite, un buisson; à gauche, un jeune pin; de ce côté, les montagnes du fond sont plus élevées que celles de la droite. La seconde Vue présente un site aride, couvert de montagnes; vers le milieu, une étendue d'eau formée par une cascade; à droite, un petit pont en planches; à l'un des côtés du pont, un garde-fou; à cette vue, les nuages au ciel ne sont indiqués que par de légers traits. Ces deux Morceaux sans nom d'auteur. H. 2 p. 7 à 11 l. L. 3 p. 3 à 8 l.

GAUERMANN, (J....) *dessinateur et graveur à l'eau-forte et au burin; né en Allemagne.*

300 Jésus et les Pélerins sur le chemin d'Emmaüs; à gauche, un pâtre et une bergère conduisent un troupeau. H. 11 p. L. 15 p. 11 l. Deux Vues de sites agrestes, où sont des chutes d'eau et de grands arbres, des figures et des animaux. H. 12 p. L. 17 p. 5 l. Deux Vues champêtres; dans l'une, un pont en pierre dont on voit une arche; à la seconde, sous de grands arbres, une habitation; à droite, à terre : *J. Gauermann f.* H. 8 p. L. 11 p. 1 à 3 l. Morceaux dessinés et gravés par *Gauermann*, à l'imitation du Guaspre, 1806. 5 Estampes.

Premières Epreuves, deux avant toutes lettres.

Estampes encadrées ou en feuilles.

GEISSLER, (FRÉDÉRIC) *graveur à l'eau-forte; né en Allemagne.*

301 Cosaques en route; Halte de Cosaques, gravés à Paris, en 1804 et 1805, d'après Wil Kobell. H. 13 p. 4 l. L. 17 p. 8 à 9 l.

Epreuves avant la lettre. Ces Morceaux peuvent faire suite à ceux gravés par Bartsch, décrits sous le n.° 36 du présent Catal.

GELÉE, GILLE, GIELLE ou GELLÉE *dit* LE LORRAIN, (CLAUDE) *peintre; né au château de Chamagne, dans le diocèse de Toul, en 1600; mort à Rome, en 1682; reçut des leçons d'*AG. TASSI, *de* J. GELÉE *son frère, et de* GOFREDI. *Claude Gelée a gravé à l'eau-forte.*

302 1 La Sainte-Famille fuyant en Egypte; deux anges l'accompagnent et dirigent sa marche vers la droite; du même côté, à terre, le nom du maître, indiqué d'une manière peu visible. H. 3 p. 9 l. L. 6 p. 3 l.

2 Europe enlevée par Jupiter transformé en taureau; à droite, à une pierre: CLAVDIO GILLE INV. EF. ROMÆ. 1634. H. 7 p. 2 l. L. 9 p. 6 l.

3 Mercure jouant de la flûte près d'Argus qui s'endort; à droite, un temple; dans la marge: *Claudio Gillee inuen in Roma 1662 con licenza de' superiori.* H. 5 p. 7 l. L. 7 p. 11 l.

4 Le Temps, Apollon et les Saisons, sur le devant d'une campagne; au fond, à gauche, des ruines; dans la marge: *Apollo in atto di obedire al tempo....* Tout au bas, à droite: *Claudio Gillee inuen. feo Roma 1662. con licenza de super.* H. 6 p. 9 l. L. 9 p. 4 l.

Epreuve rognée par le bas; tout près de la première ligne : Apollo......

5 Vue de *Campo-Vaccino*, à Rome, prise du Capitole; sur le devant, à gauche: *C. L. L.* A droite, à la coupe d'un fût de colonne renversée : CLAVDIO 1656 *Rom.* H. 6 p. 9 l. L. 9 p. 6 l.

Epreuve sans les deux lignes d'inscription : VIA SACRA DETTO..... *dans la marge du bas; marge de 5 l. de haut.*

5 Estampes.

Estampes encadrées ou en feuilles.

Suite des Morceaux de GELÉE.
1 à 12.

303 6 Vue de mer par un gros temps ; des navires y sont poussés près des rochers, où l'on remarque deux tours ; à droite, près du rivage, trois hommes dans un canot ; à terre, dans le coin, à gauche: *CLAVD. GIELLE I. V. F. ROMÆ 1630;* au milieu de la marge, à cette épreuve : *Cl. Inu.* H. 4 p. 8 l. L. 6 p. 5 l. N.º 1, ce n.º, à ce Morceau, se trouve ainsi qu'aux onze suivans, dans la marge gauche.

Seconde Epreuve où la lettre n'est plus visible : on voit aux premières Epreuves, en avant des tonneaux, un matelot à terre, qui amare le canot.

7 Pâtre et jeune Fille dansant au bord d'une rivière, au son de la cornemuse d'un villageois ; sur la rive opposée, à droite, près d'une vieille tour, un moulin à eau ; du même côté, dans la marge, et en partie sur le trait carré, le nom du Maître. H. 4 p. 8 l. L. 7 p. 2 l. N.º 2.

8 Vaisseau battu par les flots, et poussé près d'un roc où est une vieille tour ; à droite, sur le devant, des matelots tirent avec un cable un canot prêt à échouer ; au bord de la terrasse la trace du nom du Maître. H. 4 p. 8 l. L. 6 p. 7 l. N.º 3.

9 Berger assis, jouant du flageolet ; à gauche, des vaches passent à gué une rivière, et se dirigent vers un ancien monument et une fabrique ; dans la marge, à droite : *Claudius in et F. Romæ 1636. 13 8. Fecit.* H. 4 p. 7 l. L. 7 p. 2 l. N.º 4.

Epreuve où la marge du bas est en partie coupée.

10 Vue des environs d'un port ; à gauche, une porte de ville, flanquée de deux tours ; du même côté, en avant d'un pont, un dessinateur ; la mer, où sont des barques à voiles, occupe le milieu et la droite de la Composition. H. 4 p. 7 l. L. 6 p. 6 l. N.º 5.

11 Un Pâtre et deux Villageoises dansant à l'ombre de grands arbres ; à droite, un rustre assis sur un tronc d'arbre, joue de la cornemuse ; près de lui des villageois et de jeunes filles. H. 4 p. 11 l. L. 7 p. 2 l. N.º 6.

12 Port de Mer ; à droite, une galère abritée sous un monu-

Suite des Morceaux de GELÉE.

ment percé d'arcades ; en avant, vers le milieu, des matelots amarent un canot où sont deux passagers ; dans le fond, un fanal. H. 5 p. L. 7 p. 2 l. N.º 7.

13 Voyageur assailli par deux voleurs, à l'entrée d'une forêt, où d'autres brigands arrêtent sa compagnie ; au nombre des arbres, un grand palmier ; à la droite de la Composition, des montagnes, et dans la marge : *CLAV. in Romæ 1633.* H. 4 p. 8 l. L. 7 p. 3 l. N.º 8.

Seconde Epreuve, où la cinquième des branches du palmier, en partant du corps de l'arbre, et en remontant à droite, est supprimée.

14 Port de Mer ; à droite, un vaisseau, une galère et des canots ; du côté opposé, près d'une tour, un navire qu'on radoube ; dans le fond, au pied d'une chaîne de montagnes, une ville et un fanal ; sur le devant, trois matelots enlèvent deux ballots marqués en chiffres à rebours, de l'année 1641. H. 4 p. 7 l. L. 7 p. N.º 9.

15 Paysage où un villageois et une villageoise marchent derrière un troupeau qui passe sur un pont de bois qui est à la gauche ; à droite, un homme devant un pâtre assis ; plus loin, des vaches et des moutons. Morceau attribué à *Gellée*. H. 4 p. 8 l. L. 7 p. N.º 10.

16 Vue de Mer au soleil couchant ; à gauche, un arc-de-triomphe ; sur la place qui occupe le devant, des hommes, des femmes et divers objets débarqués ; dans la marge, à droite, le nom du Maître. H. 4 p. 7 l. L. 7 p. 1 l. N.º 11.

17 Villageois et Villageoise marchant près d'une jeune fille montée sur un âne, que précède un troupeau ; à droite, un pont en pierre, de deux arches. H. 4 p. 7 l. L. 6 p. 1 l. N.º 12.

12 *Estampes.*

304 18 Berger assis près d'une jeune fille, qui semble du doigt lui indiquer quelque chose ; près d'eux, des animaux en marche se dirigent vers une rivière, qui occupe la gauche du plan suivant, de ce dernier côté ; dans la marge : *Cl. G. INV. et F. con licenza de Sup.* H. 7 p. L. 9 p. 5.

Deux Epreuves : à la première, entre les arbres de la droite, on

Suite des Morceaux de GELÉE.

aperçoit une ville à murs crénelés. Cette ville, aux Epreuves suivantes, est effacée et remplacée par des montagnes.

19 Villageois et Villageoises réunis à l'ombre de grands arbres, près desquels un berger danse avec deux jeunes filles, dont une joue du tambour de basque. Planche qui n'a pas réussi à l'eau-forte. H. 7 p. 2 l. L. 9 p. 6 l.

20 Pâtre conduisant des vaches, des moutons et des chèvres vers les restes d'un ancien monument; dans le fond, à droite, sur une éminence, un château avec grosse tour ronde; à gauche, dans la marge : *Claudius Gellee fecit Romæ 1651.* H. 5 p. 10 l. L. 8 p. 1 l.

21 Berger assis au pied d'un grand arbre; sur le devant, à gauche, un troupeau de chèvres; dans le fond, du même côté, sur une montagne, un ancien château fortifié; dans la marge: *1663. A. G.* H. 6 p. 1 l. L. 8 p. 4 l.

Epreuve avant 1663. A. G.

22 Femme assise au bord de l'eau; elle raccommode sa chaussure, pendant qu'un pâtre, une jeune fille et des animaux passent à gué et se dirigent vers la gauche; à droite, sur l'eau, des lettres mal formées, semblent indiquer le nom du Maître. H. 3 p. 10 l. L. 6 p. 4 l.

23 Quatre Chèvres dans un bois, prêtes à se heurter, ce que regarde un chevrier assis à la gauche. H. 7 p. 3 l. L. 4 p. 9 l.

24 Trois Chèvres à la gauche du devant d'une campagne, deux sont couchées et une debout. H. 7 p. 3 l. L. 4 p. 8 l.

25 Paysan assis; il parle à un villageois qui conduit deux vaches et une chèvre, le long de monticules couverts d'arbres qu'on voit à la droite; dans la marge : *CLAVDIO de Gillee inv.* gravé à rebours. H. 6 p. 3 l. L. 4 p.

26 Vue d'une Campagne; à droite, près de grands arbres, un ange sur un nuage, parle à un religieux à genoux. H. 3 p. 10 l. L. 6 p. 4 l.

10 *Estampes.*

GENOELS, (ABRAHAM) *peintre; né à Anvers, en* 1640; *mort très-âgé, dans la même ville; élève de* JAC. BAKERÉEL. *Genoels a gravé à l'eau-forte.*

305 1 à 26 Onze de ces 26 Morceaux, savoir : N.º 5, les Satyres, Sujet dans un rond de 3 p. 8 l. de diamètre. N.º 10, le Repos en Egypte, Composition dans un ovale. H. 5 p. 3 l. L. 6 p. 11 l. Epreuve et Contre-Epreuve. N.º 12, l'Homme descendant au ruisseau. H. 7 p. L. 5 p. 5 l. Original et Copie. N.º 13, le Sommet de la montagne, entouré de nuages. H. 6 p. 11 l. L. 5 p. 2 l. Original et Copie. N.ºˢ 14 et 15, le Rocher à plusieurs couches, et saint Jérôme dans le désert. H. 7 p. à 7 p. 2 l. L. 5 p. 5 l. Original et Copie. N.ºˢ 18 et 20, les deux Guerriers, et les trois Hommes conversant ensemble. H. 6 p. 11 l. L. 5 p. 3 à 6 l. N.º 21, la Souche près de la cascade. H. 7 p. 1 l. L. 5 p. 4 l. N.º 24, la Femme debout près de l'Homme assis. H. 6 p. 11 l. L. 5 p. 3 l. N.º 26, le Trajet. H. 13 p. 11 l. L. 10 p. 8 l. A sept de ces Morceaux : *A Genoels* ou *A Genoels Alias archimedes f. Romœ;* à trois : 1675—76. Les n.ºˢ 1 à 4, 6 à 9, 11, 16, 17, 19, 22, 23 et 25 manquent *. Les Copies des Morceaux

---

* N.º 1, Paysage où sont 2 figures à genoux. Diamètre, 2 p. 4 à 8 l. N.ºˢ 2 à 4, Mausolée ; sur la digue : *A Genoels Alias Archimedes fecit A*₀ *1690;* et le Paysage aux deux souches, répété deux fois. Diam., 3 p. 8 l. N.ºˢ 6 et 7, les deux Quartiers de rocher, et l'Arbre abattu; on lit au second Morceau, à droite, à rebours : *A. Genoels Archimedes fecit A*₀ *1690 beroba getrageat om het.* Diamètre, 3 p. 8 à 9 l. N.º 8, le saint Pénitent ; au bas de la pl. dont la forme est en quart de cercle : *A Genoels alias Archimedes f. A*₀ *1690 December. 18.* gravé à rebours. H. 3 p. 11 l. L. 4 p. N.º 9, l'Arbre près de la cascade ; au bas, à droite : *A Genoels alias Archimedes f.ᵗ A*₀ *1690 Desembris 21.* H. 3 p. 10 l. L. 5 p. N.º 11, les deux Pierres au-dessus de la chûte d'eau. H. 2 p. 7 l. L. 2 p. N.º 16, le Promontoire; au bas, à droite : *A Genoels 1675.* H. 7 p. L. 5 p. 1 l. N.º 17, les Mausolées ; à gauche, dans la marge : *A GENOELS f. Romœ.* H. 7 p. 1 l., compris 2 l. de marge. L. 5 p. 3 l. N.º 19, les deux Arcadiens H. 7 p.

Estampes encadrées ou en feuilles.

Suite des Morceaux de GENOELS.

annoncés, sont de sens contraire aux originaux; plus, les trois Femmes au bord de l'eau : *A G Jnuent. F M* (*Felix Meyer*) *fec. Romæ 1677* : Epr. et contre-Epr. Cette Pièce sert de pendant au Sujet représentant la Fuite en Egypte. 18 Estampes.

306   27 à 50 Vingt-trois de ces Morceaux, savoir : N.ᵒˢ *27* et *28*, le Palmier et les trois Bouquets d'arbres. H. 3 p. 5 à 7 l. L. 4 p. 9 l. à 5 p. 3 l. N.ᵒ *29* à *32*, le Temple, la Pierre carrée, le Sacrifice, l'Arc-de-Triomphe. H. 4 p. L. 6 p. N.ᵒˢ *33* à *38*, le Pays stérile, le Bourg, le Tombeau, les Pierres dans l'eau, le petit Troupeau de moutons, et le Chemin le long des rochers. H. 4 p. L. 7 p. 6 l. (2 Suites d'Epreuves, les premières avant *V. Meulen ex…*) N.ᵒˢ *39* à *42*, le Rocher percé, *la Femme portant un panier* (manque), la Femme un paquet sur la tête, et l'Homme assis à l'ombre. H. 5 p. L. 7 p. N.ᵒ *43*, les deux gros Arbres au bord de l'eau. H. 4 p. 4 l. L. 7 p. 3 l. N.ᵒ *44*, Homme assis près d'un arbre. H. 5 p. 2 l. L. 7 p. 4 l. N.ᵒˢ *45* à *50*, Vues de jardins : le Bain, la Gondolle (Epreuve et Contre-Epreuve), le Parterre, l'Allée, le Bassin, et les Cygnes dans l'eau. H. 5 p. 2 l. L. 7 p. 4 à 5 l. A vingt de ces Morceaux, le nom de Genoels différemment écrit. 30 Estampes.

307   51 à 73 Paysages et Vues de jardins, savoir : N.ᵒˢ *51* et *52*, les Chèvres ; les deux Familles. H. 5 p. à 5 p. 2 l. L. 8 p. 1 à 3 l. N.ᵒˢ *53* à *55*, le Sépulcre (Epr. et Contre-Epr.), le Dessinateur (Epreuve et Contre-Epreuve), et le Ruisseau. H. 6 p. à 7 p. 5 l. L. 9 à 10 p. N.ᵒˢ *56* à *59*, jeune Homme montrant un mausolée, jeune Homme au bord du ruisseau, Femme portant une cruche, et le Mausolée à six colonnes. H. 6 p. L. 8 p. 3 à 4 l. N.ᵒˢ *60* à *65*, le Bateau, le Pays de rochers,

---

L. 5 p. 11 l. N.ᵒ *22*, l'Homme couché ; à gauche, dans la marge : *A. Genoels f. Romæ.* H. 7 p. 2 l., compris 2 l. de marge. L. 5 p. 5 l. N.ᵒ *23*, les Dessinateurs ; à gauche, dans la marge : *A Genoels fec.* H. 7 p. 3 l., compris 2 l. de marge. L. 5 p. 3 l. N.ᵒ *25*, les deux Femmes assises sur une élévation de terre ; à gauche, dans la marge : *A Genoels alias Archimedes f. Romæ A₀ 1676.* H. 14 p. 3 l., compris 2 l. de marge. L. 10 p. 10 l.

150 *Estampes encadrées ou en feuilles.*

Suite des Morceaux de GENOELS.

le Pont à trois arches, la Rivière, la Chûte d'eau, et les trois Figures sur le pont. H. 7 p. 7 à 9 l. L. 10 p. 1 à 2 l. N.ᵒˢ 66 à 68, le grand Rocher, les deux Arbres croisés, et la Pièce d'eau. H. 7 p. 8 l. L. 11 p. N.ᵒˢ 69 à 72, les deux Statues, la grande Galerie, le Paysage dit *au lapin*, et le grand Arbre à double troncs. H. 10 p. à 11 p. 7 l. L. 17 p. à 17 p. 10 l. Et le N.º 73, la grande Vue de jardin. H. 14 p. L. 24 p. A vingt de ces Morceaux, le nom de Genoels différemment indiqué ; à quatre, 1675 à 90. 23 Estampes.

Les Pièces n.ᵒˢ *53, 54, 60, 62, 63 et 65, premières Epreuves ; les trois dernières avant* V. MEULEN EX....

Morceaux dont BARTSCH *n'a pas donné de description.*

308 74 à 82 Savoir : N.º 74, Pays où sont, à la gauche, des moutons dans un parc formé par un filet. H. 3 p. 5 l. L. 5 p. 2 l. N.º 75, deux Hommes sous un arc-de-triomphe à la droite d'une campagne ; au coin, à gauche : *A Genoels f. A.* 1690, gravé à rebours. H. 3 p. 1 l. L. 5 p 6 l. N.º 76, Vue d'une campagne à l'instant d'un orage ; à droite, un homme et une femme accroupis près d'un tertre. A ce Morceau, mal venu à l'eau-forte, les objets du milieu et de la gauche de la Composition sont à peine visibles. H. 4 p. 2 l. L. 5 p. 7 l. N.º 77, Paysage ; à la droite, au bord d'un chemin, un homme accroupi tend un vase à une femme ; à gauche, dans l'ombre, une inscription en sept lignes ; à rebours : *A Genoels off. Archimedes ;* le surplus est illisible. H. 3 p. 11 l. L. 5 p. 8 l. N.º 78, Paysage où un homme et une femme sont assis à terre, et où l'on aperçoit vers la droite trois autres figures ; sur le devant de ce dernier côté, un petit buisson ; à gauche, deux souches, et au coin de la terrasse, en caractères gravés à rebours : *Dit is in blick gema et of pruel Door. A Genoels off Archimedes* 1690. H. 3 p. 10 l. L. 5 p. 9 l. N.º 79, un Homme et une Femme assis près de deux tronçons de colonnes cannelées, placés à la droite d'une campagne ; au bord de la terrasse, près du trait carré : *A. Genoels Alias Archimedes f.* écrit à rebours. H. 3 p. 4 l. L. 4 p. 9 l. N.º 80, la double Cascade ; à gauche, deux femmes assises, l'une à terre, l'autre sur une pierre, où est gravé à rebours : *Ab.*

Estampes encadrées ou en feuilles. 151

Genoels a *Archimedes*. H. 3 p. 7 l. L. 5 p. 2 l. N.º *81*, Site montueux; sur le devant, à gauche, un homme assis, vu par le dos; plus loin, une caverne. On attribue la composition de ce Morceau à Milé, et la gravure à Genoels. H. 4 p. 5 l. L. 6 p. 11 l. N.º *82*, deux Hommes, l'un debout, l'autre assis, à la droite d'une campagne où sont deux morceaux de rochers. Pièce aussi attribuée à Genoels. H. 5 p. 5 l. L. 7. p. 3 l. Epr. et contre-Epr.

10 *Estampes*.

GERARD, GUERARD ou GUERARDS, (Marc) *peintre; né dans les Pays-Bas, vers* 1530. *Les Estampes gravées à l'eau-forte par Gerard sont touchées avec esprit.*

309 Les Fables d'Esope, sous le titre DE VVARACHTIGHE FABV- LEN DER DIEREN.... Cent huit Estampes, frontispice compris; Suite dédiée par Marc Gérard, en 1567, à Hub. Goltzius, peintre, antiquaire et historiographe. La pièce où est le titre, porte 4 p. 6 l. sur 3 p. 10 l. de larg. Celle des Fables, H. 3 p. 6 l. L. 4 p. 1 à 2 l. environ.

310 *Animalivm Qvadrvpedvm venatvs*...... *Eduardus. ab. Hoofwinckel excudebat*. Neuf Pièces, compris le titre. H. 2 p. 3 à 4 l. L. 7 p. 9 l. à 8 p. environ.

Animalivm. Qvadrvpedvm. omnis. Generis..... par *Mar. Gérard* de Bruges; Suite publiée à Anvers, en 1583, par *Eduerardus Hoeswinckel*. 21 Pièces, titre compris; plus, 12 feuilles d'oi- seaux, titre compris. H. 2 p. 6 l. à 3 p. 3 l. L. 7 p. 7 à 10 l.

42 *Estampes*.

GESSNER, (Salomon) *peintre, dessinateur et graveur à l'eau-forte; né à Zurich, en* 1734; *mort dans la même ville, en* 1788.

311 Trente-neuf Sujets pour les poëmes, idylles, etc., de l'ouvrage publié sous le titre : SAL GESSNERS SCHRIFTEN...... ou différens écrits de Salom. Gessner, divisé en cinq parties. Zurich, 1770, 3 vol. in-8. rel. (texte en allemand).

312 Dix Sujets et quinze Frontispices, Vignettes et Culs-de-Lampes

Estampes encadrées ou en feuilles.

Suite des Morceaux de GESSNER.

pour les Contes moraux et nouvelles idylles de D. et Salomon Gessner, publiée à Zurich, chez l'auteur, 1773, in-4. mar. roug. tr. et fil. doré (texte en français).

313 Cinquante-trois Vues et Paysages de Suisse; petites Pièces par *Gessner*, 40 sur ses propres dessins; les autres d'après ceux d'Hartmann, Hesse et Vsteri, pour l'almanach helvétique de 1781 à 88.

314 Sujets de la Fable, Idylles et Scènes champêtres; 10 Morceaux, 1769 à 1771. — Vues et Paysages; 12 Morceaux en largeur; au bas, à droite du premier: *a Zurio, chez D. Gefsner Libraire.* = *X Paysages dédiés à M.R. Watelet par son ami S. Gessner, 1764.* Ces trois Suites, dont la plupart des Pièces sont de grandeurs inégales, portent des numéros. 36 Estampes.

GIAMPICCOLI ou JAMPICCOLI, (JULIANO) *graveur à l'eau-forte et au burin du siècle dernier.*

315 *Varia Marci Ricci Pictoris prestantissimi experimenta ab ipsomet auctore inuenta.... ac in Lucem Edita anno 1730 Venetiis,* ou Suite de Vues et de Paysages, d'après Marc. Ricci, par *Iul. Giampiccoli.* Première et seconde parties, la première, en quatorze Pièces, compris le titre et une dédicace au comte Durazzo; la seconde, en 13 pièces; à la première de ces Pièces, qui sert de titre: *Veduta della Scalinata a capo del Canale di Mestre.... Pars Secunda;* plus, deux autres Suites, chacune de treize pièces, compris les titres; elles sont dédiées l'une à Josepho Smith, l'autre à Ant. Mar. Zanetto; les cinq Pièces, celles de titres et celles où sont les dédicaces, dessinées par Ant. Visen, Io David de Gênes, et Hier. Columna, trois sont gravées par *Car. Orsol* et *Io David.* 53 Estampes en larg., d'environ 9 p. de haut, sur 13 p. de larg.

GIRARDET, (M.r) *graveur à l'eau-forte et au burin; né à Neufchatel en Suisse; élève de* BEN. ALPH. NICOLET.

316 Jésus-Christ se transfigurant sur le Tabor, en présence de quelques-uns de ses disciples; d'après le Tableau

Estampes encadrées ou en feuilles. 153

Suite des Morceaux de M. GIRARDET.

de Raffaello, qui se voyait à Rome dans l'église de St.-Pierre *in Montorio* ; à droite de la terrasse, sur les travaux de la gravure : *Paris an* 14, *Ab Girardet Sculp.* 1806. Sujet connu sous le titre de *la Transfiguration.* Est. en haut.

Première Epreuve avant la lettre ; dans la marge, et avant Raphaël Sanzio : peinx. André Dutertre del. tracés à la pointe.

317 La Transfiguration, même Estampe répétée.

Epreuve avant la lettre, mais où An 14 *sur la gravure est effacé ; au bas, à gauche, dans la marge : Raphaël Sanzio peinx. ; au milieu : André Dutertre del. ; ces noms tracés à la pointe.*

318 Le Triomphe de Titus et de Vespasien, d'après le Tableau de Giulio Pipi Romano au Musée royal. Est. en larg.

Première Epreuve avant la lettre, avant les travaux, à plusieurs parties des figures, au ciel, et à l'arc-de-triomphe qui est à la droite, et avant les noms d'auteurs.

319 Le Triomphe de Titus et de Vespasien, même Estampe répétée.

Epreuve avant la lettre (pl. terminée) ; au socle d'un piédestal, à droite : Ab Girardet Sculp. 1810; *dans la marge à gauche : Jules Romain pinxit ; au milieu : Bouillon delineavit.*

320 La Sainte Cène, d'après le Tableau de Ph. de Champagne au Musée royal : Est. en larg.

Epreuve avant la lettre ; dans la marge, les noms d'auteurs.

Estampes encadrées ou en feuilles.

Suite des Morceaux de M. GIRARDET.

321 La Sainte-Cène, Estampe répétée.

Epreuve avant la lettre; dans la marge, les noms d'auteurs.

322 L'Enlèvement des Sabines, d'après le Tableau du Poussin au Musée royal : Est. en larg.

Première Epreuve avant la lettre; les noms d'auteurs tracés à la pointe.

323 L'Enlèvement des Sabines, Estampe répétée; et l'Abondance. Ce second Morceau gravé en 1813, d'après une statue antique, sur un dessin de M.r Granger.

Epreuves avant la lettre, la première de la pl. non terminée; à la seconde, les noms d'auteurs tracés à la pointe.

324 La Déification d'Auguste et l'Inauguration de Tibère, ou Tibère dans toute sa gloire dominant sur l'univers, représenté par des nations dans l'esclavage; les princes et les princesses vivans de la famille d'Auguste l'accompagnent; on voit, dans le ciel, Auguste et les princes de son sang qui ne vivaient plus : Morceau gravé sur le Dessin fait par M.r Bouillon, d'après le camée antique en sardonix de trois couches, qui se conserve au Cabinet des Antiquités, à la Bibliothèque royale.

Epreuve avant la lettre; les noms du dessinateur et celui du graveur tracés à la pointe.

325 Sujets pour les Œuvres de Racine et ceux de Voltaire : huit pièces *in-fol.* et *in*-8.°, d'après les Dessins de Chaudet et de J.-Mich. Moreau.

Epreuves avant la lettre; une des Estampes non terminée.

326 Sujets pour les Œuvres d'Horace et pour la traduction d'Anacréon, par M.r de Saint-Victor : huit Pièces

Estampes encadrées ou en feuilles.

Suite des Morceaux de M. GIRARDET.

d'après les Dessins de MM. Percier, Bouillon et Girodet.
Epr. avant la lettre; une des Est. non terminée.

327 Frontispice d'un des volumes du Voyage d'Egypte : Est. grand *in-fol.*; les figures et les ornemens de la bordure, gravés par M. *Girardet*; et un Cartouche armorié aux armes de France, d'après M. Lafitte.

Epreuves avant la lettre : le premier Morceau non terminé.

GLAUBER, (JEAN) *peintre; né à Utrecht, en* 1646; *mort à Amsterdam, en* 1726; *élève de* NIC. BERGHEM. *Glauber a gravé à l'eau-forte.*

Morceaux par GLAUBER *sur ses propres dessins.*

328 1 à 6 Vues de la grande Chartreuse, six Pièces ; à la première, dans la marge : *Prospectus in Monasterio vulgo dicto, La Grande Chartreuse, in Delphinatu.* A tous les Morceaux : *J. Glauber fec. et ex.* différemment écrit. H. des quatre premières Pièces, 8 p. 2 l. L. 11 p. 9 à 10 l. H. des deux autres, 11 p. 9 à 10 l. L. 8 p. 2 l.

1 à 12.

7 à 18 Différens Paysages : au premier, vers le milieu, deux femmes assises, une appuyée sur une butte ; dans les marges : *J. Glauber. in et f*, et le n.º. H. 8 p. 5 à 6 l. L. 13 p. 1 à 2 l.

Anciennes Epr.; la septième et la neuvième avant toutes lettres, et les 1 à 3, 6 et 10 à 12 avant les n.ºˢ ; plus deux contre-Epr.

19 Villageois conduisant trois femmes dans un batelet, sur une pièce-d'eau, à la droite d'une campagne ; dans la marge, à droite : *J. Glauber fe.* H. 10 p. 1 l. L. 13 p. 8 l.

Morceaux d'après différens Maîtres.

1 à 6.

20 à 25 Six différens Paysages : à la gauche du premier, deux hommes, l'un couché, l'autre assis près de deux grands arbres; dans les marges, à gauche : *Gaspar Poussin pinxit;* au milieu, le n.º; à droite : *J. Glauber sculpsit.* H. 10 p. 1 à 6 l. L. 14 p.

Anciennes Epr. ; celle du premier paysage avant la lettre, est, ainsi que celle du second paysage, avant les contre-tailles sur les montagnes des fonds, et avant les n.ºˢ ; plus, une contre-Epr.

Estampes encadrées ou en feuilles.

Suite des Morceaux de GLAUBER.

26 Paysage d'après Mola, manque *

329 27 à 29 Agar présentée à Abraham, l'Adoration des Bergers, l'Adoration des Rois (contre-Epreuve); dans les marges, à gauche : *G Lairesse in;* à droite : *J. Glauber f.* H. 9 p. 6 à 10 l. L. 13 p. 4 à 9 l.

30 à 32 Erichtonius, Lyncus, en loup cervier, Minerve et l'Envie; dans les marges, à gauche : *G Lairesse in ;* à droite : *J. Glauber fe.* H. 9 p. à 9 p. 3 l. L. 13 p. 3 à 8 l.

33 à 36 Phaéton, la Sûreté, la Concorde, et la Liberté du commerce; dans les marges, à gauche : *G Lairesse Pinx et Del;* à droite : *J. G. f.* H. 10 p. 9 l. L. 7 p. 7 à 8 l.

37 et 38 Génie un flambeau à la main; Zéphir présentant une couronne à Minerve; à terre, à gauche, à ces deux allégories : *G de L in;* à droite : *J. G. f.* H. 6 p. 8 l. L. 7 p. 7 à 8 l.

1 à 4.

39 à 42 Fin des quatre Empires du monde, représentés par la mort de Sardanapale, de Darius, d'Alexandre et de César; bas-reliefs d'après Lairesse, Sujets dans des ronds; au bas, les titres : *Fatum Asfyriorum, Persarum, Græcorum, Romanorum*; et le n.º Diam. 10 p. 1 à 2 l.

43 La Peste, Sujet composé de dix-neuf figures; à terre, à droite, un n.º 29; dans la marge, à gauche : *Lairesse inv.*; au milieu : *Leon Schenk exc.*; à droite : *J. Glauber fe.* H. 12 p. 2 l. L. 10 p. 9 l.

44 Nymphes et Bergers dans une campagne d'Arcadie; une des nymphes, assise près d'une fontaine, parle à un berger dont la main gauche est élevée: dans la marge, à gauche : *G Lairesse Pinxit ;* à droite : *J. Glauber Sculpoit.* H. 14 p. 8 l. L. 18 p. 9 l.

Morceaux d'après Glauber.

45 et 46 Deux Paysages; dans l'un, huit nymphes au bain,

---

* 26 Berger conduisant un troupeau au bord d'un ruisseau, vers la gauche d'une campagne; dans la marge : *Molo Pinxit;* à droite : *J. Glauber.* H. 9 p. 5 l. L. 13 p. 8 l.

Estampes encadrées ou en feuilles.

dans l'autre, un homme près d'un pêcheur qui a son filet sur l'épaule; dans les marges : *J. Glauber;* au premier : *Invent;* au second : *Inv.* La gravure de ces Morceaux est attribuée à Glauber. H. 8 p. 10 l. L. 13 p. 8 à 9 l.

GLAUBER, (JEAN GOTTLIEB) *peintre ; né en Hollande, en 1656; mort à Breslau, en 1703 ; élève de son frère J.* GLAUBER *et de* JACQ. KNYF. *J. Gott. Glauber a gravé à l'eau-forte.*

1 Pâtre présentant une coupe à une bergère assise sur une pelouse près de ses moutons; à droite, un grand arbre dont la cime est tronquée par le trait carré ; dans la marge, à gauche : *J.-G. G. f.* H. 7 p. 8 l. L. 5 p. 7 l.

2 Berger surpris dans une campagne par un ouragan; à la gauche, un arbre brisé par les vents; à terre, à droite : *Gasper. Poussin Pinxit Romæ J.-G. G. f.* H. 10 p. 6 l. L. 14 p. 3 l.

GMELIN, (GUILLAUME-FRÉDÉRIC) *dessinateur et graveur à l'eau-forte, au burin, et à l'imitation du lavis; né à Badenweiller, dans le Brisgaw, en 1745.*

Morceaux par Gmelin, sur ses propres dessins.

330 Vues de *Monte Cavo, di Rocca, e di Palazzuola;* — de la Grotte volcanique de *Palazzuola;* — de la Grotte de Neptune, à Tivoli; — des Conduits de l'eau *Marzia,* de celles de *Claudia,* et de l'*Anio* ancien et du nouveau, à Tivoli; — de l'Emissaire du lac *Albano;* — de *Ponte Lupo;* — du Temple *della Tosse;* — du Corridor de la *Villa* de Mécène; — des Restes de la *Villa* d'Horace; — du Sépulcre dit des Horaces et des Curiaces ; — d'un Monument sépulcral, à *Palazzuola;* — et du Monument de Lady Temple près la pyramide de *Cajo Cestio,* à Rome : *W f. Gmelin ad. nat. fec.* A cinq de ces Morceaux, *1811,* tracé à la pointe. H. 8 p. 5 l. L. 11 p. 3 l. 12 Est. et les descriptions en ital. et en franç., 6 feuilles in-fol.

Les Estampes, Épreuves avant la lettre.

331 Portique des philosophes, dans *la Villa* de Mécène, à Tivoli;

158   *Estampes encadrées ou en feuilles.*

Suite des Morceaux de GMELIN.

— Vue de la *Villa* de Mécène ; à ce dernier Morceau *W. F. Gmelin fec Romæ*, *1795*, tracé à la pointe. H. 14 p. L. 20 p. 4 l. 2 Estampes.

Epreuves avant la lettre.

332 La Cascade de Terni, — les Cascades et la Grotte de Neptune, à Tivoli : *W. F Gmelin fec 1793-94 Romæ*, tracé à la pointe. H. 20 p. L. 14 p. 2 l. 2 Estampes.

Epreuves avant la lettre.

333 Les petites Cascatelles, à Tivoli : *W. F Gmelin fec 1792*; — les Cascatelles de Tivoli : *W F Gmelin ad. nat. del et sculps.* H. 14 p. L. 20 p. 5 l. 2 Estampes.

Epreuves avant la lettre.

334 Vue des grandes Cascatelles de Tivoli; à gauche, une femme près de trois pêcheurs : *W F Gmelin fec ;* —Vue générale des grandes et des petites Cascatelles, à Tivoli; à droite, trois paysannes: *W F Gmelin ad. nat. fec.* H. 15 p. 10 l. L. 21 p. 1 l. 2 Est.

Epreuves avant la lettre.

335 Le Lac Albano, près de Rome (*Der See Von Albano Bei Rom*); —la Mer morte, près de Naples (*Das Mare morto Bei Neapel*) : *W. F Gmelin fec Romæ 1796-98.* H. 16 p. 6 l. L. 24 p. 4 l. 2 Estampes, et le plan explicatif avec texte en all. et en franç.

Les Estampes, Epreuves avant la lettre.

336 Vues de Ruines de Rome, et de divers lieux d'Italie, autres des Iles Lipares, *W F Gmelin fec Romæ 1792-93* différemment écrit. H. 9 p. 1 l. L. 12 p. 6 l. 6 Estampes sans titre.

Morceaux d'après différens Maîtres.

337 *Testamento d'Aulo Quintilio*, sculpté sur un côté de la montagne de *Ferentino; —* Vue de *Ferentino;* autre de l'Entrée de l'ancienne citadelle de *Ferentino ;* et d'une des Portes de l'entrée de la citadelle ; et Vue de la Ville d'*Alata*. Trois de ces Morceaux, d'après les dessins de Marianna Candidi Dionigi. H. 8 p. 6 l. L. 11 p. 4 l. 5 Estampes.

Epreuves avant la lettre.

Estampes encadrées ou en feuilles. 159

Suite des Morceaux de GMELIN.

338 Vues de *Baja* et de *Pozzuoli*, d'après Hackert. H. 13 p. 10 l. L. 20 p. 6 l. — Le Monument de Salomon Gessner, à Zurich, d'après H. Wüest, 1791. H. 13 p. L. 17 p. 7 l. 3 Estampes.

339 La Fuite en Egypte (*Fuga in Egitto*); — Acis et Galathée (*Aci e Galatea*), d'après les Tabl. de Claudio Gillée Lorenese, à la galerie électorale de Dresde. H. 16 p. 1 l. L. 21 p. 7 l. 2 Estampes.

Epreuves avant la lettre.

340 Le Temple de Vénus (*Templum Veneris*); — le Moulin de Claude (*il Molino di Claudio*), d'après les Tabl. de Claude le Lorrain, à Rome; l'un au palais Colomne, l'autre au palais Doria, *1805-1804*. H. 18 p. 6 l. L. 24 p. 1 l. 2 Estampes.

Epreuves avant la lettre; elles sont sur papier de soie.

341 Le Temple de Vénus, le Moulin de Claude, Estampes répétées.

Epreuves avant la lettre; elles sont sur papier vélin.

342 Les Cascades de Terni et de Tivoli, Pièces en haut.; les grandes Cascatelles, et les petites Cascatelles de Tivoli, Pièces en larg.; le Temple de Vénus, et le Moulin de Claude; Epreuves d'eau-forte. 6 Estampes.

GODEFROY, (M.r JOHN) *graveur à l'eau-forte, au burin et au pointillé.*

343* Le Songe d'Ossian, d'après M.r Gérard : gr. Est. en haut.

Epreuve avant la lettre.

GREEN, (VALENTINE) *graveur en manière noire; né en Angleterre, dans le siècle dernier.*

344 Jésus-Christ appelant à lui les enfans, et les bénissant : (*Christ*) d'après le Tableau de West, dans l'Académie royale de Londres : très-gr. Est. en larg.

Epreuve avant la lettre.

345 Jésus bénissant les enfans, d'après le Tableau de West; très-gr. Est. en haut.

Estampes encadrées ou en feuilles.
Suite des Morceaux de VAL. GREEN.

346 Annibal enfant, placé par son père Amilcar près des autels, jure, en mettant la main sur la victime, haine éternelle aux Romains; — Régulus retournant à Carthage, d'après les Tableaux de West, de la collection du Roi d'Angleterre: très-grandes Est. en larg.

Epreuves avant la lettre.

GRIMALDI, *dit* **LE BOLOGNESE**, (GIOVANNI-FRANCESCO) *peintre; né à Bologne, en 1606; mort à Rome, âgé de près de quatre-vingts ans; élève des* CARRACCI. *Grimaldi a gravé à l'eau-forte.*

347 Divers Paysages, la plupart ornés d'Episodes tirés de l'Histoire sainte ou de l'Histoire profane, Scènes pastorales et autres; par *Grimaldi*, sur ses propres Dessins, et d'après Ann. Carracci et Tiziano: de ces 43 Morceaux, 9 dans des ronds, 4 en haut., les autres en larg.; en tout, compris une contre-Epreuve, 44 Est.

H. et J. JONCKHEER, (P.-V.) *dessinateurs et graveurs à l'eau-forte.*

1.

348 1 Six Chiens près d'une loge où est un dogue; au-dessus de la porte de la loge : *H. V. P.* (la lettre *P* à rebours) *1654*. Les traits qui précèdent la lettre *H*, semblent indiquer d'autres lettres.

Prem. Epr. avant de secondes tailles sur la presque totalité de la composition, et avant CLEMENT DE IONGE EXCUDIT, *et le n.º 1.*

2.

2 Deux Chiens en laisse; l'un assis à la droite, près d'un arbre; l'autre debout.

Prem. Epr. avec le ciel blanc, avant nombre de travaux, et où l'ombre portée sur la terrasse par les animaux, n'est qu'indiquée, le trait carré malformé, et les imperfections du cuivre encore apparentes.

Estampes encadrées ou en feuilles.

Suite des Morceaux de H. et de JONCKHEER.

3.

3 Chien couvrant une chienne, que flaire un autre chien.

Prem. Epr. où partie de la tête de la chienne est blanche ; elle est aussi avant nombre de travaux, et avant les tailles en lozange sur le ciel.

4.

4 Combat d'un dogue et d'un lévrier; le dogue est à la gauche.

NOTA. *A ce Morceau, à terre, à droite, le n.° 4.*

5.

5 Chienne devant sa loge où sont deux de ses petits; elle donne à téter à un troisième, et semble aboyer après une paysanne qui a un petit chien sur ses genoux, et vers laquelle s'avance un enfant; à droite, une tête et une jambe de cheval décharnées.

Prem. Epr. avec le ciel blanc, et avant nombre de travaux, où les ombres portées ne sont qu'indiquées, et où la partie de la terrasse occupée par les os de cheval, est très-peu teintée.

6.

6 Chien debout, enchaîné à sa loge, et vers lequel un lévrier s'avance en rampant.

Prem. Epr. avant de secondes tailles au mur, derrière la loge; les travaux au pied de ce mur, près de la loge, et ceux de l'ombre portée à terre par le lévrier, n'y sont qu'indiqués.

7.

7 Chien accourant vers deux chiens qu'on voit à la droite, près d'un arbre où ils décharnent la tête d'un cheval mort.

Prem. Epr. avec le ciel blanc, et où le mouvement du terrain, l'herbe dont il est en partie couvert, le poil des animaux, et les planches qui entourent le corps de l'arbre, ne sont qu'indiqués ; elle est aussi avant les ombres portées par les animaux.

8.

8 Deux Lévriers en laisse, l'un debout, l'autre assis; à gauche, derrière ce dernier, un chien de chasse jappe en gardant du gibier attaché à une haie en planches.

Prem. Epr. avant de premières et de secondes tailles, avant

Estampes encadrées ou en feuilles.

Suite des Morceaux de H. et de JONCKHEER.

des contre-tailles à plusieurs parties de la composition, et avant l'ombre portée par le lévrier debout.

Hauteur des huit Pièces précédentes, 3 p. 10 l. à 4 p. 2 l. L. 5 p. 2 à 4 l. Suite avec des n.ºˢ de 1 à 8.

NOTA. Ces rares Epr. offrent ainsi des travaux d'une légèreté du faire admirable ; celles des 1.ᵉʳ, 2, 3, 5, 7 et 8.ᵉ Morceaux dont les remarques n'ont pas été indiquées par Bartsch, sont ici avant les n.ºˢ.

349 Les Est. 1, 2, 3, 5, 6, 7 et 8 de la suite précédente répétées.

Secondes Epr. avec le nom de CLEMENT DE IONGE, et les n.ºˢ; plus, les copies des 2.ᵉ et 7.ᵉ Pièces gravées dans le sens des originaux, mais de 2 l. moins larges ; l'original de la 2ᵉ pièce est de 5 p. 4 l. de larg., et l'original de la 7.ᵉ, de 5 p. 3 l.

350 9 et 10 Dogue couché devant sa loge; à gauche, dans le fond, un chien debout;—deux Chiens se reposant près d'un lévrier; au fond, à droite, deux chiens qu'on ne voit qu'à mi-corps ; sur les ciels : *P. V. H. f.* ; au prem. Morceau : *Nicolaus Visscher excudit*; au bas, à droite, dans la marge ou sur la terrasse, les n.ºˢ 1 et 3. H. 4 p. 8 l. à 5 p. 1 l. L. 6 p. 5 l.

11 et 12 Deux Lévriers en laisse; à droite, un autre chien. — Quatre lévriers, un couché se gratte l'oreille; à terre, à ces Morceaux, à l'un, à droite, à l'autre, à gauche : *J. Ionckheer f.*; au bas, à droite, dans la marge ou sur la terrasse, les n.ºˢ 2 et 4. H. 5 p. 9 à 10 l. L. 6 p. 4 à 5 l.

13 Deux Dogues qui se mordent : celui qui est terrassé est à la droite ; Morceau sans marque. H. 3 p. 11 l. L. 5 p. 4 l.

HACKAERT ou HAKKERT, (JEAN) *peintre ; né à Amsterdam, vers 1636. Hackaert a gravé à l'eau-forte dans le goût de Waterloo.*

351 1 à 6 Vue et Paysages, six Pièces;— 1 la Porte d'eau de la ville de Gorcum, — 2 le Chemin, — 3 le Ruisseau, — 4 l'Arbre incliné, — 5 les quatre Arbres, — et 6 le Rocher; au prem. Morceau, dans la marge, à gauche : *Joannes Hackaert invent. et fecit;* à droite : *Clément de Ionghe excud. Amst.* ; au second,

sur l'eau, à droite : *I. H.*; à tous, le n.º H. 6 p. à 7 p. 2 l.
L. 7 p. 11 l. à 8 p. 2 l.

HACKERT, (JACQUES-PHILIPPE) *peintre; né à Prentzlau dans le Brandebourg, en 1734; élève de* N.-B. LE SUEUR. *Hackert a gravé à l'eau-forte.*

352 Vues prises à *Vietri*, à *la Cava*, et à *Sorriento* dans le royaume de Naples, suite de quatre Estampes, gravée à Rome en 1779, et déd. à M.ʳ Reiffenstein; dans les marges du haut, à gauche, les n.ᵒˢ 1 à 4. H. 15 p. 6 l. L. 12 p. 8 l.

Vues de Suède, six Pièces; à plusieurs, 1766; suite déd. à M.ʳ d'Olthof. H. 5 p. 1 l. L. 7 p. 3 l. Plus, des cinq derniers Morceaux, les eaux-fortes, 11 Pièces.

VI. *Vues de Normandie par Jacq: Ph: Hackert* 1766; suite de six Estampes, déd. à Madame de Lifiew, peintre; à droite, dans les marges du haut, les n.ᵒˢ 1 à 6. H. 4 p. 6 l. L. 7 p. 2 l. Epr. doubles, les prem. à l'eau-forte; 12 Pièces.

353 Vues prises dans la Poméranie suédoise, autres de France, et divers Paysages; trente-trois Morceaux; à plusieurs, 1763-64-66 ou 67; trois seulement en haut., et dont les Epr. sont doubles, à l'eau-forte; 36 Pièces.

63 *Estampes*.

HAEFTEN ou HAFTEN, (NICOLAS WALRAVEN VAN) *peintre; né à Gorcum, dans le 17.ᵉ siècle; mort au commencement du siècle suivant. Après avoir parcouru les principales villes de Flandre, Haeften passa en France; pendant son séjour à Paris, en 1695, il y peignit son portrait** : *ce Maître a gravé à l'eau-forte et en manière noire.*

354 1 Haeften vu à mi-corps, dirigé vers la gauche; dans la marge : *Nicolas Vanhaften, natif de Gorcome à Sçeu dépintre mieux que*

---

* Portrait qui se voyait à Paris, dans le cabinet de feu M. le chevalier Richard de Ledan, dont la collection a été vendue en 1816.

Estampes encadrées ou en feuilles.

Suite des Morceaux de HAEFTEN.

personne les fumeurs et les Ivrognes; *Se ipse Pinxit et Sculpsit.*
H. 4 p. 9 l. L. 3 p. 7 l. n.° *I* *.

Sujets de figures entières.

2 Le *Benedicité;* la scène représente un villageois, deux femmes et une petite fille à table, et un jeune homme debout; à droite, une servante apporte un plat; du côté opposé, une autre servante sort de la chambre; dans la marge : *Bénissez au nom de Dieu.... nous mourrions à nous-mêmes; N. Van haften pinx. et fec.* Ici cette marge est en partie coupée. H. 11 p. 6 l. L. 15 p. 1 l.

3 Villageoise un poireau à la main; près d'elle, un paysan à genoux; à gauche, à une cloison, 1702; à terre : *N. W. van Haeften F.;* dans la marge, deux vers : *Jean, il est bien doux....* H. 11 p. 6 l. L. 9 p. 3 l.

Deux Epr. , d l'une, la marge du bas coupée près du trait carré.

4 Médecin aux urines une fiole à la main; près de lui, un villageois; plus loin, une petite fille et quatre hommes et femmes; au tuyau de la cheminée, les deux vers suivans, tracés à rebours : *Al besiet hy de pis hy geraed duwits mis* (et quoiqu'il regarde l'urine, il conclut diablement faux); à terre, à gauche: *N. Van Haeften F.* ; à droite , 1697. H. 7 p. 4 l. L. 6 p.

5 Fumeur assis; il tient sa pipe; derrière lui, trois hommes près d'une cheminée; un laisse échapper de la fumée de sa bouche; à terre, à droite : *NVHaeften f.* 1694. Sujet dit *le grand Fumeur.* H. 6 p. 5 l. L. 5 p. 6 l. n.° 7.

Deux Epreuves.

6 Deux Fumeurs à table; un villageois debout semble parler à l'un d'eux; à terre, à gauche : *NVHaeften in. f.*; à droite, 1695; au bas, une marge blanche. H., compris la marge, de 6 l. 6 p. 5 l. L. 4 p. 6 l.

7 Un Paysan debout, une calotte sur la tête, et deux, en bonnet

---

* Ce n.° et ceux qu'on trouve placés à la suite des descriptions de huit autres des Morceaux (n.os 5, 9, 10, 12, 15, 16, 18 et 24), correspondent à ceux qui précèdent les neuf Pièces de ce maître, décrites par Bartsch qui n'a pas parlé des 21 autres Morceaux.

Suite des Morceaux de HAEFTEN.

de mezzetin, à table; près de la table, des ustensiles de ménage; à terre : *NVHaeften in. f.* 1695; au bas, une marge blanche. H., compris la marge, de 7 l. 6 p. 3 l. L. 4 p. 7 l.

8 Trois Femmes à table et une Vieille debout; à droite, au pied d'un banc : *N. V. Haeften f.* 1694. H. 6 p. 2 l. L. 4 p. 6 l.

9 Trois Vieilles près d'un tonneau; une assise à la gauche tient une bouteille et une pipe; dans le fond, une autre femme vue par le dos; à terre : *N. W. V. Haeften fecit* 1694. Sujet dit *les Fumeuses*. H. 5 p. 3 l. L. 3 p. 7 l. n.° 4.

Deux Epreuves.

10 Fumeur assis; à gauche, sur un tonneau, un pot de bierre; au bas du tonneau, 1694, et à terre : *NVHaeften f.* H. 5 p. 4 l. L. 3 p. 7 l. n.° 5.

Deux Epreuves, la prem. avant la retouche.

11 Jeune Fille assise une cruche à la main, la tête appuyée sur son bras droit posé sur une planche, et son pied sur une caisse; à terre : *NVHaeften F.* 1697; au bas, une marge blanche. H., compris 4 l. de marge, 4 p. L. 2 p. 7 l.

Sujets de demi-figures.

355 12 Les cinq Nouvellistes près d'une croisée; l'un tient un écrit dont un second suit les lignes avec le doigt; derrière eux les autres debout; à la traverse de la fenêtre, un câdre avec tête de paysan; au mur, dessous la pièce d'appui : *N. V HAEFTEN F.*; et l'inscription : *het eersten Van myn leven tot antwarpen*, la première de ma vie, à Anvers, écrite à rebours; Sujet dit *les Chanteurs*. H. 5 p. 4 l. L. 3 p. 5 l. n.° 8.

Deux Epr., la première, où le fond n'est qu'à l'eau-forte, est avant EERSTEN VAN MYN.

13 Vieille à la fenêtre avec une femme qui tient une pipe et laisse échapper de la fumée de sa bouche; derrière elles, trois autres vieilles; dans le fond, une cloison; à droite, sur le mur, un câdre avec tête de villageois; dessous l'appui, près d'une petite marge : *N. W. V. Haeften fecit* 1694. H. 5 p. 5 l. L. 3 p. 7 l.

Deux Epr., la prem. avant les contre-tailles sur le fond.

Suite des Morceaux de HAEFTEN.

14 Fumeur à table, auquel un homme parle à l'oreille; derrière eux une vieille debout, et sur le devant, un paysan en grand chapeau, vu par le dos, assis sur un banc marqué : *N V Haeften f.* 1697. H. 3 p. 1 l. L. 2 p. 9 l.

15 Le Fumeur assis sa pipe à la main : manque *

16 Paysanne assise, une coupe à la main : elle tient une cruche; à sa droite, deux hommes; un laisse échapper de la fumée de sa bouche; dans la marge, à gauche : *N. van Haefsten Pinx. et Sculp.* Pièce en manière noire, H., compris 7 l. de marge, 8 p. 4 l. L. 6 p. 3 l. n.° *3.*

Deux Epr., à l'une, partie de la marge du bas est coupée.

17 Deux Fumeurs près d'une croisée; l'un en bonnet de Mezzetin; dans le fond, un buveur le verre à la main; à la traverse de la croisée, un auvent; à gauche, un chapeau accroché; dans la marge : *N. van Haefsten Pinx. et Sculp.* Pièce en manière noire. H., compris la marge de 7 l., 12 p. 6 l. L. 8 p.

18 Homme en bonnet de mezzetin, et Femme en grande cornette plate, appuyés sur la demi-porte de leur maison qui est fermée; l'un tient un verre, l'autre un flacon; à droite, dans l'embrâsure, un oiseau perché sur un petit bâton fiché entre un joint des pierres du pied droit de la porte, et presqu'au bas : *V Haeften F.* 1701. Sujet dit *la Femme amoureuse.* H. 6 p. 8 l. L. 4 p. 6 l. n.° *6.*

19 Fumeur debout en chapeau avec plumes de coq; il tient un pot et une pipe; à droite, derrière une table, un jeune garçon qui le montre du doigt; sur le pot que tient le fumeur: *B BEIR DE MARS;* au haut, à droite : *N V Haeften F.* 1699; au bas, une marge blanche. H., compris 8 l. de marge, 6 p. 2 l. L. 4 p. 1 l.

20 Démocrite riant, sa main droite sur un globe; à un papier qu'il tient de l'autre : *ik lagh over de Sottigheyt Van dese We-*

---

* 15 Paysan assis sur un banc; il tient une pipe et une cruche, et regarde à droite; de ce côté, dans le fond, un fumeur et un buveur; au bas, à gauche : *N. Van Haeften Pinx et Sculp.* Pièce en manière noire. H. 7 p. 9 l. L. 6 p. 2 l. n.° 2.

Estampes encadrées ou en feuilles. 167

Suite des Morceaux de HAEFTEN.

reld (je ris de la folie de ce monde); au fond, une grotte; dans la marge, à gauche: *v haften, F 1702* DÉMOCRITE. H. 4 p. L. 2 p. 10 l.

21 Héraclite, la main gauche sur sa poitrine; à un des feuillets d'un livre ouvert, posé devant lui sur un globe : *V Haften F.* à l'autre feuillet: *Ik Kryte over de Sottigheyt Van dese Wereld,* (je pleure la folie de ce monde). Au fond, une grotte; dans la marge : *HERACLITE.* H. 4 p. L. 2 p. 10 l.

22 Charlatan tenant une petite bouteille et un flacon couvert en osier; sur sa table des drogues; au fond, à gauche, une tour; à droite, un mur en ruine; au bord du tapis de la table : *N V Haeften f.* 1694. H. 6 p. 10 l. L. 4 p. 8 l.

Deux Epr., la prem. avant le ciel.

23 Vieille assise; elle tient un verre et une bouteille couverte en osier; sur le mur, à gauche, un portrait de villageois; dans la marge : *NVHaeften f.* 1694. H. 4 p. 1 l. L. 2 p. 8 l.

24 Pêcheur portant des poissons au bout d'un bâton, à gauche, sur le fond: *NVHaeften f.* 1694. H. 6 p. 5 l. L. 4 p. 6 l. n.º 9.

Portraits et Têtes d'études.

356   25 Joan Frideric Karg, baron de l'empire, en robe et en manteau, portrait en demi-figure, dirigé vers la gauche; dans la marge, au-dessous des armes, des noms et des titres du personnage : *Natus 19 Febr 1648;* à droite : *N. van Haften pinx et Sculp.* 1709 *insulis.* H., compris la marge renfermée dans le trait carré, 11 p. 7 l. L. 8 p. 3 l.

26 Buste d'homme à petites moustaches, vu de face en chapeau retroussé; à gauche, au haut du fond qui est blanc : *NVH. F.* H. 3 p. L. 2 p. 4 l.

27 Buste d'un homme borgne de l'œil droit; il porte un bonnet de mezzetin; sa tête est élevée; à gauche, au haut du fond qui est blanc : *NVH.* H. 2 p. 7 l. L. 2 p.

28 Buste de jeune garçon, tourné de trois quarts, le regard à gauche; au fond au haut du mur, et gravé à rebours : *gheedts naer het leven met sterck water* (gravé d'après nature, à l'eau-forte); au-dessous, à gauche : *NVH. F.*; à droite, 1695. H. 2 p. 8 l. L. 2 p.

Suite des Morceaux de HAEFTEN.

29 Buste de matelot; il est vu de profil, tourné à droite et dans l'action de crier; à son chapeau une pipe; à gauche, au haut du fond : *NVHaften f.* 1694.

30 Buste de vieille en bonnet plat, vue de trois quarts, la bouche ouverte; sur le fond, près de son épaule droite : *N H.* 1694, tracés à rebours. Pl. de forme ovale. H. 3 p. L. 2 p. 6 l.
Deux Epreuves.

HAGEDORN, (CHRISTIAN-LOUIS) *dessinateur et graveur à l'eau-forte; né à Hambourg, en* 1717; *mort à Dresde, en* 1780.

357 Cinquante-trois Etudes : têtes de caractères et grifonemens, sur treize feuilles; au bas, à trois, des croquis de paysages; — trente-sept Vues champêtres, à la plupart, des figures et des animaux; à un de ces Morceaux : *Neue Versuche,* nouvels essais ; à un second : *LANDCHAFTEN. VND KOPFE;...* Paysages et Têtes de Hagedorn : 1743 à 65; et le monogramme formé des lettres : *H. V. D.* 50 Estampes.

HALDENWANG, (C.   ) *dessinateur et graveur à l'eau-forte, au burin et au lavis; né dans le pays de Bade.*

358 *Farnsburg,* Château dans le canton de Bâle, Pièce gravée au lavis, à Carlsruhe, par *Haldenwang;* sur son propre dessin. H. 17 p. 9 l. L. 24 p. 4 l.

359 *Le Klusenstein;* Ruine dans le bois aux trois chiens; le Château, *la Starkenburg,* dans le Palatinat; et neuf Vues, monumens du Jardin de *Schwetzingen,* dans le pays de Bade; petites Pièces au burin, deux en haut. 12 Estampes.

360 Vue intérieure de la cour du château de Heidelberg, d'après le dessin fait d'après nature, par de Graimberg; Morceau à l'eau-forte. H. 14 p. 11 l. L. 18 p. 3 l.
Epreuve avant la lettre.

361 Quatre différentes Vues du château de Heidelberg, d'après les dessins faits par de Graimberg, en 1812; et deux autres Vues, moyennes et petites Pièces au burin. 6 Estampes.

Estampes encadrées ou en feuilles. 169

Suite des Morceaux de HALDENWANG.

362 La Récompense villageoise, et le Troupeau passant un gué, d'après les Tabl. de Claude le Lorrain, au Musée royal.

Epreuve avant la lettre.

363 La Récompense villageoise, Estampe répétée : Morceau qui n'est encore qu'à l'eau-forte.

HALL, (JOHN) *graveur au burin; né en Angleterre, dans le siècle dernier.*

364 Pyrrhus encore enfant, amené à Glaucias (*Pyrrhus, When a Child, Brought to Glaucus....*), d'après le Tabl. de West du Cabinet d'Hardwicke; 1769 : Est. en largeur.

Epr. avant la lettre et sur papier de soie.

HAUBER, (JOSEPH) *peintre et graveur à l'eau-forte et au lavis; né en Bavière.*

365 Portraits de ce maître, ceux de son père et de sa mère, et celui de Th. F., baron de Bassus, amateur des arts; la Nativité; Jésus en croix; Vénus et l'Amour; *Cimon und Pero, Lear und Cordelia*; et une Scène historique, 1799; Morceaux à l'eau-forte. Quatre teintés au lavis. 11 Estampes.

366 Sujets tirés de l'Histoire-Sainte; Scènes familières et Etudes, d'après Tiziano, Manfredini, Murillio, Van Dyck, etc.; Morceaux à l'eau-forte. Cinq teintés au lavis. 9 Estampes.

HECKE, (JEAN VANDEN) *peintre contemporain de Boel; né au bourg de Quaremonde près d'Oudenarde, vers 1625. Hecke a gravé à l'eau-forte.*

367 1 à 12 Différens Animaux, savoir : n.º 1 un Ane, un Cheval, un Bœuf et des Moutons à une fontaine; près de là, au piédestal d'une pyramide : *PAVLO IORDANO Bracciani Duci.......Joannes vanden Hecke* 1656; 2 le Belier et les cinq Moutons; 3 trois Chèvres et deux Ecureuils; 4 deux Chevaux et deux Bœufs; 5 le Chien et la Chienne; 6 deux Chiens en repos;

Suite des Morceaux de HECKE.

7 Chien qui boit à la fontaine ; 8 deux Lévriers hardés ensemble ; à droite , quatre autres Chiens ; 9 trois Vaches , une debout; 10 cinq Vaches, deux couchées; au fond, à droite, une haie en paille ; 11 Cheval harnaché : il mange du foin posé sur une charrette ; 12 deux Anes , un chien aboye après celui qui est à gauche. H. 3 p. 7 l. à 4 p. L. 5 p. 9 l. à 6 p. 1 l.

13 Soldat s'emparant des dépouilles d'un homme mort, étendu nu au bord d'une rivière; près de là, un cavalier, un fantassin et deux chevaux ; à terre, à gauche, un chapeau ; Sujet dit *le Marodeur*. H. 5 p. 6 l. L. 7 p. 9 l.

14 Le Troupeau ; manque *

Morceaux dont Bartsch n'a pas donné la description.

368 15 Les quatre Joueurs de dés, dans une chambre dont la porte n'est fermée qu'à hauteur d'appui ; dans le fond, à gauche, un bas d'armoire et des ustensiles de ménage ; sur le devant : *I. V.* HECKE IUNIOR *AQUA FORTI FECIT*. H. 3 p. 3 l. L. 4 p. 5 l.

16 Prairie où est, à la droite, un petit pâtre debout, appuyé contre un gros arbre : il garde deux vaches; l'une pisse, l'autre est couchée; dans l'éloignement, du côté du pâtre, un cheval et une autre vache ; à gauche, dans la marge : *J. H.* H. 5 p. 11 l. compris 2 l. de marge , L. 7 p. 10 l.

Morceau touché avec beaucoup de légèreté , Pièce rare et la plus considérable de celles gravées par Van den Hecke.

HEIMLICH, (J.-DANIEL) *dessinateur et graveur à l'eau-forte; né à Strasbourg, dans le siècle dernier.*

369 *Vues des Environs de Paris*, par *Daniel Heimlich*, 1765. Suite de 9 Estampes ; à droite , dans les marges du haut des

---

* 14 Pâtre et deux jeunes Filles près d'un troupeau de vaches et de moutons ; sur le devant, à gauche, un âne et des chèvres ; dans le fond, un chariot, un homme, une femme et des animaux, passent sur un petit pont en pierre ; dans la marge : *Joannes Van den Hecke Iunior fe aqua forti*. Morceau rare.

Estampes encadrées ou en feuilles.

n⁰ˢ de 1 à 9. H. 4 p. 5 l. L. 6 p. 3 l.—Suite des Paysages dédiés au baron de Wurmser, en 1774. Sept Estampes, titre compris ; à droite, dans les marges, à six des n⁰ˢ de 1 à 6. H. 4 p. 10 l. L. 3 p. 7 l.—Quatre Vues, prises près de Strasbourg et dans d'autres lieux de l'Alsace, 1775. H. 5 p. 8 l. L. 8 p. 5 l. 20 Estampes.

HESS, (CHARLES) *graveur à l'eau-forte et au burin; né dans le Palatinat, dans le siècle dernier.*

370 La Sainte-Famille, sainte Anne et saint Jean, d'après le Tabl. de Raffaello Sanzio à la galerie de Dusseldorf, 1804 : Est. en haut.

Epr. avant la lettre.

371 Le Portrait de Rembrandt, ceux de Gov. Flinck et de son épouse; la Nativité, l'Elévation de la Croix, la Descente de Croix, la Sépulture, la Résurrection et l'Ascension ; d'après des Tabl. de Rembrandt à la galerie de Dusseldorf : Morceaux à l'eau-forte ; 9 Est.

372 Jésus appelant à lui les enfans, et les bénissant ; d'après Rembrandt. — Jesus enfant parmi les docteurs, d'après Hondhorst : Morceau en haut. 2 Est.

Epreuves avant la lettre.

373 Le Charlatan (*The Quack Doctor*), d'après le Tabl. de Dow, à la galerie de Dusseldorf, 1652 : gr. Est. en haut.

Epr. avant la lettre.

374 Repas donné par l'électeur Frédéric-le-Victorieux, dans le château de Heidelberg, aux princes qu'il a vaincus : l'instant représente celui où l'électeur leur montre les villages en feu; d'après Melchior : deux Epr., un est avant la lettre.

375 Le Portrait de Frédéric-Guillaume, buste au trait ;

Sujets historiques, et Scènes familières : 36 Pièces *in*-18, gravées pour des romans et pour des almanachs; une Carte de visite, et un Paysage : ce dernier Morceau teinté au lavis ; 39 Estampes.

HOECKE, (Robert Van) *peintre de batailles; né à Anvers, en* 1609. *Hoecke a gravé à l'eauforte.*

Morceaux par R. V. Hoecke, sur ses propres dessins.

376   1 à 14 — N°^s 1 à 8 manquent *. 9 Camp où un officier fait dresser une tente par six soldats ; à terre, à droite : *ROBERTUS V. H. F.*; à gauche, sous le trait carré : *F. V. W. ex.* — 10 manque **. — 11 Camp où sont deux maréchaux ; l'un, vers le milieu, près d'un chariot, ferre un cheval ; à droite, à une pierre : *R. V. H.*; à gauche : *Fran° V. Wyn. ex.* — 12 Vivandières et Soldats près d'une tente ; à droite, à côté d'un homme qui dort, deux soldats et une femme. — 13 manque ***. — 14 Militaires près d'un feu où chauffe leur marmite ; à droite, un chariot couvert ; à gauche, un officier et deux soldats ; à terre, dans l'ombre : *ROBERTUS Van Hoecke*. Les Epr. des deux derniers Morceaux sont avant l'adresse de *Wyngaerde* ; grandeur des quatre Morceaux décrits, H. 3 p. 3 à 4 l. L. 5 p.

15 à 20 — N.° 15 Chariot escorté par des cavaliers ; — 16 Soldats en route ; à droite une colline où trois militaires font chauffer leur marmite ; — 17 Tour carrée, placée sur un terrain élevé, de chaque côté une Palissade ; sur le devant cinq soldats ; — 18 Poste avancé où un soldat est en faction devant une tente ; à droite, des cavaliers ; — 19 Vue d'une

---

* N° 1 le Moulin à vent ; — 2 la Tour carrée ; — 3 la Tente ; — 4 les deux Chariots ; — 5 le Tas de foin ; — 6 les deux Chaumières ; — 7 le Camp près du Village ; — 8 le petit Camp ; au premier Morceau : *R. V. H. F.* H. 2 p. 3 à 6 l. L. 3 p. 3 à 5 l.

** 10 Le Puits. H. 3 p. 3 l. L. 4 p. 11 l.

*** 13 Les quatre Hommes ; près de l'arbre ; au bas, à droite : *R. V. H. F.* H. 3 p. 4 l. L. 4 p. 11 l.

Estampes encadrées ou en feuilles. 173

Suite des Morceaux de HOECKE.

Ferme au bord d'une rivière ; à gauche , près d'une tente, des militaires , un est en faction ; — 20 Soldats réunis près d'un grand arbre et campés, à côté d'une tente terminée en pointe, près de là un chariot sans chevaux ; à ces 6 Morceaux : *Robertvs Van Haecke f.* différemment écrit. Aux quatre derniers, ce nom est dans la marge. H. 5 p. 2 à 6 l. L. 7 p. 7 à 10 l. Du n.º 16, 2 Epr. : la prem. avant la lettre ; les marges des 4 derniers sont coupées.

Morceau par R. V. Hoecke *d'après J. Vanden* Hoecke.

21 La Sainte-Vierge et deux Bergers adorant l'Enfant-Jésus ; à gauche, derrière la Vierge , saint Joseph. Dans la marge : *Ioanni vandem Hoecke Inven R. V. Hoecke.* H. 4 p. 7 l. L. 3 p. 4 l.

HOGARTH, (William) *peintre ; dessinateur et graveur à l'eau-forte ; né à Londres, en* 1688 ; *mort dans la même ville,* en 1764.

Morceaux par Hogarth *, et d'après lui.*

377 Sujets tirés du poëme d'Hudibras, de Butler : au frontispice le portrait du poëte ; au bas, à gauche , à cette pièce : *W. Hogarth Inven. et sculp. :* Morceaux en larg. 12 Estampes.

378 La Vie d'un Libertin, le premier Sujet, le jeune Héritier prend possession des effets de son père, *Taking Possession of His Father's Effects* : 8 Pièces en larg. — La Vie d'une Courtisane, le premier Sujet, l'Innocence trahie, *Innocence betrayed :* 6 Pièces en larg. 14 Estampes.

379 Les Quatre Points du Jour : le Matin, *Morning,* etc. Pièces en haut. — Les Mariages à la mode ; à chacune des six Pièces de la Suite : *Marriage a-la-Mode Plate I.* ainsi des autres, jusqu'à la pl. vi : Pièces en larg. 10 Estampes.

380 Les Effets de l'Industrie et de l'Oisiveté, *The Effects*

Estampes encadrées ou en feuilles.

Suite des Morceaux de HOGARTH.

of *Industry and idleness*; au bas de chaque Sujet des versets de la Bible : Morceaux en larg. 12 Est.

381 Les Degrés de la Cruauté, *The Stages of Cruelty*: 4 Pièces en haut. — Election d'un Membre du Parlement, *Four Prints of an Election*; à ces quatre grands Morceaux en larg. gravés par *Hogarth*, *Grignon*, *Le Cave* et *Aveline*, des dédicaces différentes : 8 Estampes.

382 Le Roi Henri IV et Anne de Boullen : Pièce en haut. — *Medianoche* dans le goût moderne; la Foire de Southwark : Pièces en larg. — Devant, Après. — La Commune endormie : Pièces en haut. — L'infortuné Poète. — Toilette des Actrices ambulantes. — Le Musicien enragé; — et Garrick, dans le rôle de Richard III : ce dernier Sujet gravé par *Grignon* : Pièces en larg. 10 Estampes.

383 Le Coche public et la Porte de Calais, par *June*. — Départ du régiment des Gardes, par *Sullivan* : Pièces en larg. — Rue à la bierre, et Ruelle à l'Eau-de-vie : Pièces en haut. — Deux Sujets de Paul et Félix. — Moïse enfant, présenté à la fille de Pharaon. — Christophe Colomb cassant l'Œuf, et le Combat des Coqs : Pièces en larg. 10 Estampes.

HOLBÉEN ou **HOLBEIN**, (JEAN) *peintre; né à Basle, en Suisse, en* 1498; *mort à Londres, en* 1554; *élève de son père,* J. HOLBEEN. *On a d'Holbeen des Compositions gravées sur bois.*

384 *Historiarum Veteris Testamenti......* **LVGDVNI MDXXXIX;** les figures, au nombre de quatre-vingt-quatorze, tirées sur le *recto* et sur le *verso* de 47 feuilles. Les quatre premières de 2 p. 5 l. de haut. sur 1 p. 10 l. de larg. Les 90 autres de 2 p. 3 l. de haut. sur 3 p. 4 l. de larg.

Estampes encadrées ou en feuilles.

Suite des Morceaux d'HOLBÉEN.

385 La Mort étendant son empire sur les personnes de toutes les conditions ; Suite dite *La Danse de la Mort ;* soixante-deux Sujets tirés sur le *recto* et sur le *verso* de 32 feuilles. Cinquante-trois Sujets de la première Édition. Les 9 autres des Édit. postérieures. Ces Morceaux portent 2 p. 5 l. de haut. sur 1 p. 10 l. de larg.

386 De la Danse de la Mort ; vingt-trois Sujets, savoir : n.ᵒˢ 1 à 4 Histoire d'Adam et d'Eve ; 6 le Pape ; 7 l'Empereur ; 8 le Roi ; 9 le Cardinal ; 12 l'Evêque ; 13 l'Abbé ; 14 le Duc ; 15 l'Abbesse ; 17 le Chanoine capitulaire ; 21 le Prédicateur ; 22 le Curé ; 23 le Moine ; 25 la Vieille ; 26 le Médecin ; 28 l'Homme riche ; 29 le Marchand ; 32 le Comte ; 34 la Comtesse ; 39 le jeune Enfant.

Premières et très-rares Epr. ; au haut, au-dessus de chaque Sujet, le titre en Allemand ; le VERSO de chaque feuille est blanc. La Collection de M. Otto, à Leipzig, ne possédait que vingt-une Épr. de cette qualité ; plus, trois premières Epreuves de l'Histoire du Vieux Testament, imprimées sur des feuilles blanches au verso.

HOLLAR, (WENCESLAS) *dessinateur et graveur à l'eau-forte ; né à Prague, en 1607 ; mort à Londres, en 1677 ; élève pour la gravure de* MATH. MÉRIAN.

Morceaux par HOLLAR, sur ses propres dessins.

387 Les Quatre Saisons, figurées par des dames anglaises, dans le costume du 17.ᵉ siècle. — Dames représentées à mi-corps, dans des ronds ; 23 Pièces. — Cérémonie observée à la publication de la paix, entre l'Espagne et les Etats-Généraux, à la place de l'hôtel-de-ville d'Anvers, en 1648. Epr. avec deux cornes d'abondance ; près le titre du bas, et avant : *F. W. Wyngaerde Excudit* ⸺ *Muscarum Scarabeorum......* *1646.* Suite d'insectes, en douze Pièces. 40 Estampes.

Morceaux d'après différens Maîtres.

388 *Variæ figuræ...... Antverpiæ 1645.* Portraits et Têtes d'après Leonardo da Vinci, Tiziano, Castellanus, Schoen, Durer,

Suite des Morceaux de HOLLAR.

Holbein, Van Dyck, Maetham; au nombre des Portraits, ceux de Char. L. Palatin, du Rhin, Zvm Jvngen, le comte de Warwick, Jean della Casa, poëte italien, Mérian, et Van den Wyngaerde. — Titre de *Philosophia vniversa* (ouvrage publié à Anvers, en 1649), où sont représentés Maximilien et les princes ses deux fils. Ce dernier Morceau d'après Diépenbecke. 38 Estampes.

389 Paysages et Animaux, d'après Bassano, Durer, Elzheimer, Breughel, I. Peeters, Van Artois, etc. 18 Estampes.

390 Suite de Chasses, sous le titre *Seuerall Wayes of Hunting, Hawking, and FiSHing*...... 1671. 12 Estampes, d'après Barlow; plus, le titre. — et Oiseaux divers, d'après Barlow, etc. 24 Estampes.

HONDIUS, (ABRAHAM) *peintre; né, selon Descamps, en* 1650; *mort à Londres. Pilkington le croit né à Rotterdam, en* 1638. *Hondius a gravé à l'eau-forte.*

391 1 à 7. — 1, Chasseur assis sur une longue caisse; il tient de sa main droite un cor, et de l'autre flatte un des quatre chiens qui sont près de lui; à sa droite, deux chasseurs; l'un armé d'un javelot, l'autre, qu'on distingue à peine, retient un chien; sur la caisse: *Abraham Hondius inventor fecit;* à droite, à terre, *RP. excu.* (Deux Epr., à l'une, au-dessous du nom d'Hondius : *1672.* Elle est sans *R P excu.*) — 2, Ure terrassant un tigre; au fond, à droite, des Palmiers et des montagnes.—3, le Lion et le Serpent, manquent*. — 4, Daguet fuyant vers une biche qui boit à un ruisseau à droite, un grand arbre, dont les branches s'étendent vers la gauche. — 5, l'Ours manque **. — 6, le Porc-Epic poursuivi par trois chiens; un à gauche le devance. — 7, Laie près d'un

---

* 3 Un Lion vu de face, le corps dirigé vers la gauche; il se défend contre un serpent qui entoure son cou.

** 5 Un Ours dirigé vers la droite; deux chiens, dont on ne voit que la tête, le poursuivent.

Estampes encadrées ou en feuilles. 177.
Suite des Morceaux de HONDIUS.

champ de blé; à gauche, un sanglier dont on ne voit que la tête. H. 5 p. 2 à 6 l. L. 6 p. 3 à 5 l.

8 Quatre Chiens dans différentes attitudes; à droite, un chasseur tient un bâton, auquel est attaché un lièvre tué; au bas, tout au bord de la pl. : *I Smith ex.* H. 6 p. 3 l. L. 7 p. 10 l.

9 La Laie et ses petits, manque*

HUGHTENBURGH ou HUCHTENBURG (Jean Van) *peintre; né à Harlem, en* 1646; *mort à Amsterdam, en* 1733. *Ce Maître s'est formé sous* J. Wyck, Jac. Van Hughtenburgh, *son frère, et sous* Vander Meulen. *Hughtenburgh a gravé en manière noire et à l'eau-forte.*

Morceaux par HUGHTENBURGH sur ses propres dessins.

Pièces en manière noire.

392 1 à 4. — N.° 1 Voleur dérobant un cochon de lait à un paysan monté sur un âne, près duquel est un mendiant; à terre, à droite : *Huchtenburg.* — 2 Vieille apportant un jambon à des soldats; un d'entre eux a le verre à la main, un autre une chandelle allumée; à gauche, près d'un feu, une femme allaite un enfant; à terre : *HB fecit.* — 3 Cavalier le pistolet à la main; il fait fuir deux turcs; à terre, à gauche : *Hughtenburgh. F.* — 4 Choc de cavalerie; un cavalier l'épée à la main, court sur son adversaire, qui lui tire un coup de pistolet; à gauche, à terre : *Huchtenburg.* H. 3 p. 3 l. L. 10 p. 10 l. à 11 p.

Pièces rares.

5 à 7 bis. — N.° 5 Cavalier devant une hôtellerie; près de là, une femme, des enfans et un chariot dont les chevaux sont dételés; vers le milieu du devant : *Huchtenburg.* — 6 Mêlée

---

* 9 La Laie défendant ses petits contre une meute de chiens; quatre des assaillans sont déjà hors de combat; vers la gauche de la marge : *Abraham Hondius Pinxit Sculpsit;* à gauche : *R. Tompson Ex.* H. 11 p. 6 l. L. 15 p. 10 l. Morceau très-rare.

Suite des Morceaux de HUGHTENBURGH.

de cavalerie : on y remarque un cavalier qui fait vider les arçons à un turc, qu'il atteint d'un coup de pistolet ; à terre, vers la gauche : *Huchtenburgh. Fec:* — 7 Une Dame et un Chasseur à cheval, près d'un chasseur descendu de cheval et qui ordonne à un valet de réunir une meute; vers la droite : *Huchtenburg. Fec:* — 7 *bis*. Général, l'épée à la main ; il paraît faire avancer un régiment, dont on ne voit encore qu'un trompette et un cavalier; du côté opposé, des hommes et des chevaux morts; à gauche, dans le fond, une tour et une ville incendiée; du même côté, au bord du devant : *Huchtenburg*. Ce dernier Morceau n'a pas été décrit par Bartsch. H. 11 p. 2 à 4 l. L. 13 p. 9 l.

Pièces rares.
8 *Estampes.*

Pièces à l'eau-forte.
8 à 14 Scènes militaires, manquent *.

Morceaux d'après VANDER MEULEN.

393 15 à 22 Faits militaires et autres, sous le règne de Louis-le-Grand. Huit Sujets dans des ovales ; à gauche, au bas des pl. : *V. Meulen jn et ex. cum priuil Regis;* à droite : *HB f.* différemment écrit. H. des ovales seulement, 3 p. 3 l. L. 4 p. 4 l.

23 et 24 Soldats dans une campagne ; à droite, un chariot sans chevaux et des bagages. — Général donnant des ordres à un aide-de-camp ; à droite, des combattans; dans les marges, à gauche : *F. V. Meulen jn et ex. cum priuilegio Regis;* à droite, *V. HB. f.* H. 4 p. L. 6 p. 1 l.

25 à 30. N.° 25 Marche de cavaliers. — 26 Marche de troupes

---

* 8 Marche de chevaux de guerre. — 9 Entrée dans une ville prise. — 10 Revue de Guillaume, roi d'Angleterre, près d'Arnheim. — 11 Bataille aux Pays-Bas. — 12 Prise d'une ville. — 13 Bataille des Allemands contre les Français; à ces six Morceaux, dans la marge, un titre et six vers latins ; les vers par *D. Hoogstraeten;* et à droite, six vers hollandais, par *F. Halma*, précédés d'un titre. H. 15 p. 8 l. compris la marge de 2 l. L. 21 p. 6 l. — 14 Bataille de Hochstedt; à terre, à droite: *Huctenburgh. Fec.;* dans la marge: *Accurata Delineatio Raelti Hochstetensis*........ H 15 p. et 3 l. de marge. L. 21 p. 5 l.

Estampes encadrées ou en feuilles.

Suite des Morceaux de HUGHTENBURGH.

et de bagages. — 27 Chasse au cerf. — 28 et 29 Scènes champêtres. — 30 Choc de cavalerie; dans les marges, à gauche, *AF. V. Meulen, jn, et, ex, cum priuilegio Regis*; à droite : *V. HB. f.*; à la première, au-dessous des noms : *et Chez G. Scotin Ruë St.-Jacques a l'Estoille C. P. R.* H. 4 p. 2 à 3 l. L. 6 p. 2 à 3 l.

Du premier Morceau, deux Epreuves ; une avant des travaux et des contre-tailles sur les montagnes du fond et sur les buissons, au bas de deux arbres qui sont à la gauche ; plus, une Contre-Epreuve du second Morceau.

31 à 34 Général entouré de cinq officiers; il donne des ordres à un aide-de-camp. Trois combats de Cavaliers; dans les marges, à gauche : *AF. V. Meulen, jn, et, ex, cum priuilegio Regis*; à droite, à la première, où est l'adresse de Scotin : *I. Vanhuchtenburgh. sculp.*; aux trois autres : *V. HB. f.* H. 5 p. 6 l. L. 7 p.

35 à 44 Chevaux blessés, vus dans diverses attitudes ; dans la marge, à chacun de ces dix Morceaux, au milieu : *F. V. Meulen pinx. et ex. cum priuil Regis*; à droite : *V. HB. f.* différemment écrit. H. 6 p. à 7 p. 4 l. L. 9 p. à 12 p. 6 l.

45 Sept Cavaliers, deux vus par le dos; un le chapeau à la main; on distingue à droite, nombre de figures, et un carrosse à six chevaux; dans la marge, à gauche : *AF. Vander Meulen jn et ex. cum priuil Regis*; à droite : *I V. HB. f.* H. 10 p. 6 l. L. 16 p. 8 l.

46 et 47 Combats de cavalerie; l'un dédié au duc d'Enghien; l'autre au duc de Chevreuse; dans les marges, les dédicaces et les noms du peintre et du graveur. H. 17 p. 4 l. L. 28 p. 8 l.

48 La Marche de Louis XIV, sur le Pont-Neuf; dans la marge : *Marche du Roy........* et les noms des Maîtres. Estampe de trois feuilles. H. 17 p. 5 l. L. 35 p. 3 l.

49 et 50 Vuë de la Ville de l'Isle, du costé de Fiues. — Prise de Dôle; dans les marges le titre, et *Van Huctenburg et Baudouins sculp.* Chaque Estampe de deux feuilles. H. 17 p. 3 à 4 l. L. 48 p. 6 l.

37 *Estampes*.

JANSON, (JACOB) *peintre hollandais; florissait dans le siècle dernier. Janson a gravé à l'eau-forte.*

394 Janson vu à mi-corps, un chapeau sur la tête; il est assis, occupé à dessiner. Portrait gravé par *L. B. Coclers.* H. 4 p. 10 l. L. 4 p. 3 l.

Deux Epr. La prem. de la pl. non terminée, où le peintre est vu tête nue.

Janson assis, un rouleau de papier à la main droite; pl. en manière de crayon. H. 8 p. 9 l. L. 7 p. 5 l.

Épr. et contre-Epr.

1 à 12.

1 à 12 Les Mois de l'Année, par *Janson*, sur ses propres dessins; dessins qui se voyent dans la Collection de M. Van Buren, à Leyde; Suite de 13 Morceaux sous le titre : *De gecouleurde Teekeningen vande 12 Maanden*.............. *Van Buren tot Leyden, 1783* ; dans la marge à gauche: *J^r. Janson;* à droite le n°. H. 4 p. 10 l. L. 5 p. 10 l.

Premières Epr., le premier Morceau avant le titre, les mois avant les ciels, le nom et les n^{os}.

1 à 27.

13 à 39 Prairies et Paysages, ornés de figures et d'animaux; et feuilles d'Etudes, têtes de moutons, têtes de chèvres; de ces Morceaux, 6 en haut., les autres en larg.; à plusieurs, au ciel ou sur les terrasses : *J Janson f.* Suite avec des n.^{os} de 1 à 27.

Premières Epr. avant les n.^{os}; elles sont la plupart sur papier d'un ton jaune et satiné.

40 à 45 Six Paysages, l'un vu au clair de lune; H. de cinq de ces Pièces, 8 p. 3 l. à 9 p. 7 l. L. 7 p. 3 l. à 8 p. 9 l. H. de la sixième Pièce, 6 p. 11 l. L. 9 p. 2 l. A quatre le nom du Maître.

Prem. Epr. avant les ciels et avant la lettre.

46 à 48 Vache dans une Prairie, près d'un ruisseau, et deux Paysages où des pâtres gardent des Animaux. H. 3 p. 7 l. à 4 p. 3 l. L. 5 p. 1 à 2 l.

Prem. Epr., les Paysages avant les ciels.

Estampes encadrées ou en feuilles.

Suite des Morceaux de J. Janson.

49 et 50 Vue d'un Bois et Vue d'un Canal glacé. H. 2 p. 7 à 10 l. L. 3 p. 5 à 9 l.

51 Chariot en marche sur un chemin bordé d'arbres, Morceau de 3 p. 4 l. en carré.

Prem. Epr. avant le ciel.

55 Estampes.

395 Les Mois de l'Année, 13 Pièces ; Epr. avec les ciels, mais avant les n.^{os}, les prairies et paysages ; 27 Morceaux ; Epr. avec les ciels ; plusieurs de ces Epr. avant les n.^{os} ; les cinq paysages en hauteur et celui en larg. Epr. avec les ciels, deux avant la lettre ; un des petits paysages où un pâtre garde des animaux, et le paysage au chariot. Epr. avec les ciels. 48 Estampes.

JANSON, (P..... C.....) *peintre, fils du précédent. P.-C. Janson a gravé à l'eau-forte.*

396 Les Fumeurs. H. 4 p. 2 l. L. 3 p. 7 l. ; — le Retour à la chaumière. H. 5 p. 11 l. L. 4 p. 11 l. ; — le Pêcheur à la ligne, vu par le dos. H. 4 p. 10 l. L. 5 p. 10 l. ; — le petit Pont de bois. H. 2 p. 11 l. L. 4 p. 5 l. ; — le Pont de pierre, H. 4 p. 10 l. L. 5 p. 10 l. ; — les trois Vaches dans la prairie. H. 4 p. 11 l. L. 3 p. 11 l. ; — le Canal glacé, et les Patineurs au clair de lune, deux Morceaux, H. 3 p. 11 l. L. 3 p. 2 l. ; — le Moulin à vent. H. 3 p. 11 l. L. 3 p. 6 l. ; — le petit Bois. H. 2 p. 9 l. L. 3 p. 8 l. ; — la Charette en route. H. 3 p. 9 l. L. 4 p. 1 l. ; — la Liseuse, Sujet en demi-figure. H. 5 p. 10 l. L. 4 p. 5 l. ; — Vieille à la fenêtre. H. 4 p. 2 l. L. 3 p. 7 l. ; — Tête de Vieillard ; il porte un chapeau. H. 3 p. 5 l. L. 2 p. 11 l. ; — Etudes de Chiens épagneuls, deux Morceaux. H. 3 p. 1 l. L. 4 p. 1 l. 16 Estampes, la plupart à l'eau-forte pure.

JANSON, (P.....) *peintre, fils de Jacob Janson et frère de P.-C. Janson. P. Janson a gravé à l'eau-forte.*

397 Prairies où sont des Vaches ; à gauche, dans les marges : *P Janson f* ; six Pièces, deux en larg. H. 5 p. 9 l. L. 7 p. ; les quatre autres presque carrées, H. 4 p. 7 à 8 l. L. 4 p. 6 à 10 l. ; —

Chien épagneul sur le devant d'un champ. H. 5 p. 10 l.
L. 4 p. 10 l.

Epreuves doubles, avant la lettre, les premières avant les ciels et les fonds.

Têtes de vieilles, Têtes de jeunes femmes, Chien-Loup, Vache dans un champ, deux petits Paysages ; à l'un un pâtre et des vaches, Têtes de vaches, de moutons et de chèvres. Douze petites Etudes.

26 *Estampes.*

JORDAENS, (Jacques) *peintre ; né à Anvers, en 1594; mort dans la même ville, en 1678; élève d'*Adr. Van Oort.

398 1 à 7 — 1 La Fuite en Egypte. H. 10 p. 8 l. L. 7 p. 4 l. ; —2 Les Vendeurs chassés du Temple. H. 9 p. 6 l. L. 12 p. 2 l. ; — 3 la Descente de Croix. H. 10 p. 5 l. L. 8 p. 5 l. 2 Epr. ; — 4 Jupiter enfant, nourri du lait de la chèvre Amalthée. H. 7 p. 1 l. L. 10 p. 8 l. ; — 5 Mercure et Argus. H. 7 p. 10 l. L. 9 p. 1 l. ; — 6 Junon surprenant Jupiter avec Io. H. 9 p. 7 l. L. 13 p. 2 l. ; — 7 Cacus dérobant les vaches d'Hercule et les faisant marcher à reculons. H 7 p. 7 l. L. 11 p. 8 l. ; dans les marges, à gauche : *Iac Iordaens inuentor, 1652.* Morceaux dont la gravure est attibuée à Jordaens.

KAUFFMANN, (Marie-Angélique) *peintre; née à Coire, dans le pays des Grisons, en 1742; morte à Rome, en 1807. Kauffmann a gravé à l'eau-forte.*

399 Le Portrait de Winckelmann, 1764 ; le Portrait d'un dessinateur, le porte-crayon à la main, 1763 ; Susanne et les Vieillards ; Junon, 1770 ; Hébé, 1770 ; Renaud et Armide (Sujet de figures entières) ; l'Espérance ; Vieillards discutans, 1763 ; Femme qui tresse ses cheveux, 1765 ; le même sujet gravé de sens opposé ; Femme assise, appuyée sur une pierre, 1766 ; Femme vue par le dos, assise sur une pierre, 1770 (ces trois Morceaux de figures entières) ; Liseuse; jeune Fille assise ; elle tient de ses deux mains un livre ouvert, 1770; Femme les mains et la tête appuyées sur un livre, 1770 ; Femme un enfant dans ses bras ; Femme tenant un enfant qui a une pomme à la main ; Femme qui lit ; jeune Fille

debout; elle regarde dans un livre ; Vieillard à barbe, en
habit de fourrure ; Vieillard à barbe; il tient un bâton,
1762 ; Vieillard penché vers un livre où il pose la main
gauche, 1763; jeune Garçon assis; il semble méditer ; Femme
portant ses mains à ses cheveux et à la bandelette qui les
entoure : deux Femmes vues en buste et de profil, 1768,
1770 : ces différens Morceaux, par *Kauffmann*, sur ses propres dessins ; le Mariage spirituel de sainte Catherine, d'après
Correggio; Vénus et l'Amour pleurant Adonis : *Ca : Pinx :*
En tout 27 Estampes *.

KESSEL, (Théodore Van) *graveur à l'eau-forte et au burin; florissait en Flandre, dans le* 17.e *siècle.*

400 Le Triomphe de Galathée ; Nymphe et Dieu marin ; Sirène et
Triton, et Satyre et Enfans: Sujets composés dans des formes
de frise ; et le Retour du marché, d'après Rubens ; — La
Conversion de saint Paul ; deux différentes compositions de
ce sujet, et des Chocs de cavalerie ; six Pièces d'après Snayers ;
— Suite d'Animaux sous le titre : *ALCVNE ANIMALI
desegnate per Gioanni vanden Hecke* .... 1654 ; dix petites Pièces, compris le titre ; — Cavalier turc ; il tient à la
main droite un grand écriteau sur lequel est écrit à la main :
Théod. Van Kessel fecit. H. 3 p. 11 l. L. 2 p. 9 l. — Chasseur
prêt à percer un sanglier poursuivi par deux chiens ; un grand
rocher occupe la gauche et le milieu du fond. H. 3 p. 6 l.
L. 3 p. 5 l. Ces deux derniers Morceaux sur les dessins du
graveur. 23 Estampes.

KIKKERT, (P.) *dessinateur et graveur à l'eau-forte, artiste hollandais.*

401 Scènes de paysannes ; Figures représentant des marchands, des
gens du peuple et des mendians : quatre de ces Morceaux d'a-
près Chalon, Janson, Prins et Thier. Les autres sur les
dessins du graveur. 17 petites Estampes en haut.

---

* Le Portrait de Raphaël, Allegro, La Penserosa, et jeune Personne près d'une Urne, manquent.

KLEIN, (JEAN-ADAM) *dessinateur et graveur à l'eau-forte, en manière de crayon et à l'aquatinta; né en Allemagne.*

402 Bivouac de Cosaques; Patrouilles de Cosaques; Sujets militaires, six Pièces, 1814. Suites de Voitures dessinées d'après nature, dix Pièces, 1813. Tous Morceaux à l'eau-forte. 27 Estampes en larg.

403 Sujets militaires et autres; Etudes de figures, Études de chevaux. A la plupart, 1812 et 1814. Dix-sept Morceaux sur 14 feuilles. Deux de ces Estampes à l'aquatinta. 17 Estampes.

404 Cavaliers, Chevaux, Chiens, Moutons, etc. Etudes divisées en cinq Suites; à plusieurs, 1812, 1815. Treize de ces Morceaux en manière de crayon. 36 Estampes.

KLENGEL, (JEAN-CHRISTIAN) *peintre; né à Kesseldorf, près de Dresde, en* 1761; *élève de* CHR.-WIL.-ERN. DIETRICY. *Klengel a gravé à l'eau-forte.*

Morceaux par KLENGEL, *sur ses propres dessins.*

405 Deux Titres; à l'un: *OEuvre gravé à l'eau-forte par J. C. Klengel, 1800.* A l'autre: *Studium Juventutis J. C. Klengel, 1771.* Scènes familières; Intérieur d'Etable où sont des animaux, et Intérieur de grange. Petits Morceaux à l'eau-forte, 28 Estampes sur 7 feuilles.

406 Etudes de Sujets, de figures et de demi-figures d'hommes, de femmes et d'enfant; très-petits Morceaux à l'eau-forte, 42 Estampes sur 5 feuilles.

407 Vues d'*Aquadolti*, près de Rome; *il Monte Testaccio*, à Rome; autres de Saxe; diverses Prairies et Campagnes d'Allemagne; Morceaux ornés de figures et d'animaux. 33 Estampes sur 15 feuilles.

408 Vues de Vestiges d'anciens Monumens; Paysages pittoresques où sont des rochers, des côteaux couverts de bois et des rivières; des figures et des animaux ornent la plupart de ces Morceaux. 27 Estampes sur 9 feuilles.

409 Halte de Paysans; Maison rustique; Vue d'un Incendie pen-

Estampes encadrées ou en feuilles.

Suite des Morceaux de KLENGEL.

dant la nuit ; divers Paysages avec ruines ; Vues de Prairies avec animaux. 42 petites Estampes sur 9 feuilles.

410 Diverses Ruines; Chaumière, Campagne au clair de lune; Vues de Villages, et Paysages avec figures et animaux ; petites Pièces en larg. 36 Estampes sur 6 feuilles.

411 Etudes de Paysages, d'animaux, et Etudes de Têtes d'animaux. 29 petites Estampes en larg. sur 5 feuilles.

Morceaux d'après différens Maîtres.

412 Un Taureau, deux Vaches et trois Moutons dans une prairie, d'après Potter. — La Forêt, d'après Ruysdael, 1787. — Vieillard à barbe, vu à mi-corps, d'après Dietricy, 1784. — Quatre Paysages avec ruines, cascade, figures et animaux, d'après Wagner. 7 Estampes sur 4 feuilles.

KOBELL, (FERDINAND) *peintre ; né à Manheim, en* 1740. *Kobell a gravé à l'eau-forte.*

413 Saint solitaire en prière; Ermite en méditation, Villageois, Villageoise et Enfant à la porte d'une chaumière; la Querelle des Paysans; la Famille villageoise; le Joueur de violon; le Joueur de triangle; les Joueurs de cartes ; les deux Paysans gais ; Jeux d'Enfans ; Etudes de figures et d'animaux, plusieurs des premières d'après nature ; *Pense Roso*, Suite de neuf Pièces, Titres, Paysages et Cul-de-lampe; à plusieurs de tous ces Morceaux : *f Kobell* 1767 à 1780; à la première Pièce, la figure du saint solitaire est gravée par *Parizeau* ; 47 Est. sur 15 feuilles.

414 Intérieur de Forêt ; Vues de Campagnes avec Monumens ; Portes de Villes et de Châteaux en ruines; autres Vues de Bourgs et de Hameaux ; Paysages avec torrent et ponts de bois; à ces Morceaux, la plupart ornés de figures, le nom du Maitre, 1760 à 1780. Quatre de ces Morceaux dédiés à Char. de Sickingen. 40 Estampes, 38 sur 22 feuilles.

415 Paysages d'après nature, par *F. K.*; Suites avec des n.^{os} de I à VI; cinquante-cinq autres Vues de Sites agrestes avec cas-

Estampes encadrées ou en feuilles.

Suite des Morceaux de FERD. KOBELL.

cades, ruines, chaumières, et marche de figures et d'animaux. 61 petites Estampes sur 23 feuilles.

NOTA. *Dans cet article et dans le suivant, quatorze Morceaux par* FRANÇOIS KOBELL *, frère de Ferdinand Kobell.*

416 Paysages montagneux; Vues de Rivières, de Hameaux, de Chaumières et de Baraques : Morceaux ornés la plupart de figures et d'animaux. 51 Pièces; plus, jeune Fille et cinq Moutons, et Chèvres dans une campagne; d'après A. Vander Does : Est. en haut.; et une Vue maritime, d'après un dessin de Claude le Lorrain; petite Pièce en larg. 53 Estampes.

417 Sujets, Etudes de figures, Vues et Paysages; répétitions des Morceaux qui se trouvent dans les quatre précédens articles. On trouve ici quelques Epreuves doubles avec des différences. 37 Estampes.

KOBELL, (WILHELM OU GUILLAUME) *peintre ; né à Manheim ; fils et élève de* FERD. KOBELL. *Guil. Kobell a gravé à l'eau-forte et à l'aqua-tinta.*

Morceaux à l'eau-forte, par KOBELL *, sur ses propres dessins.*

418 Course de Chevaux à Munich, en 1810; gr. Est. en larg.; *Wilhelm Kobell* 1811; — Etudes de Cavaliers. 6 Pièces. H. 6 p. 3 à 7 l. L. 5 p. 3 l. à 7 p. 7 l. ; — Etudes de Chiens d'espèces différentes; 11 moyennes et petites Pièces en haut. et en larg.; et deux Cartes de visite. 19 Estampes.

Morceaux à l'aquatinta, d'après différens Maîtres.

419 Réjouissances villageoises, d'après F. Franck, gravées en 1796 ; — Clair de lune, d'après Teniers, 1797; — les Vaches qui s'abreuvent, d'après Van den Velde, 1792 ; — Halte de Cavaliers, d'après Kuyp, 1796; — la Caravanne en repos, d'après Wyck, 1801 ; — et la Surprise d'un Piquet de cavalerie, d'après Maas, 1798. 6 Estampes en larg.

420 Des Bohémiens qui demandent l'aumône ; la Bohémienne disant la bonne aventure, 1802-1803, d'après Wouwermans. 2 Estampes en haut.

421 Le Passage d'un Corps de Troupes, 1790; les Occupations au

Estampes encadrées ou en feuilles. 187

Suite des Morceaux de WIL. KOBELL.

Camp, 1794; le Manége, 1788; la Grange, 1792, d'après Wouwermans. 4 Estampes en larg.

422 Marche de Cavalier; Cavalier arrêté; Intérieurs d'Ecuries. 6 Petites Pièces en haut., 1786-87-88; 5 d'après Wouwermans; 1 d'après Guil. Kobell; — l'Etang aux Canards, 1803; gr. Pièce en larg.; le Bord de la Forêt, 1792; Pièce en haut. Ces deux Morceaux d'après Wynants; — Paysanne passant un gué, 1791; Pièce en haut. d'après J. Both. 9 Estampes.

423 Le Troupeau au bord de l'eau; le Mendiant, 1791; Pièces en larg.; — le Pâtre, 1791; la Fileuse, 1787; Pièces en haut. d'après Berghem. 4 Estampes.

424 Villageoise allaitant un enfant en gardant son troupeau, d'après Van Bergen, 1792; — les Cascades, d'après Ruysdael, 1797; — jeune Fille près d'un troupeau, un agneau dans ses bras, d'après Le Duc, 1792; — Repos du Fauconnier, d'après Du Jardin, 1792; — Paysan près de deux chevaux chargés et d'un bouriquet, d'après Van Romyn, 1788. 5 Est. la 4.ᵉ en larg., les autres en haut.

425 Repos de Chasse, d'après Lingelbach, 1797; — Voyageurs couchés en plein champ, 1801; le Troupeau rentrant, 1801; le Repos, 1791; Animaux dans des campagnes où sont des ruines, 1790-91. Ces cinq derniers Morceaux, d'après Henr. Roos. 6 Estampes, les deux dernières en haut.

426 Saint Jean baptisant Notre Seigneur: Composition dans un rond, d'après Beich, 1801; — deux Points de Vue de Paysages, pris au clair de lune; l'un par un temps couvert, d'après Ferd. Kobell; — Bergers près d'une cascade, d'après Franç. Kobell, 1797; — le Canal en Hollande, d'après Persselis: Composition dans un rond, 1801; — l'Amusement des Bergers, gr. Pièce en larg., d'après Claude le Lorrain, 1803; — le Repos de la Sainte-Famille: Composition dans un rond, d'après Guaspre Poussin, 1801. 7 Estampes.

KOBELL Junior, (HENRI) *peintre; né à Amsterdam, en* 1741. *Kobell a gravé à l'eau-forte.*

427 Grande Chaumière et Grange à foin près d'un taillis entouré

Suite des Morceaux de HENRI KOBELL.

d'arbres; à droite, la mer et des bâtimens à voiles; sur la grève, trois pêcheurs; à gauche, un villageois et son chien; Canal avec barques; à la gauche du devant, une grande église, des fabriques et une longue jetée; plus loin, des villages; sur les ciels: *Hend.* ^{k}. *Kobell Junior f* 1768. H. 7 p. 1 à 3 l. L. 12 p. à 12 p. 1 l.

Deux Suites d'Epr., la seconde du prem. Morceau, tirée après la retouche de la pl. qui alors présente un effet de nuit pris au clair de lune; à la prem. un n.° 1.

Bâtiment de haut bord, et diverses Embarcations sur un bras de mer; vers le milieu, et à gauche, sur les côtés, des moulins à vent; dans la marge, au milieu: *Hooft Vande Krap En't Molle Gat*; à droite: *H Kobel f*; à gauche: A^d *Wulpot Exc.* H. 5 p. 1 l. L. 8 p. 4 l.

Deux Epreuves, l'une plus ancienne.

Bâtimens en mer; au bord du devant, un paysan chargé d'un grand panier d'osier; une villageoise l'accompagne; à gauche, dans la marge: *Kobell f* 1778 H. 6 p. L. 8 p. 1 l.

Marchands de poissons au bord de la mer, et une Vue de mer; très-petites Pièces. Aux deux dernières les inscriptions: ELUCRO DAMNUM; — PLURES PISCABIMUR: à toutes, le nom de *Kobell*; — Intérieur de Camp; sur le devant, des soldats et deux chevaux sellés; — deux Paysans, dans une cour entourée de vestiges de bâtimens; l'un assis, l'autre debout, à droite, sur le ciel: *H. Kobell f N.° 2.*

12 *Estampes.*

KOCH, (F.) *dessinateur et graveur à l'eau-forte; né en Allemagne.*

428 Dame debout, vue jusqu'aux genoux: elle met ses gants; d'après C.-E. Biset; quatre Portraits d'Hommes, trois d'après L. Cranach, Holbein et Aldegrever; deux Paysans vus à mi-corps; Pièces d'après Adr. Van Ostade; la Fuite en Egypte, d'après Dietricy; Vue d'une Rivière bordée de montagnes: sur l'une des montagnes, une fabrique; le Portrait de Frédéric II, roi de Prusse; d'après Cuningham. Morceaux à l'eau-forte. 10 Est.

Estampes encadrées ou en feuilles. 189

KOKER, (A.....-M.....-D.....) *dessinateur et graveur à l'eau-forte; né en Hollande.*

429 Six Paysages, un avec pont en pierre, dont on voit trois arches. H. 3 p. 5 l. L. 6 p. 1 l.; cinq, la plupart avec chaumière et figures; à quatre à gauche, dans les marges: *A. M. D. Koker fecit;* au cinquième, à droite, sur l'eau, le nom du Maître, écrit à rebours. H. 4 p. 9 l. à 5 p. 6 l. L. 7 p. 2 à 4 l. —Paysage dans un rond; au bas, au-dessous de la bordure: *A. M. D. Koker fe.;* diamètre, 4 p. 5 l.; Villageois et Villageoises sur le devant d'une campagne. H. 3 p. 5 l. L. 4 p.; jeune Garçon chargé d'un grand panier; le pays où il passe est couvert de grands arbres; sur le devant, le chiffre du Maître. H. 2 p. 10 l. L. 3 p. 5 l. 9 Est.

KOLBE, (Ch.....-Guillaume) *dessinateur et graveur à l'eau-forte et au burin; né en Saxe.*

Morceaux par KOLBE, sur ses propres Dessins.

430 La Chûte des Damnés; la Chasse aux Lions; la Chasse au Cerf; le Satyre et les Bacchantes; la Danse des Nymphes; la Navigation; les Pâtres; la Conversation; le Repos du Berger; les Baigneurs; et le Chêne de Palémon; grands Morceaux dessinés et gravés à l'eau-forte, par *C.-W. Kolbe.* A plusieurs de ces Pièces, le nom du Maître, et à quelques-unes, 1800. La 1.re et les 6, 7, 8, 9, et 10e en haut. 11 Estampes.

431 Intérieurs de Forêts; Vue de Coteaux couverts de bois; autres de Sites champêtres: ces Morceaux dans le style de Waterloo, sont presque tous ornés de figures et d'animaux; à tous, le nom du Maître. 17 Estampes en larg.

432 Vues et Paysages avec figures et animaux; plusieurs des paysages dans le style de Waterloo. 19 Est. en larg.

433 Paysages de grandeurs différentes: à la plupart, des figures et des animaux; 15 de ces Morceaux en haut.; les autres en larg. 37 Estampes.

434 Etudes de Sujets, de Figures et d'Animaux: Morceaux en haut. ou en larg. 34 Estampes.

NOTA. *Des Estampes précédentes, cent portent des n.os de 1 à 100.*

Morceaux par KOLBE, d'après Sal. Gessner

435 Apollon et Daphné: Pièce en haut.;—Sacrifice au Dieu Pan.— la

Suite des Morceaux de KOLBE.

Conversation au bain; — la Cabane des Pêcheurs; — la Rêveuse; — jeune Fille assise près d'une fontaine : elle écoute un jeune homme pincer de la lyre; — la Solitude; — le Souhait ou la Solitude poétique; — le Bois; — et le Pont rustique : ces dix Estampes précédées du titre suivant : *Collection des Tableaux en gouaches et des dessins*...... Au bas de ce titre, au-dessous du portrait de Gessner, gravé par *H. Lips*, les mots *Zurich*.... 1811. 11 Pièces.

436 Chloé, Damon et Philis; Idilles; — la Grotte; — la Fontaine dans le bois; — le Temple; — la Fête champêtre; — la Promenade sur l'eau; — la Récolte des Pommes; — le Pêcheur; — et le Soir. 10 Estampes en larg.

437 Le Bain grec; — la Fontaine en Arcadie; — le Concert champêtre; — Danse de jeunes Garçons; — le Bosquet; — et la Cascade. 6 Estampes en hauteur.

KOOGEN, (LÉONARD VANDER) *peintre*; *né à Harlem, vers* 1610; *mort dans la même ville, en* 1681; *élève de* JAC. JORDAENS. *Koogen a gravé à l'eau-forte.*

438 1 Jésus, homme de douleurs, nu, assis, couronné d'épines; à une pierre où il pose le pied droit : 1664. H. 4 p. 8 l. L. 4 p. 3 l.

2 Saint Sébastien lié au pied d'un arbre, et percé d'une flèche; sur le ciel, à droite, et à rebours : 1665. H. 4 p. 9 l. L. 4 p. 3 l.

3 Saint Bavon un faucon sur le poing; à terre : *S: BAVO*; à droite, sur le ciel : 1664. H. 7 p. L. 4 p. 3 l.

4 à 7 Quatre Etudes de Guerriers : deux vus par le dos; à trois de ces Morceaux, où les fonds sont occupés par des soldats : 1665-1666. H. 6 p. 4 à 6 l. L. 4 p. 2 l.

8 Femme une cruche à la main; au fond, à droite, un village. H. 5 p. 3 l. L. 3 p. 11 l.

9 Femme vue en buste et de profil, dirigée vers la gauche; au haut : 1664. H. 5 p. 1 l. L. 3 p. 8 l.

Estampes encadrées ou en feuilles.

LAAN, (ADRIEN VANDER) *graveur à l'eau-forte; né à Utrecht, dans le 17.ᵉ siècle.*

439 Paysages dessinés d'après nature, en Italie et en Allemagne : par *J. Glauber*; suite publiée sous le double titre de *Veertig stuks Landschappen, zoo in Jtalien als Duytslandt......* et de *Dertigh Stuks Landschappen, zoo in Jtalien als. Duytslandt......* Trente-huit Morceaux, compris les deux de titres, sont d'après Glauber; et un d'après Millé, par *A. Vander Laan*; deux autres, d'après J. Van Huysum, par *Elgersma*; et un dessiné et gravé par *Du Bourg*, en 1721. En tout, 42 Estampes.

LAER, **LAEER** ou **LAAR**, surnommé **BAMBOCHE**, (PIERRE DE) *peintre; né à Laaren, village proche de la ville de Naarden, en 1613; mort à Amsterdam, en 1674. Laer a gravé à l'eau-forte.*

1 à 8.

440 1 à 8 Différens Animaux : — 1 Buffle, Vache, Cheval et Ane à une fontaine, sur laquelle est la déd. à dom Ferdinand, roi de Naples; *Exᵐᵒ PRINCIPI D. FERDINANDO.... Romæ superiorũ licentia Aⁿᵒ 1636*; — 2 les trois Chevaux; à gauche, un paysan assis; — 3 les trois Bœufs; à droite, un Bouvier couché sur l'herbe; — 4 trois Cochons près d'une fileuse; à droite, deux Anes : un est debout; — 5 un Bouc, deux Chèvres, et trois Beliers près d'une dévideuse; à droite, une cabane; — 6 sept Chiens et un Chasseur; à droite, à la fenêtre d'une maison, un Chat; — 7 deux Buffles, à gauche, un Bouvier; — 8 les Mules arrivant à l'écurie; à droite, un ratelier. H. 4 p. 5 à 6 l. L. 6 p. 3 à 4 l. *

1 à 6.

9 à 14 Différens Chevaux : 1 Cheval conduit par un paysan; 2 Cheval à la fontaine; 3 Cheval qui pisse; 4 Cheval attaché à un arbre; 5 les deux Chevaux dans le pré; 6 les deux Chevaux

---

* On trouve de cette Suite des copies presqu'entièrement gravées au burin, exécutées dans le sens des originaux. H. 4 p. 4 à 6 l. L. 6 p. 2 l.

Suite des Morceaux de LAER.

morts. Aux ciels, à ces Morceaux, au premier : *P. D. Laer fe.*; aux cinq autres : *P. D. L. fe.*; et le n°. H. 3 p. 1 à 2 l. L. 3 p. 7 à 8 l. *

15 Homme un petit marteau à la main, il est agenouillé devant une fileuse assise; plus loin, une villageoise et deux paysans; à gauche, un âne; dans le fond, des ruines; le haut, la gauche et le bas du trait carré, à plusieurs tailles; dans la marge : *P. V. LAER. F.* Sujet dit *la Famille.* H. 3 p. 2 l. L. 2 p. 11 l.

NOTA. La même Composition a été gravée de sens opposé, par Th. Wyck, auquel on en attribue aussi l'invention.

16 Les deux Paysans et le Cheval, manquent **

17 Les deux Cavaliers qui se battent au pistolet : on aperçoit, à gauche, à travers des arbres, la tête d'un cheval. H. 1 p. 1 l. L. 2 p. 10 l.

18 Paysage : à la droite, une rivière. H. 1 p. 5 l. L. 1 p. 2 l.

19 Vieille assise, un bâton dans ses mains : elle est vue de profil, et tournée vers la gauche; Pièce de forme losange. 1 p. 8 l. d'angle en angle.

20 Cavalier au galop : il se dirige du côté gauche. H. 1 p. 3 l. L. 1 p. 4 l.

LAIRESSE ou LARESSE, (GÉRARD DE**)** *peintre; né à Liège, en* 1640; *mort à Amsterdam, en* 1711; *élève de son père* REIN. DE LAIRESSE. *Lairesse a gravé à l'eau-forte.*

441 Lairesse représenté dans un médaillon environné de génies des arts : six Sujets de l'histoire d'Adam, d'Eve, de Caïn et

---

* On trouve des 3, 4, et 5.ᵉ Morceaux, des copies de même grandeur, mais de sens opposé aux originaux, et où l'abréviation *P. D. L. fe.*, et le *n.*° sont en plus grand caractère.

** 16 Deux Paysans, l'un debout, l'autre assis, vu par le dos; au milieu, un cheval de charrue; au fond, à droite, une colline où un homme conduit un cheval de somme; au bas, vers la gauche, le chiffre du Maître. H. 3 p. 2 l. L. 3 p. 6 l.

Estampes encadrées ou en feuilles. 193
Suite des Morceaux de LAIRESSE.

d'Abel; Abraham à table avec Sara; Joseph reconnu; Salomon sacré Roi d'Israël; la Visitation; l'Incrédulité de saint Thomas; sainte Thérèse; les Elémens, représentés par quatre Sujets de l'histoire de Vénus; les quatre Saisons; Jupiter et Calisto; cinq Sujets de l'histoire d'Io; Diane et Endymion; Repos des Nymphes de Diane; Vénus pleurant Adonis; Vénus montrant des armes à Enée; Creuse et Ascagne s'efforçant de retenir Enée; Ulysse et Calypso; Sylène endormi; Bacchus pressant des raisins; les Orgies de Bacchus; Danse de Nymphes; Nymphes près d'un Satyre lié à un arbre; six Sujets de l'histoire de Didon et d'Enée; Sacrifice de Polixène; Sémiramis s'exerçant à la chasse aux lions; deux Emblêmes à la gloire de Guil. Henri, prince d'Orange; et cinquante-neuf autres Pièces, Traits de l'Histoire Sainte et de l'Histoire Profane, Allégories, Emblêmes, Scènes burlesques, Portraits, etc.; gravés par *G. de Lairesse.* Au nombre des Morceaux d'après ce Maître, on distingue son Portrait, par *Schenck*; Esther; Jésus en croix; et des Hommes et des Femmes près d'une pyramide, par *Berge*. L'Age d'or; des Jeux d'Enfans, par *Blooteling*; Lincus et Triptolême, par *Gole*; deux Enfans, l'un tenant des raisins, l'autre une branche de houx, par *Munnichuysen*; la Sainte-Famille; saint Jean et sainte Elizabeth; et Sénèque dans le bain, par *Pool*; la Piété et la Concorde, par *Valck.* En tout, 142 Est. compris 13 Epr. doubles avant la lettre, 1 vol. in-fol. v. éc. tr. et fil. dorés.

LAUWERS ou LAEUWERS, (NICOLAS) *graveur au burin; né à Leus, dans le* 17.ᵉ *siècle; élève de* P. PONTIUS.

442* Des Soldats fumant pendant la nuit dans un cabaret: Sujet de demi-figures, d'après Seghers; au bas, quatre vers latins: *Quid culullos obbis vitra.....*; et quatre vers flamands: *Dit smaeckt als rynsp'chen myn.......*; Morceau connu sous le titre de *la Tabagie*; Estampe en largeur.

Anc. Epr. Cette Est. sert de pendant au Reniement de saint Pierre, par S. à Bolswert; Sujet décrit sous le n.° 153 du présent Catalogue.

13

Estampes encadrées ou en feuilles.

LE CLERC, (Sébastien) *dessinateur et graveur; né à Metz, en* 1637; *mort à Paris, en* 1714; *reçut les premières leçons du dessin de son père* Laur. Le Clerc, *orfèvre.*

443 De l'Œuvre de ce Maître, 3,432 Pièces *. Au nombre des Morceaux exécutés en *1650*, on trouve le Profil de la ville de Metz; la Samaritaine, et deux Figures : essai de gravure; *1654*, l'Institution de l'ordre des Mathurins, 9 Pièces des 11 de cette Suite; *1655*, sainte Hélène, 2 P. des 5; *1657*, le Portrait d'Abr. Fabert : deux Epreuves avec différences; la première Messe, 38 P.; *1658*, la Vie de saint Benoit, 37 P.; *1659*, le Maréchal de la Ferté, 2 Epr.; *1660*, différentes Armoiries, 7 P.; *1661*, la seconde Messe, 36 P.; *1663*, l'Office de la Vierge, 7 P.; *1664*, divers Etats, 22 P. des 28; l'Histoire de France, par *Brianville*, 4 P. et 1 double; *1667*, Roman de Cléopâtre, 12 P.; Histoire des Antilles, 20 P. et 2 répétées; *1668*, Plaidoyer de Van Opstal, 2 P. et 1 double; Devises pour les tapisseries, 38 P. et 1 double; *1669*, la Géométrie, 98 P. des 103; Histoire-Sacrée, par *Brianville* : tom. I.er, 72 P. des 75; *1670*, Histoire-Sacrée : tom. II, 32 P.; Histoire de l'Empire Ottoman, 28 P.; Tapisseries du Roi, 20 P. et 4 doubles; *1671*, Histoire naturelle des Animaux, 25 P. des 28; plus, 8 Epr. doubles très-rares; *1672*, Mausolée du Chancelier Seguier : 4 Epreuves avec différences ; Résolution des quatre Problèmes d'Architecture, 13 P. Livre de Paysages, 12 P., et 16 Epr. répétées; les Académies, 32 P.; l'Architecture de Vitruve, 47 P.; *1675*, Histoire-Sacrée, par *Brianville* : tom III, 42 P. des 45; *1576*, Œuvres de Racine, 6 P. et 3 Epr. répétées; Histoire naturelle des Animaux, seconde partie : 16 P. Métamorphose, 38 P. des 39; *1677*, la Pierre du Louvre, prem. Epr.; le Labyrinthe de Versailles, 41 P.; plus, 14 Epr. répétées: Morceaux très-rares ; *1678*, *Gierusalemme liberata*, 22 P.; *l'Adone del cavaliere Marino*, 21 P.; *il Pastor fido*, 7 P.;

* Sont compris dans ce nombre, 466 Epr. doubles avec différences, et 43 Morceaux avec des remarques qui n'ont pas été indiquées par Jombert, dans son Catalogue de l'œuvre de Leclerc : Catalogue en 2 vol. in-8.°, publié à Paris, en 1774.

Suite des Morceaux de LE CLERC.

Aminta del Tasso, 7 P.; Filli di Sciro, 8 P.; *1679*, la Bataille de Cassel; Arc-de-triomphe du faubourg Saint-Antoine; diverses Figures, deux Suites, 50 P. des 54; Discours touchant le point de vue, 31 P.; *1680*, Pavillons de Marly, 14 P.; Heures à madame la Dauphine, 9 P.; Panégyriques du Roi, 17 P.; la troisième Messe, 35 P.; Essai de physique, 32 P.; *1681*, Fables d'Esope, 23 P.; *1682*, Monnoies et Médailles, 148 P.; *1683*, Heures à la Chancelière, 8 P.; *1684*, Oraisons funèbres de la Reine et du Prince de Condé, 9 P. et 3 Epr. doubles avec diff.; le Mai des Gobelins, 4 Epr. avec diff.; 1 Rarissime avant le nom de Le Clerc, et avant les vers; petits Paysages, 35 P. des 37; *1685*, le Carrousel des galans Maures, 6 P.; Figures à la mode, 21 P.; *1686*, l'Invocation et l'Imitation des Saints, 379 P.; plus, 33 Epr. avec des diff.; les Conquêtes du Roi, par *Le Clerc* et *Chatillon*, 25 P. des 28; plus, 9 Epr. avec des diff.; *1687*, Annales de Toulouse, 25 P.; *1688*, les Figures des Saints, 64 P.; *1689*, Esther, 3 Epr. avec diff.; *1690*, Géométrie, 18 P.; Histoire naturelle des Animaux, 3.me partie, 12 P.; *1692*, la Passion de N. S., 36 P. Epr. doubles, avec diff.; *1693*, l'Apothéose d'Isis, 5 Epr. avec diff., 2 avant la lettre; Histoire de Ximenes, 12 P.; *1694*, saint Claude, 3 Epr. avec diff.; *1695*, Palais de Stockolm, 4 P.; Faubourgs de Paris, 12 P.; *Puer parvulus*, 4 Epr. avec diff., 1 avant toutes lettres; *1696*, la Multiplication des Pains, Caractères des Passions, d'après Le Brun, 20 P.; les Batailles d'Alexandre, d'après Le Brun, 6 P., Epr. répétées avec diff. : à l'une, du Sujet représentant la famille de Darius, une femme assise à terre, a le dos et l'épaule blancs; Paysages au Duc de Bourgogne, 61 P., 8 Epr. répétées avec diff.; *1697*, Catafalque de Charles XI, Allégorie du Mariage du Duc de Bourgogne, Epr. doubles et avec diff.; *1698*, Académie des Sciences, 2 Epr. avec diff.; *1702*, les petites Conquêtes, 11 P.; Médailles du Règne de Louis XIV, 180 P. des 186 de l'Ed. de 1702, et de celles qui ne sont pas dans le livre; plus, 185 Epr. avec diff.; *1704*, Entrée d'Alexandre dans Babylone, Histoire de Charles V de Lorraine, 37 P. 10 doubles Epr. avec diff.; *1706*, Habillemens

Suite des Morceaux de LE CLERC.

des Grecs et des Romains, 25 P.; Elie enlevé, 2 Epr. avec diff; 1710, Heures espagnoles, 21 P. des 22, et 4 Epr. doubles; 1714, Traité d'Architecture, 190 P. des 194, etc., etc.; neuf Porte-Feuilles grand in-fol.

NOTA. On trouve en tête de cet œuvre trois différens portraits de Séb. Le Clerc; un in-4.º gravé par Cl. Duflos*; et deux in-12.; l'un par* Ed. Jeaurat*, en 1715, l'autre d'après de La Croix, par* P. Dupin.

444 L'Entrée d'Alexandre dans Babylone; l'Académie des Sciences et des Beaux-Arts : Sujets composés et gravés par *Le Clerc*, 1704-1698. Estampes en largeur.

Premières Epreuves : celle de la première Estampe est avec la tête du héros, vue de profil; celle de la seconde, avant la lettre et les armes. Ces Morceaux, qui se distinguent encore par nombre d'autres remarques, sont tous deux avec grandes marges : ils proviennent du Cabinet de M. de Saint-Yves, n.º 223 de notre Catalogue.

LE DUCQ ou DUC, (JEAN) *peintre; né à La Haye, en* 1636; *élève de* PAUL POTTER. *Le Ducq a gravé à l'eau-forte.*

1 à 8.

445 1 à 8 Chiens dans différentes attitudes : 1 Vestiges d'architecture, avec bas-relief représentant deux enfans et trois chiens; au-dessous de ce bas-relief : *IOH: LE. DVCQ. Fecit 1661;* à gauche, une campagne. — 2 Chien couché près d'un Chien debout; à droite, un cavalier et un piéton. — 3 Le Chien et la Chienne; à droite, un grand arbre, un buisson et une chaumière. — 4 Chienne couchée à la droite, son petit la tete. — 5 Deux Chiens se disputant un morceau de viande; à droite, un verger entouré d'une haie. — 6 Deux Chiens prêts à se battre pour une volaille déplumée, étendue à terre; à droite, un bouquet de quatre arbres. — 7 Deux Chiens qui se battent, pendant qu'un troisième emporte le morceau, objet de la querelle; à gauche, un ruisseau près d'une colline où sont des ruines. — 8 Chien buvant à une auge en pierre, où un chasseur, appuyé sur son

Suite des Morceaux de LE DUCQ.

fusil, est assis; à gauche, un chien couché. A cette Suite, sur les ciels, des N.ᵒˢ de 1 à 8; le nom de *J. Le Ducq fe 1661* se trouve à 6 de ces Morceaux sur les ciels; à gauche, aux 2.ᵉ, 3.ᵉ, 4.ᵉ et 5.ᵉ; à droite, aux 6.ᵉ et 7.ᵉ; au 3.ᵉ Morceau, les deux chiffres 6 à rebours; au 8.ᵉ, sur la face latérale de l'auge : *J. Le Ducq fe.* H. 5 p. L. 6 p. 1 à 7 l.

9 Le Loup poursuivi, manque *.

446   10 Chien couché et endormi; près de là, un chien debout; à terre, à côté de la patte droite de derrière du chien debout : *J. Le Ducq f.* H. 4 p. 4 l. L. 5 p. 3 l.

Morceau extrêmement rare.

La Copie de l'Estampe précédente, gravée dans le sens de l'original; sur le ciel, à gauche : *A. Bartsch sc.* H. 4 p. 5 l. L. 5 p. 3 l.

Morceaux par LE DUCQ, *dont* BARTSCH *n'a pas donné de description.*

447   11 à 15 Etudes de Figures pour le Sujet de l'Adoration des Rois : 1.ᵒ La Sainte-Vierge en voile et en robe à bords brodés, assise, l'Enfant-Jésus sur ses genoux; à terre, à droite, à une pierre : *I. D.* — 2.ᵒ Mage à genoux en acte d'adoration, dirigé à gauche; son manteau est recouvert d'une chape; à terre, devant lui, près d'un vase, son turban. Morceau sans marque. — 3.ᵒ Mage en turban avec aigrette et en manteau doublé, et surmonté d'un collet de fourrure; il est debout, dirigé à droite, et tient un vase. Morceau sans marque. — 4.ᵒ Mage maure, en manteau garni de fourrure; sur son turban, une couronne et une aigrette; il est debout, dirigé vers la gauche, tient d'une main un vase surmonté d'une petite figure, de l'autre une chaîne; au fond, des ruines; au milieu du devant :

---

* 9 Loup emportant sur son dos un agneau dont il tient la jambe gauche de devant entre ses dents; un berger armé d'une pique le poursuit; dans le fond, un pâtre debout, parle à une femme assise sur une colline, où des moutons pâturent. Pièce sans marque. H. 6 p. 7 l. L. 8 p. 4 l. Morceau très-rare. Nous n'avons ici que la copie gravée dans le sens de l'original, elle est d'une ligne plus large; à droite, sur le ciel, à cette Copie : *J. Le Ducq fecit A. Bartsch sc. 1803.*

I. Duc Fecit et exudit. — 5.º Homme debout, en toque garnie de fourrure et en manteau; il a les mains en avant; son regard semble indiquer l'étonnement; sur l'épaisseur d'une marche où son pied gauche est posé : *I. D. inve f a° 1664*. Ces caractères sont à-peine visibles. H. 4 p. 5 à 8 l. L. 2 p. 9 l. à 3 p. 3 l.

LE GROS, (S....-J....) *dessinateur et graveur à l'eau-forte; né en Allemagne.*

448 Le Musulman, le Derviche, le Fumeur, et l'Enfant près d'un chien : *S. Le Gros f.* ou *L. G.* Au troisième Sujet : *1800*. — Suite de douze petits Sujets de paisage inventés et gravés à l'eau-forte Par *S. Le Gros 1796*. Treize petites Pièces, compris le titre. — Deux chevaux au verd; à terre, à droite : *S. J. Le Gros 1810*. H. 5 p. 6 l. L. 7 p. 2 l. — Vingt-trois Vues de ruines, cascades, rivières, hameaux et lieux champêtres; à la plupart de ces Pièces, des figures et des animaux. Ces Morceaux sur les dessins du graveur ou d'après Molitor, Rechberger, Wagner et Pillement.

41 Estampes.

LEONE, (GUGLIELMO) *peintre; né à Parme, dans le 17.ᵉ siècle. Leone a gravé à l'eau-forte.*

449 L'Annonce aux Bergers; trois Marches de figures et d'animaux, dans le style de Castiglione, et divers Repos d'animaux; à ces sept Morceaux : *G. Leone f.* différemment écrit. H. 5 p. 9 l. à 6 p. 3 l. L. 7 p. 11 l. à 8 p. 4 l. — Vues de lieux célèbres d'Italie : 10 Pièces; à la 1.ʳᵉ, à un cartouche : *All' Illustrissimo signore IL PRIOR FRA VIRGINIO VALLE*. H. 3 p. 6 l. à 4 p. 1 l. L. 4 p. 11 l. à 5 p. 2 l. — Etudes de Baudets, Boucs, Chèvres, Beliers, Moutons, etc. Huit Morceaux de proportions différentes. 25 Estampes.

LE PRINCE, (JEAN-BAPTISTE) *peintre; né à Metz, en 1733; mort à Saint-Denis-du-Port, près Lagny-sur-Marne, le 30 septembre 1781. Le Prince a gravé à l'eau-forte et au lavis.*

Morceaux à l'eau-forte.

450 Le Printemps; l'Hiver; Habillemens de diverses nations; Suite de divers Habillemens des peuples du Nord; divers Ajustemens à l'usage de Russie; divers Habillemens des femmes de

Estampes encadrées ou en feuilles.

Suite des Morceaux de LE PRINCE.

Moscovie; divers Habillemens des prêtres de Russie; les Strélits. Trois Suites de cris et de divers marchands de Saint-Pétersbourg et de Moscou; le Marchand de cowasse; le Rémouleur. Diverses Vues de Livonie; Vue des environs de Pétersbourg, etc. 88 Pièces.

Morceaux au lavis.

Les Tragiques; la nouvelle Poésie; les Pleureuses; le Guet; la Catastrophe; le Joueur de chalumeau; le Berceau russe; la Conversation russe; le Charretier et la Laitière; la Vertu au cabaret; le Page; le Paysan; la Ménagère; la Servante; la Gazette; Coiffures d'après nature. Paysages, dont: la Cascade; les Pêcheurs; les Laveuses; le Pont et la Baraque russe, et la Pompe. L'Adoration des Anges: ce dernier Morceau d'après Vien. 76 Pièces.

174 *Estampes, compris* 10 *Epreuves répétées avec des différences.*

LERPINIÈRE, (DANIEL**)** *graveur à l'eau-forte et au burin; né en Angleterre, dans le siècle dernier.*

451 Le Veau d'Or (*The Molten Calf*), d'après le Tabl. de Claude le Lorrain de la collection de Welbore Ellis, 1781, gr. Est. en larg.

Epreuve avant la lettre.

LEYDENSDORF, (FRANÇOIS-ANTOINE**)** *peintre; né à Reita, dans le Tirol, en* 1722; *mort à Manheim, en* 1799; *élève de* ROB. MAYER, TROGER, PIAZETTA *et* SEB. CONCA. *Leydensdorf a gravé à l'eau-forte.*

452 La Sainte-Vierge vue à mi-corps; le Portrait de Charles Théodore, électeur palatin, représenté de grandeur naturelle; le Portrait du même prince, Estampe de petit format, et deux figures académiques d'homme. Cinq Morceaux réunis en un cahier gr. in-fol. Manheim, 1801.

LIVINS, LIEVENS ou LYVINS, (Jean) *peintre; né à Leyde, en* 1607; *élève de* P. Lastman. *Livins a gravé à l'eau-forte.*

453 Mercure et Argus, les Joueurs et la Mort, Capucin vu en buste et de profil, trois Bustes d'hommes, trois Têtes dites *têtes orientales*, et deux Têtes de Vieillards : 11 Estampes.

454 Femme en longs cheveux, vue à mi-corps; Buste de Femme; neuf Têtes, hommes ou femmes, vus en buste; et un Vieillard assis : 13 Estampes.

455 Portraits d'Ephraïm Bonus, médecin juif, assis sur une chaise, son chapeau à la main; Juste Vondel, poète hollandais; Daniel Heinsius, professeur d'histoire à Leyde; Jac. Gouter, musicien anglais; un Portrait qu'on dit être celui de Salomon Koninck; jeune Homme en toque, vu de trois quarts, à mi-corps, tourné vers la droite; à gauche, sur le fond qui est blanc : *I L.* H. 5 p. 8 l. L. 4 p. 8 l. — Homme vu à mi-corps, et de trois quarts, tourné vers la droite; ses longs cheveux descendent sur le collet de sa robe : Morceau sans marque, attribué à *Livins.* H. 7 p. 7 l. L. 6 p. 1 l. 7 Estampes.

LOLI, (Lorenzo) *peintre; né à Bologne, en* 1587; *élève de* Guido Reni. *Loli a gravé à l'eau-forte.*

456 La Vierge dite *la Vierge à l'oiseau,* d'après Réni; la Sainte-Famille; la Sainte-Vierge, l'Enfant-Jésus et un Ange; saint Jérôme endormi; saint Jérôme en méditation; saint Sébastien; sainte Magdeleine; la Récompense de l'étude; la Renommée; Andromède; les Armes de *Goasta Vilani,* supportées par un génie; Amour rompant son arc; Lutte de deux Amours; Amours au pied d'un arbre; Hercule enfant, étouffant un serpent; Amour endormi, et trois Sujets, scènes de Bacchanales, représentées par des enfans. Ces Morceaux, exception faite des Sujets de saint Laurent et de la Magde-

Estampes encadrées ou en feuilles. 201

leine (qu'on croit de l'invention de Loli), d'après Gio. And. Sirani. 19 Estampes.

LONDONIO, (FRANCESCO) *peintre; né à Milan, en 1723; mort en 1783. Londonio a gravé à l'eau-forte sur ses propres dessins.*

1 à 16.

457   1 à 16 Différens Sujets et Animaux : 1 Femme un enfant sur le dos; à gauche, à une pierre : *Ioseph. Cardinali Pvteo Bonello... Franciscvs: Londonio mediolanesis D D. D.* H. 6 p. 5 l. L. 5 p. — 2 Deux Brebis ; et à droite, une chèvre couchée. — 3 Petit Pâtre couché ; derrière lui, à gauche, deux brebis. — 4 Deux Brebis couchées; à gauche, une brebis debout. — 5 Jeune Garçon assis à terre, caressant une brebis. — 6 Vieille Chèvre debout et deux chevreaux couchés. — 7 Chèvre couchée près d'un chien qui dort. Haut. de ces sept Morceaux, 3 p. à 3 p. 2 l. L. 4 p. 7 à 8 l. — 8 Le Bouc et les deux Chèvres. — 9 Petite Fille conduisant des moutons. — 10 La Vache couchée; à gauche, un veau debout : 2 Epr., la 1.re offre un Intérieur d'Ecurie, la 2.e un Paysage. — 11 Le Belier, le Mouton, la Chèvre et la Paysanne. — 12 Les deux Moutons, le petit Pâtre, la Chèvre et la Fileuse. — 13 Petit Pâtre, un long bâton à la main; plus loin, un âne chargé d'un sac, des brebis et des chèvres. — 14 Le Chevreau, la vieille Chèvre, le Belier et le Cheval; au fond, à gauche, un villageois. — 15 Vieux Pâtre endormi, appuyé sur un rocher. — 16 Homme enveloppé dans un manteau ; plus loin, à droite, une femme et deux enfans ; à gauche, une chèvre. Haut. de ces neuf derniers Morceaux, 5 p. 3 à 6 l. L. 4 p. 11 l. à 5 p. 1 l. A dix de ces Pièces : 1758—59. Suite avec des n.os de 1 à 16.

Prem. Epr. avant des travaux aux ciels, et à plusieurs autres parties des Compositions ; et la plupart avec le nom du Maître.

1 à 12.

458   17 à 28 Sujets de bergerie. 1 Jeune Fille qui trait une chèvre ; à droite, sur une pierre, à un vieux mur : *Al Nobile Sig.r Dundas....... Roma 1763.* — 2 Paysanne parlant à un jeune garçon appuyé sur un veau. — 3 Bergère assise

Suite des Morceaux de LONDONIO.

à gauche, un troupeau, à droite une chèvre. — 4 Bergère assise; près d'elle, trois beliers. — 5 La vieille Anesse, et un Anon; sur le devant, un chien couché; à gauche, un villageois. — 6 Les deux Brebis, la Chèvre et la Vache. — 7 Le vieux Pâtre endormi; plus loin, un petit paysan, et à droite, deux bœufs. — 8 Paysan couché à terre, près d'un cheval chargé. — 9 Petit Paysan sur un âne que précèdent cinq beliers. — 10 Petit Pâtre près d'une jeune fille endormie; à droite, deux moutons. — 11 Vieux Pâtre assis sur une pierre; à droite, une vache et un petit garçon; plus loin, à gauche, cinq chèvres. — 12 Femme à genoux devant un enfant endormi, couché, enveloppé dans une peau de mouton. Suite avec des n.ᵒˢ de 1 à 12. Morceaux en large. Haut. du premier * 6 p. 10 l. L. 8 p. 10 l.

1 à 6.

459 29 à 34 Sujets de Bergerie : 1 La Fileuse au fuseau, debout près d'une chèvre et de deux brebis. — 2 Villageois parlant à une petite fille montée sur un âne. — 3 Jeune Pâtre debout, un bâton sur l'épaule; à ses pieds, un belier et deux brebis; vers le fond, à gauche, un paysan à cheval et des moutons. — 4 Pauvre Femme en marche; elle porte un enfant, et tient de sa main droite une petite fille. — 5 Villageoise un panier sur la tête; elle parle à un petit paysan appuyé sur un âne. — 6 Berger jouant de la flûte; sur le devant, une chèvre et un mouton couchés; plus loin, une chèvre debout; à droite un belier. Suite de Morceaux en haut. et sans nᵒˢ. Haut. de la première Pièce, 8 p. 8 l. L. 6 p. 9 l.

Premières Epreuves avant divers travaux faits depuis aux pl.

1 à 12.

460 35 à 46 Différens Sujets champêtres : 1 Deux jeunes Filles, l'une debout un fuseau à la main, l'autre assise, tient une cruche; plus loin, à une pancarte attachée à un vieux

---

* Les Pièces de cette Suite et celles des Suites qui suivent étant peu différentes de grandeur, nous n'indiquerons à chacune d'elles que la grandeur du premier Morceau.

Estampes encadrées ou en feuilles.   203

Suite des Morceaux de LONDONIO.

mur : *A. S. E. Milord d'Exeter.......Francesco Londonio Milanese Napoli 1764;* à gauche, trois moutons. — 2 Berger conduisant une vache, sept brebis et deux chèvres. — 3 Vieux Paysan assis ; à droite, un cheval dont la selle est en partie cachée par une couverture. — 4 Pâtre un bâton dans ses bras, dix brebis et deux chèvres le suivent; au fond, à gauche, près d'une ruine, un paysan, un cheval et des moutons. — 5 Berger un havre-sac sur le dos; il est assis à terre; au milieu et vers la droite, un cheval, un chien et une vache. — 6 Trois Villageoises; une assise tient un agneau ; à gauche, près d'un arbre, deux beliers et une brebis. — 7 Petit Pâtre assis, un bâton à la main gauche; au milieu deux vaches, une couchée, l'autre debout ; plus loin, à droite, trois moutons. — 8 Pâtre assis à terre et endormi, appuyé sur un sac ; plus loin, une jeune fileuse ; vers la droite, trois brebis couchées et une chèvre debout. — 9 Paysanne qui trait une chèvre ; vers la droite, trois autres chèvres couchées. — 10 Une Vache, deux Brebis et un Agneau couchés, et un Chevreau debout; plus loin, près d'un arbre, un petit garçon couché sur un âne dirigé vers la droite. — 11 Une Chèvre et un Mouton couchés, près d'un berger assis, appuyé sur un grand panier renversé. — 12 Habitation rustique, où une femme, debout, tient une tasse et fait boire un petit garçon ; vers la droite, une vieille assise à terre fait rôtir des marrons. Suite de Pièces en larg., avec des n.^{os} de 1 à 12. Haut. de la première Pièce, 7 p. 9 l. L. 10 p. 4 l.

Premières Epreuves, la plupart avant les travaux faits depuis aux pl.

1 à 10.

461 47 à 56 Sujets champêtres : 1 Berger endormi, couché sur le dos, son chien est près de lui ; plus loin, au milieu et vers la droite, une villageoise à côté d'un âne chargé, et quatre moutons ; dans la marge, en deux lignes : *All' Illma Sig^r Conte Consigliere D. Jacopo Mellerio....... del Sig^e Conte.* — 2 Berger assis à terre ; il parle à une jeune femme qui soutient un panier dans lequel sont couchés un petit enfant et deux chevreaux ; du même côté, à gauche, un

Suite des Morceaux de LONDONIO.

âne. — 3 Paysan conduisant un cheval, une chèvre, un chevreau et un agneau; à droite, derrière le paysan, un chien et une brebis. — 4 Paysanne assise sur une butte; à côté d'elle, un panier de fruits; à droite, deux chèvres et un belier; du côté opposé, un paysan assis, un belier et une brebis. — 5 Deux Paysans; l'un debout, son chapeau à la main; près d'eux, une vache et un jeune taureau couchés; une chèvre et une brebis debout. — 6 Berger en manteau, assis, gardant deux chèvres et quatre brebis, son chien est couché près de lui; à gauche, un cheval debout; au fond, à droite, une caverne. — 7 Un Pâtre et une Villageoise près d'un rocher; un chien, des chèvres et des moutons les précèdent, et se dirigent vers une mare; à droite, un cheval et quatre moutons. — 8 Vieille assise; elle tient un panier de fruits; à ses pieds, une chèvre; à sa gauche, une brebis et un agneau; au fond, deux pâtres. — 9 Deux Pâtres, l'un en manteau; devant eux, un bœuf, deux beliers, quatre brebis, une chèvre et un chevreau se dirigent vers la droite. — 10 Une Vache, une Brebis et un Agneau couchés; plus loin, deux autres brebis; près l'une d'elles, qui bêle, une bergère vue par le dos, et vers la gauche, une petite fille. Suite de Pièces en larg., avec des n.ᵒˢ de 1 à 10. Haut. du premier Morceau 9 p. 3 l. L. 12 p. 8 l.

1 à 12.

462 57 à 68 Sujets champêtres : 1 Pâtre assis sur un rocher, ses jambes pendantes; à gauche, sur le devant, un belier debout près de deux chèvres, d'un belier, d'une brebis et d'un agneau couchés; dans le fond, deux pâtres; l'un près de deux moutons, l'autre derrière un âne chargé, près duquel marchent quatre moutons. — 2 Paysan et jeune Pâtre assis; près d'eux, quatre moutons et deux chèvres; à la droite, en avant d'une ruine où sont une vache et deux brebis, une jeune fille et un petit garçon. — 3 Vieux Pâtre; près de lui un enfant; devant eux, une vache, trois chèvres, un chevreau, deux brebis et un agneau; à gauche, une étable sous un rocher : on y voit un pâtre et des animaux; dans

Estampes encadrées ou en feuilles.

Suite des Morceaux de LONDONIO.

la marge, une dédic. au comte *Carlo di Firmian*. — 4 Femme debout derrière un pâtre assis qui boit; près d'eux, un bélier, un bouc, une chèvre et un chevreau couchés; au fond, une hutte en paille; à droite, un âne, deux brebis et une chèvre. — 5 Jeune Pâtre assis, son chapeau sur ses genoux, son chien est près de lui; plus loin, à droite, une femme fait boire un enfant; à gauche, l'entrée d'une caverne; en avant, un bélier près de deux bœufs couchés. — 6 Vieux Pâtre assis, endormi; derrière lui, à droite, une petite fille près d'une femme qui porte des pigeons dans un panier; plus loin, à gauche, un jeune pâtre conduit des animaux. — 7 Fileuse assise devant une étable couverte en paille, pratiquée dans une ruine; à gauche, cinq moutons, un debout et quatre couchés; à droite, un agneau et un chevreau dans un panier, derrière lequel est un enfant. — 8 Paysanne parlant à un Villageois qui porte sous le bras un sac rayé; devant eux, des animaux; à gauche, une petite fille; à droite, sur une pierre: *F Londonio f.* — 9 Jeune Fille debout, montrant un pâtre assis et endormi; près d'elle, un enfant et une chèvre; plus loin, à droite, un villageois conduit des animaux. — 10 Vieux Pâtre assis, appuyé sur un sac; à gauche, un panier de légumes et de fruits; plus loin, trois brebis et un âne chargé; au fond, vers la droite, une grotte. — 11 Bœuf debout, dirigé vers la droite; à gauche, une brebis et deux chèvres; au-delà, près de deux troncs d'arbres, un villageois debout; à droite, dans l'éloignement, un pâtre et quatre moutons. — 12 Taureau couché; derrière lui un paysan debout, et vers la gauche, un vieux cheval. Suite de Pièces en larg. avec des n.os de 1 à 12. Haut. de la première Pièce, 11 p. 6 l. L. 15 p. 6 l.

Premières Epreuves, la plupart ayant les travaux faits depuis aux pl.; les onze premières sont avant le n°.

69 à 76 Manquent*.

---

* 69 Vieux Paysan à genoux, dirigé vers la gauche; il trait

Suite des Morceaux de LONDONIO.

463 Trente-sept Sujets d'Animaux, Bergerie et Scènes champêtres, répétition de plusieurs des Morceaux décrits sous les n.ᵒˢ 457 à 460 et 462.

LONGHI, (GIUSEPPE) *graveur à l'eau-forte et au burin; résidant à Milan.*

464 Le Père-Eternel, soutenu par les Anges et par les Êtres, symboles des quatre Evangélistes, apparaît au prophète Ezéchiel, sur les bords du fleuve Chobar, d'après le Tableau de Raffaello Sanzio, qui se voyait à la galerie de Florence : Est. en haut., gravée à Milan.

Epreuve avant toutes lettres, seulement les mots Raphael Urb. pinx. J.ᵖʰ Longhi sc. indiqués à la pointe.

465 Le Père-Eternel soutenu par les Anges : Est. répétée.

Epr. avant la lettre, mais avec les noms d'auteurs et celui de l'imprimeur.

466 La Magdeleine dans le désert; elle est à demi-couchée, et médite sur la Sainte-Ecriture; d'après le Tableau de Correggio à la galerie de Dresde : Est. en larg.

Epreuve avant toutes lettres, seulement les mots Correggio pin J.ᵖʰ Longhi sc. indiqués à la pointe.

---

une chèvre. H. 7 p. 7 l. L. 10 p. 3 l., la marge du bas, 3 l.

70 Une Chèvre, un Chevreau et deux Brebis couchés près de deux Anes ; à gauche, devant une chaumière, un pâtre assis, une brebis dans ses bras; au haut : *Frᵒ Londonio Jn F 1762.* H. 9 p. 3 l. L. 12 p. 6 l.

71 à 76 Etudes d'Animaux dessinés et gravés par *Fr. Londonio.* H. 6 p. 3 l. L. 8 p. 8 l. Suite de six Morceaux, mise au jour par le prince Alberino de Barbino, après la mort de Londonio.

Estampes encadrées ou en feuilles.

Suite des Morceaux de LONGHI.

467 Le Repos en Egypte (*il Riposo in Egitto*), d'après C. Procaccino, 1803; — Saint Joseph, l'Enfant-Jésus dans ses bras, très-petite Pièce, d'après Guido Reni: Epr. avant la lettre; — Buste d'un Nègre, d'après Rubens, 1801; — Vieillard à longue barbe, d'après Rembrandt, 1800 (les trois derniers Sujets dans des ovales en haut.); — le baron Brudern, 1808; — la Mère de Longhi, représentée tête nue, 1807: ces deux Portraits, sur les dessins du graveur; Epreuves avant la lettre: 6 Estampes.

LOWRY, (WILSON) *graveur à l'eau-forte et au burin; né en Angleterre, dans le siècle dernier.*

468 La Solitude (*Solitude*), d'après le Tabl. de Gaspar Poussin, de la collection du roi d'Angleterre, 1785: Est. en larg.

Epr. avant la lettre.

469 La Solitude, Estampe répétée: Epr. avec la lettre.

LUTMA, (JEAN) *orfèvre et graveur au maillet et à l'eau-forte; né à Amsterdam, au commencement du 17.ᵉ siècle.*

470 Lutma père, titre: *Ianus Lutma Posteritati*; au haut, à gauche: *obiit* MDCLXIX; à droite: *AEtatis* LXXXV. — Lutma fils, titre: *Ianus Lutma Batavus ne te quæ siveris extra.*: Morceau daté de 1681. — J. Vondelius; au haut: *omnibus.* — P.-C. Hooft; au bas: *Alter tacitus.* — Ioannes Lutma père: Morceau daté de 1656. — Vue d'une Fontaine dans une place publique, 1656: 6 Estampes, les 4 prem. au maillet, les 2 autres à l'eau-forte.

LUTZENKIRCHEN, (P.-C.) *graveur en manière noire; né à Cologne, dans le siècle dernier.*

471 La Sainte-Vierge caressée par l'Enfant-Jésus, d'après Leonardo da Vinci, la Vierge est vue en demi-fig., 1813 : Est. en haut.; — l'Incrédulité de saint Thomas, d'après Giordano, Sujet de demi-figures : gr. Est. en larg.; — Louis XVIII, roi de France, d'après le Tabl. peint à Londres, par H. Villiers, portrait dans un ovale, 1814 : 3 Estampes.

MAAS, (DIRCK ou THIERRY) *peintre; né à Harlem, en 1656; élève d'*HENR. MOMERS. *Maas a gravé à l'eau-forte.*

472 Cavaliers au manége; Suite de neuf Estampes; à gauche, dans les marges : *D: Maas. inv. et fecit.* H. 7 p. à 7 p. 2 l. L. 8 p. 3 à 7 l.

Soldats dans différentes attitudes, et un Cheval debout et sellé; huit Morceaux, avec des n.^{os} de 2 à 9, et un numéroté 12. Neuf petites Pièces, quatre en haut., les autres en larg.

Vue près d'un camp; à la droite, un chariot à quatre roues; vers la gauche, deux chevaux, un est sans selle. Pièce sans nom d'auteur. H. 3 p. 7 l. L. 5 p. 4 l.

19 *Estampes.*

MANGLARD, (ADRIEN) *peintre; né à Lyon, en 1696; mort à Rome, en 1760. Manglard a gravé à l'eau-forte.*

473 *Diverse Compositioni, e Vedute......* Diverses Compositions et Vues, inventées et gravées par *Adr. Manglard*, à Rome, en 1753; à ce 1.er Morceau, le Tombeau de *Cicilia Metella;* partie de l'Intérieur du Colisée, *Ponte Salaro;* le Vésuve; seize Marines et Vues de ports; sept Vues de rivières, lacs, paysages et prairies; à plusieurs de ces Compositions, des épisodes historiques, ou des figures et des animaux; à la 1.re Pièce à un débris d'architecture, au milieu, vers la gauche de la terrasse : *Manglard 1753*, écrit à rebours; dans la marge, l'adresse de

Estampes encadrées ou en feuilles.

Suite des Morceaux de MANGLARD.

Giac: Billy; aux autres, à gauche de la marge, différemment écrit: *Adr^n° Manlard*, ou *Manglard. fec Romæ 1753*. Vingt-deux de ces Morceaux portent environ 7 p. 4 l. de haut. sur 11 p. 6 l. de larg.; et cinq, 10 p. 9 l. à 11 p. 1 l. de haut. sur 17 p. de larg. environ.

27 *Estampes.*

474 *Prospetto interno d'ell' Anfiteatro Flavio*,..... Vue intérieure du Colisée. H. 11 p. 1 l. L. 20 p. 6 l. Tempête; deux Ports de mer. H. 11 p. 3 à 4 l. L. 20 p. 10 l. Vue prise près d'*Aquafarella*. H. 10 p. 10 l. L. 17 p. 10 l.; à gauche, dans les marges, à deux: *Adr. Manglard fecit an 1753*; au premier, les mots *fecit Romæ 1753*, et l'adresse de *Giac.: Billy*. Le second sans prénom ni année.

Ponte della Coria, Lucano, Lamentano, e Mamolo. Vue de rivière, et deux Paysages avec fabriques; à ces huit Pièces, le nom du Maître et l'année 1754. *Veduta della Girandola*..... Vue de la Girande, au château Saint-Ange; trois Vues; deux de campagne, l'une à l'instant d'un ouragan; l'autre, d'une rivière au Clair de lune; à trois de ces Morceaux le nom sans l'année. Ces 11 Pièces portent environ 8 p. de haut, sur 11 p. 9 l. de larg. 16 Estampes.

MARATTI, (Carlo) *peintre; né à Camerano, dans la marche d'Ancône, en* 1625; *mort à Rome, en* 1713; *élève d'*Andr. Sacchi. *Maratti a gravé à l'eau-forte.*

Morceaux par MARATTI, sur ses Compositions.

475 1 à 3 — 1 La Nativité de la Sainte-Vierge; une femme assise vers la gauche, la présente à une de ses compagnes. Composition de huit figures. — 2 L'Ange annonçant à la Sainte-Vierge le mystère de l'incarnation. — 3 La Sainte-Vierge visitant sainte Elizabeth; Composition de quatre figures. A terre, à la première Pièce, à droite; aux deux autres, à gauche: *Carolus Maratus inuen* ou *in et fecit Romæ*. H. 7 p. à 8 p. 2 l. L. 5 p. à 5 p. 5 l.

Deux Suites d'Epreuves, les premières avant la lettre.

Suite des Morceaux de MARATTI.

4 Jésus dans la crêche, adoré par les anges, et offert à Dieu par la Sainte-Vierge; à gauche, saint Joseph. Composition de demi-figures dans un ovale; au-dessous de l'ovale: *Carolus Maratus in et fecit;* à droite: *Romæ con licentia de Sup⁺.* H. 6 p. 6 l. L. 5 p.

Deux Epreuves, la première avant la lettre; plus, une Copie gravée au burin et de sens opposé. H. 6 p. 4 l. L. 4 p. 8 l.

5 Jésus adoré par les Mages; à gauche, derrière la Sainte-Vierge, saint Joseph. Composition de sept figures; à terre, à droite: *Carolus Maratus in et fecit Romæ.* H. 7 p. 10 l. L. 5 p. 2 l.

2 Epreuves.

6 Jésus-Christ s'entretenant avec la Samaritaine; à droite, sur une pierre: *C. Maratta I. fecit.* H. 7 p. 5 l. L. 9 p. 11 l. Morceau dont la gravure est attribuée à Maratti.

Deux Epreuves, la première avant la lettre.

7 L'Assomption de la Sainte-Vierge; les anges la portent sur un nuage; au bas, sur le devant du tombeau: *Carolus Maratus inuen et fecit Romæ.* H. 8 p. 5 l. L. 6 p.

Deux Epreuves, la première avant la lettre.

8 à 10 — 8 La Sainte-Vierge soutenant de sa main droite, sur ses genoux, le Sauveur qui s'avance pour embrasser le jeune saint Jean. — 9 La Sainte-Vierge découvrant l'Enfant-Jésus qui dort; elle fait avancer la Magdeleine, qui tient de sa main gauche un vase de parfums. — 10 L'Enfant-Jésus assis sur les genoux de la Sainte-Vierge et mettant un anneau au doigt de sainte Catherine; à gauche, de grands arbres. Compositions de demi-figures, dans des ovales; au bas, à chaque, au-dessous de l'ovale, à la première, à gauche: *CAROLVS MARATVS;* à droite: *INV. ET SCL. 1647;* aux deux autres, à gauche: *Carolus Maratus inuen* ou *inue et;* à droite: *fecit Romæ;* à la dernière, *et,* est à la droite. H. 6 p. 4 à 6 l. L. 4 p. 10 l. à 5 p.

Deux Suites d'Epreuves, les premières des deux derniers Sujets avant la lettre.

Estampes encadrées ou en feuilles.

Suite des Morceaux de MARATTI.

Morceaux par MARATTI, d'après différens Maîtres.

11 Héliodore battu de verges, et foulé aux pieds d'un cavalier, envoyé du ciel pour le punir d'avoir osé entrer dans le temple du Seigneur, à dessein de le piller; à droite, le pape Jules second, s'y est fait représenter, porté dans sa chaise, voulant faire connaître son zèle à défendre les biens de l'Eglise; gravé d'après la composition de Raffaello Sanzio, dans une des chambres du Vatican, à Rome; Sujet cintré du haut. Morceau en deux feuilles, déd. à Nic. Baldelli; dans la marge, deux lignes d'inscription : *Héliodoro Tribuno....... Rafaelle inu͡t c. m. delineo.* H. 20 p. 3 l. L. 32 p. 6 l.

12 Jésus-Christ assis, appuyé sur la margelle d'un puits, s'entretenant avec la Samaritaine; gravé en 1649, d'après un Tableau d'Ann. Carracci, alors à Pérouse, dans la maison des Oddi. Ce Tableau, passé en France, a depuis fait partie de la Collection du duc d'Orléans; au bas du puits, sur une pierre : *Anibal Caraco. inu. Carolus Marat sculps.;* à terre : *1649;* au coin du devant, à gauche : *Perusie : in. Ædibus. D. D. de Oddis.* H. 18 p. L. 15 p. 3 l.

Deux Epreuves, la première avant la lettre.

13 Saint André étendu sur le chevalet et tourmenté par les bourreaux. Composition de plus de quarante figures, d'après le Tableau de Zampieri *dit* Le Domenichino, dans la chapelle Saint-Grégoire, à Rome; à terre, à gauche: *Dominicus Ciampellus* (pour Zampieri) *pinxit S. Gregorio;* à droite: *Carolus Maratus delineauit et Sculp: Cum priuil. Regis.* H. 11 p. L. 16 p. 6 l.

Deux Epreuves; la première avant la lettre, seulement les mots Cum priuil Regis. *Dans cette Epreuve, la marge du bas, ordinairement de 6 l. de haut, est de 14 l.*

MARCENAY DE GHUY, (ANTOINE DE) *peintre et graveur; né à Arnay-sur-Arou, en 1722; mort à Paris, en 1811.*

476 1 Marcenay vu à mi-corps; près d'une croisée : 1760. Pl. non terminée. H. 10 p. 9 l. L. 8 p.

Suite des Morceaux de MARCENAY.

Morceaux d'après différens Maîtres.

2 Le Tintoret, la main droite sur un livre : il est vu debout presque jusqu'aux genoux; d'après Tintoretto, 1755. H. 5 p. 6 l. L. 4 p. 8 l.

3 Stanislas, roi de Pologne, représenté dans un médaillon qu'un aigle élève dans les airs; d'après madame Baciarelli, 1765. H. 4 p. 1 l. L. 3 p. 3 l.

D'APRÈS VAN DYCK.

4 Charles I.*er*, roi d'Angleterre, représenté à mi-corps, en cuirasse, 1755. H. 5 p. L. 4 p. 1 l.

5 Henri, comte de Berge, en cuirasse : il est vu debout jusqu'aux genoux, 1767. H. 8 p. 8 l. L. 6 p. 9 l.

6 Homme vu à mi-corps, décoré d'une chaîne, 1763 : portrait dit *le jeune Seigneur.* H. 4 p. 2 l. L. 3 p. 3 l.

7 Bohémienne dans une campagne où est une voûte de rochers, d'après Teniers, 1755. H. 2 p. 6 l. L. 3 p. 9 l.

8 *Le ciel se couvre ; hâtons-nous* : Paysage d'après Van Uden, 1755. H. 7 p. 8 l. L. 10 p. 5 l.

9 Paysage où coule une rivière : deux hommes y sont dans un bateau; d'après Francisque. Sujet dans un rond. Diamètre 4 p. 4 l.

D'APRÈS REMBRANDT.

10 Tobie recouvrant la vue, 1755. H. 9 p. 6 l. L. 8 p. 2 l.

11 Cavalier dans une campagne; il donne la main à une dame, 1755 : Sujet de demi-figures, dit *l'Homme à la plume blanche.* H. 6 p. L. 8 p. 1 l.

12 Homme à barbe blanche, une toque sur la tête : il est dirigé vers la gauche; Buste dans un ovale, 1771 ; au bas, un paysage (la Chûte du jour). H. de l'ovale, 4 p. 3 l. L. 3 p. 5 l.

13 Dame en voile, ses cheveux ornés de deux plumes et de perles : elle est dirigée à droite; buste dans un ovale, 1768; au bas, un paysage (les Voyageurs). H. de l'ovale 4 p. 3 l. L. 3 p. 5 l.

14 Rembrandt, debout, vu presque jusqu'aux genoux, sa palette à la main, 1755. H. 5 p. 5 l. L. 4 p. 7 l.

Estampes encadrées ou en feuilles.

Suite des Morceaux de MARCENAY.

15 Vieillard à barbe blanche, dit *le Vieillard atrabilaire*, vu à mi-corps : le regard dirigé vers la droite, 1764. H. 4 p. 3 l. L. 3 p. 4 l.

16 Vieillard coiffé en toque ; sa barbe est en partie blanche : buste tourné vers la gauche, 1755. H. 2 p. 6 l. L. 2 p. 1 l.

17 Vue d'une campagne au commencement d'un orage, 1758. H. 8 p. L. 10 p. 5 l.

---

18 La Fleuriste près d'une croisée : elle cueille un œillet ; d'après Ger. Douw, 1766. H. 10 p. 6 l. L. 8 p. 2 l.

19 Testament d'Eudamidas, d'après Le Poussin. H. 8 p. 1 l. L. 11 p. 10 l.

20 L'Amour fixé : allégorie d'après Le Brun, 1763 ; Sujet dans un ovale. H. 8 p. 10 l. L. 7 p. 8 l.

21 La Bataille, d'après Parrocel, 1755. H. 8 p. L. 12 p. 2 l.

22 Enfant qui fait des châteaux de cartes : Sujet de demi-figure, d'après Chardin. H. 3 p. 6 l. L. 4 p. 6 l.

23 Paysage vu au clair de lune : sur le devant, une grande voûte de rochers ; d'après Vernet, 1756. H. 7 p. 11 l. L. 10 p. 3 l.

24 Paysage vu au coucher du soleil : à droite, une forteresse ; au fond, à gauche, une pyramide ; d'après Vernet. H. 2 p. 1 l. L. 2 p. 11 l.

25 Vieillard dont l'habit et la toque sont garnis de fourrure, vu à mi-corps, dirigé vers la gauche : Etude de Greuze, à l'imitation de Rembrandt. 1754. H. 2 p. 5 l. L. 1 p. 11 l.

26 Régulus, d'après Pescheux, 1772. H. 9 p. 4 l. L. 11 p. 6 l.

27 Dame coiffée en cheveux, et vue en buste ; d'après Peronneau. H. 2 p. 6 l. L. 2 p.

Portraits divers.

28 à 39 Les Rois de France : Charles V, *dit* le Sage, Charles VII, *dit* le Victorieux, et Henri IV, *dit* le Grand ; ce dernier d'après Jannet ; — le prince Eugène, d'après Kopeski ; — le chevalier Bayard ; — les maréchaux de Turenne, d'après Champagne ; de Villars, d'après Rigaud ; et de Saxe, d'après Liotard ; — Max. de Béthune duc de Sully, d'après Porbus ; le

Estampes encadrées ou en feuilles.

Suite des Morceaux de MARCENAY.

chancelier de l'Hopital ; le président de Thou, d'après Ferdinand; et Jeanne-d'Arc, 1763 à 78. H. compris la place laissée au bas à plusieurs, pour les inscriptions, 4 p. 7 à 9 l. L. 2 p. 9 à 11 l.

40 Charles, duc de Brunswick et de Lunebourg, debout dans une campagne, vu presque jusqu'aux genoux, d'après La Fontaine. H. 11 p. 1 l. L. 8 p. 1 l.

41 Son Altesse Marie-Antoinette, princesse royale de Pologne, électrice de Saxe, née princesse impériale de Bavière, représentée dans un médaillon attaché à une pyramide ; d'après le portrait peint en pastel par cette Altesse, 1765. H. 7 p. 10 l. L. 5 p. 3 l.

42 Le général Paoli, buste dans un ovale. H. 3 p. 9 l. L. 2 p. 10 l.

43 Victor de Riquety, marquis de Mirabeau, vu debout à mi-corps, et en cuirasse; d'après Aved, 1758. H. 11 p. L. 8 p.

44 Marc. Pct. de Voyer de Paulmy, comte d'Argenson, vu à mi-corps; d'après Nattier. H. 5 p. 4 l. L. 3 p. 5 l.

45 Le Marquis de Puységur, colonel du régiment de Vexin : Portrait dans un médaillon posé sur un piédestal; au bas du piédestal, des instrumens de guerre et d'agriculture. H. 7 p. 10 l. L. 5 p. 3 l.

46 Le Goux de Gertans, homme de lettres, vu de profil et à mi-corps dans un ovale; d'après Devoge, 1773. H. 8 p. 7 l. L. 6 p. 4 l.

47 J.-B. Sage, chimiste, vu à mi-corps, dans un ovale, 1775. H. 5 p. 10 l. L. 3 p. 10 l.

Têtes et Paysages par MARCENAY, sur ses propres dessins.

48 L'Étonnement, buste de femme qui caractérise cette expression, 1773. H. 2 p. 1 l. L. 1 p. 7 l.

49 Vieillard la main gauche élevée : il semble effrayé; buste dans un ovale, 1773. H. 2 p. 5 l. L. 2 p.

50 Homme vu de trois quarts, et en buste. H. 2 p. 9 l. L. 2 p. 5 l.

NOTA. *Il n'y a à cette pl. que la tête et le fond d'ébauchés.*

51 Les Voyageurs à la droite d'une campagne ; au milieu, une rivière. H. 15 l. L. 3 p. 9 l.

Estampes encadrées ou en feuilles.

Suite des Morceaux de MARCENAY.

52 La Chûte du jour; au milieu et à droite, une rivière; à gauche, deux figures. H. 14 l. L. 3 p. 5 l.

53 et 54 Intérieur d'une Forêt; sur le devant, vers la gauche, un homme près d'un étang; — rivière bordée de bois; au bord, à gauche, une baraque. H. 1 p. 6 à 8 l. L. 4 p. 3 l. Ces deux Compositions sur la même pl.

55 Pêcheur au bord d'une rivière; à droite, des rochers; au milieu du devant, vers la gauche, deux grands arbres, 1773. H. 1 p. 6 l. L. 4 p. 7 l.

56 Paysage avec voûte de rochers. H. 7 l. L. 1 p. 7 l.

57 Vue d'un Bois; à la gauche, deux hommes. H. 8 l. L. 1 p. 10 l.

58 Rivière bordée à gauche par des rochers où est une maison. H. 15 l. L. 3 p.

59 Rivière bordée à gauche par des bois; près de là, des chaumières. H. 15 l. L. 3 p.

60 Le Repos, paysage où, vers la gauche, une villageoise est assise à terre, 1778. H. 2 p. 1 l. L. 2 p. 10 l.

61 Vieillard appuyé sur deux béquilles : il marche sous de grands arbres, près d'une rivière bordée à la gauche par des montagnes. H. 5 l. L. 3 p. 4 l.

Les Epr. de cet œuvre, exception faite des Morceaux sous les n.os : 3, 7, 40, 44, 46, 48, 51, 52, et 56 à 60, sont avant la lettre.

MARTSS *le jeune*, (I.-M.-D. JONGE* dit JEAN) *dessinateur et graveur à l'eau-forte; florissait dans le 17.e siècle.*

1 à 6.

477 1 à 6 Différens Sujets militaires, etc.; — 1 Vue d'un Camp; à gauche, une tente; à terre : *M. D Jonge Fecit;* vers le mi-

---

* Les lettres I. M. servent de marque aux ouvrages de *Martss.* Suivant Fuesslin père, dans l'ouvrage intitulé *Nachrichten von Kunstlern....* Mémoires d'Artistes, tome 2, p. 49, ce monogramme, suivi d'un D et du mot *Jonge* (le jeune), désignerait Marsen J. nommé le jeune, peintre hollandais, qui vivait vers 1632.

Suite des Morceaux de MARTSS.

lieu : *C I Visscher excudit;* à droite, le n.° 1; — 2 Combat entre trois cavaliers; à terre, à droite : n.° 2 *M. D. Jonge Fecit;* — 3 Combat de deux cavaliers; à droite, à terre : n.° 3 *M. D. Jonge Fecit.* H. 4 p. 3 l. L. 6 p. 7 l. — 4 Bataille de cavalerie; sur le devant, un commandant à cheval court à toute bride; à terre, au bord du milieu : *M. D. I. fe.;* vers la droite : n.° 5 *a*. H. 1 p. 10 l. L. 3 p. — 5 Cheval couché; à terre, vers le milieu : *M. D. I. fe.* ; à droite : n.° 5 *b*. H. 1 p. 8 l. L. 2 p. 10 l. — 6 Combat de cavalerie : à droite, trois cavaliers courent à toute bride; vers le lieu du combat, au bord de la terrasse : *M. D. Jonge fecit.* n.° 6. H. 6 p. 2 l. L. 9 p. 5 l.

Morceaux dont Bartsch n'a pas donné de description.

7 Trois Cavaliers courant au grand galop; vers la droite, où deux cavaliers et deux fantassins se battent; au bord du milieu de la terrasse : *M. D. Jonge fecit;* vers la gauche : *C I Visscher ex.* : à droite, un n.° 4. H. 2 p. 11 l. L. 4 p. 1 l.

8 Trois Militaires, assis près d'un buisson, jouant aux cartes : l'un d'eux, vu par le dos, tient son cheval par la bride; Sujet dans un ovale; à terre, au bord du milieu : *M. D. I. fe.* ; à droite : n.° 5 *c*. H. 2 p. L. 2 p. 9 l.

MASSARD *père,* (M.ʳ JEAN) *graveur à l'eau-forte et au burin; né près de Belesme, dans le Perche.*

478 La Mort de Socrate, d'après M.ʳ David : gr. Est. en larg.

Epreuve avant toutes lettres, seulement les noms d'auteurs.

MASSARD, (M.ʳ RAPHAEL-URBAIN) *graveur à l'eau-forte et au burin; né à Paris; fils et élève de M.ʳ* JEAN MASSARD.

479 La Sainte-Famille, dite *la Sainte-Famille au palmier* : Sujet dans un rond. H. 6 p. 10 l., sur pareille larg. — La Vierge dite *la belle Jardinière*. H. 5 p. 10 l. L. 3 p. 11 l.; d'après deux Tabl. de Raffaello

Suite des Morceaux de Mr RAPH.-URB. MASSARD.

Sanzio : l'un de ces Tabl. se voyait dans la collection du Palais-Royal ; l'autre fait partie du Musée royal.

Epr. avant la lettre.

480 Sainte Cécile, l'apôtre saint Paul, la Magdeleine, saint Jean l'Evangéliste et saint Augustin ; dans le ciel, un concert formé par six anges ; d'après le Tabl. de Raffaello Sanzio, qui se voyait dans l'église de Saint-Jean *del Monte*, à Bologne : Est. en haut.

Epr. avant toutes lettres.

481 Sainte Cécile, même Estampe répétée.

Epr. avant la lettre, mais avec les noms d'auteurs.

482 La Danse des Muses, d'après le Tabl. de Giulio Pipi dit Jules Romain, qui se voyait à la galerie de Florence : gr. Est. en larg.

Epreuve avant la lettre.

483 Portrait de Mona Lisa, femme de Francesco del Giocondo, d'après Leonardo da Vinci. H. 9 p. L. 6 p. — La Charité, d'après Andrea del Sarto. H. 4 p. 11 l. L. 3 p. 9 l. : ces deux Tabl. au Musée royal. — Jupiter sous la forme d'un satyre, près d'Antiope, d'après Le Correggio. H. 5 p. 11 l. L. 4 p. — Hercule enfant, étouffant un serpent, d'après le Tabl. d'Ann. Carracci, qui se voyait au Palais-Royal. H. 7 p. 11 l. L. 5 p. 5 l. 4 Estampes.

Epr. avant la lettre.

484 Saint Paul prêchant à Ephèse, d'après le Tableau de Le Sueur, au Musée royal : Est. en haut.

Epreuve avant la lettre, les noms d'auteurs tracés en points.

Suite des Morceaux de M.r RAPH.-URB. MASSARD.

485 Saint Paul à Ephèse : Estampe répétée.

Deux Epreuves de la planche non terminée, tirées à différens degrés d'avancement des travaux.

486 La Chananéenne aux pieds de Jésus-Christ, d'après le Tabl. de Drouais, au Musée royal : Est. en larg.

Epreuve avant la lettre.

487 Cinq des Muses; le Faune tenant un lapin. Deux Bustes : Morceaux gravés sur les Dessins faits par MM. Bertolini, Bouillon, Ingres et Granger; d'après l'antique : 7 Estampes, 6 en haut., 1 en larg.

Epreuves avant la lettre.

MASSON, (ANTOINE) *peintre au pastel, et graveur au burin ; né à Thoury, près d'Orléans, en 1636; mort à Paris, en 1700; quitta la profession d'armurier, pour se livrer à l'étude de la peinture et de la gravure, et devint élève de* NIC. MIGNARD.

488* Jésus à table avec deux de ses disciples, dans le château d'Emmaüs; d'après le Tabl. de Tiziano, au Musée royal : Pièce connue sous le titre de *la Nappe.* Est. en larg.

Ancienne Epreuve.

489* Marin Cureau de La Chambre, médecin ordinaire du Roi, représenté en demi-corps dans un ovale, la tête tournée vers la gauche; d'après P. Mignard, 1665 : Est. en haut.

Epr. avant la contre-taille sur la joue droite.

490 Guillaume de Brisacier, secrétaire des commandemens de la Reine, représenté à demi-corps dans un

Estampes encadrées ou en feuilles.

ovale, la tête tournée vers la gauche; d'après N. Mignard, 1664: Est. en haut.

Première Epreuve, avec Brisasier *pour* Brisacier, *et* segretaire *pour* secrétaire.

MATHIEU, (JEAN) *graveur à l'eau-forte et au burin; né à Paris, en* 1749; *mort à Fontainebleau, en* 18..; *élève de* JOS. DE LONGUEIL.

491 Vue du lac Trasimène, d'après Gaspard Poussin; le Temps orageux, d'après J.-Hon. Fragonard. — La Barque mise à flot, et le gros Temps, d'après deux Tabl. de Jos. Vernet, au Musée royal: 4 Est. en larg., les deux premières de plus grand format.

Epreuves avant la lettre.

MATTUE ou MATTHUE, (COR.) *dessinateur et graveur à l'eau-forte; florissait dans les Pays-Bas, dans le* 17.ᵉ *siècle.*

492 1 à 3 Trois Paysages: 1 Campagne où sont un chevrier et six chèvres; à gauche, un temple en ruine; — 2 Pont de deux arches en pierre, au-dessus d'un torrent; à la gauche, sur le devant, un villageois appuyé sur son bâton; — 3 Paysage avec colline, où un rustre conduit trois mulets chargés; sur les ciels, au premier et au troisième Morceaux, à gauche: *Cor. Matteus fecit*; au second, à droite: *Cor. Mattue in.*; au premier, à droite, sur l'eau: *F. V. W. ex*; au second, au bas, à gauche: *F. V. W.* H. 3 p. 6 l. à 4 p. L. 5 p. à 6 p. 9 l.

Pièces très-rares.

4 Wyngaerde vu à mi-corps, en pelisse garnie de fourrure, un bonnet sur la tête, son regard un peu dirigé vers la gauche; au haut, de ce côté: *Cor. Matthus fe.*; à droite: *F. V. W. Ætat suæ* 23 *A°* 1637. H. 3 p. 2 l. L. 2 p. 5 l.

NOTA. *Ce dernier Morceau a été décrit par Bartsch, sous le n.° 93 de l'appendice du Catal. de Rembrandt et de ses principaux imitateurs, à l'article des Pièces gravées d'après Livins.*

MAUPERCHÉ, (Henri) *peintre, l'un des premiers qui composèrent l'ancienne Académie royale, florissait à Paris, dans le 17.ᵉ siècle. Mauperché, imitateur de la manière de Swanevelt, introduisait volontiers des compositions d'architecture dans ses Tableaux ; on en trouve aussi dans les Morceaux qu'il a gravés à l'eau-forte.*

493 Six Sujets de l'histoire de Tobie, la Parabole de l'Enfant prodigue ; Suite de quatre Pièces : l'Annonciation, la Nativité, l'Adoration des Mages, la Fuite en Egypte, et autres Traits historiques, tirés la plupart de l'Ancien et du Nouveau Testament, 30 Pièces d'environ 6 p. 6 l. à 7 p. 6 l. de haut., sur environ 9 p. 6 l. à 11 p. 6 l. de larg. — Saint Jean Baptiste dans le désert. H. 5 p. L. 3 p. 8 l. — La Magdeleine en prière; dans les airs, des anges portent une grande croix. H. 8 p. L. 11 p. 3 l. A tous ces Morceaux, un seul excepté : *Henr. Mauperché pinxit et fecit* différemment écrit. 32 Estampes.

494 Suite de douze Paysages avec figures ; à plusieurs des ruines ; à tous, dans la marge : le nom *d'Hen. Mauperché*. H. 3 p. 10 l. à 4 p. 1 l. L. 4 p. 3 l. à 5 p. 4 l. Six Vues champêtres : à l'une, un pont de deux arches en pierre, et à une seconde, les vestiges d'un monument dont on voit encore deux colonnes. H. 2 p. 9 l. à 3 p. L. 3 p. 10 l. à 4 p. 1 l. 18 Estampes.

MAZZUOLI dit LE PARMESAN, (Francesco) *peintre ; né à Parme, en 1504 ; mort en 1540. Mazzuoli a gravé différens Sujets dont il est l'inventeur ; entraîné par le torrent de son imagination, ce Maître a porté dans ses eaux-fortes le même feu d'exécution qui caractérise ses autres ouvrages ; on y retrouve sa manière de dessiner si spirituelle et si gracieuse, et une touche si légère, qu'il serait presqu'impossible de trouver des imitateurs qui en rendissent les beautés dans leur véritable caractère.*

495 Judith le sabre à la main : elle met la tête d'Holopherne dans un

Estampes encadrées ou en feuilles. 221

Suite des Morceaux de MAZZUOLI.

sac que tient sa suivante. H. 5 p. 8 l. L. 3 p. 4 l. — La Sainte-
Vierge visitée par le Saint-Esprit, sous la forme d'une co-
lombe. H. 4 p. L. 2 p. 5 l. — L'Adoration des Bergers, Composition de dix figures. H. 4 p. 5 l. L. 2 p. 11 l. — La Sainte-
Vierge prenant l'Enfant-Jésus couché sur un coussin.
H. 3 p. 5 l. L. 2 p. 1 l.—Le Christ au tombeau ; à gauche, un
des disciples tient une couronne au-dessus de la tête du Sauveur. H. 12 p. environ, L. 8 p. 10 l. — La Résurrection ; à
gauche, un soldat effrayé se couvre de son bouclier. H. 7 p.
9 l. L. 5 p. — Sainte Thaïs en méditation. H. 4 p. 10 l.
L. 4 p. 1 l. — Un Homme vu par le dos, assis près d'une
femme sur le devant d'une campagne; dans le fond, des
troncs d'arbres et des roseaux. H. 5 p. 6 l. L. 3 p. 10 l.
— Jeune homme assis sur une pierre ; plus loin, à droite,
deux vieillards qu'on ne voit qu'à mi-corps. H. 4 p. 5 l.
L. 3 p. 1 l. 9 Estampes.

MECHAU, (JACQUES) *dessinateur et graveur à*
l'eau-forte et au lavis ; né à Leipzig, en 1748 ;
élève de BERN. RODE *et de* NIC. LE SUEUR.

496   1 à 16 *Ponte Cellio, Molle, e Salaro; Porta Falerium, Giovanni; e*
S^t. Paolo; Fontana Blandusia, volgarmente detta aqua aurea; la
Fontana Egeria; Romitorio a Albano; a Civita Castellana; sito a
monte testaccio; Avanzi dell' aqua Marzia ; Ospitaletto di S.^t
Francesco, e S^t. Francesco fuori di Subiaco; vicino a Subiaco;
Papigno vicino a Terni; à ces différ. Morceaux, dans les marges,
à gauche : *J. Mechau fece Romæ 1792 à 1795;* Pièces en larg.
à peu près de même grand. H. de la 1re. 9 p. 3 l. L. 13 p. 2 l.

497   17 à 24 *Entrata nel Bosco di Marino; Castello gandolfo; Arco*
di Druso (2 Vues différentes de cet arc); *Arco della Toretta;*
Ponte Terano a civita Castellana; Sotto a Ponte Lupo a Tivoli;
Caduta del Velino a Papigno vicino a Terni; à ces Pièces en
hauteur, à gauche, dans les marges : *J. Mechau f. fece, fec* ou
fecit, Roma ou *Romæ, 1792 à 1795.* H. de la prem. 12 p. 10 l.
L. 9 p. 8 l.

498   25 à 44 Six Vues de Campagnes d'Italie, où sont des vestiges
d'anciens monumens et des fabriques; sur les ciels, à gauche:

Estampes encadrées ou en feuilles.
Suite des Morceaux de MECHAU.

J. Mechau fec Romæ 1792; au 5.e l'année seulement; à droite les n.ºs 1 à 6. H. 3 p. 9 à 11 l. L. 4 p. 8 l. à 5 p. 3 l.—XII Landschaften von I Mechau 1773, titre gravé au 1.er Morceau de cette Suite; aux 11 autres, à droite de la marge du haut, des n.^{os} de 2 à 12. H. 2 p. à 2 p. 2 l. L. 2 p. 6 l. à 2 p. 10 l. — Vignette, Composition de quatre fig.; on y remarque un Ministre protestant; à droite de la marge du haut, page 9, à gauche, à celle du bas : J. Mechau inv. fec. H. 4 p. 7 l. L. 2 p. 7 l. — Scène de bacchanale, Composition de treize figures dans un ovale; à chaque angle de l'ovale, un enfant; dans la marge, à gauche : *Jul. Carpioni pinx.*; à droite : *Jac Mechau fec: aqu: for.* 1770. H. 8 p. 1 l. L. 11 p. 3 l. 22 Estampes, compris 2 Epr. doubles.

MEER DE JONGE, (JEAN VANDER) *peintre; florissait dans les Pays-Bas, à la fin du 17.e siècle. Meer a gravé à l'eau-forte.*

499 1 Une Brebis et deux Agneaux couchés sur le devant d'une campagne; à terre, à gauche : *J. v. der meer de Jonge f 1685.* H. 3 p. 9 l. L. 4 p. 8 l.

2 Riche Paysage; sur le devant, une brebis et deux agneaux; à droite, un belier et un mouton couchés; à gauche, deux grands arbres; à terre : *J. v. de meer de Jonge f 1685*, écrit à rebours. H. 6 p. 1 l. L. 7 p. 2 l.

Morceaux très-rares.

NOTA. Les Copies des deux Estampes de Meer, gravées de même sens et de même grandeur que les originaux, et avec le nom de Meer, écrit de même, à la première, au ciel, à droite, à la seconde, au bas, à gauche : *A. BARTSCH SC.*; à la seconde, 1803.

MEIER ou MEYER, (FÉLIX) *dessinateur et graveur à l'eau-forte; florissait en Suisse, dans le 17.e siècle.*

500 Six Paysages de Sites agrestes; à la plupart des rochers et cascades; à l'un d'eux, où deux jeunes filles, les jambes dans l'eau, lèvent une pierre; à droite, dans la marge : *Felix Meyer Vitoduranus fecit.* H. 6 p. 2 à 3 l. L. 8 p. 1 à 4 l. — Cinq

Suite des Morceaux de MEIER.

Paysages; à la droite de l'un, diverses ruines; on y remarque, près d'un tombeau, un grand vase; trois de ces Morceaux portent 5 p. de haut. et 6 p. 4 l. à 7 p. de larg.; et deux 4 p. 6 l. sur 5 p. 10 l. de larg. — Deux Paysages; à l'un, des rochers et des fabriques; à l'autre une rivière avec cascade; dans la marge, à ce dernier: *Felix Meier fecit.* H. 3 p. 6 l. L. 4 p. 2 l. 13 Estampes.

MELDOLLA, (Andrea SCHIAVONE ou Andrea) *peintre; né à Sebenigo, en Dalmatie, en 1522; mort à Venise, en 1582. Meldolla a travaillé sous le* Tiziano : *ce Maitre a conservé dans les eaux-fortes qu'il a gravées d'après le Parmesan, l'esprit piquant des originaux bien que strapassés; sa manière en rend les beautés et en partie le caractère* *.

Morceaux d'après MAZZUOLI.

501 Moïse sauvé des eaux : Composition de neuf figures; à terre, à gauche: *A. M.* (*Andrea Meldolla*) H. 7 p. 9 l. L. 5 p. 3 l.

Moïse montrant aux Israélites les cailles que Dieu leur envoie : Composition de huit figures. H. 8 p. 5 l. L. 6 p. 1 l.

Epreuve qui paraît coupée sur la haut. : on n'y trouve pas la marque.

Judith mettant la tête d'Holopherne dans un sac que tient sa suivante : Pièce sans marque. H. 5 p. 7 l. L. 3 p. 2 l.

Première Epreuve : l'avant-bras droit et la main de Judith, le sabre dont elle est armée, partie de la tente et du fond, n'y sont pas indiqués.

L'Ange du Seigneur prenant le prophète Habacuc par les cheveux : le prophète est encore assis à la gauche, au pied de l'arbre où il se reposait. H. 5 p. 7 l. L. 3 p. 11 l.

---

* A des Morceaux de Meldolla, les lettres *A. M.* liées ensemble, monogramme si légèrement et si négligemment tracé, qu'on ne le découvre qu'avec peine.

Estampes encadrées ou en feuilles.

Suite des Morceaux de MELDOLLA.

L'Adoration des Bergers; la Sainte-Vierge assise présente le sein gauche à l'Enfant-Jésus : Composition de dix figures. H. 7 p. 11 l. L. 11 p. 11 l.

La Sainte-Vierge considérant l'Enfant-Jésus qu'adorent sainte Anne et sainte Magdeleine, près desquelles est saint Jean l'évangéliste; à droite, saint Joseph et un jeune homme; sur le siége de la Vierge : *A M.* H. 12 p. 4 l. L. 7 p. 8 l. (Epreuve rognée des côtés).

La Sainte-Vierge assise, soutenant l'Enfant-Jésus, auquel le petit saint Jean présente une corbeille de fruits; à droite, saint Joseph et sainte Magdeleine; à gauche, un évêque. H. 11 p. 11 l. L. 7 p. 8 l. (Epreuve rognée du bas).

Un Ange présentant des fleurs à l'Enfant-Jésus qui les donne à la Sainte-Vierge, pour former des couronnes; à gauche, sainte Anne et saint Joseph. H. 11 p. 11 l. L. 7 p. 8 l. (Epr. rognée des côtés).

Sainte Catherine à genoux, prenant l'Enfant-Jésus des mains de la Sainte-Vierge; à droite, sainte Anne et saint Joseph. H. 5 p. 1 l. L. 5 p. 6 l.

Le Retour de l'Enfant prodigue : Composition de cinq figures; à une marche, au-dessous du pied gauche de l'enfant prodigue : *A M.* H. 5 p. 4 l. L. 3 p. 4 l.

Le Christ au tombeau; à droite, un des disciples tient une couronne d'épine au-dessus de la tête du Sauveur : Composition de neuf figures. H. 7 p. 8 l. L. 5 p. 3 l. (Epreuve rognée).

La Sainte-Vierge tombant évanouie à l'aspect du corps mort de Jésus-Christ, qu'entourent les disciples et les saintes femmes: Composition de treize figures; une sainte femme à genoux, soutient le bras droit du Christ. H. 8 p. 7 l. L. 6 p. 2 l. (Epr. rognée).

Saint Paul prêchant dans l'Aréopage; il est debout à la droite: Composition de plus de quatorze figures. H. 11 p. 6 l. L. 8 p.

Le Mariage spirituel de sainte Catherine; à gauche, un ange descend du ciel une palme et une couronne. H. 6 p. 3 l. L. 4 p. 4 l.

Suite des Morceaux de MELDOLLA.

Minerve et les Muses ; la déesse est debout à la droite. H. 8 p. 6 l. L. 4 p. 3 l.

Bellone debout, la main droite sur son bouclier, l'autre sur sa pique renversée ; vers la droite : *A M.* H. 8 p. 3 l. L. 4 p. 3 l.

Muse couronnant le cheval Pégase. H. 5 p. 1 l. L. 3 p. 2 l.

Femme ailée : elle est en l'air, près d'un homme qui semble suspendu. H. 4 p. 8 l. L. 2 p. 6 l.

Baigneuses surprises par des satyres ; à gauche, l'amour près d'une femme couchée : Composition de neuf figures. H. 8 p. L. 6 p. 11 l.

Berger assis devant un feu de broussailles ; près de lui, des chèvres ; au fond, un hameau ; à gauche, un homme sur un pont. H. 4 p. 8 l. L. 8 p.

20 *Estampes.*

MERCATI, (GIOVANNI-BATTISTA) *dessinateur et graveur à l'eau-forte ; né à Sienne, en* 1600.

502 *Alcune Vedute......* ou Vues des Lieux non habités de Rome ; Suite dédiée à Ferdinand II, grand duc de Toscane, en 1629, 52 Pièces, compris le titre et la dédicace. A chaque Sujet, le nom du lieu représenté; à plusieurs : *G. M. F.*, ou *G. M. I F.* Morceaux d'environ 4 p. 5 l. de haut., sur environ 4 p. 5 l. de larg.

METTENLEITTER, (J.-M.) *dessinateur et graveur à l'eau-forte et au burin ; né près de Néresheim, dans le siècle dernier.*

503 Sujets tirés des Mœurs des Germains et de l'Histoire des grands Hommes d'Allemagne ; nombre d'autres figures composées et gravées pour divers ouvrages ; dans ce nombre, celles pour la vie et les aventures de Geor. Schweigharts, et Suite de manége, en dix Pièces ; autres Morceaux pour des almanachs de Munich ; à ces derniers, des Sujets de l'histoire de Bavière; Cartes de visites ; quelques Portraits, de petites Pièces, d'après des Estampes de Tableaux de Rubens et de Teniers, etc. En tout, 204 moyennes, petites et très-petites Estampes ; 15 sont doubles avec des différences.

MEULEN, (Antoine-François Vander) *peintre; né à Bruxelles, en 1634; mort à Paris, en 1690; élève de* P. Snayers.

504 Portrait de Vander Meulen, d'après de Largillière, par *Schuppen*, en 1687; — le Roi dans sa calèche, — et le Roi à la chasse du cerf, par *Baudouins*; — la Reine allant à Fontainebleau; — les Châteaux de Fontainebleau, de Vincennes, de l'ancien Versailles; — autre du Château de Versailles, vu du côté de l'orangerie, par *Baudouins*; — Vue de Courtray, par *Baudouins* et *Scotin* : Pièces en 2 feuilles; — le Roi devant Douay, par *Bonnart*; — Armée du Roi devant Douay, par *Bonnart* et *Baudouins* : P. en 2 feuilles; — Siége d'Oudenarde : P. en 2 feuilles. — Tournay, par *N. Cochin* : P. en 2 feuilles; — le Rhin passé en 1672, grav. par *C. Simonneau*; — et le Roi devant Mastricht, par *Bonnart*: P. en 2 feuilles. En tout, 15 grandes Estampes.

505 Vue de Dinant, par *Bonnart*; — Valenciennes, par *Bonnart*; — Ville et Citadelle de Cambray, par *Ertinger*; — Prise de la Citadelle de Cambray, Armée du prince d'Orange, et Saint-Omer, par *Bonnart*; — Vue de Leuve, par *Ertinger*; — Vue de Salins : P. en 2 feuilles; — deux du Château de Saint-Laurent; — deux du Château de Sainte-Anne; — une de celui de Joux; — et les Vues de Besançon : P. en 2 feuilles; et de Greÿ, P. en 2 feuilles, par *Baudouins*. — Ville et Port de Calais, par *Bonnart* et *Baudouins*; — Entrée de la Reine dans Arras, par *Bonnart*; — Entrée du Roi à Dunkerque, par *Hooghe* : P. en 2 feuilles; — Vue de Bethune : P. en 2 feuilles; — et celle d'Ardres, par *Baudouins*; — Vue de Luxembourg, par *Bonnart*. En tout, 21 gr. Estampes.

506 Paysages où se voyent des marches, des chasses, diverses figures et des animaux, par *Baudouins*. 35 Est. grandes, moyennes ou très-petites.

MEYER, (Jean-Henri) *dessinateur et graveur à l'eau-forte; né en Suisse; élève de* Sal. Gessner.

507 Vues de Suisse, gravées par *Meyer*, sur ses propres dessins, ou

Estampes encadrées ou en feuilles. 227

d'après Gessner et Hess; trois Suites, chacune de 6 Pièces.
Les 5.ᵉ et 6.ᵉ d'une des Suites sont en haut. Morceaux, de format in-12, exécutés pour l'almanach helvétique. 18 Est.

MEYERINGH, (ALBERT) *peintre ; né à Amsterdam, en* 1645; *mort en* 1714; *élève de son père* FRÉD. MEYERINGH. *Alb. Meyeringh a gravé à l'eau-forte.*

508 1 à 14 Différens Paysages, *première Suite*, savoir : 1 une Grotte, dont l'entrée est occupée par un piédestal avec bas-relief : Sujet de dessinateurs ; au haut d'une gaîne posée sur le piédestal : *Eenige Land-schappen, geinventeert, geëtst, en uyt gegeven, door Albert Meyeringh in Amsterdam*; 2 le Troupeau ; 3 le Joueur de flûte ; 4 la Fontaine ; 5 le Sarcophage ; 6 la Femme qui porte un parasol ; 7 Pan et Syrinx ; 8 le Mausolée ; 9 le Chariot ; 10 la Pyramide ; 11 les Cueilleuses de fleurs ; 12 le Pont ; 13 les Cascades ; 14 les Pêcheurs. A ces Morceaux, dans les marges : *A. Meyeringh. Inv. et Fecit*, différemment écrit. H. 8 p. 5 à 8 l. à 10 p. 4 à 6 l. L. 7 p. 2 à 7 l.

15 à 26 Différens Paysages, *seconde Suite*, savoir : 1 le Coup de vent ; 2 le Coup de fusil ; 3 la Fontaine où est une statue mutilée ; 4 la Barque ; 5 les Ruines ; 6 la Pêche aux Ecrevisses ; 7 le Troupeau de Moutons ; 8 le Joueur de flûte et la Bergère ; 9 le Pont de bois ; 10 l'Inscription ; 11 Mercure et les Filles de Cécrops ; 12 les Baigneuses. A ces Morceaux, dans les marges : *A. Meyeringh. Inv. et Fecit*, différemment écrit. H. 7 p. 5 l. à 10 p. 5 l. L. 11 p. 9 l. à 14 p. 6 l. ; non compris les marges.

MIDDIMAN, (SAMUEL) *graveur à l'eau-forte, au burin et en manière noire ; né en Angleterre, dans le siècle dernier.*

509 Amusement de Bergers (*Shepherd's amusement*), d'après le Tableau de N. Berghem, de la Collection de Welbore Ellis, 1798 : très-gr. Est. en larg.

Epreuve avant la lettre, le titre tracé à la pointe.

Estampes encadrées ou en feuilles.

MIEL ou MIELE, (JEAN) *peintre; né en Flandre, en* 1599; *mort à Turin, en* 1664; *disciple de* GUER. SEGHERS *et d'*AND. SACCHI. *Miel a gravé à l'eau-forte.*

510 1 à 3 Berger assis sur un tronc d'arbre, gardant des chèvres et jouant de la musette; derrière lui, à droite, son chien près d'une haie en paille; à terre, à gauche, sur le devant: *G^{no} Miele fecit et inu.* — Vieille, des lunettes sur le nez: elle cherche la vermine à une petite fille dont la tête est appuyée sur ses genoux; à la droite, un chat; à gauche, sur le ciel: *G Miele fecit.* — Paysan assis sur un tertre, retirant une épine de son pied gauche; à droite, à une pierre: *J Miele fec.* H. 5 p. à 5 p. 2 l. L. 7 p. 7 l.

511 4 à 6 Siége de Mastricht, par Alexandre de Parme, 1579; à droite, le capitaine Fabio Farnese, blessé, porté sur un brancard; à terre: *Jons. Miele fecit et inv^s.* — Prise de la Ville de Mastricht; sur le devant, Alexandre de Parme porté en triomphe: la marche se dirige vers la droite; à terre, à gauche, au coin du devant: *Jons Miele fecit et inu.* — Prise de la Ville de Bonn par le prince de Chimay, en 1588; sur le devant, à gauche, le prince à cheval; à terre, à droite: *Jons Miele fecit et inuentor;* sur les ciels, à chaque Morceau, de larges banderolles avec l'explication des Sujets; et au coin, à droite, les n.ºs 56, 89, 444. H. 10 p. 9 à 11 l. L. 14 p. 5 l. à 15 p. *

Pièces extrêmement rares.

7 L'Assomption, manque **

8 Soldat tenant un drapeau sur lequel est écrit: *Quanta lacera più tanto più bella;* à droite, sur un piédestal où son pied est

---

* Estampes gravées pour l'ouvrage portant pour titre: *Fabiani Stradae de bello Belgico decades duae. Romæ* 1640: *Sumpt. Hermanni Scheus. Ex typographia Vitalis Mascardi.*

** 7 La Sainte-Vierge transportée au ciel sur un nuage: elle est entourée d'anges et de chérubins; à terre, les douze Apôtres assemblés près du tombeau; au bas, vers la gauche: *I. Miel fe.* H. 10 p., compris 7 l. de marge; L. 12 p. Morceau très-rare.

Estampes encadrées ou en feuilles.

posé, un titre en neuf lignes: *LA POVERTA CONTENTA... di Giesu*; et à terre : *Joan Miele fecit.* H. 4 p. 7 l. L. 3 p. 1 l.

9 Ganimède, manque *

MILET ou **MILÉ**, *connu en France sous le nom de* **FRANCISQUE**, (Jean-François) *peintre; né à Anvers, en* 1644; *mort à Paris, en* 1680; *élève de* Laur. Franck. *Francisque avait l'art de composer avec beaucoup de richesse : la plupart de ses paysages représentent des pays où tout est riant; il y règne en même-temps une majesté que cet artiste avait puisée dans les ouvrages du Poussin, qu'il s'était proposé pour modèle : ce Maître a passé presque toute sa vie à Paris; où il a mis au jour ses plus beaux ouvrages.*

1 à 6.

512. 1 à 6 Différens Paysages : 1 les Pêcheurs ; — 2 la double Cascade; — 3 Femme dans une campagne; à gauche, au sommet d'une colline, au pied d'une montagne, une tour carrée et des fabriques ; — 4 Paysage dont le fond, à gauche, présente une baie entourée de montagnes; — 5 Bateau sur une rivière, au bas d'un rocher; — 6 le Sarcophage : Composition dans des ronds, Pièces gravées par *Théodore*, élève de Milet. A ces Morceaux, le 3.e excepté, au-dessous du trait du rond, différemment écrit : *Francisque Pinxit, simon excudit cum priuilegio regis*. Ces Pièces sans nom de graveur et sans n°. Diamètre, 6 p. 9 l. à 7 p. 7 l.

Premières Epreuves avec le nom de Simon.

1 à 6.

7 à 22 Différens Paysages avec épisodes historiques : 1 Moïse sauvé des eaux ; — 2 la Fuite en Egypte; — 3 Jésus et la Cha-

---

* 9 Ganimède enlevé par Jupiter, sous la forme d'un aigle; à terre, à gauche, près d'un tronc d'arbre, le chien de Ganimède; et tout au bas de la droite : *Mielle Roma*, tracé à rebours. H. 7 p. L. 5 p. 1 l. Morceau extrêmement rare.

Suite des Morceaux de MILET.

nanéenne; — 4 Céphale et Procris; — 5 les Filles de Cécrops; — 6 le Pâtre et les Moutons, sur le devant une femme près d'un vase; — 7 Homme dans une campagne où passent de jeunes filles, sur le devant deux lapins; — 8 Pêcheur dans un bateau; — 9 Homme près d'une femme un enfant dans ses bras; — 10 l'Orage; — 11 le Troupeau au bord de l'eau; — 12 les deux Hommes qui cheminent; — 13 la Cascade; — 14 la Fontaine; — 15 le Pêcheur la ligne à la main; — 16 l'Homme qui sort de l'eau. Au bas, à ces Compositions, ou au-dessous du trait carré, le nom de Francisque, et celui de Simon, éditeur, différemment écrits. Morceaux sans nom de graveur ni n°. H. 7 p. 3 à 9 l. L. 10 p. 8 l. à 11 p. 2 l. Houbraken et P. Mariette attribuent ces pl. à *Gérard Hoet*, peintre hollandais; d'autres les croyent de *Théodore*.

Premières Epreuves où se trouve le nom de l'éditeur.

1 à 4.

23 à 26 Différens Paysages : 1 Homme debout parlant à un Homme assis au bord d'un chemin; — 2 jeune Fille, un panier sur la tête : elle parle à un villageois assis; — 3 Femme assise au pied d'un arbre; à gauche, une grande cascade; — 4 jeune Garçon faisant boire des chevaux à une rivière : Morceaux gravés par *Théodore*; au bas, dans les marges, le nom de Francisque et celui de Simon, différemment écrits. Pièces sans nom de graveur et sans n°. H. 13 p. L. 10 p. 3 à 5 l.

Premières Epreuves avec le nom de l'éditeur, exception faite du premier Morceau.

27 et 28 Deux Paysages : dans l'un, deux hommes au bord d'un chemin regardent une femme chargée d'un panier de fruits; dans l'autre, un berger presque nu fait signe de la main à un jeune homme en marche : Morceaux gravés par *Théodore*; dans les marges, à gauche, le nom de Francisque et celui de Simon. Pièces sans nom de graveur. H. 12 p. 6 l. à 12 p. 8 l. L. 17 p. à 17 p. 2 l.

Prem. Epr, la première Pièce rognée tout près du trait carré.

Estampes encadrées ou en feuilles.

Suite des Morceaux de MILET.

Morceaux attribués pour la grav., à FRANCISQUE MILET.

513 29 Paysage coupé par un chemin où une femme appuyée sur un vase, et un jeune homme, sont assis au pied d'un grand arbre; à gauche, au fond, un temple et des fabriques; à terre, à gauche, les lettres F M in à rebours. Sujet dit *les deux Amans.*

30 Vue d'une Campagne où un vieillard, son bâton à la main, et chargé d'un paquet, s'avance sur une route; à droite, de grands arbres, et un homme et une femme assis à terre; du côté opposé, dans l'éloignement, des fabriques, une pyramide, deux tours carrées et une grande arcade : Morceau sans nom d'auteur, et dont Bartsch ne parle pas.

31 Vue d'une Ville antique; près de là, au sommet d'une colline, un monument à quatre colonnes isolées; dans le fond, de hautes montagnes; un ruisseau serpente à travers les campagnes qui précèdent la ville, et de ses eaux vient baigner partie du devant où est un pêcheur : Morceau sans nom d'auteur, et dont Bartsch ne parle pas. H. 5 p. à 5 p. 2 l. L. 6 p. à 6 p. 2 l.

Pièces très-rares, regardées comme des eaux-fortes, gravées par FRANCISQUE MILET : *sentiment que partage Dargenville qui, après avoir nommé plusieurs des graveurs de ce Maître, s'exprime ainsi* : « *Il y en a trois gravées de la main de* FRANCISQUE. »

MOLENAER, (JEAN) *peintre hollandais; florissait dans le* 17.e *siècle. Molenaer a gravé à l'eau-forte.*

514 Vieillard et jeune Garçon accompagnant de la vielle et du violon un chanteur à demi ivre auquel une jeune fille vole son argent; derrière la table du buveur, où le joueur de violon est assis, un homme et une femme s'embrassent; près d'eux, un enfant; à droite, l'hôtesse appuyée sur le poteau d'une treille, écrit la dépense; à gauche, dans la marge : *I. Molnaer fecit;* à droite: *excud.* H. 5 p 9 l., compris 7 l. de marge. L. 6 p. 10 l.

Morceau très-rare; des curieux Hollandais attribuent cette Pièce à J. STEEN.

Suite des Morceaux de MOLENAER.

La Faiseuse de *Koucks*, espèce de beignets ; à côté d'elle, un enfant ; à gauche, six autres enfans, cinq près d'une table où plusieurs mangent des koucks ; une petite fille, assise à terre, en présente à un chat qui grimpe sur ses genoux ; dans la marge : *Johannes Molenaer*. 1641. H. 3 p. 3 l. L. 3 p.

Ce Morceau, très-rare, n'a pas été décrit par Bartsch.

MOLYN, *surnommé* TEMPÉEST, (PIETER *de*) *peintre ; né à Harlem, vers* 1643. *Molyn a gravé à l'eau-forte.*

515 1 à 4 Différens Paysages, savoir : 1 Campagne où trois villageois et une femme causent ensemble ; à gauche, des arbres et une chaumière ; à un cartouche, au ciel : *pieter De Molyn fecit et EXCVDIT A^{NO} 1626 ;* — 2 Villageoise près d'un vieillard : elle est debout, donne la main à un enfant, et porte un panier ; derrière elle, deux cavaliers ; à droite, dans l'éloignement, un homme à pied et deux à cheval ; à terre, sur le devant, n.° 4 ; — 3 jeune Femme un panier au bras droit : elle parle à un paysan ; plus loin, près d'une vieille assise, un enfant ; à terre, à droite, n.° 3 ; — 4 des Militaires et des Villageois dans une campagne ; plusieurs près d'une vieille chaumière ; un des militaires, à demi-couché sur une butte, parle à un soldat ; dans le fond, à gauche, deux hommes à cheval. H. 5 p. 6 l. L. 6 p. 9 l.

MORACE, (M.^{r}) *graveur à l'eau-forte et au burin ; né à Stutgard, dans le siècle dernier.*

516 Vulcain donnant des traits à Vénus ; la déesse en remplit le carquois de l'Amour, d'après le Tabl. de Giulio Pipi Romano, au Musée royal. — La Fortune et l'Amour, d'après le Tabl. de Guido Reni, qui se voyait au Capitole à Rome. Est. en haut.

Epreuves avant la lettre.

Estampes encadrées ou en feuilles.

MOREL, (M.^r) *graveur à l'eau-forte et au burin; né à Paris; a été successivement élève de* Mr J. Massard, Franc.-Rob. Ingouf *et de* Mr David.

517 Le Concert, d'après Zampieri dit le Dominicain; l'Enfant prodigue implorant la bonté de son père, d'après Spada : Est. en haut. ; Sujets de demi-figures, dont les Tabl. font partie du Musée royal.
Epreuves avant la lettre.

518 Serment des Horaces, d'après le Tabl. peint à Rome par Mr David, en 1784 : gr. Est. en larg. 1810.
Première Epreuve, le titre seulement à la pointe.

519 Bélisaire, d'après Mr David : gr. Est. en larg. An IX.
Epreuve avant la lettre.

520* Bélisaire, même Estampe répétée.
Epreuve avec la lettre.

MORGENSTERN, (J.-F.) *dessinateur et graveur à l'eau-forte; né en Allemagne, dans le siècle dernier.*

521 Villageois raccommodant sa chaussure; près de lui, un cheval blanc, d'après Wouwermans, 1800. H. 3 p. 10 l. L. 4 p. 2 l. Deux Paysages; un d'après le Tabl. de Ruysdael, au Cab. de M. Grambs. H. 5 p. 8 l. L. 6 p. 7 l. Paysannes occupées de la cuisson du pain, d'après Bloot, 1799. H. 4 p. 7 l. L. 3 p. 9 l. Agneau et brebis dans un pré, 1798. H. 3 p. 10 l. L. 5 p. 3 l. Quinze autres petites Pièces. Vue d'un Canal, et des Etudes de figures, de têtes d'hommes, de têtes d'animaux, etc.; une est d'après Roos. Trois de ces Morceaux gravés à Dresde. 20 Estampes.

MORGHEN, (Raphael) *graveur à l'eau-forte et au burin; né à Naples, dans le siècle dernier; élève de* Gio. Volpato.

522* La Cène, d'après le Sujet peint dans le réfectoire des

Suite des Morceaux de RAPH. MORGHEN.

Dominicains, à Milan, par Leonardo da Vinci; dans la marge, l'inscription : *Amen dico vobis*....: très-gr. Est. en larg.

Epreuve avant la lettre.

523 La Sainte-Famille, d'après la fresque peinte par Vannucci *dit* del Sarto, au monastère de *San Salvi*, sur la porte du grand cloître qui entre dans l'église de l'Annonciade : Composition dans une forme dont le haut est cintré; Pièce nommée *la Madonna del Sacco*: gr. Est. en larg.

Epreuve avant la lettre.

524 La Vierge avec l'Enfant-Jésus, saint Jean est près d'eux (*la Madonna Col. Bambino*); d'après un Tabl. de Vannucci *dit* del Sarto, de la collection du comte de Fries à Vienne : Est. en haut.

525 Jésus-Christ entre Moïse et Elie, se transfigurant sur le mont Tabor, en présence de quelques-uns de ses disciples ; les autres, au pied de la montagne, parlent à des gens qui leur amènent un jeune possédé: Sujet gravé en 1811, d'après le célèbre Tableau de Raffaello Sanzio, qui se voyait dans l'église de Saint-Pierre *in Montorio*, à Rome : gr. Est. en haut.

Epreuve avant la lettre ; l'inscription : Et transfiguratus est ante eos. Mat. c. XVII. v. 2. *tracée à la pointe.*

526 La Transfiguration, Estampe d'après le même Tabl. : planche commencée par Raph. Morghen; dans la marge, à gauche : *Raphael Sanctius pinx* ; à droite: *Raphael et Antonius Morghen Sculps:* gr. Est. en haut.

Epreuve avant la lettre.

527 La Sainte-Vierge, l'Enfant-Jésus et saint Jean,

Suite des Morceaux de RAPH. MORGHEN.

d'après le Tabl. de Raffaello Sanzio, qui se voyait à la galerie de Florence : Sujet composé de demi-figures dans un rond ; Morceau vulgairement nommé *la Madonna della Sedia :* Est. en haut.

Epreuve avant la lettre ; la dédicace au général Manfredini, tracée à la pointe.

528 La Jurisprudence, d'après la Composition allégorique de Raffaello Sanzio, peinte à fresque dans la troisième chambre du Vatican : Sujet dans une forme dont le haut est cintré; dans la marge, le titre Pio Sexto Pont-Max : Est. en larg.

529 La Poésie (*Poesis*); — la Théologie (*Theologia*); d'après des Compositions de Raffaello Sanzio, peintes dans la troisième chambre du Vatican : Est. presque carrées.

530 *Raffaello Sanzio ; — Raphaelis Amicitia celeberrima la fornarina :* tous deux représentés à mi-corps : portraits gravés par *Morghen*, à Florence; d'après deux Tabl. de Raffaello Sanzio : Est. en haut.

531 La Charité, d'après le Tabl. d'Allegri dit *le Coreggio,* 1795 : Est. en haut.

Epreuve avant la lettre, et avant l'inscription : Pulchriores Charitum pingunt Charitas amorem..... (*les plus belles des Grâces peignent l'amour de la charité*).

532 La Vierge avec l'Enfant-Jésus (*Madonna col Bambino*) : Sujet de demi-figures dans un ovale; d'après le Tabl. de Lod. Carracci, du cabinet du comte Gini, à Bologne. H. 2 p. 3 l. L. 1 p. 10 l.

533* Saint-Jean, d'après Guido Reni : Est. en haut.

Epreuve avant la lettre.

Suite des Morceaux de RAPH. MORGHEN.

534* Le Soleil, sous la figure d'Apollon, assis sur un char traîné par quatre chevaux de front; les Heures l'accompagnent et dansent autour du char, que précède l'Amour tenant un flambeau, et l'Aurore qui sème des fleurs; d'après la fresque de Guido Reni, au plafond du salon de l'Aurore, au palais Rospigliosi, à Rome : Pièce nommée *le Char de l'Aurore* : très-gr. Est. en larg.

Epreuve avant la lettre.

535 Les Nymphes de Diane, armées d'arcs et de flèches, s'exerçant à tirer à l'oiseau en présence de cette Déesse, qui leur propose des récompenses; d'après le Tabl. de Zampieri, à la galerie Borghèse à Rome; Pièce nommée *le Prix de Diane* : gr. Est. en larg.

536 Loth et ses Filles, d'après Barbieri dit Le Guercino; Sujet dont la Composition est entourée d'une bordure gravée : Est. en larg.

Dans la marge, seulement les noms d'auteurs.

537 La Magdeleine en prière, d'après Murillo : Est. en haut.

Epreuve avant la lettre.

538* Angélique et Médor, d'après Matteini; Sujet composé dans un ovale, 1795 : Est. en haut.

Epreuve avant la lettre.

539 Thésée vainqueur du Minotaure, d'après le groupe de Canova : Est. en haut.

Epreuve avant la lettre.

540 Monument élevé à Clément XIII, dans la basilique du Vatican, en 1792; ce Souverain-Pontife y est représenté à genoux, d'après Canova; dans la marge,

Suite des Morceaux de RAPH. MORGHEN.

une inscription en quatre lignes : *Abvndivs.......vvlgandvm. c.* gr. Est. en haut.

Epreuve avec la lettre grise.

541 La Sainte-Famille, d'après Rubens : Est. en haut.

Epreuve avant la lettre.

542 Franç. de Moncade, marquis d'Aytonne, en cuirasse, s'appuyant sur son bâton de commandant; il est représenté à cheval, d'après le Tabl. de Van Dyck, au Musée royal, 1793; Pièce dite *le Cavalier:* gr. Est. en haut.

Epreuve avant la lettre; elle est avant la contre-taille sur la cuirasse.

543 L'Adoration des Bergers, d'après un Tabl. de Mengs, qui se voyait à la galerie royale du palais de l'Escurial, près de Madrid : gr. Est. en haut.

544 Apollon et les Muses sur le Parnasse, d'après la Composition peinte par Mengs, dans la voûte de la galerie de la *villa Albani :* gr. Est. en larg.

545 La Famille de Holstein Beck, d'après Kauffman; dans la marge, dix vers français : *Afin d'eiguillonner........... adorés comme toi.* Est. en haut.

546* Le Repos en Egypte : la Sainte-Vierge et saint Joseph y sont assis à l'ombre d'une muraille; deux anges présentent à boire et un rayon de miel à l'Enfant-Jésus assis sur les genoux de la Vierge; d'après le Tabl. du Poussin, qui se voyait au palais Rospigliosi, à Rome : gr. Est. en larg.

547* L'Image de la Vie humaine, représentée d'une manière allégorique : quatre femmes, qui désignent le

Suite des Morceaux de RAPH. MORGHEN.

Plaisir, la Richesse, la Pauvreté et le Travail, ou les différens états de la vie humaine; elles se donnent mutuellement la main, et dansent en rond au son d'une lyre touchée par le Temps; le terme de Janus est le symbole du passé et de l'avenir; les deux enfans qui se jouent, l'un avec des bulles de savon, l'autre avec une horloge de sable, marquent l'inconstance et le peu de durée de la vie humaine; d'après le Tabl. du Poussin qui se voyait au palais Rospigliosi, à Rome; Pièce connue sous le double titre des *Saisons* et des *Heures*: gr. Est. en larg.

548 L'Archange Michel, d'après Sabatelli, Pièce en manière de crayon; Scènes de Bacchus et de Satyre; Sujets représentés par des enfans, deux Pièces d'après Mola: *Volpato et Morghen sculp.*; la Magdeleine, d'après Guido Reni; la Poésie et la Peinture, d'après Hamilton: 6 Est.

549 Esculape, et Hygie, Sujets d'après des ivoires antiques; trois Allégories, figures pour les Œuvres en vers et en prose de la princesse de la Roccella, et le Portrait de cette princesse; quatre Pièces in-8.°, d'après Fischietti: 5 Est.

PORTRAITS.

550 Ferdinand IV, roi des Deux-Siciles; Marie-Caroline, reine des Deux-Siciles; Portraits dans des ovales, d'après Liani. — Charles Louis, roi d'Etrurie; Marie-Louise, reine d'Etrurie: ces Portraits dans des médaillons, sur une même pl.; et Atilio-Zuccagnio, médecin, Portrait dans un médaillon, d'après Gio Antonio Santarelli: 4 Est.

551 Le Dante, d'après Tofanelli; Diodato Turchi, évêque,

Estampes encadrées ou en feuilles.

Suite des Morceaux de RAPH. MORGHEN.

d'après Vieira; Wilhelmus II, prince de Nassau, d'après Mireveld; et Geor. Ionas Mayer, d'après Ettlinger: ces Portraits à mi-corps: 4 Estampes.

Les Epreuves des deux derniers Portraits sont avant la lettre.

552 Lady Hamilton, un masque à la main; Joannes Volpato, graveur; Domenica Volpato, épouse de Raph. Morghen, d'après Kauffman; le comte Alfieri, d'après Fabre; Arianne Pessuti, portrait gravé pour une carte de visite, et le portrait de Raphaël Morghen, buste de profil, d'après Palmerinius; le premier Morceau connu sous le titre de *la Muse comique*: 6 Est.

Les Epreuves des Portraits de Domenica Volpato et d'Alfieri sont avant la lettre.

Pièces à l'eau-forte.

553 La Vierge dite *la Vierge à la chaise*, d'après Raphaël; la Sainte-Vierge tenant l'Enfant-Jésus : Estampe en largeur, d'après Tiziano; le portrait du Pape Pie VII. Ce Souverain-Pontife est représenté à mi-corps: 3 Estampes.

L'eau-forte, d'après Le Titien, est de la plus grande rareté; il n'en a, dit-on, été tiré que trois Epreuves.

MORIN, (JEAN) *peintre et graveur; né à Paris, florissait dans le* 17.e *siècle; élève de* PH. DE CHAMPAGNE. *Morin a gravé à l'eau-forte des planches dont le ton harmonieux et la touche fine et expressive font le principal mérite.*

PORTRAITS.

554 ANNE D'AUSTRICHE, Royne-Régente de France et de Na-

Suite des Morceaux de MORIN.

Suite des Portraits.

varre, etc., vue à mi-corps, tournée à gauche : Portrait dans une bordure octogone. *Ph. Champaigne pinx.* *. Cette Pièce et les suivantes form. in-fol.

ANNE D'AVSTRICHE, *idem*, tournée à droite : bord. octog. *Ph. Champigne pinx.*

ARNAVLD, (Robert) seig.ʳ d'Andilli, con.ᵉʳ dv Roy..... tourné à droite : bord. octog. *Ph. Champaigne pinx.*

BENTIVOLVS, (Gvido) S. R. E., cardinal, mort en 1645; représenté tourné vers la droite, bord. octog. *Antoine Van Dyck pinx an 1623.*

BERTIER, (Pierre) évêque de Montauban, décoré de la croix épiscopale; il est tourné à gauche, et éclairé par la droite : bord. carrée; dans la marge, à gauche : *Ph. Champagne pinxit;* à droite : *J. Morin sculpsit* : Portrait sans inscription.

BORROMÉE, (Charles) cardinal, vu de profil, tourné à droite : bord. ovale; au bas, à gauche : *Champagne Pi. Morin scul.* Portrait sans inscription.

BORROMÆVS, (Carolvs) archevêque de Milan; né en 1538; mort en 1584; représenté de profil, tourné à gauche : bord. octog. *Ph. Champaigne pinx.*

BOURBON, (A..... de) évêque, décoré de la croix épiscopale; il est représenté tourné à gauche : bord. ovale; au milieu de l'appui où l'ovale est posé, le monogramme *AB*, couronné et placé entre deux palmes; à droite de la marge : *Juste p. Morin fe.* Portrait sans inscription.

BRACHET, (Théophile) S.ʳ de la Milletière, con.ᵉʳ dv Roy..... tourné à droite : bord. octog. *Ph. Champaigne pinx.*

CAMVS, (Ioanni Pietro) évêque de Belley, vu presque de face,

---

* Aux Portraits avec le nom du peintre, ce nom est placé au bas, à gauche, sur l'angle, près des bordures octogones ou ovales, ou aux appuis qu'on trouve à quelques-uns; le nom du graveur, différemment écrit, est presque toujours à la droite, et souvent suivi des mots *cum priu Regis.*

Estampes encadrées ou en feuilles.

Suite des Morceaux de MORIN.
Suite des Portraits.

en-longue barbe, et un peu tourné à gauche : bord. octog. *Ph. Champaigne pinx.*

CHOISEVL, (Gilbertvs de) évêque de Comminges, con.^{er} du Roy...., vu presque de face, tourné à gauche : bord. octog. *Ph. Champaigne pinx.*

DEVILLEMONTÉE, (E. François) con.^{er} du Roy..... tourné à droite : bord. octog. *Champaigne Pinx.*

DV VERGER D'AVRANNE, (Ioannis) abbé de Saint-Ciran.... tourné à gauche : bord. octog. *Ph. Champaigne pinx.*

DV VERGER DE HAVRANNE, (Jean) abbé de Saint-Ciran, décédé en 1643; représenté presque de face, tourné à gauche : bord. ovale ; sur une table, au-dessous de l'ovale, six vers : *l'Humilité profonde*, ... *Et l'Eglise en la terre* ; à gauche, au-dessous de la table : *P Champaigne Pin.*

Prem. Epr., où la bordure gravée et les autres ornemens ne sont pas marbrés.

FRANCQUE, (Hierosme) peintre du Roi, tourné à gauche : bord. octog. ; à l'appui, où sont le nom et le titre du personnage : *Francque Pin.*

GONDY, (Pavl de) coadjuteur de l'archevêché de Paris, tourné à droite : bord. octog. *Ph. Champaigne pinx.*

GRIMBERGHE, (Honorine de) comtesse de Bossv, etc., tournée à droite : bord. octog. ; d'après Van Dyck (Estampe sans le nom du peintre.)

GRIMBERGHE, (Honorine de) *idem*, dans un âge plus avancé. Elle est aussi tournée à droite : bord. octog. ; Portrait sans le nom du personnage : *Ant van Dyck pinx.*

GVISE, (Henry de LORAINE, duc de) pair de France et comte d'Ev, etc., représenté en cuirasse, tourné à gauche : bord. octog. *L Citermans pinx.*

HARCOVRT, (Henri de LORRAINE, comte d') grand escvyer de France, représenté en cuirasse, tourné à droite : bord. octog. *Ph. Champaigne pinx.*

HENRY SECOND, Roy de France, représenté coiffé d'une toque,

Estampes encadrées ou en feuilles.

Suite des Morceaux de MORIN.

Suite des Portraits.

et tourné à droite : bord. octog. ; sur l'appui, où est le titre : *Janet Pin.*

HENRY IIII, Roy de France et de Nauarre, représenté en cuirasse, décoré de l'ordre du Saint-Esprit ; il est tête nue, vu presque de face, tourné vers la droite : bord. octog. ; à l'appui où est le titre : *Ferdinand Pin.*

IANSSENIVS, (Corn.) évesques d'Ypres, coiffé d'une toque, vu de profil, tourné à droite : bord. octog. ; Portrait sans nom de peintre ; au bas, à droite, le nom de Morin, dont l'adresse se trouve dans la marge.

LE MERCIER, (Iacqves) premier architecte des bastiments dv Roy et de la Royne Régente, tourné à droite : bord. octog. *Ph. Champaigne pinx.*

LEMON, (Marguerite) anglaise, maitresse d'Ant. Van Dyck ; tournée à droite : bord. octog. *Ant van Dyck pinx.* Portrait sans le nom du personnage.

LONGVEIL, (Rene de) Chler Seigneur de Maisons et président à mortier, etc., vu presque de face, tourné à droite : bord. octog. *Ph. Champaigne pinx.*

LOUIS XIe, Roy de France, en habit de pélerin, vu de profil, tourné à droite ; à la toque qui recouvre son bonnet, une image de la Vierge : bord. octog. ; Portrait sans nom de peintre ; à droite, à l'appui où est le titre, le nom du graveur.

LOVIS XIII, Roy de France et de Navarre, représenté en cuirasse, tête nue, vu presque de face, tourné vers la droite : bord. octog. *Ph. Champaigne pinx.*

28 *Estampes.*

555 MALLERY, (Charles de) graveur, vu de trois quarts, tête nue ; il est enveloppé dans son manteau, et tourné à droite : bord. octog. *Antoine van Dyck pinx.* Portrait sans le nom du personnage.

MARILLAC, (Michel de) Con.^{er} dv Roy.... et garde des sceavx de France, tourné à droite : bord. octog. *Ph. Champaigne pinx.*

Estampes encadrées ou en feuilles.

Suite des Morceaux de MORIN.

Suite des Portraits.

MAVGIS, (Pierre) S^R Desgranges, Con.^{er} et maistre d'hostel dv Roy, tourné à droite : bord. octog. *Ph. Champaigne pinx.*

MAZARINIS, (Ivlivs) cardinal, tourné à droite : bord. octog. *Ph. Champaigne pinx.*

MÉDICIS, (Marie de) Royne de France, vue presque de face, tournée vers la droite : bord. octog. ; à l'appui où est le titre : *Pourbus Pin.*

NETZ, (Nicolavs de) Con.^{er} du Roi..... Evêque d'Orléans, tourné à gauche : bord. octog. *Ph. Champaigne pinx.*

NEVFVILLE, (Nicolas de) marqvis de Villeroy, mareschal de France, etc, représenté en cuirasse, tourné à droite : bord. octog. *Ph Champaigne pinx.* ; dans la marge, l'adresse de Morin.

PHILIPPES SCECOND, Roy des Espagnes et des Indes, décoré de l'ordre de la Toison-d'Or, tourné à droite : bord. octog. ; au haut du fond, sur les angles, on trouve écrit en caractères renversés, à gauche : *I Morin foul cum priu Reg.* ; à droite : *Titiani pinx.*

POTIE, (François) marqvis de Gesvres et Mareschal de Camp, représenté en cuirasse, tourné à droite : bord. octog. *P. Champaigne pinx.*

RICHELEVS, (ARMANDVS IOANNES DV PLESSIS) cardinal, décoré de l'ordre du Saint-Esprit, tourné à gauche : bord. octog. *Ph. Champaigne pinx.*

SALES, (François de) Euesque et Prince de Geneue, représenté de face, décoré de la croix pastorale; il est tourné vers la gauche : bord. octog.; Portrait sans nom de peintre ; à droite, à l'appui où est le titre, le nom de Morin.

TALON, (Omer) avocat-général au Parlement de Paris, vu presque de face, tourné vers la droite : bord. octog. *P. Champaigne Pin.* ; dans la marge : *Audomarus Talœys, in Supremo Senatu Aduocatus Catholicus, Christianissimo Regi à Secretioribus. Confilys.*

Epr. avant l'inscription Audomarus Talœus.....

Suite des Morceaux de MORIN.

Suite des Portraits.

TARRISSE, (Gregorius) supérieur-général de la congrégation de Saint-Maur, représenté en habit de son ordre, vu de trois quarts, tourné à droite : bord. octog. ; à l'appui où est le titre : *F. Donstan Pin.*

THELLIER, (Michel Le) Con.er dv Roy.... secret. des commandem^s de Sa Ma^{té}, tourné à droite : bord. octog. *P Champaigne pinx.*

THOV, (Avgvstin de) président av parlement de Paris, en 1541, représenté de face, légèrement tourné à gauche : bord. ovale ; Portrait sans nom de peintre, seulement *Morin Scul.*

THOV, (Christophle de) premier président au parlement de Paris, en 1582, vu presque de face, tourné vers la gauche : bord. ovale ; Portrait sans nom de peintre, seulement *Morin Scul.*

THVANVS, (Jacobvs Avgvstvs) président au parlement de Paris, en 1617, vu presque de face, tête nue, tourné à droite : bord. ovale : *Ferdinand Pin.* ; au-dessous : *Morin Scul.*

TVBOEVF, (Iacqves) Con.er dv Roy...... et président en sa chamb. des compt^{es}, tourné vers la droite : bord. octog. *Ph Champaigne pinx.*

VALOIS, (Charles de) dvc dAngoulesme, pair de France, comte dAvvergne, représenté en cuirasse, vu presque de face, un peu tourné à droite : bord. octog. *Ph. Champaigne pinx.*

VIGNEROD, (Amador-Jean-Baptiste de) Abbé de Richelieu, vu à mi-corps, debout devant une table ; sa main droite posée sur un livre : Pl. carrée ; au bas de la marge où est le titre, à gauche : *Champaigne Pin.* ; à droite le nom de Morin.

VITRÉ, (Antonius) *Regis et. Cleri Gallicani Typographus ;* la main droite sur sa poitrine : Pl. carrée ; au bas de l'appui où est le titre : *P. Champaigne Pin.* ; à droite, le nom de Morin.

21 *Estampes.*

Estampes encadrées ou en feuilles. 245

Suite des Morceaux de MORIN.

Sujets et Paysages.

556 Jésus en Croix ; le fond présente la ville de Jérusalem ; dans la marge, l'inscription *NEMO TOLLIT ANIMAM A ME*,..... *Joan. X. vers. 18.* Pièce de deux feuilles. H. 26 p. 6 l. L. 23 p. 4 l.

Saint Paul, vu à mi-corps, la main droite élevée ; d'après Champaigne. H. 15 p. 10 l. L. 11 p. 10 l.

Vue d'un Champ ; à droite, près d'un bois, des moissonneurs. H. 11 p. 8 l. L. 15 p. 10 l. — Chasseurs au bord d'un étang. — Bouvier et deux Bœufs près d'une mare. — Paysanne en marche, un petit garçon l'accompagne. H. 7 p. 9 à 11 l. L. 11 p. 6 à 7 l. — Le Cavalier, le Porte-Balle, la Paysanne et le Paysan en marche, et le Chariot. H. 13 p. 9 l. à 14 p. 4 l. L. 10 p. 1 à 7 l. Ces huit Paysages d'après Fouquier.

Vues de Monumens en ruines, pris dans les campagnes d'Italie, quatre d'après Poelenburch ; dans ce nombre, la grotte d'*Aqua Farella.* Trois de ces Morceaux portent 2 l. de haut. sur 7 p. 8 à 9 l. de larg. ; et un, 7 p. 10 l. de haut. sur 11 p. 8 l. de larg. — Vue de Vestiges d'Aquéducs, d'après Claude Le Lorrain. H. 5 p. 1 l. L. 7 p. 9 l. — Vue de diverses Ruines : Composition dans un rond ; Morceau sans nom de peintre. Diamètre, 5 p. 3 l.

16 *Estampes.*

MOUCHERON, (Isaac**)** *peintre; né à Amsterdam, en 1670 ; mort dans la même ville, en 1744 ; élève de son père,* Fréd. Moucheron. *Is. Moucheron a gravé à l'eau-forte.*

557 *Afbeelding......* ou Représentation du bâtiment élevé sur le canal près du mail, à Amsterdam, par ordres des bourguemestres et des régens de cette ville, pour recevoir la grande ambassade moscovite, le 29 août 1697 ; dans la marge, à gauche : *J. Moucheron ad vivum delineavit et fecit ;* à droite : *P. v. d. Berge excud......* au-dessous, en deux lignes, l'inscription : *Afbeelding...... den 29 Augustus 1697.* H. 12 p. 7 l. L. 16 p. 10 l.

Suite des Morceaux de MOUCHERON.

Zaal-Stucken........ ou Peintures d'Isaac Moucheron, dans le salon de la maison Mezquita : sept Morceaux ; aux quatre prem. *I. d' Moucheron* ou *I. d' Moucheron Inventor Pinxit et Fecit* différemment écrit. H. 12 p. 5 à 6 l., compris la place du bas, où sont des ornemens. L. 8 p. 9 à 10 l. ; à ces prem. Morceaux, des n.ᵒˢ de 1 à 4 ; aux trois autres, au milieu de la marge : *I d' Moucheron Inv. et Fecit.* H. 8 p. 11 l. à 9 p. L. 12 p. 1 à 4 l. Ces dernières Pièces sans nᵒˢ.

8 *Estampes.*

558 *Eenige Landschappen*...... Plusieurs Paysages peints par Gaspar Poussin, à Rome ; gravés par *J. d' Moucheron, à Amsterdam ;* titre gravé sur un Morceau de rocher placé au milieu du devant du premier des dix Paysages dont cette Suite est composée ; aux autres, dans la marge, à gauche : *G Poussin Pinxit;* à droite : *I. d. Moucheron Fecit.* Hauteur des huit premiers, 5 p. 9 l. à 6 p. 1 l. L. 9 p. à 9 p. 1 à 3 l. ; les derniers en hauteur, portent de H. 9 p. à 9 p. 1 l. L. 5 p. 10 à 11 l. Suite sans nᵒˢ.

MOYAERT ou MOOJAERT, (CLAAS ou NICOLAS) *peintre hollandais ; florissait dans le* 17.ᵉ *siècle. Moyaert a gravé à l'eau-forte.*

559 1 Agar renvoyée ; à gauche, un pâtre garde des animaux ; plus loin de grands arbres et des ruines. H. 4 p. L. 7 p. 3 l.

2 Mercure près d'Argus, assis sur une pierre ; à droite, un temple ; du côté opposé, au bord d'une rivière : *Cl. Moyaert fe,* écrit à rebours. H. 3 p. 5 l. L. 7 p.

3 Bœufs, Vaches et Moutons, au nombre de onze, dans une campagne ; à gauche, auprès d'un terrain élevé où sont des ruines, un berger ; à droite, des arbres ; et à terre : *Cl. M. fe. 1638 n.*ᵒ 2. H. 4 p. 4 l. L. 7 p. 2 l.

4 Pâtre gardant des Vaches, des moutons et une Chèvre ; dans l'éloignement, des villageois et un âne chargé ; à gauche, des montagnes et des ruines ; à droite, des arbres ; et au coin de la terrasse : *Cl. M. fe. 1638 n*ᵒ *67.* H. 4 p. 5 l. L. 7 p. 3 l.

Estampes encadrées ou en feuilles.

MULLER, (Jean Gotthard V.) *graveur à l'eau-forte et au burin ; né à Berhausen, dans le Wurtemberg, en* 1747; *élève de* J.-Geor. Wille.

560 La Sainte-Vierge assise, l'Enfant-Jésus dans ses bras ; près d'eux, le petit saint Jean en acte d'adoration, gravé à Stutgard, sur le Dessin de M. Dutertre, fait d'après le Tabl. de Raffaello Sanzio, qui se voyait à Florence ; Sujet composé dans un rond ; Pièce dite *la Vierge à la chaise :* Est. en haut. Morceau presque carré.

Epreuve avant toutes lettres.

561 La Vierge dite à la chaise, même Estampe répétée.
Epreuve avant toutes lettres.

562 La Vierge dite à la chaise, même Estampe, répétée une troisième fois.
Epreuve avant la lettre, seulement les noms d'auteurs.

563 Sainte Cécile chantant les louanges du Seigneur ; elle s'accompagne de la basse ; devant elle, un ange debout tient un livre de musique ; d'après le Tabl. de Zampieri dit le Dominichino, au Musée royal : Est. en haut.
Epreuve avant toutes lettres.

564 Sainte Cécile, même Estampe répétée.
Epreuve avant toutes lettres.

565 La Bataille de Bunker's Hill (*The Battle at Bunker's Hill*), près de Boston, le 17 juin 1775, premier combat entre les Anglais et les Américains, où fut tué le général Warren, d'après Trumbull : très-gr. Est. en larg.
Epreuve avant la lettre, seulement I. G. Muller *tracé à la pointe.*

Suite des Morceaux de J. GOTT. V. MULLER.

566 Lot avec ses Filles, d'après Hondhorst; —Alexandre, Appelles et Campaspe, d'après Flinck : Epr. avant la lettre; —la Nymphe Erigone, d'après Jollain; —Dame qui pince de la guitare : Epr. avant la lettre; la Mère Brigide, la petite Javotte : ces trois derniers Sujets, d'après M. Wille fils; plus, Bacchus, Cérès : deux Pièces, d'après les Estampes de Goltzius; et Maurice de La Tour d'Auvergne, buste d'après l'Estampe de Nanteuil : 9 Estampes.

567 Louis XVI, représenté debout, en manteau royal, Portrait en pied, d'après le Tableau de Duplessis : grande Est. en haut.

Epreuve avant toutes lettres.

568 Carl. Theodor. Anton. Maria, Baron de D'Alberg, prince-primat, représenté à mi-corps dans un ovale; gravé à Stutgard, d'après le Tabl. de Tischbein.

Epr. avant la lettre, le nom et les titres du personnage, et les noms des artistes tracés à la pointe.

569 Le comte de Stolberg, *(friedrich Leopold Graf zu Stolberg)* vu à mi-corps, et presque de face, un peu tourné vers la gauche, représenté dans un ovale; d'après Rincklake, J.-G.-V. Muller : Est. en haut.

Epreuve avant la lettre et sur papier de soie.

570 Schiller, poète allemand, représenté à mi-corps, la tête appuyée sur sa main droite; d'après Graff : Est. en haut.

Epreuve avant toutes lettres.

571 Loder, chirurgien allemand, représenté debout, vu presque jusqu'aux genoux, le bras gauche posé sur un piédestal; d'après Tischbein, en 1801 : Est. en haut.

Estampes encadrées ou en feuilles.

Suite des Morceaux de J. GOTT. *V.* MULLER.

572 Graff, peintre, représenté assis devant son chevalet ; sur le chevalet, un Portrait ébauché ; gravé à Stutgard, d'après le Tabl. peint par Graff.

Epreuve avant la lettre.

573 L. Galloche, peintre, d'après Tocqué, 1776. — Madame Le Brun, peintre, d'après le Tabl. peint par elle-même : Epr. avant toutes lettres. — L. Leramberg, sculpteur, d'après Belle, 1776. — J.-Geor· Wille, graveur, d'après Greuze : Epr. avant toutes lettres ; — et l'Epouse de J.-G. Muller et son Enfant : ce dernier Morceau sous le titre de *la tendre Mère*, d'après le Tabl. peint par Tischbein, en 1781 : cinq Est. en haut.

Nota. Les Portraits de Galloche et de Leramberg ont été gravés par J.-G. MULLER, *pour sa réception à l'ancienne Académie royale.*

574 Saint représenté à mi-corps, la main droite sur une tête de mort ; sa tête vénérable est éclairée par un rayon de la lumière céleste : Morceau gravé à l'eau-forte par *J.-G. Muller,* sur son propre Dessin ; Pièce sans nom d'auteur. H. 3 p. 8 l. L. 2 p. 10 l.

Morceau très-rare.

575 Bacchus, représenté en pied ; Achille, vu en buste ; et Tête de Minerve : ces trois Morceaux d'après l'antique, sur les Dessins de MM. Schubert et Nahl.

Epreuves avant la lettre.

MULLER, (FRÉDÉRIC) *graveur à l'eau-forte et au burin ; né à Stutgard ; mort à Dresde, en* 1816 ; *fils et élève de* J.-GOTT.-V. MULLER.

576 Saint Jean l'Evangéliste, Sujet de demi-figure ;

Suite des Morceaux de Fréd. Muller.

d'après Zampieri *dit* Le Dominichino, 1808 : Est. en haut.

Epreuve avant la lettre.

577 Frédéric-Guillaume-Charles, Roi de Wurtemberg, alors prince royal, représenté à mi-corps : Portrait dans un ovale, gravé par *Muller*, sur son propre Dessin.

Epreuve avant toutes lettres.

578 Hufeland, médecin à Berlin, représenté debout, vu presque jusqu'aux genoux, les mains posées sur le dos d'une chaise, d'après Tischbein. — Notter, négociant, vu à mi-corps : Portrait dans un ovale; à chaque angle du haut, un ancre et un caducée; d'après Hetsch : Est. en haut.

Epreuves avant toutes lettres.

579 Vénus *dite* la Vénus d'Arles, représentée en pied, Statue antique. — La Jeunesse; elle tient des fleurs et une couronne : Statue de *F. Le Masson* ; Est. en haut.

Epreuves avant la lettre.

580 La Statue de la Jeunesse, Estampe répétée : Epr. avant la lettre; plus, le buste de Mart. Des Jardins, d'après l'Estampe d'Edelinck; et Silène, d'après l'Estampe de Ch.-F.Ad. Macret, sur un Tableau de Rubens.

Epreuves avant la lettre.

581 Job à terre, sur le fumier; trois de ses amis assis près de lui : Morceau gravé à l'eau-forte et raccordé au burin par *F. Muller*, sur son propre Dessin : Pièce sans nom d'auteur. H. 12 p. 3 l. L. 16 p. 5 l.

Morceau très-rare.

Estampes encadrées ou en feuilles. 251

MÜLLER, (FRIEDRICH) *peintre; né à Creuznach, dans le Palatinat, en 1750; résidant à Rome. Muller a gravé à l'eau-forte.*

582 La Danse des Chiens; le Chanteur; scènes représentées dans des villages; à gauche, dans les marges, à ces deux Morceaux : *F. Müller inv. fec.*; au milieu : *N.º 2*; à droite : *C. A. Grossmann exc. A. V.*; du même côté, au ciel : *1 et 2*. H. 8 p. 3 l. L. 6 p. 4 l.

Paysan assis à la droite d'une campagne; près de son chien couché sur le dos, un cheval et un âne debout; l'un chargé de bariques, l'autre de paniers remplis d'ustensiles; à gauche, dans la marge : *Friderich Müller fecit 1768*. H. 6 p. 6 l. L. 7 p. 9 l.

Prairies où de petits pâtres gardent deux vaches, deux chèvres et un mouton; dans la marge, à chacune de ces deux Compositions : *friderich Müller f. à Mannheim aº 1775*; sur les ciels à gauche : *Nº. 31*; à droite : *1. 2*. H. 6 p. 5 l. L. 8 p. 6 l.

Pâtre endormi près de ses moutons; sur le devant, deux enfans couchés sur l'herbe; à gauche, à un roc : *1771*; et une dédicace à Ferd. Kobell, par *Frid. Müller*. — Petit Pâtre couché près d'un troupeau de moutons; il carresse un agneau; plus loin, à droite, de grandes plantes et un monticule; à terre, à gauche : *Frid. Müller. fecit 1771*. H. 6 p. 4 l. L. 8 p.

Porcs et Chèvres; Suite de six Morceaux. Au premier Morceau où est un porcher, sur le ciel, à gauche : *Nº 1. Fritz Müller fecit 1768*; sur la terrasse, l'adresse de *Hess* et celle de *Kobell*; sur les ciels, à droite : *1 à 6*. H. 3 p. à 3 p. 1 l. L. 4 p. 6 à 7 l.

Le Portrait de Jean Fusth ou Faust, l'un des inventeurs de l'imprimerie avec Guttemberg et Schœffer; Cinq autres petites Pièces, Sujets pour des idylles et des romances, de F. Muller; l'Amour jouant du chalumeau; jeune Garçon près d'un satyre; Niobé et ses deux enfans; Guerrier près d'une femme évanouie, et Pâtre qui tond un mouton.

19 *Estampes.*

MURPHY, (John) *graveur en manière noire; né en Angleterre, dans le siècle dernier.*

583 Marc-Antoine (*Mark Anthony*) prononçant l'oraison funèbre de Jules César; d'après West, 1787 : très-grande Est. en larg.

Epreuve avec la lettre, tracée à la pointe.

NAIWJNCX, (H.) *peintre des Pays-Bas. Naiwjncx a gravé à l'eau-forte.*

1 à 8.

584 1 à 8 Différens Paysages; *première Suite* : 1 la Colline; 2 le Rocher; 3 la Rivière près du bois; 4 la Cascade; 5 les trois Arbres et le petit Bois; 6 le Pont près des montagnes; 7 le Chemin près du rocher; 8 la Rivière entre les rochers; au premier Morceau, sur le ciel, à gauche : *H: Naiwjncx Ft et Inv.;* à droite, le n.º *1;* à terre, de ce dernier côté : *Clement. de Ionghe excudit;* aux autres Morceaux, à gauche, sur le ciel, le Nº. H. 4 p. 9 à 10 l. L. 4 p. 4 à 7 l.

1 à 8.

585 9 à 16 Différens Paysages; *seconde Suite* : 1 les deux grands Arbres au bord du chemin; 2 les deux grands Arbres près de la rivière; 3 le Rocher couvert de buissons; 4 le Sentier au bord de la rivière, et le petit Pont de bois; 5 le Ruisseau au pied des rochers; 6 la chute d'eau; 7 le Bois au bord de la rivière; 8 les trois Arbres près du rocher; au premier Morceau, sur le ciel, à droite : *H: Naiwjncx jn et F;* à terre, du même côté: *Clement de Ionghe excud.;* les n.ºˢ 1 à 8, à cette suite, se trouvent à gauche, sur les ciels. H. 4 p. 2 à 3 l. L. 4 p. 4 à 7 l.

NANTEUIL, (Robert) *peintre au pastel, et graveur au burin; né à Reims, en 1630; mort à Paris, en 1678.*

586 Pompone de Bellievre, premier président au parlement de Paris, d'après Le Brun; Portrait dans un ovale.

Cette Estampe est au nombre des chefs-d'œuvre de NANTEUIL.

Estampes encadrées ou en feuilles.

587 Jean Loret de Carentan, en basse Normandie, poète français, petit Portrait dans un ovale; Morceau dessiné et gravé en 1658, par *Nanteuil*; au bas quatre vers :

C'est ici de Loret...... d'esprit ou non.

NEUE ou NEVE, (François de) peintre; né à Anvers, vers 1625 *. Neue a gravé à l'eau-forte.

1 à 4.

588 1 à 4 Différens Sujets dans des Paysages; *première Suite*: 1 Amours de Diane et d'Endymion; 2 Vénus couchée au bord d'une rivière où l'Amour se baigne; 3 Berger et jeune Fille exerçant un chien à se tenir debout; 4 Villageoise et jeune Garçon près d'un berger qui garde des moutons; dans les marges, à gauche : *Fran de Neue In e fecit*; au milieu ou vers la droite : *Si Stampano in Roma da Gio : Iacomo de Rossi alla Pace* différemment écrit. Suite sans n⁰ˢ. H. 7 p. à 7 p. 1 l. L. 9 p. 5 à 6 l.

1 à 8.

5 à 12 Différens Paysages avec figures; *seconde Suite* : 1 le Pécheur à la ligne; 2 l'Homme en manteau; 3 le Soldat et les gens de la campagne; 4 la Femme au bord de l'eau; 5 l'Arbre rompu; 6 les Ruines; 7 la Femme près du pêcheur; 8 les Moutons; dans les marges, à gauche : *F. de neue. in. fe. excu. cum le. de fupe.* différemment écrit; Suite sans n⁰ˢ. H. 6 p. 7 l. à 7 p. 1 l. L. 10 p. à 10 p. 4 l.

13 et 14 Jeune Garçon écoutant une bergère qui joue du tambour de basque. — Narcisse se regardant dans les eaux d'une fontaine; à ces Morceaux, dans les marges, à gauche : *Franciscus de Neue In. è fecit*; vers la droite : *Si Stampano in Roma da Gio : Iacomo de Rossi alla Pace* différemment écrit; Pièces sans n⁰ˢ. H. 11 p. 3 à 4 l. L. 14 p. 5 l.

---

* Selon Descamps, Neve étudia d'après les Tableaux de Rubens et de Van Dyck. Passé à Rome, il y copia des ouvrages de Raphaël, et dessina d'après des figures antiques.

NEYTS, (G.) *peintre; a fleuri dans les Pays-Bas, au 17.ᵉ siècle. Neyts a gravé à l'eau-forte.*

1 à 10.

589   1 à 10 Différens Paysages avec figures : 1 la Tour carrée *manque*; 2 deux Maisons villageoises au bord d'une rivière, un homme y conduit un bateau où est une femme; 3 Agar renvoyée; 4 Tobie et l'Ange; 5 le petit Pont, *manque*; 6 Cavalier et trois Villageois dans une campagne où est un groupe d'arbres de haute-futaie; dans l'éloignement, vers la droite, une ville. 7 un Homme à cheval et trois Paysans à pied passant sur un petit pont de bois; à droite, près d'un palfrenier à cheval et qui tient un cheval de main, un villageois. 8 Cavalier, Dame, près d'un bois, villageois assis jouant du flageolet, et villageois debout appuyé sur un bâton; 9 la Tentation de saint Antoine, *manque*; 10 Vue de la ville de Lille, *manque*; aux 3.ᵐᵉ, 4.ᵐᵉ, 6.ᵐᵉ et 8.ᵐᵉ Morceaux, au-dessous du trait carré : *G. Neyts in F. V. W. ex.*; on aperçoit au second, à gauche sur l'eau, des traces du nom du maître, et vers la gauche, dans la marge, au 7.ᵐᵉ, des traces du nom de Neyts; à ce dernier Morceau, du même côté, au ciel : *Francᵗ Vanden Wijngaerde ex.* Haut. du second Morceau, 3 p. 5 l. L. 5 p.

6 Estampes, trois rognées près des travaux de la gravure et une dont la conservation laisse à désirer.

Morceaux dont Bartsch n'a pas donné la description.

590   11 Campagne en partie baignée par une large rivière; à la gauche, un pont de bois, au-delà de grands arbres; dans l'éloignement, une ville avec tour carrée; on aperçoit à droite, en avant de la ville, une jetée et les mâtures de divers bâtimens; dans la marge, vers la gauche : *G. Neyts.* H. 3 p. 1 l. L. 4 p. 4 l.

12 Vue d'un chemin bordé de grands arbres et d'habitations villageoises; à gauche, dans l'éloignement, une ville qu'on croit être celle de Dordrecht; au-delà, une large rivière, à l'horison, des bâtimens à voiles; dans la marge, vers la droite, des traces du nom du Maître. H. 3 p. 4 l. L. 4 p. 11 l.

Suite des Morceaux de NEYTS.

13 Villageois appuyé sur un bâton, près de deux chevaux debout et d'une vache couchée, à la gauche d'une campagne; plus loin, vers le côté opposé, un bouquet de grands arbres; au-delà, dans le fond, deux paysans, une troupe de chevaux et de bêtes à cornes, et des ruines; à terre, au coin, à gauche: *G. N.* H. 2 p. 3 l. L. 2 p. 11 l.

NIEKELE ou NIKKELEN, (JEAN VAN) *peintre hollandais du* 17.ᵉ *siècle. Niekele a gravé à l'eau-forte.*

591 Pays coupé par une rivière où est un pont de bois; plus loin, à gauche, des arbres et un grand rocher; au fond, au milieu et vers la droite, des montagnes; à gauche, dans la marge: *J. V. Niekele.* H. compris 2 l. de marge, 2 p. 11 l. L. 3 p. 4 l.

Pays où coule une large rivière; à la droite, sur de hautes roches qu'entourent quelques arbres, deux maisonnettes; du côté opposé, sur le devant, un bouquet de deux arbrisseaux; au fond, des montagnes; à droite, dans la marge: *J. V. Niekele.* Haut. compris 1 à 2 l. de marge, 3 p. 2 à 3 l. L. 3 p. 3 l.

NIEULANDT ou NIEULANT, (GUILLAUME) *peintre; né à Anvers, en* 1584; *mort à Amsterdam, en* 1625; *élève de* ROEL. SAVERY; *travailla à Rome, sous la direction de* P. BRIL. *Nieulandt a gravé à l'eau-forte et au burin.*

1 à 4.

592 1 à 4 Sujet de Tobie, Fuite en Egypte, Jésus dans le désert, et les Pelerins d'Emmaüs: traits représentés dans quatre Paysages en largeur; à terre, à droite, au prem. Morceau: *Guilielmus van Nieulandt fecit et excud. Antuerpie;* au-dessous, dans la marge: *C Dankertz Excudit,* un titre en latin; et au coin, à gauche, le n°. H. du prem. Morceau, 8 p. 2 l. L. 11 p. 10 l.

1 à 4.

5 à 8 Quatre Vues de divers monumens de Rome: le Château Saint-Ange, le Temple de Vénus, l'Arc de Septime-Sévère,

Suite des Morceaux de NIEULANDT.

la Tour de Conti, etc., etc. Dans les marges, les noms des lieux et des monumens représentés ; à la droite de la première Pièce, dans cette même marge : *Guil.^{mo} van Nieuwlant fecit et excud. Antuerpiæ* ; et sur la terrasse, vers la droite : *C. Dankerts Excudit* : 2 Epr., une avant le nom de Dankerts. Suite sans n^{os}. Morceaux en largeur. H. de la 1.re Pièce, 7 p. 5 l. L. 10 p. 2 l.

1 à 26.

9 à 34 *VARIÆ ANTIQUITATES ROMANÆ*, SIVE RUINÆ, *ad vivum delineatæ, per* GUILIELMUM VAN NIEULANDT *Anno 1618 et C I Visscher Excudebat*; titre gravé sur la coupe transversale d'un tombeau et sur sa base ; monument qui occupe le milieu du prem. Morceau des 26 Pièces dont cette Suite est composée ; à terre, à droite, à chaque Sujet, le n°. Estampes en larg. H. de la prem. Pièce, 3 p. 7 l. L. 5 p. 8 l.

1 à 19, *non compris le titre.*

35 à 54 *MONVMENTA HÆC ET VENERANDÆ ANTIQVITATIS ROMANÆ VESTIGIA..... GVIL. VAN NIEVLANDT L. M. D. D.* Titre en 13 lignes, sur une draperie que tiennent une femme et un génie ailé : prem. Morceau d'une Suite de 19 Pièces (non compris ce titre) ; Suite dédiée à Wenceslao Covbergue ; à droite, sur le ciel, à chaque sujet, le n°. Estampes en larg. H. de la prem. Pièce, 3 p. 10 l. L. 4 p. 10 l.

NOTA. Manque le 10.e *Morceau.*

53 *Estampes.*

NOLPE, (PIETER) *peintre et graveur; né à La Haye, au commencement du* 17.e *siècle. Nolpe a gravé à l'eau-forte et au burin.*

593 Juda trompé par Thamar. *Pieter Nolpe Fecit.* H. 14 p. 4 l. L. 18 p. 4 l. — Quatre Sujets de l'Histoire du Prophète Elie. *Pieter Potter pinxit P. Nolpe fec.* H. 13 p. 8 l. L. 17 p. 7 l.

594 *AF-BEELDING VAN HET PUYCK DER BURGER-RUYTEREN......* ou Représentation de la marche d'Hen-

Estampes encadrées ou en feuilles.

Suite des Morceaux de NOLPE.

riette-Marie, reine de la Grande-Bretagne, accompagnée de l'élite de la cavalerie commandée par les bourguemestres, visitant Amsterdam, le 20 mai 1642. *Pieter Potter pinxit. Pieter Nolpe fecit.* Pièce de 3 feuilles. H. 13 p. 9 l. L. 4 pieds 6 p. 3 l.

595 Cavalcade des bourgeois d'Amsterdam pour la réception de Marie de Médicis dans cette ville; à gauche, où est Amsterdam, sur le devant, à terre, près d'un tronc d'arbre et dans l'ombre: *IM. (I Martsen) D : Jonghe designavit;* au-dessous: *P. Nolpe fecit.* Pièce en sept feuilles. H. 11 p. 8 l. L. 5 pieds 6 p. 1 l. 7 Estampes.

596 Sujets pour l'Histoire de Marie de Médicis*; savoir: 1.° Marie de Médicis assise sous un baldaquin; elle tient un chapelet; à gauche, dans les airs, trois génies, et dans le fond, le port et la ville d'Amsterdam. Morceau dont le dessin est attribué à Van Avont; dans la marge: *Sic ivit nostram grandis MEDICEA per Vrbem*.......... H. 11 p. L. 7 p. 8 l. — Mariage d'Henri IV et de Marie de Médicis; au-dessus de leur tête, dans les airs, deux anges tiennent la couronne royale; à droite dans la marge un n.° 3. — Louis-le-Juste, Gaston d'Orléans, la reine Marie de Médicis et ses trois filles, traînés dans un char de triomphe, attelé de quatre lions; à terre, à droite: *CL.* (Christian-Louis) Ces lettres liées ensemble, *M. Inv.* — Mariage de François de Médicis et de Jeanne d'Autriche; à terre, à droite: *CL. Moyaert. Inv:*; au-dessous, dans la marge: *P Nolpe : fecit :* tracé à la pointe. — L'empereur Maximilien donnant une couronne impériale à la ville d'Amsterdam, figurée par une jeune femme à genoux devant lui; à droite du trône, les trois Electeurs ecclésiastiques; à gauche, les quatre Electeurs laïques; à terre, à droite: *CL. M. Inv:* — La Reine près de la France, représentée par un globe qu'incendient des Furies; à terre, à droite:

---

* Ces Estampes, et six autres qu'on trouve ci-après à l'article de *Sal. Savery*, n.° 716, ont été gravées pour l'ouvrage publié à Amsterdam, en 1638, sous le titre de *Medicea Hospes*.

Suite des Morceaux de NOLPE.

CL. Moyaert. Inv. — La France, sous la figure d'une femme implorant le secours des Dieux; à sa gauche, un globe coupé en deux parties; à une des parties : *GALLIA;* à terre, à droite : *CL. M. Inv.;* et au coin de la marge un n.° 10. — Henri IV sous la figure d'Hercule, accompagné de Mars et de Pallas. Cette dernière lui montre un globe en partie détruit, et sur lequel est le mot *GALLIA;* à droite dans la marge un n.° 11. — Mars et Minerve soutenant le globe représentant la France, qu'Hercule a sur ses épaules; au fond, les statues de la Justice et de la Paix; à gauche, au bas du piédestal de la statue de la Justice : *CL. M. Inv.* — Hercule accompagné de Mars et de Minerve, réparant le globe où est écrit le mot *GALLIA;* à terre, à droite: *CL. M. Inv.* H. des neuf derniers Morceaux, 10 p. 8 à 10 l. L. 13 p. 11 l. à 14 p. 2 l. 10 Estampes.

597 *VERTONINGE ENDE NAET' LEVEN AFGEBEELT......* Représentation de la Rupture de la Digue de Saint-Antoine, hors d'Amsterdam, le 5 mars 1651; gravée par *P. Nolpe,* sur le dessin fait d'après nature par *W. Schellinckx.* H. compris 13 l. de marge, 15 p. L. 19 p.

NOORDT, (J. Van) *dessinateur et graveur; florissait dans les Pays-Bas, dans le 17.ᵉ siècle.*

598 1 Pays, où la droite est couverte de grandes roches surmontées d'un temple en ruine; vers la gauche du devant, un villageois un panier à la main, et une villageoise sur un chemin; près d'eux un morceau de rocher où est écrit : *P. Lastm:* (Lastman) *inv.;* au-dessous : *J. V Noordt: fecit 1645.* H. 6 p. 1 l. L. 8 p.

2 Deux Bœufs, un Belier, quatre Moutons, deux Chèvres et un Chien sur le devant d'une campagne; plus loin, vers le milieu, où est un tronc d'arbre, une femme dirigée vers la gauche parait porter des seaux à lait; au coin, à gauche, sur le ciel : *Petrus Van laar. inv:;* au-dessous : *J V N fecit. 1644.* H. 5 p. 9 l. L. 8 p. 1 l.

NOTHNAGEL, (Jean-André-Benjamin) *peintre; né à Buch, principauté de Saxe-Cobourg, en 1729. Nothnagel a gravé à l'eau-forte.*

599 La Résurrection du Lazare, Composition de dix figures; à la pierre sur laquelle Notre-Seigneur est placé, un monogramme formé des lettres *TM*, suivi de l'abréviation *Fec.* H. 7 p. 8 l. L. 6 p. 1 l. — Saint Pierre délivré de prison par un ange; à terre, à droite : *1772. No. f.* H. 5 p. 7 l. L. 4 p. 5 l. — Vingt-six autres petits Morceaux, Sujets, Etudes de figures, Têtes et Bustes; plusieurs à l'imitation de Rembrandt. 28 Est.

OBERMAN, (A.   ) *dessinateur et graveur à l'eau-forte; né dans les Pays-Bas.*

600 Suite d'Etudes de Vaches et de Moutons, et de Têtes de chevaux, bœufs, vaches, chèvres, agneaux, chiens, etc.; à ces Morceaux, en largeur : *A Oberman 1809* ou *1810*, et le mois où chaque Pièce a été gravée, n.°* 1 à 12. H. de la prem., 4 p. 3 l. L. 7 p. 6 l.

OS, (P.-G. Van) *peintre hollandais; a gravé à l'eau-forte.*

601 Un Taureau, un Bélier et deux Brebis dans une campagne; à la droite, un saule, deux chaumières et des masses d'arbres. — Deux Vaches, l'une debout, l'autre couchée; plus loin, une chèvre aussi couchée; à gauche, une villageoise laisse boire un veau dans un des seaux de lait qu'elle transporte; plus loin, une grange à foin, une chaumière et un clocher; à droite, une large rivière; à ces Morceaux, au milieu des marges : *P. G. van Os, ad viv. delin et fecit;* au-dessous, en hollandais et en français, à l'une : *TAUREAU et BREBIS Hollandais;* à l'autre : *LES VACHES à LAIT Hollandaises.* H. 14 p. 8 l. L. 19 p. 3 l. Deux Est. publiées à Amsterdam, en 1803.

Bœufs, Vaches et Veau dans des prairies; à la prem. de ces six Pièces, à droite, sur un vieux mur, le titre. H. 4 p. 6 à 7 l. L. 6 p. 3 à 4 l.

Epreuves avant la lettre.
8 *Estampes.*

OSSENBÉECK, (J.......) *peintre ; né à Rotterdam, vers* 1627. *Ossenbéeck a gravé à l'eau-forte.*

Morceaux par OSSENBÉECK, *sur ses propres Dessins.*

602 1 Homme avec barbe à l'escopette; il est vu en buste, en chapeau à grand bord, dirigé vers la droite ; de ce côté, sur le fond : *J. Ossenbeeck* H. 3 p. L. 2 p. 7 l.

2 Pays, dont la gauche est couverte de grands rochers ; du même côté, dans la marge : *J. Ossenbeeck.* H. 2 p. 4 l. L. 3 p. 3 l.

3 Campagne, où est à la gauche un très-gros arbre ; plus loin, deux villageois et deux ânes en marche; sur le ciel, à droite : *J. Ossenbeeck.* H. 2 p. 5 l. L. 3 p. 8 l.

4 Deux Ânes dans une campagne, l'un debout, l'autre couché ; au fond, à gauche, un rustre sur un bouriquet en fait avancer un autre devant lui ; au milieu de la marge : *J. Ossenbeeck.* H. 2 p. 9 l. L. 3 p. 8 l.

5 Trois Hommes assis, deux à terre, un sur une pierre ; près d'eux, un marchand de genièvre ; à droite, un âne qu'on ne voit que jusqu'à l'épaule ; dans le fond, deux pyramides ; à terre, à gauche : *J. Ossenbeeck.* H. 3 p. 8 l. L. 3 p. 6 l.

6 Deux Chèvres, un Belier et un Mouton couchés ; à terre, à gauche, on lit avec peine : *J. Ossenbeeck.* H. 2 p. 9 l. L. 3 p. 9 l.

7 Deux Chameaux dans une écurie où un paysan met le bât à un âne ; à terre, à droite : *J. Ossenbeeck.* H. 2 p. 9 l. L. 3 p. 10 l.

8 Une Chienne et ses petits, et deux chiens couchés à la gauche d'une campagne, où plus loin, à droite, un chien rend ses excrémens ; du même côté, au ciel : *J. Ossenbeeck.* H. 3 p. 9 l. L. 3 p. 10 l.

9 Fontaine avec bassin, près duquel sont six hommes : l'un cherche la vermine à un de ses camarades ; à gauche, un âne debout ; près de la fontaine, un autre âne, dont on ne voit que la tête ; à terre, à droite : *J. Ossenbeeck.* H. 2 p. 8 l. L. 3 p. 11 l.

Estampes encadrées ou en feuilles.

Suite des Morceaux de J. OSSENBEECK.

10 Un Homme et deux Femmes ramassant des gerbes dans une campagne, ce que regarde une autre femme, près de laquelle est un âne debout; à gauche, de grandes ruines; à terre, vers le milieu : *J. Ossenbeeck.* H. 2 p. 7 l. L. 4 p. 2 l.

11 Jeune Fille un seau à la main; elle parle à un paysan qu'on voit à peine; près d'elle, deux vaches, l'une debout, l'autre couchée; à droite, à terre : *J. Ossenbeeck.* H. 2 p. 11 l. L. 4 p. 1 l.

12 Chat accroupi sur l'appui d'une croisée; à droite, à une des vitres du haut : *J. Ossenbeeck.* H. 3 p. 5 l. L. 4 p.

13 Deux Anes, l'un debout et bâté, l'autre couché; à gauche, dans l'éloignement, un paysan en marche; à droite, au haut des planches d'une espèce de cloison : *J. Ossenbeeck.* Ce même nom est répété à la gauche de la terrasse. H. 3 p. 5 l. L. 4 p. 2 l.

14 Femme assise à la gauche, près d'une maison où est une grosse chaîne; elle cherche la vermine à une jeune fille; à leurs pieds un chien couché et un panier de fruits; plus loin, deux paysans près d'un tonneau en forme de baquet; à terre, à droite : *J. Ossenbeeck.* H. 3 p. 2 l. L. 4 p. 7 l.

Deux Epreuves, une sans le nom du Maître.

15 Paysan faisant boire des ânes et un bœuf à une fontaine; sur le devant du bassin, une femme appuyée sur une barrique; derrière elle, un homme debout, un seau à la main droite : Composition de 15 figures et animaux. H. 3 p. 3 l. L. 4 p. 5 l.

16 Deux Chiens couchés, l'un dort, l'autre se gratte; à gauche, dans l'éloignement, un chasseur, près de lui, quatre chiens; il en tient deux en laisse; à terre, à droite : *J. Ossenbeeck.* H. 3 p. 6 l. L. 4 p. 9 l.

17 Un Ane couché; derrière lui, deux paysans à terre, un appuyé sur un bât; un chien qu'on voit à la gauche semble regarder le baudet; à terre : *J. Ossenbeeck.* H. 3 p. 4 l. L. 4 p. 10 l.

18 Un Bouc et une Chèvre couchés; à droite, dans l'éloignement, trois moutons; au bord, à terre : *J. Ossenbeeck.* H. 3 p. 5 l. L. 4 p. 10 l.

Suite des Morceaux de J. OSSENBÉECK.

19 Trois Vaches couchées, une vue par derrière; plus loin, à droite, un pâtre debout parle à une paysanne assise; à gauche, à terre: *J. Ossenbeeck.* H. 3 p. 6 l. L. 4 p. 10 l.

20 Vue de *Campo Vaccino* à Rome; à droite, un chariot attelé de deux bœufs, un homme y arrange des sacs; du côté opposé, un paysan assis; et à terre: *J. Ossenbeeck.* H. 3 p. 3 l. L. 5 p.

21 Musicien pinçant de la harpe près d'un homme, d'une jeune fille et d'une diseuse de bonne aventure; plus loin, au milieu, et vers la gauche, trois hommes causent ensemble : Sujet de demi-figures; au haut, vers la droite: *J. Ossenbeeck.* H. 3 p. 6 l. L. 5 p.

21 *Estampes.*

22 et 23 manquent *.

603 24 Vue de *Campo Vaccino*; à gauche, le temple de Faustine et la fontaine dite *la Tasse de Marforio*; au milieu, vers la droite, les trois colonnes du temple de Jupiter Stator; plus loin, les églises de Saint-Cosme et Damien, de Sainte-Françoise et de Sainte-Marie libératrice; dans le fond, les restes du temple de la Paix; sur le devant, à droite, à peu de distance d'hommes assis sur des restes de colonnes, un dessinateur; du côté opposé, deux vaches couchées, et des hommes accourant pour délivrer un porc que des chiens assaillent; d'autres figures et des animaux occupent les plans suivans; au bord de la terrasse, à une pierre, les armes papales; à gauche, dans la marge : *J. Ossenbeeck.* H. 8 p. L. 11 p. 9 l.

25 Vue de la Grotte consacrée par Numa à la nymphe Egérie; des paysans à table boivent et s'y divertissent, pendant que

---

* 22 Paysan appuyé contre un âne couché à terre, dirigé vers la droite: Sujet dit *l'Anier en repos;* — 23 Villageois sur un mulet, devant lequel marche un autre mulet; à gauche, dans le fond, une grande montagne: Sujet dit *le Muletier;* ces Morceaux portent environ de H. 6 p. 4 à 7 l., et de L. 10 p. 6 l.

Estampes encadrées ou en feuilles.

Suite des Morceaux de J. OSSENBÉECK.

des villageois, des villageoises et des soldats dansent au son du luth et du violon près d'une tente placée en avant de la grotte; derrière la tente, au haut d'une montagne, une musicienne et des buveurs; à droite de la Composition, une cuisine ambulante; dans la marge: *Prospetto e veduto a Cafarelle fuori di porte S.t Sebastiano, a Roma. I. Ossenbeeck invent: et fecit.* H. 8 p. 2 l. L. 12 p. 3 l.

Deux Epr., la prem. tirée avant la Pl. coupée, la seconde de la planche coupée de 2 pouces 11 l., réduite à 5 p. 3 l. de haut.

3 *Estampes.*

604   26 Vue d'une fontaine avec triton, placée à l'une des portes de Rome; près de la fontaine, des villageois, des villageoises et un valet; les uns y font boire des ânes et des vaches, l'autre emmène son cheval et un cheval de main qu'il conduit; à gauche, dans l'éloignement, la pyramide de Sextius; vers le milieu, des vaches pâturent; partie du mur de Rome occupe la droite; au fond, des montagnes; dans la marge: *I. Offenbeeck invent. et. f. Della Gall.ria del molto: Ill:re Sigre Gio: de Wenzelsberg Cons: et Quartiermaist:ro di Corte di S:a M.ta Ces:a.* H. 10 p. 10 l. L. 15 p. 3 l.

27 Vue de la maison de plaisance de Gio Cuniberto de Wenzelberg; sur le devant, deux cavaliers prêts à traverser une petite rivière qu'un bouvier vient de faire passer à des bœufs; plus loin, à droite, un carrosse attelé de six chevaux; dans les airs, à une banderole portée par huit cigognes, dix lignes d'inscription: *Alm.to Ill:ro Sigre Gio: CUNIBERTO de WENZELBERG.... Aff.mo Ser.re;* au-dessous: *I. Offenbeeck;* à terre, à gauche, à une pierre: *Ossenbeeck f. 1664;* au dernier nom les deux lettres *ss* à rebours. H. 11 p. 4 l. L. 15 p. 6 l.

Morceaux par OSSENBÉECK, *d'après différens Maîtres.*

28 à 30 Deux Paysages, et le Sujet où Jésus est représenté dans la barque, manquent*.

---

* 28 Vue d'une chaine de montagnes: à la droite du devant, un homme assis sur une butte. — 29 Vue d'une chaine de rochers bai-

Estampes encadrées ou en feuilles.

Suite des Morceaux de J. OSSENBEECK.

31 Des Chasseurs et une Meute de Chiens attachés à la poursuite d'un sanglier; un chasseur qui le devance se dispose à le percer avec sa pique; sur le devant, près de deux sangliers morts, un paysan à genoux; dans la marge, du côté gauche: *bambootz* (Bamboche) *in* ; au milieu : *Nella Gallaria di sua S. M. C.*; à droite : *I. Offenbeeck. f.* H. 11 p. 7 l. L. 14 p. 9 l. 3 *Estampes.*

32 à 44 Ballet formé par des cavaliers à cheval, manque *.

45 à 47 Décorations de théâtre, manquent **.

605   48 à 58 — 48 Céphale et Procris, d'après Polidoro. — 49 Les Israélites ramassant la manne. — 50 La Fuite en Egypte : ces deux Morceaux d'après Tintoretto. — 51 La Fuite en Egypte, d'après Fetti. — 52 Saint Sébastien. — 53 à 56 Les Occupa-

---

gnée par une large rivière; à la droite du devant, deux soldats, un armé d'une pique; ces deux Pièces d'après Sal. Rosa. — 30 Jésus dormant sur la poupe de la barque; au bas, à gauche, à un tonneau : *S D V. L F (Simon de Vlieger fecit).* H. 11 p. 1 à 3 l. L. 15 p. 1 à 4 l. Ces trois Estampes d'après des Tabl. de la galerie de Wenzelsberg.

* 32 à 44 Cavaliers dont les casques sont ornés de panaches; ils sont à cheval, leurs évolutions forment un ballet : quatorze Morceaux, d'après Nic. Van Hoje; au bas du prem. de ces Morceaux : *Parte delle Figure del Balletto........ Joan Offenbeeck.* H. de 13 de ces Pièces, 14 p. 6 l. L. 6 p., et une de 10 p. de haut., sur environ 16 p. de larg.

** 45 Vue d'un Jardin : à la gauche du devant, un Roi y paraît livré à la douleur. — 46 Un Roi et une Reine dans une grande salle, un homme leur amène trois prisonniers. — 47 Port de Mer, où un homme fait observer à un guerrier des soldats qui descendent d'un navire qu'on aperçoit dans le fond : ces Pièces, d'après L. Burnaccini. H. 7 p. 2 l. L. 9 p. 6 l.

NOTA. Les trois derniers Morceaux font partie d'une Suite, dont les autres Pièces sont gravées par Nic. Hoje *et* H. de Jode, *d'après le même Maître.*

Estampes encadrées ou en feuilles.

Suite des Morceaux de J. OSSENBEECK.

tions de la Campagne pendant les quatre saisons de l'année.—
57 Orphée : ces six Morceaux d'après Bassano. — 58 La Famille de Niobé, d'après Palma. H. 5 p. 11 l. à 9 p. 9 l. L. 5 p. 4 l. à 11 p. 8 l.

NOTA. Ces onze Estampes font partie de celles gravées d'après les Tableaux de la galerie de l'archiduc Léopold, par les soins de D. Teniers.

Morceaux dont BARTSCH *n'a pas donné de description.*

59 Les Enfans de Bethel dévorés par les ours; on aperçoit à droite, dans le fond, le prophète Elisée en prière : Sujet composé dans un ovale; au milieu, sur le ciel : *J. Ossenbeeck.* H. 1 p. 6 l. L. 2 p. 1 l.

60 Cinq Matelots autour d'un feu, sur lequel est une marmite suspendue à trois perches; au fond, à gauche, une rivière avec grand bateau; à droite, sur le rivage, un Marinier range une caisse; du même côté, sur le devant, où est un chien couché : *J. Ossenbeeck.* H. 2 p. 8 l. L. 4 p. 5 l.

12 *Estampes.*

OSTADE, (ADRIEN VAN) *peintre; né à Lubeck, en* 1610; *mort à Amsterdam, en* 1685; *élève de* FRANC. HALS. *Ostade a gravé à l'eau-forte.*

Portraits d'Ostade.

606 Ostade vu à mi-corps, dirigé vers la droite; il est en chapeau à grand bord, porte un collet de dentelle et un large manteau; à l'ovale qui entoure ce Portrait : *ADRIANI VAN OSTADE PICTORIS;* dans la marge, à gauche : *A. van Ostade del: Effigies;* à droite : *J. Gole exc:....* Morceau en manière noire. H. 7 p. 10 l. L. 6 p. 4 l.

Ostade vu à mi-corps, dirigé vers la gauche; il est en perruque et en manteau; au-dessous de l'ovale qui entoure ce Portrait : *ADRIANUS VAN OSTADE, Pictor Harl. Bat. Natus A.° MDCX. et Denatus A.° MDCLXXXV.;* à gauche, tout au bas : *C. Dusart Pinxit;* à droite : *J. Gole fec. et Exc......* Morceau en manière noire. H. 6 p. 3 l. L. 5 p. 4 l.

Suite des Morceaux d'ADR. VAN OSTADE.

Ostade, Portrait gravé de sens opposé, d'après le même Tableau de Du Sart; au pied du soubassement où l'ovale est posé, plusieurs Estampes; un génie à genoux en regarde une, où est représenté un charlatan; tout au bas, à gauche : Q. P. *348*. H. 5 p. 6 l. L. 3 p. 4 l.

Ostade assis, le bras droit sur une table où est un buste; il a un chapeau sur la tête, et porte un grand rabat et un manteau; on lit avec peine à un papier posé sur la table : *Osta de f.* gravé à rebours. H. 4 p. 10 l. L. 4 p.

Epreuve avant la lettre; dans la marge, on a écrit à la mine de plomb : t Pourtrait Van A van Ostade.

Le titre en huit lignes, quatre en hollandais, et quatre en français : *'t Werck complet, ... et Gravé par luy-même.*

Bustes.

1 Payson gai, son bonnet recouvert d'une toque noire; il est dirigé vers la droite, où l'on voit sur le fond, près de la partie ombrée, les lettres *A O*. H. 1 p. 2 l. L. 1 p. 1 l.

Deux Epr., une avant la lettre et avant le trait carré.

2 Paysanne riante, tournée à gauche; elle est en bonnet blanc; au haut du fond : *A o*. H. 2 p. 1 l. L. 1 p. 1 l.

Deux Epr. : une avant la lettre et avant la bordure.

3 Vieillard vu de face, une fraise au cou; à son bonnet pointu, un bord blanc; sur le fond, à gauche : *AV o* tracé à la pointe. H. 2 p. 7 l. L. 2 p. 1 l.

Trois Epr., la prem. avant les travaux ajoutés depuis au vêtement qui couvre les épaules du vieillard; on y trouve de chaque côté, du vêtement au bord de la pl., environ une ligne de blanc; elle est aussi avant le trait carré. (Bartsch ne parle pas de cette Epr.) La seconde avec les travaux ajoutés et avec le trait carré; à la troisième, retouchée au burin, les ombres au visage, à la fraise, et sur-tout au bonnet, sont très-prononcées.

4 Paysan joyeux, coiffé en bonnet plat, à petit bord, dirigé vers la droite, où les lettres *A o* sont tracées sur le fond. H. 2 p. 6 l. L. 2 p. 1 l.

Deux Epr., la prem. avec le fond teinté de tailles triples et quadruples, la seconde avec le fond effacé.

Estampes encadrées ou en feuilles. 267

Suite des Morceaux d'ADR. VAN OSTADE.

Sujets de demi-figures.

5 Fumeur allumant sa pipe; il est assis, le coude gauche appuyé sur une table: Sujet dans un ovale; à gauche du haut: *AV* o. H. 2 p. 6 l. L. 1 p. 11 l.

Deux Epr., une est avant le trait qui forme l'ovale.

6 Fumeur riant, sa pipe à la main, assis devant une table, le bras droit sur le dos de sa chaise; à gauche, dans la marge: *AV. Ostade.* H. compris 3 l. de marge, 3 p. 11 l. L. 3 p. 4 l.

7 Boulanger appuyé sur la porte de sa boutique; il sonne du cor pour avertir ses pratiques; à la traverse qui soutient le panneau vîtré dont la porte est surmontée: *AV. OSTADE.* H. 3 p. 4 l. L. 3 p. 2 l.

8 Vielleur espagnol dirigé vers la droite, où l'on voit sur le fond: *AV. Ostade 1647.* H. 3 p. 11 l. L. 3 p. 4 l.

9 Paysan regardant dehors, appuyé sur la fermeture de sa porte: Sujet dit *l'Observateur*; au-dessous d'une croisée à gauche, à une traverse: *AV. Ostade.* H. 3 p. 9 l. L. 2 p. 2 l.

20 *Estampes, compris le titre.*

607 10 Fumeur en manteau; il est à la fenêtre, une pipe et un pot à la main; à la traverse du bas de la croisée, vers la gauche: *AV. Ostade.* H. compris 7 l. de marge, 6 p. 7 l. L. 5 p. 9 l.

11 Jeune Femme appuyée sur sa porte; elle semble se défendre des caresses d'un vieillard: Sujet dit *le Vieillard amoureux*; à gauche, dans la marge: *AV. Ostade.* H. compris 5 l. de marge, 5 p. 10 l. L. 4 p. 5 l.

12 Un Homme en manteau, parlant à une femme vue par le dos, un panier au bras droit: Sujet dit *le Départ pour le marché*: dans la marge: *AV* o. H. compris 1 l. et demie de marge, 3 p. 5 l. et demie, L. 2 p. 10 l.

Deux Epr., une avant la retouche, la seconde sans marge.

13 Deux Fumeurs à table, et un buveur debout, le verre à la main; dans le fond, vers la gauche, au manteau de la cheminée: *AV. Ostade.* H. 2 p. 10 l. L. 2 p. 3 l.

Deux Epr., la prem. avant le trait carré.

Estampes encadrées ou en feuilles.

Suite des Morceaux d'ADR. VAN OSTADE.

14 La bonne Maman passant son petit enfant par-dessus la fermeture du bas de sa porte, pour le donner à une petite fille; à gauche, au bas de la porte: *AV. o.* H. 3 p. 2 l. L. 2 p. 5 l.

15 Deux Paysans à table; l'un tient une pipe, l'autre un pot vide, dans lequel il regarde; près d'eux, à gauche, un villageois debout; du même côté, dans la marge: *AV. Ostade.* H. 3 p. 6 l. L. 3 p. 1 l.

Deux Epr., à la prem. la place du trait du bonnet ou chapeau élevé que portait l'homme assis à la droite est encore visible *.

16 Femme montrant une poupée à un enfant assis sur ses genoux; à droite, un homme debout sous une treille; et au pied d'une petite table: *AV. O. 1679.* H. 3 p. 9 l. L. 3 p. 3 l.

10 *Estampes.*

608 17 Maître d'Ecole montrant à lire à trois enfans; derrière lui, à gauche, au haut d'une planche: *AV. o.* H. 3 p. 2 l. L. 2 p. 11 l.

18 Paysans se battant à coups de couteau: Composition de cinq figures; Sujet dit *la Querelle des Joueurs;* à gauche, tout au bas de la marge: *AV. Ostade. 1653.* H. compris près de 6 l. de marge, 4 p. 7 l. L. 5 p. 4 l.

Deux Epr.; à la prem., derrière le paysan qui a son couteau levé, on distingue les planches de la porte; on y voit aussi les marques aux trois cartes posées sur le tonneau: Epr. rarissime, dont Bartsch ne parle pas; dans la seconde Epr., les planches de la porte et les marques aux cartes sont à peine visibles.

19 Un Homme à une fenêtre; il lit, à la clarté d'une chandelle que tient un de ses camarades, un papier qu'il tient de ses deux mains; sous la treille, qui garnit le ceintre de la croisée, un pot et une cuillère: Composition de six figures, nommée en Hollande, *Redenryker* (les Harangueurs); à droite, dans la marge: *A. v. Ostade fecit et excud.* H. 8 p. 1 l. L. 6 p. 10 l.

Epreuve et contre-Epreuve **.

---

* On a de ce Morceau des Epreuves où le bonnet ou chapeau du fumeur assis à la droite est très-élevé de forme.

** Les premières Epr. de cette planche sont avant le pot et la cuillère.

Estampes encadrées ou en feuilles.

Suite des Morceaux d'ADR. VAN OSTADE.

Sujets de figures entières.

20 Vieillard le dos courbé; il s'appuie sur un bâton qu'il a à la main, et marche vers la gauche; à terre, à droite: *AV. o.* Sujet dont le haut est cintré. H. 2 p. 9 l. L. 2 p. 2 l.

21 Paysan debout, les bras en arrière; il est tourné à droite, et semble réfléchir; à terre, à gauche : *AV. o.* H. 3 p. 2 l. L. 2 p. 3 l.

Deux Epr.; dans l'une, au-dessus de la tête du paysan, des essais de pointe et des traits d'ébarboir: Epr. dont Bartsch ne parle pas.

22 Homme debout, en chapeau à bord rabattu, vu presque de face, sa main droite cachée sous son manteau; à terre, à gauche: *AV. o.* H. 3 p. 2 l. L. 2 p. 3 l.

Trois Epr.; la prem. avant le trait carré; à la troisième tirée, de la pl. usée, la marque *AV. o.* à peine visible.

11 *Estampes.*

609 23 La Grange; au fond, à droite, près d'une échelle, une femme baissée ramasse du foin; à gauche, sur le devant: *AV. ostade. 1647.* H. 5 p. 9 l. L. 7 p. 1 l.

Deux Epr. : la prem. avant les travaux éclaircis à plusieurs parties de la Composition, principalement sur la meule de foin près et au-dessus du dos de la femme, avant les contre-tailles à la partie ombrée de la poutre, ou en trait, et à la droite, au-dessous du toit. Cette Epr. est aussi avant le trait carré rentré au burin. Bartsch ne parle pas de cette dernière remarque.

24 Paysan en manteau, une Paysanne l'accompagne; ils marchent vers la droite; sur le ciel, à gauche : *AV. ostade.* H. 2 p. 10 l. L. 2 p. 3 l.

24 bis. Fumeur assis, allumant sa pipe, et Buveur debout, le verre à la main; à droite, à un petit panneau, au haut de la muraille: *AV. Ostade.* H. 2 p. 9 l. L. 2 p. 2 l.

Trois Epr. : la prem. très-claire de ton, et peut-être trop grise; à la seconde, le mur derrière le buveur est d'une vigueur qui s'accorde mal avec les autres parties; la troisième de la pl.

*Suite des Morceaux d'*ADR. VAN OSTADE.

retouchée, où parties des ombres sont rentrées au burin. *Bartsch. ne parle pas de cette dernière Epr.*

25 La Devideuse causant avec un Paysan debout à sa droite ; à terre : *AV. o.* Composition dont le haut est cintré. H. 3 p. 6 l. L. 2 p. 9 l.

26 Pont de bois, d'où un enfant pêche à la ligne ; près de lui, à sa droite, un autre enfant ; sur l'eau, et dans l'ombre : *AV. o.* H. 4 p. L. 5 p. 10 l.

Deux Epr. : à une, partie de la marge est coupée.

27 Savetier, dont l'échoppe est placée près d'une maison garnie d'une treille ; il travaille et parle à un fumeur assis à la droite devant son échoppe ; à terre, au-dessous du fumeur : *AV. Ostade. 1671.* H. 6 p. 3 l. L. 5 p. 6 l.

Deux Epr. : la prem. avant partie des ombres rentrées au burin, et avant la contre-taille sur le toit de la chaumière entourée d'arbres qu'on aperçoit à la droite ; dans la seconde Epr., les arbres près de la chaumière sont remplacés par la continuation de la treille de la maison. Bartsch n'indique que partie de ces remarques.

28 Vieille en cape ; elle parle à deux hommes, l'un en manteau court, l'autre en chapeau à haute forme ; dans le fond, à gauche, un villageois près d'une maison. H. 3 p. 2 l. L. 2 p. 3 l.

Deux Epr. : la prem. avant les travaux des ombres rentrées au burin, avant une très-légère teinte de pointe sèche sur le dos de la figure du villageois, et avant le trait carré.

13 Estampes.

610 29 Marchand de Lunettes en présentant une paire à une vieille appuyée sur la fermeture de sa porte : Composition de quatre figures ; à terre, à droite : *AV. Ostade.* H. 3 p. 9 l. L. 3 p. 3 l.

Quatre Epr. : la prem. à l'eau-forte seulement, est avant des contre-tailles aux ombres ; les travaux aux vitraux, ou volet et aux palissades, à la droite, y sont très-légers, et le trait carré n'est qu'à la pointe ; à la seconde Epr., des contre-tailles à plusieurs des ombres, et le trait carré rentré au burin ; à la troisième

*Suite des Morceaux d'*Adr. Van Ostade.

Epr., les ombres couvertes de nouveaux travaux, et les vitraux et le volet légèrement teintés à la pointe sèche; la quatrième Epr., tirée après la retouche, est d'une si grande vigueur de ton, qu'on prendrait plusieurs parties des travaux pour des travaux en manière noire. Bartsch ne parle d'aucune de ces remarques.

30 Buveur à table; il écoute une femme qui chante, accompagnée par un joueur de violon; la scène se passe dans une chambre de paysan : Sujet dit *le petit Concert*; à terre, à droite: *AV*: o. H. 4 p. 6 l. L. 3 p. 4 l.

Trois Epr.: la prem. avant les travaux à la droite des bonnets du buveur et du joueur de violon, et les contre-tailles sur le côté gauche, et où la porte du fond, derrière le joueur de violon, est fermée; les planches à terre, sous la table et sous la cruche, n'y sont pas indiquées; elle est aussi avant les travaux près des lettres *AV* o, lettres qui, à la gauche, dans cette Epr., se trouvent répétées au milieu de quelques tailles; à la seconde Epr., dont les ombres sont en général plus claires, on trouve aux parties blanches des bonnets, quelques travaux. La terre, à la place où sont la table et la cruche, est couverte de planches; on y aperçoit plus les lettres *AV* o, répétées à la gauche; dans cette Epr., la porte, derrière le joueur de violon, est ouverte, et le trait au bas de la Composition est double; la troisième Epr., tirée après la pl. retouchée dans toutes ses parties, est portée à un ton très-vigoureux; le bonnet du buveur y est entièrement couvert de tailles. Bartsch, en indiquant la prem. des trois Epr. dont nous venons de parler, l'annonce comme extrêmement rare *.

7 *Estampes.*

611 31 Fileuse au fuseau; à sa droite, un paysan debout, et à ses

---

* Il existe, dans la Collection du roi des Pays-Bas, une Epreuve de cette planche, où le fond est entièrement blanc; ce Morceau rarissime a fait partie de l'œuvre d'Ostade qui se trouvait dans le **Cabinet de M. Van Leyden père.**

Suite des Morceaux d'ADR. VAN OSTADE.

pieds un enfant assis; à gauche, à terre : *AV Ostade* 1652. H. 5 p. L. 6 p. 5 l.

Epreuve et Contre-Epreuve.

32 Un Peintre assis devant son chevalet, sur lequel est placé le tableau qui l'occupe ; vers la droite du fond de l'atelier, deux enfans sous un escalier, broyent des couleurs ; dans la marge, quatre vers : Pictor *Apelleâ pingas......* digna tuo ; au-dessous, vers la droite : *A. v. Ostade fecit et excud.* H. 7 p. 11 l. L. 6 p. 4 l.

Trois Epreuves ; à la première, le peintre a un bonnet de forme élevée, dont la partie éclairée est presque blanche, et n'a que de légers travaux. Cette Epreuve est aussi avant les mots et excud.; Morceau dit ainsi Epreuve au bonnet pointu. A la seconde Epreuve, aussi avant les mots et excud., le bonnet diminué de hauteur, est tout ombré ; on y aperçoit encore le trait de la portion supprimée. Cette partie et les environs y sont assez mal raccordés. Bartsch ne parle pas de cette seconde Epreuve ; à la troisième Epreuve on ne voit plus de trace de la partie élevée du bonnet ; à cette place, le fond est entièrement rétabli.

5 *Estampes.*

612 33 Villageois assis près du feu, et donnant la bouillie à un enfant ; à sa droite, une femme debout fait chauffer un lange : Sujet composé de quatre figures, dit *le Père Nourricier* ; à terre, vers la droite : *AV. Ostade* 1648. H. 4 p. 7 l. L. 3 p. 4 l.

Deux Epreuves ; la première avant les tailles à la partie éclairée d'un chaudron qui chauffe, et avant quelques travaux au tuyau de la cheminée, au-dessus et vis-à-vis du balai qui y est suspendu ; travaux si légers qu'on les aperçoit à-peine.

34 Un Paysan à table, avec sa femme qui a son enfant dans les bras ; et un petit garçon debout, prêts à prendre leur repas : Sujet dit *le Benedicite* ; à droite, au manteau de la cheminée : *AV. Ostade* 1653. H. 5 p. 7 l. L. 4 p. 8 l.

Trois Epreuves ; à la première, le paysan est tête nue ; à la seconde, sa tête est couverte d'une grande calotte ; sur le fond,

Suite des Morceaux d'ADR. VAN OSTADE.

presque blanc et mal raccordé près et autour de la tête, on voit encore les marques du grattoir et du brunissoir dont on s'est servi pour effectuer les changemens ; à la troisième Epreuve, où le fond est entièrement raccordé, la ligne formée par l'épaisseur de l'enduit du contre-cœur de la cheminée, du côté du four, est très-prononcée, ce qui n'existe pas aux deux premières Epr. Bartsch ne parle pas de la seconde Epreuve que nous venons d'annoncer.

5 *Estampes.*

613 35 Villageoise tuant la vermine à un homme assis à terre; à leur gauche, un paysan debout regarde dans une cruche; à droite, dans le fond, près d'un coffre, un enfant et un chat : Sujet dit l'*Epouilleuse.* H. 5 p. 7 l. L. 7 p. 3 l.

36 Rémouleur repassant les outils d'un savetier, dont l'échoppe est près d'une maison, dans laquelle on voit, par la porte ouverte, un homme en manteau et une femme; on aperçoit au fond, à droite de cette composition, trois paysans, une femme et un enfant dans un village; à terre, sur le devant, du même côté : *AV. Ostade.* H. 3 p. 1 l. L. 2 p. 8 l.

37 Vieille parlant à un homme en manteau court; plus loin, vers le milieu, une femme et un enfant; à gauche, un paysan porte un paquet; du même côté, sur le devant : *A v o.* H. 3 p. 8 l. L. 3 p.

38 Paysan écoutant un joueur de hautbois, qu'un enfant accompagne du tambour; il est assis à la porte de sa maison, qu'on voit à la droite. Composition de dix figures, Sujet dit les *Musiciens ambulans*; à terre, à gauche : *AV. Ostade.* H. 3 p. 9 l. L. 3 p. 2 l.

Deux Epreuves : la première avec des jours ménagés dans les masses du haut d'un grand arbre près de la maison, et avant la teinte de pointe sèche sur les carreaux de la partie ouverte du panneau vitré de l'imposte de la porte, quelques tailles au second chevron, sous le chaume, et parties des contre-tailles aux ombres des degrés de la porte, et du petit banc qui est à la droite. Bartsch ne parle d'aucune de ces remarques.

39 Deux Paysans jouant au trictrac; à droite, un homme assis,

Estampes encadrées ou en feuilles.

Suite des Morceaux d'ADR. VAN OSTADE.

le bras gauche appuyé sur une fenêtre par laquelle il regarde. Composition de cinq figures ; à terre, vers la droite : *AVostade*. H. 3 p. L. 2 p. 8 l.

Deux Epreuves : l'une dont le fond et partie des ombres des figures sont d'un ton beaucoup plus vigoureux.

40 Deux Villageoises causant ensemble ; à gauche, dans l'éloignement, près d'une fruitière, trois enfans ; du même côté, sur le devant : *AV. Ostade;* Sujet dit *les deux Commères.* H. 3 p. 8 l. L. 3 p. 3 l.

8 Estampes.

614 41 Paysan à genoux sur un cochon qu'il vient de tuer, et le pressant pour en faire sortir le sang, qu'une femme reçoit dans une poêle. Composition de huit figures dans un rond ; à terre, vers la gauche : *AV. Ostade.* Sujet dit *le Charcutier.* Diamètre, 4 p. 2 l.

Trois Epreuves : à la première, qui n'est qu'à l'eau-forte, le bonnet du paysan debout à la gauche, éclairé par la droite, est presque blanc ; on voit, au mur du pignon d'une chaumière, deux croisées ; une au haut, l'autre au bas ; le ciel à droite est aussi en partie blanc ; à la seconde Epreuve, le ciel entièrement teinté ; aux vêtemens des figures, à différentes parties de la maison, et au pignon, où les croisées, celle du haut sur-tout, sont à peine apparentes, les travaux raccordés au burin, mais la partie éclairée du bonnet, et toute la droite de la figure du paysan debout à la gauche, s'y trouvent comme dans l'Epreuve d'eau-forte ; à la troisième Epreuve, tirée après la planche entièrement remontée au burin, le bonnet du paysan est teinté, et cette figure n'a plus qu'un léger reflet de lumière sur le visage, le bras et la jambe droite.

42 La Marchande de bière ; près de l'entrée de la porte, un homme paraît lui payer son écot ; au fond, à droite, six villageois devant une cheminée ; à terre sur le devant, du même côté : *AV. Ostade.* H. 3 p. 9 l. L. 3 p. 2 l.

Deux Epreuves : dans la seconde des contre-tailles ; à terre sous le banc, où est une cruche, et sur l'ombre portée par le banc. Bartsch ne parle pas de cette Epreuve.

Estampes encadrées ou en feuilles.

Suite des Morceaux d'ADR. VAN OSTADE.

615 43 Le Charlatan : Sujet composé de onze figures, le haut cintré ; à terre, à la droite du devant : *AV. Ostade*. H. 5 p. 4 l. L. 4 p. 6 l.

Quatre Epreuves ; à gauche, dans le fond, à la première, près d'une habitation villageoise, un homme et un enfant. Cette Epreuve est avant le trait autour de la Composition : Bartsch ne parle pas de cette dernière remarque ; à la seconde Epreuve, les deux figures d'homme et d'enfant, et l'habitation villageoise sont remplacées par un groupe de quatre enfans (Bartsch n'en indique que trois) ; à cette Epreuve, le trait autour de la Composition ; à la troisième Epreuve, à la terrasse, principalement à droite, où est le nom du Maître, de nouveaux travaux ; au ciel, à gauche, des nuages ; à la quatrième Epreuve, tirée après la planche entièrement retouchée au burin, les nuages au ciel et à ces nouveaux travaux à la terrasse n'existent plus.

9 Estampes.

616 44 Femme un enfant dans ses bras ; elle est debout, à la porte d'une hôtellerie, et écoute un joueur de violon ; à sa droite, un paysan assis, sa pipe à la main ; à sa gauche, un enfant appuyé sur un cerceau ; à terre, sur le devant : *A v. Ostade*. Sujet dit *le Joueur de violon*. H. 5 p. 8 l. L. 3 p. 11 l.

45 Un Violonneur et un petit Vielleur, jouant à côté de paysans et d'une paysanne à table près d'un orme : Composition de plus de douze figures ; sur le devant, à gauche, à un des fonds d'un tonneau debout, le monogramme : *AVO*. H. 5 p. 6 l. L. 4 p. 9 l.

Trois Epreuves : la première avant les contre-tailles sur l'homme assis devant la porte, et au bas de cette porte, entre les paysans à table, au toit de la maison et à la droite du tonneau ; à cette Epreuve, dont Bartsch ne parle pas, la partie éclairée du bonnet du paysan le plus près de l'orme, est teintée à la pointe sèche, et l'ombre de la tour carrée qu'on aperçoit dans le fond, n'est formée que de légers travaux ; la seconde Epreuve est avec les contre-tailles ; mais le bonnet du villageois teinté dans l'Epreuve première se trouve ici blanc ; les

Suite des Morceaux d'ADR. VAN OSTADE.

ombres de la tour y sont aussi d'un travail léger à cette Epr., qui paraît être celle que Bartsch indique comme la première de cette planche : ce biographe ne parle que de la dernière des remarques que nous venons d'annoncer ; à la troisième Epr., la teinte de pointe sèche remise au bonnet du paysan et l'ombre de la tour formée de tailles serrées gravées au burin.

4 Estampes.

617 46 Femme assise devant une cheminée ; elle fait manger un enfant qu'elle a sur ses genoux ; derrière elle, près d'un escalier, deux petits garçons à une table ronde ; à sa gauche un paysan debout coupe un pain ; à terre, à droite : *AV. ostade 1647* : Sujet dit *le Ménage villageois*. H. 6 p. 4 l. L. 5 p. 9 l.

Deux Epr. : la prem. avant nombre de travaux, ce qu'on remarque principalement aux trois marches du bas de l'escalier, qui sont avant parties des tailles, et presque blanches ; le tuyau de la cheminée est aussi avant diverses tailles et des contre-tailles.

47 La Kermesse ou fête de village ; à la gauche, près d'un cabaret, des paysans dansent sous la treille : Composition de plus de trente figures ; à terre, vers la droite, et dans l'ombre : *AV ostade.* H. 4 p. 1 l. L. 6 p. 5 l.

Deux Epr. : la prem. avant divers travaux, ce qu'on reconnaît principalement dans l'entrée d'une porte ouverte qui est à la gauche ; à la toiture du cabaret, et au haut du pignon de la troisième maison, toutes parties avant les contre-tailles. Bartsch n'indique que la dernière de ces remarques.

48 La Guinguette : vers la droite, à la porte d'une auberge, des hommes à table près d'un grand arbre ; à côté d'eux, un paysan parle à un villageois qu'accompagnent une femme et un enfant ; plus loin, un charlatan : Composition de plus de cinquante figures : Pièce sans nom de Maître. H. 4 p. 6 l. L. 8 p. 3 l.

49 Le Bal villageois, ou la Danse au Cabaret : Composition de plus de vingt figures ; à droite, dans la marge : *A. v. Of.*

Estampes encadrées ou en feuilles.

Suite des Morceaux d'ADR. VAN OSTADE.

tade fecit et excud *. H. compris 5 l. de marge, 9 p. 4 l. L. 11 p. 8 l.

6 *Estampes.*

618 50 Le Goûter hollandais : Composition de sept figures ; à terre, à gauche : *A V. oftade.* Dans la marge, deux vers de Tibulle :

... *fecuræ reddamus tempora menfæ
venit poft multos una ferena dies.*

H. compris 7 l. et demie de marge, 8 p. ½ l. L. 9 p. 7 l.

Trois Epr. : à la prem., qui n'est presque qu'à l'eau-forte, le visage et le bonnet d'une petite fille qui boit, le dossier et le coussin d'un siége rond, dont le pied gauche n'est pas apparent, siège placé derrière un homme debout, le verre à la main, sont avant les contre-tailles ; l'échelle dans le fond, au-dessous d'un tableau, Sujet de Tobie et l'Ange, n'est en partie qu'à une seule taille ; les rideaux n'ont pas de doubles contre-tailles, et le vantail fermé de la porte de la cave qui est à la droite, est aussi avant la contre-taille ; à la seconde Epr., les contre-tailles, les cheveux, ou plutôt le bonnet de la petite fille vigoureusement teinté ; à cette Epr. la marge du bas coupée ; à la troisième Epr., dans le Tabl. au ciel et aux ailes de l'ange, une contre-taille ; le paquet d'herbes suspendu, à gauche, au plancher, près d'une cage à poulet, est plus fort. Bartsch n'indique des remarques de la prem. Epr., que celle du coussin, du bonnet de la petite fille et de la porte de la cave, et ne parle pas des contre-tailles qu'on trouve à la troisième Epr.

3 *Estampes.*

619 51 Paysan représenté dans l'action de chanter ; il est assis sur un tonneau à demi-coupé en forme de siége à dossier, sa main droite sur sa hanche, l'autre cachée sous sa veste ; à son chapeau sans bord, une plume ; devant lui, à terre, une pipe cassée : Pièce sans nom de Maître. H. 4 p. 3 l. L. 3 p. 4 l.

Ce Morceau, qu'on attribue à A. V. Ostade, et dont Bartsch

---

* Dans les prem. Epr. sans nom de Maître, le quatrième jambon suspendu au plafond et la marmite près du feu sont presque blancs.

Estampes encadrées ou en feuilles.

Suite des Morceaux d'ADR. VAN OSTADE.

ne parle pas, tient beaucoup, pour la gravure, à celle du Sujet dit l'Epouilleuse, décrit ci-dessus sous le n.° 35.

Pièces douteuses.

52 Le Pisseur lâchant de l'eau au pied d'un gros arbre; derrière lui, à terre, près d'un tonneau, un pot; à droite, dans le fond, au-delà d'un petit pont, deux chaumières; à terre, à gauche : *A. O. S.* Ce Sujet est aussi gravé dans le goût de l'Epouilleuse. H. 5 p. 2 l. L. 4 p.

53 Intérieur de Chambre, où sont un fumeur et une fumeuse assis près d'un tonneau renversé, et un fumeur debout, un pot à la main; à gauche, dans le fond, deux hommes, une femme et un enfant près d'une cheminée; du même côté, dans la marge : *OSTADE. F.* H. 4 p. 7 l. L. 5 p. 1 l.

NOTA. *Ce dernier Morceau est cité par Bartsch à la suite de l'Œuvre d'Ostade.*

3 *Estampes.*

PANNEELS, (GUILLAUME) *peintre; né à Anvers, vers le 17.ᵉ siècle; élève de* P. P. RUBENS. *Panneels a gravé à l'eau-forte.*

620 La Sainte-Vierge assise, l'Enfant-Jésus sur ses genoux; saint Jean boit dans une tasse que la Vierge et le Sauveur lui présentent; titre: *GLORIA TIBI DOMINE.....;* au-dessous: *Annib. Carracius in. Joannes Panneels fec franof* : Sujet dit la *Vierge à l'écuelle.* H. 4 p. 9 l. L. 5 p. 6 l.

Morceaux d'après P. P. RUBENS.

David étouffant un ours. H. 3 p. 10 l. L. 5 p. 1 l. — David coupant la tête de Goliath : Morceau gravé en 1630. H. 5 p. 1 l. L. 6 p. 2 l. — Elie dans le désert; l'ange lui apporte sa subsistance. H. 5 p. 4 l. L. 4 p. 2 l. — Esther devant Assuérus. H. 6 p. 2 l. L. 8 p. 9 l. — La Nativité; titre : *Christe Redemptor.....* MDCXXX. H. 7 p. 2 l. L. 5 p. 11 l. — L'Adoration des Rois; titre : *hostis herodes impie....* MDCXXX. H. 7 p. 4 l. L. 5 p. 9 l. — Le Baptême de Notre-Seigneur: Pièce de 1636. H. 6 p. L. 5 p. 1 l. — La Fille d'Hérodiade portant la tête de saint Jean dans un plat; titre : *Et tu puer....* G. P. fec. in aqua forte. MDCXXXI. H. 5 p. 5 l. L. 4 p. 7 l.

Estampes encadrées ou en feuilles.

Suite des Morceaux de PANNEELS.

— La Magdeleine chez le Pharisien. H. 5 p. 2 l. L. 6 p 3 l. — L'Assomption : Composit. cintrée du haut. H. 11 p. 9 l. L. 6 p. 8 l. — La Sainte-Famille ; l'Enfant-Jésus joue avec saint Jean monté sur un agneau, et la Vierge prend du raisin dans une corbeille qu'un ange lui présente ; à gauche, saint Joseph. H. 4 p. 4 l. L. 5 p. — Saint Sébastien attaché à un arbre ; à sa droite, dans les airs, un ange ; sur la terrasse, à gauche, à ce Morceau : *Guilel.s Panneels inu. et fc*. H. 6 p. 6 l. L. 3 p. 9 l. — Sainte Agnès, à genoux, une palme à la main ; à sa gauche, un mouton. H. 3 p. 8 l. L. 2 p. 8 l. — Sainte Cécile, vue à mi-corps, assise ; elle accompagne du clavecin deux anges ; ils chantent les louanges du Seigneur. H. 5 p. 1 l. L. 4 p. 11 l. (2 Epr.) — Apollon et Daphné : Pièce de 1631 ; Composition dont le haut est cintré. H. 5 p. 8 l. L. 3 p. 4 l. — Jupiter et Junon sur les nues : Composition dans un ovale ; aux angles du bas : *Anno 1631*. H. 6 p. 5 l. L. 5 p. 4 l. — Jupiter sous la forme d'un satyre surprend Antiope endormie. H. 6 p. L. 4 p. 4 l. — Méléagre présentant la hure du sanglier à Atalante. H. 3 p. 2 l. L. 4 p. 9 l. — Psiché recevant d'un aigle la coupe de beauté : Composition dans un ovale. H. 2 p. 10 l. L. 2 p. 5 l. — La Toilette de Vénus, l'Amour soutient le miroir ; titre : *Excellentifsimi Pictoris*..... *fecit 1631* : Morceau cintré du haut. H. 5 p. 8 l. L. 3 p. 6 l. — Vénus s'abandonnant à la douleur près d'Adonis mort. H. 2 p. 9 l. L. 3 p. 11 l. — Bacchus ivre, soutenu par des bacchantes qu'accompagnent des satyres. H. 5 p. 1 l. L. 5 p. 7 l. — Cléopâtre, vue à mi-corps, assise ; elle se fait piquer par un aspic ; titre : *Viri Nobilifsimi.... francofurti ad Moenum. 1631*. H. 6 p. 2 l. L. 5 p. 2 l. — La Charité romaine. H. 5 p. 2 l. L. 3 p. 5 l. — Femme tenant d'une main un pot à anse ; de l'autre, une chandelle, à laquelle un enfant en veut allumer une ; à gauche, derrière eux, un squelette ; au haut, sur le fond : CVRSVS. MVNDI ; titre : *In Aula Reuerendifsimi*..... *1631. franc. v. Wyngaerde ex*. H. 7 p. 7 l. L. 6 p. 2 l. (2 Epr., la prem. avant le nom de Wyngaerde). — Rubens, représenté à mi-corps, un chapeau sur la tête : Portrait dans une bordure octogone ; titre : *Excellen-*

*tifsimus Dns D. PETRVS PAVLVS RVBENIVS......
extraordinarium misit ;* au-dessous, le nom de Panneels. 1630.
H. 4 p. 5 l. L. 3 p. 7 l. 29 Estampes, compris deux Epreuves
doubles *.

PASQUALINI, (GIOVANNI - BATTISTA) *graveur
à l'eau-forte; né dans les environs de Bologne,
au commencement du* 17.e *siècle.*

621 Susanne au bain, Jésus arrêté au jardin des Oliviers, l'Incrédulité de saint Thomas, Jésus-Christ remettant les clefs de son église à saint Pierre, saint Jérôme croyant entendre une trompette qui l'appelle au jugement dernier, saint François en prière, les quatre Evangélistes, Jupiter et Sémélé, Mort de Tancrède, la Charité, et treize autres Sujets d'après Barbieri dit Le Guerchin ; — la Mort de sainte Cécile, d'après Zampieri; à plusieurs de ces Morceaux, des dates de 1619 à 1628. 27 Estampes.

PÉRIGNON, (NICOLAS) *peintre et dessinateur, a
peint à gouache ; né à Nancy, en* 1616; *mort à
Paris, en* 1782. *Pérignon a gravé à l'eau-forte.*

622 Des Paysages dessinés d'après nature dans les environs de Paris et autres lieux, et gravés à l'eau-forte, par Pérignon, Morceaux divisés en six cahiers, de six Pièces chaque : ces cahiers marqués des lettres *A. B. C. D. E. F. ;* Pièces en largeur, d'environ 4 p. de haut., et 6 p. 6 l. de larg.; à la plupart : *N. Pérignon fecit ;* et à plusieurs, des dates de 1768 à 1772. Plus, treize Epr. doubles avant les n.^{os}, en tout 47 Estampes.

---

* Les cinq Morceaux suivans, gravés d'après Rubens, manquent, savoir : Saint George. H. 8 p. 9 l. L. 8 p. environ. — Sainte Barbe : Morceau sans nom de peintre. H. 3 p. L. 2 p. 6 l. — Sainte Catherine. H. 3 p. L. 2 p. 6 l. — L'Enlèvement de Déjanire. H. 6 p. 1 l. L. 5 p. — La Chute de Phaéton : Sujet composé pour un plafond. H. 7 p. 2 l. L. 6 p. 4 l. — Bacchus ivre, soutenu par un faune et par un satyre. H. 5 p. 6 l. L. 8 p.

Estampes encadrées ou en feuilles.

PERELLE ou **PERRELLE**, (GABRIEL) *dessinateur et graveur à l'eau-forte; né à Vernon-sur-Seine; mort à Paris, vers* 1675, *dans un âge très-avancé; élève de* DANIEL RABEL *. *Perelle a quelquefois imité les sites et la manière de feuiller de Fouquier et de Swanevelt, et plus souvent encore celle de Patel le père; ses meilleurs ouvrages, ceux de son premier temps, sont touchés avec beaucoup de légèreté, et d'une couleur douce et transparente.*

623 Lieux champêtres, Sites pittoresques où sont des ruines, autres pris la plupart dans les environs de Paris, sur les bords de la Seine ou de la Marne, et quelques Vues maritimes: Pièces en hauteur, en largeur ou dans des ronds ; au nombre de ces Morceaux, quelques-uns par *Nic. Perelle* et *Ad. Perelle* **. 90 Estampes.

Anciennes Epreuves : à plusieurs les noms des Editeurs, Daret, Le Blond, Mariette, *ou de* Peyrounin.

---

* Rabel, peintre, connu par des dessins faits à la plume, fut bientôt surpassé par son élève, dont les ouvrages, plus fins de touche, d'un faire léger et d'une grande égalité de travail, obtinrent sur ceux de ce Maître une préférence marquée. L'exemple de Rabel, qui gravoit aussi à l'eau-forte, fit prendre à Perelle la résolution de graver. Au nombre de ses premiers essais, on trouve une Pièce burlesque, intitulée *la Défaite des Chats d'Espagne devant Arras;* pl. gravée à l'occasion de la prise d'Arras, par les Français, sous Louis XIII, en 1640. Il exécuta vers le même temps quelques autres pl., entre autres, une pour le livre intitulé : *Vie de saint Adjuteur, patron de la ville de Vernon sur Seine, par Jean Theroude, Paris, 1638, in-8.°* Cette Pièce, qui représente la vue de Vernon, peut servir à fixer le temps où Perelle commença à graver.

** *Nicolas Perelle*, né à Paris, mort à Orléans, fils et élève de Gab. Perelle, et imitateur de sa manière; *Adam Perelle*, frère de Nic. Perelle, naquit en 1638, et mourut, à Paris, en 1695. Ad. Perelle a eu pour élèves, *Moyse-Jean-Baptiste Fouard*, de Paris, né en 1653, et mort en 1726; et *Pierre Aveline*, mort en 1722.

282 *Estampes encadrées ou en feuilles.*

PESNE, (JEAN) *graveur à l'eau-forte et au burin ; né à Rouen, en* 1623; *mort à Paris, en* 1700. *Pesne a partagé avec Claudine Stella la gloire d'avoir exécuté, d'après les Tableaux du Poussin, les Estampes qui ont rendu avec le plus de fidélité les ouvrages de ce grand Maitre.*

Morceaux d'après NIC. POUSSIN.

624 Les Sept Sacremens de l'Eglise, représentés en une Suite de Sujets tirés de l'Histoire-Sainte, savoir :

Le Baptême : Jésus-Christ baptisé par saint Jean, dans le Jourdain ; titre : *VENIT IESVS AD IOHANNEM VT BAPTIZARETVR AB EO. Matth. cap.* 3 ; dans la même marge, à gauche : *N. Poussin andeliensis Pinxit. Ex musœo P. Freart D. de Chantelou Parisys* ; à droite : *Jean Pesne, delin ; et sculp. et excudit cum priuil. regis.* (aux cinq Morceaux suivans, au prénom, seulement la lettre initiale.) H. 20 p. 11 l. L. totale, 31 p. 11 l.

La Confirmation : un évêque de la primitive Eglise administre ce sacrement à des fidèles et à des enfans ; titre : *SIGNANTVR SIGNO CRVCIS : CONFIRMANTVR CHRISMATE SALVTIS. ex Tradit. Apostol.* Les noms d'auteurs comme à la Pièce qui précède. H. 20 p. 11 l. L. 31 p. 9 l.

Toute prem. Epr. avant partie des tailles verticales sur la joue gauche du jeune homme debout, derrière l'évêque, et près de sa droite, et où la lumière est prolongée sur toute la partie éclairée de la jambe droite de l'enfant debout, à la gauche de la Composition. Cette lumière, dans les Epr. avant l'adresse, est ordinairement couverte de points entre les parties laissées blanches, pour prononcer les saillies du mollet et de la cheville.

La Pénitence : Jésus à table chez Simon le lépreux, remet les péchés à la Magdeleine pénitente ; titre :

Estampes encadrées ou en feuilles.

Suite des Morceaux de PESNE.

REMITTVNTVR EI PECCATA MVLTA, QVIA DILEXIT MVLTVM. *Luc. Cap.* 7, et les noms d'auteurs comme à la prem. Estampe. H. 21 p. 5 l. L. 31 p. 9 l.

L'Eucharistie : Jésus célèbre la Cène avec ses disciples, et institue le sacrement de l'Eucharistie; titre : HOC EST CORPVS MEVM QVOD, PRO VOBIS DATVR. HOC FACITE IN MEAM COMMEMORATIONEM. HIC EST CALIX NOVV TESTAMENTV IN SANGUINE MEO, QVI PRO VOBIS FVNDETVR. *Luc. Cap.* 22. Les noms d'auteurs comme au prem. Morceau. H. 20 p. 9 l. L. 31 p. 11 l.

<small>Toute prem. et très-rare Epr. ; au titre seulement : HOC FA-CITE IN MEAM COMMEMORATIONEM. *Luc. Cap.* 22.</small>

L'Extrême-Onction : un prêtre administre ce sacrement à un moribond; titre : ORENT SVPER EVM VN-GENTES EVM OLEO IN NOMINE DOMINI. *Epist. catholic. S.^{ti} Jacobi apostoli.* Les noms d'auteurs comme au prem. Morceau. H. 21 p. 1 l. L. 31 p. 7 l.

L'Ordre : Jésus-Christ ordonne saint Pierre, chef de son Eglise, et donne à ses apôtres le pouvoir de lier et de délier; titre : QVODCVNQVE LIGAVERIS SVPER TERRAM ERIT LIGATVM ET IN COELIS ET QVOD-CVMQVE SOLVERIS SVPER TERRAM, ERIT SOLVTVM ET IN COELIS. *Matth. cap.* 16. Les noms d'auteurs comme au prem. Morceau, mais sans le mot *andeliensis.* H. 23 p. 5 l. L. 31 p. 11 l.

Le Mariage : saint Joseph épouse la Sainte-Vierge; titre : MARIA DESPONSATA IOSEPH. *Math. cap.* 1 ; au-dessous : *Ex musœo P. Freart D. de Chantelou parisys;* à gauche : *N. Poussin andeliensis Pinxit;*

Suite des Morceaux de PESNE.

à droite : *J, Pesne sculpsit et excudit cum Priuil. Regis.* H. 18 p. 5 l. L. 27 p. 8 l.

> *Toute prem. Epr. où le jambage à droite de la lettre A, à la fin du mot* desponsata*, n'est encore formé que des deux traits, et sans être ombré ; aux Epr. avant l'adresse, le jambage droit de cette lettre est ordinairement ombré.*

Chantelou * ayant vu, à Rome, les Tableaux des Sept-Sacremens que le Poussin peignait pour le chevalier del Pozzo, souhaita que ce peintre lui en fit de pareils ; mais le Poussin ne pouvant s'asservir à se copier lui-même, se contenta de répéter les mêmes sujets. C'est d'après ces Tableaux, qui depuis ont fait partie de la collection du duc d'Orléans, que J. Pesne a gravé les excellentes Estampes que nous venons de décrire ; elles sont chacune de deux feuilles, et premières Epreuves avant l'adresse de Gir. Audran **.*

625 Le Portrait de Nic. Poussin, en 1649 ; la Nativité, petite Pièce en haut. ; deux Sujets de Vierge ; Jésus et la Samaritaine ; Notre-Seigneur apparaissant à la Magdeleine, sous la forme d'un jardinier ; et saint Paul enlevé jusqu'au troisième ciel : 7 Estampes.

626 Eudamidas, de la ville de Corinthe, dictant à son scribe ses dernières volontés : Est. en larg.

---

* Rolland Freart Chamberai Chantelou, auteur d'un parallèle de l'architecture antique avec la moderne, Paris, 1650 ; et d'une version française du Traité de la Peinture de Léonard de Vinci. *Paris,* 1651, *in-fol.*

** Aux Epr. tirées après la retouche faite par *Gir. Audran*, avant le nom de Pesne, à la suite duquel on a effacé les mots *excudit cum priuil. regis*, on trouve : *A Paris Chez Audran ; rue St-Iacques, aux 2. pilliers d'or. Auec Priuil. du Roy.*

Estampes encadrées ou en feuilles.

PILLEMENT, (Victor) *dessinateur et graveur à l'eau-forte; né à Vienne en Autriche, en* 17 ; *mort à Paris, en* 1814 *; reçut les premières leçons du dessin de son père,* Jean Pillement.

627 Paysage baigné par une rivière où boivent des vaches et un mouton ; à droite, près de la rive opposée, un pâtre : Composition dans un ovale en largeur, d'après le Tableau de Claude le Lorrain, au Musée royal ; Vue du port de Vendres, d'après M.r Genillon, 1789 ;Sujet terminé par M.r *Perdoux;* Vues d'Egypte et autres, et des Paysages d'après MM.rs Cassas, Denon et Percier, etc. Morceaux dont les eaux-fortes sont de *Pillement.* 15 Estampes.

PINELLI, (Bartolomeo) *dessinateur; né en Italie. Pinelli a gravé à l'eau-forte.*

628 Vues et Costumes de Rome, 14 Pièces. — Costumes des environs de Rome, 13 Pièces. — Vues pittoresques de Tivoli, 14 Pièces. 3 Cahiers in-8. oblongs, brochés.

PLATTE-MONTAGNE ou MONTAIGNE, (Mathieu Van Plattenberg dit) *peintre de paysages et de marines ; né à Anvers, dans le commencement du* 17.e *siècle. Platte-Montagne, beau-frère de Morin, a gravé à l'eau-forte.*

629 Vues prises dans les campagnes de Flandre, Paysages avec ruines, Vues de villes maritimes, Ports et Marines, par *Platte-Montagne,* sur ses propres dessins, ou d'après Fouquier ; six de ces Morceaux dans des ronds, les autres en largeur et de proportions différentes. 34 Estampes, 3 sont doubles.

PLATTE-MONTAGNE ou de LA PLATTE-MONTAIGNE, (Nicolas) *peintre et graveur; fils de* Math. Van Plattenberg *dit* Platte-Montagne, *florissait dans le* 17.e *siècle ; élève de son oncle,* J. Morin.

630 Olivier de Castellan et trois autres Portraits, 1654 à 59; cinq petites Vignettes, Sujets de dévotion, etc.; à ces Morceaux :

N. De la Platte-Montagne ou *Montagne*, différemment écrit. — Le Voile où est exprimé la sainte face de Notre-Seigneur, la Magdeleine en prière, 1651, et les Portraits du cardinal de Bervlle et de Roger Omoloy 1661—65, d'après Ph. et J.-B. Champaigne; François I.er, roi de France, d'après Janet, Portrait dans une bordure octogone. 14 Estampes.

PLONSKI, (M........) *dessinateur et graveur à l'eau-forte.*

631 Divers Sujets : Intérieur de Corps-de-Garde, le Juif d'Amsterdam, le Marchand de paniers, diverses Caricatures, Etudes de figures, Etudes de têtes, Etudes d'animaux, etc., à plusieurs de ces moyens et petits Morceaux : *1802*; à un : *à Amsterdam*; à 13 des n.os de 1 à 13. 21 Estampes, 2 sont doubles, avec différences.

POILLY, (FRANÇOIS DE) *graveur au burin; né à Abbeville, en* 1622; *mort à Paris, en* 1693; *élève de* P. DARET, *se perfectionna sur les ouvrages de* CORN. BLOEMAERT.

632 La Vierge, l'Enfant-Jésus, sainte Anne et saint Jean: Sujet dit *la Vierge au berceau*, d'après le Tabl. de Raffaello Sanzio, au Musée royal. — La Sainte-Famille, sainte Anne et saint Jean, d'après le Poussin : 2 Est., la prem. avant des contre-tailles au jupon de sainte Anne.

PORPORATI, (CARLO) *graveur à l'eau-forte, au burin et en manière noire; né à Turin, en* 1740; *mort dans la même ville, en* 18 ; *élève de* JUS. CHEVILLET *et de* JAC.-FIRM. BEAUVARLET.

633 Le Bain de Léda (*Il Bagno di Leda*), d'après Allegri *dit* Le Correggio : Est. en haut.

Epreuve avant la lettre.

Estampes encadrées ou en feuilles.

POTTER, (PAUL) *peintre; né à Enkhuisen, en* 1625; *mort à Amsterdam, en* 1654; *élève de son père,* PIETER POTTER. *L'imitation de la nature, portée à un haut degré de vérité, et un sentiment qui semble donner la vie aux figures, et surtout aux animaux que P. Potter a représentés, ont fait placer ce Maître au rang des grands artistes dont s'honore l'école hollandaise; la perfection du dessin et la finesse de la touche caractérisent ses ouvrages en peinture, et ceux qu'il a gravés à l'eau-forte.*

1 à 8.

634 1 à 8 Différens Animaux : 1 Taureau debout; derrière lui, sur la face d'un grand piédestal : *Paulus. Potter. f. 1650;* à droite, dans l'éloignement, une prairie où sont deux vaches, une femme en trait une; sur le devant, vers la gauche : *Clement de Ionghe excud.;* à droite, ainsi qu'aux sept Pièces suivantes, le n.º *. — 2 Vache debout dirigée à droite vers une vache couchée. — 3 Vache couchée à la droite, où est une haie en planches. — 4 Vache qui pâture; à gauche, au pied d'un arbre, une autre vache couchée. 5 Vache debout; à gauche, sur l'herbe, près d'une plante à larges feuilles, un tronc d'arbre. — 6 Vache qui pisse; à gauche, dans l'éloignement, deux moutons, un debout, l'autre couché. — 7 Deux Bœufs qui se battent; vers le fond, à gauche, un petit bois. — 8 Deux Vaches vues par le dos; une debout, l'autre couchée; au-delà d'une barrière, à gauche, une chaumière et un buisson. H. 3 p. 8 à 11 l. L. 5 p. 1 à 3 l.

*Anciennes Epreuves : du quatrième Morceau deux Epreuves, une avant le n.º **.*

9 Estampes.

----

* On trouve de ce Morceau de premières Epreuves avant les mots *Clément de Ionghe excud.;* à ces Epreuves : *P. Potter inv. et excud.;* nous venons de décrire les secondes Epreuves; au haut, à droite des troisièmes Epreuves, l'adresse de *F. de Wit.*

** M.ʳ Ignace-Joseph de Claussin, de Lunéville, a gravé, dans

Suite des Morceaux de **PAUL POTTER.**

1 à 5.

635 9 à 13 — Différens chevaux. — 1 Cheval couleur gris pommelé, originaire de Frise, debout dans un pré; à droite, dans le fond, un village. — 2 Cheval gris tisonné, représenté debout, dans l'action d'hennir; à droite, derrière lui, un autre cheval tourné vers le spectateur, et au-delà d'une large rivière, un bois et une église. — 3 Cheval dit *Guelledin* d'Angleterre, debout dans un pré ; à gauche, un cheval de la même espèce, vu par derrière; du côté opposé, dans le fond, un village. — 4 Deux Chevaux de charrue; à gauche, un arbre et une haie ; du côté opposé, au-delà d'un pré où sont deux vaches, un village. — 5 Vieux Cheval dirigé vers la gauche, où deux chiens flairent un cheval mort, étendu à terre, près d'une colline ; à droite, à terre, aux $1.^{er}$, $2.^{me}$, $4.^{me}$ et $5.^{me}$ Morceaux et à gauche au $3.^{me}$: *Paulus. Potter. f : 1652.* Cette Suite ne porte pas de n°. H. 5 p. 7 à 8 l. L. 8 p. 5 à 8 l.

Superbes Epreuves; celle du premier Sujet : le Cheval gris pommelé, première Epr., où les crins de la queue ne descendent pas jusque sur l'ombre portée par les pieds de devant du cheval, et laisse près d'une ligne de blanc entre l'ombre et l'extrémité des crins. Morceau ainsi nommé Epreuve à la courte queue.

Les Copies très-peu fidèles des chevaux ci-dessus (prem. Suite), gravées dans le sens des Originaux, mais augmentées d'un sujet représentant un étalon et une jument dans un pré, à cette faible production, la quatrième de la Suite, alors de six Pièces, au milieu de la terrasse : Paulus Potter f.; *à droite, dans les marges, des* n.^{os} *1 à 6; au troisième Morceau, au milieu du*

---

le sens des originaux, des copies de ces huit Estampes, Copies extrêmement fidèles, mais un peu moins grandes; celle du premier Morceau ne porte que 3 p. 10 l. de haut, sur 5 p. 1 l. de larg.; l'Original est de 3 p. 11 l. de haut, sur 5 p. 3 l. de larg.; la plupart des autres Copies portent 1 lig. de moins de haut, et 1 à 2 l. de moins de larg.

Estampes encadrées ou en feuilles.

Suite des Morceaux de PAUL POTTER.

bord de la terrasse, et aux 2, 4, 5 et 6, près des n.°⁵ : *Ex Formis N. Vissoher cum privil.* ; dans le milieu de la marge, à la prem., un n.° 7. H. 5 p. 5 à 8 l. L. 8 p. 6 à 7 l.

Les copies des cinq Estampes représentant des chevaux (seconde Suite), gravées de sens contraire aux originaux; à ces copies, d'une meilleure exécution que celles de la Suite précédente ; sur les terrasses : Paulus Potter *f.* H. 5 p. 6 à 9 l. L. 8 p. 4 à 6 l. *.

16 *Estampes.*

636   14 Vue d'une Prairie ; à droite, trois vaches, conduites par un vacher, descendent une colline, au revers de laquelle est un taillis ; un des grands arbres du taillis est dépouillé de ses feuilles ; sur le devant, et plus loin vers la gauche, cinq autres vaches, trois couchées et deux debout ; au coin de la terrasse, à gauche : *I Pauwelus Potter. Jn. et fecit.* Au-dessous : *A° 1643.* Sujet dit *le Vacher.* H. 6 p. 8 l. L. 9 p. 11 l.
Première Epreuve très-rare à trouver ainsi.

637   Le Vacher, même Estampe répétée. Epreuve de la pl. coupée de 2 p. 5 l. sur la largeur, où le groupe de trois vaches, qu'on voit dans l'Epreuve précédente, vers la gauche, n'existe plus ; à ce qui reste ici de cette place, une petite rivière et un pré ; à la gauche du devant : *Paulus. Potter. Jn. et. f: 1649.* H. 6 p. 8 l. L. 7 p. 6 l.
Seconde Epreuve.

   15 Berger, son chien derrière lui ; il est assis sur une colline, et joue de la flûte, près d'un taillis que ferme une barrière formée de branches soutenues sur deux gros arbres ; au bas de la colline, deux beliers et six moutons ; à gauche, deux autres moutons couchés sur l'herbe ; des champs où un laboureur conduit sa charrue, un petit bois, des montagnes près desquelles est une église, terminent les fonds ; sur le devant, vers la droite, où est écrit : *Pauwelus Potter. inv. et f. a.° 1644.* Clement de Ionghe excudit. H. 6 p. 7 l. L. 9 p. 9 l.

2 *Estampes.*

---

* Cette Suite a aussi été copiée dans le sens des originaux, par M. de Claussin ; ces copies, le quatrième Morceau excepté, portent environ 1 l. de moins sur la hauteur et 1 l. de moins sur la largeur.

Suite des Morceaux de PAUL POTTER.

638 16 Vache regardant par-dessus une haie ou claie d'osier; on aperçoit à gauche, derrière un gros arbre dont on ne voit que le bas, un taillis; du même côté sur la haie, près du trait carré : *Potter. fe.* H. 3 p. 8 l. L. 2 p. 9 l.

Estampe très-rare.

Trois *différentes copies de l'Estampe précédente, gravées dans le sens de l'original, et presque de même proportion, les deux premières, sans nom d'auteur; l'une assez fidèlement imitée par* J. Bemme; *l'autre, beaucoup moins terminée, est d'*A. Schuman; *à la troisième copie, à gauche, à la claie, comme à l'original :* Potter *fe; sur le ciel, au coin à droite :* A. Bartsch, *et au-dessous :* f. *.

4 *Estampes.*

639 17 Vache couchée dans une campagne; à droite, derrière elle, deux arbrisseaux et un buisson; du côté opposé, sur le devant, un tronc d'arbre dont les racines sont en partie découvertes; on aperçoit dans le fond, au-delà d'un pré, une chaumière et des arbres. H. 3 p. 9 l. L. 5 p. 2 l.

Estampe très-rare.

La copie très-fidèle du Morceau précédent, gravée dans le sens de l'original; vers le milieu du haut, près du trait carré : A. Bartsch sc. Nota. *Cette copie diffère d'une ligne sur la hauteur, mesurée du côté où est le tronc d'arbre; on n'y trouve que 3 p. 8 l., au lieu de 3 p. 9 l. que porte l'original.*

2 *Estampes.*

640 18 Singe assis à terre, près d'un arbre nommé au Brésil le *Zabucaia*; il tire les graines d'un des fruits de cet arbre; à gauche, sur le ciel, en très-grands caractères : ZABVCAIA;

---

* On connaît aussi de ce Morceau, une copie gravée dans le sens de l'original, par M. de Claussin, en 1809; à cette copie, comme à l'original : *Potter fe.* H. 3 p. 7 l. L. 2 p. 8 l. Les prem. Epreuves, avant le ciel, ont au bas, une marge de 2 p. 5 l. de haut.

Estampes encadrées ou en feuilles.

Suite des Morceaux de PAUL POTTER.

à droite, près du trait carré : *Paulus Potter fecit 1650.* H. 7 p. 8 l. L. 5 p. 8 l.

Morceau très-rare.

1 à 8.

641 19 à 26 Différens Bœufs et Vaches : 1 Bœuf tacheté, dirigé vers la droite; à terre, à gauche : *Paulus Potter f.*; vers le milieu : *Clemendt de Ionghe excudit.* — 2 Vache marchant vers la gauche; de ce côté, dans le fond, deux autres vaches; l'une vue de face, l'autre couchée; une paysanne trait celle qui est vue de face. — 3 Vache couchée, tournée vers la droite; à gauche, une haie en planches. — 4 Bœuf debout; à droite, à terre un tronc d'arbre. — 5 Bœuf debout, dirigé à gauche; derrière lui une haie en planches et un petit arbre. — 6 Vache dirigée à droite, debout dans un pré, dont l'herbe cache ses pieds. — 7 Vache couchée; derrière elle, à droite, un arbre. — 8 Jeune Bœuf debout; vers la gauche, un tronc d'arbre et des plantes; à ces Morceaux, sur le ciel, à droite, des n.^{os} de 1 à 8. H. 3 p. 8 l. à 4 p. L. 5 p. 2 à 4 l.

NOTA. Le titre de cette Suite de huit Estampes, toutes attribuées à P. Potter, est le seul Morceau où le nom de ce Maître et celui de l'Editeur soient gravés en pareils caractères. Bartsch, en parlant de ces Morceaux, s'exprime ainsi : « *En examinant les Pièces 1, 3, 6, 7 et 8, on ne peut pas douter qu'elles ne soient gravées par Jean Visscher.* »

PRADIER, (M.^{r}) *graveur à l'eau-forte et au burin; né à Genève; élève de* Mr DESNOYERS.

642 Ducis, représenté à mi-corps, d'après le Tabl. de M. Gérard, Portrait gravé en 1811; trois Epr. tirées à différens degrés d'avancement de la Pl.; l'Epr. terminée est avant la lettre; plus, trois Eaux-fortes des portraits de Saussure, M. Redouté, etc.; et trois Esquisses de Paysages : dans l'un, un cheval, et dans le second, un chien couché; en tout, 9 Estampes.

Estampes encadrées ou en feuilles.

PRIMAVESI, (J.-Georges) *peintre ; né à Heidel-berg, dans le grand-duché de Bade. Primavesi a gravé à l'eau-forte, au burin et à l'aquatinta.*

643 Rebecca et Eliezer, d'après Swanevelt, 1808. H. 25 p. 8 l. L. 21 p. — Deux Paysages avec cascades, d'après Moucheron, 1809—10. H. 21 p. 10 l. L. 26 p. 4 l. — Campagne où sont des ruines et des tombeaux, d'après un Tabl. de Ruysdaal, de la galerie de Dresde ; Tabl. connu sous le titre du *Cimetière*. 1808. H. 23 p. L. 28 p. 9 l. 4 Estampes.

Epreuves avant la lettre ; on n'a tiré, est-il écrit sur les marges (en parlant de ces Estampes), que 12 Epr. de celle du Swanevelt, 16 de chacune de celles des Moucheron, et 6 de celle du Ruysdaal.

644 Intérieur de Forêt, où sont deux bucherons, et un voyageur, à la droite des ruines. H. 17 p. 8 l. L. 22 p. 3 l.

Nota. Le Morceau précédent, destiné à servir de pendant à la forêt gravée par Boissieu, décrite sous le n.º 55 de son OEuvre, p. 43 du présent Catalogue, a été exécuté par Geor. Primavesi, dans le goût de ce Maître.

Deux Epr., une avant toutes lettres, l'autre avec la lettre, mais avant l'adresse ; il n'a été, dit-on, tiré de la prem. que deux Epr., et de la seconde que 16 Epr.

645 Vues prises dans le pays de Bade, savoir : 1 Environs de Forbach ; — 2 Gernsbach ; — 3 Environs de Gernsbach ; — 4 la Montagne du Klingel ; — 5 et 6 Deux Vues différentes des environs de Langenbrand ; 7 Rothenfels ; — des Environs de Weissenbach ; les 2.ᵉ, 4.ᵉ, 6.ᵉ et 7.ᵉ Vues, d'après C. Kuntz ; les autres sur les dessins du graveur. H. 6 p. 6 l. L. 9 p. 6 l. environ.

Epreuves de choix sur grand papier, et dont

Estampes encadrées ou en feuilles.

Suite des Morceaux de PRIMAVESI.

on n'a, dit-on, tiré de ce format que trois exemplaires.

646 Vues du Château d'Heidelberg ; cinq d'après P. Specth; les autres sur les Dessins du graveur. H. 13 p. 4 l. L. 17 p. 1 l. 12 Estampes.

Epreuves avant la lettre, et sur grand papier.

647 Quatre Vues de Manheim et de ses Environs ; à trois de ces Morceaux : *G. P. del et f.* 1809. H. 4 p. 11 l. L. 7 p. — Sites pittoresques et Vues de lieux champêtres dessinés et gravés par *Primavesi*; vingt-neuf exécutés à l'eau-forte, et quatre à l'aquatinta; au nombre des Morceaux à l'eau-forte, un offert par l'auteur, en 1811, à M. le comte Louis-Maximilien Rigal. 33 Estampes de petite proportion; à la plupart : *J. Primavesi d. f.* 1801.

PRINS, (J.....-H.....) *Hollandais, dessinateur et graveur à l'eau-forte et à l'imitation du crayon.*

648 1 à 9 Différens Sujets et Paysages : 1 Intérieur de chambre de paysan, où une villageoise assise tient de sa main droite la tête d'un canard mort, posé sur ses genoux; elle regarde un enfant auquel un petit garçon montre une poupée; Sujet composé dans le style de Bega. H. 8 p. 3 l. L. 6 p. 4 l. — 2 Buveur, un vidrecome à la main droite, assis près d'une table placée en avant d'une cheminée; sur la frise de la table : *J. H Prinf f 1783.* H. 5 p. L. 3 p. 9 l. — 3 à 8 Vues de ruines, autres de canal, de villages et de campagnes de Hollande ; savoir : 3 le Dessinateur; — 4 la Barque à voile; — 5 le Moulin à vent; — 6 la Charette; — 7 les deux Paysannes et l'Enfant en marche ; — 8 le Chariot à quatre roues et à deux chevaux. H. 4 p. à 4 p. 2 l. L. 4 p. 11 l. à 5 p. 6 l. — 9 Feuille d'Etudes : on y remarque une chèvre couchée : Cette dernière Pièce gravée en manière de crayon. H. 4 p. 8 l. L. 5 p. 6 l.

PYNAKER ou **PYNACKER**, (Adam) *peintre;
né dans le bourg de Pynaker, entre Schiedam et
Delft, en 1621; mort en 1673; l'eau-forte du
Morceau suivant est attribuée à Pynaker.*

649 Vue d'un pays sec et stérile, couvert de rochers et de quelques broussailles; au milieu, sur les rochers d'entre lesquels sort un ruisseau qui tombe en cascade, sur le devant, une espèce de métairie et une vieille tour carrée; à gauche de la composition on remarque un bouvier; qui fait avancer deux bœufs près d'un terrain élevé, où est un petit arbre tortueux et presque sans feuilles; au fond, au milieu et à la droite, des montagnes. Ce Morceau, où la figure et les animaux sont indiqués avec sentiment et touchés avec art, est piquant d'effet. H. 4 p. 2 l. L. 5 p. 4 l.

Cette Estampe, de la plus grande rareté, et dont aucun biographe n'a parlé, provient du Cabinet de P. Mariette; elle était placée dans cette Collection, à la suite de l'Œuvre de Breenbergh, avec des Eaux-Fortes d'autres Maîtres des Pays-Bas; on trouve écrit en langue hollandaise, au dos de cette Epreuve : Adam Pynaker a gravé ceci à l'eau-forte, cela est certain.

RABER, (J.-G.) *graveur à l'eau-forte et au
burin; né à Munich; élève de* J. Gott. V. Muller *et de* M.ʳ Desnoyers.

650* Deux Sujets de Vierge, petites Pièces d'après Raffaello Sanzio, 1805; deux feuilles où sont représentés des bustes antiques et des médailles; Louis-Charles-Auguste, prince héréditaire de Bavière; Dillis, maître des forêts en Bavière : ces deux Portraits d'après Kellerhofen.

L'Epr. du Portrait du prince héréditaire est tirée sur papier de soie; celle du Portrait de Dillis est avant la lettre, et sous verre.

Estampes encadrées ou en feuilles.

RAUSCHER, (A.-F.) *peintre; né dans les Etats autrichiens. Rauscher a gravé à l'eau-forte.*

651 Paysages de Sites pittoresques, et Vue de forêts, ornée de quelques figures et d'animaux; à l'un de ces Morceaux: *A. F. Rauscher f. 1787;* aux autres : *Rauscher fec* ou *R. f. 1788* : moyennes et petites Pièces en larg. 8 Estampes.

RECHBERGER, (François) *peintre; né à Hanovre, vers le milieu du siècle dernier; élève d'*Oeser. *Rechberger a gravé à l'eau-forte.*

652 Suite de petits Paysages, dédiée par Rechberger à son ami Molitor : six Pièces ; neuf autres moyens et petits Paysages ; de tous ces Morceaux, 9 en hauteur. 18 Estampes, dont une double.

653 Paysages de Sites pittoresques, Vues de forêts et de lieux champêtres : Morceaux en largeur ; à la plupart : *F. Rechberger f.*, et des dates de 1797 à 1802; sept portent environ 10 p. 4 l. à 12 p. de larg. 11 Est.

654 Différens Paysages, d'après Dietrich : 1 Le Troupeau. — 2 La Masure et les Trois Pins. — 3 Les Deux Bœufs sur la colline. — 4 La Chapelle. — 5 Les Vaches au champ (moyenne Pièce). — 6 La petite Rivière (moyenne Pièce). — 7 L'Ermitage. — 8 Le Paysan en marche. — 9 Les Ruines. — 10 Le Pont de Bois. — 11 Le Coup de Vent. — 12 Les Trois Bœufs et le Bouvier : Morceaux gravés de même grandeur que les Dessins originaux ; Dessins qui font partie du Cabinet du duc Albert de Saxe-Teschen : Pièces en larg. Grandeur de la première où est le titre. H. 7 p. 1 l. L. 10 p. 3 l. 12 Estampes.

655 Points de Vues de Paysages pris dans les campagnes de Saxe, d'après des Dessins faits par Dietricy, en 1751, 55, 56 et 57 : huit moyennes Pièces en larg. 8 Estampes.

REINHART, (JEAN-CHRÉTIEN) *peintre et graveur à l'eau-forte et au burin; né à Hof en Franconie, dans le 18.ᵉ siècle; élève d'*OESER. *Plusieurs des Estampes de Reinhart rappellent celles de Claude le Lorrain et de Swanevelt, que ce Maître parait s'être proposés pour modèles.*

656 1 à 12 Différens Sujets dans des paysages : 1 Balaam; — 2 Elie dans le désert ; — 3 Jésus dans le désert — 4 Saint Hubert; — 5 Pan jouant de la flûte formée de plusieurs tuyaux; — 6 Satyre emmenant une Nymphe; — 7 le Matin (*Sorge il Mattino, e ad util opre invita*); — 8 le Soir (*Poi cessa colla Sera ogni lavoro*); — 9 les Voyageurs; — 10 le Moulin à eau ; — 11 les Chèvres au bord de l'eau; — 12 le Repos sous les grands arbres. A ces Morceaux, gravés à Rome, le nom de Reinhart, et des dates de 1792 à 1812: Pièces en largeur, la seconde exceptée; au prem. Sujet, une déd. à *Cristⁿᵒ Heigelin*, consul de Danemarck à Naples; le second dédié à *Josef de Madrazo*, peintre espagnol. 12 Estampes.

657 13 à 28 Divers Sites et Monumens d'Italie. — 13 et 14 Ruines du Colisée. — 15 *Aricia.* — 16 *Castell Gandolfo.* — 17 et 18 *A Civita Castellana* (2 Pièces). — 19 *Palazzola.* — 20 *Vicino a Subiaco.* — 21 Restes de *la Villa Adriana.* — 22 et 23 Reste du Théâtre, et Sépulcre des Horaces et des Curiaces, à *Albano.* — 4 *In Villa Borghese.* — 25 à 28 *Ponte Acquoreo*, Temple de *la Tosse*, *In Villa Mecenate*, et Ruines de *la Villa di Ventidio Basso*, à Tivoli : Morceaux en larg., gravés à Rome, de 1792 à 1798. 16 Estampes.

658 29 à 36 Vues de Sites et de Monumens d'Italie :

Estampes encadrées ou en feuilles. 297

Suite des Morceaux de REINHART.

29 *Vicin' al. Circo di Caracalla.* — 30 *A Civita Castellana.* — 31 à 33 *A Subiaco* (3 Pièces). — 34 et 35 *A Tivoli, e In Villa Mecenate a Tivoli.* — 36 Sepulcre *a Falerium Città Etrusca ditrutta :* Morceaux en hauteur, gravés à Rome, de 1792 à 1797. 8 Estampes.

659 37 à 42 Vues d'Italie : 37 et 38 d'*Ariccia* (2 Pièces); — 39 des Iles près de Naples ; — 40 de *Palozzola* ; — 41 de *Papigno* ; — 42 de *Salerno :* très-petits Morceaux en larg., gravés à Rome en 1804; titres en allemand ; 6 Pièces.

43 à 48 Tombeaux antiques : 43 Intérieur du Sépulcre de la Famille de *Nasoni.* — 44 et 45 Sépulcres antiques *in via Nevia* (2 Pièces). — 46 et 47 Sépulcres antiques *in via Nomentana* (2 Pièces). — 48 Sépulcre antique *Vicino à Tivoli :* Morceaux gravés à Rome, en 1792 ; 6 petites Pièces en larg.

12 *Estampes.*

660 49 et 50 Vue d'une Campagne, à l'instant d'un orage : Morceau gravé à Rome, par *J.-C. Reinhart*, en 1800, d'après son propre Tableau. — Le Moulin à eau ; en avant une large rivière, où un pâtre amène des vaches; gravé en 1788 : grandes Est. en larg., la première déd. à Fréd. Schiller, la seconde à Alexandre, margrave de Brandebourg.

661 51 à 56 Six Vues gravées à l'eau-forte, et dédiées par *Gio. Crist.ⁿᵒ Reinhart*, à son ami Gius. Abel peintre à Vienne; à ces petites Pièces, gravées à Rome, et numérotées de 1 à 6, à droite, dans les marges du haut, le nom du Maître, et des dates de 1805 et 1811.

Suite des Morceaux de HEINHART.

57 à 61 Intérieur de Forêt et Paysages avec rochers et cascades : cinq moyennes et très-petites Pièces; un des paysages en haut.; au plus grand de ces Morceaux seulement, le nom du Maître et l'année 1810.

11 *Estampes.*

662 62 à 73 Chiens dans différentes attitudes, Vaches, Veaux et Chèvres : moyennes Pièces en larg., gravées à Rome, de 1791 à 1800. 12 Estampes.

663 74 à 87 Etudes de Mulets, Chiens, Vache, Veau, Bouc et Chèvre; autres de Têtes de Cheval, Bœuf, Vaches et Chèvres : de ces quatorze petites et très-petites Pièces, neuf en haut.; à treize de ces Morceaux, le nom du Maître, et des dates de 1791 à 1803. 14 Estampes.

RENI *dit* LE GUIDE, (Guido) *peintre; né à Bologne, en* 1575; *mort dans la même ville, en* 1642; *élève de* Den. Calvart *et de* Lod. Carracci. *Le Guide a gravé à l'eau-forte.*

Morceaux par RENI, *sur ses propres Compositions.*

664 L'Enfant-Jésus se jetant au cou de la Sainte-Vierge, pour l'embrasser; dans la marge, deux vers : Æternum....; — la Sainte-Vierge vue jusqu'aux genoux; l'Enfant-Jésus dort sur son sein; Sujet dans un rond; — la même Composition répétée par Le Guide, mais de sens opposé; Sujet dans un rond; — la Sainte-Vierge près de l'Enfant-Jésus assis sur une table; Saint-Jean se dispose à baiser le pied droit du Sauveur; — la Vierge soutenant l'Enfant-Jésus assis sur deux coussins, pendant que saint Jean lui baise le pied droit: Composition dans un ovale en haut.; — la Sainte-Famille, sainte Anne et saint Jean, le Sauveur assis sur une table, bénit saint Jean qui lui baise le pied droit;— la Sainte-Vierge

Estampes encadrées ou en feuilles.

Suite des Morceaux de GUIDO RENI.

assise, vue de profil, l'Enfant-Jésus derrière elle, passe son bras droit sur celui de la Vierge pour prendre un pan de sa robe; à gauche, saint Joseph. — Le même Sujet différemment composé; à droite, saint Joseph la main sur un livre ouvert; à gauche, dans les airs, deux anges répandent des fleurs sur la Vierge et sur l'Enfant-Jésus; au bas, deux vers : *Maria mater gratiæ......;* — le même Sujet, Composition différente des deux précédentes, et où Le Guide a introduit le jeune saint Jean qui baise la main gauche de la Sainte-Vierge; — saint Christophe; — saint Jérôme à genoux devant une croix; — le même Sujet composé de sens opposé, et où il n'y a pas de croix; — saint Jérôme en méditation : très-petite Pièce en larg.; — l'Amour de l'étude; — trois Enfans portant un plateau garni de trois verres.

Morceaux par RENI, *d'après différens Maîtres.*

Le Christ au tombeau, d'après Mazzuoli; —sainte Claire adorant l'Enfant-Jésus : d'après Agos. Carracci; — la Sainte-Vierge allaitant l'Enfant-Jésus; titre : *Lactasti sacro vbere;* —et saint Roch distribuant ses biens aux pauvres. Ces deux derniers Sujets, d'après Ann. Carracci; l'Epr. du dernier Morceau est avant *P.* STEPHANONJUS FORMIS CUM PRIVILEGIO.

19 *Estampes.*

RHEIN, (NICOLAS) *graveur en manière noire.*

665 La Tigresse couchée dans un antre, où elle allaite ses petits, d'après Rubens : Est. en larg.

Epreuve avant la lettre.

RIBERA *dit* L'ESPAGNOLET, (GIUSEPPE) *peintre; né à Gallipoli, dans le royaume de Naples. Ribera a gravé à l'eau-forte.*

666 Saint Pierre pleurant son péché : Morceau exécuté en 1621; le Martyre de saint Barthélemi, 1624; saint Jérôme occupé à lire (Pièce en larg.); au haut, à gauche: *G R A* à rebours; saint Jérôme croyant entendre la trompette de l'ange qui l'appelle au jugement universel; Silène couché près d'une

cuve, un satyre le couronne de pampres, un autre lui verse du vin dans une coupe, 1628. (Pièce en larg.) Epr. avant la déd. à Don Gios. Balsamo. 5 Estampes.

RICCI, (Marco) *peintre, né à Belluno, en* 1680; *mort à Venise, en* 1730; *élève de son oncle* Sébas. Ricci. *Marco Ricci a gravé à l'eau-forte.*

667 *Varia Marci Ricci, Pictoris prestantissimi experimenta ab ipsomet auctore inventa, delineata, atque incisa et a Me Carolo Orsolini Veneto incisore in unum collecta, Neo non Varis insigibus atq: amplissimis Viris Dicata ac in lucem edita, anno 1730, Venetiis.* Vingt-une Pièces, compris le Portrait de Ricci, gravé d'après Rosalba, par Æaldoni. 21 Estampes in-fol. Le Portrait et deux des Sujets en haut, le surplus en larg.
Manque le titre.

RODE, (Chrétien-Bernard) *peintre; né à Berlin, en* 1725; *mort en* 17..; *étudia d'abord sous* Ant. Pesne, *et en France, dans l'école de* Carl. Vanloo *et dans celle de* J. Restout. *Rode a gravé à l'eau-forte.*

668 David recevant la couronne, gravé en 1780; Job dans la prospérité, 1778; le Denier de la Veuve, 1789; Guérison du Paralytique, 1780; Coriolan, 1779; Punition du Maître d'école de Faleri, 1780; la Continence de Scipion, 1770; Marc-Antoine et Cléopâtre, 1776; Persécution des Chrétiens sous Néron, 1784; Cortez recevant les ambassadeurs de Montezuma, 1785. Divers autres Sujets tirés de l'Histoire-Sacrée et de l'Histoire-Profane, des Allégories; le Portrait de J.-Henr. Rode, des ornemens, des Mascarons, etc.; les Ornemens et les Mascarons en 29 Pièces, d'après Schluter; plus, le Christ présenté à Pilate: Sujet en haut. Ce dernier Morceau gravé en 1752, par *J. H. Rode* [*], d'après C.-B. Rode. 121 Estampes.

---

[*] *Jean-Henri Rode*, graveur au burin, frère de Chr. Ber. Rode; né à Berlin, en 1727, mort dans la même ville, en 1759, élève de J.-Geor. Wille.

Estampes encadrées ou en feuilles. 301

ROGMAN, ROGHMAN ou ROCHMAN, (Roelant ou Roelandt) *peintre; né à Amsterdam, en* 1597*; mort âgé de plus de* 88 *ans. Rogman a gravé à l'eau-forte.*

1 à 8.

669 1 à 8 Vues de Hollande, première Suite. 1 *Ryswyck;* — 2 *Hedickhuysen;* — 3 *Monfter* — 4 *'t Veer by Schoonhoven;* — 5 de *Maerffe en Maerffevenfe Kerck* (l'église de Maersseven); — 6 *Ou en nuwe Kerck tot Slooten* (la vieille et la nouvelle église de Slooten); — 7 *Velfen;* — 8 *Slooten;* au ciel, à chaque Morceau, le nom du lieu représenté; dans la marge à gauche, à la première Pièce : *Roelant Rogman invent. et fecit;* à droite: *Clement de Jonge Excudit;* au cinquième Morceau, à gauche de la terrasse : *R. Rogman feset;* au sixième, au bord du devant : *Roghman;* à cette Suite, des n.°⁵ de 1 à 8. H. 4 p. 9 à 10 l. L. 6 p.

1 à 8.

670 9 à 16 Vues de Hollande, deuxième Suite. 1 *Buyten Naerden;* — 2 *Buyten Haerlem;* — 3 *Buyten Uytrecht;* — 4 *Buyten Campen;* — 5 *aen Uytrecht;* — 6 *int Seuniger bos;* — 7 *in Maerfeveen;* — 8 *Aerckel;* à chaque Morceau, au ciel, le nom du lieu représenté; à gauche, dans la marge, à la prem. Pièce : *Roelant Roghman inventer et fecit;* à droite : *Clement de Iongh excudit;* aux 4.ᵉ, 5.ᵉ et 7.ᵉ, à terre, ou sur l'eau, *R. Roghman f;* au 8.ᵉ : *R R;* à cette Suite, au milieu des marges, des n.°⁵ de 1 à 8. H. 4 p. 8 l. L. 7 p. 6 à 8 l.

1 à 8.

671 17 à 24 Vues de Hollande, troisième Suite. 1 *wateringe;* — 2 *Hesbeen;* — 3 *Abcou;* — 4 *Santvoort;* — 5 *tienhoven;* — 6 *Amyden;* — 7 *Ryfbergen;* — 8 *Den Bergh;* sur les ciels, à ces Morceaux, les noms des lieux représentés; dans les marges, à droite, les n.°⁵ 1 à 8; à la prem. Pièce, dans la marge à gauche : *Roelant Roghman inventer et fecit;* à droite : *Clement de Jonge excudit;* à la 8.ᵉ, à terre, vers la droite : *R. Roghman fe.* H. 4 p. 8 l. L. 7 p. 9 à 8 l.

Estampes encadrées ou en feuilles.

Suite des Morceaux de ROEL. ROGMAN.

1 à 8.

672 25 à 32 Vues prises entre *Kempten* et *Jnspruck*, dans le Tirol allemand. 1 Pays montueux; à droite, à une colonne, un Sujet de dévotion; un toit surmonté d'une croix couvre ce petit monument; — 2 Chaîne de Rochers, baignée par une rivière; à la droite, deux hommes en marche; — 3 Site où sont des arbres de haute-futaie; à droite, une rivière et deux grands rochers; — 4 Rochers avec caverne; à droite, un pin en partie dépouillé de ses feuilles; — 5 Pays montueux; à droite, une croix; — 6 Vue d'une large Cascade; près de là, d'un côté, un monticule couvert de broussailles; vers le milieu, et à gauche, de grands arbres; — 7 Vue d'un Pays où coule une rivière; à gauche, sur un pont de deux arches en pierre, une espèce de angar en charpente; — 8 Chariot sur un chemin au bord d'une chaîne de montagnes; à ces Morceaux, au milieu des marges, des n.os de 1 à 8; au premier, à gauche: *Roelant Rogman fecit*; à droite: *ad Jeremias Wolff excud. Aug. Vind.* Le nom de cet éditeur est aussi aux 3.e, 5.e et 8.e Morceaux. H. 4 p. 4 à 10 l. L. 5 p. 5 à 9 l.

NOTA. Du prem. Morceaux, 2 Epr.: à la prem., sur le ciel, des marques de l'imperfection du cuivre; et à droite, dans la marge, les mots ZU AUGSPURG bey Melchior Küsell in der Kollergassen (*Kusell ayant vécu long-temps avant Jer. Wolff, peut être regardé comme le premier éditeur de cette Suite*); *du cinquième Morceau, 2 Epr.; la plus vigoureuse de ton est sans marge.*

673 33 Ruptures de digues et Inondations, savoir:

1.º *Den doorgebrooken Dijck bij Jaaphannes;* à gauche, trois bateaux; un est chargé de fascines; les deux autres, d'hommes qui mettent en mouvement un mouton pour enfoncer un des pieux près du terrain du devant; on aperçoit, sur la ligne du fond, des têtes de digues, et vers le milieu, l'hôtellerie de *Bocht;* à gauche, les villages de *Raerdorp* et de *Durckerdam;* à droite, ceux de *Jaaphannes* et de *Diemen*, inondés par les eaux. H. 5 p. 3 l. L. 19 p.

Suite des Morceaux de ROEL. ROGMAN.

2°. *Den doorgebrooken Dijck bij Houtewael*, la Digue de Houtewael ; à gauche, une nouvelle digue et une maison où se réunissent les ouvriers ; à l'horison, d'un côté, le village de *Durckerdam*, de l'autre, celui de *Diemen*, et l'étendue de mer dite *Diemer-Meer;* du même côté, des hommes et des femmes témoins de cette scène de désolation, réunis sur un fragment de digue; sur le devant, à gauche, un cavalier, une dame et un enfant ; et à terre, vers le milieu : *Roelant Roghman fecit.* H. 5 p. 3 l. L. 19 p.

3°. *Het doorbreecken vanden Dijck bij Houtewael...*, la Rupture de la digue de Houtewael, le dimanche 5 de mars de l'année 1651 ; à la droite, où cette digue est rompue en deux endroits, des hommes et un cheval ; des habitans qui fuyent effrayés, se voyent à la gauche, où l'on aperçoit, à l'horizon, le village de *Nieuwendam*, ou la nouvelle digue. H. 3 p. 11 l. L. 9 p. 5 l.

4° *Aldus vertoonden hem 't gadt aan Jaaphannes*, la Rupture de la digue de Jaaphannes ; à la droite, sur les quatre parties restées de cette digue, des hommes réunis. H. 3 p. 11 l. L. 9 p. 5 l.

A ces Vues, les titres sur les ciels ; des marges d'une ligne et demie séparent ces Sujets gravés sur une même planche ; dans la marge du bas, des explications en langue hollandaise, précédées de lettres qui correspondent à d'autres lettres placées dans les deux premiers Sujets, au-dessus des lieux représentés ; à droite de cette marge : *t'Amsterdam*, *Bij Loode wijck Spillebout Boeckvercooper inde Calverstraat.* H. générale, compris 1 p. de marge, 15 p. 9 l. L. 19 p. 1 l.

Pièce de la plus grande rareté ; Bartsch ne parle que du troisième des quatre Sujets qui y sont représentés ; nous croyons que les trois autres n'ont jusqu'à présent été décrits par aucun biographe ; l'Epr. qui est ici est parfaite de conservation.

674 34 Les Corps morts des deux frères de Witt, nus, suspendus à une échelle dans un bois ; la lumière d'une torche que tient un valet, près duquel est un homme saisi d'effroi, éclaire la scène ; à gauche, sous les arbres, un cavalier dont

Estampes encadrées ou en feuilles.

Suite des Morceaux de ROEL. ROGMAN.

le domestique porte un flambeau allumé ; en avant, un grand poteau : Pièce sans nom de Maître. H. 10 p. 2 l. L. 8 p.

Morceau extrêmement rare, dont Bartsch n'a pas donné de description.

1 à 6.

35 à 40 *Verſcheyde Gheſichten...*, ou diverses Vues dans le bois de La Haye, dessinées d'après nature, par *Roelant Rogman*. Morceaux ornés de figures. 1 Deux Hommes précédés d'un chasseur. — 2 Paysan vu par le dos, un panier au bras droit. — 3 Deux Hommes, l'un, à la droite duquel est un chien, s'appuye sur son bâton. — 4 Des Chèvres sous des arbres. — 5 Homme un bâton à la main : il est sous de grands arbres. — 6 Un Cerf et une Biche près d'un canal qu'on voit à la gauche. A cette Suite, à terre, ou dans les marges, des n.^{os} de 1 à 6. Au premier Morceau, dans la marge, le titre *Vercheyde....* ; à gauche, *Pieter Nolpe Excudit t'Amſterdam.* H. 7 p. 7 l. L. 9 p. 6 à 7 l.

Anciennes Epreuves *.

ROGMAN, ROGHMAN ou ROCHMAN. (Gertrude)

1 à 14.

675 1 à 14 *PLAISANTE LANTSCHAPPEN.. by Viſscher*, agréables Paysages, ou jolies Vues dessinées d'après nature, par *Roelant Rogman*, publiées par *Nic. Visscher.* Titre gravé sur une draperie attachée à un mur en ruine qu'on voit au premier Morceau d'une Suite de 14 Pièces. — 2 *De Oudekerck tot Muyderbergh.* — 3 *De Nieuwekerck tot Muyderbergh.* — 4 *De Zeekant Van Muyderbergh.* — 5 *Sloterdyck aen Schouw.* — 6 *Sloterdijck aen de Weſtkant.* — 7 *Sloter Kerck.* — 8 *Kerck*

---

* Bartsch, en parlant de ces Estampes, qu'il décrit à la suite de celles de l'œuvre de Roghman, s'exprime ainsi, à l'égard des Epreuves : *Le Catalogue de Vente de Maarseveen fait mention de deux sortes d'Epr. de ces Estampes, dont les unes sont marquées R. Roghman fecit et excudit.* Bartsch n'indique pas si ces sortes d'Epr. portent le nom de P. Nolpe. Nous venons de décrire les secondes ; aux troisièmes Epr. la double adresse de *N. Visscher* et de *P. Schenk.*

Estampes encadrées ou en feuilles.

Suite des Morceaux de GERT. ROGMAN.

tot *Sloten*. — 9 *Het Dorp Amflerveen.* — 10 *t'Rechthuys tot Ouderkerck.* — 11 *Het Dorp Spaerwouw.* — 12 *Spaerwouw aen de laegewech.* — 13 *De Brugh tot Maerfen.* — 14 *Het Dorp Muyderbergh*; à droite, dans les marges, à ces Morceaux, les n.ᵒˢ 1 à 14; au milieu de ces mêmes marges (la première Pièce exceptée), les noms des lieux représentés; sur les terrasses, aux 2, 6, 8 et 10.ᵉ Morceaux : *G. R.;* aux 3, 7, 12, 13 et 14.ᵉ : *R. R.* H. 4 p. 3 l. L. 8 p. 1 à 2 l.

676   15 *'T HUYS TE ZUYLEN*, Maison ou Château de Zuylen. Cette résidence est entourée d'un canal; on la voit vers la droite; sur le devant, quatre chasseurs regardent un homme occupé au bord de l'eau; au milieu de la terrasse, à un cartouche : *Nicolaus Vifscher excud.;* dans la marge, au milieu, le titre; à gauche : *Roelandt Rochman delineavit;* à droite : *Geertruydt Rochmans sculpfit.* H., compris 8 l. de marge, 15 p. 1 l. L. 19 p. 3 l.

ROOS, (JEAN-HENRI) *peintre; né à Otterberg, dans le Bas-Palatinat, en* 1631; *mort à Francfort, en* 1685; *élève de* JULIEN DU JARDIN *et d'*ADR. DE BIE. *Roos a gravé à l'eau-forte.*

1 à 9.

677   1 à 9 Différens Moutons et Chèvres. — 1 *Dem Wol Edlen Gestrengen...* Suite dédiée par *J.-H. Roos, en 1671*, au très-noble *M. Jean-Philippe Fleyschbein*, son protecteur : titre gravé à un piédestal en ruine, près duquel est une chèvre; à gauche de la Composition, à une pierre, les armes de *Fleyschbein.* — 2 Belier debout près d'un mouton couché; au fond, vers la gauche, une tour. — 3 Deux Chèvres, une est couchée; à droite, dans le fond, un taillis et des ruines. — 4 Petit Pâtre précédé de deux moutons; à gauche, une chèvre couchée sur un fragment en pierre. — 5 Mouton debout près d'une chèvre couchée à la droite où est une grande plante. — 6 Chèvre couchée, vue par le dos; plus loin, à gauche, un mouton debout. — 7 Deux Moutons couchés; à droite, deux arbres. — 8 Deux Moutons, l'un

Estampes encadrées ou en feuilles.

Suite des Morceaux de J.-H. Roos.

couché et endormi, l'autre debout ; à droite, des arbres et un fragment d'entablement. — 9 Chèvre debout ; plus loin, à droite, un mouton couché près d'une haie en planches. Cette Suite ne porte pas de nº. H. 4 p. 6 à 8 l. L. 4 p. 11 l. à 5 p. 3 l.

Ces Morceaux, placés au rang des meilleures productions de Roos, offrent ici des Epreuves pures, brillantes de ton et parfaites de choix et de conservation.

1 à 8.

678 10 à 17 Différens Animaux. — 1 *Quelques animaux tirés au vif, et gravés sur le cuivre avec estude et travail par J. H. Roos. M.DC.LXV.*, titre gravé à un piédestal, à la gauche duquel un berger assis à terre caresse son chien ; au fond, des arbres et une montagne. — 2 Agneau tetant une brebis debout ; plus loin, deux moutons couchés ; à gauche, dans le fond, des ruines. — 3 Bouc, Brebis et deux Agneaux ; à gauche, au bas d'une pyramide, un demi-relief, buste d'empereur. — 4 Belier debout et deux Moutons couchés ; à gauche, au-delà d'une rivière, des fabriques. — 5 Bouc et Mouton couchés ; plus loin, à gauche, près d'une haie en planches, au-delà de laquelle est un terrain élevé, un mouton debout. — 6 Trois Moutons, un debout et deux couchés ; à la droite, un villageois et une bête de somme, passent sous une porte percée dans un vieux mur. — 7 Chèvre avec clochette au cou : elle est couchée ; à gauche, derrière elle, deux moutons, l'un debout, l'autre couché ; un arbre et des buissons. — 8 Bouc couché près d'un belier que flaire un agneau ; à côté d'eux, un autre agneau ; on aperçoit, à la droite, un petit bois et un clocher. Cette Suite ne porte pas de nº. H. 5 p. 1 à 5 l. L. 6 p. 6 à 7 l.

Premières Epreuves, avant les mots J. de Ram excud. ; *à terre, vers la droite, au Morceau qui sert de titre, et avant ceux de* cum privilegie, *au-dessous et près du trait carré.*

679 Les mêmes Estampes de la Suite des différens animaux, publiée en 1665, répétées.

Secondes Epreuves avec les mots J. de Ram excud. cum privilegie.

Estampes encadrées ou en feuilles.

Suite des Morceaux de J.-H. ROOS.

1 à 13.

680 18 à 30 Différens Animaux, *Den Woledlen Ehrenvesten, Hoch vnd Vorgeachten Herren,......,* ou dédicace en forme de lettre sur la peinture, adressée, par *J.-H. Roos,* peintre, à MM. Nic. Ryland, Don. de Has et J.-Jacob Heldewier : titre gravé à une grande pierre carrée, près de laquelle sont un tronçon de colonne, un stylobate et quelques plantes. — 1 Bœuf et Chèvre couchés; plus loin, un mur en pierres et un arbre; vers la droite, un belier debout. — 2 Chèvres debout, l'une pisse, et trois Moutons couchés; à gauche, une haie en planches. — 3 Belier debout, une chèvre et deux moutons couchés; on voit, à droite, dans le fond, au sommet d'une montagne, un château et une chaumière. — 4 Deux Chèvres, l'une debout, l'autre couchée, et deux chevreaux; à droite, au fond, un vieux mur et des arbres.— 5 Brebis et trois Agneaux couchés; à gauche, un mouton debout et des rochers couverts d'arbres; plus loin, vers la droite, des ruines. — 6 Chèvre et trois Moutons se reposant dans une campagne; au milieu du fond où sont des ruines, deux muletiers et cinq mulets. — 7 Un Belier et deux Moutons couchés près d'une colonne; au fond, à droite, un pâtre et des animaux. — 8 Taureau, Chèvre, Brebis et Agneau couchés; on aperçoit, à droite, sous une grande porte, un berger et un troupeau; au-delà, une ancienne fabrique. — 9 Cinq Moutons, quatre couchés et un debout; à gauche, derrière ce dernier, un mur en pierres carrées; plus loin, à droite, un pont en pierres; au-delà, des montagnes. — 10 Un Ane debout et quatre Moutons couchés; plus loin, à droite, un rocher et deux arbres. — 11 Une Anesse et un Anon couchés; derrière eux, à gauche, une chèvre debout et un mur en pierres carrées.— 12 Belier couché; derrière lui, un autre belier et deux moutons debout; plus loin, à gauche, un arbre; toute la largeur du fond est occupée par une haie en planches. H. 7 p. 1 à 4 l. L. 5 p. 9 l. à 6 p. 3 l.

Cette Suite de premières Epreuves, rare à trouver avec le titre DEN WOLEDLEN EHRENVESTEN......, *se distingue encore par les remarques suivantes : le premier et le septième Mor-*

Suite des Morceaux de J.-H. ROOS.

ceaux des douze Pièces qui suivent le titre, sont avant les inscriptions : *Beeftboekje* ou *Beest - boekje door J.-H. Roos* 1.e *deel* ou 2.de *deel* (*Livre d'Animaux par J.-H. Roos*, 1re ou 2.e *partie*), placé au prem. Morceau, au mur en pierres carrées; au septième, au socle de la colonne, et avant F. de Wit exc. à chacune de ces deux Pièces ; elles sont aussi avant les n.ºs 2 à 6 aux six premiers Morceaux qui suivent le titre, et avant les lettres A à F aux six derniers; le nom d'éditeur, les n.^{os} et les lettres sont ordinairement gravés sur les terrasses.

681 Les mêmes Estampes répétées, mais sans le titre *Den Woledlen Ehrenveften*.......; elles forment, alors divisées, deux Suites de six Pièces chaque. — Première Suite, à la première Pièce, au mur en pierres, le titre: *Beeftboekje door J. H. Roos 1e deel;* et sur la terrasse, à gauche : *F. de Wit exc.;* à cette Suite, des n.^{os} de 1 à 6.—Seconde Suite, au premier Morceau, au socle d'une colonne, le titre: *Beest-boekje door J.-H. Roos* 2.de *deel;* à terre, à gauche : *F. de Wit exc.;* à cette Suite le lettres A à F. *

682 31 Bergère assise à côté d'un belier et d'une chèvre couchés ; elle tient un bâton ; devant elle une vache debout (et non un bœuf); à droite, des ruines : Morceau sans nom de Maître, où l'angle au haut à gauche est arrondi. H. 7 p. 1 l. faible, L. 5 p. 2 l.

Estampe très-rare, et l'une des meilleures de Roos.

La Copie de l'Estampe précédente, gravée dans le sens de l'original, mais où l'angle est carré ; près de là : *H. Roos f. A. Bartsch sc.* H., compris près d'un pouce de marge, 6 p. 11 l. L. 5 p. 1 l.

---

* Aux troisièmes Epreuves de ces Suites : *C: Danckerts excudit;* aux quatrièmes Epreuves : *H. Swerds exc.* Bartsch ne parle que de la première Suite que nous venons de décrire sous le n.° 680, et annonce comme secondes Epreuves, celles de l'édition de *H. Swerds*, qui se trouvent ici les quatrièmes ; il ne fait nulle mention des secondes et troisièmes éditions, l'une de *de Wit*, l'autre de *Danckerts.*

Estampes encadrées ou en feuilles.

Suite des Morceaux de J.-H. ROOS.

32 à 34 Le petit Troupeau près de l'étable, la Vache, la Fileuse, manquent *.

683 35 Chèvre couchée ; à droite, au piédestal d'une colonne dont il ne reste qu'un fragment : *Iohann Henricus Roos. in. et fecit.;* vers le fond, à gauche, un mouton vu par derrière. H. 4 p. 6 l. L. 6 p.

36 Mouton debout près d'un belier couché ; à droite, deux troncs d'arbres et une montagne ; du côté opposé, dans l'éloignement, deux moutons. H. 4 p. 5 l. L. 5 p. 11 l.

37 Deux Chèvres et un Chevreau couchés ; une des chèvres dort appuyée sur un tertre près d'un gros arbre ; dans le fond, à droite, une église. H. 4 p. 5 l. L. 6 p.

684 38 Berger assis ; il dort appuyé contre un piédestal ; au-dessus du piédestal, un vase orné de sculptures, un terme et un tronçon de colonne ; à la droite du berger, une chèvre, trois beliers et deux moutons ; à terre, vers la gauche : *J. H. Roos fecit 1664.* H. 12 p. L. 9 p. 3 l.

Epreuve qui laisse à désirer pour la conservation.

39 La Vache et le Taureau, manquent ** ; nous n'avons ici que la Copie : Pièce gravée dans le sens de l'original, mais moins large de deux lignes ; sur le ciel, vers la droite : *A. Bartsch sc.* H. 3 p. 5 l. L. 5 p.

Morceau dont Bartsch n'a pas donné de description.

40 Vue d'une Campagne ; à droite des vestiges d'anciens mo-

---

* 32 Bœuf, Belier, deux Moutons et une Chèvre devant une étable qui est à la gauche ; au milieu du bas : *HRoos f.* H. 5 p. 4 l. L. 6 p. 4 l. Ce Morceau et les deux qui suivent, sont des premiers essais de gravure de Roos. — 33 Vache avec clochette au cou : elle est debout ; devant elle, un mouton couché, dirigé vers la gauche. H. 4 p. 8 l. L. 6 p. 5 l. — 34 Paysanne filant au fuseau, assise près de trois moutons et de deux chèvres ; au bas, vers la droite : *HRoos fecit.* H. 4 p. 4 l. L. 6 p.

** Vache couchée près d'un mur ; à gauche, dans un chemin creux, un taureau. H. 3 p. 5 l. L. 5 p. 2 l. Pièce très-rare ; l'une des meilleures de Roos.

Suite des Morceaux de J.-H. ROOS.

numens et des mâsures ; du côté opposé, d'autres mâsures ; en avant, sur un terrain montueux, un homme en manteau ; sur le devant, à droite, une mare bordée de plantes ; dans les airs une cigogne qui semble tenir un reptile, dirige son vol vers la droite ; à gauche, à terre : *H. Roos inv. et fecit;* tracé à la pointe. H. 5 p. 5 l. L. 5 p. 2 l.

ROOS, (THÉODORE) *peintre, frère de J.-Henri Roos; naquit à Wesel, en* 1638; *mort, selon Pilkington, à l'âge de* 60 *ans ; élève d'*ADR. DE BIE. *Th. Roos a gravé à l'eau-forte.*

685   1 à 6 Différens Paysages. — 1 Débris d'Architecture, dans une campagne ; à une pierre carrée appuyée sur un reste de colonne étendue à terre : *THEODORUS ROOS fecit ANNO MDCLXVII;* plus loin, à droite, deux troncs d'arbres. — 2 Villageois faisant avancer deux bœufs et des moutons sur un chemin ; à droite, un jardin ; à gauche, des ruines ; plus loin, au-delà d'une colline, deux monumens de forme carrée ; à terre, à droite : *T' Roos.* — 3 à 6 manquent* Suite sans n.°¹ H. 3 p. 8 à 10 l. L. 3 p. 5 à 6 l.

ROOS ou ROSE, (JOSEPH) *peintre ; né à Vienne, en* 1728; *élève de son père,* JOS. ROOS, *et de* PH. ROOS, *son grand-père. L'étude de la nature et celle qu'il fit des ouvrages de J.-*HENRI ROOS, *son aïeul, achevèrent de le perfectionner. Jos. Roos a gravé à l'eau-forte.*

1 à 12.

1 à 12 Chèvres, Chevreaux, Moutons, Beliers, Brebis et

---

* 3 Le Mausolée ; à droite, un pâtre et une fileuse. — 4 Deux Pâtres faisant abreuver des vaches et des moutons à un ruisseau qui baigne un mur qu'on voit à la droite. — 5 Ancienne Porte de ville ; à gauche, un paysan et une femme assis à terre. — 6 Porte de ville en ruine ; vers la gauche, une femme assise vue par le dos, et un paysan qui regarde dans un panier.

Estampes encadrées ou en feuilles.

Suite des Morceaux de JOSEPH ROOS.

Agneaux dans des campagnes ; au premier Morceau, sur la face d'un piédestal, près d'une auge : *Joseph. Roos. invv. et. fec. aqua. f. 1754;* à gauche, à terre, une base et un tronçon de colonne ; au fond, à droite, un pont en pierres, dont on voit une arche ; aux onze autres Pièces différemment écrit : *J. Roos f.* H. 3 p. 10 l. à 4 p. 4 l. L. 5 p. 11 l. à 6 p. 5 l.

ROSASPINA, (FRANCESCO) *graveur à l'eau-forte, au burin et en manière de crayon ; né à Bologne, dans le siècle dernier.*

686 Le Corps du Christ mort, descendu de la croix, et posé sur les genoux de la Sainte-Vierge évanouie, d'après le Tabl. d'Allegri *dit* Le Correggio, qui se voyait à Parme, dans une chapelle de l'église de Saint-Jean. Est. en larg.

Épreuve avant la lettre.

687 Le Christ mort : même Estampe répétée.

Épreuve avec la lettre.

ROTARI, (PIETRO Comte de) *peintre et graveur ; né à Vérone, en* 1707 ; *mort à Pétersbourg, en* 1764 ; *élève de* ROB. VAN AUDEN AERD.

688 Diane, croquis d'après Maratti ; Abraham prosterné devant les anges ; David assis, la tête de Goliath est à ses pieds ; la Sainte-Vierge regardant l'Enfant-Jésus endormi : Composition dans un ovale en haut. 1731 ; saint Sébastien ; Allégorie sacrée, où sont trois saints de l'ordre de saint François, un soutient une grande croix, un autre porte un Ostensoir ; Vénus allant à la rencontre d'Énée et d'Achate : Composition dans un ovale en haut. Ces six Morceaux d'après Balestra. *S Ludovicuf Tolose...... P: R: Pin. et inc. :* Composition dont le haut est cintré. 8 Estampes, la plupart petites et très-petites.

RUBENS, (Pierre-Paul) *peintre; né à Cologne, en 1577; mort à Anvers, en 1640; élève de* Tob. Verhaest, *d'*Adr. Van Oort *et d'*Otto Venius. *Rubens a gravé à l'eau-forte.*

689 Saint François recevant les stigmates. — La Magdeleine s'abandonnant à la douleur; à gauche de la terrasse, sur une pierre, à chacun de ces deux Morceaux : *P. Paul Rubbens.* H. 5 p. 2 l. L. 3 p. 9 l. — Sainte Catherine, une palme à la main droite, debout sur les nues; sous son pied gauche, un morceau de roue; au bas, à gauche, près des nuages : *P. Paul. Rubens fecit.* H. 11 p. 10 l. L. 7 p. 4 l. — Femme un panier au bras droit; elle tient une chandelle, à laquelle un jeune garçon veut allumer la sienne : Sujet de demi-figures; dans la marge, deux vers : *Quis velet......inde nihil;* à gauche : *Pet. Paul. Rubenius inuenit et excud.* H. 8 p. 3 l. L. 7 p. 2 l. La Copie de sens opposé, par *Stahl;* dans la marge, quatre vers : *Quis velet........* Copie d'une ligne plus large que l'original. — Buste de Vieillard à barbe, vu presque de profil, tourné à droite; son bonnet est garni de fourrure; au bas, à droite, au-dessous du trait carré : *P. P. Rubens fecit 165.* H. 2 p. 11 l. L. 2 p. 4 l. 6 Estampes.

RUGENDAS, (Georges-Philippe) *peintre; né à Augsbourg, en 1666; mort dans la même ville, en 1742; élève d'*Is. Fischer. *Rugendas a gravé à l'eau-forte.*

690 Cavaliers en marche, *Georg Philipp. Rugendas Invent et fecit* différemment écrit; Suite de six Pièces, avec des n.os de 1 à 6. H. 5 p. 9 l. L. 4 p. 10 l. — *Diversi Pensieri fatto p. Giorgio. Filippo Rugendas Pittore.... 1699;* Suite de huit Pièces avec des n.os de 1 à 8. H. 4 p. L. 5 p. — *Capricci di Giorgio filippo Rugendas. 1698;* Suite de six Pièces avec des n.os de 1 à 6. H. 3 p. L. 3 p. 8 l. A ces Suites, l'adresse de *Ieremias Woff.*

Escarmouches et occupations de Camps, d'après les Tabl. peints par Geor. Phil. Rugendas, en 1707, Suite de quatre

Estampes encadrées ou en feuilles. 313

Suite des Morceaux de RUGENDAS.

Pièces marquées de la lettre *y*, et numérotées de 1 à 4. H. de la prem., 5 p. 5 l. L. 8 p. 3 l. — Hussards, Cavaliers et gens d'équipages militaires en marche ; d'après Geor. Phil. Rugendas : douze Pièces, avec des n.°⁵ de 1 à 12. H. de la prem., 4 p. 6 l. L. 5 p. 6 l. Ces seize Morceaux gravés en manière noire, par *Christian Rugendas*, fils de Geor. Ph. Rugendas ; Epr. tirées au bistre : 36 Estampes.

RUISDAEL ou RUYSDAEL (Jacques) *peintre ; né à Harlem, vers* 1635 ; *mort dans la même ville, en* 1681. *Ruisdael a gravé à l'eau-forte.*

691 1 Grande Chaumière à la gauche d'une campagne ; une femme est près de la porte ; à droite, une rivière, où un paysan et son chien passent sur un petit pont de bois ; dans la marge, vers le même côté : *JRuifdael f.* H. 6 p. 10 l. L. 9 p. 9 l.

2 Paysage pittoresque, où sont à la droite, un groupe de vieux chênes et un tronc d'arbre renversé ; plus loin, au-delà d'un monticule, une chaumière ; à gauche, sur un chemin, près d'une colline couverte d'arbres, deux hommes et un chien ; vers la droite de la marge : *JRuifdael. f.* H. 6 p. 8 l. L. 10 p.

Deux Epr. ; à la prem. le ciel blanc, place où l'on ne voit que des marques de l'imperfection du cuivre ; elle est aussi avant des tailles et des contre-tailles au tronc d'arbre renversé ; et avant divers travaux aux masses du groupe des vieux chênes.

3 Chaumière sur un lieu élevé ; elle est entourée d'arbres, dont un très-grand et presque renversé ; une rivière coule sur le devant ; vers la droite de la rive opposée, une baraque de pêcheur ; plus loin, un terrain en partie couvert de bois, où l'on aperçoit des maisons et un clocher ; dans la marge, presqu'au milieu : *JRuifdael.* H. 6 p. 11 l. L. 9 p. 11 l.

4 Estampes.

692 4 Intérieur de Forêt ; les eaux d'un large ruisseau qui s'étend sur presque tout le devant baigne les racines d'un très-gros chêne qu'on voit à la gauche ; dans le fond des bois ; entre ces bois et le bord du ruisseau, un sentier, où sont, vers la

Estampes encadrées ou en feuilles.

Suite des Morceaux de RUISDAEL.

droite, une femme un paquet sur la tête, et un homme armé d'une espèce de hallebarde, précédés d'un chien ; plus loin, derrière eux, un paysan, un sac sur l'épaule ; à terre, à droite, sur le devant : *JRuifdael.* H. 6 p. 10 l. L. 10 p.

Morceau très-rare *.

Une Copie peu fidèle du Morceau précédent, et beaucoup plus petite, gravée de sens opposé : Pièce assez mal exécutée, et sans nom de graveur. H. 3 p. 5 l. L. 5 p. 7 l.

2 *Estampes.*

693 5 Champ de blé bordé par un taillis ; à droite, un vieux chêne et de grands arbres ; en avant un buisson et un tronc d'arbre couché sur l'herbe ; du même côté, au ciel : *JRuysdael fs*. et au bas, dans la marge : *F. V. W. excud.* H. 3 p. 8 l. L. 5 p. 6 l.

Deux Epr., la prem. avant JRuysdael fe *et* F. V. W. excud. ; *très-rare à trouver ainsi.*

La Copie du Morceau précédent, gravée dans le sens de l'original, mais où les mots *JRuysdael fe* et *F. V. W. excud.* ne sont que très-légèrement tracés à la pointe : Copie un peu plus petite que l'Estampe originale. H. 3 p. 7 l. L. 5 p. 4 l.

3 *Estampes.*

694 6 Trois grands Chênes, vers le milieu d'une campagne, dont la droite est couverte de monticules sablonneux ; en avant des monticules, des troncs d'arbres ; à gauche, une rivière bordée de très-petits joncs ; on aperçoit à l'horison des montagnes ; dans la marge, vers le milieu : *JRuifdal. in. f. 1649* ; (le chiffre 4 à l'année est à rebours) à gauche : *F. V. W. ex.* H. compris 2 l. de marge, 4 p. 9 l. L. 5 p. 5 l.

695 7 Pays où serpente une petite rivière bordée d'un rang de six saules ; au-delà, à droite, une chaumière et un enclos ; sur

---

* On trouve de ce Morceau des Epr. où le ciel à droite n'est indiqué que par de légers travaux, et où l'on ne voit pas encore le nuage de forme ovale, ombré de hachures en différens sens.

Estampes encadrées ou en feuilles.

Suite des Morceaux de RUISDAEL.

le devant, à gauche, une maison; on y remarque un pigeon perché sur un bâton placé dans le pignon; un autre pigeon voltige au-dessus du toit; au bord du ruisseau, une vieille barrière; plus loin, une colline, une haie vive et de grands arbres; dans les airs, presqu'au-dessus de l'arbre le plus élevé, et près du trait carré, un oiseau; et à droite, sur le ciel : *JRuifdael f. 1646.* On aperçoit avec beaucoup de peine, vers la gauche, dans la marge du bas, toute couverte de travaux qui semblent indiquer une augmentation des eaux du ruisseau, les mots *JRuifdael in fe 1646.* Les chiffres 4 et 6 à l'année sont à peine visibles. H. compris 3 l. de marge, 7 p. 7 l. L. 10 p. 2 l.

Morceau très-rare.

NOTA. *La hauteur indiquée par Bartsch a sans doute été prise sur une Epr. coupée de 8 lignes par le haut, ce qui a empêché ce biographe de parler de l'oiseau dans les airs, et du nom du Maître, suivi de la lettre f et de l'année 1646, qu'on voit dans l'Epreuve que nous venons de décrire.*

Morceaux dont BARTSCH *n'a pas donné de description.*

696 8 Vue d'un Pays presque couvert d'eau; à gauche, une échelle sert à monter à deux terrains élevés réunis par un petit pont de bois, à l'extrémité duquel est un bouquet de grands arbres; plus loin, vers la droite, une baraque sur pilotis; on aperçoit à l'horison des montagnes; des buissons et de grandes herbes en partie baignées par les eaux, occupent le devant; dans la marge prise sur l'ovale qui entoure la Composition : *JRuisdael f.* H. 2 p. 4 l. L. 2 p. 9 l.

697 9 Campagne traversée par un ruisseau qu'ombragent en partie les arbres qui le bordent; à droite, des saules; au-delà une chaumière, et sur le ciel les lettres JR réunies : Composition dans un ovale. H. 2 p. 8 l. L. 3 p. 2 l.

698 10 Paysage en partie bordé par une mare, près de laquelle, vers la gauche, est un gros chêne, et deux autres arbres; derrière ces arbres, deux chaumières; plus loin, un arbuste de forme fourchue; en avant de l'arbuste, deux villageois,

l'un assis à terre, l'autre debout, suivi de son chien. Cette dernière partie de terrain et tout celui de la droite où est un troupeau, sont couverts d'herbes ; plus loin, une maison de paysan ; sur le devant, au bord de l'eau, un vieux tronc d'arbre et des joncs ; à droite, sur l'herbe : *JRuifdael. f. 1647.* H. 4 p. 11 l. L. 7 p. 5 l.

A cette Epr. des marques de l'imperfection du cuivre, principalement à la gauche; de ce même côté, sur une chaumière et sur les arbres, de grands traits de grattoir très-prononcés.

NOTA. *Les trois dernières Estampes que nous venons de décrire ne l'ont été par aucun auteur ; ainsi, jusqu'à présent, la collection de M. le comte Rigal paraît être la première où il soit parlé de ces Morceaux.*

RUSS, (KARLE) *peintre allemand ; a gravé à l'eau-forte et à l'aquatinta.*

699 *Eigene in Kupfer gebrachte Jdeen* ..... ou propres idées gravées par Karl. Russ, peintre ; elles représentent des Sujets de l'Histoire-Sainte et de la Fable, des traits historiques, des allégories, et une vue de campagne : moyennes et petites Pièces en largeur, gravées de 1807 à 1809 : 17 Estampes.

RYSBRACK, (PIERRE) *peintre ; né à Anvers, et directeur de l'académie de cette ville, en 1713 ; élève de* FRANC. MILÉ.

700 1 à 7 Différens Paysages avec figures : 1 Diane et Actéon ; — 2 Jeune Femme près d'un homme assis à terre ; — 3 Deux Pêcheurs tirant les cordes d'un filet qui est dans l'eau ; — 4 le Lever du Soleil ; — 5 des Hommes et des Femmes dans une campagne ; plus loin, une rivière et un pêcheur à la ligne ; — 6 Fabriques près d'un canal ; sur le devant, cinq figures ; de ce nombre, une femme vue par le dos ; à gauche, dans la marge, à ces Morceaux : *P. Rysbrack. pinx: fecit et Exoudit,* différemment écrit. H. 6 p. 6 l. L. 7 p. 7 à 8 l.

Estampes encadrees ou en euvies.

SAFT-LEVEN, ZACHTLEVEN ou ZACHTLEE-VEN, (HERMAN) *peintre; né en Hollande, en 1609, parait s'être formé sur la nature, dont il a souvent rendu les effets avec une rare intelligence*. L'observation de la perspective aérienne, la juste dégradation des plans et la belle entente du clair-obscur qui distinguent les vues et les sites champêtres peints par Saft-Leven, se trouvent aussi dans les eaux-fortes gravées par ce Maître, eaux-fortes admirables par la finesse et la légèreté de la touche, et par leur savante exécution.*

701 1 Saft-Leven, vu à mi-corps, un papier roulé à la main droite; dans la marge : *HERMAN SAFTLEVEN*; au-dessous, à gauche : *D. Saftleven pinx.* 1660. H. compris 11 l. de marge, 5 p. 11 l. L. 4 p. 2 l.

2 à 11 Différentes Figures d'hommes et de femmes, Suite de neuf Pièces, et le Paysan, manquent **.

---

* Dargenville le dit élève de J. VAN GOYEN; suivant le même auteur, Zacht-Leven aurait terminé sa carrière à Utrecht, en 1685, à l'âge de 76 ans.

** 2 à 10 Suite de Figures, savoir : 2 le Mercier en marche; vers la droite, dans la marge : *Bedrieger* (trompeur); — 3 Vieillard lisant; il se dirige à droite : *Waerheyt* (vérité); — 4 Paysan assis, tourné vers la gauche, comptant des grains : *Gortlentelder* (compteur de gruau, jocrisse, etc.); — 5 Paysan ayant une poule sur ses genoux, assis, tourné à gauche : *Hennetaster* (un Jean qui fait tout); — 6 Garçon laissant couler un tonneau qui est à sa droite; il boit à même une cruche : *Utsuyper* pour *Uitzuiper* (valet qui mange ou ruine son maître); — 7 Paysanne, un enfant sur ses genoux; elle est tournée vers la gauche : *Liefde* (tendresse); — 8 Pêcheur à la ligne, dirigé vers la gauche : *Patiencie* (patience); — 9 Homme cherchant ses poux, assis, tourné à droite : *Luisseuanger* (homme qui cherche des poux); — 10 Homme cherchant les puces à un chien; il est assis, un peu tourné à droite : *Vloyeuanger* (qui cherche des puces); à ces neuf Morceaux, les lettres *H. SL.* 1647. H. 1 p. 10 l. L. 1 p. 4 l. — 11 Paysan vu de profil, dirigé à droite, portant un fagot au bout d'un bâton qu'il a sur l'épaule; au bas : *H. SL.* H. 1 p. 5 l. L. 1 p. 2 l.

Estampes encadrées ou en feuilles.

*Suite des Morceaux d'*Her. Saft-Leven.

1 à 6.

12 à 17 Différens Paysages, savoir : 1 Large Rivière avec bateau ; à gauche, sur l'eau : *HSL* (ces trois lettres réunies) ; — 2 Paysan sur un âne, dans un chemin entre de petites roches ; à terre, vers la droite : *H. SL ;* — 3 Bucheron fendant un tronc d'arbre ; à terre, à droite : *H. SL. 1640* ; — 4 Vue de Ruines ; à gauche, à une pierre : *H. SL. invent.*, et sur la même pierre : *H. SL.* répétés une seconde fois ; — 5 Vieille Tour ronde près d'un monument, avec grande voûte ; à gauche, sur l'eau d'une large rivière : *H. SL 1640* ; — 6 Pays montueux ; à la droite, un villageois, un paquet au bout de son bâton ; du côté opposé, à terre : les lettres *H. SL.* et *1640* gravés à rebours ; cette Suite ne porte pas de n.os H. 3 p. 1 l. L. 4 p. 4 à 6 l.

702   18 Vaste Pays où serpente une grande rivière ; dans la marge, à gauche : *H. SL. 1667.*   H. 3 p. 6 l. L. 4 p. 6 l.

De ce rare Morceau, deux Epreuves.

19 Le Laboureur ; on remarque, à droite, à peu de distance de la porte d'une haie, un homme assis sur une pierre ; à gauche, dans la marge : *H. SL. 1667.*   H. 3 p. 5 l. L. 4 p. 7 l.

Deux Epreuves, la première avant la teinte à la pointe sèche aux parties éclairées du chapeau et du vêtement de l'homme assis ; à la droite de la pierre qui lui sert de siége, et à un petit tronc d'arbre, à terre, devant lui ; Epreuve extrêmement rare, dont Bartsch ne parle pas.

703   20 et 21 Vue d'une Rivière ; àdroite, deux bateaux stationnés devant une roche ; sur la roche une baraque, et plus bas, une espèce de balcon en planches, d'où un homme semble parler à un marinier monté sur le bateau le plus près du rocher. — Villageois et Villageoise dans une campagne, où un rustre conduit un âne ; plus loin, entre des arbres, une maison ; au-delà, à droite, un grand rocher ; à ces Morceaux, à gauche, dans les marges : *H. SL. 1667.* H. 4 p. 4 l. L. 3 p. 8 l.

Pièces très-rares.

Estampes encadrées ou en feuilles. 319

Suite des Morceaux d'HER. SAFT-LEVEN.

Les Quatre Saisons représentées par des paysages avec figures.

SAVOIR :

1.

704 22 Le Printemps offre la vue d'un pays où trois jeunes gens se baignent dans une grande rivière, près de laquelle on remarque trois hommes, dont un se déshabille; à gauche, dans l'éloignement, au-delà d'une tour, quatre hommes et un enfant sur un banc de terre entouré d'eau; au fond, à droite, un rocher et une forteresse; dans la marge, les vers suivans :

VER aperit terras, producit in æquora puppes.
Allectat juvenes corpora mergere aquis.

(Le Printemps ouvre la terre.....)

Epreuve avant des contre-tailles sur les figures qui occupent le banc de terre, et au bas du grand rocher, et avant des entre-tailles à différentes parties des eaux. A cette Epreuve l'azur du ciel n'est indiqué que par de légers travaux, et le grand nuage est avant quelques contre-tailles.

2.

23 L'Eté : une Campagne, à l'instant de la moisson; à gauche, au-delà d'un champ où des paysans coupent des blés, des terres en culture; plus loin, vers le milieu, un grand rocher avec fabriques; sur le devant, à droite, un jeune garçon et deux moissonneurs; dans la marge, les vers suivans :

Gratior Agricolis ÆSTAS, dum grana flavescunt
Et cupidâ messis falce resecta cadit.

(L'Eté plus agréable aux cultivateurs, murit les graines.......)

Epreuve avant les contre-tailles, à plusieurs des figures qui se voyent à la gauche, aux terres, au-delà du champ de blé, aux fabriques, au haut du rocher, et sur les nuages, près desquels l'azur n'est indiqué que par de légers travaux.

3.

24 L'Automne, à l'instant de la vendange, dans un pays montueux; une petite rivière bordée de langues de terre, occupe partie du devant; au-delà, vers la droite, deux hommes

Estampes encadrées ou en feuilles.

*Suite des Morceaux d'*HER. SAFT-LEVEN.

remplissent des tonneaux; plus loin, dans le pressoir d'une maison de vigneron, on en aperçoit un dans une cuve; dans la marge, les vers suivans:

Vitibus AUTUMNUS *turgentes detrahit uvas,*
Dulcia tum nudo sub pede musta fluunt

(A l'automne on enlève les raisins.....)

Epreuve avant des contre-tailles aux figures et à des montagnes; à la gauche du fond, l'azur au ciel et les nuages n'y sont indiqués que par de légers travaux; sur le devant, les eaux laissent apparente une langue de terre qui est ici de dix lignes de long: dans les secondes Epreuves, on ne voit plus la langue de terre.

4.

25 L'Hiver : des patineurs sur un canal glacé; à gauche, une ville (qu'on croit être celle d'Utrecht), cette ville est flanquée de deux grosses tours; à la première tour, un colombier; dans la marge, les vers suivans :

Frigida vênit HIEMS, *glacies cum frenat aquarum*
Cursus, et pedibus lubrica præbet iter.

(L'hiver arrive et arrête le cours des eaux....)

Epreuve avant des contre-tailles à plusieurs des figures qu'on voit à la droite; avant des entre-tailles aux parties ombrées des tours, principalement à celle où est le colombier, et où l'azur et les nuages au ciel, qui est presque blanc, ne sont indiqués que par de légers travaux; (aux secondes Epreuves, au ciel, à la gauche, près du comble de la première tour, un fort nuage, le surplus du ciel couvert d'une teinte presque générale de pointe sèche, et dans le haut, des contre-tailles.)

A ces quatre Morceaux, dans les marges, au bas, à gauche: H. *Saftleven. Invent. et sculpsit. Anno. 1650.* Cette Suite ne porte pas de n°. Haut. compris 7 lig. de marge, 5 p. L. 4 p. 11 l.

Epreuves brillantes et de la plus grande rareté à trouver avec les remarques que nous venons d'indiquer, remarques dont Bartsch ne parle pas.

705   Les Quatre Saisons, mêmes Estampes répétées.

Secondes Epr. (Exception faite du troisième Morceau

Estampes encadrées ou en feuilles. 321

*Suite des Morceaux d'*HER. SAFT-LEVEN.

qui se trouve ici première Epreuve.) *Ces Epreuves sont les seules dont parle Bartsch, qui n'a pas fait mention de celles que nous venons de décrire sous le n.° 703.*

706 26 Paysan dans une campagne, assis à terre, une cruche à la main; dans l'éloignement, un laboureur fait passer la herse sur un champ, et dirige le cheval qui la traîne vers la droite du fond; sur le devant, à terre: *1646*. *H. SL.*; dans la marge les vers suivans:

Terrâ factus homo terram proscindit arator:
Qui sedet in terrâ sefsaque membra levat,
Gustando terræ fruges sua pabula vitæ,
In cineres terrâ mox tumulandus abit. AH

(L'homme fait de terre........) Haut. compris 1 p. 7 l. de marge, 9 p. 4 l. L. 6 p.

Deux Epreuves: à une, la marge du bas est coupée.

707 27 L'Entrée d'un Bois, en partie occupé par une colline et des terrains élevés, couverts de grands arbres; vers le milieu, sur le penchant de la butte la plus élevée, un chasseur, son fusil sur l'épaule; un autre chasseur semble de la main lui indiquer un rendez-vous éloigné; à gauche, au-delà d'une rivière, un taillis; dans le fond, des montagnes; sur le devant: *H. SL. 1644*. H. 10 p. L. 8 p. 5 l.

28 Deux grands Arbres dans une campagne; l'un est ébranché, la cime du second s'étend vers la gauche; au milieu du devant, près d'un vieillard appuyé sur un bâton, un homme semble indiquer le chemin à un voyageur; un vaste pays où serpente une rivière bordée de villages et de collines couvertes de grands arbres, et des montagnes, terminent cette Composition; vers la gauche du bord de la terrasse: *H. SL. 1647*. H. 9 p. 5 l. L. 8 p. 6 l.

708 29 Vue d'une des portes de la ville d'Utrecht; on y arrive par un petit pont-levis précédé d'un pont en pierre, où est une grosse tour carrée; en avant du pont en pierre, un piéton et un cavalier; sur le pont-levis, deux hommes; à la gauche du devant, un garçon d'écurie fait baigner deux

Estampes encadrées ou en feuilles.

*Suite des Morceaux d'*Her. Saft-Leven.

chevaux dans le canal qui entoure la ville; il est monté sur l'un, et tient l'autre par la bride; dans la marge, à gauche: *H. SL.*; au milieu: *De Wittevrouwen-poort* (la Porte des Femmes blanches); à droite: *A° 1646.* Haut., compris 11 lig. de marge, 10 p. 3 l. L. 8 p. 7 l.

Deux Epreuves: la première où le ciel presque blanc n'est teinté que de tailles extrêmement légères; Epreuve de la plus grande rareté, dont Bartsch ne parle pas; à la seconde Epreuve, le ciel vigoureusement teinté et couvert de forts nuages.

709 30 Vue d'une Campagne au lever du soleil; deux hommes chargés de hottes passent derrière un monticule, près duquel un porcher conduit quatre porcs; plus loin, sur le penchant d'une colline, des voyageurs dans un chariot; à gauche, des montagnes et deux maisonnettes entourées d'arbres; au bord de la terrasse: *H. SL. 1649;* à ce Morceau la marge du bas est blanche. Haut., compris 6 lig. de marge, 8 p. 8 l. L. 10 p. 1 l.

Epreuve où le porcher, les porcs, le monticule, la colline, le chariot, les voyageurs, la première maisonnette et les arbres au haut des montagnes, sont avant les contre-tailles; les buissons sur le devant, et les ombres portées par le porcher et par les porcs y sont très-clairs. Ce Morceau, pur et brillant de ton, et de la plus grande rareté, est du nombre des Epreuves dont Bartsch ne parle pas.

710 Campagne au lever du soleil: Estampe répétée.

Cette seconde Epreuve, avec les contre-tailles, et où la totalité des travaux sont remontés, est très-vigoureuse de ton.

711 31 Vue du village de Nieuwenrode, sur la rivière de Vecht, à Utrecht; une tour avec clocher surmonte le grand bâtiment qui occupe le milieu et partie de la gauche; du côté opposé, une des rues du village, bordée d'arbres; sur toute la largeur du devant, une rivière où deux hommes naviguent dans un bateau; sur l'eau, à droite, près du trait carré: *H. SL. 1653.* H. 5 p. 8 l. L. 10 p. 7 l.

32 Un Homme une hotte sur le dos, assis sur le devant d'une

Estampes encadrées ou en feuilles. 323

*Suite des Morceaux d'*Her. Saft-Leven.

campagne, et parlant à un voyageur qui se dirige vers un chemin à mi-côte d'une montagne, qui est à la droite; sur le chemin, quatre piétons; du côté opposé, une rivière avec pont de bois, où passe un villageois; à terre, à ce Morceau, d'un travail très-faible: *H. S.* H. 7 p. 8 l. L. 10 p. 8 l.

712 33 Les deux Éléphans; l'un vu presque de face, l'autre de profil, la trompe à demi-élevée; à gauche, une plante à larges feuilles, et vers le milieu, au bord de la terrasse: *H. SL. 1646.* H. 13 p. 5 l. L. 16 p. 3 l.

Deux Epreuves : à terre, à la première, au-dessous des larges feuilles de la plante, une place d'environ deux lignes qui n'a pas été atteinte par l'eau-forte; Bartsch ne parle pas de cette Epreuve.

34 Pays en partie couvert de bois; entre de grands arbres, des chaumières et des granges à foin; sur le devant, à droite, une femme trait une vache; plus loin deux autres vaches, l'une couchée, l'autre debout; du même côté, tout au bas de la marge qui est blanche : *faft Leven f.* ; à gauche : *Huijch Allardt Exc.* H. 4 p. 11 l. L. 7 p.

Deux Epreuves : une avant Huijch Allardt Exc.

713 35 Vue d'Utrecht; cette ville occupe toute la largeur du fond; presqu'au milieu du devant de l'Estampe, un peu à gauche, un chasseur debout près d'un dessinateur assis à terre; vers le côté opposé, un cavalier, une dame, une vieille un panier au bras, et un homme en manteau, et tout-à-fait à droite, un villageois un paquet sur le dos; quelques figures et des animaux occupent les plans suivans; au bord de la terrasse, où est un buisson, le chiffre *H. SL* et l'année *1648.* A ce Morceau, de deux feuilles, au ciel, à la feuille droite, les armes de la ville d'Utrecht; à la feuille gauche, des armes qu'on croit être celles de l'évêché ou de la seigneurie d'Utrecht. Pièce sans marge. H. 10 p. 6 l. L. de la première feuille, 19 p. 8 l. Larg. de la seconde feuille, 20 p. Larg. des deux feuilles réunies, 39 p. 8 l.

Nota. Si cette vue, où il n'y a pas de lettres près des princi-

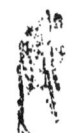

Estampes encadrées ou en feuilles.

Suite des Morceaux d'HER. SAFT-LEVEN.

paux bâtimens, est la même que celle décrite par Bartsch *, elle doit être du nombre des Epreuves les plus rares.

36 Vue de la ville d'Utrecht. Morceau en quatre feuilles, manque **.

Estampes dont BARTSCH *n'a pas donné la description.*

1 à 5.

714 37 à 41 Différens Paysages, savoir : 1 Vue de trois chaumières entourées de buissons et de grands arbres; en avant, deux vaches couchées, deux chèvres et un chien; à peu de distance, un chevrier appuyé sur son bâton et une femme assise à terre; sur le devant, à droite, quatre autres chèvres; au milieu du ciel, à une banderolle : *H. S. L. excudit.* — 2 Pays couvert d'arbres et de broussailles, entre lesquels on

---

* Dans la Vue d'Utrecht décrite par Bartsch, vue qu'il annonce être de trois feuilles, les figures paraissent être semblables à celles qu'on trouve dans la Pièce que nous venons de décrire; mais celle dont parle Bartsch est très-différente de grandeur, elle porte de haut. 10 p. 8 l., et de larg. 4 pieds 2 p. 2 l., savoir : la feuille de gauche, 10 p.; celle du milieu, 20 p., et celle de droite, 20 p. 2 l.; de plus, cette pièce est marquée de lettres alphabétiques (ce qui n'existe pas dans l'Epreuve de M. le comte Rigal), lettres qui paraissent devoir se rapporter à une explication particulière; en parlant de ces lettres, Bartsch s'exprime ainsi : *Cette explication se trouve-t-elle dans la marge de l'Estampe, ou dans quelque ouvrage imprimé, pour lequel cette Estampe a été faite, voilà ce que je ne saurais dire.*

** 36 Vue de la ville d'Utrecht; sur le devant, au sommet d'une colline, quatre paysans, un chasseur et cinq chiens, un homme à cheval, un carrosse à quatre chevaux, des villageois près d'un marchand de poisson et deux chariots, l'un à quatre roues et à deux chevaux, l'autre à deux roues et à un seul cheval; au bas, à droite, à une espèce de banderolle : *Herman Safileven Inue. sculp. et excud. 1669*; près des principaux bâtimens, des lettres alphabétiques. Estampe de quatre feuilles. H. 13 p. L. 4 pieds 11 p. 2 l., savoir : la prem. feuille, 14 p. 8 l.; la 2.me, 14 p. 8 l.; la 3.me, 15 p. 1 l.; la 4.me, 14 p. 9 l.

Estampes encadrées ou en feuilles.

*Suite des Morceaux d'*HER. SAFT-LEVEN.

aperçoit des habitations champêtres; à gauche, sur le devant, deux hommes; l'un chargé d'une besace, s'appuye sur un bâton. — 3 Groupe de Chaumières entourées de bois; vers la droite du devant, deux cavaliers en manteau, l'un a l'épée au côté. — 4 Cavalier dans une campagne; un pauvre lui demande l'aumône; plus loin, un pâtre et des moutons; dans le fond, un bois : on y voit, entre les arbres de la gauche, une vieille tour. — 5 Femme sur le devant d'une campagne; elle parle à un paysan assis à terre près d'une butte; on aperçoit, à la droite du fond, entre de grands arbres et des buissons, un clocher; à gauche, à terre: *H. S. L. 1627.* (D'après cette date, Saft Leven aurait commencé à graver à l'âge de 18 ans). A terre, au coin, à gauche, les n.ºs de 1 à 5. II. 3 p. 1 l. L. 4 p. 5 l.

Suite très-rare.

42 Vue d'une Campagne à l'instant de la moisson; à gauche, deux moissonneurs : l'un assis, boit à même une cruche, l'autre debout tient sa faux; plus loin, deux de leurs camarades lient des gerbes; à droite, dans l'éloignement, deux cavaliers galopent vers un bois; du côté opposé, dans le fond, une rivière; ce Morceau, attribué à *Saft Leven*, est sans nom d'auteur; au bas, une marge blanche. Haut., compris 9 l. de marge, 8 p. 10 l. L. 10 p. 2 l.

SAFT-LEVEN, SACHTLEUEN, ZACHTLEVEN ou ZACHTLEEVEN, (CORNEILLE) *peintre, frère d'Herm. Saft-Leven ; né en Hollande, vers 1612. Corn. Saft-Leven a gravé à l'eau-forte.*

1 à 5.

715 1 à 5 Les cinq Sens représentés par des figures grotesques, savoir : 1 l'Ouïe (*t'Gehoor*), représenté par un homme à jambe de bois, tenant de ses deux mains une banderolle où est l'inscription: *DE VYF SINNEN wt gebeelt door Cor. Sachtleuen M. Pool ex.* — 2 La Vue (*t'Geficht*). — 3 Le Goût (*De Smaeck*). — 4 Le Toucher (*t'Gevoel*) — 5 L'Odorat (*De Reuck*). A chaque Morceau, sur le ciel, le nom du sens

Estampes encadrées ou en feuilles.

Suite des Morceaux de CORN. SAFT-LEVEN.

représenté; au bas, au coin, à droite, le n.º H. des Pl. 4 p. 2 à 4 l. L. 3 p. 1 à 3 l.

1 à 12.

6 à 17 Paysans et Paysannes dans différentes attitudes : le premier Morceau de la Suite offre un villageois assis; on lit à une grande banderolle qu'il tient de ses deux mains : *C. Sachtleeven Fecit* 1. *P. Beerendrecht. M. Pool exc*; à terre, à droite, des n.ºˢ de 1 à 12. H. 3 p. à 3 p. 7 l. L. 2 p. 1 à 5 l.

Epreuves avant HH. *ex* 1645, *ordinairement gravé au prem. Morceau, sur le devant de la terrasse.*

1 à 12.

18 à 29 Différens Animaux, Chiens, Chats, Poules, Chèvres et Canards; au premier Morceau, où est représenté un chien couché; à terre, à droite : *C SL* (les deux dernières lettres réunies); au-dessous : *C. Pickenhagen Excudit*; à gauche, ainsi qu'aux onze autres Morceaux, le n.º H. 2 p. 8 l. à 3 p. L. 3 p. à 3 p. 5 l.

30 Vue d'une Campagne; un berger y garde un belier, trois chèvres et un mouton; à la droite du devant, à un rocher, un arbuste dont une chèvre broute les branches; à terre, à gauche : *C. Saft Leuen.* H. 4 p. 8 l. L. 5 p. 11 l.

SAUERWEID, (ALEXANDRE) *dessinateur et graveur à l'eau-forte; né en Allemagne.*

716 *Kriegs-Scenen bei Dresden*, Scènes de guerre près de Dresde, dessinées d'après nature, et gravées par *Alex. Sauerweid*; deux Suites de 16 Morceaux, chacune des Suites publiée en 1809 et 1810; plus, Bachkir et Kosak du Wolga, Kalmuck et Kosak d'Ouralck, etc. : 36 petites Estampes en largeur.

SAVRY ou SAVERY, (S........) *dessinateur et graveur à l'eau-forte et au burin ; né en Hollande, dans le 17.ᵉ siècle.*

717 Sujets pour l'histoire de Marie de Médicis *. 1 La Reine entrant à Amsterdam, prête à passer sous un arc-de-triomphe, au haut duquel est représenté le mariage d'Henri IV et de la reine Marie. — 2 La Reine dans un carrosse à six chevaux : elle passe sur le pont Porcin, devant un arc-de-triomphe, où est représenté Louis-le-Juste dans un char attelé de lions. — 3 Fête sur l'Amstel, au côté méridional de l'écluse de Dam, nommé le Rockin ; à gauche, sur une île flottante, un arc-de-triomphe ; vers le même côté, sur l'eau : *S de Vlieger inventer. S. Savrij sculp.* — 4 Joute sur l'Amstel ; à gauche : sur l'eau : *S. Savrij sculp ;* à droite : *S. de Vlieger inventor.* — 5 La reine Marie de Médicis quittant la ville d'Amsterdam ; un corps de cavalerie précède sa voiture ; à terre, tout près du trait carré, vers la gauche : *S. Savrij fecit ;* au milieu : *I. Martfen de Ionge inventer.* H. 11 p. 5 à 10 l. L. 14 p. à 14 p. 5 l.

SCHENDEL ou SCHEYNDEL, (George V.) *dessinateur ; né en Hollande, au commencement du 17.ᵉ siècle. Schendel a gravé à l'eau-forte.*

718 L'Arracheur de dents ; à terre : *V. Scheijndel. f.* — Le Marchand d'almanachs ; au bas, dans un cartouche : *Jan Pietersen berendrecht excudit G. V. Scheijndel. in.* (Pièce en haut.) — Figures d'Européens, de Turcs et de Grecs : douze Pièces en haut., avec des n.ᵒˢ de 1 à 12 ; à la première : *G. V. Schendel f. Clement de Ionge excud.* — Dix Paysages de proportions différentes. En tout, 24 petites Estampes.

---

* Ces Estampes et dix autres précédemment décrites à l'art. de P. Nolpe, n.º 596, page 257 du présent Catalogue, ont été gravées pour l'ouvrage publié à Amsterdam, en 1638, sous le titre de *Medicea Hospes.*

SCHMIDT *de Berlin*, (George-Frédéric) *dessinateur et graveur à l'eau-forte et au burin; né à Berlin, en 1712; mort dans la même ville, en 1775; élève de* G.-P. Busch *et de* Nic. de Larmessin : *des travaux raisonnés, une coupe brillante et ferme, distinguent les Estampes gravées au burin par Schmidt; l'espèce de désordre que produit dans ses eaux-fortes, sa pointe légère et badine, y cache les difficultés de l'art; personne mieux que lui n'a su dans ce genre allier la souplesse de la pointe de Labelle à la grâce de celle de Benedette, et rendre avec autant de vérité les effets du clair-obscur.*

Morceaux gravés au burin.

Sujets.

719 La Présentation au Temple, d'après Testa : gravée à Berlin, en 1771; n.° 172*. — Le Petit Ramoneur, d'après Van Ducht; n.° 106. — La Belle Grecque, n.° 95. — Le Turc amoureux, n.° 96. — Le Théâtre italien, n.° 97 — Nicaise, n.° 99. — A Femme avare galant escroc, n.° 102. — Et le Faucon, n.° 103. Ces six derniers Sujets, d'après Lancret. — L'Adolescence, d'après Cochin fils; n.° 104. 9 Estampes.

Portraits.

720 Auguste III, roi de Pologne, électeur de Saxe, vu

---

* Ce n.° et ceux placés après chacun des Morceaux suivans de Schmidt, correspondent au Catalogue de l'Œuvre de ce Maître, par *** (Mich. Huber) Catalogue dédié à J.-Geor. Wille. *Londres*, 1789, in-8°. Des Morceaux décrits sous 186 n.os, par Huber, manquent à la collection de M. le comte Rigal, ceux portés sous les n.os 1 à 4, 6 à 8, 11, 14, 33 à 37, 41, 51, 54, 56, 62, 79, 80, 81, 85, 92, 94, 98, 100, 101, 105, 107, 108, 110, 130, 132, 154 à 156, 172, 174, 179, 182, 184 à 186 du Catalogue de cet auteur.

Suite des Morceaux de Geor.-Fred. Schmidt.

debout jusqu'aux genoux; d'après le Tabl. de L. de Silvestre, en 1743; n.º 71.

Epreuve avant les armes et avant toutes lettres.

721 Philippe V, roi d'Espagne, d'après Vanloo (la tête seulement par *Schmidt*, le surplus par *J.-G. Wille*); n.º 60 : prem. Epr. avant les ornemens ajoutés depuis autour de l'ovale.— Chr.-Aug., prince d'Anhalt Bernbourg, debout, en cuirasse, vu jusqu'aux genoux ; d'après le Tabl. de Pesne, en 1725 : gravé à Berlin, en 1750; n.º 66. — Fréd.-Henr.-Louis, prince de Prusse, frère du roi, assis, vu jusqu'à la moitié des jambes; d'après le Tabl. d'Am. Vanloo, en 1765: gravé en 1767; n.º 88. — Son Altesse Sérénissime Mgr le comte de La Marche, d'après De Lorme ; n.º 43. — Cyrille, comte de Rasumowsky, debout, vu jusqu'aux genoux ; il tient à la main le bâton de commandement; d'après le Tabl. de Tocqué, en 1750 : gravé à St.-Pétersbourg, en 1762 ; n.º 83. (*Portrait rare.*) — Louis de La Tour-d'Auvergne, comte d'Evreux, debout, en cuirasse, vu jusqu'aux genoux ; d'après Rigaud* : gravé à Paris, en 1739; n.º 42. 6 Est.

722 Charles de Saint-Albin, archevêque de Cambrai, assis, vu jusqu'aux genoux ; d'après le Tabl. de Rigaud, en 1724 : gravé à Paris, en 1741 ; n.º 47. — René-Franç. De Beauveau, archevêque de Narbonne ; d'après Rigaud : petit Portrait gravé en 1744, pour l'oraison funèbre de ce prélat; les ornemens qui entourent l'ovale ont été dessinés et gravés à l'eau-forte par *C.-N. Cochin*; n.º 38 : prem. Epr. avant la lettre.—Char.-Gab. de Tubières de Caylus, évêque d'Auxerre, assis, vu

---

* L'action militaire représentée à la droite de ce Portrait a été peinte par Jos. Parrocel.

Suite des Morceaux de Geor.-Fred. Schmidt.

jusqu'aux genoux : d'après Fontaine ; n.° 40. — Petr.-Fr. Guyot Desfontaines, en abbé, un papier à la main : d'après Tocqué; n.° 53. — J. Fred. Ostervald (pour Osterwald), pasteur de l'église de Neuchâtel; d'après J.-P. Henchoz : gravé à Paris, en 1744; n.° 57. — Fried. Muller, pasteur, en habit de prêtre luthérien, vu à mi-corps, dans un ovale : Portrait sans nom de peintre ni de graveur; n.° 5 (*Estampe très-rare*). 6 Estampes.

723 Nicolas Esterhasi, comte de l'Empire, vu à mi-corps et debout, une lettre à la main ; d'après le Tabl. de Tocqué, en 1758 : gravé à Saint-Pétersbourg, en 1759; n.° 78.

Portrait extrêmement rare.

724 Mich. de Woronzow, comte de l'Empire, vu à mi-corps, assis, une lettre à la main; d'après le Tabl. de Tocqué, en 1757 : gravé à Saint-Pétersbourg, en 1758; n.° 77. — Samuel Liber, baron de Cocceji, grand-chancelier du roi de Prusse; d'après Pesne : gravé à Berlin, en 1751; n.° 67. — Fried.-Wilh. Borck, debout, vu jusqu'à mi-jambes; d'après le Tabl. de Pesne, en 1732 : gravé à Berlin, en 1764; n.° 86. — Geor. Dietlof d'Arnim, debout, vu jusqu'aux genoux; d'après le Tabl. de Pesne, en 1742 : gravé à Berlin, en 1756; n.° 75. — J. baron Le Chambrier, d'après Lundberg : gravé à Paris, en 1744; n.° 58. Les trois derniers personnages, ministres du roi de Prusse. — François Le Chambrier, conseiller-d'état du roi de Prusse; d'après le Tabl. de Rigaud, en 1704 : gravé à Paris, en 1741; n.° 49. 6 Estampes.

725 Joh.-Theod. Eller, vu à mi-corps, assis près d'une table, sa main droite posée sur un livre, et montrant

Suite des Morceaux de GEOR.-FRED. SCHMIDT.

du doigt des caractères chimiques; d'après le Tableau de Pesne, en 1740 : gravé à Berlin, en 1754; n.° 73 (*prem. Epr. avant l'année de la naissance et l'année de la mort de ce savant*). — J.-Bapt. Silva, médecin, d'après Rigaud : gravé à Paris, en 1742; n.° 52. — J.-Henr. Bvrckhard, médecin : petit Portrait d'après Muller; n.° 63. — Ant.-Fried. Bvsching, géographe : petit Portrait d'après le Tabl. d'Eriksen, en 1765; n.° 90. — J.-Bapt. Rousseau, poète, assis, vu jusqu'à la moitié des jambes : d'après Aved ; n.° 44. 5 Est.

726 Ant. Pesne, peintre, vu à mi-corps, debout, montrant son chevalet : gravé en 1752, d'après le Tabl. peint par ce Maître; n.° 69. — P. Mignard, peintre, vu jusqu'à mi-jambe, assis dans un fauteuil, la main droite sur un porte-feuille : gravé par Schmidt, pour sa réception à l'Académie royale de Paris, en 1744, d'après le Tabl. de Rigaud, peint en 1691 ; n.° 59. — De La Tour, peintre, vu à une croisée : gravé en 1742, d'après le Tabl. peint par ce Maître ; n.° 50. — Maur. Quen. de La Tour, représenté à mi-corps, un chapeau sur la tête; le Tabl. où il est représenté est sur un chevalet, près d'une table où sont des livres : gravé en 1772, d'après le Tabl. de ce Maître; n.° 89. — Henr. Voguell, négociant à Londres, vu debout, jusqu'aux genoux; au fond, à droite, des vaisseaux dans un port ; d'après Pesne : gravé à Berlin, en 1746; n. 64. — Dav. Splitgerber, banquier, vu jusqu'à la moitié des jambes, assis près de son bureau; d'après le Tabl. de Falbe, en 1758 : gravé à Berlin, en 1766; n.° 87. — Chr.-Fried. Blume, d'après Falbe : gravé à Berlin, en 1748; n.° 65. 7 Estampes.

727 Elisabeth, impératrice de Russie, représentée en

Suite des Morceaux de GEOR.-FRED. SCHMIDT.

pied et debout, en manteau impérial, décorée de l'ordre de Saint-André, le sceptre à la main : grande Estampe gravée par *Schmidt*, à Saint-Pétersbourg, en 1761, d'après le Tabl. peint par Tocqué, en 1758 ; n.º 82.

728 Marie-Josephe, reine de Pologne, archiduchesse d'Autriche, debout, vue jusqu'à la moitié des jambes : d'après le Tabl. de L. de Silvestre, en 1743 ; n.º 72. — L. Alber. de Brandt, baronne de Grapendorf, représentée dans un médaillon porté au ciel par une jeune fille ailée, qu'accompagnent deux génies : le Portrait d'après Pesne, les accessoires d'après Le Sueur ; dans la marge, six vers : *Reçois, Ombre cherie....* gr. Est. en haut. ; n.º 74. (*Epr. avant les noms d'auteurs : Pièce rare.*) — Magd.-Soph. de Wieger, d'après Fiedler ; au bas, quatre vers : *Difs ware die Geftalt der holden.....* n.º 45. 3 Estampes.

729 Charles XII, roi de Suède [*]. — Le roi de Prusse, Frédéric-Guillaume ; n.º 16. — L'amiral Coligni, n.º 17. — Le maréchal de Villars, n.º 18. — Law, n.º 21. — Perichon, n.º 19. — Sanadon, de la compagnie de Jésus ; n.º 32. — Bignon, abbé de St.-Quentin ; n.º 20. — Du Bosc, ministre protestant ; n.º 25. — Milton, poète, n.º 23. — Scarron, poète, n.º 9 ; et J.-B. Rousseau, poète, n.º 22. — Parrocel, peintre ; n.º 15. — Thévenard, musicien ; n.º 24. — Thiboust, imprimeur ; n.º 36. — Anne d'Autriche, reine de France ; n.º 26. — Anne de La Vigne, n.º 31. — M.me Deshoulières, n.º 29. — M.me de Sévigné, n.º 28. — Ni-

───────────

[*] A ce Portrait non décrit au Catalogue de *** (Mich. Huber): *Boizot del G. F. S*** Sculp.*

Estampes encadrées ou en feuilles. 333
Suite des Morceaux de GEOR.-FRED. SCHMIDT.

non de Lenclos, n.° 3o. — Adrienne Le Couvreur, n.° 27. Tous ces portraits format in-12, gravés pour la Suite publiée à Paris, par Odieuvre : 21 Estampes.

Morceaux gravés à l'eau-forte.

S U J E T S.
Ecole d'Italie.

730 Le Satyre et la Chèvre, d'après un groupe antique tiré des ruines d'Herculanum : Sujet dans une bordure ronde, ornée de pampres ; dans la marge : *Il Famoso Satyro...* n.° *162*.

Pièce rare.

731 La Sainte-Vierge les mains jointes, d'après Sasso Ferrato, 1763, n.° *163*. — Timoclée justifiée par Alexandre; Grandeur d'âme d'Alexandre envers son médecin Philippe, d'après Ann. Carracci, 1769, n.° *169*, *168*(*Epr. avant toutes lettres*). — Deux Scènes de Polichinelles, d'après Tiepolo, 1751, n.° *158*.

Ecole de Flandre.

La Sainte-Vierge, l'Enfant-Jésus et saint Jean : Sujet de demi-figures, d'après *Van Dyk*, 1773, n.° *176*. — Trois Enfans mangeant des raisins : Sujet en bas-relief, dans un ovale, d'après F. Flamand, 1770, n.° *171*. — Etudes de bustes d'enfans dans différentes attitudes, deux paraissent endormis; d'après F. Flamand, 1767, n.° *164*.

8 *Estampes.*

Ecole hollandaise.

732 Tobie raillé par sa femme, 1773, n.° *177*. — Lot et ses filles : Sujet de demi-figures, 1771, n.° *173* (*très-rare Epr. avant la lettre*). — Jésus-Christ guérissant la fille de Jaïre, 1767, n.° *165*. — Le Couronnement d'épines, ou Jésus présenté au peuple, 1756, n.° *159*. — Philosophe dans une grotte, ou le vieil Anchise, 1763, n.° *166*. — Le Prince de Gueldre menaçant son père emprisonné : Sujet de demi-figures, 1756, n.° *137*. Tous ces Morceaux d'après Rembrandt. 6 Estampes.

Suite des Morceaux de GEOR.-FRED. SCHMIDT.

733 La Juive fiancée, vue debout, à mi-corps, 1769, n.° *128* (*rare Epr. avant la lettre*). — Le Père de la Juive fiancée, vu à mi-corps, près d'un bureau : il paraît régler la dot de sa fille, 1770, n.° *129* (*rare Epr. avant la lettre*). — Vieille vue à mi-corps, assise, des lunettes à la main : Pièce dite *la Mère de Rembrandt*, 1774, n.° *153*. — Dame, dite *la princesse d'Orange* : elle est vue à mi-corps, 1767, n.° *147*. — Jeune Femme vue à mi-corps : elle tient un éventail de plumes; ses cheveux sont ornés de perles, 1763, n.° *123*. Tous ces Morceaux d'après Rembrandt. 5 Estampes.

734 Rembrandt vu à mi-corps, sur sa poitrine une médaille, 1771, n.° *151* (*Pièce dédiée à B.-N. Le Sueur*). — Jeune Homme vu à mi-corps : il porte un hausse-col, 1771 (*le Tab. peint en 1634*), n.° *150*. — Vieille décrépite, vue à mi-corps, les mains jointes : (Pièce dite *la Mère de Rembrandt*), 1762, n.° *145*. — Buste d'un Homme tête nue : une chaîne avec médaille descend sur sa poitrine, 1768, n.° *127*. — Jeune Homme vu à mi-corps, et richement vêtu, le coude gauche posé sur un appui : Pièce dite *le jeune Seigneur*, 1763, n.° *124* (*rare Epr. avant les mots : du Cabinet de monsieur le comte de Kamke*). — Vieillard à barbe, dit *le Patriarche Jacob*, vu à mi-corps, tourné à droite, 1757, n.° *139*. La Copie de ce Morceau gravée de sens opposé, par *Griessmann*. — Jeune Homme vu en buste, 1753, n.° *117* *. — Buste d'un homme de moyen âge, tête nue, vu de face, 1754, n.° *118*. — Vieille qui demande l'aumône : Pièce dite *la Pouilleuse*, 1755, n.° *119*.**. — Vieillard debout, vu à mi-corps, en habit de Persan : sa main droite sur une canne, 1756, n.° *120*. — Buste d'un Vieillard à moustaches, vu de profil, tourné à droite, 1758, n.° *121*. — Bustes de Vieux et de Vieilles vus de trois quarts forcés, tournés à droite : Etudes sur fonds blancs

---

* On a de ce Morceau quatre Copies; elles sont gravées par *Thaenert, Nathe, Falbe et Geyser*.

** On a de ce Morceau une Copie gravée par *Thaenert de Leipzig*, Copie un peu plus grande que l'Original.

Estampes encadrées ou en feuilles.

Suite des Morceaux de GEOR.-FRED. SCHMIDT.

et sans année, n.° 112 et 113 *. Tous ces Morceaux d'après Rembrandt. 14 Estampes.

735 Saint-Pierre priant après avoir renié son maître, d'après F. Bol., 1770, n.° 170. — Cats expliquant à Guillaume II, prince d'Orange, un trait de l'histoire de ses ancêtres : Sujet de demi-figures, 1772, n.° 152. — Vieillard à barbe, coiffé d'un bonnet en forme de toque : vu à mi-corps, enveloppé d'un large manteau avec broderie, 1772, n.° 131. — Jeune Homme en manteau, sa toque ornée d'une plume : vu à mi-corps dans un ovale, 1765 (le Tableau peint en 1637), n.° 125. — Jeune Fille debout, vue presque jusqu'aux genoux, un chien dans ses bras : Sujet aussi dans un ovale, 1766, n.° 126. Les quatre dernières Pièces d'après Flinck. 5 Estampes.

Ecole allemande.

736 Fumeur et Buveur à table dans une chambre de Paysan : Sujet de demi-figures, la marge du bas sans titre; d'après Adr. Van Ostade, 1757, n.° 160. — Agar présentée à Abraham par Sara, 1773, n.° 175. — Jésus enfant présenté au temple, d'après Dietricy, 1769, n.° 167.

PORTRAITS.

P. Comte de Schouwalow, d'après Lagrenée : portrait dans un ovale, 1762, n.° 143. — Dinglinger, joaillier à Dresde, d'après Pesne, 1769, n.° 148. — Mademoiselle Clairon, d'après Cochin fils, 1757 ou 58, n.° 140.** — Etude d'une tête d'enfant, d'après Boucher, 1759, n.° 122. Ce dernier Morceau gravé en manière de crayon.

7 *Estampes.*

---

* La tête de vieille a été copiée par *Schmidt* le fils.

** *D. Berger* a copié ce Portrait.

Estampes encadrées ou en feuilles.

Suite des Morceaux de GEOR.-FRED. SCHMIDT.

Morceaux gravés par SCHMIDT, *sur ses propres Dessins, ou d'après des Maîtres qui n'ont pas été nommés.*

Pièces au burin.

PORTRAITS.

737 Frédéric II, roi de Prusse; n.° 55. — Constantin Scarlati, prince de Moldavie; n.° 39. — Le prince Eugène de Savoie; n.° 48. — Le général de Katt, vu jusqu'aux genoux, en cuirasse recouverte d'un manteau; à cette Estampe, la tête et les mains du personnage par *Schmidt*, le surplus par *Fred.-Gott. Berger* le père; au bas, une grande marge blanche sans inscription; n.° 91. — Fir. L. Tournus et Fr. de Paris, le Pélerinage de piété : figures en pied; n.° 13. — Fir. L. Tournus, vu à mi-corps, un crucifix à la main; n.° 12. — B.-H.-Franç. de Paris : Portrait dans un ovale; n.° 10. — Fred. de Görne, ministre du roi de Prusse; n.° 70. — Le comte de Brühl, buste sur un piédestal; n.° 84. — Fred.-Ben. Oertel, 1752; n.° 68. — Ant.-Fr. Prevost : Portrait dans un ovale, 1745; n.° 61. — De La Metterie : Portrait dans un ovale; n.° 76 *. — Geor.-Fred. Handel, musicien; n.° 46. 13 Estampes.

Pièces à l'eau-forte.

Portraits, Etudes de Têtes, etc.

738 Le comte Algarotti, buste dans un ovale; sur le fond, derrière la tête, en caractères lapidaires : ΑΛΓΑΡΟΤΤΟΣ, 1752, n.° *133* (prem. Epr. avant les tailles sur le nom ΑΛΓΑΡΟΤ-ΤΟΣ, et avec les mots : *G. F. Schmidt ad vivum del: et sculp: Berolini, 1752*, dans la marge). — Le Juif Hirsch. Michel,

---

* On a de ce Portrait une Copie de plus petit format, par *J.-C. Fritzsch.*

Suite des Morceaux de GEOR.-FRED. SCHMIDT.

debout, vu presque jusqu'aux genoux, 1762; n.° *144*. — D.-J.-N. Lieberkuhn, médecin : buste dans un médaillon soutenu par une jeune femme (les accessoires qui ornent ce Portrait, d'après le Dessin de Le Sueur); dans la marge : *Belohnung der Tugend* (récompense de la vertu), 1757; n.° *138*. — J.-C.-V. Moehsen, médecin et amateur des arts; Portrait dans un rond : gravé par *F. Rode* et *J.-C. Kruger*, d'après Schmidt, et terminé par ce dernier, en 1771; n.° *149*. — Schmidt, vu à mi-corps, le porte-crayon à la main, 1752; n.° *134*. — Schmidt, vu à mi-corps, le porte-crayon à la main; à la croisée une araignée, 1758; n.° *141*. — Dor. L. Viedebandt, femme de Schmidt, vue à mi-corps; elle lit les Œuvres du philosophe de Sans-Souci, 1761 ; n.° *142*. — Mme Schmidt en couseuse, 1753; n.° *135*. — Mme Schmidt, vue en buste, 1753; n.° *136*. — An.-L. Dürbach (femme Karsch), 1763; n.° *146*. 10 Estampes.

739 Vieux Guerrier en cuirasse, vu en buste; n.° *116*. — Vieillard à barbe, vu en buste, son bonnet fourré orné de plumes; n.° *111* *. — Vieillard à barbe, dont le bonnet est orné d'un croissant, buste dit *l'Oriental*, 1750; n.° *114*. — Vieillard vu de profil et en buste, une calotte sur la tête ; 1750; n.° *115*. — Vue de l'entrée du village de Panko près de Berlin, 1773; n.° *178*. — Vase dans le goût de Polidore, 1774; n.° *180*. 6 Estampes.

Vignettes à l'eau-forte et au burin.

740 Figures pour la Description des Chrétiens grecs en Turquie, par Jacob Elsner, savoir : le Portrait d'Atanasius, un frontispice représentant le patriarche grec assis, le patriarche à cheval, vue de l'église patriarcale, et six figures représentant des ministres du culte grec; aux trois premiers Morceaux le nom de *Schmidt*. 10 Pièces ; n.° *93*.

Frontispice, Vignettes et Culs-de-Lampes, Suite de 33 Pièces,

---

* Ce buste a été copié par *Thaenert*.

Suite des Morceaux de Geor.-Fred. Schmidt.

pour les Mémoires de Brandebourg; n.º 109. Ouvrage publié à Berlin, par C.-F. Voſs, en 1767, 3 vol. in-4.º

Nota. Nous n'avons ici de ces 33 Morceaux que 31; manque le cul-de-lampe de la page XV du Discours préliminaire, et celui de la page 10 de l'ouvrage. Ce dernier Morceau se trouve ci-après le 16.º des figures pour les Poésies diverses, la même planche ayant servie pour les deux ouvrages.

Vignettes et Culs-de-Lampe pour les Poésies diverses; n.º 161 : 33 Pièces en 31 Morceaux, les 13.ᵉ et 15.ᵉ culs-de-lampe s'imprimant chacun deux fois, l'un aux pages 23 et 78; l'autre aux pages 31 et 91; le Frontispice et la Vignette du titre, Dessinés et gravés par *J.-W. Meil*; en tout 33 Est. pour 35; n.º 161. Ces Morceaux gravés pour l'édit. in-4.º publiée par C.-F. Voſs, à Berlin, en 1760.

Deux Vignettes pour une Dissertation sur le jeu de la flûte, par Joh.-Joach. Quantz; dans l'une, un philosophe et une forge; dans la seconde, un concert; n.º 258.

Cartouche armorié aux armes du baron de Kottwitz de Boysdel (d'après le Dessin de Le Sueur); n.º 181. *Pièce très-rare.*

Vignette, où trois génies sur des nues portent une lyre et un compas; n.º 183.

SCHMIDT, (Mathias) *peintre; né à Augsbourg; a gravé à l'eau-forte et à l'aquatinta.*

741 *Suite d'Estampes d'après des dessins originaux à la plume, de Ferd. Kobell, Rembrandt et d'autres, tirées de la Collection de S. M: le Roy des Bavières. Par* Mathias Schmidt, *à Munic, 1806.* 28 Estampes, non compris le titre.

SCHOEDLBERGER, (Jean-Népomucène) *peintre et graveur allemand.*

742 Paysages; à plusieurs des chûtes d'eau, des ruines, des monumens, des figures et des animaux : moyennes, petites et très-petites Pièces de proportions différentes; à la plupart des dates de 1810 à 1813, et le nom de *Schoedlberger.* 18 Estampes.

Estampes encadrées ou en feuilles.

SCHOENBERGER, (L   ) *dessinateur et graveur à l'eau-forte; né en Allemagne.*

743 Vues de Village, de Prairie et de Bois, Paysages avec cascades, etc.; à la plupart de ces Morceaux, des figures et des animaux: moyennes, petites et très-petites Pièces de proportions différentes; plusieurs avec le nom du Maître et des dates de 1808 et 1809. 20 Estampes.

SCHULTZE, (Chrétien Gottfried) *graveur à l'eau-forte et au burin; né à Dresde, en* 1749; *élève d'*Hutin *et de* Camerata.

744 Le Pape Sixte cinq, sur les nues, à genoux aux pieds de la Sainte-Vierge, l'Enfant-Jésus dans ses bras; d'après le Tabl. de Raffaello Sanzio, à la galerie royale de Dresde: gr. Est. en haut.

SCHUT, (Corneille) *peintre; né à Anvers, vers* 1590; *élève de* P.-P. Rubens. *Schut a gravé à l'eau-forte.*

745 La Peinture ayant pour objet la Nature en peignant la Vérité, frontispice avec huit lignes d'inscription: CORNELII SCHVT ANTVERPIENSIS.......... AESTIMANT, gravé à une draperie que tiennent deux génies ailés; au-dessus, dans les airs, Zéphire, des fleurs et des fruits à la main; différens sujets de l'Ancien et du Nouveau Testament: dans ce nombre, David coupant la tête à Goliath; Judith prête à couper la tête à Holopherne, Suzanne au bain, l'Annonciation, la Visitation, la Nativité; des Sujets de la Vie et de la Passion de Notre-Seigneur, autres de Saintes-Familles et de Vierges; La Conversion de saint Paul; saint Laurent et saint George martyrisés; saint Ignace changeant de vêtement avec un pauvre; Vénus, Bacchus et Cérès; l'Enlèvement d'Europe, Borée enlevant Orithye, Pirame et Thisbé; le Triomphe de la Paix; les Arts libéraux; Suite d'Enfans, autres de divers Caprices, etc. 171 Estampes, la plupart très-petites.

SCHWEGMAN, (H....) *peintre hollandais ; a gravé à l'eau-forte.*

746 IX GEZICHTEN, *in, en bij het* LANDSCHAP DRENTHE;... ou neuf Vues du pays de Drenthe et de ses environs, d'après Drielst, par *Schwegman*; Morceaux de 9 p. 10 l. à 10 p., sur 13 p. à 13 p. 4 l.; quatre sont en haut. — Vue de canaux bordés de villages hollandais et d'habitations champêtres ; douze petites Pièces en largeur, de grandeur différente ; à cette dernière Suite, à gauche, sur les ciels, des n.os de 1 à 12, et au premier Morceau, dans la marge : *H. Schwegman fecit.* 21 Estampes.

SCHWEICKHARDT, (H. W.) *dessinateur allemand ; a gravé à l'eau-forte.*

747 Huit Gravures d'Animaux à l'eau-forte (*Eight Etchings of Animals*); Chevaux, Bœuf, Vache, Veau, Chèvre ; Têtes de Bœuf et de Vache ; Suite d'Etudes, dessinées et gravées à l'eau-forte, par *H.-W. Schweickhardt*, publiée en 1788, H. 5 p. 3 à 4 l. L. 8 p. à 8 p. 1 l. Plus, deux autres Etudes, Têtes de Belier et de Mouton ; Pièces de même proportion, mais sans le nom du Maître. En tout 10 Estampes.

SEGERS ou **SEGHERS**, (GUERARD) *peintre ; né à Anvers, vers* 1589; *mort dans la même ville, en* 1651; *élève d'*HENR. VAN BALEN. *Segers a gravé à l'eau-forte.*

748 Diogène vu à mi-corps, une lanterne à la main gauche; dans la marge : DIOSENES. *Qui cherche dees gens au Clere iour auec lumiere ;* à gauche : *G. Segers fecit ;* à droite : *Ioann. Meyssens excudit.* H. 8 p. 4 l. L. 6 p. 2 l. — Godefroy Chodkiewicz, duc de Moscovie, vu en buste et de face, sa toque est ornée de deux plumes ; dans la marge : GODEFRIDVS CHODKIEWICZ DVX IN MOSCOVIÆ; au-dessous, à gauche : *G. Segers fecit*, 9,; à droite : *Ioann. Meijssens excudit.* H. 7 p. L. 5 p. 7 l.

Pièces rares.

Estampes encadrées ou en feuilles. 3{1

SHARP, (WILLIAM) *graveur à l'eau-forte et au burin; né à Londres, dans le siècle dernier; élève de* BEN. WEST *et de* FRANÇ. BARTOLOZZI.

749 Lucrèce prête à se percer avec un poignard, d'après Domenichino; Sujet de demi-figure dans un ovale, 1784. — Diogène, une lanterne à la main, d'après Sal. Rosa: Sujet de demi-figures. — La Sainte-Famille, d'après Reynolds, 1792 : 3 Estampes, 1 en larg., 2 en haut.

Les Epreuves de la première et de la troisième de ces Estampes sont avant la lettre.

SILVESTRE, (ISRAEL) *dessinateur et graveur à l'eau-forte; né à Nancy, en* 1621; *mort à Paris, en* 1691; *élève de son père* GILLES SILVESTRE *et d'*ISR. HENRIET, *son oncle maternel.*

750 Vues d'Italie, de France et autres, tels que Villes, Bourgs, Villages, Antiquités, Eglises, Monastères, Palais, Châteaux, Sépulcres, Arcs-de-Triomphe, Colonnes, Places publiques, Maisons, Parcs, Jardins, Fontaines; Suites de Paysages et de Vues maritimes; les Plaisirs de l'Isle enchantée; Fêtes données à Versailles, en 1664, etc., etc. Morceaux dessinés et très-spirituellement gravés à l'eau-forte par *Isr. Silvestre.* 395 *Estampes.*

SMEES, (J   ) *dessinateur et graveur à l'eau-forte.*

751 1 à 5 Différens Paysages avec ruines et fabriques; à ces Morceaux, des figures et des animaux, savoir: 1 Vestiges antiques, en avant desquels un villageois passe un gué avec des animaux. — 2 Villageoise près d'un Paysan assis, sur le devant d'une campagne traversée par une rivière où est un pont en pierre, en avant d'un ancien château et de quelques maisons. — 3 Bucheron debout près d'un Ermite assis, dans un pays couvert de rochers; à droite, un canal. — 4 Berger

Suite des Morceaux de SMEES.

endormi; près de lui quatre moutons; à gauche, une rivière forme une large cascade; des ruines occupent le milieu et la droite du fond. — 5 Bouvier précédé d'un Bœuf; ils passent à gué une rivière; à la gauche de cette Composition, des ruines; du côté opposé, un bouquet d'arbres; dans les marges, à droite: *J. Smees in et fecit.* H. 5 p. L. 7 p. 8 à 9 l.

SMITH, (SAMUEL) *graveur à l'eau-forte et au burin; né en Angleterre, dans le siècle dernier.*

752 Moïse trouvé (*The Finding of Moses*), d'après le Tabl. de Zuccarelli, de la collection du roi d'Angleterre, à Hamptoncourt, 1788 : très-gr. Est. en larg.

Epreuve avant la lettre.

STELLA, (CLAUDINE BOUZONNET) *a gravé à l'eau-forte et au burin; née à Lyon, en 1636; morte à Paris, en 1697; élève de* JAC. STELLA, *son oncle.*

753 Le Frappement du Rocher, gravé en 1687, d'après Le Poussin : gr. Est. en larg.

Ancienne Epreuve.

STOCK, (IGNACE VANDEN) *peintre des Pays-Bas; florissait dans le 17.e siècle. Stock a gravé à l'eau-forte.*

754 Vue d'un pays en partie couvert de bois, entre lesquels coule une large rivière; à droite, dans un chemin, sous de grands arbres, une villageoise, deux enfans, et un pauvre qui demande l'aumône à un cavalier; au bas du chemin, un arbre mort, couché le long des eaux qui occupent le milieu et la gauche du devant; — Pays en partie couvert d'eau; à la droite, dans un sentier, une villageoise : elle porte un panier et fait avancer un âne chargé de légumes, un chien la précède; au haut du sentier, sous des arbres, un homme, un long bâton sur l'épaule; à gauche, sur des eaux où sont de

Estampes encadrées ou en feuilles.

Suite des Morceaux de STOCK.

grands joncs, des canards; à ces Morceaux, vers le milieu de la marge : *Ignatius. Vanden. Stock. pinxit. et fecit aqua forti.* H. 8 p. 5 l. L. 12 p. 2 à 3 l. — Villageois et Villageoise dans un chemin, entre des terrains élevés, couverts d'arbres, près desquels, à gauche, sont deux habitations champêtres; en avant, du même côté, un homme assis sur l'herbe, un papier à la main; au-delà du chemin, des champs et un bois; au fond, des montagnes; dans la marge : *Ignatius Vanden Stock pinxit et Sculpsit LINKEN Beek Ad. Vitam.* H. 6 p. 3 l. L. 8 p. 11 l. 3 Estampes.

Pièces rares.

STOOP, (RODERIGUES, DIRIK ou THÉODORIC) *peintre; florissait dans le 17.ᵉ siècle*. Stoop a gravé à l'eau-forte.*

1 à 12.

755 1 à 12 Différens Sujets de Figures et de Chevaux, savoir : 1 Cavalier au galop; à droite, une écurie; du même côté, à terre : *D. Stoop. f 1652;* vers le milieu : *Clement de Iongh exoudit.* — 2 Jeune Garçon tirant un cheval par sa longe, pour le faire boire à une mare; à terre, à droite : *D. Stoop.* — 3 Deux Chevaux au pâturage; à droite, à terre, derrière celui qui mange l'herbe : *D. Stoop f.* — 4 Cheval au piquet, tourné à gauche, où un paysan est assis sur une pierre; près de là, deux chiens, et plus loin, un cavalier et son cheval; à terre, vers la gauche : *D. S.* — 5 Cheval qui pisse, attaché à un tronc d'arbre; à droite, au-delà du tronc d'arbre, un paysan assis, et sur le devant, à une pierre : *D. ſtoop f.* — 6 Villageois debout; il tient un cheval par la bride; près de lui, deux chiens; à droite, dans l'éloignement, deux hommes, l'un à cheval, l'autre à pied; à terre, sur le devant : *D. Stoop.* répété deux fois. — 7 Deux Chevaux de charrue dans un champ; à gauche, à terre : *D. Stoop f.* -8 Paysan faisant boire

---

* *Basan* le dit né à Lisbonne; *Bartsch* le croit originaire des Pays-Bas.

Estampes encadrées ou en feuilles.

Suite des Morceaux de STOOP.

deux chevaux à une auge en pierre; dans l'éloignement, à gauche, un cavalier; sur le devant de l'auge : *D. Stoop f.* — 9 Cheval attaché à un palis; un chien est couché près de là; à droite, un paysan suit des bœufs; sur le devant : *D. Stoop f.* — 10 Cavalier debout, tenant par la bride un cheval qui pisse; à gauche, où est un cabaret de village, un autre cavalier; à terre, à droite: *D. Stoop f.* — 11 Cheval attaché à une mangeoire en avant d'une maison qui est à la gauche; à terre, sur le devant : *D. Stoop f.* — 12 Villageois assis; il garde une meute de chiens, au nombre desquels est un grand levrier debout; à gauche, dans l'éloignement, un cavalier et un chasseur à pied, suivi de deux chiens; à terre, vers la droite : *D Stoop f.* Dans les marges à droite, des n.ºˢ de 1 à 12. H. 5 p. 4 à 5 l. L. 7 p.

Premières Epreuves avant les n.ºˢ et avec les mots Clément de Iongh excudit *.

756 *Voyage de Catherine, infante de Portugal, pour son mariage avec Charles II, roi de la Grande-Bretagne.*

1.

Vue de Lisbonne sur le Tage; en avant de cette ville, une flotte nombreuse; dans les airs, à un grand cartouche, surmonté des armes de Portugal et entouré d'armes et de drapeaux, la dédicace suivante :

A Jllust.ᵐᵃ L.ᵗᵃ D. Catharina Rajnha da gran Bretanha D. V. C.; et au-dessous, en petits caractères tracés à la pointe : *R. Stoop 1662 Lix.ᵃ* H. 6 p. 11 l. L. 10 p. 4 l.

NOTA. *Cette Estampe, qui sert de titre à la Suite, n'a pas été décrite par Bartsch.*

2.

13 Entrée du lord Mountague dans Lisbonne, le 28 mars 1662; au ciel, deux lignes d'inscription : *O Magnifique Entrada do....*; dans la marge, une dédicace au comte de Sandwich, par *Theodorus Stoop*, peintre de la reine d'Angleterre.

---

* Aux secondes Epreuves, les n.ºˢ, et le nom de *F. de Wit*, substitué à celui de *Clement de Iongh*.

Estampes encadrées ou en feuilles.

Suite des Morceaux de STOOP.

3.

14 Marche solennelle de la Reine, dans la ville de Lisbonne, lors de son départ, le 20 avril 1662; au ciel, deux lignes d'inscription : *The publique proceeding*........; dans la marge une dédicace à Charles II, roi de la Grande-Bretagne : *Teod.º Stoop 1662*.

4.

15 Départ de la Reine, manque *.

5.

16 Jacques, duc d'Yorck, amiral d'Angleterre, joignant avec sa flotte celle qui conduit la nouvelle reine; au ciel, deux lignes d'inscription : *The Duke of York's*.........; dans la marge, la dédicace à Iames duc d'York, par *R° Stoop*.

6.

17 Débarquement de la Reine à Portsmouth; au ciel, une ligne d'inscription : *THE MANER OF THE QUEENES MA.ties*.........; dans la marge, une dédicace au duc d'Ormond, par *Roderigo Stoop*.

7.

18 Réception faite à la Reine, sur la Tamise, par le lord-maire, l'alderman et les shérifs, pour l'entrée de cette princesse à Londres, le 23 août 1662; à la gauche, sur le ciel, quatre lignes d'inscription : *The Triumphall Entertainment;* ... dans la marge, une dédicace à Iohn Friderick Kt Lord-Mayor, par *Rod. Stoop*.

8.

19 Arrivée du Roi Charles II et de la Reine à Hamptoncourt; au ciel, deux lignes d'inscription : *The Comming of yᵉ King's*......; la marge est blanche.

Cette Suite ne porte pas de nᵒˢ. Haut. des huit derniers Morceaux, 6 p. 3 à 4 l. L. 20 à 21 p.

---

* 15 La Reine s'embarquant à Lisbonne, pour passer en Angleterre; au haut de l'Estampe, l'inscription : *The manner how her Matie Dona Catherina jmbarketh from Lisbon for England;* dans la marge, une dédicace à François de Mello, comte de Ponte.

Suite des Morceaux de STOOP.

757 20 à 42 Figures pour les Fables d'Esope *, Pièces numérotées, savoir : 3 le Lion et les autres Animaux ; — 6 Combat des Grenouilles et des Souris ; — 20 les Faucons et les Pigeons ; — 23 le Lion devenu vieux ; — 26 le Renard et la Cigogne : sur l'épaisseur de la table de pierre, où le plat est posé : *R° Stoop f.;* — 29 les Quadrupèdes et les Oiseaux ; à terre, à droite, *R° Stoop f.;* — 30 le Geai et les Paons ; — 35 l'Ane et le Cheval ; — 39 l'Amour et la Mort ; — 40 le Parlement des Oiseaux ; — 41 le Charretier et Hercule ; — 43 le Faucon et le Coucou ; — 48 le Cheval et l'Ane chargé ; — 51 le Lion, le Chasseur et sa Fille ; — 55 le Roi d'Egypte et ses Singes ; au bas de la Composition, à droite, dans l'ombre : *R.° Stoop f.;* — 60 l'Hirondelle et l'Araignée ; — 61 l'Amour, la Mort et la Réputation ; — 63 le Diable et le Malfaiteur ; — 68 Jupiter et l'Ane ; à terre, à droite : *R° Stoop f.* — 69 Suite de la fable de Jupiter et l'Ane ; — 70 l'Ane couvert de la peau du Lion ; à terre, à gauche : *R° Stoop f.;* — 72 le Loup et le Chevreau ; — 77 l'Alouette et ses petits ; — 79 le Paysan et la Cigogne ; à terre, à droite, dans l'ombre : *R° Stoop f.;* — les n.os, à ces vingt-quatre Morceaux, se trouvent à droite sur les terrasses, ou dans les marges ; à six de ces Estampes seulement (celles numérotées 26, 29, 55, 68, 70 et 79), le nom de Stoop ; des curieux ayant trouvé, dans l'exécution des dix-huit autres, beaucoup de rapport, pour la manière de graver, à celle de Stoop, ont cru devoir les lui attribuer.

STRANGE, (ROBERT) *peintre en miniature et graveur à l'eau-forte et au burin ; né à Pomona, l'une des îles Orcades, en 1723 ; mort à Londres, en 17..; élève de* JAC.-PH. LE BAS, *graveur français.*

758 Raphaël, d'après le Tabl. peint par ce Maître ; Sapho, d'après Dolci : Portraits gravés en 1787 ; Est. en haut.

---

* Edition in-fol., publiée à Londres, par Ogilby, en 1678.

Estampes encadrées ou en feuilles. 347

SUANEUELT, SUANEVELT ou SWANEVELT, *surnommé* HERMAN D'ITALIE, (HERMAN VAN) *peintre hollandais; né en* 1620; *a, dit-on, eu* GER. DOUW *pour premier Maître. Passé très-jeune en Italie, Suaneuelt s'y forma sous* CLAUDE LE LORRAIN. *Ce Maître a gravé à l'eau-forte des vues et des paysages, ornés la plupart de figures touchées avec sentiment: Morceaux harmonieux de ton, piquans d'effet, et exécutés avec beaucoup de légèreté.*

1 à 24.

759 1 à 24 Vues, prises la plupart dans les campagnes de Rome; au premier Morceau de la Suite, deux hommes debout, devant une grande pierre carrée, où est le titre : *VARIÆ CAMPES-TRU. FANTASIÆ A HERMANO VAN SUANEVELT INVENT. ET IN LUCEM EDITÆ cum privileg. Regis.* Sujets dans des ovales en largeur. Vingt-quatre Pièces : cette Suite ne porte pas de n°'. H. 1 p. 9 l. L. 2 p. 8 à 9 l.

Epreuves brillantes de ton et parfaites de conservation.
24 *Estampes.*

25 Satyre jouant de la flûte à plusieurs tuyaux, manque *.

1 à 7.

760 26 à 32 Paysages avec animaux, savoir : 1 les Chameaux ; — 2 les Bœufs ; — 3 les Anes ; — 4 les Beliers ; — 5 les Chèvres ; — 6 les Chèvres d'Angora ; — 7 les Cochons ; dans les marges, à gauche : *Herman Swaneuelt fecit;* à droite : *à Paris, chez Audran.* Cette Suite ne porte pas de n°'. H. 2 p. 10 l. L. 4 p.

*Premières Epreuves avant toutes lettres : Epr. dont Bartsch ne parle pas **.*

---

* Satyre jouant de la flûte à plusieurs tuyaux; devant lui, deux femmes et un enfant; plus loin, un autre satyre couché à terre; à droite, une rivière et des arbres. Sujet dans un ovale. H. 2 p. 5 l. L. 3 p. 1 l. Morceau très-rare.

** Aux secondes Epreuves, le nom de *Swaneuelt* et l'adresse d'*Audran*.

Estampes encadrées ou en feuilles.

Suite des Morceaux de SUANEVELT.

33 Satyre à genoux devant un grand vase rempli de raisins, que regarde un petit satyre; du côté opposé, une femme assise, une coupe à la main gauche, et une femme debout, portant un vase; au bord du milieu de la terrasse : *H. Swenevelt fec.*; à droite : *Chez Audran.* H. 3 p. 1 l. L. 4 p.

34 Saint Jean-Baptiste assis dans le désert, près d'un terrain couvert de grands arbres; au bord d'un large ruisseau, à droite, à une pierre, les lettres *HVS*. réunies. H. 3 p. 2 l. L. 4 p. 2 l.

Première Epreuve; *à gauche, dans la marge* : Appresso Gio Batta de Rossi in P. Nauona *.

35 Jésus dans le désert; le Sauveur, la main gauche élevée, semble dire au démon : *Il est écrit, l'homme ne vit pas de pain seulement.......;* dans la marge : *HVS*. réunis. H. 3 p. 2 l. L. 4 p. 2 l.

Première Epreuve; *à droite, dans la marge* : Appresso Gio Batta de Rossi in P Nauona; *aux secondes Epreuves, dont Bartsch ne parle pas, l'adresse de Rossi remplacée par les mots* In Roma presso Carlo Losi 1773.

10 Estampes.

1 à 12.

36 à 48 Vues de ruines et de divers endroits de la ville de Rome, savoir : au premier Morceau, qui sert de titre, sur un drap attaché à une grande arcade : *Illustrissimo viro Gedeoni Tallemant....... Herman va Suanevelt ;* de chaque côté du drap, une femme debout; celle qui est à la gauche tient une tablette, l'autre une palette et des pinceaux; dans la marge : *Diverses veues defseignees....... privilege du Roy;* — 2 Vue d'Osteria, dans la partie basse du Palais des Empereurs; à la droite du devant, un villageois et une villageoise en marche; — 3 Vue de la partie méridionale du Colisée ; vers la droite,

---

* Aux secondes Epreuves, l'adresse de Rossi, remplacée par les mots : *in Roma presso Carlo Losi 1773*. On a de ce sujet, une Copie de sens opposé, par *Claude Goyrand;* à cette Copie : *Maupercher excud. Cum Priuil. Regis.*

Estampes encadrées ou en feuilles. 349

Suite des Morceaux de SUANEVELT.

près d'une femme assise, un homme en manteau ; — 4 Fabrique construite sur un reste de sépulcre antique; en avant, un villageois, sur un baudet, se dirige à droite ; — 5 Fabrique antique, sur le mont *Celius*; en avant, deux hommes en manteau ; à droite, dans le fond, l'église de Saint-Jean-de-Latran ; — 6 *Casa* de *Vignarola*; près de là des moutons ; vers la droite, un gros arbre; — 7 Fabrique sur la voie *Appia*; à droite du devant, une vieille, un chapelet à la main, suit une dame ; — 8 le Tibre, près de l'ancien pont *Emilius*, dont on voit un débris hors de l'eau ; vers la droite, au bord du fleuve, deux hommes en manteau ; — 9 *Altra Casa* de *Vignarola*; presqu'au milieu du devant, un homme debout, parle à un villageois et à une villageoise assis au bord d'un chemin ; — 10 Restes du Palais des Empereurs, vus du côté oriental ; à gauche, sur une butte, deux cavaliers et deux paysans; un des paysans a son chapeau à la main; — 11 *Casa Rustica*, près des murs de Rome ; vers la gauche, un homme et une femme ; à côté d'eux, une jeune fille assise à terre ; — 12 Vue de la partie postérieure de l'église des Quatre-Saints-Couronnés ; en avant, à gauche, un homme et une femme en prière devant une Madone, placée dans une niche des aquéducs de *Claudia*; — 13 Vue d'une ferme ou *vinea*, près de Rome ; à la droite, un homme en manteau et une femme un panier au bras. Cette Suite ne porte pas de n°. H. 3 p. 2 à 3 l. L. 5 p. 2 à 3 l.

Premières Epreuves*.

1 à 4.

762 49 à 52 Paysages de sites pittoresques, où sont des satyres, des nymphes et des driades, savoir : 1 deux Satyres conduisant des Chèvres ; — 2 Satyre couché à terre, entre deux driades ; il joue de la flûte, et fait danser un autre satyre ; — 3 Satyre grimpé à un arbre; il donne des fruits à une driade, près de laquelle une nymphe porte un petit satyre; — 4 deux Satyres,

---

* Aux secondes Epreuves, l'adresse de *Bonnart*; aux troisièmes Epreuves, l'adresse de *Bonnart* est effacée.

Estampes encadrées ou en feuilles.

Suite des Morceaux de SUANEVELT.

deux Femmes et un Satyre enfant; à ces Morceaux, dans les marges, à gauche: *Herman van Suanevelt Inventor et fecit*; à droite: *cum privilegio Regis.* Cette Suite ne porte pas de n°. H. 4 p. 1 l. L. 6 p.

Premières Epreuves *.

4 *Estampes.*

1 à 13.

763 53 à 65 *Diverses veuës dedans et dehors de Rome, desinés Par Herman Van Swanevelt. Dédiée aux Vertueux. Avec Privil. du Roy. 1653.* Titre gravé à un piédestal, près duquel Minerve est assise; au fond, à droite, partie de la ville de Rome; — 2 *Vinia Mamsrona for della porta pinciana;* — 3 *Parte delle terme Antoniano;* — 4 *Veduto daqua assuttosa for di Roma;* — 5 *Sepultura in Viea apia;* — 6 *Hosteria a priema porta;* — 7 *St. Adriano in Via flaminia;* — 8 *Casa Rustico for della porta del populo;* — 9 *Vinnia Papa Julio in via flaminia;* — 10 *Veduta dal Zugro;* — 11 *Altro Veduto dal Zugro;* — 12 *Altro Vedutin dal Zugro;* — 13 *For dalla porta piea;* dans la marge, à droite, à onze de ces Morceaux: *HVS.* liés ensemble, et *fe et ex Cum pr Re,* au 3.ᵐᵉ Morceau (partie des Thermes d'Antonin): *Herman Van Swanevelt fecit et Excudit Cum privilegio Regis 1652.* H. 4 p. L. 6 p. 8 l.

Premières et superbes Epreuves **.

1 à 4.

764 66 à 69 Paysages ornés de Sujets tirés de l'Histoire-Sainte, savoir: 1 Abraham la main droite sur sa poitrine, invitant les anges à entrer dans sa maison; — 2 Agar consolée par l'Ange, qui de sa main gauche lui montre une pièce d'eau; — 3 l'Ange Raphaël rassurant le jeune Tobie, effrayé par un énorme poisson qui sort du Tigre, dont les eaux occupent la

---

* Aux secondes Epreuves: *H. Bonnart ex au Coq;* aux troisièmes Epreuves, l'adresse de *Bonnart* est effacée; aux quatrièmes Epreuves, généralement très-faibles de ton, on ne trouve aucune lettre.

** Aux secondes Epreuves, l'adresse de *Bonnart.*

Estampes encadrées ou en feuilles. 351

Suite des Morceaux de SVANEVELT.

droite; — 4 Elie dans le désert; l'ange à sa gauche lui apporte sa subsistance; à ces Morceaux, aux deux premiers, à terre, à gauche, aux deux autres sur le ciel, à l'un à gauche, à l'autre à droite : *H Swanevelt Fe Rom.;* au dernier, au lieu de *Fe*, *Fecit*. H. 4 p. 6 à 7 l. L. 7 p. 4 à 5 l.

Premières Epreuves avant les mots : K. Audran ex *(la seconde exceptée, où ce nom est écrit au milieu de la terrasse)*, *et avant les n.ᵒˢ* *.

70 et 71 Deux Paysages; dans l'un, Syrinx, poursuivi par Pan, se sauve entre des roseaux, au bord du Ladon, qui coule à la droite; dans le second Paysage, à la gauche, Salmacis aperçoit Hermaphrodite dans le bain; à ces Morceaux, à droite, à l'un, au bord de l'eau, à une pierre, à l'autre, sur l'eau : *H. V. S.;* à gauche, dans les marges : *Appresso Gio Batta de Rossi in P. Navona*. H. 5 p. 5 l. L. 7 p. 9 l.

Premières Epreuves avec l'adresse de Rossi **.

Les Copies de Pan et Syrinx, et de Salmacis et Hermaphrodite, gravées de sens opposé; par *Cl. Goyrand*, pour Israël Henriet; à gauche, sur l'eau, au Sujet de Salmacis : *Israel ex;* dans la marge, quatre vers :

A cet objet aussy beau.....

72 à 75 Quatre Vues, savoir : 1 l'Ile Louvier et partie de l'île Notre-Dame; à droite, dans le fond, le pont Saint-Michel; la Seine occupe presque tout le devant; — 2 le Palais d'Orléans du côté des Chartreux; sur le devant, à gauche, un cavalier et une dame, près d'une butte où est un grand arbre isolé; — 3 la Maison de Plaisance du premier Archevêque de Paris,

---

* Aux secondes Epr., au-dessous du nom de Swanevelt, aux Sujets de Tobie et d'Elie : *K. Audran ex.*; aux troisièmes Epr., à droite, dans les marges, des n.ᵒˢ de 1 à 4; l'adresse de P. Mariette aux deux premiers Sujets se trouve dans cette même marge; au second, ce nom est répété à la droite du ciel; aux deux autres le nom de l'éditeur est gravé sur le ciel, au-dessous du nom de Swanevelt.

** Aux secondes Epr., où l'adresse de *Rossi* est supprimée, on trouve à la même place les mots *In Roma presso Carlo Losi 1773*. 1774.

Estampes encadrées ou en feuilles.

Suite des Morceaux de SUANEVELT.

J.-Fr. de Gondy : cette maison est à la droite;—4 la Nymphe de la Seine, assise au pied d'un rocher, appuyée sur une urne; elle montre de la main droite les armes de France ; dans le fond la ville de Paris ; à cette dernière Pièce, dans la marge, trois lignes d'inscription : *Les riuieres d'Oyse et de Marne.... Cette ville incomparable.* A ces quatre Morceaux, l'architecture et les fabriques des fonds dessinées et gravées par *Silvestre* ; à droite, dans les marges, au-dessous des titres : *Israel ex cu priuil Regis;* et aux 1.er, 2.e et 4.e à gauche : *Israel siluestr delin et fe* différemment écrit. P. Mariette croit les trois prem. Vues entièrement du Dessin de Silvestre. H. 4 p. 4 à 6 l. L. 9 p. 1 à 2 l. Les marges du bas portent 7 à 8 l. de haut.

    Deux Epr. de la *Vue de Gondy*; à la première, les lignes de pointe sèche près des lettres du titre sont encore apparentes ; à gauche, au-dessous de ce titre : Israel siluestre fecit.

76 Vue de la ville de Rome : des rochers couverts d'arbres occupent les devants ; à gauche, au pied du fleuve du Tibre, Rémus et Romulus enfans, allaités par une louve; à droite, l'année 1654; la ville dessinée et gravée par *Silvestre* ; le surplus de l'Estampe est de *Swaneuelt*; dans la marge, trois lignes d'inscription : *Voicy un petit racourcy....*; au-dessous, à gauche : *Israel siluestre delin. et fecit*; à la suite : *A Paris Chez Israel Henriet....* H. compris 8 l. de marge, 5 p. 1 l. L. 9 p.

14 Estampes. 1 à 4.

765   77 à 80 Quatre Paysages ornés de figures et d'animaux, savoir : 1 Paysage avec rivière et cascades; près de là, deux pêcheurs ; l'un tient une nasse, l'autre un seau, — 2 Jeune Fileuse assise ; elle garde des bœufs; — 3 Quatre Hommes, deux à cheval, et deux à pied, sur un chemin bordé de rochers couverts de grands arbres; — 4 Dessinateur assis à terre, à la droite d'une campagne, où des eaux tombent en cascade; à droite, dans les marges, à ces Morceaux : *Herman Van Swaneuelt in. fe. et ex. Cum pr Re ;* à la seconde: *Swanenelt.* Cette Suite ne porte pas de n.os. H. compris 3 à 4 l. de marge, 6 p. 7 à 9 l. — L. 10 p.

    Prem. et superbes Epr.; aux Epr. suivantes, les mots et ex effacés.

Estampes encadrées ou en feuilles. 353

Suite des Morceaux de SUANEVELT.

81 et 82 Deux Paysages, l'un vu au coucher du soleil ; à droite, deux hommes, un est en manteau ; du côté opposé, un étang bordé d'arbres ; dans le second paysage, où serpente une rivière, à droite, un petit pont de bois ; sur le devant, un villageois et une jeune fille assis à terre ; à gauche, dans les marges : *H V S. fe et ex Cum pr. Re* différemment écrit. H. compris 2 l. de marge, 6 p. 6 à 7 l. L. 10 p. 2 l.

Prem. et superbes Epr. ; aux secondes Epr. et *ex effacé.*
6 *Estampes.*

1 à 12.

766 83 à 94 Différens Paysages avec ruines, fabriques et figures, savoir : 1 à 4 différentes Vues du palais des Césars sur le mont Palatin ; dans la première, un Cardinal, suivi de deux valets ; à droite, un mendiant ; dans la seconde, à gauche, deux Hommes assis à l'ombre d'un arbre, au bas d'une butte ; dans la troisième, des Chèvres ; à droite, un chevrier ; dans la quatrième, à gauche, un Cavalier salue des Dames ; du côté opposé, un dessinateur assis sur une butte. — 5 Deux Hommes portant un malade sur une civière, quatre femmes suivent la marche ; elle se dirige à droite, vers les murs de Rome. — 6 Campagne, où sont, à la gauche, un villageois et une villageoise sur leur bourriquet, et deux hommes à pied. — 7 Villageoise un panier au bras, et vieillard un paquet sur le dos ; à droite, au-delà d'une mare, un bois. — 8 *Romitorio* à la droite d'une campagne, où des femmes lavent du linge. — 9 Grotte de la nymphe Egérie à la *Caffarella ;* en avant des villageois et des villageoises assis sur l'herbe ; à droite, dans l'éloignement, d'autres villageois et villageoises s'en vont en dansant. — 10 Des Joueurs de boules près de *Porta Salara*. — 11 La Chartreuse dite de *Termini*, dans les thermes de Dioclétien ; à la porte, des religieux distribuent des aumônes à des pélerins. — 12 Chemin entre des rochers ; à la gauche d'une campagne, un paysan y fait avancer un mulet. A ces Morceaux, dans les marges, à gauche : *Herman Van Suanevelt Inventor fecit et excudit ;* à droite : *cum privilegio*

23

Estampes encadrées ou en feuilles.

Suite des Morceaux de SUANEVELT.

Regis différemment écrit. Cette Suite ne porte pas de n°^s. H. compris 4 l. de marge, 6 p. 7 à 8 l. L. 10 p. 1 à 3 l.

Prem. et superbes Epr. * ; celle du 10.e Morceau (Porta-Salara) rognée tout près des travaux de la gravure.

767 95 et 96 Deux riches Paysages : dans l'un, Mercure dérobe les chevaux d'Apollon, et recommande le silence à Battus, debout, à sa gauche; dans l'autre, Mercure touche Battus avec son caducée, et le métamorphose en pierre de touche; dans les marges, à gauche, *H. swanevelt fecit Rome* ; à droite : *J: Valdor excu cum priuil Regis*. H. 7 p. 2 l. L. 9 p. 6 l.

Premières et superbes Epreuves ; aux Epreuves postérieures les mots : J : Valdor excu cum priuil Regis *effacés*.

1 à 4.

97 à 100 Quatre Paysages où le Sujet de la Fuite en Egypte est différemment représenté, savoir : 1 saint Joseph accompagnant la Sainte-Vierge montée sur l'âne, l'Enfant-Jésus dans ses bras; à gauche, un léger nuage où sont trois chérubins. — 2 Saint Joseph aidant la Sainte-Vierge à descendre de dessus l'âne qu'un ange retient par la bride ; un autre ange est à genoux près de l'Enfant-Jésus assis à terre; à droite, un pont en pierres. — 3 La Sainte-Vierge assise, l'Enfant-Jésus sur ses genoux; deux anges adorent le Sauveur, et saint Joseph conduit l'âne vers une rivière qui coule à la droite. — 4 La Sainte-Vierge assise au pied d'un grand arbre; à la droite d'une campagne, deux anges adorent l'Enfant-Jésus que la Vierge tient dans ses bras; vers le milieu, où saint Joseph se repose, l'âne broute l'herbe; dans les marges, à gauche : *Herman van Suanevelt Inventor fecit et excudit* ; à droite : *cum privilegio Regis*. Au dernier Mor-

---

* Aux secondes Epreuves, les mots *et excudit* effacés ; à des Epr. suivantes, d'abord l'adresse de *Bonnart*; à d'autres, celle de *Mondhare* ; aux dernières, enfin, des adresses plus récentes.

Estampes encadrées ou en feuilles.

Suite des Morceaux de SUANEVELT.

ceau, au lieu de *fecit et exoudit*, et *fecit excuditg.* H. 7 p. 9 l. L. 10 p. Cette Suite ne porte pas de n°.

Premières et superbes Epreuves ; aux Epreuves postérieures les mots : et excudit *ou* excuditg *effacés.*

6 Estampes.

1 à 6.

768 101 à 106 Six Paysages et Intérieurs de Forêts, où sont représentés des Sujets tirés de l'histoire d'Adonis. — 1 Adonis mis au jour par Mirrha changée en Myrte, reçu par Diane ; on aperçoit, à gauche, sous les arbres, une biche ; dans la marge : *Adonis Naift de Mira*..... — 2 Adonis enlevé à Diane par Vénus ; sous les arbres, à droite, la déesse des forêts, endormie au milieu de ses nymphes ; dans la marge : *Venus trouuent Diane Endormye*... — 3 Adonis auquel Vénus a fait naître des ailes, et l'amour, présentés à Diane par cette déesse ; à la gauche, les nymphes de Diane ; dans la marge : *Diane trouue Venus*.... — 4 Adonis exercé à la chasse pa Vénus ; près d'eux, Cupidon lance un trait à des lièvres qu fuyent vers la gauche ; dans la marge : *Venus exerfe Adonis*... — 5 Mort d'Adonis ; vers la gauche, le sanglier qui s'éloigne ; dans la marge : *Adonis Rencontre le Sanglier*...... — 6 Vénus se précipitant de son char vers le corps de son cher Adonis ; dans les airs, l'amour brise son arc et jette ses flèches ; vers la droite, où coule un large ruisseau, un tronc d'arbre rompu ; dans la marge : *Venus pleure Son Adonis*........; dans les mêmes marges, au milieu, des n.°ˢ de 1 à 6 ; au-dessous, tout au bas : *Herman Van Swaneuelt fecit et Excudit Cum preuilegio Regis 1654;* à terre, à gauche, au second Morceau : *Herman van fwanᵗ fc et ex con per.*, en caractères à peine lisibles. H. 9 p. 3 l. L. 12 p. 2 à 3 l.

Premières et superbes Epreuves ; aux secondes Epreuves les mots et Excudit *effacés.*

1 à 4.

769 107 à 110 Vues de Lieux solitaires où sont représentés des pénitens, savoir : 1 la Magdeleine devant une grotte ; elle est étendue à terre sur une natte, et considère une croix et une tête de mort ; près de là, deux anges sur un nuage : l'un

Suite des Morceaux de SUANEVELT.

pince de la harpe, l'autre joue du violon; à droite, des bois et une rivière. — 2 Saint Antoine repoussant le démon qui lui présente des fruits; à droite, un large ruisseau. — 3 Saint Jérôme assis près d'une pierre, appuyé sur un livre ouvert placé devant lui; à droite, une grande croix plantée en terre. — 4 Saint Antoine et saint Paul Ermites s'entretenant ensemble, assis sous un toit de joncs, devant une grotte; à droite, dans les airs, un oiseau porte un pain dans son bec; à gauche, dans les marges : *Herman van Suanevelt Inventor fecit et excudit*; à droite : *cum privilegio Regis*. Cette Suite ne porte pas de n°.   H. 8 p. 8 à 10 l. L. 12 p.

Premières Epreuves *.

111 Vue d'une vaste Campagne; à la gauche, Balaam arrêté par l'ange du Seigneur, qui tire une longue épée et fait reculer d'effroi l'ânesse qui sert de monture au prophète; au ciel à droite : *H. Swanevelt Fecit Rom*. H. 8 p. 6 l. L. 11 p. 6 l.

Première Epreuve avant K Audran excudit. **

1 à 4.

112 à 115 Quatre Paysages avec figures et animaux, savoir : 1 un Meunier conduisant des ânes chargés de sacs à la droite d'une campagne. — 2 Deux Hommes arrêtés dans un pays, à la droite duquel coule une rivière. — 3 Villageois un bâton à la main, et une villageoise un panier au bras droit, dans une campagne où des eaux tombent du haut d'une montagne escarpée. — 4 Villageois un genoux en terre, buvant dans son chapeau l'eau qu'il vient de puiser à une mare qu'on voit à la

---

* Aux secondes Epreuves les mots *et excudit* effacés, aux troisièmes Epreuves, au paysage où est représenté la Magdeleine, au-dessus des mots : *cum privilegio Regis*, *A Paris chez Vanheck*.

** Aux secondes Epr., au-dessous du nom du Maître : *K. Audran excudit*; aux troisièmes Epreuves, où *K Audran excudit* est effacé, on trouve, dans la marge, l'adresse de *P. Mariette*; aux quatrièmes Epreuves, où l'adresse de *Mariette* est supprimée, à gauche, les mots *avec privil du Roy*; à droite : *Poilly excudit*.

Estampes encadrées ou en feuilles. 357

Suite des Morceaux de SUANEVELT.

droite; près de là, un rocher surmonté d'un bouquet de grands arbres; dans les marges, à gauche : *Herman van Suanevelt Inventor fecit et excudit ;* à droite : *cum privilegio Regis.* Cette Suite ne porte pas de n°°. H. 10 p. 11 l. L. 8 p. 10 l.

Premières Epreuves*.

116 Paysage où un chevrier garde des chèvres, manque **

9 *Estampes.*

770 Paysage où une jeune fileuse garde des bœufs. Estampe répétée du n.° 78.

Epreuve avant la lettre, Pièce rarissime dont Bartsch ne parle pas.

Paysage où un villageois boit dans son chapeau : Estampe répétée du n.° 115.

Epreuve avant nombre de travaux, principalement au bouquet de grands arbres, sur le rocher; cette rarissime Epreuve, dont Bartsch ne parle pas, est avant la lettre.

SUYDERHOEF ou SUIDERHOEF, (JONAS) dessinateur et graveur à l'eau-forte et au burin; né à Leyde; florissait dans le 17.ᵉ siècle; élève de P. SOUTMAN.

771 La Chasse aux Lions et aux Tigres, d'après Rubens : gr. Est. en larg. — Querelle des Joueurs : l'un est prêt à frapper son adversaire avec un coûteau, d'après

---

* Aux secondes Epreuves les mots *et excudit* effacés ; on trouve alors, au troisième paysage, avant les mots *cum privilegio Regis: H Bonnart, ex au Coq.*

** 116 Chevrier assis à terre, dans une campagne, où huit chèvres broutent au bord d'un ruisseau ; devant lui, un homme debout tient un bâton ; à droite, une femme vue par le dos, un paquet sur la tête. H. 3 p. L. 6 p. 1 l.; la marge du bas porte 3 l. de haut. Morceau légèrement gravé, et très-rare.

Estampes encadrées ou en feuilles.

Terburgh: moyenne Est. en larg., connue sous le titre du *Coup de couteau.*

L'Epr. de la seconde Estampe, dont la marge du bas est coupée, est avant la lettre.

SWEBACH DES FONTAINES, (M.^{r}) *peintre; né à Metz; élève de Mr C.-M.-A.* Duplessis. *Mr Swebach des Fontaines a gravé à l'eau-forte, en manière de crayon et à l'aquatinta.*

772 Encyclopédie pittoresque, ou Suite de Compositions, Caprices et Etudes dessinés et gravés par ce Maître, quatre cent soixante-huit Estampes, la plupart au trait, d'autres en manière de crayon ou à l'aquatinta (121 sont avant les n.^{os}): 4 vol. in-4. cartonnés, à dos en basane.

773 Cent soixante-dix-huit Morceaux, Compositions, Caprices et Etudes, répétitions des Pièces de la Suite précédente; cent quarante-neuf dans un vol. in-4. cartonné, à dos en basane; les vingt-neuf autres en feuilles.

Premières Epreuves avant les n.^{os}

SWEERTS, (le chevalier Michel) *peintre; florissait au commencement du siècle dernier. Sweerts a gravé à l'eau-forte.*

774 1 Le Christ mort, manque *

2 Fumeur la pipe à la main gauche, laissant échapper de la fumée de sa bouche: il est vu jusqu'aux genoux, assis dans un grand fauteuil, la main sur l'épaule d'un jeune garçon debout près de lui, à gauche: *Michael Sweerts Eq pi et fe.* H. 9 p. 3 l. L. 8 p. 3 l.

L'Epreuve de ce Morceau, le plus considérable de ceux de

---

* 1 La Sainte-Vierge soutenant le corps mort de Jésus-Christ: elle est assise près du sépulcre, et étend sa main droite vers la Magdeleine, près de laquelle est saint Jean; dans la marge, deux distiques latins: *Quid pateris tantos......;* au-dessous, vers la droite: *Michael Sweerts Eques pin. et fecit.* H., compris 8 l. de marge, 10 p. 8 l. L. 12 p. 9 l.

Estampes encadrées ou en feuilles. 359

Suite des Morceaux de SWEERTS.

Sweerts, *est avant les mots :* Michael Sweerts. Eq. pi et fe. *Rare Epr. dont Bartsch ne parle pas.*

3 Portrait de Sweerts, manque *

4 Portrait qu'on dit être celui de Guillaume Van der Borght : il représente un homme vu à mi-corps et de trois quarts, dirigé vers la gauche, un papier à la main; sur le papier quatre lignes en caractères illisibles; au-dessous : *G. V. Borght;* dans la marge, à gauche : *Michael Sweerts Eq. Pi et fe.* H. 7 p. L. 5 p. 8 l.

NOTA. Au Morceau précédent, on trouve écrit dans la marge : Andreas Van Trier, J : V : L : Greffier du Grand-Conseil de Malines, 1731.

5 Homme vu à mi-corps et de trois quarts, la main droite sur la hanche; de l'autre il boutonne son vêtement; dans la marge, à gauche : *Ca Michael Sweerts Pi et fe.* H., compris 6 l. de marge, 7 p. 7 l. L. 5 p. 10 l.

6 Homme vu à mi-corps : de sa main gauche il soutient son manteau; dans la marge : *Michael Sweerts Eq. Pi et fe.* H. 7 p. L. 5 p. 8 l.

7 Femme un enfant dans ses bras, manque **

8 à 16 Différens Bustes d'Hommes et de Femmes : Suite de neuf Estampes dont nous n'avons que la 3.ᵉ (n.º 10); elle représente un jeune Homme à mine riante, vu presque de face, en bonnet de mezetin, et en large manteau garni de boutons; à gauche, dans la marge, les lettres : *MS* réunies. H. 3 p. L. 3 p. — 8 Vieillard à grande barbe. — 9 Jeune Homme vu presque de face. — 11 Homme vu de trois quarts. — 12 Femme vue de face. — 13 Femme vue de trois quarts. — 14 Vieille riante, vue presque de face. — 15 Femme âgée. — 16 Jeune Garçon. Ces huit Morceaux manquent, ***

---

* 3 Michel Sweerts vu à mi-corps et de face : il tient son appui-main, sa palette et ses pinceaux; sa main gauche est élevée; dans la marge : *Michael Sweerts Eq. Pi. et fe:* H., compris 6 l. de marge, 7 p. 8 l. L. 5 p. 9 l.

** 7 Jeune Femme vue à mi-corps, regardant un enfant qu'elle a dans les bras. H. 3 p. 6 l. L. 2 p. 3 l.

*** 8 Vieillard à grande barbe et tête nue : il est dirigé vers la

Suite des Morceaux de SWEERTS.

Morceaux dont Bartsch n'a pas donné la description.

17 Jeune Homme debout, vu à mi-corps : sa toque est ornée d'un panache de quatre plumes ; sa tête penchée, et ses yeux tournés vers le spectateur qu'il semble regarder en souriant : il présente devant la flamme d'une chandelle un verre à patte ; la lumière interceptée par le verre, rend les parties éclairées très-piquantes d'effet. Composition dans le goût de Seghers et d'Honthorst. Pièce sans nom d'auteur, la marge du bas est blanche. H., compris 9 l. de marge, 7 p. 1 l. L. 5 p. 4 l.

Deux Epr., à la plus ancienne la marge du bas coupée.

18 Vieille vue assise, sa main droite sur un livre : elle est coiffée d'un mouchoir blanc, la tête tournée presque de profil ; vers la droite, une espèce de palatine d'étoffe rayée en largeur, lui sert de fichu ; au haut du fond, à gauche : *I. V. Campen ; pinx.* Morceau sans nom de graveur, attribué à *Sweerts ;* à cette pièce, la marge du bas est blanche. H., compris 2 l. de marge, 6 p. 8 l. L. 5 p.

8 *Estampes.*

TARDIEU, (M.') *graveur au burin ; né à Paris ; élève de* J. GEOR. WILLE.

775 Saint Michel terrassant Lucifer ; le fond présente un désert hérissé de rochers, près desquels est la bouche droite, et porte un large manteau. — 9 Jeune Homme en bonnet bordé de fourrure, et en camisole, vu presque de face, le regard tourné à droite. — 11 Homme en large manteau attaché sur son épaule : il est vu de trois quarts, coiffé d'une espèce de turban. — 12 Jeune Femme vue presque de face, une espèce de draperie blanche forme sa coiffure. — 13 Jeune Femme, le corps enveloppé d'une large draperie : elle est vue de trois quarts, dirigée vers la droite, et porte un turban. — 14 Vieille en bonnet surmonté d'un grand chapeau rond, vue de face. — 15 Femme âgée, dont le visage exprime la tristesse : elle est vue de face et tête nue. — 16 Jeune Garçon vu de face, en habit boutonné ; à ces huit Morceaux, dans les marges, à gauche : *M. S.* H. 3 p. 1 l. L. 2 p. 11 l.

Estampes encadrées ou en feuilles.

du gouffre infernal; d'après le Tableau de Raffaello, au Musée royal. Est. en haut.

Épreuve avant toutes lettres.

TENIERS *le vieux* et DAV. TENIERS *le jeune*, (DAVID) *peintres; nés à Anvers, l'un en* 1582, *l'autre en* 1610; *le premier mort à Anvers, en* 1619; *le second à Bruxelles, en* 1690. *Teniers le vieux s'est formé sous* P.-P. RUBENS *et sous* AD. ELZHEIMER; *Teniers le jeune est élève de son père*, DAV. TENIERS, *dit* le Vieux *et d'*ADR. BRAUWER. *Les deux Teniers ont gravé à l'eau-forte* *.

Morceaux gravés par les TENIERS, *sur leurs Compositions.*

776 1 Fête ou Danse flamande : la scène se passe dans la cour d'une maison de paysan; vers le milieu, un villageois et une villageoise y dansent au son de la musette d'un homme monté sur un tonneau, placé à la droite, près de la maison, tandis que de joyeux convives se livrent aux plaisirs, la plupart à une longue table dressée vers la gauche, près d'une cloison en planches; à droite, sur le devant, un homme assis sur un baquet, dort appuyé sur un tonneau; près de là un buveur debout, le verre à la main. Composition de trente-quatre figures; à terre : D. TENIERS. FEC.; et presqu'au milieu : *Abraham Teniers excudit.* H. 7 p. 2 l. L. 8 p. 3 l.

1 à 4.

2 à 5 Scènes de Paysans, savoir : 1 Fumeur assis sur un ba-

---

* Les Pièces exécutées par les deux Teniers, et plusieurs de celles dont la gravure leur est attribuée, étant également marquées d'un monogramme formé de la lettre T placée dans la lettre D, sans autres indications qui puissent faire distinguer leurs productions, nous avons cru devoir réunir celles qu'ils ont gravées, ou qui leur sont attribuées.

Estampes encadrées ou en feuilles.
Suite des Morceaux des TENIERS.

quet, sa pipe et un pot à la main, son coude droit sur une table où un paysan est appuyé; ce que regarde une femme qu'on voit à la porte de la chambre; — 2 deux Fumeurs devant une cheminée; l'un assis, l'autre debout à sa gauche; — 3 Fumeur assis sur une caisse; devant un feu; il laisse échapper de la fumée de sa bouche; à droite, derrière lui, un pisseur; — 4 Paysan assis sur un petit banc; il accorde un luth; à gauche, derrière lui, une vieille aussi assise a un papier à la main; du côté opposé, un luth, près d'un tonneau où est une cruche. Morceau sans nom d'auteur, Suite sans n^{os}. H. 2 p. 8 à 9 l. L. 2 p. 1 l.

1 à 4.

6 à 9 Figures de Pélerins, savoir : 1 Pélerin tête nue, debout, dirigé à gauche, un bourdon et un chapelet à la main; — 2 Pélerin debout et tête nue, une gourde à sa ceinture, son bourdon et son chapeau à la main; il marche à la droite; — 3 Pélerin debout et tête nue, un chapelet et une gourde à sa ceinture, son bourdon à la main; il se dirige à gauche; — 4 Pélerine debout; dirigée à droite; elle est en chapeau de paysan, et de ses deux mains tient son bourdon et son chapelet; à terre, à ces Morceaux; au 1.er et au 3.me à gauche, et aux autres à droite, le monogramme *DT*, suivi de la lettre *F*. Suite sans n^{os}. H. 3 p. 5 à 6 l. L. 1 p. 11 l. à 2 p. 3 l.

10 Vieillard à longue barbe, vu à mi-corps, la tête de trois quarts forcés, dirigée vers la droite; il porte une toque, sa robe est garnie de fourrure, et ses mains dans un manchon; au fond, au bas d'une niche, où sont un sablier et un espèce de flacon: *D. T. F.* H. 6 p. 3 l. L. 4 p.

10 *Estampes.*

Diverses Compositions des TENIERS, *Morceaux dont on leur attribue aussi la gravure.*

777 11 Saint Antoine un livre à la main, assis dans sa grotte et dirigé vers la droite; les démons qui l'entourent empruntent différentes formes pour le distraire de sa méditation et le tenter; à terre, vers la gauche, où un diable assis tient un chapelet : *D. T.* H. 5 p. 2 l. L. 4 p. 4 l.

Estampes encadrées ou en feuilles.

Suite des Morceaux des TENIERS.

12 Paysan jouant du violon de poche, assis sur une chaise de bois; à gauche, dans le fond, trois villageois devant une cheminée, et sur le devant, près du trait carré : *D. T. in. et excud. cum priuilegio.* H. 2 p. 7 l. L. 3 p. 10 l.

13 Villageois le verre à la main et le bras droit passé autour du cou d'une femme, avec laquelle il est à table; au fond, dans une niche, une bouteille et une espèce de flacon; au bas de la caisse qui sert de siége à la femme à table : *D. T.* H. 4 p. 6 l. L. 6 p. 5 l.

Deux Epreuves, une très-légère de ton.

14 Intérieur de Cuisine : à gauche, derrière un bœuf ouvert et suspendu en l'air, avec des cordes, un paysan à côté d'une femme qui accroche une marmite à la crémaillère de la cheminée; des tonneaux, des ustensiles de ménage et des légumes occupent la droite du devant; dans le fond, du même côté, au haut du mur : *D. T. inuet.* H. 5 p. 5 l. L. 7 p. 5 l.

Deux Epr.: la prem. seulement à l'eau-forte, et avant la lettre.

1 à 5.

15 à 19 Les cinq Sens de l'Homme : — 1 *La Vue*, représentée par un paysan en toque, regardant dans un miroir placé à la droite; — 2 *L'Ouie :* vieux pâtre debout et tête nue; il joue du flageolet; à gauche, derrière lui, une houlette appuyée à un arbre; — 3 *L'Odorat :* jeune dame dirigée à droite, un bouquet à la main; elle est debout, et coiffée en cheveux bouclés; — 4 *Le Toucher :* paysan tenant un couteau; il semble exprimer la douleur qu'il éprouve, d'une coupure qu'il a à un doigt de la main gauche; — 5 *Le Goût :* vieillard à barbe et tête nue, le verre à la main; il regarde à gauche; à ces cinq Sujets de demi-figures, les lettres *D. T.* placées à la droite; à la première Pièce, au bas du derrière de la bordure de la glace; aux autres, au haut du fond; Suite sans n°s. H. 2 p. 4 l. L. 1 p. 11 l. à 2 p. *.

20 Deux Fumeurs debout, derrière un buveur à table avec deux paysans jouant aux cartes; dans le fond, à gauche,

---

* On connaît de cette Suite des Copies gravées de sens opposé.

Estampes encadrées ou en feuilles.

Suite des Morceaux des TENIERS.

près d'une cheminée, deux hommes, l'un assis sur un banc, l'autre debout, le verre à la main; à une caisse qui sert de siége à un des joueurs: D. T.; les uns attribuent la gravure de ce Morceau à *C. Boel*, d'autres la croyent de *Fr. Vanden Wyngaerde*. H. 5 p. 6 l. L. 7 p. 11 l.

Deux Epr.; la prem., d'un ton léger, et avant les lettres D. T.

1 à 4.

21 à 24 Scènes pastorales, savoir: 1 les Joueurs de Boule, *manquent;* — 2 Danse en rond, formée par deux villageois et deux villageoises et exécutée au son de la musette d'un paysan, assis sur un tonneau placé à la droite; près de là, un rustre dont la toque est garnie d'une plume; derrière les danseurs, deux chaumières; sur le devant, vers la gauche, un banc; — 3 vieux Paysan assis, il s'entretient avec deux villageois debout devant lui; à gauche, un homme vu par le dos, dirige sa marche vers un village; — 4 une Vieille, deux Rustres et une Paysanne un enfant sur ses genoux, se chauffant à un feu allumé à peu de distance d'une grande chaumière, à la droite d'une campagne vue au clair de la lune; à ces Morceaux, qu'on croit gravés par *C. Boel*: D. *Teniers in et excud. cum priuilegio*. Ces mots, au second Morceau décrit, sont à la gauche de la terrasse; aux deux autres, dans la marge. Suite sans nos. H. 3 p. 9 à 10 l. L. 4 p. 11 l. à 5 p. 2 l.

1 à 7.

25 à 31 Figures de Paysans et de Paysannes, savoir: 1 Paysan en chapeau à larges bords; il est debout appuyé sur un bâton, et regarde un plat d'œufs posé sur un banc qui est à la droite; du côté opposé, à terre: D. TENIERS I. *et excu. cum priuilegio;* — 2 Paysan debout; il tient à la main droite son chapeau, de l'autre un balai; — 3 vieux Manchot faisant faire l'exercice à un chien; à gauche, près de la chaise sur laquelle il est assis, un chien se repose; — 4 vieux Villageois prêt à jouer de la musette; il est debout, à sa gauche, un pot sur un tonneau; — 5 deux Paysans dirigés vers la gauche; l'un debout s'appuye sur une longue perche, l'autre en marche, en porte une sur son épaule; à ces quatre derniers Morceaux: D. *Teniers in et excud cum priuilegio*, différemment écrit.

Estampes encadrées ou en feuilles.

Suite des Morceaux des TENIERS.

Ces mots, au sujet représentant un vieux manchot, sont au haut, à gauche; aux trois autres sujets, à terre, ou dans la marge; — 6 et 7 Joueur de flûte traversière et Vieille disant son chapelet, *manquent;* des cinq Morceaux décrits, les uns paraissent être de *C. Boel*, les autres copiés d'après lui. Suite sans n°s. Grandeur des Pièces désignées, haut. 4 p. 3 à 6 l. L. 3 p. 3 à 5 l.

32 Paysan vu à mi-corps, en bonnet de fourrure et le verre à la main; il est debout, près d'une table placée à la gauche, et sur laquelle est une cruche; du même côté, au haut du fond: *D. T. In ex Cum privilegio.* H. 4 p. 8 l. L. 3 p. 7 l.

1 à 4.

33 à 36 Scènes Pastorales, savoir: 1 un Paysan et une Paysanne dansant aux sons de la musette et du flageolet de deux villageois, placés à la droite du devant d'une campagne; près des danseurs, un rustre assis à côté d'une jeune femme; derrière eux, deux paysans et une chaumière; on y voit une vieille*; — 2 Vue d'un village à la droite d'une campagne; du côté opposé, sur le devant, quatre Paysans debout s'entretiennent ensemble; — 3 Paysan parlant à une femme qui tient un enfant; elle est debout, sous la porte de sa chaumière; plus loin, à gauche, deux autres paysans près d'un monticule au-delà duquel sont des arbres; — 4 trois Villageois causant ensemble; l'un assis à terre, les deux autres debout, appuyés sur leur bâton; à droite, un autre paysan entre dans la cour d'une habitation villageoise, où l'on remarque, au haut du pignon, une femme à une fenêtre; à ces Morceaux, à terre, un monogramme formé d'un I et d'un S, précédé ou suivi de la lettre F, et sur les ciels ou dans les marges: *D. Teniers Inu et F. V. W. ex ou fian^c Vanden Wyngaerde ex*, différemment écrit. H. 3 p. 1 à 3 l. L. 3 p. 8 l. à 4 p.

Du dernier Morceau, deux Epreuves.

1 à 4.

37 à 40 Scènes pastorales, savoir: 1 Paysans qui tirent au

---

* On trouve de ce Sujet une Copie gravée de sens opposé.

Suite des Morceaux des TENIERS.

blanc; à gauche, deux chaumières: Composition de huit figures; un bois et un village occupent le milieu et la droite du fond. — 2 les Joueurs de boules, près d'un cabaret de campagne; Composition de dix figures : à gauche, derrière des joueurs, une paysanne entre dans le cabaret; plus loin, une chaumière; un paysan vu par le dos est assis sur un banc, placé presqu'au milieu du devant. — 3 Villageois et Villageoises réunis à la porte d'une chaumière, à la gauche d'une campagne, où ils boivent et s'entretiennent, tandis qu'une jeune fille et un jeune garçon dansent au son de la musette d'un homme, debout vers la droite, et derrière lequel est un banc : Composition de neuf figures ; près de la chaumière, une cloison en planches; au-delà, au milieu et vers la droite, où est un village, des arbres. — 4 Paysanne sortant de la cour d'un cabaret : elle apporte un plat et une cruche à des fumeurs et à des buveurs réunis au tour d'un tonneau qui leur sert de table; derrière eux, près du cabaret, une cloison en planches : la gauche de cette Composition de six figures, présente une campagne coupée de collines et de bois, précédés d'une barrière, placée à côté d'une chaumière; à la droite du devant, un baquet, un banc et des cruches; à ces Morceaux, qu'on croit gravés par *Wyngaerde*, à terre, le nom de *Teniers*, différemment écrit; aux secondes et aux quatrièmes seulement: *F. V. W ex.* ou *Franc V. Wyn ex.* Suite sans n^{os}. H. 5 p. 2 à 4 l. L. 9 p. 3 à 5 l.

31 *Estampes.*

THIER, (B.   H.   ) *peintre et graveur hollandais.*

778 Deux Paysages : sur le devant de l'un, deux Villageois conduisent une charrette couverte, attelée d'un cheval et de trois bœufs, et suivent un chemin au bas d'une colline où est une chaumière ; à gauche, un terrain élevé et coupé de haies délabrées; sur le devant du second, deux laboureurs font boire un bœuf et un cheval à un ruisseau; au-delà, à gauche, une arche en pierre, une baraque et de grands arbres; plus loin, à droite, une grange et des paysans prêts à

Estampes encadrées ou en feuilles.

Suite des Morceaux de THIER.

faire passer, sur un petit pont, une charrette chargée de foin; dans la marge du premier Morceau, à gauche : *B. H. Thier inv. et f. 1780.* H. 9 p. à 9 p. 1 l. L. 10 p. 5 à 6 l.

Cinq Epreuves, Eaux-fortes et finies.

Chemin coupé, à mi-côte d'une montagne; à la gauche d'une campagne, à droite une petite rivière; au bas du chemin, un paysan assis; plus loin, quatre autres en marche, l'un d'eux à cheval. H. 9 p. 5 l. L. 8 p. 1 l.

Trois Epr. à différens degrés d'avancement de la planche.

Berger assis sur un tertre; au bas du tertre, deux vaches et deux agneaux; à la droite du berger, une chèvre; son chien est devant lui; plus loin, sur un pont, des paysans et des chevaux; au bas du pont une tour en ruine. H. 6 p. 10 l. L. 8 p. 8 l.

Etudes de têtes, de beliers, de moutons et de chèvres. Trois Morceaux. Pièces de 4 p. 11 l. à 5 p. en carré.

12 Estampes.

TROOSTWYK, (W. J. Van) *dessinateur et graveur à l'eau-forte; né en Hollande, dans le siècle dernier.*

779 1 à 5 Prairies où sont des animaux, savoir : 1 Vache que trait une villageoise; plus loin, à droite, près d'une haie en planches, un âne debout; à gauche, une vache couchée au pied d'un arbre; — 2 Taureau qui sort d'une mare et se frotte à un tronc d'arbre, sans branche; à droite, une vache couchée; — 3 deux Vaches : l'une debout, l'autre couchée; dans l'éloignement, un pâtre et des animaux, et au fond, à droite, un moulin à vent; — 4 deux Vaches au pâturage : l'une broute l'herbe, l'autre, vers la droite, est couchée; entre elles deux, un arbre; — 5 trois Vaches sur le devant d'une prairie : l'une à la droite, est debout, les deux autres couchées près d'un saule; dans l'éloignement, une femme trait une autre vache; à ces Morceaux, sur les ciels : *W. J. van* T*Rooftwyk* ou *W. J. v* T et l'année *1810.* H. 5 p. 4 à 6 l. L. 11 p. 7 à 8 l.

6 et 7 Bœuf au pâturage, à son joug une chaîne; à gauche,

Suite des Morceaux de TROOSTWYK.

dans l'éloignement, des animaux près d'une haie; — Bœuf au pâturage, marchant vers la gauche où est une plante; à ce second Morceau, à droite, sur le ciel : *W. J. v. T.* 1820. H. 3 p. 8 l. L. 4 p. 7 à 8 l.

8 à 12 Chien assis, Chien couché et endormi; autre Etude de chien, et Têtes de vache, de beliers et de moutons. H. 3 p. à 3 p. 11 l. L. 3 p. 3 à 7 l.

12 *Estampes.*

UDEN ou *plutôt* VDEN, (LUCAS VAN) *peintre; né à Anvers, en* 1595; *élève de son père; suivit les conseils de* P.-P. RUBENS. *Van Uden a gravé à l'eau-forte.*

Morceaux gravés par VAN UDEN, *sur ses propres Compositions.*
1 à 12.

780 1 à 12 Différens Paysages avec figures et animaux, savoir : 1 Pays couvert de bois; vers le milieu, près d'un homme assis à terre, qui tient un bâton, deux femmes, des paniers sur la tête, un jeune garçon les accompagne; à droite, une mare; à terre, à gauche : *Lucas V. V. F*[*]. — 2 Trois grands Arbres sur une butte au milieu du devant d'une campagne; à droite, un berger debout, près d'une femme assise, et au coin, à terre, *L. V. V. fe.* — 3 Paysan près d'un homme et d'une femme assis à la gauche d'une campagne; il est debout, appuyé sur un bâton; à droite, une rivière; à terre, au-dessous des figures : *Lucas. V. V.* — 4 Berger gardant des moutons, manque [**]. — 5 Femme assise et deux enfans debout, à la gauche d'une campagne; du côté opposé, au-delà d'un ruisseau, une église et une grande chaumière, et sur le ciel : *Lucas Van Vden fecit. F. V. W. ex.* — 6 Deux Villageois sur le penchant d'une colline, où sont trois grands arbres;

---

[*] On a de ce Morceau des premières Epreuves avant les travaux au burin, et où l'homme n'a pas de bâton.

[**] 4 Berger appuyé sur sa houlette; il est entouré de moutons; au fond, à droite, une pièce d'eau; à gauche, un groupe de quatre arbres; et sur le devant, à une pierre : *Lucas V. V.*

Estampes encadrées ou en feuilles. 369

Suite des Morceaux de VAN UDEN.

à droite, au-delà d'une rivière, une montagne couverte de bois; à terre, à gauche: *L. V. V.* — 7 Deux Cavaliers faisant boire leurs chevaux à une rivière, sur laquelle est un pont d'une seule arche en pierre; près du pont, un monument avec fronton décoré, et une maison; à la gauche, un bois. — 8 Pays où coule une rivière; on y voit une arche en pierre, reste d'un pont détruit; à gauche, deux grands arbres; et en avant, un paysan, une femme et un enfant; à terre, au-dessous de ces figures: *L V V fe.* — 9 Campagne vue au clair de la lune; à droite, un feu, où se chauffent un pâtre et deux enfans; près d'eux, d'un côté, une villageoise trait une vache; de l'autre, trois chèvres; à gauche, où coule une rivière, au bord de l'eau, un vacher et deux vaches. — 10 Villageoise et deux vaches, à peu de distance d'une butte, où est un gros arbre; au milieu du devant, une autre vache, dirigée vers la gauche; près de là, à une pierre: *L V V* — 11 Pays où trois pâtres gardent une vache, des moutons et des chèvres sur une colline; au bord d'une rivière, à droite, un tertre élevé et un grand arbre; au bas du tertre: *L V V F**. — 12 Pâtre et Bergère gardant des moutons près d'une colline couverte d'arbres; vers le milieu, dans l'éloignement, un château précédé d'un grand jardin; sur le ciel: *Lucas Van Vden fecit;* au-dessous: *Fran.c v. Wyngaerde ex*, et au coin de la terrasse: *W*. Cette Suite ne porte pas de n°ⁱ. H. 3 p. 6 à 8 l. L. 2 p. 8 à 9 l.

11 *Estampes.*

I à VIII.

781 13 à 20 Différens Paysages, savoir: I. Homme se reposant près d'une femme assise, un enfant sur ses genoux; à gauche, des buttes couvertes d'arbres; un vaste pays terminé par des montagnes, occupe la droite; de ce côté, sur le ciel: *Lucas van Vden inuenit;* au-dessous: *Franciscus vanden Wijn-*

---

* On a de ce Morceau des Epreuves avant la retouche au burin, et avant les lettres *L. V. V. F.*

Estampes encadrées ou en feuilles.
Suite des Morceaux de VAN UDEN.

gaerde excudit. — II. Canal bordé de bois et d'habitations champêtres; à gauche, un homme assis à terre, à peu de distance de deux troncs d'arbres. — III. Homme près d'une Femme, un panier au bras droit; elle est dans une campagne où est un gros arbre isolé; à terre, à gauche, dans l'ombre : *P A I* *. — IV. Pays dont le sol présente des buttes et des collines couvertes de grands arbres; vers le milieu du devant, où sont assis un homme et un enfant, quelques moutons; au coin, à droite, un ruisseau : sur l'eau : *P A I* — V. Berger gardant des moutons proche d'une rivière; plus loin, à gauche, au-delà d'un terrain élevé, un bois touffu; au milieu et à la droite du fond, des chaumières et une église entourées d'arbres, et sur l'eau : *P A I* — VI. Vue d'un bois, où une paysanne, un enfant dans ses bras, et montée sur un âne, est accompagnée par un villageois; à la droite du devant, une petite butte et deux grands arbres; vers le milieu, un berger assis garde des moutons **. — VII. Campagne où un porcher conduit des porcs; à droite, à une butte, un très-gros arbre; au-delà, des bois; des champs occupent la droite. — VIII. Campagne où chemine une paysanne, un bâton à la main et un panier au bras; à droite, trois saules; un terrain élevé, où sont quatre arbres, dont trois très-gros, et une grande maison occupent la gauche; du même côté, au bord du devant, dans l'ombre : *P A I*. H. 3 p. L. 4 p.

Epreuves où il n'y a pas de n.^{os} en chiffres romains.
8 Estampes.

1 à 6.

782 21 à 26 Différens Paysages, la plupart avec figures, savoir:

---

* Ces lettres paraissent être les lettres initiales des noms du Peintre d'après lequel ce Morceau a été gravé.

** On a de ce Morceau de premières Epreuves avant les travaux au burin : dans ces Epreuves, la jambe gauche du berger et le terrain où paissent les moutons sont blancs; on y voit très-distinctement, au bas de la petite butte, aux deux grands arbres, une plante à larges feuilles, et au bas, les lettres P. A. I. très-faiblement tracées.

Suite des Morceaux de VAN UDEN.

— 1 vaste Campagne; en avant, à droite, deux chaumières, sur un terrain élevé, au bord duquel est un très-gros arbre; sur le devant, au bas du terrain, un homme tient une longue perche; à gauche, et plus loin, une colline couverte de bois; au bord du devant, du même côté, où coule un ruisseau, sur l'eau: *L. V. V.*; au ciel, à droite: *Franc. vanden Wyngaerde exc.* (deux Epreuves, à la seconde seulement *ex.*); — 2 Paysan un sac sur l'épaule; il s'appuye sur un long bâton, et parle à une femme qui porte un panier de chaque main; à gauche, un grand arbre isolé; à droite, des buttes et des collines couvertes de bois, et sur le devant, une mare bordée de roseaux; sur l'eau: *L. V. V*; du même côté, au ciel: *Franc. vanden Wyngaerde exc.*; — 3 Canal bordé d'arbres; vers le milieu du devant, près de touffes de roseaux, une souche; plus loin, à droite, deux monticules, à chacun un grand arbre; au bord du devant, à une pierre: *L V V*; à gauche, sur le ciel: *Franc. vanden Wyngaerde exc.*; — 4 Groupe de Chaumières à la gauche d'un canal bordé de bois; à la droite du devant, deux chasseurs: l'un, le fusil à la main, l'autre retenant un chien; au-dessous du chien, à une pierre: *L. V. V. V. W.*; à gauche, sur l'eau: *F V W ex*; — 5 petite Rivière; elle serpente entre des terrains inégaux, couverts de grands arbres; à gauche, deux hommes, l'un assis à terre, l'autre debout, et sur le devant, à une pierre, près de deux saules: *L. V. V.*; à droite, au ciel: *Franc. vanden Wyngaerde excud.*; — 6 Vue d'un Etang; des collines et des monticules couverts d'arbres, bordent la gauche; près de là, un paysan assis, à côté d'un berger qui garde des moutons; à droite, dans la marge; *Franc. vanden Wyngaerde excud.* (*Epreuve rognée tout près des travaux de la gravure*). Suite sans n°. H. 3 p. 4 à 5 l. L. 4 p. 10 à 11 l.

7 *Estampes.*

1 à 6.

783 27 à 32 Différens Paysages avec figures et animaux, savoir :
1 Berger assis gardant des moutons, au bas d'un chemin

Estampes encadrées ou en feuilles.

Suite des Morceaux de VAN UDEN.

bordé d'arbres; au haut du chemin, des chaumières; au-delà, des champs qu'on voit à la gauche, l'église d'un village; au coin, à droite, à terre : *P. A.*; — 2 Pays où sont à la droite deux hommes, ils tiennent de longues perches; près d'eux, des animaux; plus loin, à gauche, une rivière coule près d'un bois; dans la marge : *Franc vanden Wyngaerde exc.* (*deux Epreuves*, *la première avant la retouche au burin et avant le nom de Wyngaerde; à la seconde, la marge est coupée*); — 3 Pays en partie couvert de bois; au haut d'un côteau, quelques maisons; sur le devant, à gauche, une mare; à droite, deux vieilles souches; au-dessous, dans la marge : *Franc. vanden Wyngaerde excud.* (*deux Epreuves*, *l'une vigoureuse de ton et sans marge*) *; — 4 Femme un vase sur la tête, *manque* **; — 5 Villageois conduisant un chariot attelé de trois chevaux, sur le devant d'une campagne, où sont des chaumières entourées de bois; à droite, une colline couronnée de quatre arbres; du côté opposé, une église avec clocher terminé en pointe, et au ciel : *Franciscus vanden Wijngaerde excudit;* — 6 Campagne à la gauche de laquelle un berger joue de la flûte, assis à peu de distance d'un groupe de vieilles souches, au bord d'un ruisseau qui occupe le devant; plus loin, une grande colline entourée d'arbres, à la droite une chaumière; un vaste pays occupe le fond; à gauche, sur l'eau : *L. V. V. fe;* à droite : *F. V. W. ex.* (*deux Epreuves*, *la première avant* fe *et avant* F. V. W. ex. Suite sans n°. H. 3 p. 3 à 4 l. L. 4 p. 6 à 9 l.

33 Saint Isidore, *manque* ***.

---

* On a de ce Morceau des Epreuves avant la retouche au burin, et avant le nom de *Wyngaerde*.

** 4 Femme un vase sur la tête, et jeune garçon passant devant un homme assis sur une butte, au milieu du devant. *Pièce très-rare.*

NOTA. Aux secondes Epreuves de cette Estampes, les trois figures supprimées, remplacées par celles de deux amours, représentés dans l'action de courir l'un après l'autre.

*** 33 Saint Isidore debout, la tête entourée d'une auréole : il

Estampes encadrées ou en feuilles. 373

Suite des Morceaux de VAN UDEN.

34 Deux Chasseurs dans une campagne : l'un, son fusil sous le bras, l'autre tenant un chien en laisse ; plus loin, deux collines et de grands arbres ; à droite, dans les airs, une volée de six oiseaux ; au bord de la terrasse, du côté où sont les chasseurs : *P A. I.* H. 3 p. 3. l. L. 4 p. 9 l.

Première Epreuve avant les oiseaux.

35 Berger debout : il garde des moutons à la gauche d'une campagne où est un grand arbre ; plus loin, au milieu et vers la droite, des bois, des chaumières, un colombier et une grande maison ; sur le devant, d'un côté, un ruisseau ; de l'autre, à une pierre : *P A I ;* à droite, au ciel : *F. V. W. ex.* H. 3 p. 2 l. L. 4 p. 5 l.

Deux Epreuves, la première avant F. V. W. ex.

11 *Estampes.*

1 à 6.

78¼ 36 à 41 Différens Paysages avec figures et animaux, savoir : 1 Vue d'un Village, *manque* * ; — 2 Berger gardant des moutons près d'un village ; à gauche, une longue charrette à deux roues ; à droite, un grand arbre isolé ; — 3 Pâtre gardant des moutons, assis sur un banc de gazon qui entoure le pied d'un gros arbre : il joue de la cornemuse ; à droite, une route ; — 4 deux Rustres, un jeune garçon et quatre vaches, à la gauche du devant d'une campagne ; plus loin, une grande maison dont le pignon s'élève en degrés ; vers le milieu du devant, un arbre isolé, et à droite, un étang ; — 5 Village avec château, et 6 Hameau où un berger garde trois moutons, *manquent* **. Suite sans nos. H. 4 p. 2 à 4 l. L. 6 p.

---

garde une vache et cinq chèvres, à la gauche d'une campagne ; dans la marge : *S. ISIDORO PON D. MAD.* H. 3 p. 2 l. L. 4 p. 10 l.

* 36 Village où sont un puits et une grande charrette ; vers le milieu du devant, un berger garde des moutons.

** 40 Village où l'on voit, dans le fond, à droite, un château à pignon élevé par degrés ; en avant, au milieu de la Composition, une pièce d'eau ; — 41 Berger debout au pied d'un grand

Estampes encadrées ou en feuilles.

Suite des Morceaux de VAN UDEN.

42 Pays en partie couvert de bois traversés par des chemins : à la gauche d'une route, vers le milieu, un homme, un paquet sur le dos, et tenant un long bâton, est assis à terre, près d'un terrain élevé; plus loin, entre les arbres, des chaumières; on aperçoit au fond, à gauche, un bourg; sur le devant, à une pierre : *L V V*, et à terre : *F. V. W. ex.* H. 3 p. 3 l. L. 6 p. 1 l.

43 et 44 Village garni d'arbres; — Femme faisant l'aumône, *manquent **.

1 à 3

45 à 47 Différens Paysages avec figures, savoir : 1 Campagne en partie couverte de bois et où coule une rivière, dont les eaux viennent vers le milieu du devant, qu'occupe un petit pont en pierre et d'une seule arche; à gauche de la Composition, un villageois, un long bâton sur l'épaule, et une villageoise en marche; à terre, au-dessous de ces figures : *Lucas. V. V.* (les lettres *c. a.* au mot *Lucas*, tracées à rebours), à droite, sur le ciel : *franc. Vanden Wijngaerde ex* ; — 2 Berger et Villageois assis à terre, près de trois moutons, *manque ***; — 3 vaste pays vu par un temps de pluie; à gauche, une colline couverte de grands arbres; près de là et en avant, un villageois appuyé sur un long bâton, parle à une paysanne; derrière lui, deux enfans; du même côté, au

---

arbre : il a un bâton sur l'épaule, et joue de la flûte; devant lui, trois moutons; à gauche, dans le fond, un hameau; au haut, du même côté : *L. V. Vden fecit*; au bas, à droite : *F. v. W. ex.*

* 43 Village garni d'arbres; près d'une colline, un homme précédé d'un chien; à la droite du devant, une femme un panier sur la tête; Estampe sans nom de Maître. H. 4 p. 4 l. L. 6 p. 2 l. — 44 Femme un panier sur la tête; derrière elle un chien; elle fait l'aumône à un pauvre; à gauche, un groupe de petites maisons; sur le devant, un berger et quatre moutons : Estampe sans nom de Maître. H. 4 p. 6 l. L. 6 p. 9 l.

** 46 Berger et Villageois assis près de trois moutons; sur le devant d'un vaste pays, à la gauche, un vieux tronc d'arbre abattu; au bord de la terrasse : *F. v. W. exc.*

Estampes encadrées ou en feuilles.

Suite des Morceaux de VAN UDEN.

coin, à terre : *L. V. V. f.* ; au-dessous, dans la marge : *F. V. W. ex.* (*deux Epreuves ; on ne trouve à la première, sur la terrasse, que les lettres* L. W., *légèrement tracées; Epreuve dont Bartsch ne parle pas*). Suite sans n°^s. H. 3 p. 3 l. L. 7 p. 10 l. à 8 p.

7 Estampes.

785 48 Trois hommes s'efforçant à relever un chariot, sur un chemin, à la droite d'un pays dont le sol présente des monticules et des collines couvertes de bois ; à gauche, une paysanne tire de l'eau à un puits ; plus loin, sous les arbres, des chaumières ; au bas, du même côté, au bord, à terre, au-dessous de troncs d'arbres couchés : *Lucas van Uden pinxit invent. et fecit*, et à droite : *Franc. vanden Wyngaerde excud.* H. 7 p. 1 l. L. 11 p. 3 l.

49 Vaste Pays où serpente une large rivière ; vers la droite du devant, au bas d'une montagne, la Sainte-Vierge, l'Enfant-Jésus dans ses bras, montée sur un âne que conduit saint Joseph ; la gauche de la rive opposée est garnie de rochers couverts de bois ; au haut d'un des rochers, un vieux château ; plus loin, des plaines, et des vallons ; au fond, des montagnes ; dans la marge, à gauche : *Lucas Van Uden pinxit et fecit.* ; à droite : *Franciscus vanden Wyngaerde excudit.* Haut. compris 3 l. de marge, 8 p. L. 11 p. 9 l.

Première Epreuve avant partie des contre-tailles sur les arbres qui couronnent les rochers.

2 Estampes.

50 Vue de l'Abbaye Saint-Bernard, manque *.

---

* 50 L'Abbaye de Saint-Bernard, sur l'Escaut, vue prise à vol d'oiseau ; au bas, à droite, à un cartouche, la dédicace : *Admodum reverendo et Amplissimo Domino D Judoco Gillis*......... et à gauche, dans la marge : *Luc Van Uden fecit.* H. 12 p. 1 l. L. 16 p. 5 l.

Estampes encadrées ou en feuilles.

Suite des Morceaux de VAN UDEN.

Morceaux gravés par VAN UDEN, *d'après différens Maîtres.*

D'après TIZIANO.

1 à 3.

786   51 à 53 Paysages et Vue avec figures et animaux, savoir : 1 Campagne, où deux Pâtres gardent des moutons ; à la gauche, des flammes sortent de monumens en ruine qui couvrent une colline ; à droite, une rivière ; — 2 Ville au bas d'une colline ; dans les airs, vers la droite, un démon fuit à l'aspect de la statue d'une sainte élevée sur le dôme d'un temple ; — 3 Pays couvert de montagnes, entre lesquelles serpente une rivière ; sur le devant, des cavaliers galoppent vers la droite ; au premier Morceau, à gauche, à terre, à une pierre : *L. V.* ; à ce Paysage et au suivant, dans les marges, à gauche : *Titianus inuenit* ; à droite : *Franc. vanden Wyngaerde exc.* différemment écrit ; de plus, au second Morceau, au milieu de la même marge : *L. van Uden fecit* ; au troisième Paysage, à terre, à gauche, les noms de *Titianus* et celui de *Wyngaerde.* Suite sans n°^s. H. 3 p. 3 à 4 l. L. 4 p. 9 à 10 l.

L'Epreuve du premier Morceau est sans marge *.

54 et 55 Deux Paysages : dans l'un, la Sainte-Vierge sort d'une étable, l'Enfant-Jésus sur ses bras ; à sa gauche, saint Joseph appuyé sur un long bâton ; vers le milieu, deux femmes lavent du linge à un ruisseau, que cache la hauteur du terrain ; dans le second Paysage, le Samaritain amène à une hôtellerie un inconnu blessé, qu'il a trouvé sur son chemin, et le fait transporter de dessus son cheval où il l'avait placé ; on remarque à la droite, dans une espèce de niche en planche, attachée à un grand arbre, un groupe représentant la Sainte-Vierge et l'Enfant-Jésus ; à terre, à ces Morceaux, au premier, à gauche, au second, à droite :

---

* On a du premier de ces trois paysages, des Epreuves avant la retouche et avant la lettre ; et du second une assez bonne copie, gravée de sens opposé à l'original ; copie sans marque ni inscription.

Estampes encadrées ou en feuilles.

Suite des Morceaux de VAN UDEN.

Tutianus inuentor; au-dessous : *L. v. Vden fe Franc Vanden Wyngaerde ex.* H. 8 p. 8 à 10 l. L. 13 p. 6 à 7 l.

5 *Estampes.*

D'après P. P. RUBENS.

787 56 Couvent de Capucins ; en avant, de grands arbres et une rivière ; à gauche, deux religieux, un cavalier et une dame tenant un enfant ; devant eux, un chien court à un petit garçon assis sur l'herbe ; du même côté, à terre : *L. V. V. fec.* ; au-dessous : *F. V. W. ex.* H. 8 p. 2 l. L. 11 p. 10 l.

Deux Epreuves, la première avant les tailles passées sur le corps du chien, et avant nombre de travaux et de raccords à toutes les parties de la Composition.

57 Paysan faisant boire deux chevaux à une rivière d'où sortent deux vaches qui viennent de s'abreuver : on les voit sur l rive opposée, où passe une villageoise, un pot à lait sur sa tête ; au milieu et à la gauche de la Composition, des rochers et des bois ; dans la marge, à gauche : *Pet. Paul Rube nius pinxit;* au milieu : *Lucas van Vden fecit;* à droite : *Fran cifcus vanden Wyngaerde excudit.* H. 6 p. 9 l. L. 10 p. 1 l.

3 *Estampes.*

788 58 Deux Villageoises dans une prairie où sont cinq vaches . une des villageoises est debout, un panier de légumes sur l tête ; l'autre à genoux, tient un pot à lait ; une paysann trait la vache la plus éloignée ; à la gauche de la prairie, une rivière : un homme y fait boire deux chevaux ; au-delà un terrain en partie couvert d'arbres et de chau mières ; dans le fond, une église ; sur le devant, vers la gauche, une brouette chargée de légumes, et à droite, à une pierre : *Pet. Paul. Rubenius pinxit. Lucas van Vden fecit.* écrit en deux lignes ; à terre, au milieu : *Francifcus van den Wyngaerde excudit.* H. 7 p. 3 l. L. 11 p.

Deux Epr. ; à la première, qui n'est presque qu'à l'eau-forte, plusieurs parties des terrains ne sont encore couvertes que de tailles simples : elle est aussi avant nombre de travaux ; ce qu'on

Estampes encadrées ou en feuilles.

Suite des Morceaux de VAN UDEN.

remarque plus particulièrement à la partie supérieure des figures du devant, au pot à lait, aux légumes sur la brouette, et aux animaux; cette Epreuve extrêmement rare, dont Bartsch ne parle pas, est avant toutes lettres.

NOTA. Manque à ce Morceau 5 *l. par le haut, et près d'une l. par le bas.*

59 Pays où est un étang; au-delà des bois, près desquels sont des chaumières et des baraques; sur le terrain à la droite du devant, une villageoise à genoux et un villageois incliné devant un vieillard debout, à côté d'une vache; près de là, une jeune fille trait une autre vache; du même côté, au-dessous de deux souches de saules, à une grosse pierre : *Lucas Van Vden fe Fran. V. Wyngaerde ex.*, écrit en deux lignes; à gauche, sur l'eau : *P. P. Rubens. pinxit.* H. 7 p. 9 l. L. 11 p. 8 l.

Première épreuve avant le nom de Rubens.

Morceaux dont BARTSCH *n'a pas donné la description.*

60 Vue d'un vaste Pays; à la gauche et vers le milieu, des collines; une grande chaumière et un gros arbre isolé occupent la première des collines; des habitations champêtres et une église se voyent aux autres; le côté opposé présente des terres entrecoupées de taillis; sur le devant, à gauche, un villageois appuyé sur son bâton, écoute un jeune garçon jouer du flageolet; près de là, un pâtre et des moutons; au coin, du même côté, à une grande pierre : *L. v. V.;* les lettres *F. V. W.* se voyent sur l'eau d'une petite rivière qui coule à la droite. H. 3 p. 2 l. L. 7 p. 8 l.

Deux Epreuves, la première avant des travaux au burin, sur presque toutes les parties de la Composition, principalement aux habitations, aux arbres, aux collines et au terrain, à gauche. Cette Epreuve, un peu grise de ton, est avant la lettre.

5 *Estampes.*

Estampes encadrées ou en feuilles.

ULFT, (Jacob Vander) *peintre; né à Gorcum, en 1627. Ulft a gravé à l'eau-forte.*

789 Vue de l'hôtel-de-ville d'Amsterdam sur le Dam; en avant, à droite, la maison de *Waag* (balance publique); au-delà, l'église dite l'*Eglise neuve*, surmontée d'une tour, dont l'exécution n'a pas eu lieu; à gauche, près de l'hôtel-de-ville, le chemin qui aboutit sur le *Agter-Bergwal*; la place est occupée par un grand concours de peuple et de marchands; aux deux faces apparentes de la maison de *Waag*, dans un cartouche, au bas des armes de la ville, placées entre les croisées: *1565*; au ciel, le titre : FORUM AMSTELO-DAMENSE, DEN DAM, *Vulgo* VOCANT; à gauche, les armes de la ville; des lions leur servent de support; dans la marge, quatre lignes : NOBILISSIMIS AMPLISSIMIS..... *urbem Confluxisse videantur*; à gauche : *Iacobus van Ulft Gorcomiensis delineavit et Fecit aqua forti*; à droite : *Gisbertus a Zijll Excudit.* H. 14 p. 6 l. L. 19 p. 10 l.

Vue du château de Gorcum; à gauche, une grosse tour, dite *la Tour bleue*; quelques bâtimens à voiles et des canots sur le canal qui borde le devant; dans les airs, à une banderole que tient un cigne : *Situatie van't Casteel van Gorinchem aende Merwe......Ia ten lesie*, et trois cartouches armoiriés; celui du milieu soutenu par une guirlande de feuillages; dans la marge, une dédicace à Hugo Boxel, amateur des arts; cette dédicace en trois lignes; aux côtés, des explications en langue hollandaise, précédées de lettres alphabétiques correspondant à d'autres lettres placées dans l'Estampe, au-dessus des différens lieux qui y sont vus; à droite, au-dessous des explications : *Door Iacob vander Ulft geteyckent en gegraveert met Sterck-water. By Paulus Vinok uytgegeven.* H. compris 7 l. de marge, 11 p. 3 l. L. 14 p. 10 l.

Pièces rares.

UMBACH ou VMBACH, (Jonas) *peintre; né à Augsbourg, en 1624. Umbach a gravé à l'eau-forte.*

790 1 à 51 Savoir : 1 saint Michel; 2 Caïn tuant Abel; 3 Fuite de Caïn; 4 l'Arche de Noé; 5 le Déluge; 6 Sacrifice d'Abraham;

Estampes encadrées ou en feuilles.

Suite des Morceaux d'UMBACH.

7 Voyage de Jacob ; 8 David tenant la tête de Goliath ; 9 Pénitence de David ; 10 Elie dans le désert ; 11 Jonas ; 12 Daniel dans la fosse aux lions ; 13 à 16 Susanne au bain (Sujets différemment composés); 17 l'Ange-gardien ; 18 l'Annonciation ; 19 la Visitation ; 20 l'Adoration des Bergers ; 21 et 22 saint Jean dans le désert (Sujets différemment composés); 23 Jésus dans le désert ; 24 Jésus sur les eaux ; 25 Lazare ressuscité ; 26 à 33 Traits de la Parabole du Samaritain (quatre de ces huit Sujets sont différemment composés); 34 à 38 Jésus au jardin des Oliviers (trois Sujets de Compositions différentes) ; 39 Jésus conduit pour être flagellé ; 40 et 41 la Flagellation (Sujet de Compositions différentes) ; 42 le Christ au Roseau ; 43 *Ecce Homo* ; 44 Portement de Croix ; 45 Jésus en Croix ; 46 Descente de Croix ; 47 la Résurrection ; 48 la Transfiguration ; 49 saint Pierre repentant ; 50 les Pélerins d'Emmaüs ; 51 saint Pierre délivré de prison. A cinq de ces Morceaux : *Jonas Vmbach* différemment écrit. H. 2 p. 9 l. à 4 p. 5 l. L. 2 p. 8 l. à 4 p. 10 l. 51 Estampes.

791   52 à 95 Savoir : 52 Jésus enfant dans les bras de saint Joseph ; 53 Jésus et saint Jean enfans ; 54 le bon Pasteur ; 55 la Vierge admirant l'Enfant-Jésus qui dort ; 56 la Sainte-Famille, saint Jean baise le pied gauche du Sauveur ; 57 la Sainte-Famille, saint Joseph fait la bouillie ; 58 la Sainte-Famille, Jésus caresse l'agneau de saint Jean ; 59 la Sainte-Famille, Jésus caresse la Vierge, saint Jean le regarde ; 60 Jésus rayonnant de gloire, debout sur les genoux de la Sainte-Vierge ; 61 la Saint-Famille, saint Jean tient son agneau sur les genoux de la Sainte-Vierge ; 62 la Sainte-Famille et saint Jean, près d'eux l'âne la tête levée ; 63 la Sainte-Famille et saint Jean près d'une colonne ; 64 la Sainte-Famille, la Sainte-Vierge tient le pied droit de son divin fils; 65 la Sainte-Famille, saint Jean à genoux baise la main droite du Sauveur ; 66 la Sainte-Famille, la Sainte-Vierge présente des fruits au Sauveur ; 67 la Sainte-Famille, l'Enfant-Jésus à genoux sur la Sainte-Vierge la caresse ; 68 la Sainte-Famille et saint Jean, saint Joseph est appuyé sur un tronc d'arbre ; 69 à 71 l'Assomption de la Sainte-Vierge (Sujets différemment compo-

Estampes encadrées ou en feuilles.

Suite des Morceaux d'UMBACH.

sés) ; 72 Vierge seule, vue à mi-corps ; 73 Martyre de saint Etienne ; 74 saint Etienne, une palme à la main ; 75 Martyre de saint Laurent ; 76 saint Laurent appuyé sur un gril ; 77 saint Martin ; 78 le Martyre de saint Sébastien ; 79 saint Sébastien mourant ; 80 la Tentation de saint Antoine ; 81 saint George ; 82 et 83 saint Jérôme (Sujet différemment composé) ; 84 à 90 saint François, l'Enfant-Jésus dans ses bras (deux Compositions différentes) ; saint François recevant les stigmates (deux compositions différentes); et les trois derniers : saint François en prière ou en méditation; 91 sainte Appoline ; 92 à 94 la Magdeleine (Sujet différemment composé); 95 une Sainte, un calice à la main ; à deux de ces Morceaux : *J. Vmbach* ou *Jonas Vmbach.* H. 2 p. 6 l. à 4 p. 10 l. L. 2 p. 6 l. à 4 p. 9 l. 44 Estampes.

792 96 à 133 Savoir : 96 Diane et Endymion ; 97 Apollon et Marsyas ; 98 Andromède ; 99 Alexandre et Diogène ; 100 la Charité romaine ; 101 à 127 Sujets de Sacrifice à Pan, Scènes de Bacchanales ; les Saisons représentées par des enfans, etc. ; 128 à 132 Dieux marins, Nymphes et Enfans sur les eaux ; 133 petite Fille et deux petits Garçons dans une basse-cour, le petit garçon qui est à la gauche tient une seringue ; à seize de ces Morceaux : *J. Vmbach* différemment écrit. H. 2 p. 1 l. à 4 p. 7 l. L. 2 p. 9 l. à 4 p. 11 l. 38 Estampes.

793 134 à 180 Vue de *Campo-Vaccino*, Vue des Cascatelles de Tivoli, autres de Monumens et de Ruines, Chasses, Paysages ornés d'épisodes tirés de l'Histoire-Sainte, de Scènes pastorales, et autres : quatorze de ces Morceaux en hauteur, trente-deux en largeur, et un en ovale ; à trois le nom du Maître ; à l'un, ainsi écrit : *Jonas Vmbach in Augspurg 1678.* H. 2 p. 1 l. à 6 p. L. 2 p. 9 l. à 5 p. 9 l. 47 Estampes.

NOTA. La plus grande partie des Epreuves des Estampes d'Umbach, qui composent les quatre articles ci-dessus, sont avant C. P. S. C. M. *Hæred.* Ier. *Wolffij ex.* C. A. V *.

---

* Dans l'Œuvre d'Umbach, que possède le Cabinet du roi de

UYTENBROUCK - VTENBROECK, WTENBROUCK ou **WTENBRVCK**, *surnommé* **LE PETIT MOYSE,** (Moyse Van) *peintre; mort vers le milieu du 17.ᵉ siècle. Imitateur de Corn. Poelemburgh, dont on le croit élève. Wtenbroeck a gravé à l'eau-forte. On trouve aussi de lui des Morceaux au burin.*

794 1 Moyse Van Wtenbrouck, vu à mi-corps; à gauche, au piédestal d'une colonne : *MOYSES VAN WTENBROVCK PICTOR;* au ciel, à droite : *P. Schenk Exc. Amst.* *.

2 à 4 Abraham renvoyant Agar; Agar se retirant dans le désert; l'Ange consolant Agar; à terre, à ces trois Morceaux : *Mo. Wtenbrvck 1620,* différemment écrit. H. 4 p. 8 à 10 l. L. 6 p. 8 à 10 l.

Le premier Morceau avant *Hh* (*H. Hondius*) *ex. sur la pierre;* au second les adresses de Broer Ianssen excu Hage. et de *A. W.* (*Waesberge*) Exc. ; *du troisième Morceau, deux Epreuves, une est avant les montagnes au-delà des arbustes du fond ; les contre-tailles au haut du tronc du gros arbre à droite, et les tailles sur l'eau du ruisseau qui est à la gauche; ces deux Epreuves avant le nom de l'éditeur* **.

France, on trouve les vingt Morceaux ci-après : l'Ombre de Samuel; le Baptême de Jésus-Christ; Homme traîné par un voleur (Sujet de la Parabole du Samaritain); la Samaritaine (deux Compositions différentes de ce Sujet); la prière au Jardin des Oliviers; saint Pierre repentant; la Vierge dans la douleur; la Vierge et l'Enfant-Jésus, leurs têtes entourées de rayons; la Sainte-Famille et saint Jean, saint Jean pose la main droite sur son agneau; saint Christophe; sainte Catherine; sainte Ursule; Pan et Syrinx; Vénus et l'Amour; Satyre présentant du fruit à une Femme; Paysage où est un piédestal surmonté d'un lion; sur la base du piédestal : *Jonas Vmbach f. in Augspurg;* Berger jouant de la flûte en conduisant son troupeau; le Rémouleur, à sa gauche, une femme un panier au bras. (Morceaux dont la Collection de M. le comte Rigal n'offre pas d'Epr.), ce qui porte le nombre des pièces connues de ce Maître à 200.

* Les premières Epreuves sont avant le nom du Maître.

** Aux Epreuves suivantes, le nom de l'éditeur.

Estampes encadrées ou en feuilles.

Suite des Morceaux de UYTENBROUCK.

5 Agar dans le désert, son fils appuyé sur elle ; à droite, au ciel : *Wtenbroeck. fe. C. I. Vifscher ex* *. H. 3 p. 9 l. L. 5 p. 10 l.

6 Agar dans le désert, donnant la main à son fils ; au-dessous des figures : *Mo. V. Wtenbrouck f. Ma V Wtenbrouck ex.* **. H. 3 p. 7 l. L. 3 p. 3 l.

Deux Epreuves, la première avant la lettre ; Bartsch ne parle pas des Epreuves avec la lettre.

7 Agar assise, la main gauche sur ses genoux ; à terre, à droite : *Mo. V. Wt. f. Ma. V. Wt ex.* H. 2 p. 3 l. L. 2 p. 4 l.

8 Agar dans le désert ; à sa droite, un ange sur un nuage ; à terre : *Mo V. Wtenbrouck. f.* H. 4 p. 8 l. L. 3 p. 4 l.

Deux Epreuves, la première avant la lettre ; Bartsch ne parle pas des Epreuves avec la lettre.

9 Abraham marchant à la droite avec Isaac, vers le lieu du sacrifice, au bas : *M Wtenbrouck 1620.* H. 4 p. 9 l. L. 6 p. 9 l.

Deux Epreuves : à la première, dont Bartsch ne parle pas, les montagnes du fond ne sont qu'indiquées : elle est avant les tailles sur l'étang et sur le chemin que suit Abraham.

10 L'Ange, la main droite élevée, ordonnant à Abraham de suspendre le sacrifice de son fils ; à gauche, au ciel : *M Vtenbroeck fecit. 1646. Hh : exc.* H. 5 p. 11 l. L. 7 p. 9 l.

11 Samuel consacrant Saül ; vers la gauche, à une pierre : *WtenBrovck 1620. I. V. V. excu.* H. 6 p. 8 l. L. 9 p. 7 l.

Première Epreuve où les nuages ne sont que légèrement indiqués ; aux suivantes, dont parle Bartsch, vers la gauche, sur l'eau : J. C. Visscher excu.

---

* Aux prem. Epreuves, à la place du nom de *Visscher*, *I. V. ex.*

** Le nom de *Ma V. Wtenbrouck*, suivi de l'abréviation *ex*, qu'on trouve à ce Morceau, et à la plupart des suivans, paraît être celui d'un des parens de Wtenbrouck, propriétaire ou éditeur des planches de ce Maitre.

Suite des Morceaux de UYTENBROUCK.

12 Betzabée au bain ; à droite, une vieille lui présente une lettre; du même côté, à une pierre : *Mo. V. Wtenbrouck f.* H. 4 p. 9 l. L. 3 p. 1 l.

Deux Epreuves, la première avant la lettre ; Bartsch ne parle pas des secondes Epreuves.

13 à 16 L'Histoire de Tobie. — Tobie mettant son fils sous la conduite de l'Ange ; — Tobie effrayé à la vue d'un énorme poisson ; — l'Ange accompagnant Tobie ; — Tobie le père, recouvrant la vue ; au premier Morceau : *M V B 1620*; à gauche : *Broer Jans exou Hage* ; au second et au quatrième : *Mo Wten brovck 1620* et *1621*, différemment écrit. H. 4 p. 9 l. L. 6 p. 9 l.

La Copie du Sujet de Tobie effrayé : dans cette Copie, exécutée dans le sens de l'Original, le graveur a omis l'homme et le bœuf qu'on voit à la droite, dans l'éloignement; du même côté, au bord de la terrasse : M V B.

17 Le Retour d'Egypte : saint Joseph assis devant une hôtellerie ; la Sainte-Vierge, près de lui, caresse l'Enfant-Jésus; à droite, une grande plante. H. 5 p. 7 l. L. 5 p. 10 l.

23 Estampes.

795 18 à 23 La Fable d'Argus ; savoir : Junon confiant à Argus la garde d'Io. — Mercure s'entretenant avec Argus ; — Argus gardant son troupeau ; — Argus engageant Mercure à rester avec lui ; — Mercure endormant Argus ; — Mercure tirant un sabre pour couper la tête à Argus endormi. Au second Sujet : *M V brovck. 1621* H. 3 p. 8 à 10 l. L. 6 p. 8 à 9 l.

L'Epreuve du second Morceau est avant les mots de Marcurius *et* Argus, *au-dessous de chacune des figures, et avant* J. C. Visscher, *sur la pierre au milieu du devant.*

24 Argus écoutant Mercure qui tient sa flûte à la main droite. H. 9 p. 5 l. L. 6 p. 7 l.

25 Argus écoutant Mercure jouer de la flûte ; à droite, sur l'eau : *Mo. V Wtenbrouck. f.* H. 4 p. 6 l. L. 5 p. 6 l.

Deux Epreuves, la prem. avant la lettre ; Bartsch ne parle pas des Epreuves avec la lettre.

Estampes encadrées ou en feuilles.

Suite des Morceaux de UYTENBROUCK.

26 Apollon couronné de lauriers; il joue de la flûte en gardant les troupeaux d'Admète. H. 4 p. 8 l. L. 5 p. 6 l.

Epreuve avant la lettre ; aux Epr. suivantes, au bas, vers le milieu, le nom de Wtenbrouck.

27 et 28 Mercure sous la figure d'un Pâtre, éprouve Battus, qui lui indique le lieu où est caché le troupeau dérobé à Apollon. — Battus puni par Mercure; à ce second Sujet, à droite, sur l'eau : *Mo. V. Wtenbrouck. f.* H. 4 p. 7 l. L. 5 p. 5 l. *.

29 Mercure interrogeant Battus; à la droite, un chien aboye; à terre : *Mo V. Wtenbrouck. f.* H. 5 p. 9 l. L. 8 p.

30 Bacchus près d'Ariadne, dans l'île de Naxos; à droite, la mer. H. 4 p. 3 l. L. 5 p. 4 l.

31 Diane découvrant la grossesse de Calisto ; à gauche, à une pierre : *Mo. V. Wtenbrouck f.* H. 7 p. 4 l. L. 5 p. 8 l.

Deux Epr., la prem. avant la lettre.

32 Vertumne et Pomone; à gauche, au bas du piédestal de la statue de l'Amour : *Mo. V. Wtenbrouck. f.* H. 4 p. 8 l. L. 5 p. 5 l.

33 Silène ivre, étendu à l'entrée d'une grotte; à terre, à droite : *Mo V. Wtenbrouck f.* H. 4 p. 6 l. L. 3 p. 6 l.

Deux Epr., la prem. avant la lettre.

34 Vieillard assis, regardant une grosse citrouille; à terre, à gauche : *Mo. V. Wt. f. Ma. V. Wt. ex.* H. 2 p. 6 l. L. 2 p. 4 l.

35 Femme assise près d'un Enfant qui porte une citrouille ; à terre, à gauche : *Mo. V. Wtenbrouck f.* H. 4 p. 5 l. L. 3 p. 6 l.

Deux Epreuves, la première avant la lettre.

36 Berger parlant à une Femme qui lave du linge à un ruisseau; à terre, à gauche : *Mo. V. Wtenbrouck f.* H. 5 p. 2 l. L. 4 p. 7 l.

Première Epreuve avant le nom de l'Editeur.

---

* Bartsch ne parle que des Epr. avant la lettre; il en est de même des Epr. des Morceaux décrits sous les n.ᵒˢ 29, 32, 38, 40 à 44.

Suite des Morceaux de UYTENBROUCK.

37 Femme assise, allaitant un enfant; devant elle, un autre enfant tient un fruit; à droite, un homme est assis à terre, appuyé sur un petit tonneau. *Mo V Wtenbrouck f.* H. 5 p. 2 l. L. 4 p. 7 l.

38 Nymphe sortant de l'eau : elle reprend ses vêtemens; à droite, dans la marge : *Mo. V. Wtenbrouck. f.* H. 5 p. 2 l. L. 5 p. 2 l.

39 Nymphe sortant d'une fontaine; à gauche, une rivière. H. 4 p. 8 l. L. 5 p. 5 l.

40 Berger surprenant une jeune Femme assise au bord de l'eau; à terre, à droite : *Mo. V. Wtenbrouck f.* H. 5 p. 6 l. L. 5 p. 2 l.

27 *Estampes.*

796 41 à 44 Quatre Paysages avec animaux : dans le premier, des vaches; dans le second, des chevaux; dans le troisième, des chèvres; dans le quatrième, des ânes; sur les terrasses, aux deux derniers Morceaux : *Mo. V. Wtenbrouck f.* H. 5 p. 6 l. L. 5 p. 2 à 3 l.

45 Deux Vaches et deux Chèvres près d'un Berger et d'une Bergère assis à l'ombre; à la droite, à terre : *Mo. V. Wtenbrouck. f.* *. H. 6 p. L. 5 p. 8 l.

46 Femme pressant ses mamelles; à sa gauche, trois enfans; au bas, du même côté : *Mo. V. Wtenbrouck f.* H. 5 p. L. 5 p. 8 l.

Epreuve avant la lettre.

47 Jeune Femme à genoux devant un Vieillard; elle tient un enfant et le lui montre; à une des marches, au-dessus desquelles le vieillard est assis : *Mo. V. Wtenbrouck f.* Sujet dit *le Vieux Tobie.* H. 7 p. 5 l. L. 5 p. 7 l.

Epreuve avant la lettre.

48 et 49 Berger à demi-nu, assis près d'une jeune fille,

---

* On a de ce Morceau de premières Epreuves avant la lettre.

Estampes encadrées ou en feuilles.

Suite des Morceaux de UYTENBROUCK.

à l'entrée d'un antre, où se reposent des animaux; — Jeune Femme effrayée du ravage que fait un ouragan; elle se réfugie dans les bras d'un berger. H. 7 p. 2 l. L. 9 p. 6 l.

NOTA. A terre, à gauche, au second Sujet: Mo. V. Wtenbrouck f. *Bartsch ne parle pas de ces secondes Epreuves.*

50 et 51 Sujets dits *les Indiens*, manquent *.

52 Paysage où, à la gauche, un jeune homme fait marcher un âne et des chèvres. H. 4 p. 9 l. L. 6 p. 8 l.

53 à 58 Six Paysages et Vues de quelques endroits de Rome, tels que la tour de Conti, les Temples du Soleil et de Minerve, etc.; on remarque, dans le troisième Morceau, des voyageurs, dans le cinquième, Jacob luttant contre l'Ange; dans le sixième, un Ange conduisant un jeune Homme. H. 4 p. 6 à 7 l. L. 6 p. 8 à 10 l.

NOTA. Du troisième Paysage (les Voyageurs), deux Epr., la première avant la lettre; Bartsch ne parle pas des secondes Epreuves, où se trouve, au bord, à gauche, sur l'eau: Mo. V. Wtenbrouck f., *et le nom de l'éditeur.*

---

* 50 et 51 Les deux Sujets indiqués par Bartsch sous le titre des *Indiens*, font partie de quatre Estampes gravées par *Wytenbrouck*, pour le livre intitulé : *Tabacologia hoc est Tabaci seu nicotianæ descriptio, medico-chirurgico-pharmaceutica vel ejus preparatio et Usus. In omnibus fermi corporis humani per Joan Neandrun. Lugdimi-Batav*, 1626, *in-4.*, savoir : le frontispice où Apollon et Diane sont vus debout, aux deux côtés de l'exposé du titre; au haut, la Médecine assise entre deux femmes représentant la Chimie et la Botanique. H. 7 p. 4 l. L. 5 p. 2 l. — La manière de cueillir les feuilles du tabac, de le faire sécher, et de le faire filer et presser, représentée dans des Compositions de paysages; ces trois Morceaux, à l'eau-forte, exécutés dans la manière des Sujets de l'Histoire de Tobie; à ces Pièces : *M. V. V. Brovck.* H. 4 p. 3 l. L. 6 p.

NOTA. Bartsch ne parle que de deux des trois dernières de ces quatre Estampes, qui toutes ne sont pas des meilleures productions d'*Wytenbrouck.*

Estampes encadrées ou en feuilles.

Suite des Morceaux de UYTENBROUCK.

Morceaux dont BARTSCH *n'a pas donné la description.*

59 Jeune Femme s'avançant pour caresser un jeune Garçon, assis à la droite, au bord d'une fontaine; du même côté, sur l'eau : *Mo V Wtenbrouck f.* Sujet dit *Salmacis et Hermaphrodite.* H. 6 p. 3 l. L. 7 p. 10 l.

60 Jeune Pasteur assis au bord d'une rivière : son pied gauche est dans l'eau; à ses côtés et derrière lui, des vaches et des chèvres; sur l'eau : *Mo. V. Wtenbrouck f.* Sujet dit : *Apollon gardant les troupeaux d'Admète.* H. 5 p. 6 l. L. 6 p. 11 l.

61 Vue d'un Pays couvert de rochers, où sont quelques fabriques; à la droite, un homme, un grand bâton sur l'épaule, marche près d'une femme; un autre homme les suit; tout au bas de la Composition, à gauche : *Uytenbroeckfe;* à droite, les lettres *ICV* réunies, suivies de l'abréviation *ex.* et un n°. 4. H. 4 p. L. 6 p.

20 *Estampes.*

V....., (J. V.) *dessinateur et graveur à l'eau-forte; né dans les Pays-Bas.*

Vues de Harlem, faites par J. V. V. (*Gesigten Buijten Haarlem Gedaan Door J. V. V.*)

SAVOIR:

1 à 15.

797 1 *De Herreberg Rustenburg*, l'Auberge de Rustenburg, placée à la droite de cette vue; sur le devant, un homme en manteau; vers le côté opposé, trois autres s'entretiennent ensemble; plus loin, une rangée de grands arbres; dans l'éloignement, des barrières; au-delà des avenues.

Epreuve avant les ombres portées par les figures, et avant de secondes tailles; on trouve au ciel des traits de grattoir très-prononcés; traits à peine visibles aux Epr. avec la lettre.

2 *Aan D. ingang Vanden Hout :* ce lieu présente des allées d'arbres, près desquelles sont des barrières; sous les arbres, des cavaliers et des dames; on remarque à droite, deux hommes à cheval, vus par le dos; vers le milieu du devant, un cava-

Estampes encadrées ou en feuilles. 389
Suite des Morceaux de V......

lier en manteau, un chien est à sa droite; à gauche, au-delà des barrières, un homme et une femme suivis d'un chien; au fond, des animaux dans une prairie.

Epreuve avant des tailles aux dos des deux hommes à cheval, et sur leurs chevaux, aux deux figures et sur le chien au-delà de la barrière, au bord, à gauche, à la barrière, et avant les contre-tailles aux ombres portées par les chevaux, le cavalier en manteau, le chien qui l'accompagne, et par le grand arbre à la gauche du cavalier.

3 *Bij,t out Verbrant Huijs:* à la droite de ce site couvert de bois, des maisons bordées par un ruisseau, où sont des ponts de bois; deux larges avenues entourées d'arbres occupent le milieu et la gauche de la Composition; on y remarque un carrosse à deux chevaux, et deux cavaliers; sur le devant, à gauche, trois hommes et une femme; un des hommes est debout; les trois autres personnes assises à terre.

4 *t,Dronken Huijsie s'enden't bos :* un chariot attelé de deux chevaux est à la porte d'un cabaret qui est à la gauche; le conducteur du chariot attend, pour se remettre en route, que ses chevaux aient fini de manger leur avoine; vers le milieu, un homme debout, un bâton à la main, son chien l'accompagne; plus loin, à droite, près d'une forêt qui couvre les plans suivans, des barrières; vers la gauche, une large avenue, où est un chariot en marche.

Epreuve avant des tailles à la droite du ciel, aux arbres, aux terrains près des barrières, au mur du cabaret, et à d'autres parties de la Composition.

5 *De Herreberg Emaus.* L'Auberge dite *d'Emmaüs;* à la gauche, un chemin, au haut duquel est un pont de bois; au-delà de grands arbres; en avant du pont, un villageois, un sac sur l'épaule, et deux hommes à cheval; sur le devant, à droite, un paysan et une paysanne en marche.

6 *Bij't Mennifte Bosie.* Vue près du bois dit des *Anabaptistes;* en avant d'une grande avenue, deux hommes, l'un la canne à la main, l'autre en manteau; à droite, une laitière; du

Estampes encadrées ou en feuilles.
Suite des Morceaux de V.....

côté opposé, où sont des habitations champêtres, deux hommes en marche; dans les fonds, des arbres et des taillis.

Epreuve avant diverses tailles et des contre-tailles sur le vêtement et au chapeau de la laitière, aux ombres portées par les figures, sur le feuiller des arbres et au ciel, principalement à la gauche, au-dessus des habitations champêtres. Cette place, presque blanche, est avant les tailles horizontales qu'on voit aux Epr. avec la lettre.

7 *T'e, Scholenaar.* Une large rivière occupe le milieu et le devant; on y voit trois bateaux; plus loin, des barques à voiles, des maisons villageoises et des arbres bordent la rive gauche; on aperçoit sur le bord opposé, au-delà d'un taillis, des fourches patibulaires.

8 *De Hofstede Sparenhout.* Le château de Sparenhout: cette résidence et les jardins qui l'entourent sont à la droite d'un canal où des hommes naviguent dans un batelet; plus loin, des barques à voiles.

9 *De Tuijnen Langs't Sparen.* A la gauche, un cavalier appuyé sur la balustrade de la terrasse du haut d'une maison, donne des ordres à des hommes qui chargent un canot amarré près des marches du péristile qu'entourent les eaux d'un large canal: les bords du même côté et dans le fond, sont occupés par diverses habitations et des pavillons de forme octogone; à droite, un homme conduit deux femmes dans un batelet; en avant, sur l'eau, trois cygnes.

Epreuve avant des tailles et des contre-tailles au vêtement de l'homme près du canal, au péristile et à la balustrade, et avant les tailles horizontales entre les nuages, au milieu et à la gauche du ciel.

10 *De, Run Molen aan den Omval.* Sur les eaux qui couvrent le milieu, partie de la gauche, et tout le devant, des barques à voiles et des bateaux; à la droite, sur un terrain bordé de joncs, un moulin à vent, et deux baraques entourées d'arbustes; les bords, à gauche, dans l'éloignement et au fond, sont occupés par des villages.

Epreuve avant une figure, des fagots et une rame au bateau

Estampes encadrées ou en feuilles.

Suite des Morceaux de V.....

qu'on voit à la droite, avant des tailles horizontales au ciel, et des tailles à plusieurs nuages à la partie du ciel au-dessus du village qui est à la gauche, et avant plusieurs tailles et des entre-tailles aux eaux.

11 *Half wegen Overveen.* Des maisons entourées d'arbres et de cloisons en planches bordent la droite d'un chemin qui conduit au village d'Overveen; vers la gauche, au haut du chemin et sous des arbres, un chariot et des villageois en marche; dans le fond, des montagnes.

Epreuve avant des tailles et des contre-tailles à plusieurs parties des maisons et des arbres, et avant les tailles horizontales au-dessous des nuages, principalement au milieu et à la droite du ciel.

12 *'t Dorp Overveen.* Le village d'Overveen : en avant, à gauche, une auberge; près de là un palfrenier tient un cheval de main; vers le milieu du devant, un homme debout, un bâton et un pot à la main; à droite, à côté d'une haie en paille, deux paysannes se reposent, et deux hommes marchent près d'une femme en route, montée sur un âne.

13 *Op't holf....* Ce lieu présente un grand chemin bordé de longues avenues fermées par une barrière; en avant de la barrière, six bœufs et vaches, deux couchés et quatre debout; à gauche, un vacher, un seau à la main; quelques figures se voient sur les plans suivans; on aperçoit dans le fond le pavillon d'un château.

14 *T'huys Bredenoden.* Vue du château de Bredenoden; près des ruines de ce château, une chaumière; sur le devant, à gauche, deux hommes au bord d'un tertre où est un arbre; au bas du tertre, une femme assise et un homme debout; vers le milieu, un paysan à pied et un rustre à cheval; à leur droite, une villageoise et un villageois en route. H. 5 p. 4 l. L. 6 p. 8 l.

15 Ruines qu'on croit être celles du château de *Kleef*; à gauche de ces ruines, une chaumière; près de là, deux chevaux au pâturage; vers le milieu, trois vaches couchées; plus

Suite des Morceaux de V.....

loin, à droite, trois autres vaches. H. 5 p. 2 à 4 l. L. 6 p. 8 l. à 7 p.

Prem. Epreuves avant la lettre et avant les n.^{os}; on trouve aux Epr. avec la lettre : à la première, dans la marge du haut, le titre Gefigten Buijten Haarlem, Gedaan Door J. V. V. *A cette pièce et aux onze autres, à droite, dans les marges du bas, où les titres se trouvent en hollandais, des n.^{os} de* 1 *à* 12.

798 Vues de Harlem, Estampes répétées des douze premiers Morceaux de l'article précédent.

Epreuves avec la lettre et avec les n.^{os}.

VADDER, (LUCAS ou LOUIS DE) *peintre; né à Bruxelles, vers* 1560. *De Vadder a gravé à l'eau-forte.*

1 à 8.

799 1 à 8 Différens Paysages, savoir : 1 Campagne coupée par un chemin bordé de collines, où sont un chevrier et une chèvre; à droite, un grand arbre; à gauche, une chaumière. — 2 Pays coupé de chemins creux; à gauche, au-delà de grands arbres, une maison, à la droite de laquelle on voit, au revers d'un sentier, un villageois, par le haut du corps seulement. — 3 Large Chemin, où un homme est appuyé sur son bâton; à gauche, une maison entourée de buissons; dans le fond, des montagnes *. — 4 Canal, où, vers le milieu du devant, on aperçoit avec peine deux canards; au bord opposé, de grands arbres; à droite de la Composition, une hutte. — 5 Pays où l'on arrive par trois sentiers à un chemin bordé de grands arbres; près de là un homme assis sur une butte; à gauche, au haut d'une route, deux voyageurs en marche. — 6 Villageois et Villageoise assis vis-à-vis l'un de l'autre sur une route; ils jouent du flageolet et du tambour de basque; plus loin, une colline couronnée d'arbres; à droite, une chaumière. — 7 Campagne; on y voit à la droite des collines; au-delà, quatre chaumières; du côté opposé, au bas d'une

---

* On a de ce Morceau de premières Epreuves avant la figure.

Estampes encadrées ou en feuilles.

Suite des Morceaux de DE *VADDER.*

butte couverte de grands arbres, une fileuse et deux chèvres. — 8 Grande Chaumière; au-delà, des bouquets d'arbres; à la gauche, une route; du même côté sur le ciel : *Luc de Vadder fecit;* au-dessous : *Francifcus vanden Wijngaerde excudit.* Cette Suite ne porte pas de n°°. H. 2 p. 7 à 8 l. L. 3 p. 7 à 9 l.

Deux Suites d'Epreuves (le troisième Morceau excepté, qui ne s'y trouve qu'une fois); les 1, 2, 4, 5, 6 *et* 7 *premiers paysages avant les figures et les animaux; le* 8.e, *la grande chaumière, avant la lettre et à l'eau-forte seulement.*

NOTA. *Bartsch ne parle pas de la plupart de ces prem. Epr.*

9 Le Fauconnier, manque *.

15 *Estampes.*

800 10 Rivière bordée de collines couvertes de grands arbres; à terre, à gauche : *LDVadder fe*, les trois premières lettres du prénom et du nom liées ensemble; tout près du trait carré, à la droite du ciel : *franc*,, *Vanden Wijngaerde excud*,, *Ant.* H. 5 p. 4 l. L. 7 p. 2 l.

Deux Epreuves, la première à l'eau-forte seulement, est avant les noms d'auteur et d'éditeur; on y trouve à terre, à gauche, les lettres LDV réunies; la seconde est avant un n°. 5, *qu'on trouve à la droite, aux troisièmes Epreuves.*

11 Vaste Pays, vu à l'instant d'une ondée; un chemin qui conduit vers un bois traverse le devant; à gauche, dans l'éloignement, un village au bord d'une rivière; au-delà, des montagnes; au-dessous du trait carré, à gauche : *L. De*

---

* 9 Le Fauconnier à cheval, un faucon sur le poing : ses pas paraissent dirigés vers le spectateur; un chasseur à pied l'accompagne; on remarque à gauche, sous l'avant-toit d'une maison, un homme qui tient un bâton; à terre, du même côté : *LDVadder fe*, les trois premières lettres du prénom et du nom réunies. H. 3 p. 7 l. L. 5 p. 10 l.

NOTA. On trouve de ce Morceau de premières Epr. avant les figures; à ces Epr. seulement, les lettres *LDV* réunies.

Suite des Morceaux de DE VADDER.

Vadder. pinxit et Fecit ; au milieu : *Franciscus Vanden Wijn-gaerde exoudit* ; à droite : *Vorsterman* ; on aperçoit, à la suite de ce dernier nom, quelques traces du mot *excud*. H. 8 p. 1 l. L. 12 p. 7 l.

Deux Épr., la prem. avant les mots *Franciscus Vanden Wijngaerde excudit*, et avec le mot *excud.* à la suite du nom de Vorsterman.

4 Estampes.

VANNI dit VANNIUS, (FRANCESCO) *peintre; né à Sienne, en 1563; mort dans la même ville, en 1609; étudia sous* ARCH. SALEMBENI, BART. PASSEROTI *et* GIO. DE VECCHI. *Vannius a gravé à l'eau-forte.*

801 Saint François vu jusqu'aux genoux, assis, appuyé contre un rocher : il tient de ses deux mains un crucifix, sur lequel sa tête est posée; Sujet dit *l'Extase de saint François;* à gauche, un ange sur un nuage, joue du violon ; dans la marge, quatre vers : *Desine dulciloquas Ales...... huius amafse lira* ; à la suite : *fran.° Van.°-Sen. fec.* H. 8 p. 5 l. L. 6 p. 8 l.

Pièce rare : cette Epreuve provient du cabinet de Saint-Yves, n.° 445 de notre Catalogue.

La Copie de l'Estampe du Sujet de saint François en extase, gravée dans le sens de l'Original ; cette Pièce, exécutée au burin, et sans nom d'auteur, est beaucoup moins grande; elle n'offre que partie de la Composition précédente ; la gauche ayant été tronquée, on n'y voit plus l'ange ni le nuage qui le portait. H. 7 p. 1 l. L. 4 p. 10 l.

VELDE, (ESAIE OU ISAIE VAN DEN) *peintre; né en Hollande, vers 1590; mort dans le 17.ᵉ siècle. Les eaux-fortes suivantes sont attribuées à Isa. Van den Velde.*

802 Des Hollandais accourus sur le bord de la mer, pour voir et me-

Estampes encadrées ou en feuilles.

*Suite des Morceaux d'*ISAIE VAN DEN VELDE.

surer une baleine, qui y vint échouer le 28 décembre 1614. H. 6 p. L. 11 p. 4 l. — Famille de Paysans à la porte de leur chaumière; à gauche, dans l'éloignement, un village. H. 6 p. 4 l. L. 8 p. 6 l. — 21 Petits paysages faisant partie de différentes Suites; aux deux premiers Morceaux et à la plupart des autres : *Esijas* ou *Esaijas Vanden Velde invent.* différemment écrit. 23 Estampes.

VELDE, (JEAN VAN DE) *peintre; né à Leyde, à la fin du* 16.e *siècle; élève de* MOY. VAN UTEN- BROECK. *J. V. de Velde a gravé différens Sujets et des paysages, les uns à l'eau-forte, d'autres à l'eau-forte et au burin.*

Morceaux Par J. V. DE VELDE *sur ses propres Compositions.*

803 Sorcière faisant paraître différens spectres; Sujet dit *la Magicienne*, 1626. H. 7 p. 5 l. L. 10 p. 7 l.

1 à 4.

Les Saisons représentées par des paysages avec des Scènes pastorales, 1617. Suite avec des n.^{os} de 1 à 4. H. 11 p. 3 l. L. 15 p. 6 l.

1 à 13.

Les Mois de l'Année : au bas du titre de cette Suite, où l'Eté est représenté par une jeune fille, et l'Hiver par une femme agée : *Amstelredami, Excudebat Joannes Janfonius junior.* Suite sans n.^{os}. H. 5 p. 5 l. L. 7 p. 10 l. Le titre est de 5 p. 7 l. de haut.

1 à 12.

Les Mois de l'année : à chaque pièce, dans la marge, quatre vers, et le n.^o au premier Morceau, au-dessous du mot *IANUARIUS*, dans une banderolle, trois lignes d'inscription : *V. CL. D. Petro Venio municipii Hagensis syndico...... D. D. N. I. Vifcherius;* à droite, près du n.^o : *J. V. Velde Fecit.* H. 9 p. 7 l. L. 13 p. 3 l.

30 Estampes.

804 Soixante petits Paysages en largeur, divisés en cinq Suites de douze Morceaux, avec des n.^{os} de 1 à 12; à quatre de ces Suites, au premier Morceau, le titre, où sont les

Estampes encadrées ou en feuilles.

Suite des Morceaux de JEAN VAN DE VELDE.

noms de J. V. de Velde et de l'éditeur : *C. I. Visscher*, et à deux de ces Pièces, l'année *1616*.

Morceaux par J. VAN DE VELDE, *d'après différens Maîtres.*

1 à 4.

805 L'Histoire du prophète Jonas, savoir : 1 Jonas reçoit l'ordre de Dieu d'aller prêcher à Ninive; — 2 Jonas jeté dans la mer; — 3 Jonas exhortant le peuple de Ninive à faire pénitence; — 4 Jonas, après être sorti de Ninive, s'endort à l'ombre d'une plante. Sujets d'après Buijtenweg; au bas des Compositions, des n.os de 1 à 4.; dans les marges, deux vers latins. H. 5 p. 9 l. L. 3 p. 10 l.

64 *Estampes.*

1 à 4.

Les Quatre Elémens : dans les marges, quatre vers, et à droite, les n.os 1 à 4; à gauche au premier Morceau : *Buijtenweg in G. Valck ex;* à terre, au quatrième : *W Buijttewech jnvent 1622.* H. 6 p. 4 l. L. 6 p.

1 à 4.

Les Quatre Elémens, savoir : la Terre, représentée par un marché où l'on vend des troupeaux de bœufs; — l'Air, par un retour de chasse à l'oiseau; — le Feu, par des canonniers qui font des épreuves de canons; — l'Eau, par des pêcheurs qui vendent du poisson sur le bord de la mer. Ces Sujets d'après Buijtenweg; dans les marges, quatre vers, les titres, les lettres *W. B*, et des n.os de 1 à 4. H. 6 p. 5 l. L. 10 p. 3 l.

1 à 6.

Suite de Paysages avec figures; dans la marge, aux deux premiers : *G. Vander. Horst invent;* aux trois suivans : *G. V. H. In.;* au dernier, à la gauche de la terrasse : *G Horst inve*, différemment écrit; à ces Morceaux des n.os de 1 à 6. H. 7 p. 2 l. L. 10 p. 5 l.

Marche de Troupes espagnoles dans les Pays-Bas, pendant les années 1638, 1641 et 1645, et Scènes militaires, d'après Jacob Martss de Jonge; *le premier Morceau en quatre feuilles*, avec des n.os de 1 à 4; à la première feuille, à

Estampes encadrées ou en feuilles.

Suite des Morceaux de JEAN VAN DE VELDE.

une banderolle : DISCESSVS HISPANICI PRÆSIDII TRAIECTI AD MOSAM A.° 1632. DIE 23 AUGUSTI H. 7 p. 11 l. L. des feuilles réunies, 38 p. 1 l. *Le second Morceau*, en deux feuilles, avec les n.ᵒˢ 1 et 2 ; à la première, sur le ciel : HOC ORDINE ATQ. HAC FORMA EX ARCE GENAPIENSI EGRESSUM VENLOUM UERSUS SE CONTULIT PRÆSIDIUM HISPANICUM IULY 29 ANNO 1641. H. 7 p. 6 l. L. des feuilles réunies, 21 p. 10 l. ; *le troisième Morceau* en deux feuilles marquées des lettres *a b* ; au ciel, à la feuille *b* : DEN TOCHT VAN T'SPAENS GUARNESOEN UYT HULST, DEN V. NOVEMBER M. VIᶜ XLV. H. 8 p. 8 l. L. des feuilles réunies, 21 p. 6 l. ; *le quatrième et le cinquième Morceaux*, dans les marges, entre huit vers hollandais, à l'un : DIE WAECHT DIE WINT ; à l'autre : ONDER OF OVER. H. 7 p. 11 l. L. 11 p.

Deux Vues de Ponts sur la Meuse. H. 4 p. 8 à 9 l. L. 9 p. 2 à 3 l.

25 *Estampes.*

806 Un Homme et une Femme chantant pendant une nuit de carnaval, à la porte d'un hollandais sorti pour les écouter ; au fond, à droite, une mascarade, où un homme porte au bout d'un bâton une grande étoile lumineuse ; — des Femmes hollandaises accourant avec des lumières, pour voir danser des enfans. Sujets piquants d'effet, d'après de Molyn. H. 7 p. 6 à 7 l. L. 6 p. à 6 p. 3 l.

1 à 4.

Quatre Paysages : au premier, où un bouvier fait abreuver quatre bœufs ; à droite, au ciel : *P. Molyn jnv. J. V. Velde fecit C. I. Visscher excudebat ;* à ces Morceaux, à terre, ou sur l'eau, des n.ᵒˢ de 1 à 4. H. 7 p. 6 l. L. 12 p. 4 l.

Des Voleurs arrêtant un coche à l'entrée d'un bois, qui est à la droite, d'après E. Van de Velde ; dans la marge, six vers de Van Rhein, poète hollandais ; à gauche : *E. V. V. Jnv.* ; à droite : *J. V. Velde fecit et excudit.* H. 9 p. 8 l. L. 15 p. 7 l.

Estampes encadrées ou en feuilles.
Suite des Morceaux de JEAN VAN DE VELDE.

1 à 4.

L'Histoire de Tobie, savoir : 1 Tobie donnant la bénédiction à son fils, à l'instant de son départ; — 2 Le jeune Tobie prêt à saisir le poisson; — 3 Tobie instruit par l'ange Raphaël; — 4 Tobie et son fils reconnaissant l'Ange au moment où il disparait à leurs yeux; à droite, au ciel, au premier Morceau : *Wtenbroeck. Inv. I. V. Velde. fecit. et ex.*; sur les terrasses des n.ºˢ de 1 à 4; dans les marges, quatre vers latins. H. 5 p. 6 à 7 l. L. 7 p. 6 à 8 l.

11 *Estampes.*

807 Olivier Cromwel vu à mi-corps, en cuirasse et tête nue, dirigé vers la droite; portrait dans un ovale; aux angles de l'ovale, les lettres *O. C. P. R.* entourées de palmes et de lauriers; au bas, à gauche : *Frans Carelfe Excudit;* à droite : *Velde Sculp.* H. 15 p. L. 11 p. 4. l.

Pièce rare, gravée au burin et au pointillé, sur un cuivre préparé pour la manière noire.

Jacob Zaffivs, archidiacre à Harlem, d'après Hals, en 1630 — Bern. Palvdanvs, médecin, d'après Pot.

3 *Estampes.*

VELDE, (ADRIEN VANDE) *peintre; né en Hollande, vers* 1639; *mort en* 1672; *élève de J.* WYNANTS. *Les eaux-fortes gravées par Vande Velde sont touchées avec sentiment; on y trouve l'imitation de la nature portée à un haut degré de perfection.*

1 à 10.

808 1 à 10 Différentes Prairies avec figures et animaux, savoir : — 1 Vacher debout, vu par le dos : il sonne du cor, et de sa main droite tient la longe du licou d'un taureau, sur la croupe duquel il est appuyé; au ciel, à gauche : *A. V. V. f. 1659* (le chiffre 9 à rebours); à droite : *Juft. Danckers exc.*; — 2 Vache couchée : elle semble ruminer; à droite, dans l'éloignement, une vache près de deux moutons au

Estampes encadrées ou en feuilles.

Suite des Morceaux d'ADR. VANDE VELDE.

pâturage ; sur le devant, vers la gauche, à une grosse pierre : *Adriaen Vande Velde. f. 1657* (le chiffre 6 à rebours); — 3 deux Bœufs : l'un debout, l'autre couché et vu par derrière ; plus loin, à droite, un bœuf pâture ; on aperçoit dans le fond des animaux ; à gauche, au bord du devant : *A. V. Velde f.* ; — 4 Vache debout dont le pis est plein ; à gauche, dans l'éloignement, une vache et un mouton couchés ; sur le devant, à droite : *A, V, V f* ; — 5 Vache marchant vers la droite, où l'on voit, dans l'éloignement, deux autres vaches près d'un saule ; au ciel, à gauche : *A. V. V;* — 6 Bœuf dans l'eau d'un ruisseau, au bord d'un pré, où l'on aperçoit, dans l'éloignement, à gauche, deux vaches et deux moutons ; du même côté, au ciel : *A. V. V f;* — 7 Cheval sur le devant d'une prairie : il mange l'herbe ; plus loin, au milieu et à gauche, un autre cheval et trois moutons ; dans le fond, des animaux près d'une chaumière ; à la gauche du devant : *A, V, V, f.* — 8 Veau dans un pré : il avance à gauche en mangeant l'herbe ; vers le milieu, dans le fond, trois moutons et deux vaches ; à droite, derrière les jambes du veau, à la coupe d'un tronc d'arbre, à terre : *A. V. Velde f. 1659*, légèrement tracé à rebours ; — 9 deux Chiens se battant pendant que deux autres rongent une carcasse ; on aperçoit, dans le fond, un autre chien ; il court vers la gauche ; au ciel, de ce dernier côté : *A. V. Velde, f. 1657;* — 10 Chèvre et Chevreau couchés près d'une petite colline, à peu de distance d'une baraque en planches ; à droite, sur le haut du terrain, une brouette renversée ; du même côté, au ciel : *A, V, Velde, f,* Suite sans n°². H. 4 p. L. 4 p. 11 l.

Les Copies des 1.re, 3.e, 4.e, 5.e, 6.e *et* 8.e *Estampes précédentes, gravées de sens opposé aux originaux : à droite, à terre, à la prem. de ces Copies* (*le Vacher*) : P V Somer.

16 *Estampes.*

1 à 3.

809   11 à 13 Vaches et Bœuf dans des prairies, savoir : 1 Vache au pâturage dans un pré ; plus loin, à droite, près d'un gros arbre,

Estampes encadrées ou en feuilles.

Suite des Morceaux d'ADR. VANDE VELDE.

deux moutons, l'un debout, l'autre couché; au milieu, tout au bord de la terrasse : *1670 A. V. V. F.*; — 2 Bœuf pie, sur le devant d'un pré où il broute l'herbe; plus loin, à droite, un belier et un mouton couchés; à gauche, dans le fond, un mouton se dirige vers des buissons; de ce dernier côté, tout au bord de la terrasse : *A. V. V. F.*; au-dessous : *1670*; — 3 deux Vaches dans un pré : l'une debout, tournée de profil, l'autre couchée et vue de face; plus loin, un grand arbre; à droite, au-delà d'une petite rivière, des arbustes; à gauche, tout au bord de la terrasse : *A. V. V. F.* Suite sans nos. H. 4 p. 6 à 10 l. L. 5 p. 9 l. à 6 p. 11 l.

Morceaux placés au rang des plus excellentes productions de Vande Velde : les Epreuves que nous venons de décrire sont brillantes de ton et parfaites de conservation.

3 *Estampes.*

1 à 3.

810 14 à 16 Différens Animaux, savoir : 1 Brebis debout sur le devant d'un pré : elle allaite un agnelet; plus loin, à gauche, un agneau couché; derrière lui, une grande plante; tout au bord de la droite, à terre : *A. V. V. F. 1670*; — 2 Belier et Mouton couchés sur l'herbe : l'un regarde vers le spectateur, l'autre vu par le dos; au fond à gauche, un très-petit arbrisseau, et tout au bord de la terrasse, vers le même côté : *A. V. V. F. 1670*; à droite, dans la marge, la lettre *A* légèrement tracée; — 3 la Chèvre, manque*. Grandeur des deux Morceaux que nous venons de décrire. H. 2 p. 6 l. L. 3 p. 6 l.

Superbes Epreuves.

2 *Estampes.*

811 17 Campagne coupée par un chemin de traverse : d'un côté, près d'une haie en paille et d'un arbre ébranché et sans feuilles, une bergère caresse son chien; elle est assise sur un

---

* 16 Chèvre couchée, tournée de profil, dirigée à droite, où plus loin est un agnelet qui se gratte le dos; au bas, à gauche : *A. V. V.* H. 2 p. 6 l. L. 3 p. 7 l.

Estampes encadrées ou en feuilles.

Suite des Morceaux d'ADR. VANDE VELDE.

panier renversé, contre un berger, couché à terre, vu par le dos; à la droite, deux moutons près d'une chèvre et d'une vache debout; derrière la vache, au revers du terrain, un autre mouton et une chèvre; à gauche, au ciel : *Adrijaen, Vande, Velde, fe, et, Ex, 1653,* tracé en trois lignes; dans la marge, à gauche : *A. vande Velde Pinx.;* vers la droite : *Jsack Houwens : Excudit.* Ces noms gravés au burin. H. 7 p. 5 l. L. 9 p. 11 l.

Première Epreuve, d'un ton léger et argentin; on y voit à droite, derrière la vache, à une demi-ligne du trait carré, un rond blanc, d'environ deux lignes, les tailles à cette place n'ayant pas été atteintes par l'eau-forte. Cette Epreuve extrêmement rare, dont Bartsch ne parle pas, est avant les noms de Vande Velde et d'Houwens dans la marge.

812 La même Estampe répétée.

Seconde Epreuve, beaucoup plus vigoureuse de ton que la précédente : ici, la place blanche est couverte de tailles et de contre-tailles, travaux très-apparens; dans la marge, les noms de Vande Velde *et d'*Houwens.

La Copie de l'Estampe précédente (la Bergère et le Berger) gravée dans le sens de l'Original; à gauche, au ciel, le nom et l'année beaucoup mieux imités que le Sujet, dont l'exécution n'approche pas de l'esprit et de la finesse qui distingue si éminemment la pl. de Vande Velde. A cette Copie, moins grande d'une ligne et demie sur la hauteur et de deux lignes sur la largeur, on ne trouve pas dans la marge les noms de Vande Velde et d'Houwens.

813 18 et 19 La Porte du Bourg où viennent de passer une villageoise montée sur un bouriquet, et un jeune garçon à pied : un paysan qui ramène des champs un âne chargé de paniers et deux moutons les précèdent; à la droite, deux tours; à gauche, des fabriques et un cabaret; près de là, quatre hommes à table; du même côté, au ciel : *A. V. Velde. f.;* au-dessous : *1653* (le chiffre 3 à rebours). — Halte de deux chasseurs, près de trois colonnes surmontées d'un entablement en ruine;

Suite des Morceaux d'ADR. VANDE VELDE.

l'un prend une coupe des mains d'un jeune garçon ; l'autre, descendu de cheval, boit dans une tasse ; derrière le cheval de ce dernier, un valet et des levriers ; à la droite, près d'un chemin, au revers d'un monticule, deux paysans ; vers le fond, un cavalier et un piéton, à peu de distance du mur du jardin d'une maison dont un pavillon borde la droite de la Composition ; à gauche, au ciel : *A. V. Velde f. 1653* (dans cette Epr., les deux derniers chiffres ne sont pas visibles). Morceaux de 4 p. 6 à 7 l. en carré.

Pièces extrêmement rares.

20 Le Paysan et la Paysanne, manque *.

3 *Estampes.*

814 21 Paysan à cheval, en large manteau et en chapeau rond, arrivant sur un terrain élevé : il se dirige vers la gauche ; derrière lui, au revers du terrain, un villageois à pied son bâton sur l'épaule, précède un mulet chargé et un bœuf que conduit une paysanne ; on aperçoit à droite, dans l'éloignement, un pâtre, des moutons, deux baraques et quelques arbres ; sur le devant, du même côté, une vieille barrière, des plantes et des broussailles ; à gauche, au ciel : *A. V. Velde. f.* ; au-dessous : *1653*, tracé en grands caractères. H. 6 p. 3 l. L. 7 p. 4 l.

Morceau extrêmement rare : l'Epreuve que nous avons ici laisse beaucoup à désirer.

La Copie de l'Estampe précédente (le Paysan à cheval), gravée dans le sens de l'Original ; à gauche, au ciel, comme à la pl. de Vande Velde, le nom de ce Maître

---

* 20 Paysan debout appuyé sur un bâton ; à sa gauche, une femme un panier au bras, près d'elle un chien ; plus loin, derrière le paysan, un arbre sans feuilles et une baraque en paille ; on aperçoit vers le milieu, entre les figures, deux moutons. Morceau sans nom de Maître et sans date. H. 4 p. 5 l. L. 4 p. 7 l.

NOTA. Nous avons ici la Copie de ce Morceau, gravée dans le sens de l'Original ; à droite, au ciel, près du trait carré : *A. Bartsch sc.* Cette Copie porte près d'une ligne de moins sur la hauteur.

Estampes encadrées ou en feuilles.

Suite des Morceaux d'ADR. VANDE VELDE.

et l'année ; à droite, près du trait carré : *A. Bartsch sc.*
Copie moins grande d'une ligne sur la hauteur.

2 *Estampes.*

Morceaux dont BARTSCH n'a pas donné la description.

815 22 Paysage en partie bordé par une rivière ; à droite, deux villageois debout, plus loin ; une chaumière et une hôtellerie ; près de l'une, un chariot dételé, des voyageurs et un chariot à quatre roues sont devant l'autre ; à gauche, au bord de l'eau, une baraque sur pilotis ; on aperçoit à l'horizon le clocher d'une église de village ; du même côté, sur le ciel, une volée d'oiseaux, et vers la droite, presque au-dessus de l'hôtellerie : *A V Velde f* Morceau peu terminé. H. 1 p. 10 l. L. 3 p. 2 l.

NOTA. On ne connaît jusqu'à présent que deux Epreuves de cette Estampe ; l'une, celle que nous venons de décrire ; l'autre est dans la Collection du roi des Pays-Bas.

816 23 Fileuse assise près d'une tente où un homme est couché : elle parle à un villageois placé à ses pieds dans un chemin creux, et appuyé sur l'épaisseur du terrain ; plus loin, à gauche, un âne et deux chèvres ; du même côté, au ciel : *A. V. Velde. f.* ; au-dessous : *1653* (le chiffre 3 à rebours). H. 2 p. 3 l. L. 3 p. 3 l.

Cette Epreuve, la seule connue jusqu'à ce jour, provient de la Collection de M. Van Leyden fils, Collection vendue à Amsterdam, en 1811.

817 24 Le Cavalier et les deux Chasseurs : le cavalier, la main gauche élevée, paraît indiquer un rendez-vous à un des chasseurs debout près de lui, le chapeau à la main, son fusil sur l'épaule, la crosse en arrière ; derrière eux, un grand arbre ; l'autre chasseur est assis du côté opposé, sur le penchant du terrain, la main posée sur son fusil placé sur l'herbe ; derrière lui, cinq chiens d'espèces différentes ; à gauche, au ciel : *A. V. Velde f 1653*, le tout tracé à rebours. H. 2 p. 4 l. L. 3 p. 2 l.

Cette Epreuve est ainsi que celle de l'Estampe précédente (la Fileuse), la seule connue jusqu'à ce jour : elle provient pareillement de la Collection de M.r Van Leyden fils.

VERBEECQ, (P.....) *peintre; a gravé à l'eau-forte.*

818 Vieillard habillé à l'oriental : il est assis dans un fauteuil, placé sous un baldaquin; un homme à genoux devant lui, semble l'écouter; à sa gauche, un cavalier qu'une femme âgée tient par la main. La scène se passe dans un monument d'architecture gothique; au haut, à gauche : *R. M.* *. H. 5 p. 2 l. L. 4 p. 6 l.

Berger assis dans une campagne; sa toque est ornée d'une plume : il a la jambe gauche croisée sur sa cuisse et la main appuyée sur sa hanche; plus loin, à gauche, une chèvre, et dans le fond, des ruines; à terre, au milieu du devant : *P. Verbeecq 1619.* Sujet composé dans un ovale. H. 3 p. 7 l. L. 4 p. 10 l.

VERELST ou VERHELST, (GILLE) *graveur à l'eau-forte et au burin; né à l'Abbaye d'Etal, en Bavière, dans le siècle dernier; élève de* ROD. STAERKEL *et de* J. GEOR. WILLE.

819 L'Enlèvement d'Hippodamie, d'après Van Dyck. — Jeune Garçon qui tue les puces de son chien, d'après Terburg et L'Oiseleur : Pièces en haut. 3 Estampes en haut., la prem. de plus grande proportion que les deux autres.

Les Epreuves de la première et de la dernière de ces trois Estampes sont avant la lettre.

---

* Gersaint a décrit ce Morceau sous le n.° 343 du Catalogue de l'Œuvre de Rembrandt; au nombre des Pièces attribuées à ce Maître, en en parlant, ce biographe s'exprime ainsi : *On y voit écrit le nom de Verbeecq.* Ce nom ne se trouve pas à l'épreuve que nous venons de décrire. On a depuis attribué ce Morceau à *M. Rodermont.*

Estampes encadrées ou en feuilles. 405

VERSCHURING ou VERSCHUURING, (Henri) *peintre; né à Gorcum, en 1627; mort dans la même ville, en 1690; élève de* J. Both. *Verschuring a gravé à l'eau-forte.*

820 1 et 2 Déroute de Cavalerie ; deux cavaliers qui viennent de quitter le lieu du combat, se portent vers la gauche ; l'un a un bouclier, l'autre sonne du cor ; à droite, une pyramide. — Voyageur en manteau et à cheval, une femme montée sur un âne un enfant devant elle, l'accompagne; un chien court après eux; plus loin, à gauche, au haut de montagnes couvertes d'arbres, deux villageois; à la droite du devant, à ces Morceaux : *H. Verschuring f.* H. 7 p. 4 l. L. 5 p. 6 l.
Du second Sujet, deux Epreuves*.

3 et 4 Dogue couché cherchant ses puces ; à gauche, un levrier vu par le dos parait hurler. — Levrier debout : il regarde à la gauche où sont deux chiens de chasse, l'un couché, l'autre debout ; à ces Morceaux, à terre, sur les devants, à gauche, les lettres *HVS* réunies. H. 2 p. à 2 p. 1 l. L. 5 p. 2 à 6 l. La seconde Pièce est la plus grande.

5 *Estampes.*

VISSCHER ou DE VISSCHER, (Corneille) *dessinateur et graveur hollandais ; florissait dans le 17.ᵉ siècle.*

Morceaux gravés par C. Visscher, sur ses propres Dessins.

821 La Fricasseuse ou Faiseuse de Gateaux à la poêle, nommés en Hollande, *koucks* (beignets) ; elle est assise devant une cheminée, entre un vieillard qui allume sa pipe et un enfant un beignet dans les mains ; derrière le vieillard, une jeune fille debout : son regard se porte vers la porte d'entrée dont le bas est

---

* Les premières Epreuves du Sujet représentant une déroute de cavalerie sont avant les travaux au cou du cheval du cavalier qui a un bouclier.

Suite des Morceaux de CORN. VISSCHER.

fermé, en dehors, et près de la porte, un paysan un vidrecome à la main; un chat sur un rouet, et des ustensiles de ménage occupent la droite du devant; vers la gauche, à terre, dans l'ombre : *Corn. Vifscher Inv. et fculp.* H. 16 p. L. 12 p. 10 l. et demie.

Première et rare Epreuve avant les mots Clemendt de Ionghe exc. *ordinairement placés à terre, entre le chenet de la cheminée et la partie ombrée où se trouve le nom de Vifscher**.

822 Jeune Garçon une chandelle à la main; à sa gauche, une jeune fille qui semble lui parler, tient de ses deux mains une souricière fermée où est une souris; la scène est éclairée par la clarté de la chandelle que tient le jeune homme : Sujet de demi-figures; Morceau piquant d'effet, connu sous le titre de *la Souricière.* H. 5 p. L. 7 p. 3 l.

Première Epreuve.

823 Gellius de Bouma, ministre de l'Evangile à Zutphen, représenté assis, vu jusqu'aux genoux; à sa droite, une table, où est un grand livre ouvert et un petit papier; à ce papier : *C. de Vifscher ad vivum deli. et fculp.* écrit en trois lignes; dans la marge, quatre vers latins : *Ora viri vultumq. vides..........,* et quatre vers hollandais : *Leev' lang, ó weerde Man......*

---

* Aux secondes Epreuves, le nom de *Clemendt de Ionghe;* aux troisièmes, le nom de *N. Visscher* substitué à celui de Clemendt de Ionghe; aux Epreuves tirées après la retouche de la pl., il n'y a aucun nom d'Editeurs. On observera que lors de cette retouche, les chairs, et principalement le front de la fricasseuse, ont été empâtés avec de gros points, et qu'en effaçant le nom de l'éditeur, on a anticipé sur la partie ombrée où est placé celui de Corn. Visscher; que cette place n'a pas été raccordée du même ton que la partie ombrée.

Suite des Morceaux de CORN. *VISSCHER.*

à la suite : *J. Vifscherus*; au milieu de la marge, au-dessous des vers, l'année 1656 (ici cette année est grattée); tout au bas, l'adresse *J. Covens* et de *Cor. Mortier.* H. 12 p. 11 l. L. 10 p. 6 l. *.

Coppenol, maître écrivain de Hollande, vu jusqu'aux genoux, assis, tenant une plume à la main droite : Portrait connu sous le titre de *l'Ecrivain* ; dans la marge, huit vers hollandais : *Op. de print vligens altoos t'famen C. Vifscher........ Anno* 1658 (année de la mort de Coppenol). H. 9 p. 7 l. L. 8 p. 3 l. et demie.

Epreuve avant toutes lettres, et où le pli de la manche est ébarbé **.

2 *Estampes.*

---

* Aux prem. Epr., dites *Epreuves au livre blanc* (extrêmement rares à trouver), il n'y a d'écriture qu'au feuillet gauche, à l'endroit où le livre est ouvert. Des douze lignes qui y sont tracées, le mot *Amsterdam* qui forme la douzième, est le seul lisible. Aux secondes Epr., à l'un des feuillets qui précède celui où sont les douze lignes finissant par le mot *Amsterdam*, le commencement de cinq versets figurés par des tailles, entre lesquels trente lignes de points indiquent les lettres des lignes. Aux troisièmes Epr. (comme celle du n.° 823 ci-dessus), au-dessous des vers latins et hollandais, l'année *1656*, et tout au bas de la marge : *Tot Amsterdam by Johannes Covens en Cornelis Mortier.* Les quatrièmes Epr. ont été tirées après l'année 1656 et l'adresse effacées sur la Pl.; elles sont, en général, assez faibles de ton, et imprimées, ainsi que les Epr. avec l'année, sur un papier plus fort que celui qu'on a employé lors du tirage des secondes Epreuves.

** On trouve des premières Epreuves avant toutes lettres, où le pli sur toute la longueur de la manche droite de la robe de l'écrivain est très-fortement prononcé ; nous venons de décrire les secondes Epreuves ; aux troisièmes Epreuves, dans la marge, les vers hollandais, le nom de *C. Visscher*, et l'année *1658*.

Estampes encadrées ou en feuilles.

Suite des Morceaux de CORN. *VISSCHER.*

Morceaux par C. VISSCHER, d'après différens Maîtres.

824 Femme vue en buste, la main sur sa poitrine, d'après Mazzuoli. — Villageoise et jeune Garçon gardant des animaux; Scène de voleurs au clair de lune, Pièces en haut.; le Maréchal, Pièce en larg: ces trois derniers Morceaux d'après Laer. 4 Estampes.

NOTA. *Le premier des Morceaux précédens fait partie de la Suite d'Estampes dite le* Cabinet de Reynst. *Quelques curieux attribuent la dernière à J. VISSCHER.*

1 à 4.

825 Différens Paysages avec figures et animaux, savoir: 1 Berger en gilet de peau de mouton; il est à cheval, et passe une rivière. — 2 Femme sur un âne et Paysan à pied. — 3 Paysanne, un panier sur la tête; elle est debout, près d'une vachère qui trait une vache. — 4 Paysan près d'une Femme assise sur un âne, un enfant dans ses bras; aux ciels, à ces Morceaux: *C. Berghem delineavit C. Visscher f.* différemment écrit; à la première et à la quatrième Pièce, les noms à la droite; aux deux autres, du côté gauche. H. 9 p. 8 à 10 l. L. 7 p. 7 à 8 l.

Prem. Epr. avec les noms à la pointe sèche*.

1 à 4.

826 Différens Paysages avec figures et animaux, savoir: 1 Paysan monté sur un âne qu'il fait boire à une fontaine, où une femme lave du linge. — 2 Pâtre appuyé sur une vache; il parle à une paysanne assise

---

* Aux secondes Epr., les noms gravés au burin, et l'adresse de *Cl. de Jongh;* aux troisièmes Epr., le nom de *Nic. Visscher.*

Estampes encadrées ou en feuilles.

Suite des Morceaux de CORN. VISSCHER.

à la gauche, et allaitant un enfant. — 3 Une Femme et des animaux passant à gué une rivière, où à la droite un paysan fait boire son cheval. — 4 Vieux Pâtre assis à la gauche d'une campagne, où sont treize animaux. A ces Morceaux, les noms de Berghem et de Visscher ainsi écrits : *C. Berghem delin.* 1665. *C de Vifscher f.* au premier sur la fontaine. A ce même morceau, dans la marge : *Cleméndt de Ionghe excudit.*........ Suite avec des n.os de 1 à 4, au coin des marges, à droite. H. 7 p. L. 9 p. 9 à 10 l.

827* Intérieur de Tabagie; des hommes, des femmes et des enfans y sont réunis devant une cheminée : un des premiers a le dos tourné au feu; un second assis près de là, tient sa pipe de la main droite et de l'autre des pincettes; à terre, près de lui, deux patins : Composition de neuf figures, d'après Adr. Van Ostade. Sujet nommé en Hollande, *les Patineurs.* H. 15 p. 9 l. L. 10 p. 8 l.

Epreuve avant les noms d'Adrien Van Ostade et de Visscher, dite ainsi Epr. avant la lettre.

VISSCHER ou DE VISSCHER, (JEAN) *graveur à l'eau-forte, et dont plusieurs planches sont terminées au burin; né à Amsterdam, dans le* 17.e *siècle.*

828* 1 Le Bal : la scène se passe dans une grande chaumière, où des paysans boivent et se divertissent, pendant qu'un homme et une femme dansent aux sons de la vielle et du violon d'un jeune garçon et d'un vieillard, placés à la droite; dans la marge, à gauche : *C. Berghem pinxit;* au milieu : *Johannes Vifscher fecit;* à droite : *Juftus Danckerts excudit.* H. 14 p. L. 17 p.

Epreuve avant la lettre.

Estampes encadrées ou en feuilles.

Suite des Morceaux de JEAN VISSCHER.

829 Le Bal : Estampe répétée.

Epreuve avec la lettre et avec les mots Juſtus Danckerts excudit *.

2 et 3 La Couseuse ; elle est assise vers la droite, au pied d'un arbre, près d'un mur en ruine ; derrière l'arbre, un pâtre couché ; sur les devants, un âne, trois bœufs ou vaches et deux moutons. — La Fileuse et le Pâtre assis à la droite, près d'un grand rocher : ils gardent des animaux ; devant eux, un rustre charge un cheval ; dans les marges, à chaque Morceau, à gauche : *C. Bergham pinxit* ou *delineavit J. Viſscher fecit ;* à droite : *Frederick de Widt excudit.* H. 12 p. 3 à 9 l. L. 16 p. 7 l.

*Anciennes Epreuves **.*
3 *Estampes.*

830 4 Le Repos ; on y voit à la gauche, près d'un rocher, une femme et un enfant couchés et endormis ; en avant, un homme assis vu par le dos ; près d'eux, une vache et des chèvres ; l'enfant est nu, et l'homme et la femme à peine couverts ; dans la marge, quatre vers : *Cessit Bruma...... bonitate potiri ;* au-dessous : *Joannes de Viſscher fecit Nicalaus P. Berchem pinxit.* H. 10 p. 9 l. L. 14 p. 1 l.

Epreuve avant la lettre ; de Winter ne parle pas de ces Epr. ***.
1 à 4.

831 5 à 8 Quatre Paysages ornés de Sujets, savoir : 1 Villageois en gilet de peau de mouton ; il est à cheval, et fait la charité à un enfant qui est à sa droite ; dans la marge, quatre vers : *Rufticus exiguo..... variabilis Aulæ.* — 2 Bergère qui trait une chèvre ; près de là, à gauche, un âne ; en avant, un

---

* Aux Epreuves suivantes, après le mot *excudit, Cum privilegio ordin Hollandiæ West-friſiæ.*

** Les premières Epreuves sont avant la lettre.

*** Catalogue de l'Œuvre de Berghem, par *Hendrik de Winter, Amsterdam, 1767, in-8°.*

NOTA. Les secondes Epreuves sont avec la lettre ; aux troisièmes, l'adresse de *de Widt ;* les quatrièmes avec celles de *N. Visscher ;* on a ajouté aux suivantes, l'adresse de *P Schenk Iunior.*

Estampes encadrées ou en feuilles.

Suite des Morceaux de JEAN VISSCHER.

mouton couché; dans la marge, quatre vers: *Aspice ut obsequio..... parere negabis ?* à ces deux Morceaux, au-dessous des vers : *Joannes de Visscher fecit. Nicolaus P. Berchem pinxit. Nicolaus Visscher excudit.* H. 8 p. 10 l. L. 11 p. 11 l. — 3 Pâtre gardant des animaux près d'une rivière où une vache vient de boire ; il est debout à la gauche, appuyé sur un bâton; Epr. sans aucunes lettres ; la marge du bas est blanche (rare Epr. dont de Winter ne parle pas). — 4 Berger assis près d'une haie en paille ; il joue de la cornemuse en gardant des animaux; sur le devant, à gauche, une jeune fille trait une brebis ; à ces deux derniers Morceaux, dans les marges, à gauche : *C. Berghem Invent. J. Visscher fecit;* à droite : *Frederick de Widt excudit :* Suite sans n.ºˢ. H. 9 p. 1 l. L. 12 p. 3 à 6 l. 4 Estampes *.

1 à 4.

832 9 à 12 Les Quatre Heures du Jour, savoir : 1 AURORA ; à droite, un paysan selle un âne ; à la gauche du second plan, la boutique d'un maréchal pratiquée dans un rocher. — 2 MERIDIES ; à gauche, sur le devant, une paysanne donne à teter à un enfant; vers la droite, trois bœufs et deux moutons. — 3 VESPER : pâtre sur un âne ; il parle à une bergère qui porte un agneau ; vers la droite, deux vaches et deux chèvres dans l'eau. — 4 NOX : jeune garçon et jeune fille au bord d'une rivière ; à gauche, une vache dans l'eau. Cette dernière Composition offre un clair de lune ; à ces Morceaux, à gauche, dans les marges : *C. Berghem inventor;* au-dessous : *J. Visscher fecit* (à la seconde Pièce seulement, après le nom de Berghem, le mot *invent.*); à droite : *Justus Dankerts Excudit.* Suite sans n.ºˢ. H. 10 p. 10 l. à 11 p. 1 l. L. 13 p. 3 à 6 l.

Anciennes Epreuves.

1 à 4.

833 13 à 16 DIVERSA ANIMALIA QUADRUPEDIA, savoir : 1 Vache buvant à une fontaine; près d'elle une bergère,

---

* Les Epreuves suivantes du Sujet où est le joueur de cornemuse, sont avec le nom de *G. Valk.*

Estampes encadrées ou en feuilles.

Suite des Morceaux de JEAN VISSCHER.

deux moutons et un belier; plus loin, une autre vache; à gauche, un paysan sur un mulet; en avant de la fontaine, *C. Berghem Inv.*; à la droite du bassin: *J. Visscher fecit.* — 2 Deux Vaches, un Belier, deux Moutons et un Chien buvant à une rivière; au bord de l'eau, à gauche, un jeune garçon parle à une femme qui lave du linge; plus loin, sur une ruine: *C. Berghem f. Johan. de Visscher aqua for.* — 3 Un Mulet, un Ane, dans les paniers duquel sont des agneaux, et cinq moutons conduits par un pâtre prêt à les frapper avec un bâton; à la droite, un chien marche en avant. — 4 Villageois à genoux raccommodant le fer d'un âne, ce que regarde un pâtre debout, appuyé sur un long bâton; à gauche, derrière le villageois, un mulet chargé, et sur le devant, un chien couché; à droite, dans les marges, des n.os de 1 à 4; à la première, l'adresse de *Frederick de Widt.* H. 10 p. 4 à 7 l. L. 13 p. 11 l. à 14 p. 3 l.

L'Epreuve de la première de ces Estampes est avant la lettre (de Winter ne parle pas de cette Epr.) ; les autres brillantes et rigoureuses de ton *.

1 à 6.

17 à 20 Suite de Paysages avec figures et animaux, savoir: 1 Halte près d'une ruine; une femme à cheval, un verre à la main gauche, y parle à un homme en manteau. — 2 Les Paysannes en voyage; elles marchent à la gauche, vers le lieu qu'un pâtre leur indique. — 3 Paysan à cheval, et petit pâtre un bâton à la main; deux vaches, deux moutons et une chèvre les précèdent; en avant, vers la droite, une jeune fille. — 4 Paysanne portant un fagot; elle marche à côté d'un bouvier à cheval, à la droite duquel sont trois bœufs. — 5 Villageois sur un âne, et jeune Fille à pied au bord d'une rivière où sont deux bœufs et une chèvre; à droite de la rive opposée, dans l'éloignement, quatre bœufs tirent une charrue. — 6 Vieux Pâtre debout, appuyé près d'une muraille en ruine; à sa gauche, une vache couchée; dans la marge, à la première de ces six Estampes: *N. P. Berchem*

---

* Les premières Epreuves de ces quatre Estampes sont avant la lettre, et avant les n.os.

Estampes encadrées ou en feuilles.

Suite des Morceaux de JEAN VISSCHER.

pinxit. *P. Schenk excudit J. Vifscher fecit.* Suite sans n.ᵒˢ,
H. 10 p. 1 à 2 l. L. 12 p. 9 l. à 13 p. 1 l.

Epreuves anciennes et sans marge *.

1 à 4.

21 à 24 Différens Paysages avec figures et animaux, savoir :
1 Pêcheurs occupés à tirer un filet de l'eau ; dans la marge :
C. Berghem Delineavit J. Vifscher f. Nicolaus Visscher excudit. — 2 Femme sur un mulet. — 3 Pâtre debout près d'un homme nu assis à terre. — 4 Le Pâtre et les Blanchisseuses : les trois dernières Pièces sans noms d'auteurs ; à droite, dans les marges, aux quatre Morceaux, des n.ᵒˢ de 1 à 4. H. 12 p. 10 l. L. 11 p. 1 l. **.

14 *Estampes.*

1 à 4.

834   25 à 28 Différens Paysages avec figures et animaux, savoir :
1 Berger un bâton à la main gauche qu'il tient élevé vers un pilier en pierre ; à l'entablement du pilier : *C. P. Berchem invent. I. Vifscher. fecit.* — 2 Pâtre jouant de la musette. — 3 Berger passant un gué : son chien l'accompagne, et trois vaches le précèdent ; — 4 la Bergère et les Bucherons ; dans les marges, à droite, des n.ᵒˢ de 1 à 4. H. 9 p. 7 à 9 l. L. 7 p. 8 à 9 l.

Premières Epreuves avant la lettre et avant les n.ᵒˢ ***.

1 à 4.

835   29 à 32 Différens paysages avec figures et animaux, savoir :
1 Bergère debout près d'une fontaine ; devant elle, une jeune

---

* Les premières Epreuves sont avant la lettre ; les deuxièmes avec le nom de *F de Widt.*

** Aux premières Epreuves le nom de *Cl. de Jonghe.* Nous venons de décrire les secondes. Aux troisièmes, au-dessous du nom de Berghem : *P. Schenk junior excudit ;* n.º 53.

*** Les secondes Epreuves avec la lettre, et les n.ᵒˢ ; aux troisièmes Epreuves, le nom de F. de Widt ; aux quatrièmes Epreuves, dans la marge du premier Morceau : *Printed for, & Sold by J Dubois at yᵉ Golden Head near Cecile Street in yᵉ Strand.* écrit en une seule ligne.

Estampes encadrées ou en feuilles.

Suite des Morceaux de JEAN VISSCHER.

fille trait une chèvre; à gauche, une vache vue par derrière; sur la fontaine : *C. Berghem delin : J. Vifscher fecit.* — 2 Pâtre qui garde trois vaches et deux agneaux; — 3 la Laitière et le Pâtre; sur le devant, trois vaches, deux moutons et une chèvre; — 4 le retour des champs : oh y voit une villageoise assise sur un âne chargé d'un fagot; dans les marges, à droite, des n.° de 1 à 4. H. 9 p. 9 à 10 l. L. 7 p. 6 à 7 l.

Epr. avec l'adresse de *Frederick de Widt* * et avant le n.° au Morceau où sont les noms (de *Winter* ne parle pas de cette Epr.).

1 à 4.

33 à 36 Différens Paysages avec scènes pastorales, savoir : 1 Berger assis sur un bloc de pierre; il caresse une jeune fille debout à sa droite; dans la marge : *C. Berghem delineavit*, l'adresse de *Frederick de Widt* et *J. Vifscher fecit.* — 2 le Bac : on le voit à la gauche; — 3 Pâtre et jeune Fille sur des mulets; — 4 Berger une flûte à la main gauche : près de lui une vache debout; plus loin, du côté opposé, des paysans et des animaux à une fontaine, contre un monument en ruine. A ces trois derniers Morceaux les noms d'auteurs. A droite, dans les marges, aux quatre Pièces, H. 6 p. 8 à 10 l. L. 10 p. 3 l.

Premières Epreuves **.

1 à 4.

37 à 40 Différens Paysages, Scènes pastorales, savoir : 1 Berger assis à la droite d'une campagne où sont huit animaux, vaches, chèvres et moutons; dans la marge : *C. Berghem delineavit*, l'adresse de *Frederick de Widt* et *J. Vifscher fecit.* — 2 Repos du Berger et de la Bergère; — 3 les trois Pâtres; à droite deux vaches, une chèvre et un mouton; — 4 les Vaches et les Laitières. A ces trois derniers Morceaux les

---

* Aux secondes Epreuves, l'adresse de *Danckerts.*

** Aux secondes Epreuves, tirées après divers travaux faits aux planches, ce qu'on remarque principalement au quatrième Morceau, où le berger et la vache sont presque entièrement teintés de secondes tailles, l'adresse de *Danckerts.*

Estampes encadrées ou en feuilles.

Suite des Morceaux de JEAN VISSCHER.

noms d'auteurs; Suite avec des n.°s de 1 à 4, placés à la droite, dans les marges. H. 9 p. 11 l. L. 9 p. 2 l.

*Premières Epreuves *.*

12 *Estampes.*

1 à 4.

836 41 à 44 Vues des bords du Rhin, savoir: 1 Vue du Rhin; à gauche, un pâtre, deux vaches et un mouton, derrière une femme montée sur un mulet; le fleuve où sont une vache et une chèvre est à la droite; — 2 Pâtre à demi-couché à terre près d'une fileuse assise; — 3 Fileuse debout, et huit animaux, vaches, chèvres et moutons au bord du Rhin; — 4 Villageois, Villageoise et des Animaux dans une campagne : leur marche se dirige vers le Rhin qu'on aperçoit dans l'éloignement; sur le devant, à droite, un jeune garçon à pied près d'une paysanne montée sur un mulet. A ces Morceaux, dans les marges, à gauche : *Joannes Visscher fecit*; au milieu : *N: P. Berghem inventor*; à droite : *Nicolaus Visscher excudit*, et des n.°s de 1 à 4. H. 5 p. 4 à 7 l. L. 8 p. 4 à 5 l.

*Epreuves avant la lettre et avant les n.os **.*

1 à 4.

837 45 à 48 Paysages avec figures et animaux, savoir: 1 l'Ane qui rue; — 2 la Laitière; — 3 les deux Aniers; — 4 la Fileuse debout près d'une blanchisseuse. A ces Morceaux: *C. Berghem delin. J. Visscher fe.*; ces noms à droite sur les ciels (la seconde Pièce exceptée, où les noms sont dans la marge). Suite avec des n.°s de 1 à 4, placés à la droite des marges. H. 5 p. 4 à 5 l. L. 7 p. 11 l.

*Epreuves avant la lettre et avant les n.°s; de Winter ne parle pas de ces Epreuves ***.*

---

* Aux secondes Epreuves, l'adresse de *J. Danckerts*.

** Aux secondes Epreuves, la lettre et les n.°s; elles sont de l'édition de *N. Visscher*; aux troisièmes, *Renier et Josua Ottens excudit.*

** Aux secondes Epreuves, l'adresse de *Cl. de Jonghe*, celle de

Estampes encadrées ou en feuilles.
Suite des Morceaux de JEAN VISSCHER.

1 à 6.

49 à 54 Paysages avec figures et animaux, savoir : 1 Berger gardant des animaux à peu de distance d'une ruine, où on lit, sous une voûte et dans l'ombre : *C. Berghem Invent. J. Visscher fecit*. — 2 l'Ane qui pisse; — 3 Pâtre sur un bœuf; au haut, à droite, à une roche : *Visscher fecit;* — 4 Villageois et Villageoise sur un âne, et deux bœufs passant une rivière ; — 5 Laitière un pot à la main gauche; un chien l'accompagne et deux bœufs la suivent : ils passent un gué; — 6 les deux Anes près d'une mangeoire ; à droite, dans les marges, des n.ᵒˢ de 1 à 6. H. 5 p. à 5 p. 2 l. L. 6 p. 7 à 9 l.

Epreuves avec l'adresse de Justus Danckerts *.

1 à 6.

55 à 60 Paysages avec figures et animaux, savoir : 1 Conducteur de mulets : il est à pied, enveloppé dans un large manteau; à ce Morceau, dans la marge, à gauche : *C. Berghem invent;* au milieu, l'adresse de *Justus Danckerts* ; à droite : *I. Visscher fecit.* — 2 Paysan sur un âne; à sa droite, une jeune fille à pied; — 3 Femme à cheval : elle passe un gué; un villageois marche à sa droite; — 4 Pâtre couché à la gauche d'une campagne où sont quatre bœufs et un mouton ; — 5 Pâtre sur un âne; devant lui un homme en manteau ; — 6 vieux Pâtre parlant à une Bergère. Suite sans n.ᵒˢ. H. 5 p. 4 l. L. 7 p. à 7 p. 3 l.

Anciennes Epreuves, la première avant toutes lettres **.

Théod. Danckerts, se trouve aux troisièmes; aux quatrièmes enfin, l'adresse de *N. Visscher*.

* Aux Epreuves suivantes, l'adresse de *Frederick de Widt*.

** Aux secondes Epreuves, l'adresse de *Justus Danckerts*, gravée au milieu de la marge du premier Morceau de cette Suite, à des Epreuves postérieures à ce même Morceau; au coin de la terrasse, à gauche, n.° 15.

NOTA. On a de deux de ces Estampes, de la première et de la troisième, des Copies gravées en sens contraire des Originaux, savoir : une du Conducteur de mulet, et deux différentes de la Femme à cheval passant un gué.

Estampes encadrées ou en feuilles.

Suite des Morceaux de JEAN VISSCHER.

1 à 8.

61 à 68 Paysages avec figures et animaux, savoir : 1 Paysage à la droite duquel des eaux tombent en cascade ; près de là, un pâtre debout, boit dans son chapeau ; dans la marge, à gauche : *C. P. Berghem delineavit ;* au milieu, l'adresse de *F. de Widt ;* à droite : *I. Visscher fecit ;* — 2 Cheval près d'une auge ; — 3 Paysanne qui trait une vache ; près de là, deux chèvres et un mouton ; — 4 les trois Brebis, une est debout ; — 5 les deux Bœufs et la Brebis au bord de l'eau ; — 6 le Muletier et les deux Mulets passant l'eau ; — 7 les trois Bœufs, un est couché ; — 8 Pâtre appuyé sur une barrière : il parle à une bergère ; à droite, au ciel : *Berchem.* A cette Suite, à terre ou sur l'eau, des n.os de 1 à 8. H. 5 p. 3 à 5 l. L. 7 p. 3 à 9 l.

Premières Epreuves avec le nom de de Widt *

69 Paysan et Paysanne, et deux Bœufs arrivant pour passer une rivière : la paysanne est déjà dans l'eau, où son chien la suit ; dans la marge, à gauche : *Berghem Inv. ;* à droite : *I. Visscher fecit.* H. 4 p. 8 l. L. 5 p. 8 l.

25 *Estampes.*

D'après ADR. VAN OSTADE.

838 Les Joueurs de trictrac sous la treille ; Le Dévideur et la Fileuse, Pièces en hauteur ; la Danse à la porte d'un cabaret ; Bal dans une grange ; Noce de Villageois ; deux Scènes de fumeurs et de buveurs, Pièces en largeur ; Ivrogne à côté d'une Paysanne qu'il veut caresser : derrière l'ivrogne, un homme debout. Sujet de demi-figures, connu sous le titre du *Tâtonneur.*

8 *Estampes.*

839 Le Repos (3.mes Epreuves), et six Suites diverses, savoir : Berger au pilier, 4 Pièces (2.mes Epreuves) ; Bergère à la fontaine, 4 P. (3.mes Epreuves) ; Berger caressant une jeune Fille, 4 P. (2.mes Epreuves) ; Berger assis, gardant des animaux, 4 P. (1.res Epreuves) ; Vues du Rhin, 4 P.

* Aux secondes Epreuves, l'adresse de *Jus Danckerts.*

Suite des Morceaux de JEAN VISSCHER.

(2.mes Epreuves); Berger debout, appuyé sur un bâton, et gardant des animaux, 6 P. (1.res Epreuves); le Conducteur de mulets, 6 P. (2.mes Epreuves); tous ces Morceaux d'après Berghem, Epr. répétées des Pièces que nous avons précédemment décrites sous les n.ºs 830, et 834 à 837. 33 *Estampes.*

VIVARÈS, (FRANÇOIS) *graveur à l'eau-forte et au burin; né à Lodève, près de Montpellier, en* 1709; *mort à Londres, en* 1782. *Vivarès a reçu des leçons d'*AND. LAURENT, *et s'est formé sur les ouvrages de Swanevelt et sur ceux de Gab. Perelle.*

840 Vue des Environs de Naples (*A View near Naples*), d'après Claude le Lorrain, 1769. Est. en larg.

841 Le Château enchanté (*The Enchanted Castle*), d'après Claude le Lorrain : Sujet dont la pl. a été terminée par *W. Woollett*, 1780. Est. en larg.

842 Paysages, les uns ornés d'Episodes tirés de la Fable; aux autres, des Scènes pastorales, d'après Claude le Lorrain : moyennes Pièces gravées de 1741 à 1743. 6 Est. en larg.

843 Tempête sur terre (*A Land Storm*), 1754; Vue près de Tivoli, 1757 : Est. en larg., et six Paysages avec figures et animaux : moyennes Pièces en larg.; tous ces Morceaux, d'après Gaspar Poussin. 8 Est.

VLIEGER, (SIMON DE) *peintre; florissait dans le* 17.e *siècle. Vlieger a gravé à l'eau-forte.*

844 1 et 2 Le Ruisseau et le Village, manquent *.

3 Intérieur de forêt; à la droite, au revers d'un chemin, un

---

* 1 Ruisseau à la droite d'une campagne; à gauche, un homme un bâton sur l'épaule; sur l'eau, *S. D. V.*; — 2 Village au pied

Suite des Morceaux de VLIEGER.

paysan un bâton sur l'épaule; à gauche, une mare; dans la marge, au-dessous d'un double trait : *S. D. V. fec.* H. 3 p. 2 l. L. 4 p. 10 l.

Deux Epreuves, la plus ancienne rognée près des travaux de la gravure.

4 La Langue de terre, manque *.

5 Village au bord de la mer, d'où des paysans transportent des gerbes d'un canot, pendant que d'autres débarquent un grand panier; à gauche, sur l'eau : *S. de V.* Sujet dit *le Transport des Llés.* H. 3 p. 11 l. L. 4 p. 11 l.

6 Le Bois près du canal, manque **.

7 Pays, à la gauche duquel est une montagne couverte de bois traversés par un chemin; au bas du chemin, un villageois assis dans des broussailles; à la droite et sur tout le devant, une rivière; au bas, près du trait carré : *S. de V.* Sujet dit *la Montagne verte.* H. 4 p. 9 l. L. 5 p. 7 l.

NOTA. A cette Epreuve, les lettres S. de V. grattées.

8 Vue d'une Campagne; vers le milieu du devant, où sont des mulets et des chèvres, deux hommes, l'un chargé d'une hotte, et un jeune garçon se reposent; plus loin, et vers la gauche, des monumens en ruine; à la porte d'une auberge pratiquée dans ces ruines, des hommes à table sous une treille; une rivière occupe la droite; sur la rive, un paysan, un cavalier et un carrosse à deux chevaux sortent d'un bac qui vient d'aborder. Près du trait carré, sur l'eau : *S. de V.*

---

d'une montagne : on y remarque, au-dessus des maisons, deux clochers; vers la droite, un grand bouquet d'arbres; au bas de la Composition, les lettres *S. D. V.* H. 3 p. 5 l. L. 5 p.

* 4 Langue de terre couverte d'arbres et baignée par une large rivière où sont deux canards; à droite, sur l'eau : *S. D. V. f.* H. 3 p. 4 l. L. 4 p. 11 l.

** 6 Bois entouré d'une haie bordée par un canal où est une petite barque : un paysan sort du bois, par le milieu de la haie; Sujet dit *le Bois près le canal*; à gauche, sur l'eau : *S. de V.* H. 5 p. L. 5 p. 7 l.

Suite des Morceaux de VLIEGER.

Sujet dit *l'Auberge*. H. compris 4 l. de marge, 6 p. 9 l. L. 10 p. 3 l.

9 Coche attelé de trois chevaux, et Bouvier qui conduit trois bœufs dans un bourg dont les maisons sont adossées à des monumens en ruine; à droite, un puits; près de là, une charrette. Sujet dit *le Bourg*; dans la marge, vers la gauche: S. DE VLIEGER légèrement tracé. H. compris 3 l. de marge, 6 p. 11 l. L. 10 p. 3 l.

10 Pêcheurs et Marchands de poissons au bord de la mer; à gauche, un homme arrive, un poisson à chaque main; dans la marge: S. De Vlieger. H. compris 3 l. de marge, 6 p. 9 l. L. 10 p.

7 *Estampes.*

1 à 10.

845 11 à 20 Différens Animaux, savoir : 1 Levrier debout près d'un chien couché vers la droite; — 2 deux Levriers, l'un assis à la gauche; derrière lui, un chien couché; — 3 Cheval au pâturage; à gauche, une haie en planches; — 4 Cheval à un traineau; à gauche, dans l'éloignement, deux chevaux à une mangeoire; — 5 un Belier et trois Moutons et Brebis; une des brebis s'avance à la gauche en broutant l'herbe; à terre, à droite : *S. de V.* — 6 deux Pourceaux couchés; derrière eux, à gauche, des bottes de paille; au haut, du même côté : *S. DE V.* à rebours; — 7 une Oie debout sur une patte; en avant, deux autres Oies couchées; au fond, au milieu et à droite, une rivière; au bas, à terre : *S. de V.*; — 8 Coq et Poule-d'Inde dans une basse-cour; à gauche, un poulailler; à terre, du même côté : *S. de V.*; — 9 Bouc debout; à droite, trois chèvres couchées; au bord de la terrasse : *S. de V.*; — 10 gros Chien couché devant une niche en planches, à laquelle il est enchaîné; à la gauche, une grande étendue de pays; à terre, à droite, près du trait carré, et dans l'ombre : *S. de V.*; sur le ciel : *Just Danc: kerts Exc.* H. 4 p. 3 à 10 l. L. 5 p. 5 à 9 l.

L'Épr. du dernier des dix Morceaux est avant les mots Just Danckerts : *Epreuve dont Bartsch ne parle pas.*

10 *Estampes.*

Estampes encadrées ou en feuilles. 421

VLIET, (JEAN ou ISAAC-GEORGES VAN) *peintre ;
né à Delft; dans le commencement du 17.ᵉ siècle;
élève de* REMBRANDT. *Vliet a gravé à l'eau-forte.*

Morceaux par VLIET *, sur ses propres Compositions.*

846 Chanteur entouré de paysans: la femme du chanteur leur distribue des chansons : Composition de douze figures ; la scène se passe dans un village ; à la droite, deux chaumières; vers le milieu du fond, le clocher de l'église. On aperçoit, au bas de la gauche du devant, dans l'ombre, des traces du nom de Vliet et de l'année. H. 12 p. 8 l. L. 8 p. 1 l.

Epreuve rognée de cinq lignes sur la hauteur.

Lieu de débauche, où sont deux officiers, l'un près d'une femme assise au coin du feu, l'autre à gauche, le verre à la main et une jeune fille sur ses genoux ; derrière eux, une servante; à terre, du même côté : *J.-G.* (réunis) *van vliet. fecit : Pey enaar excu.* H. 7 p. 9 l. L. 10 p. 8 l.

Première Epreuve avant les mots : Pey enaar excu.

Trois Cavaliers faisant de la musique; un quatrième, debout, à la droite, les écoute. H. 8 p. 11 l. L. 7 p. 5 l. *

Chirurgien de village, visitant la bouche d'un paysan ; pendant l'opération, une femme accroupie fouille dans la bourse du malade ; à gauche, un panier et un bâton ; à terre, à droite : *J.-G. van vliet fecit.* H. 5 p. 7 l. L. 5 p.

Les Joueurs de trictrac : Sujet composé de quatre figures ; la scène se passe dans une chambre ; à gauche, dans le fond, un lit. H. 5 p. 7 l. L. 4 p. 11 l.

5 *Estampes.*

1 à 18.

847 Les Arts et les Métiers, Suite de dix-huit Sujets, savoir : 1 le Sculpteur. — 2 Le Forgeron. — 3 Le Serrurier. — 4 Le Maçon. — 5 Le Charpentier. — 6 Le Vannier. — 7 Le Faiseur de balais. — 8 Le Ferblantier. — 9 Le Tailleur. — 10 Le Cordonnier. — 11 Le Voilier. — 12 Le Chapelier. — 13 Le Vi-

---

* Ce Morceau fait partie d'une Suite de cinq Estampes, où sont représentés les cinq Sens de l'homme.

422 *Estampes encadrées ou en feuilles.*

Suite des Morceaux de VLIET.

trier. — 14 Le Tondeur de draps. — 15 Le Tourneur. — 16 Le Boulanger. — 17 Le Tonnelier. — 18 Le Tisserand. Aux 1.ᵉʳ, 2, 3, 5, 6, 7, 12, 16 et 17ᵉ Morceaux le nom de *Vliet* différemment écrit; à la suite du nom, aux 2 et 3ᵉ, 1635; au haut, à droite du 18.ᵉ Sujet: *C. Dankerts exoud.* Suite sans nᵒˢ. H. 7 p. 7 à 9 l. L. 5 p. 11 l. à 6 p. 2 l.

848 Homme debout, les mains croisées derrière le dos; — Paysan portant de la volaille dans un panier; — Femme : elle a sur sa tête un baquet avec du linge; — Homme en manteau, son épée au côté droit. H. 3 p. 6 à 7 l. L. 2 p. 6 à 7 l. *

1 à 10.

Différentes Figures, Suite de dix Pièces, savoir : 1 deux pauvres Estropiés assis près d'une toile, au-dessus de laquelle un homme avance le bras droit pour leur faire la charité; sur la toile, et en quatre lignes : BY. T, GEEUE. BESTAET ONS LEEUE; et au bas : *J. G. van vliet fec 1632.* — 2 Homme à jambe de bois; — 3 Homme portant une malade; — 4 Homme marchant avec des béquilles : il est vu par le dos; — 5 Homme accroupi, un bâton à la main; — 6 Femme assise au pied d'un arbre : elle cherche la vermine à un enfant; — 7 Homme un panier rempli de merceries posé sur ses genoux; — 8 le Marchand de Mort-aux-rats; — 9 Homme jouant de la vielle : le corps de cet instrument ressemble, par sa forme, à un bouclier; — 10 Vieille dansant et jouant du violon; au haut des neuf derniers Morceaux, à droite ou à gauche : *J. G. Van Vliet inu.* différemment écrit. Suite sans nᵒˢ. H. 3 p. 4 à 6 l. L. 2 p. 4 à 6 l.

1 à 10.

Différentes Figures, Suite de dix Pièces, savoir : 1 Homme et Femme debout, soutenant un cartouche où est écrit, en

---

* Ces quatre Morceaux font partie d'une Suite de 14 Estampes, représentant des figures seules, exception faite de la première, où deux hommes tiennent un cartouche; celui qui est à la gauche le montre de sa main droite; sur le cartouche : *J. G. van Vliet fecit.* 1635.

Estampes encadrées ou en feuilles.

Suite des Morceaux de VLIET.

trois lignes : *J. G. van Vliet fecit 1632.* — 2 Homme un bâton à la main gauche ; — 3 Femme une hotte sur le dos et un panier au bras droit ; — 4 Homme en manteau : à la droite de sa toque, une plume ; — 5 Homme en manteau, la main gauche sur sa poitrine ; — 6 Pisseur dirigé à droite ; — 7 Homme coiffé d'un turban : il a l'épée au côté droit ; — 8 Femme un enfant sur son bras droit ; — 9 Homme qui vomit ; à sa gauche, un cochon ; — 10 un Mercier, la main droite en avant. Suite sans n°⁵. H. 2 p. 2 à 5 l. L. 1 p. 9 l. à 2 p. 1 l.

Vieille vue à mi-corps, dirigée vers la gauche, la tête vue de trois quarts forcés : un mouchoir rayé entoure ses cheveux, et un fichu couvre ses épaules. Morceau, sans nom de Maître, attribué à *J. G. Van Vliet.*

25 Estampes.

Morceaux d'après REMBRANDT.

849 Vieille assise, dirigée vers la gauche : elle tient sur ses genoux un grand livre ouvert ; à droite, au haut du fond : *RH,* (réunis) *van Rijn jnventor; J. G, van vliet fecit.* H. 10 p. 3 l. L. 8 p. 4 l.

Homme vu presque de face ; ses cheveux sont crépus : il est dirigé vers la gauche et représenté en buste ; au haut du fond qui est blanc, à gauche : *RH; jnventor;* à droite : *J. G. v. vliet fec. 1634.* H. 8 p. 4 l. L. 7 p. (*Première Epreuve un peu rognée*).

Vieillard à moustaches, vu en buste et presque de face, tourné vers la droite ; une espèce de turban orné d'une aigrette, avec une attache en diamant, cache sa chevelure : il porte un large manteau garni de fourrure ; au haut du fond qui est blanc, à gauche : *J. G. v. vliet fec,,* à droite : *RH. inuentor.* H. 8 p. 5 l. L. 7 p.

Homme riant, vu en buste, tête nue et presque de face, le corps dirigé vers la droite ; un hausse-col entoure son vêtement ; au haut du fond qui est blanc, à gauche : *J. G. v. vliet fec ,,* à droite : *RH. jnuentor.* H. 8 p. 5 l. L. 7 p. 1 l.

Estampes encadrées ou en feuilles.

Suite des Morceaux de VLIET.

Vieillard qui paraît affligé : il est vu de profil et à mi-corps, les mains jointes, dirigé vers la droite; au haut du fond qui est blanc, à gauche : *RH. jnuentor;* à droite : *J. G. v. Vliet fec,,* 1634. H. 8 p. 4 l. L. 6 p. 11 l.

Vieillard à longue barbe; ses cheveux en partie couverts d'une espèce de bonnet : il est vu presque de face, le regard baissé et le corps dirigé à droite; au haut du fond qui est blanc, à gauche : *RH. jnventor;* à droite : *J. G. v. vliet fec,,* 1634. H. 7 p. 9 l. L. 6 p. 7 l.

Vieillard à moustaches, en bonnet de fourrure et en pelisse : il est vu en buste et de face, le corps dirigé vers la droite; autour du bas de son bonnet, une ceinture; sur le fond presqu'entièrement teinté, au haut, à gauche, en trois lignes : *RH. van Rijn in. J. G. van vliet fecit,,* 1633. H. 7 p. 10 l. L. 6 p. 7 l.

7 Estampes.

VOLPATO, (Giovanni) *graveur à l'eau-forte et au burin; né à Bassano; florissait dans le siècle dernier; élève de* Franc. Bartolozzi.

850 L'Ecole d'Athènes, d'après le Sujet peint par Raffaello, dans la troisième chambre du Vatican : gr. Est. en larg.

VORSTERMAN dit LE VIEUX, (Lucas) *graveur au burin; né à Anvers, en* 1578; *étudia la peinture dans l'école de* Rubens, *et quitta cet art pour suivre celui de la gravure.*

851 Le Christ mort : trois anges pleurent à la vue du corps du Sauveur, descendu de la croix, et étendu sur les genoux de la Sainte-Vierge; d'après Van Dyck; dans la marge, six vers : *Jlle meis........,* et une dédicace à Georgio Gagi. Est. en larg.

Epreuve avant l'adresse de Bon-Enfant.

Estampes encadrées ou en feuilles. 425

VYL, (J. DEN) *dessinateur et graveur à l'eau-forte.*

852 Différens Animaux, savoir : 1 Bœuf dans une prairie que coupe un chemin de traverse; à droite, au bord du chemin, un mouton couché; plus loin, du même côté, un saule et une haie en paille; à gauche, une chaumière. — 2 Le Taureau, manque *. — 3 Deux Bœufs sur un terrain élevé; l'un, à la droite, est couché, l'autre debout, pisse; à droite, au ciel : *j. den Vyl fe ;* à terre, au coin, à gauche : *L. Lodewijcx Excudit.* H. 3 p. 2 à 5 l. L. 4 p. 2 à 6 l.

Pièces rares.

WAEL, (JEAN-BAPTISTE DE) *florissait dans le 17.e siècle* **. *De Wael a gravé à l'eau-forte.*

1 à 14.

853 1 à 14 Différens Sujets, savoir : 1 Chasseur se désaltérant à une fontaine; plus loin, vers la gauche, à la face d'un piédestal, l'inscription : *Jll.^{mo} ac Orn.^{mo} D no. Gasparo de Roomer bonarum Artium Mœcenati dign.^{mo} D. D. D. Joannes. Bab.^{ta} de wael ;* à gauche, dans la petite marge : *Con Licenze de superiori. In Roma da Vincenzo Billy vicino l'orologio della Chiesa noua.* — 2 Campagne où coule une rivière; à droite, au bord de l'eau, un pêcheur; à la gauche de la rive opposée, une paysanne fait avancer des animaux pour passer un gué. — 3 Cavalier, un faucon sur le poing; à sa droite, une dame à cheval : un valet à pied les précède, et des chiens marchent à côté d'eux. — 4 Chariot de bagages descendant le penchant d'une colline; à droite, derrière le chariot, une paysanne porte sur sa tête un grand panier où sont des

---

* 2 Taureau debout devant une barrière : il est vu presque par derrière; à la droite, un ruisseau. H. 3 p. 3 l. L. 4 p. 5 l.

** On croit *Jean-Baptiste de Wael*, fils de Corneille de Wael, d'Anvers, peintre de batailles et d'autres sujets, et neveu de Luc de Wael, aussi d'Anvers, peintre de paysages. Selon Descamps, Corneille et Luc de Wael étaient tous deux fils de Jean de Wael, né à Anvers, en 1557.

Suite des Morceaux de J.-B. DE WAEL.

poules. — 5 Femme, un enfant dans ses bras : elle suit un mulet chargé de bagages, et en avant duquel marche un paysan qui porte un coffre ; près d'eux, un chien, un belier et deux chèvres dirigés à gauche. — 6 Villageois aidant une femme à monter sur un âne qui brait ; derrière eux, à gauche, une villageoise et un enfant sur un mulet. — 7 Buveur, un verre et un pot à la main : il est à une table où deux hommes jouent aux cartes ; à gauche, derrière lui, le cabaretier arrange son feu. — 8 Pèlerin : il porte une pélerine, et passe un gué ; à droite, au bord de l'eau, une autre pélerine et un jeune garçon. — 9 Femme et deux Enfans sur un âne ; devant et près de l'âne, un chien et quatre beliers : un joueur de cornemuse ouvre la marche qui se dirige à gauche. — 10 Villageois et Villageoise retenant deux joueurs prêts à se battre : l'un d'eux tient à la main gauche une bouteille. — 11 Repos de Voyageurs, l'un à la droite assis sur un âne, pince de la guitare. — 12 Vieille assise, des lunettes sur le nez : elle tue la vermine à un petit garçon ; à droite, une jeune femme debout, un enfant dans ses bras. — 13 Vieille Fileuse assise entre deux jeunes femmes ; près de là des enfans ; à gauche, un paysan appuyé sur un âne. — 14 Vieille, des lunettes à la main : elle regarde un chirurgien de village opérer un paysan assis sur une escabelle ; à droite, deux hommes debout, et près de là, une vieille femme, un enfant dans ses bras ; au bas, à droite, à ces Morceaux, des n.^{os} de 1 à 14. H. 3 p. 2 à 3 l. L. 4 p. 9 à 11 l.

Premières et très-rares Epreuves dont Bartsch ne parle pas ; elles sont avant les n.^{os} et avant les mots da Vincenzo Billy vicino l'orologio della Chiesa noua.

14 *Estampes.*

854 15 à 19 La Parabole de l'Enfant prodigue, représentée en une Suite de cinq Pièces, d'après Corn. de Wael ; dans les marges, aux deux derniers Morceaux : (l'Enfant prodigue qui garde les pourceaux, — et l'Enfant prodigue qui vient retrouver son père) *C* ou *Cor. De Wael inv. Jnuentor Jan. Baptist.* ou *Baptista de Wael Fecit* ; à la prem. : 1658. H. 7 p. à 7 p. 3 l. L. 10 p. 11 l. à 11 p. 1 l.

Estampes encadrées ou en feuilles.

Suite des Morceaux de J.-B. DE WAEL.

20 Vue d'un étang bordé de grands arbres ; vers le milieu du devant, un chasseur s'avance pour tirer des canards ; dans la marge, à gauche : *I. Foucquier. pinxit ;* à droite : *Jan B D Wael F 1658 A. Voet exc.* H. 8 p. 4 l. L. 11 p. 11 l.

6 *Estampes.*

Morceaux d'après CORN. DE WAEL, par des Graveurs anonymes.

855 Les Cinq Sens de l'Homme ; au milieu des marges, dans des cartouches, les titres : *VISVS, AVDITVS, ODORATVS, GVSTVS, TACTVS ;* à gauche, les n.os 1 à 5, et *Cornelio De Wael Inuentor ;* à droite : *Alex. Voet exc.* H. 7 p. 10 l. à 8 p. 2 l. L. 10 l. à 11 p. 2 l.

Le Supplice de *la Corda.* — L'Arracheur de Dents. — Les Marionnettes : Morceaux sans nom d'auteur ; les deux premières Pièces portent 6 p. de haut, sur 9 p. 4 l. de large ; la troisième, 5 p. 9 l. de haut, sur 8 p. 2 l. de large.

8 *Estampes.*

856 Différens Métiers : Suite dédiée par Corn. de Wael à Paul Jérôme Pallavicini : seize Pièces ; dans les marges, des vers latins, et des n.os de 1 à 16 ; à la prem. qui sert de titre, la Fortune assise sur un globe, distribue ses dons. H. de ce Morceau, 3 p. 4 l. L. 5 p. 1 l. ; les autres Pièces sont un peu moins grandes.

Le triste état des pauvres Aveugles : Suite de treize Pièces, compris celle qui sert de titre ; on lit à ce titre, à une draperie que tiennent deux hommes, une dédicace en six lignes : *Nob.mo ac Generoso Viro Henrco Mullinan.........1629 ;* à toutes, dans la marge, un vers latin, et aux douze Sujets, le n°. H. de la prem. Pièce, 2 p. 9 l. L. 4 p. 2 l. Les Morceaux suivans sont un peu plus petits.

Vingt-cinq Pièces, les unes d'une Suite de vingt Sujets, représentant des Assemblées, des Parties de Chasses, des Mascarades, diverses Scènes plaisantes, burlesques, etc. ; les autres de 12 Sujets, représentant des Ports de Mer, où sont des forçats : ces deux Suites dédiées par Corn. de Wael, l'une à Guill. Vanden Straten ; l'autre à Paul Jérôme Pallavicini ; plus, 6 Epr. doubles, et *Hiems.* Sujet de la Suite des Saisons.

62 *Estampes.*

WATERLO ou **WATERLOO**, (Antoine) *peintre hollandais; mort à Utrecht, dans le 17.ᵉ siècle. Waterlo a gravé à l'eau-forte.*

857 1 et 2 Vue d'un Bois ; à la droite du devant, deux sapins ; à gauche, deux paysans en route. — Vestiges de Monument ; au milieu, vers la gauche, une grande voûte ; au ciel, à gauche : *A. W. ex.;* et à droite, au second Morceau, un n.º 7. *   H. 3 p. à 3 p. 7 l. L. 3 p. 7 à 9 l.

1 à 4.

3 à 6 Différens Paysages, savoir : 1 le Rocher percé. — 2 L'Ermitage. — 3 La petite Cascade. — 4 Le petit Pont de bois dans les rochers ; à gauche, aux ciels : *A W F* ou *f*; à droite, les n.ᵒˢ 1 à 4. H. 3 p. 10 l. L. 4 p. 5 l.

Epreuves doubles ; du Rocher une 2.ᵉ Epreuve avec le n.º 1, et une 3.ᵉ Epreuve avec R et I Ottens ex. De toutes les autres Epr., les unes sont avant le n.º, et les autres avec le n.º. L'Epr. du Sujet représentant le petit Pont ; celle avec le n.º 4, est avant le nom d'Ottens.

1 à 12.

7 à 18 Différens Paysages, savoir : 1 le Retour du Pêcheur ; à gauche, dans la marge : *Antoni Waterlo fecit et exoudit.* — 2 Voyageurs arrivant à l'auberge. — 3 Le grand Levier sur une solive fourchue, au bord d'une rivière : Sujet dit le *Puits*. — 4 Moulin à eau. — 5 L'Eglise d'un Village. — 6 Rivière, à la droite de laquelle est une tour carrée crenelée. — 7 Les trois Pêcheurs à la ligne. — 8 Trois Paysans sur une colline ; un quatrième paysan est appuyé sur la haie dont la colline est en partie entourée. — 9 Chariot sur le chemin de Schewelingue. — 10 Maison précédée d'une tour exagone, près d'un vieux mur où est appuyée une échelle pour descendre à l'eau d'une rivière qui baigne le pied du mur. — 11 Belier couché ; derrière lui, un bouc ; à sa droite, une brebis. — 12 Petit Fort, à la gauche d'une rivière : on y voit deux hautes tours avec toit, qui se terminent en pointe ; aux ciels, à gauche, des n.ᵒˢ de 1 à 12.   H. 3 p. 3 à 5 l. L. 5 p. à 5 p. 2 l.

Du 4.ᵉ Morceau (le Moulin à eau) ; 3 Epreuves, la première,

---

* Les premières Epreuves sont avant le n.º 7.

Estampes encadrées ou en feuilles.

Suite des Morceaux de WATERLO.

qui n'est qu'à l'eau-forte, est avec des différences dans la forme des arbres, et avant des contre-tailles sur les trois figures et à plusieurs parties de la chaumière, au-delà du moulin ; du 5.e Morceau (l'Eglise d'un village), 2 Epreuves, la première avant des contre-tailles sur un des hommes dans le bateau qui est à la gauche ; du 6.e Morceau (la Rivière, près de laquelle est une tour), 2 Epreuves, la première avant des contre-tailles au haut des murs de la tour et sur les hommes dans une nacelle ; du 8.e Morceau (les Paysans sur la colline), 2 Epreuves, la première avant des contre-tailles sur la claie et la colline, à la droite du devant ; du 9.e Morceau (le Chariot), 2 Epreuves, la première avec le n.º 9 ; à la seconde un n.º 3 ; du 10° Morceau (la Maison et la Tour), 2 Epr. la prem. avec le n.º 10 ; à la seconde le n.º 4; du 12.e Morceau (le petit Fort), 2 Epr. la prem. avec le n.º 12 ; la seconde avec un n.º 2. Bartsch ne parle d'aucune de ces remarques. L'Epreuve du Moulin à eau, Pièce rarissime, n'est pas même indiquée par ce biographe au nombre de celles qu'il a désignées à la fin de son catalogue de l'œuvre de Waterloo, comme des Epreuves particulières et très-rares de quelques pl. de ce Maître.

19 et 20 L'Entrée du Bois : on aperçoit, dans le fond, à droite, au-dessus des arbres, un village. H. 3 p. 2 l. L. 5 p. 3 l. — L'Ecluse ; à gauche, sur le ciel, au-dessus d'une grande baraque en charpente : *A W. ex.* H. 3 p. 5 l. L. 5 p. 9 l.

Du premier Morceau deux Epreuves, une sans n.º ; à l'autre, à droite, au ciel, un n.º 12.

33 *Estampes.*

a à m.

858 21 à 32 Différens Paysages, savoir : *a* la Haie de quatre planches entre des arbres, à la gauche, en avant d'un pont ; au ciel, vers la droite : *Antoni Waterlo fe R. et I. Ottens ex.* * : — *b* Vue d'une Eglise et d'une Maison entourées d'un mur ; à la

---

* Les premières sont avant *R et I. Ottens ex.* Nous venons de décrire les secondes ; aux troisièmes où l'adresse d'*Ottens* est effacée, gauche, au lieu de la lettre *a*, un *a* ainsi formé *A* ; aux quatrièmes

Suite des Morceaux de WATERLO.

gauche d'un canal : Sujet dit *le Cimetière*. — *c* Chaumière sur une colline, à la gauche d'une campagne. — *d* Village; au bord, à gauche d'un bras de mer, une tour sert de clocher à l'église du lieu : elle se termine en pointe. — *e* Deux Pêcheurs dans un bateau, à la gauche d'un canal, près du mur d'un village. — *f* Les deux Vaches dans un bac que conduit un marinier; à droite de la rive opposée, un ancien château-fort. — *g* Paysan en marche sur une colline près de deux grands arbres; à gauche, un bras de mer. — *h* Pâtre à cheval, précédé d'un troupeau : ils passent sur un pont. — *i* Paysan se reposant à la droite, près d'un hameau, derrière lequel sont des arbres; à la seconde Epreuve de ce Sujet, à gauche, au ciel : *A. Waterlo, fe.* — *k* Trois Paysans sur une butte, à la gauche d'une campagne. — *l* Hameau à la gauche d'un canal : on y voit une maison où est un colombier; plus loin, à l'angle d'un vieux mur, une guérite. — *m* Quatre Hommes à la gauche d'un pont en pierres d'une seule arche; les lettres *a* à *m*, à gauche, sur les ciels. H. 3 p. 5 l. L. 5 p. 3 l.

Deux Suites d'Epreuves; exception faite de deux Morceaux (le premier qui s'y trouve trois fois, et le huitième qui n'est pas répété), des Pièces répétées, dix sont prem. Epreuves; les dix autres secondes Epreuves; les prem. Epr. de trois de ces Morceaux se distinguent de plus par les remarques suivantes : l'Epr. de la troisième Pièce (la Chaumière) est avant des contre-tailles sur le tronc d'arbre à la gauche, et sur le chien à la droite; à la septième (le Paysan en marche), le genou gauche du paysan n'est pas ombré; la dixième (les Paysans sur la butte), est avant des contre-tailles sur le terrain à la droite et au milieu du devant. Bartsch ne parle d'aucune de ces remarques.

24 Estampes.

Epreuves (celles qu'on trouve dans la deuxième édition du Dictionnaire des graveurs, par Basan; aux unes il n'y a, à la place de l'*A*, aucunes marques; aux autres : *Tom II*) Ces sortes d'Epreuves sont aussi avant le nom d'Ottens; on trouve à droite de celles marquées *Tom. II*, page 259.

Estampes encadrées ou en feuilles. 431

Suite des Morceaux de WATERLO.

1 à 6.

859 33 à 38 Différens Paysages, savoir : 1 Intérieur de Forêt; vers la gauche, deux voyageurs près d'un étang. — 2 Femme à la gauche, sur un petit pont de bois, devant une chaumière. — 3 Campagne où, à la gauche, un pâtre et des animaux passent une rivière. — 4 Intérieur d'un Bois ; à gauche, un homme et deux enfans près d'un ruisseau où est un chien. — 5 Deux Pâtres vers la droite, au pied d'un grand arbre ; l'un est assis, l'autre couché. — 6 Vue d'un Bois; à la droite du devant, une femme debout près d'un homme assis, tenant un long bâton; vers le milieu, un grand arbre isolé; à ces Morceaux, sur les ciels, le nom de Waterloo différemment indiqué, et des n.^{os} de 1 à 6. H. 4 p. 3 l. L. 5 p. 1 à 5 l.

Du premier Morceau, trois Epr. : 1.º avant le n.º 1, 2.º avec le nom d'Ottens, 3.º avec le nom d'Ottens effacé; du troisième Morceau, celui où l'on trouve sur le haut du ciel, vers le milieu : I. E. fe. (*Morceau qu'on croit d'un élève de Waterloo*), *deux Epr., la prem. avant des tailles au bas du terrain à droite, et au mouton le plus en avant ; du cinquième Morceau, deux Epr., la prem. avant des contre-tailles au bas du terrain, à la gauche de la terrasse. Bartsch ne parle d'aucune de ces remarques.*

39 et 40 Pays vu au clair de la lune; à la gauche, un arbre devant une grande chaumière. — Vaste Pays vu au crépuscule ; on y distingue entre les différens plans, coupés de bois, des villages : dans ce nombre, un dont l'église est surmontée d'une tour ; à ces Morceaux, aux ciels, à gauche : *A W. ex.*; à droite, à l'un n.º 6, à l'autre n.º 5. H. 4 p. L. 5 p. 1 l.

Du second Morceau, 2 Epr., la prem. avant le chiffre 5 *, remarque dont Bartsch ne parle pas.

1 à 6.

41 à 46 Différens Paysages, savoir : 1 Entrée d'un bois ; à la droite du devant, un homme et une femme assis à peu de distance d'un chêne. — 2 Intérieur de Bois; on y voit à la droite

---

* Les premières Epreuves de l'Estampe, où est représenté un pays vu au clair de la lune, sont avant le n.º à la droite du ciel.

Suite des Morceaux de WATERLO.

du devant un homme assis au pied d'une butte, son chien est près de lui. — 3 Homme en manteau, son chien le suit ; ils passent près d'un bourg, où l'on remarque en avant un cabaret établi dans une baraque en charpente, près de diverses ruines. — 4 Campagne dont la gauche est occupée par une maison qu'entourent des arbres et une haie ; à la haie une porte en charpente. — 5 *Le petit Pont de Bois* entre deux rochers. — 6 Les deux Voyageurs près de la colline, l'un à demi-couché, l'autre debout en manteau ; à la droite, un chemin ; à gauche, au ciel, aux 1.er, 2.e, 4.e et 6.e Morceaux : *A W;* aux deux autres le nom de Waterloo : le tout différemment indiqué. Suite sans n^{os}. H. 4 p. L. 5 p. 9 à 11 l.

Anciennes Epreuves, celle du sixième paysage est double, la prem. de ces deux Epr. est d'un ton plus doux.

1 à 6.

47 à 52 Différens Paysages, savoir : 1 L'Ermitage ; à la gauche du devant, deux ermites. — 2 L'Anier dans un chemin, sur des rocs couverts d'arbres. — 3 Pays coupé par un chemin ; au bord du chemin à droite, un homme couché, son chien près de lui. — 4 Rivière entre des rochers ; au bas d'un des rochers, un paysan assis, deux chiens près de lui ; à gauche, un grand arbre isolé. — 5 Paysage où est une chapelle ; vers le milieu, un petit pont de bois ; à la droite, une chaumière entourée d'arbres. — 6 Le Pont de Planches au bas d'un chemin coupé dans une montagne ; près du pont, deux paysans jouent avec un chien ; au ciel, à ces Morceaux, le nom de Waterloo, différemment écrit. Suite sans n^{os}. H. 4 p. 7 à 8 l. L. 5 p. 4 à 5 l.

Quatre de ces Epreuves répétées ; la plupart des premières Epr. avant les travaux raccordés au burin, ce qu'on remarque particulièrement à une des Epr. du cinquième Morceau, où les masses de rochers qui soutiennent le pont sont avant des contre-tailles.

32 *Estampes.*

860 53 à 58 Vues de bois, savoir : 53 L'Entrée du bois ; à gauche, sur une route, un homme en manteau court, son chien le

Estampes encadrées ou en feuilles.
Suite des Morceaux de WATERLO.

suit; à terre, à droite : *A W. F* (les deux premières lettres liées ensemble). — 54 Vue d'un Pays: à la droite, une rivière; près de là, une habitation champêtre et un bois; dans la marge, à gauche : *A W. F*. — 55 Vue d'un Bois; à la gauche du devant, une mare; plus loin, à droite, un paysan près de la porte d'une haie; sur l'eau de la mare: *A W. F* *. — 56 Deux Hommes près la porte d'une barrière placée à l'entrée d'un bois; à la droite, un étang; dans la marge, à gauche: *A W. F*. — 57 Vue d'un Bois, entre les différentes parties duquel coule une rivière; dans le fond de la Composition, à droite, le haut d'un clocher; à gauche, dans la marge : *Antoni Waterlo. in. et fe* **. — 58 Vue d'un Bois : une mare occupe tout le devant; à la gauche, une élévation de terre où est un gros arbre incliné en biais vers la droite; du même côté, sur l'eau : *A W. F.* H. 4 p. 2 à 7 l. L. 5 p. à 5 p. 3 l.

Deux Suites d'Epr., exception faite du n.° 57 (bois où coule une rivière); les premières Epr. se distinguent par les remarques suivantes : celle du n.° 53 est avant des tailles rentrées sur l'ombre, à la gauche du devant; celle du n.° 54, avant des tailles ajoutées sur les devants, vers la droite, à gauche, aux terrains, aux corps, aux branches et aux feuillages des arbres; celle du n.° 55 est avant des raccords faits au burin; celle du n.° 56, avant des tailles à la partie ombrée du devant de la terrasse; des deux du n.° 58, une est plus légère de ton. Bartsch n'indique aucune de ces remarques.

a à f.

59 à 64 Différens Paysages, savoir : *a* Villageois et Villageoise près de passer un pont de bois jeté sur une petite rivière, à côté

---

* On trouve de cette Estampe, des prem. Epr. où il n'y a sur le devant qu'un seul arbre.

** Aux prem. Epr. de cette Estampe, l'arbre à la droite du devant, qui n'a que peu de feuilles, est avant les deux branches sèches, dont l'une sort d'un rameau au milieu du tronc d'arbre, et s'élève; et l'autre qui sort du tronc même, au-dessous du rameau, est inclinée.

Suite des Morceaux de WATERLO.

d'un bois qu'entoure une petite haie en planches ; à gauche, un arbre isolé, et sur le ciel : *Antoni Waterlo fe.* — *b* Voyageur suivi d'un chien ; il avance à la droite, vers le fond ; à gauche, au ciel : *A Waterlo fe.* — *c* Trois petits Garçons près d'une colline ; en avant, deux chiens se battent ; à la gauche, un rocher garni d'arbres ; à terre ; à droite : *AW.* — *d* Allée d'arbres sur un terrain élevé, à la droite d'un bois ; on remarque, au revers du terrain, deux hommes ; au ciel, à gauche : *Antoni Waterlo fe.* — *e* Deux Cavaliers, suivis d'un homme à pied ; en avant, des chevaux, un chien court en jappant ; la marche est dirigée à droite ; au ciel, à gauche : *A Waterlo fe.* — *f* Intérieur d'un bois ; à la gauche du devant un chien aboye après deux hommes, dont l'un est accroupi, l'autre debout ; du même côté, au ciel : *A Waterlo fe*. A ces Morceaux, au ciel, à droite, les lettres *a* à *f*. H. 4 p. à 4 p. 7 l. L. 5 p. 2 à 3 l.

Prem. Epr. ; du prem. Morceau, une seconde Epr. retouchée ; du cinquième, une seconde Epr. retouchée ; du sixième Morceau, une seconde Epr. avec des tailles ajoutées à droite et à gauche de la terrasse, et à la portion de taillis derrière le bas des deux arbres croisés, placés vers le milieu. Bartsch ne parle pas de ces remarques.

1 à 6.

65 à 70 Vues de Sites en partie couverts de bois, savoir : 1 Le Porte-Balle en route ; à gauche, derrière de gros arbres, une chapelle, et au ciel : *Antoni Waterlo f. et in.* — 2 Campagne, où sont, à droite, deux paysans, l'un assis, l'autre debout ; à peu de distance d'un terrain élevé, où est un grand chêne, on aperçoit, au revers d'un chemin à gauche, deux villageois qui tiennent leur bâton ; au ciel, du même côté : *A. W. f.* — 3 Les deux Allées : on remarque dans celle qui occupe la droite, un homme en manteau ; au ciel, à gauche : *AW.* — 4 Villageois et Villageoise assis à peu de distance d'une éminence de terre où sont trois gros arbres ; la villageoise a la main gauche élevée ; au ciel, à gauche : *A W ex.* — 5 Paysan au haut d'un large chemin ; au-delà

Estampes encadrées ou en feuilles.

Suite des Morceaux de WATERLO.

on voit le toit de deux chaumières ; à droite, deux grands arbres sur une butte. — 6 Laitière portant sur sa tête deux pots de lait sur une planche; elle donne la main droite à un enfant; plus loin, un gros chêne et de grands arbres; à ces Morceaux, à droite, au ciel, des n.os de 1 à 6. H. 4 p. 11 l. L. 5 p. 5 l.

Premières Epreuves; du second Morceau, une seconde Epr., avec des travaux ajoutés au grand chêne, à la droite, et au tronc d'arbre à gauche; du cinquième Morceau, une Epr. double (la prem. rognée); du sixième Morceau, une seconde Epr. avec des contre-tailles sur la femme et sur l'enfant; et une troisième Epr., où il y a de plus de troisièmes tailles sur le corps du gros chêne.

1 à 6.

71 à 76 Différens Paysages, savoir : 1 La double Cascade, à la gauche d'une campagne. — 2 La triple Cascade, à la droite d'un pays, où du côté opposé est un chemin entre des rochers. — 3 Le Rocher stérile; sur le devant, vers la gauche, deux hommes debout près d'un troisième assis à terre, sa hotte près de lui. — 4 Pays dont le milieu et la droite sont couverts de rochers; sur le devant, une mare. — 5 Chûte d'eau entre des rochers; elle coule vers la droite du devant. — 6 Pays dont la droite et la gauche sont occupées par de hautes montagnes; de ce dernier côté, au bas des montagnes, une chapelle et une chaumière; en avant, un paysan en marche; sur les ciels, à ces Morceaux : *A. W. f.* différemment indiqué, aux trois prem. à droite, aux autres à gauche. H. 4 p. 2 l. L. 6 p. 2 l.

Premières Epr.; des troisième et sixième des Epr. doubles.

38 *Estampes.*

A à F.

861   77 à 82 Différens Paysages, savoir : *A* Pays couvert de rochers, d'où sort, vers la droite, dans l'éloignement, une chûte d'eau; au-delà, des fabriques et un monument avec dôme. — *B* Le Pont de Bois sur les rochers; on y voit près d'une croix, d'un côté un paysan, de l'autre une femme un

Suite des Morceaux de WATERLO.

papier sur la tête ; à la droite de la Composition, un chemin. — *C* Femme en marche ; elle porte deux enfans ; un troisième est à sa droite : on aperçoit plus loin un villageois ; à gauche, un terrain élevé où sont quatre arbres, un est très-gros (pl. mal venue à l'eau-forte). — *D* Vue d'un Bois, où un cavalier s'avance vers la droite ; sur le devant, à gauche, quatre hommes, deux assis à terre ; des deux autres debout, un est appuyé sur un long bâton : Sujet dit *les Traqueurs*. — *E* Berger faisant avancer des moutons sur un pont de pierre de deux arches ; il se dirige vers la droite. — *F* Pays à la droite duquel est un moulin à eau ; à gauche, un chemin où un vacher fait avancer trois vaches et quatre moutons ; au ciel, aux cinq prem. Morceaux, le nom du Maître différemment indiqué : au 1.ᵉʳ, au 2.ᵉ et au 5.ᵉ écrit en entier, et aux autres en abrégé ; aux six Pièces, au ciel, à droite, les lettres *A* à *F*. H. 4 p. 6 à 11 l. L. 5 p. 6 à 9 l.

Premières Epreuves.

6 *Estampes.*

1 à 6.

862 83 à 88 Différens Paysages, savoir : 1 Quatre arbres près d'un chemin où sont un homme en manteau, un enfant et une femme suivie d'un chien ; sur toute la largeur du devant un ruisseau ; à gauche, dans le fond, un clocher ; du même côté, au ciel : *Antoni Waterlo. fe. et ex.* — 2 Chasseur à genoux, à la gauche, au bord d'un étang : il se dispose à tirer un coup de fusil. — 3 Chasseur portant un lièvre au bout de son fusil ; il se dirige vers la gauche, un levrier le précède, et deux autres le suivent. — 4 Vue d'un Bois : sur le devant, vers la gauche, un homme, une hotte sur le dos, est accroupi ; plus loin, un villageois à cheval s'avance dans le bois ; à droite, sur l'eau d'une mare : *AW*. Sujet dit le *Crépuscule au Bois*. — 5 Les Baigneurs : l'un nage dans une petite rivière, trois autres sur le bord remettent leurs vêtemens ; dans le fond, à gauche, et vers le milieu, une ville. — 6 Villageois, Villageoise et jeune Garçon assis à la gauche du devant d'une campagne, d'un site montueux cou-

Estampes encadrées ou en feuilles. 437

Suite des Morceaux de WATERLO.

vert d'arbres; à gauche, au ciel: *A. Waterlo fe.* Suite sans n.ᵒˢ. H. 5 p. L. 6 p. 1 à 5 l.

Premières Epreuves.

NOTA. *Les Estampes des trois Suites décrites ci-dessus sous les n.ᵒˢ 71 à 88, sont très-rares.* (*les pl. ne sont pas dans le commerce.*)

1 à 6.

89 à 94 Différens Paysages et Vues, savoir : 1 Pays coupé par deux chemins qui aboutissent sur le devant à un ruisseau ; à la droite de la Composition, des montagnes. — 2 Vue d'une Ville de Hollande, située à la gauche d'un pays, dont la droite présente une vaste étendue de terres en culture, et à l'horizon des montagnes. — 3 Village auprès d'un canal ; à droite, sur le terrain du devant, un homme et une femme debout; derrière eux une femme assise ; vers le milieu, un pêcheur à la ligne ; au-delà du village qui occupe la rive opposée, une vaste étendue de pays. — 4 Campagne dont la droite est occupée par une colline où est un village ; tout au bout d'un chemin, au bas de la colline, un villageois en marche. — 5 Village entre des montagnes : à la gauche, des murs avec grosses tours; au-delà du village, une vaste étendue de pays. — 6 Moulin à eau à la gauche d'une campagne ; dans le fond, du même côté, de hautes montagnes; à ces Morceaux, au ciel, à gauche, le nom du Maître différemment indiqué : aux 1.ᵉʳ, 4.ᵉ et 6.ᵉ, écrit en entier, aux autres en abrégé. Suite sans nᵒˢ. H. 4 p. 4 à 6 l. L. 7 p. 8 à 9 l.

Deux Suites d'Epreuves, exception faite des 4.ᵉ et 6.ᵉ Morceaux (*le Village sur la colline et le Moulin à eau*), *dont il n'y a qu'une Epreuve de chaque ; la deuxième Epreuve du premier Morceau est avec de secondes tailles au petit tertre à la droite du devant, et sur le terrain du troisième plan, à gauche. Bartsch ne parle pas de ces remarques.*

22 *Estampes.*

1 à 12.

95 à 106. Différentes Vues et Paysages, savoir : 1 Vue d'une

Suite des Morceaux de WATERLO.

Auberge près des vestiges d'un vieux château, dont les murs et deux tours sont encore existans : l'aubergiste est à sa porte; près de là et en avant, douze personnes, hommes, femmes et enfant; dans le fond, à droite, des ruines; — 2 Vue d'un Temple, de divers Monumens, de Maisons et d'un Pont en ruine; à droite, deux hommes, l'un assis, l'autre debout près d'un mulet. — 3 Village au bord d'une rivière, où, en avant d'un pont en pierre, d'une seule arche, est un pont de bois beaucoup moins élevé; sur la rive droite, un groupe de trois grands arbres; — 4 Villagois et Villageoise assis au bord d'une route, à la gauche d'une campagne; plus loin chemine un homme chargé d'une hotte; du côté opposé, au haut d'un grand rocher, des ruines et des fabriques *; — 5 Deux hommes en marche, au haut d'un chemin coupé sur une colline bordée de grands arbres; à la droite de la Composition, une rivière : Sujet dit *l'Allée naturelle;* — 6 Campagne où, à gauche, près d'une colline, sont une femme assise, un homme debout, un chien à côté de lui; plus loin, au-delà d'un vieux mur percé d'une grande porte, des habitations villageoises; — 7 les deux Ponts en pierre : on voit de celui qui est en avant, deux arches; la voûte d'une des arches n'existe plus; elle est remplacée par des planches; du dessous de cette arche en ruine on aperçoit dans l'éloignement à droite, trois arches du second pont; — 8 Pâtre faisant avancer quatre vaches et un mouton vers un pont en pierre de deux arches; à la droite de la Composition, un grand rocher couvert d'arbres; — 9 Moulin à eau dans un bois; à gauche, deux hommes, l'un charge un âne avec des fagots; — 10 un Chasseur, un Fauconnier et deux Levriers au bas d'un chemin, sur le devant, à la gauche d'un pays couvert de bois; — 11 deux Chasseurs assis au bord d'un sentier, à peu de distance de trois grands arbres; les deux premiers arbres inclinés vers la droite; — 12 Chemin à la gauche

---

* Aux premières Epreuves, l'ombre à la seconde partie du rocher n'est pas prolongée jusqu'au bas.

Estampes encadrées ou en feuilles.

Suite des Morceaux de WATERLO.

d'une campagne : le chemin est bordé de collines couvertes d'arbres ; un homme qu'on ne voit encore qu'à mi-corps s'avance suivi de quelques animaux ; au bas de la colline placée vers le milieu, deux femmes assises et un chien. Aux 2.e, 3.e, 4.e, 8.e, 9.e, 10.e et 12.e Morceaux, au ciel, à gauche, le nom de *Waterlo*, différemment écrit *. Suite sans nos. H. 5 p. 5 à 9 l. L. 7 p. 6 à 9 l.

Des troisième et huitième Morceaux deux Epreuves.

14 *Estampes, la plupart toutes premières Epreuves.*

1 à 6.

864   107 à 112 Différens Paysages, savoir : 1 Pays en partie couvert de bois ; vers le milieu, sur un ruisseau, un petit pont de bois, fermé à la gauche par une porte en planches ; de ce même côté, un tronc d'arbre et deux grands arbres isolés : la cime du premier des grands arbres est coupée par le trait carré ; — 2 Vue d'un bois entouré de barrières et de cloisons en planches ; à la droite, trois gros arbres dont on ne voit pas la cime ; — 3 Pays en partie couvert de bois ; à droite, un villageois près d'une rivière, où un homme et une femme passent à gué ; à gauche, deux grands arbres dont on ne voit pas la cime ; — 4 Paysan une pelle à la main : il parle à un berger assis qui garde des moutons ; à droite, un bois, en avant duquel sont une souche et deux gros arbres ; le premier incliné et dont on ne voit que deux branches sèches sans feuilles, le second très-élevé ; — 5 Intérieur de bois ; à la gauche, un étang ; du côté opposé, au bord d'un chemin, un porte-balle, son chien devant lui ; — 6 Chemin formé de collines et bordé de bois ; on y remarque au milieu, un peu à droite, deux villageois, l'un n'est vu qu'à mi-corps, l'autre en buste, Sujet dit *les deux Hommes dans le creux.* A ces Morceaux, dans les marges, le nom de *Waterloo*

---

* Les premières Epreuves sont avant les deux branches sèches, au bas de l'arbre, à gauche, sur la colline, au bas de laquelle deux femmes sont assises.

Estampes encadrées ou en feuilles.

Suite des Morceaux de WATERLO.

fe différemment écrit, et à gauche, des n.ᵒˢ de 1 à 6.
H. 8 p. L. 10 p. 4 à 6 l.

Epreuves doubles (le deuxième Morceau excepté); la première Epreuve du Sujet où est le petit pont de bois, est avant deux branches sèches, l'une au haut du tronc d'arbre, l'autre dirigée vers la droite, et près du trait carré, à la partie la plus élevée du premier arbre isolé ; avant des tailles verticales sur le second arbre isolé, et avant une touffe d'herbe sur l'eau, entre les joncs, et le premier des deux canards. La première Epreuve du troisième Morceau est avant des secondes tailles sur deux des figures, à la butte et à l'arbre isolé, derrière l'homme assis, et avant de petites branches sèches au haut du premier des deux grands arbres qui sont à la gauche ; branches qu'on voit aux Epreuves suivantes sur l'azur près des nuages. La première Epreuve du quatrième Morceau est avant de petites branches mortes à l'extrémité de la première branche du second des gros arbres qui sont à la droite ; branche qui se détache vers le milieu, sur la partie où le ciel est blanc, avant des contre-tailles sur la souche, à deux branches mortes placées en avant de la droite, et à gauche, à la partie du terrain qui est ombrée. Les premières Epreuves des cinquième et sixième Morceaux sont avant divers raccords faits au burin ; la plupart de ces remarques n'ont pas été indiquées par Bartsch.

11 *Estampes.*

1 à 6.

865   113 à 118 Différens Paysages, savoir : 1 Les Deux Porte-Balles, l'un au pied d'un tilleul, en face d'une auberge, près de laquelle est son camarade ; à la droite, derrière l'auberge, des arbres. — 2 Pays couvert de bois : à la gauche, un petit pont, où passent une femme et un enfant. — 3 Intérieur de Forêt ; vers la gauche du second plan, sur un chemin qui serpente dans le bois, un homme porte un paquet suspendu à son bâton ; dans l'éloignement, deux autres figures. — 4 Chaumière dite *la Ferme;* elle est entourée d'arbres qu'enferment des barrières et une haie en planches : une rivière occupe le devant et la droite de la Composition. 5 Cavalier près d'une haie dans un bois ; à la droite du de-

Estampes encadrées ou en feuilles.

Suite des Morceaux de WATERLO.

vant, deux grands arbres. — 6 Berger couché sur une pelouse, près d'un bois; il garde des moutons; à la droite, en avant du bois, un grand arbre isolé; à ces Morceaux, dans les marges à gauche, le nom de *Waterloo* différemment écrit; à droite, des n.os de 1 à 6.

Deux Suites d'Epreuves; les prem. Epr. des 1.er, 2.e, 4.e et 6.e Morceaux avant divers raccords faits au burin; celles des 3.e (l'intérieur de forêt) et 5.e (le cavalier) à l'eau-forte seulement, l'une avant les trois figures, à l'autre la figure du cavalier et le cheval sont mal venus à l'eau-forte; le haut de la figure du cavalier n'est pas visible. Bartsch n'indique pas ces remarques.

12 *Estampes.*

1 à 6.

866 119 à 124 Différentes Vues de Bois, savoir : 1 Le Moulin à eau; sur le terrain, à gauche, une femme et un petit garçon. — 2 Deux Hommes au bord d'un ruisseau, l'un assis; à sa gauche un grand chien boit. — 3 Bossu suivi d'un enfant, et précédé d'un chien; il passe sur une planche placée au-dessus d'une cascade, et se dirige vers la gauche. — 4 Une Femme et trois Enfans sur une pelouse; à gauche, derrière une barrière, deux hommes; on voit vers le milieu, entre les arbres, une maison. — 5 Deux Villageois assis à la gauche, au bord d'un chemin, où arrive un homme à cheval, que précèdent deux chiens. — 6 Pont de Bois sur un ruisseau dans une forêt; on aperçoit au fond, à gauche, au-delà des arbres, une église; à ces Morceaux, au ciel, sur les terrasses ou sur l'eau, le nom du Maître différemment indiqué, écrit en entier ou seulement en abrégé. H. 10 p. 6 l. L. 8 p. 7 à 9 l.

Deux Suites d'Epreuves, les premières avant partie des travaux rentrés au burin.

12 *Estampes.*

1 à 6.

867 125 à 130 Différens Paysages ornés d'épisodes tirés de la Fable, savoir : 1 Alphée au bord du fleuve où est Aréthuse;

Suite des Morceaux de WATERLO.

la nymphe court vers la droite: de ce côté trois gros arbres. — 2 Apollon poursuivant Daphné : le Dieu son arc à la main droite, l'autre élevée; la fille de Pénée arrivée sur un chemin, fuit vers la droite. — 3 Mercure debout jouant de la flûte près d'Argus assis, et qui s'endort; derrière et à la droite d'Argus, la vache Io : la scène se passe dans la forêt de Mycène. — 4 Pan poursuivant Syrinx qui se sauve vers la gauche, dans les roseaux, au bord du Ladon. — 5 Vénus assise à terre, appuyée sur les genoux d'Adonis ; devant eux, l'Amour retient un levrier qui s'élance vers la gauche. — 6 Adonis étendu mort; près de lui, un chien assis parait hurler; à la droite, au-delà de deux grands arbres isolés, deux chiens poursuivent le sanglier qui fuit ; à ces Morceaux, à gauche, au ciel, des n.^{os} de 1 à 6; aux deux premières: *Antoni Waterlo in. et f.* ; aux autres : *A W*. in et f. différemment indiqué ; plus, au second et au quatrième, à droite, à l'un, à terre, à une pierre, à l'autre, sur l'eau: *A. W. f.* H. 10 p. 8 l. L. 8 p. 9 à 11 l.

Deux Suites d'Epreuves (le sixième Morceau excepté), les prem Epr. avant partie des travaux rentrés au burin.

11 *Estampes*.

1 à 6.

868   131 à 136 Différens Paysages ornés d'épisodes tirés de l'Ancien-Testament, savoir : 1 Agar renvoyée par Abraham; elle avance vers la droite : le jeune Ismaël la précède. — 2 Agar consolée par l'Ange, qui, de la main droite, lui montre une pièce d'eau; plus loin, vers le milieu, le petit Ismaël étendu à terre. — 3 Le Prophète de Juda tué par un lion, pour n'avoir pas obéi à la parole du Seigneur; on le voit étendu à terre, le lion assis à sa droite ; dans l'éloignement, l'âne du prophète. — 4 Tobie et l'Ange sur la pente d'une colline; ils se dirigent à la gauche, vers une vallée ; un groupe de trois grands arbres occupe le devant ; du côté opposé, des roches. — 5 L'Ange ordonnant à Moïse de circoncire son fils, ce que Sephora, à genoux à la droite, s'empresse d'exécuter. — 6 Elie dans le désert : le

Estampes encadrées ou en feuilles.

Suite des Morceaux de WATERLO.

prophète assis à terre, près de quatre grands arbres, a le bras droit élevé vers un des corbeaux qui lui apportent sa subsistance; à ces Morceaux, le nom du Maitre indiqué en abrégé aux cinq premiers, à terre ou sur l'eau; au sixième, au ciel, à gauche. Suite sans nos. H. 10 p. 9 à 10 l. L. 9 p. 1 à 8 l.

Deux Suites d'Epreuves; les premières, dont la plupart ne sont presque qu'à l'eau-forte, se distinguent encore par les remarques suivantes : au Sujet d'Agar consolée, les figures et partie des arbres, ceux du troisième plan, et du fond particulièrement, sont mal venues à l'eau-forte; au Sujet de Juda, à l'extrémité d'une des deux masses de feuillage du second arbre placé au bord d'un monticule, masses qui se détachent à gauche sur le ciel, à celle qui est à treize lignes de distance du trait carré, une très-petite branche sans feuilles; au Sujet d'Elie, où plusieurs parties des masses d'arbres sont mal venues à l'eau-forte, le ciel presque blanc, n'a que quelques tailles très-légères. Bartsch ne parle pas de ces Epreuves. Les secondes Epr. tirées après la plupart des travaux rentrés au burin, sont vigoureuses de ton; plusieurs de ces douze Epr. sont tachées d'huile.

Pièce douteuse.

Ruisseau dans une forêt; à la droite, un gros arbre, dont une branche s'étend jusqu'à la gauche de la Composition, et vient tout près du trait carré; au ciel, de ce dernier côté: *a w. ex.* H. 4 p. 4 l. L. 5 p. 4 l.

13 *Estampes.*

WEENINX ou **WEENIX**, (JEAN - BAPTISTE) *peintre; né à Amsterdam, en* 1621; *mort au château d'Huys-Termeyen, près le bourg d'Hoor, en* 1660; *élève d'*ABR. BLOEMAERT *et de* NIC. MOYAERT. *Weeninx a gravé à l'eau-forte.*

869 Taureau debout, vu de face et en raccourci, la tête de trois quarts, tournée vers la droite; plus loin, à gauche, une colline et un buisson; du côté opposé, dans l'éloignement, une tour carrée et un aqueduc de cinq arches; au fond,

des montagnes; sur le devant, où sont des broussailles, dans l'ombre : *C. JB. Wéeninx* (les lettres JB liées ensemble). H. 6 p. 3 l. L. 3 p. 11 l.

Pièce très-rare dont Bartsch ne parle pas. Ce Morceau peut servir de pendant à la première des deux Estampes décrites par ce biographe *.

3 *Estampes*, compris deux Copies.

WEIROTTER, (François Edmund) *peintre; né à Inspruck, en* 1730; *mort à Vienne en Autriche, le* 11 *mai* 1771. *Weirotter a gravé à l'eau-forte et à l'aquatinta.*

870 *Franz Edmund Weirotter.* Buste dans un ovale entouré de masses de paysages : *J Schmuzer fecit.* Pièce en haut.

Morceau par **Weirotter** *sur ses propres dessins.*

Erste Folge von Gegenden und Bruchstücken........ ou première Suite de Vues de Ruines de l'intérieur et de l'extérieur de Rome et de Tivoli, de la *Villa* Adrienne, de Florence, de Livourne et de Ricci. 12 Pièces en larg.

Nota. Manquent à la Suite précédente deux Pièces.

Zwejte Folge...... ou seconde Suite de Vues et de Ruines de l'intérieur et de l'extérieur de Rome et de Tivoli; autres près de Frascati et de Viterbe; le pont de *Sublicio*, etc. 12 Pièces en larg.

Drite Folge. .... ou troisième Suite de Vues et de Ruines de Rome, Tivoli, Viterbe et de leurs environs, che-

---

* 1 Taureau dirigé à droite, où est une vache dont les jambes sont cachées par l'élévation du terrain qu'occupe le taureau ; à gauche, dans l'éloignement, on aperçoit au-delà d'un grand rocher une autre vache; au bas, à droite, *J. Batta Weenix.* H. 5 p. 8 l. L. 3 p. 11 l. — 2 Homme en chapeau rond : il est assis sur une pierre et vu presque de face, caressant un chien qui est à sa droite. Morceau peu terminé et sans nom de Maître. H. 6 p. 3 l. L. 4 p. 9 l. Nous n'avons ici de ces deux Estampes que les Copies gravées dans le sens des Originaux et de même proportion; au ciel, à ces Copies, à l'une à droite, à l'autre à gauche : *A. Bartsch sc.*

Estampes encadrées ou en feuilles.

Suite des Morceaux de WEIROTTER.

min de Rome à Florence, route de Ricci à Gênes, extérieur du port de Livourne, etc. 18 Pièces de proportions différentes. Le titre en larg., les autres Morceaux en hauteur.

VIRTE FOLGE *von Verschiedenen Gegenden*, ou quatrième Suite de diverses Vues de Rome, près de Tivoli, de Naples, de Marseille, etc. Douze Pièces, huit en larg., quatre en haut.

FUNFTE FOLGE *von Unterschiedlichen Gegenden*...... ou cinquième Suite de différentes Vues et Ruines en 25 Morceaux de proportions différentes, un seul est en haut.

Les cinq Suites précédentes dédiées aux princes de Kaunitz et de Starhemberg, au duc de Saxe Teschen, à l'archiduchesse Marie-Anne, et à la duchesse de Saxe Teschen, Marie-Christine. Aux quatre premières de ces Suites des n°.

78 *Estampes.*

871 Vues de la Seine : Suite dédiée à F. Boucher. Six Pièces en larg. avec des n°. Des 3.e et 4.e Morceaux des Epreuves d'eau-forte.

XII. Vues de divers endroits, 1760 : Suite dédiée à M. Coindet. Douze Pièces en larg. avec des n.°s; plus, vingt-une Epreuves répétées : Eaux-fortes, etc.

Suite de Paysages dédiée à M. de Monville. Six Pièces en larg. avec des n.°s; plus, le titre et sept Epreuves : plusieurs à l'eau-forte.

XII Vues de la Normandie : Suite dédiée à M. Duperon. Morceaux à l'eau-forte, au burin et à l'aquatinta, Pièces avec des n.°s; les dix premières en larg., les deux autres en haut.; plus, treize Epreuves, la plupart à l'eau-forte.

79 *Estampes.*

872 1.re et 2.me Suites de Paysages, l'une dédiée à M.r A. Ryhiner fils, l'autre à M. Fr. Meyer. Douze petites Pièces en larg. avec des n.°s gravés à rebours.

Suite de XVIII Paysages, dédiée à M.r Jac. Schmuzer. Pièces avec des n.°s; le titre en larg. est le plus grand Morceau : des autres Pièces de très-petit format, deux sont en haut.; plus, huit Epreuves répétées, Eaux-Fortes, etc.

Suite des Morceaux de WEIROTTER.

Suite de Paysages dédiée à J. Geor. Wille. Douze Pièces en larg.; plus, quinze Epreuves répétées, Eaux-fortes, etc.
Village près de Bruxelles, Village près d'Anvers. Pièces en larg.; plus, six Epreuves répétées; plusieurs à l'eau-forte.
Vue de Vernonnet en Normandie, dédiée à Ph.-Jac. Loutherbourg; autre Vue de Vernonnet. Pièces en larg.; plus, trois Epreuves répétées, Eaux-Fortes, etc.
Bateaux descendant le Rhône, Bateau remontant de Rouen à Paris. Pièces en larg.

81 *Estampes.*

873 Paysages dessinés d'après nature: deux Suites, l'une de 1759, six Pièces en largeur, avec des n.^{os}; l'autre de 1760, six Pièces en haut.; plus, de la première de ces Suites, quatre Epreuves répétées, la plupart à l'eau-forte.

Paysages, Figures pour divers ouvrages sur l'agriculture et la Pêche; Vignettes, etc.; vingt-cinq Morceaux de formats différens; plus, de ces Estampes, cinq Epreuves, d'Eau-Forte.

NOTA. *La plupart des Morceaux du dernier article (ceux destinés à divers ouvrages) sont extrêmement rares.*

46 *Estampes.*

Morceaux par WEIROTTER, *d'après différens Maîtres.*

874 Le Printemps, l'Eté, l'Automne et l'Hiver, d'après van Goyen; — petit Village près d'Amsterdam, d'après Vanderneer; — les Mois de l'année, d'après P. Molyn; — Chûte d'eau et Pont rustique, d'après Dietricy; — Ruine de l'Abbaye de Saint-Maur, et Fontaine près de Meulan, d'après Wille; — Orage et Calme, d'après Vernet; à la 1.ere: *gravée à Rome*; à l'autre, 1764. Eruption du mont Vésuve, d'après Ig. Vernet, 1779; — Titres et Figures d'après Delavallée Poussin, douze Pièces, pour l'ouvrage intitulé *Nella Venuta in Roma, di mad. La Comte e dei signori Watelet, e Copette.* 35 Morceaux, quatorze in-fol. et douze in-4.° en larg., les douze derniers in-8.°; plus, vingt Epreuves d'Eaux-Fortes de plusieurs de ces Pièces.

56 *Estampes.*

Estampes encadrées ou en feuilles. 447

WIERIX ou WIERX, (Jérome et Antoine) *frères, dessinateurs et graveurs au burin; nés à Amsterdam, dans le 16.ᵉ siècle.*

875 Sujets tirés de l'Ancien et du Nouveau Testament; autres de dévotion, emblêmes, etc., sur leurs propres dessins, ou d'après des Maîtres des Pays-Bas : 88 petites Estampes.

WILLE, (Jean-George) *dessinateur et graveur au burin; né à Koenigsberg, entre Giessen et Wetzlar, en 1715; mort à Paris, le 4 avril 1807.*

876 Ménagère hollandaise : Sujet de demi-figure, d'après Ger. Douw, 1757; Est. en haut.
Epreuve avant toutes lettres.

877 Observateur distrait : Sujet de demi-figure, d'après Fr. Mieris, 1776; Est. en haut.
Epreuve avant toutes lettres, et avec les armes.

878 Petit Physicien : Sujet de demi-figure, d'après Gasp. Netscher, 1761; Est. en haut.
Epreuve avant toutes lettres et avec les armes.

879 Jeune Joueur d'instrument : Sujet de deux demi-fig., d'après Sckalken, 1762; Est. en haut.
Epreuve avant toutes lettres.

880 Agar présentée à Abraham, d'après Dietricy, 1778; Est. en larg.
Epreuve avant toutes lettres et avant les armes.

WINTTER, (Joseph-George) *dessinateur et graveur à l'eau-forte; né en Allemagne.*

Morceaux par WINTTER, sur ses propres Dessins.

881 Sujets tirés des Fables d'Esope. Neuf Pièces, format in-12, 1786.

Estampes encadrées ou en feuilles.

Suite des Morceaux de WINTTER.

Vues du lac de Staremberg, autres du parc nommé Hirsch-anger. Huit Pièces en larg., à deux : 1785—86.

Das Aufsezen oder Wachstum des Hirschgeweihes, la croissance des bois du cerf, dessinée d'après nature, en 1787. Douze Pièces in-4.º en haut., avec des n.ᵒˢ de 1 à 12. Suite dédiée au duc de Bavière, Charles-Auguste.

Huit des Epreuves sont avant la lettre.

Verschiedene Thier Stücke...., plusieurs Feuilles d'Animaux, Munich, 1784. Douze Pièces en larg. avec des nᵒˢ.

Lion, Tigre, Léopard, Hiène, Loup et autres animaux; Chasse au Sanglier et Chiens prêts à se battre. Dix Pièces de proportions différentes.

Deux Cerfs : l'un tué dans le bois de Neuoetting et Julbach, en 1720; l'autre cerf, dont les bois sont d'une forme extraordinaire, se voyait en 1785, dans le parc aux Cerfs, à Nünphenburg (Nimphenburg). Pièces in-fol., en haut.

53 *Estampes.*

882 Divers Sujets d'Animaux, d'après de Vos et Melch. Roos. Quatre Pièces en larg. avec des nᵒˢ. — *Viech-Stücke........*, ou Pièces représentant des Animaux, d'après différens Maîtres, 1784. Huit Morceaux en larg. avec des nᵒˢ. — Quatre autres Sujets et Etudes d'après Teniers, Laar, Berghem et Wouwermans.

16 *Estampes.*

WOOD, (JOHN) *graveur à l'eau-forte et au burin; né à Londres, dans le siècle dernier.*

883 Vue prise dans les Campagnes de Rome : à la gauche, un temple et des cascades, d'après le Tableau de Claude le Lorrain, de la collection d'Humphrey Edwin, 1746. — Six Paysages : à la plupart, des monumens, des fabriques, et sur les différens plans, des figures et des animaux; Morceaux gravés d'après des Tabl. de Gaspar Poussin, des Collections Blackwood, Cholmondeley, Hadley, Jacobsen et Price, 1741 à 44 : 7 Est. en larg.

Estampes encadrées ou en feuilles. 449

WOOLLETT, (WILLIAM) *graveur à l'eau-forte et au burin; né à Maidstone, en* 1735; *mort à Londres, en* 1785; *élève de* FRANC. VIVARES, *graveur français.*

884* Campagne de Site agreste : à la droite, un homme debout parle à une femme assise à terre ; d'après Ann. Carracci : Sujet dit *Saint Jean et la Magdeleine* ; Est. en larg.

Epreuve avant la lettre ; les noms d'auteurs tracés à la pointe.

885* Macbeth, d'après Zuccarelli, 1770 : Est. en larg.

Epr. avant la lettre ; le titre tracé à la pointe.

886 Rubens, d'après Van Dyck : Portrait vu à mi-corps.

Ancienne Epreuve collée en dessin.

887* Le Matin (*Morning*). — Le Soir (*Evening*); d'après *Swaniveldt* (Swaneveldt) : la première Pièce par *Pouncy*; la seconde par *Woollett* et *S.t Smith*, 1787. Est. en larg.

Epreuves avant la lettre ; les titres tracés à la pointe et les noms d'auteurs gravés au burin.

888 Les Habitans des Chaumières (*The Cottagers*). — Les Paysans joyeux (*The jocund Peasants*); d'après Du Sart, par *Woollett* et *Browne*, 1765—67 : moyennes Est. en haut., avec armes et dédicace.

Epreuves avant la lettre et avant les armes ; les noms d'auteurs tracés à la pointe.

889* Tobie et l'Ange (*Tobias and the Angel*) ; d'après Lairesse et Glauber, par *Woollett* et *Emes*, 1785 : moyenne Est. en larg., avec armes et dédicace.

Epreuve avant la lettre ; seulement le titre et les noms d'auteurs.

Estampes encadrées ou en feuilles.

Suite des Morceaux de WOOLLETT.

890 Les Villageois joyeux (*The Merry Villagers*) ou le Printemps; d'après Jones, 1776. Est. en larg.

Epreuve avant la lettre; seulement les noms d'auteurs tracés à la pointe.

891 Méléagre et Atalante (*Meleager and Atalante*), d'après Mortimer; le Paysage, d'après Wilson: Morceau gravé par *Woollett* et *Pouncy*, 1794: Est. en larg.

892* Didon et Enée (*Dido and Æneas*), d'après Mortimer et Jones, par *Woollett* et *Bartolozzi*, 1787. Est. en larg., avec armes et dédicace.

Epreuve avant la lettre; seulement le titre et les noms d'auteurs tracés à la pointe.

893 George III, roi de la Grande-Bretagne... (*George the Third*......) vu à mi-corps et de profil, tourné à gauche; d'après Ramsay.

Ancienne Epreuve.

894* La première Scène de la Fille du Moulin (*The first Scene of the Maid of the mill*), d'après Richards, 1768: moyenne Est. en larg.

Ancienne Epreuve.

Morceaux d'après GEOR. SMITH.

895* Les Cueilleurs de Pommes (*The apple Gatherers*) ou l'Automne, 1768. Est. en larg.

Epreuve avant la lettre; les noms d'auteurs tracés à la pointe.

896* La petite Chaumière (*The rural cot*) ou l'Hiver, 1769. Est. en larg.

Epreuve avant la lettre; les noms d'auteurs tracés à la pointe.

Estampes encadrées ou en feuilles. 451

Suite des Morceaux de WOOLLETT.

897 **Vue d'une Campagne**, où un paysan fait passer quelques brebis sur un pont en pierre de deux arches. Petite Est. en larg.

Ancienne Epreuve.

Morceaux d'après GEOR. STUBBS.

898 **La Chasse au fusil** (*Shooting*), Suite de quatre Pièces, savoir : 1 Chasseurs chargeant leurs fusils, et partant avec leurs chiens. — 2 Chasseurs suivant leurs chiens qui quêtent. — 3 Chasseur qui vient de tirer une perdrix qu'on voit tomber, tandis qu'un de ses camarades va à son chien qui est à l'arrêt. — 4 La Chasse finie, un chasseur assis attend son camarade qui apporte un lièvre qu'il vient de tuer, 1769—70—71 : Pièces dites *les quatre Temps de la chasse*. Est. en larg.

Anciennes Epreuves.

899 **Le Chien d'arrêt espagnol** (*The Spanish pointer*), 1768. Est. en larg.

Ancienne Epreuve.

Morceaux d'après BENJ. WEST.

900* **La Bataille de la Hogue** (*The Battle at la Hogue*), 1781. Est. en larg. avec armes et dédicace.

Epr. avant la lettre ; seulement le titre The Battle at la Hogue *et les noms d'auteurs gravés au burin.*

901* **La Mort du général Wolfe** (*The Death of General Wolfe*), 1776. Est. en larg., avec armes et dédicace.

Epreuve avant la lettre ; seulement le titre The Death of General Wolfe *et les noms d'auteurs tracés à la pointe.*

Suite des Morceaux de WOOLLETT.

Morceaux d'après RICH. WILSON.

902* Apollon et les Saisons (*Apollo and the Seasons*), par *Woollett* et *Pouncy*; 1777. Est. en larg.

Epreuve avant la lettre; les noms d'auteurs tracés à la pointe.

903 Niobé, 1761. Est. en larg.

Ancienne Epreuve collée en dessin.

904* Cicéron à sa maison de campagne (*Cicero at his villa*); — la Solitude (*Solitude*) : la première Pièce par *Woollett*, la seconde par *Woollett* et *Ellis*, 1778 : Estampe en larg. avec armes et dédicace.

Epreuves avant la lettre; seulement les titres Cicero at his villa *et* Solitude *en lettres grises, et les noms d'auteurs tracés à la pointe.*

905* La Pêche (*The Fishery*), d'après Wright, 1764 : Est. en larg. avec armes et dédicace.

Epreuve avant la lettre et sur papier de soie.

906 La Pêche, même Estampe répétée.

Ancienne Epreuve avec la lettre.

Morceaux d'après CLAUDE LE LORRAIN.

907 Jacob et Laban (*Jacob and Laban*) : un pont de sept arches qu'on voit dans l'éloignement, du milieu, à la droite, a fait donner à ce sujet le titre du *grand Pont*, 1783 : très-gr. Est. en larg. avec armes et dédicace.

Epreuve avant la lettre; les noms d'auteurs tracés à la pointe.

Estampes encadrées ou en feuilles.

Suite des Morceaux de WOOLLETT.

908 Le Temple d'Apollon (*The Temple of Apollo*), 1760 : Est. en larg. avec armes et dédicace.

Epreuve avant la lettre et avant les armes, les noms d'auteurs tracés à la pointe.

909 Edifices romains en ruines (*Roman Edifices in ruins*), ou le Soir de l'Empire, 1772, Est. en larg. avec armes et dédicace.

Ancienne Epreuve.

910 Intérieur de Forêt : à la gauche, une nymphe près d'un lac dont les eaux tombent en cascade ; sur le devant, deux hommes, l'un assis à terre, l'autre debout ; près de lui un chien ; plus loin, sous les arbres, trois autres hommes en marche ; gravé par *Woollett* et *Browne*, d'après Gaspar Poussin : Sujet connu sous le titre de *la Forêt :* Est. en larg. avec armes.

Ancienne Epreuve.

WORLIDGE, (Thomas) *peintre ; né en Angleterre, florissait dans le siècle dernier* *. *Worlidge a gravé à l'eau-forte dans le goût de Rembrandt.*

911 Mendiant marchant à l'aide de deux béquilles, le Portrait de Mahomet, Marchand Turc ; dix Etudes de Têtes, l'une d'enfant ailé, neuf d'hommes, la plupart à l'imitation de Rembrandt, et une de femme; Homme vu assis dans son cabinet : Sujet de demi-figure, d'après Rembrandt, à plusieurs de ces Morceaux, des dates de 1735 à 54 ; — cinquante-huit Sujets, Bustes, Animaux, etc., d'après des pierres gravées antiques de différens Cabinets. 71 Estampes.

---

* Né, selon Basan, à Oxford, en 1722, et mort à Londres, en 1763; selon Huber et Martini, né à Pétersborrough, dans le Northamshire, en 1700, et mort à Hamersmuth, en 1766.

WYCK ou **WYK**, (Thomas) *peintre hollandais; florissait dans le 17.ᵉ siècle. Wyck a gravé à l'eau-forte.*

912 1 La Fileuse au fuseau; à sa gauche, un homme vu à mi-corps. H. 1 p. 10 l. L. 1 p. 6 l.

2 Les Joueurs de cartes : l'un assis à gauche, sur une pierre, est en chapeau rond; à terre, du côté opposé, les lettres *TW.* (Thomas Wyck) réunies. H. 2 p. 7 l. L. 2 p.

3 à 6 Différens Sujets, savoir : 3 la Couseuse; à sa droite, un paysan assis à terre; au milieu : *T. W.*; — 4 les Joueurs; à droite, un paysan raccommode sa chaussure; vers le côté opposé, à terre : *T. W.*; — 5 le Marchand de marrons, manque *; — 6 Maréchal près d'une Fileuse assise à la gauche : il prépare un fer pour un bandet; à droite, à terre : *T. W.* H. des Morceaux décrits, 3 p. 1 à 2 l. L. 2 p. 4 à 9 l.

7 à 10 Port de mer et Paysages, savoir : 7 Port de mer; on y voit, à l'extrémité du mole; un fanal; à la droite, en avant, une tour ronde, et sur le ciel : *T. W.*; — 8 Restes du Temple de la Concorde et d'une partie du Capitole, à Rome; vers la gauche, une femme un panier sur la tête, un chien la suit; à terre, sur le devant : *T. W.*; — 9 Forgeron dans un atelier pratiqué vers la gauche, sous une voûte, dans un monument en ruine; à terre : *T. W.* — 10 Cour d'hôtellerie où est un grand puits; à droite, un âne dont on ne voit que la tête; au ciel, du même côté : *T. W.* H. 3 p. L. 4 p. 4 à 6 l.

L'Epreuve du dernier Morceau est avant les mots Justus Danckerts exc. *gravés sur le puits.*

9 *Estampes.*

913 11 et 12 Sujets tirés de l'Histoire de Lazarille **, savoir : Laza-

---

* 5 Un Marchand de marrons faisant rôtir des marrons dans une poêle : Composition de six figures; au haut, à gauche : *T. W.* H. 3 p. 2 l. L. 2 p. 9 l. Pièce très-rare.

** Lazarille de Tormes, Romain de Mandoza, auteur espagnol.

Estampes encadrées ou en feuilles.

Suite des Morceaux de TH. WYCK.

rille partageant une grappe de raisin avec l'aveugle dont il était le conducteur, et lui en dérobant la plus grande partie; — 11 Lazarille pour se venger des mauvais traitemens de l'aveugle, l'engage, au passage d'un ruisseau, à sauter en face d'un pilier, où s'étant heurté, il tombe à la renverse; à gauche, à chaque Morceau, à l'un sur le ciel, à l'autre au bas d'un pilier : T. W. H. 4 p. 8 l. L. 4 p. 3 l.

2 *Estampes.*

914 13 Cour d'auberge; à la gauche, deux femmes, l'une porte un plat couvert, l'autre lave du linge près d'un puits; au milieu de la marge : T. W. H. 5 p. 8 l. L. 4 p. 4 l.

Première Épreuve avant la contre-taille sur le pilier, au bord de la droite du devant : Bartsch ne parle pas de cette remarque.

14 et 15 Savoir : 14 Femme revenant du marché, une corbeille sur la tête et un panier à la main gauche; au ciel : T. W. — 15 Marchand ordonnant à des Matelots de ranger des ballots débarqués; à gauche, une grande maison, au ciel : T. W. H. 4 p. L. 4 p. 4 l.

16 Le Magasin, manque *.

17 Rivage à peu de distance d'une ville entourée de vieilles murailles; sur le devant, à gauche, des matelots rangent des marchandises; au ciel : T. W. H. 4 p. 4 l. L. 4 p.

18 Fileuse et Pêcheur à droite au bord de l'eau; la rive opposée est occupée pas des bâtimens en ruine; au ciel, à gauche : T. W. H. 4 p. 4 l. L. 4 p. 1 l.

19 Pont, à la gauche duquel est une grosse tour carrée crénelée; au ciel, du même côté : T W. H 5 p. 1 l. L. 4 p. 7 l.

20 et 21 Savoir : 20 Homme ordonnant à des Matelots de ranger des marchandises sur un rivage; à gauche, un moulin à eau; du côté opposé, au ciel : T. W. — 21 Femme un panier sur la tête : elle est debout, près d'un homme qui

---

* 16 Le Magasin où sont deux hommes vêtus en habits orientaux; à droite, dans le fond, deux marchands, un est en grand chapeau au coin du devant : T. W. H. 4 p. 3 l. L. 3 p. 11 l.

Estampes encadrées ou en feuilles.

Suite des Morceaux de TH. WYCK.

se repose ; à gauche, un petit monument avec figure de Madone; du même côté, au ciel : *T. W.* H. 6 p. 2 l. L. 5 p. 2 l.

Les Copies assez exactes des n.os 7 (le Port de mer), 10 (la Cour d'hôtellerie), 15 (le Marchand), 17 (le Rivage), 19 (le Pont) et 20 (le Moulin à eau), gravées dans le sens des originaux et marquées de lettres *T. W.* ; le 7.*, 10.*, 17.*, 19.* et 20.*, portent 1 à 2 lig. de moins.

22 Malle entr'ouverte, posée sur une table où sont deux bouteilles, une lampe, une coupe de cristal renversée, des titres avec leurs sceaux, des médailles, un jeu de cartes et deux registres ; au fond, à gauche, à la muraille, une Estampe représentant d'une manière indécise, un Paysage avec figures et animaux ; près de l'Estampe, sur le mur, les mots *Matham excu.* Morceau piquant d'effet, attribué à *Th. Wyck.* H. 4 p. 11 l. L. 6 p. 5 l. *.

15 *Estampes.*

WYNGAERDE, (FRANÇOIS VANDEN) *dessinateur et graveur à l'eau-forte ; florissait à Anvers dans le* 17.*e siècle.*

915 Samson déchirant un lion; dans la marge, à gauche : *Pet. Paul Rubenius pinxit ;* à droite : *Franfiscus vanden Wyngaerde fecit et excudit.* H. 4 p. 6 l. L. 4 p. 2 l.

Jésus, sous la forme d'un jardinier, apparaissant à la Magdeleine ; dans la marge, quatre vers : *Te Simul abscondis ;... Ludere nouit AMOR ;* au-dessous, à gauche : *P. P. Rubbens inuent ;* à droite : *Franfiscus vanden Wyngaerde fecit et excudit.* H. 10 p. 6 l. L. 8 p. 6 l.

Les Noces de Thétis et de Pélée : Composition de quatorze figures; au bas de la marge, à gauche : *Pet. Paul Rubenius inuenit ;* à droite : *Francifcus vanden Wyngaerde fecit et excud.* H. 10 p. 10 l. L. 15 p. 3 l.

---

* Les premières Epreuves sont avant partie des travaux sur la coupe, et avant *Matham excu.*

Estampes encadrées ou en feuilles. 457

Suite des Morceaux de WYNGAERDE.

Départ de la Sainte-Famille pour l'Egypte : cinq anges l'accompagnent ; les uns présentent des fruits à l'Enfant-Jésus, deux autres en voltigeant dans les airs jettent des fleurs ; dans la marge, deux vers latins, une dédicace à *D. FRANCISCO CARPENTIER*, et à la suite : *Ioannes Thomas inuentor Francifous vanden Wyngaerde fecit in aqua-forti.* H. 10 p. 8 l. L. 14 p. 9 l.

La Tentation de saint Antoine ; dans la marge : *Beatus vir qui suffert tentationem : .... F³, vanden wyng : f.* ; au-dessous, au milieu : *D. Teniers in. et pinxit cum priuilegio.* H. 7 p. 2 l. L. 10 p.

Trois Paysans dans une chambre : un assis à la gauche d'une cheminée, allume sa pipe ; un autre debout se chauffe le dos ; dans la marge, à gauche : *Dauit Teniers pinx ;* au milieu : *LA NVICT ;* à droite : *Fran. van Wyngaerde fe, et ex.* ; — Trois Paysans dans une tabagie : l'un assis à la droite d'une cheminée, un autre debout, le dos au feu, tient d'une main une pipe, de l'autre un pot. Ce Morceau est rogné tout près des travaux de la gravure. H. 4 p. 4 l. L. 3 p. 3 l.

Deux Villageois debout dirigés à gauche, l'un les bras croisés, tient un bâton ; l'autre porte du feu dans un pot. Sujet de demi-figures ; dans la marge, les noms de *Teniers* et de *Wyngaerde*. H. 4 p. 9 l. L. 3 p. 8 l.

Villageois, une Chèvre et trois Moutons sur le devant d'une campagne, au lever du soleil ; — Dame écoutant un jeune homme qui pince de la guitare : ils sont à table dans une campagne ; le premier de ces Sujets, *LE MATIN*, d'après Johan de Heem ; le second, *LE MIDI*, d'après Peetrus Gavwye ; à tous deux, le nom de *Wyngaerde*. H. 4 p. 3 à 4 l. L. 3 p. 1 l.

Lucas Vorsterman représenté assis, tête nue, sa main droite sur son chapeau ; dans la marge : *LVCAS VOSTERMANS Calcograpus ;* au bas, à gauche : *Ioannes Lijvijus delineavit ;* à droite : *Franciscus vanden Wijngaerde fecit et excudit.*

11 *Estampes.*

ZEEMAN, (REINIER ou REMY NOOMS, *dit*) peintre; né en Hollande, dans le commencement du 17.ᵉ siècle. Zeeman a gravé à l'eau-forte.

916   1 et 2 Savoir : 1 Marine; 2 Emeute des matelots, manquent *.
3 Vue de la Rivière de l'Amstel, où sont deux maisons fortifiées; en avant, à droite, un homme dans un bateau aborde à des palissades; vers la gauche, sept personnes dans un canot; dans la marge, à gauche : *De twee Blockhuisen op den Amstel buiten Amsterdam*; à la suite, en deux lignes : *Gemaakt An°. 1651. Afgebrooken A° 1654*; à droite : *Getekent en gegraveert door R. Zeeman*. H. compris 6 l. de marge, 7 p. 6 l. L. 12 p. 6 l.

Première et rarissime Epreuve dont Bartsch ne parle pas : elle est avant le nuage au haut du ciel, au-dessus de la maison, à droite, avant les contre-tailles sur le bateau près les palissades et au canot qui est vers la gauche, et avant les deux petites lignes : Gemaakt An°. 1651. *et* Afgebrooken A° 1654.

917.   La même Estampe répétée.
Pièce très-rare, Epreuve avec le nuage à droite, les contre-tailles au bateau et au canot, et les mots Gemaakt An° 1651. *et* Afgebrooken A° 1654.

---

* 1 et 2 Savoir : 1 Marine où un vaisseau à trois mats vogue à pleines voiles vers la gauche; de ce côté, quatre hommes dans une petite barque : deux rament et un tient un croc; dans la marge : *R. Zeeman*; et à droite, *Dancker Dankerts Exc.* H. compris 3 l. de marge, 6 p. 6 l. L. 9 p. 7 l. — 2 Deux Vaisseaux se dirigeant l'un à côté de l'autre, vers la gauche; sur celui vu de toute la largeur, à la droite, douze matelots s'entr'égorgent à coup de couteau; au haut, du même côté, dans un ovale qu'entoure une couronne de laurier, le buste d'un homme qu'on dit être *Schipper Kees de Jonge*, capitaine d'un des deux vaisseaux; vers le bas, sur l'eau : *Zeeman*; et dans la marge : *Dancker Danckerts Exc.* Sujet dit *l'Emeute des Matelots*. H. compris 3 l. de marge, 7 p. 10 l. L. 10 p. 3 l. *Estampe extrêmement rare*.

Estampes encadrées ou en feuilles.

Suite des Morceaux de ZEEMAN.

4 Le Lazareth, manque *.

918 5 L'Incendie de l'Hôtel-de-Ville d'Amsterdam : l'hôtel-de-ville en flammes occupe tout le milieu; à gauche, dans le chemin qui conduit sur le *Agter-Bergwal*, des pompiers et des soldats; dans la marge, à gauche, en trois lignes : *het ovde ſtathvis tot Amſterdam Verbrant. den 7. Jvli op ſondagh. ſmorgens. begoſ. f.f. half. 2 Vren A° 1652*; et à droite, aussi en trois lignes : *R. Zeeman Jnventoor et fecit e ex op dee ovde heere graſt After dee geeſondee broeder.* H. 12 p. 4 l. L. 18 p. 8 l.

Pièce extrêmement rare.

1 à 12.

919 6 à 18 Recueil de Navires et de Paysages, savoir : 1 Matelot portant un pavillon où est le titre suivant en six lignes : *Receüil de plusieurs Navires, et Païsages..... par R. Zeeman 1650.... à la Ville d'Anuers.* — 2 *Galiot de Iean de Vyl.* — 3 *Batteau de Harlem.* — 4 *Heu ou vaisseau ordinaire.* — 5 *Entrée du Haure du Texel.* — 6 *Tempeste de Mer.* — 7 *Peſcheurs qui san vont pour peſcher.* — 8 *Navires de guerre de Hollande.* — 9 *Passagers de Calais à Fleſingue.* — 10 et 11 Vue d'une Carrière, Vue de Conflans manquent **. — 12 *Moulin à l'eau, à Arceüil.* — 13 *Peſcheurs de la Mer de Sud.* Suite sans nos. H. 2 p. 2 l. L. 4 p. 5 l.

1 à 4.

19 à 22 Les Elémens, savoir : 1 L'AIR, mer agitée, où sont quelques vaisseaux, à la gauche des côtes; dans la marge, à droite : *R. Zeeman Jn. et ſ Clement de Jonghe excudit,*

---

* 4 Le Lazareth des pestiférés, hors d'Asmterdam : on le voit à droite, vers le fond; un moulin à vent s'élève du côté opposé; sur le devant, au bord d'un canal, des vaches au pâturage; dans la marge : *Het Pest-huis buiten Amsterdam. R. Zeeman Inventer et Fecit.* H. compris 7 l. de marge, 7 p. 7 l. L. 12 p. 7 l. Estampe extrêmement rare.

* 10 et 11 Savoir : 10 Vue d'une Carrière entre Belleville et Charonne; — 11 Vue de Conflans.

Estampes encadrées ou en feuilles.

Suite des Morceaux des ZEEMAN.

— 2 *LA TERRE*, Vue d'un pays, à la gauche duquel est une haute montagne; à droite, dans la marge, *R. Zeeman Jn. fe.* — 3 *L'EAU*, tempête sur mer; à la droite, un vaisseau près de périr. — 4 *LE FEU*, Combat naval; à gauche, un vaisseau en flammes; dans la marge, à droite: *Reinier Zeeman Jnventoor et feecit;* au bas, à droite, à ces Morceaux, des n.ᵒˢ de 1 à 4. H. 2 p. 9 à 10 l. L. 7 p. 5 à 6 l.

Premières Epreuves avant les n.ᵒˢ et avant les mots Clemendt de Jonghe excud. *Epreuves dont Bartsch ne parle pas.*

a 1 à *a* 8, et 1 à 8.

23 à 38 Suite de marines, divisées en deux parties, savoir: première Suite, *a* 1 à *a* 8, au premier Morceau, un Homme en manteau, devant un écriteau où on lit, en six lignes: *quelqs port dee Meer faicts par RN Zeeman A. amsterdam A° 1656*; au ciel: *Eerste deel;* dans la marge: *t'Amsterdam by Dancker Danckerts in de Calverstraat in de Danckbaarheijt;* à gauche ainsi qu'aux suivantes, où est le nom de *R. Zeeman*, la lettre *a* et le n.° 1 à 8. — Seconde Suite, 1 à 8; Au premier Morceau, vers la droite, à la voile d'un vaisseau, quatre lignes d'inscription: *Tweede deel. VERSCHEYDE BINNE-WATERS; Nieuwlijcx gheteeckent en in 't Cooper gebracht door R. N. Zeeman;* dans la marge, comme au titre de la Suite précédente, l'adresse de *Danckerts;* dans les mêmes marges, à cette Suite, le nom du Maître, et des n.ᵒˢ de 1 à 8. H. 4 p. 8 à 9 l. L. 7 p. 3 à 9 l.

Premières Epreuves *.

31 *Estampes.*

---

* La beauté des Epreuves de la première de ces deux Suites, porte à croire que les premières Epreuves sont avec le nom de *Dancker Danckerts*, et les secondes avec celui de *Clement de Jonge;* que depuis, ces planches revenues entre les mains du premier éditeur, il y aura fait effacer le nom de *Jonge*, pour y replacer le sien. Les Epreuves alors, assez faibles de ton, sont regardées comme les troisièmes. Aux secondes Epreuves de la deuxième Suite, le nom de *Clement de Jonge;* aux troisièmes Epr.,

Estampes encadrées ou en feuilles.

Suite des Morceaux de ZEEMAN.

1 à 8.

920 39 à 46 Marines avec Navires, Suite de huit Morceaux. Le premier représente un port de mer; à la droite du devant, deux forçats prêts à emporter un grand coffre ; sur la face du coffre, quatre lignes de titre : *Quelque nauieres deffeigner et graver par Remij Zeeman. A° 1652*; à droite, dans les marges, des n.os de 1 à 8. H. 4 p. 3 l. L. 7 p. 7 à 8 l.

Deux Suites d'Epreuves (le troisième Morceau excepté, qui ne se trouve qu'une fois) ; à la première Suite, premières Epreuves, dont il n'y a ici que sept Morceaux ; la vue d'un port qui sert de titre, est avant l'adresse de Van Merle : *Bartsch ne parle pas de ces Epreuves ; aux secondes Epreuves, au titre* : A Paris, chez I. van Merlen...... *.

1 à 8.

47 à 54 Différentes Vues intérieures de la ville d'Amsterdam, savoir : 1 *S. Anthonis Marckt met de Waegh.* — 2 *De Eenhoorns Sluys.* — 3 *De Noorder Marckt met de Kerck.* — 4 *De Roowaenfche Kaey* — 5 *Het veer van de Uyterfche fchiet-fchuyten.* — 6 *De Appelmarckt.* — 7 *Het Leytfche veer.* — 8 *Het Naerder veer.* A ces Morceaux, le nom de Zeeman ; à la première Estampe, dans la marge, à gauche, en deux lignes : *Verfcheide gefichten binnen Amfterdam, geteikent en int licht gebracht door R. Zeeman*; à droite : *Clement de Ionghe excudit Amfterdam* ; à ce Morceau, du même côté, ainsi qu'aux autres Pièces, le n°. H. compris 5 l. de marge, 4 p. 11 l. à 5 p. L. 9 p.

1 à 8.

55 à 62 Vues de Paris et de ses environs, savoir : 1 *Het hof van Madamoifelle en een ftuck vande Loeuer tot Parys.* — 2 *Conflan tuffchen Parijs en Cirranton.* — 3 *Een water Molen*

où les mots *Tweede deel* sont effacés, le titre : VERSCHEYDE BINNE-WATERS...... est remplacé par *Het Nut en en Vermakelik Gebruyk van Verscheyde Binne-Waters : Constigh afgeteeckent en in 't Cooper gebracht door R. N. Zeeman. W. de Broen Excudit.*

* Aux troisièmes Epreuves, il ne reste, de l'adresse de *I. van Merlen*, que les mots *A Paris*, qui soient très-apparens.

Suite des Morceaux des ZEEMAN.

buyten S. de Nys. — 4 *De Tuin van Monfieur de Nue buitent vorburch S. Marfiou tot Parijs* — 5 *Cialiou aen de landifi buyten Parijs.* — 6 *Het in komen vant voorburch S. Marfiou tot Parijs.* — 7 *De Rivier de Cijne en de hoeck vande Molie baen tot Parijs.* — 8 *De Poort S. Barnaert tot Parys.* Suite avec des n.os de 1 à 8; à quatre de ces Vues, les 1.re, 2.e 4.e et 8.e: le nom du Maître; au premier Morceau, où est le titre, *Het hof.......*; à gauche: *R. Zeeman fecit*; à droite : *Clement de Ionghe excudit Amfterdam*; de ce dernier côté, et aux sept autres Vues, le n.o de la Suite. H. compris 5 l. de marge. 4 p. 11 l. L. 9 p.

31 *Estampes*.

921 63 à 98 Différens Vaisseaux d'Amsterdam, trente-six Estampes divisées en trois parties, savoir :

1 à 12.

EERSTE DEEL (première partie) : — 1 Vue du Port d'Amsterdam; sur le ciel, au milieu : *EERSTE DEEL*; vers la gauche : *Wacht huijs of Camer vande E E Heeren vant water-recht;* dans la marge, en deux lignes : *Verfcheijde Schepen en Gefichten van Amftelredam, Naer t leven afgetekent. en opt Cooper gebracht door Reinier Nooms, alijas Zeeman*; à droite : *C : Danckerts. Exc* : — 2 *De Vergulde Dolphijn een Straets-Vaerder, De Kat een Frans-Vaerder.* — 3 *Twee Nieuwe Fregatten. geruft ten Oorloogh. tegen t' Parlement van Engelandt.* — 4 *t' Geele Fortuijn een Oofter-Vaerder, De Liefde een Noorts-Vaerder.* — 5 *De Harinck-packers Tooren.* — 6 *Een Boeijer, Een Galioot.* — 7 *Harinck-Buijfen.* — 8 *Tocht Schuijten of Sparendammer Viffers.* — 9 *Bickers Eijlandt.* — 10 *De Salemander een Oofindis Vaerder.* — 11 *Een Damfout, Een Smalfchip.* — 12 *Een Ifere Vareken Een Waterfchip of Zuijerzefe Viffer*. A cette Suite, dans les marges, des n.os de 1 à 12, au premier Morceau, à gauche; aux onze autres, le chiffre précédé de la lettre *a* est à droite.

1 à 12.

TWEEDE DEEL (seconde partie). — 1 Canal près d'Amsterdam; sur le milieu du ciel: *TWEEDE DEEL* dans la marge,

Estampes encadrées ou en feuilles. 463

Suite des Morceaux de ZEEMAN.

au milieu : *Monkel baens-Tooren*; à gauche : *Zeeman jnventor et fecit*; à droite : *C: Danckerts Excudebat*. — 2 *De Paerrel een Oostindis Vaerder, Den Dubbelen Arent een Westindis Vaerder* — 3 *De Vrijheijt een Oorloogs Schip, De Hofewint een Spaens Vaerder*. — 4 *Een Stoten Iacht, Een uijtlegger of Watte Convojĕr*. — 5 *Twee Steijger Schuijten*. — 6 *Een Waterschip voor d'Soutketen, Een Brouwers Water-Schuijt*. — 7 *De Swarte Beer een Groenlants Vaerder*. — 8 *De Gelderse-kaijen Schroierstooren*. — 9 *Een Sammoreus*. — 10 *Een Vriesche Kaegh, Een Gelderse Kaegh*. — 11 *Een Vriesse Turrif pott; Een Dijnop ofia Veense Turrif pondt*. — 12 *Het Afloopen Van een Schip*; à droite, dans les marges, des n.ᵒˢ de 1 à 12, chaque n.º précédé de la lettre *b*.

1 à 12.

DERDE DEEL (troisième partie). — 1 Vue de mer, près d'Amsterdam; sur le ciel : *DERDE DEEL*; au pavillon d'un bateau qui est à la droite : *Verscheijden Schepen en Gesichten van Amsterdam, naert leven afgeteekent en opt Cooper gebracht door Reinier Nooms alias Zeeman, C: Danckerts Excudit*. Le tout écrit en six lignes. — 2 *Het Rockin, mette Beurs*. — 3 *Een Amsterdammer Lichter, Een Wieringer Lichter*. — 4 *Een Vlotschuijt, Een Schietschuijt*. — 5 *Haegse, Delfse, en Rotterdamse, Nacht-Schuijten*. — 6 *Den Ouertoom*. — 7 *Haerlemse Iaegschuijties*. — 8 *De Block-huijsen*. — 9 *Schol-Schuijties of Pinckies*. — 10 *Een Modder-molen en eenige Modderschuijten*. — 11 *Een Vlodt, Een Onderlegger*. — 12 *Twee Overlanders*. A cette Suite des n.ᵒˢ de 1 à 12; au premier Morceau le n.º est au milieu du devant, sur l'eau; aux autres, à droite, dans la marge où sont les titres.

1 à 8.-

99 à 106 Diverses Batailles navales, manquent *

36 *Estampes*.

* 99 à 106 Diverses Batailles navales. La première Pièce des huit Morceaux dont cette Suite est composée, représente un rivage où sont réunis des attirails de guerre; sur la peau d'un tambour est écrit le titre *Nieuwe Scheeps Batalien int licht gebracht door Reinier Zeeman*.

Estampes encadrées ou en feuilles.
Suite des Morceaux de ZEEMAN.

1 à 12.

922 107 à 118 Différentes Marines, savoir : — 1 six Navires en mer; à droite, un bâtiment de haut bord; sur le ciel, à gauche : *R. Zeeman fe.* — 2 à 12 Navires en mer, Ports de mer, et des Carénages. Suite sans n.º. H. 7 p. L. 10 p. 11 l.

Anciennes Epreuves ; le nom de Zeeman ne se trouve ici qu'à l'Epreuve du premier Morceau. *

1 à 8.

119 à 126 Les Portes de la ville d'Amsterdam, savoir : — 1 DE STADTS-HERBERGH ; à gauche, au ciel, à un drap suspendu, le titre *Nieuwe en Eygentlycke Afbeeldinghe DER STADTS-POORTEN VAN AMSTERDAM. in't licht gebracht door R. N. Zeeman*, écrit en cinq lignes, dans la marge où sont les mots *De Stadts-Herbergh* ; à gauche : *Zeeman delineavit et fecit* ; à droite, en deux lignes : *Gedruckt t' Amfterdam bij Juftus Danckerts inde Calverftraat in de Danckers.* — 2 REGELIERS POORT. — 3 DE NIEUWE REGULIERS POORT. — 4 SAAGHMEULENS POORTIE. — 5 HAERLEMMER POORT. 1617. — 6 RAAM POORTIE. — 7 S.t ANTONIS POORT. 1636. — 8 HEYLIGEWECHS POORT. 1638. Dans les marges, aux 2.e, 3.e, 4.e, 6.e et 7.e Morceaux; à gauche, le nom de *Zeeman*, et à droite, celui de *Danckerts*. Suite sans nos. H. 5 p. 7 à 8 l. L. 11 p. 1 à 3 l.

20 Estampes.

1 à 13.

923 127 à 139 Divers embarquemens, savoir : Marine sur le ri-

Gedruckt by Clement de Tonghe Tot Amsterdam. On lit à la banderolle d'une trompette dont sonne un matelot placé à la gauche : *Nouvelles inventions de combats Navaeles fet par Reinier Zeeman.* A cette Suite, au bas, à droite des Morceaux, les nos de 1 à 8. H. 6 p. 4 à 6 l. L. 9 p. 6 l.. *Nota.* Aux premières Epreuves, l'adresse de *Clement de Ionghe* ; aux secondes Epreuves, l'adresse de *G. Valk.*

* Les premières Epreuves sont avant le nom de Zeeman ; aux secondes Epreuves, au haut, à gauche : *R. Zeeman. fe* et *Ar. Tooker Excud. Londini.* On trouve de plus aux troisièmes Epreuves, au haut, à droite, les mots : *Carolus Allard Excudit Amstelodami.*

Estampes encadrées ou en feuilles.

Suite des Morceaux de ZEEMAN.

vage ; à un grand cartouche entouré de coquillages, le titre DIVERS EMBARQUEMENTS et autre *faicts par* H. N.** Zeeman A Amsterdam (écrit en quatre lignes) ; sur mer, à gauche, un vaisseau ; à droite, deux barques, dans la marge : *Gedruckt t'Amfterdam, bij Dancker Danckerts inde Calverftraet In de Danckbaerheyt.* — 2 Vue de mer ; à la gauche, deux rochers et des fortifications ; près de là, deux soldats ; à peu de distance, une guérite. — 3 Marine ; vers la droite, trois pêcheurs dans une barque ; on aperçoit à gauche, dans l'éloignement, des dunes.—4 Marine ; vers la gauche, des ouvriers carênent un grand bâtiment. — 5 Vue de mer ; à la gauche des rochers, et un fort avec deux tours rondes. — 6 Campagne coupée par un chemin où avance un Villageois monté sur un âne ; à sa gauche, une paysanne en marche. — 7 Cinq Pêcheurs sur le rivage de la mer, trois occupés près d'un canal ; plus loin, à gauche, trois autres pêcheurs dans une barque. — 8 Quatre Vaisseaux en mer ; sur le rivage du devant, sept hommes, deux à droite tiennent des harpons. — 9 Marine où des bâtimens à voiles, poussés par un vent frais, avancent vers la gauche. — 10 Des Matelots débarquant des ballots d'une barque à voile, tandis qu'un homme range des cordages ; à gauche, en mer, un vaisseau de haut bord. — 11 Trois Vaisseaux battus par une tempête ; à la gauche, des rochers.— 12 Vue de mer au clair de lune : on y remarque sur le rivage, trois hommes près d'un feu ; et sur mer, dans une barque, deux mariniers : l'un des mariniers tient de sa main droite une lanterne. — 13 Fin d'Orage ; sur le rivage, cinq hommes échappés à la tempête, trois hommes morts, et divers débris ; à gauche, au-delà et près d'un grand rocher, un vaisseau échoué ; vers la droite, dans l'éloignement, trois autres vaisseaux. A cette Suite, dans les marges, des n.os de 1 à 13 ; le n.o, au premier Morceau, à droite ; aux autres Pièces, à gauche. H. 2 p. 9 à 10 l. L. 6 p. 5 à 6 l.

NOTA. *En parlant de cette Suite, Bartsch s'exprime ainsi :*
« *N'ayant jamais pu trouver ces Estampes, nous ne sommes pas*
» *en état d'en donner des détails ; nous ne connaissons leur*
» *existence que par le rapport qu'en fait le catalogue de vente*

30

Estampes encadrées ou en feuilles.

Suite des Morceaux de ZEEMAN.

» *de* MARCUS ». (*Catalogue de Marcus.* pag. 468, n.° 2294.)

140 à 151 Différentes Marines, manquent *.
152 à 154 Combats naval manquent **.

Morceaux par ZEEMAN *dont* BARTSCH *n'a pas donné de description.*

155 Bataille navale; sur le devant, vers la gauche, on ne voit plus d'un vaisseau sombré que la pointe d'un mât et le pavillon; plus loin, cinq autres vaisseaux; la fumée du canon des deux premiers ne laisse voir, des deux autres, que le haut des mâts; le cinquième coule bas; dans l'éloignement, au milieu, et à la droite, huit autres vaisseaux se canonnent; au pavillon du premier des deux vaisseaux engagés qu'on voit à la gauche : *Zeeman;* au coin, à droite, sur l'eau, le chiffre 4. H. 5 p. 11 l. L. 9 p. 6 l.

NOTA. *Le chiffre 4 qu'on trouve à ce Morceau, semble indiquer que cette Pièce fait partie d'une Suite non décrite.*

1 à 12.

156 à 167 Différentes Marines, Vues et Paysages, savoir :
1 Canal glacé où sont des patineurs; à gauche, un cheval à un traîneau. — 2 Vue de Mer; à droite, deux barques; sur la première, qui est couverte et sans voile, un homme tient un flambeau allumé. — 3 Deux Hommes à cheval, l'un paraît tenir un autre cheval qu'on ne voit qu'en partie : ils sont

---

* 140 à 151. Différentes Marines, Suite de douze Estampes, la première représente un chantier : on y remarque, vers le milieu, deux hommes qui scient une grande planche, et vers la droite, un vaisseau dont on ne voit que la poupe. Cette Pièce porte de haut. 7 p. 6 l., et de larg. 10 p. 10 l.

NOTA. Ces Estampes sont annoncées dans le Catalogue de *Van der Dussen*, n.° 5306, page 155, et dans celui de *Ploos van Amstel*, n.° 9, page 160.

** 152 à 154 Combats naval, entre les Français, les Anglais et les Hollandais, les 7 et 14 juin et 21 août 1673. Morceaux cités dans le Catalogue de *Marcus*, sous le n.° 2295, page 463, (comme des pièces extrêmement rares.)

Estampes encadrées ou en feuilles.

Suite des Morceaux de ZEEMAN.

au bord d'une rivière où un homme pêche à la ligne ; un vieux mur et des maisons bordent la gauche de la rive. — 4 Combat entre deux vaisseaux ; plus loin, à droite, et à gauche, à l'horizon, deux autres bâtimens. — 5 Port de mer ; à gauche, un fort ; du côté opposé, au-delà d'une grande arcade, des vaisseaux. — 6 Vue de mer par un clair de lune ; à droite, sur le rivage, quatre hommes près d'un feu. — 7 Vue d'une rivière avec pont de huit arches ; à gauche, au bout du pont, une vieille forteresse. — 8 Rivage où sont divers agrès et des ustensiles ; à gauche, trois hommes, un appuyé sur un tonneau ; du côté opposé, un marinier porte un seau ; dans l'éloignement, un vaisseau à trois mâts et d'autres bâtimens. — 9 Vue de mer par un gros temps ; sur le devant, deux bâtimens marchands singlent vers la gauche ; dans l'éloignement et à l'horizon, trois autres bâtimens. — 10 Frégate sous voile ; à gauche, en avant, un canot ; dans les fonds et à la droite, où l'on aperçoit une ville, quatre autres bâtimens. — 11 Trois Vaisseaux en mer ; en avant de l'un d'eux, vers la gauche, un canot ; on aperçoit du même côté, dans l'éloignement, des hommes sur un banc de terre. — 12 Vaisseau singlant vers la gauche ; du côté opposé, des hommes font aborder un canot ; dans le fond, diverses embarcations et deux montagnes. A ces Morceaux, dans les marges, à gauche : *Seeman fecit ;* à droite, aux 1.er, 5.e, 6.e, 7.e, 9.e, 10.e, 11.e et 12.e : *Drevet avec privilege ;* aux 2.e, 3.e et 4.e : *Le Blond........ ;* la droite de la marge du 8.e est rognée. H. compris 3 l. de marge, 4 p. 6 à 8 l. L. 8 p. 3 à 5 l.

NOTA. Au nombre de ces douze Estampes qu'on attribue à Zeeman, quelques Marines seulement sont exécutées dans la manière de ce Maître.

Deux Vaisseaux marchant vers la droite : un canot précède le premier, le canot du second est à la gauche ; du même côté, à l'horizon, on aperçoit quelques fabriques, et à la droite, deux bâtimens sous voile. Pièce douteuse. H. 4 p. 6 l. L. 8 p. 10 l.

26 *Estampes.*

ZEEMAN, (A.   ) *dessinateur et graveur à l'eau-forte.*

924 1 à 48 Différentes Vues de Villages hollandais, savoir :
1 *Abbekerk.* — 2 *Akersloot.* — 3 *Assendelft.* — 4 *Avenhorn.*
— 5 *Beets.* — 6 *Beeverwyck.* — 7 *Bergen.* — 8 *Bovekarspel.*
— 9 *Broek.* — 10 *Broek op Langedyk.* — 11 *Castrikum.* —
12 *Egmont op den Hoef.* — 13 *Graft.* — 14 *Groet.* — 15 *Grootebroek.* — 16 *Haringhuizen.* — 17 *Hauwert.* — 18 *Heemskerk.*
— 19 *Hem.* — 20 *Hensbroek.* — 21 *Heylo.* — 22 *Hoogwoud.*
— 23 *Ilpendam.* — 24 *Kwadyk.* — 25 *Landsmeer.* — 26 *Limmen.* — 27 *Nuboxwoude.* — 28 *Oosthuizen.* — 29 *Oostzaan.* —
30 *Ransdorp.* — 31 *Ryp met de groote Mennonite Kerk.* —
32 *St. Maarten.* — 33 *St. Pancras.* — 34 *Schagen.* —
35 *Schermerhorn.* — 36 *Schorel.* — 37 *Sparendam.* — 38 *Suiderwouw.* — 39 *Sunderdorp.* — 40 *Twisk.* — 41 *Warmenhuysen.* — 42 *Watwey.* — 43 *Westblokker.* — 44 *Westwoud.*
45 *Westzaan.* — 46 *Winkel.* — 47 *Wormer.* — 48 *Wydenes;* —
ces noms écrits au milieu des marges; à gauche, dans les
mêmes marges : *A Zeeman fecit.* Suite sans n°°. H. 2 p. 1 à
4 l. L. 2 p. 9 à 10 l. non compris les marges.

ZIX, (BENJAMIN) *dessinateur; né en Alsace; a gravé à l'eau-forte et à l'aquatinta.*

925 Cuisines de Soldats; l'une de fantassins, près d'un village;
l'autre de cavaliers, au bivouac. H. 7 p. 3 l. L. 11 p. 4 l. —
Soldats d'infanterie dans la cour d'une maison de paysan,
et cuirassiers près d'une chaumière. H. 7 p. 3 l. L. 6 p.
7 l. — *Mahlerische Ansichten des ehemaligen Elsasses......*
ou Vues pittoresques de l'ancienne Alsace. Huit Estampes,
six de 4 p. 10 l. à 5 p. de haut. sur 6 p. 9 l. à 7 p. de larg.; et deux
de 5 p. 9 l. à 6 p. 9 l. de haut., sur 4 p. 11 l. à 5 p. 1 l. de large.

Epreuves avant la lettre.

Figure de Vierge, la Prise de Tabac, Voilà le Plaisir.......
— Traineur de l'armée, Vivandière de l'armée, Scène de
soldats, Vignettes, etc. Douze Pièces de proportions différentes; à deux: 1804, 1809.

24 *Estampes.*

ESTAMPES GRAVÉES A L'EAU-FORTE
PAR DIFFÉRENS MAITRES,

SUR LEURS PROPRES DESSINS *.

ÉCOLE D'ITALIE.

926 L'Académie de Peinture, par *Alberti*. — Une Vue et deux Paysages, par *Anesi*. — Susanne au bain, et la Sainte-Famille, par *Antonio* de Trevise. — Mariage de sainte Catherine, par *Badalocchio*. — La Présentation au Temple, par *Baldi*. — Saint Antoine de Padoue, et Femme tenant une jeune fille par les cheveux : par *Barbieri*. — Jésus-Christ apparaissant à saint François, par *Barocci*., 1581. — Deux Paysages : *Bazicko inue*. — Vue d'Italie, par *Bellotti*. Sainte-Famille, par *Biscaino*, 1655. — Sainte-Famille, par *Bisi*, 1634. — Saint Pierre recevant les clés de Notre-Seigneur, par *Bolognini*. — Le Christ mort, 1615, et saint Christophe : par *Borgiani*; plus, une Copie du saint Antoine, de Barbieri : en tout 20 Estampes sur 14 feuilles.

927 Silène et quatre Satyres, par *Burani*. — Sainte-Famille et saint Jean : par *Camassei*. — La Vierge au Rosaire, et saint Roch : par *Canuti*. — *Vedvte e Battaglie Segvite in Toscana*, par *Conti*, en 1649 : 8 pièces. — Sainte Magdeleine mourant, *Cignani inu.* — Nymphe et Satyres, par *David* de Gênes. — Saint François, l'Enfant-Jésus dans ses bras : il est à genoux aux pieds de la Vierge ; par *Faccini* — Intérieur de l'église de S ta *Maria della Pace*, par *Falda*. — Le Portrait de Fr. Carlo Marchionne da Sezza, par *Fantetti*. — La Sainte-Vierge, l'Enfant-Jésus et saint Jean ; des Anges portant l'arbre de la croix ; saint Jean l'évangéliste, 1567 ; la Cha-

---

* Dans le nombre des Morceaux ci-après, on en trouve plusieurs en partie au burin.

Estampes gravées à l'eau-forte

Suite de l'Ecole d'Italie.

rité ; cinq Amours dans les airs, un décoche une flèche : par *Farinati*. — Titre de livre, et Vignettes représentant des Sujets de l'Histoire-Sainte, et autres : sept Pièces par *Ghezzi*. — Quatre Saints sur des nuages, par *Giorgioli*, 1682. 30 Est. sur 15 feuilles.

928 Général haranguant ses soldats, par *Lanfranchi*. — Soldat, sa toque à la main, par *Liagno*. — Paysage, au dos duquel est écrit : *Paolo Lomezo*. — Marine, par *Lupresti*. — Sainte Rosalie, par *Mogli*. — Quatre Paysages, par *Matthiolus*. — Vue d'Italie, et Paysage : par *Minozzi*. — Samson et Dalila ; la Sainte-Vierge, l'Enfant-Jésus, saint Jérôme et deux autres Saints ; le Denier de César ; l'Incrédulité de saint Thomas, et saint Jean dans le désert, par *Palma*. — Allégorie : on y voit des génies qui cultivent les arts, 1640, et un Sujet de Bacchanale, 1640 ; par *Podesta*. — David près d'un piédestal où est la tête de Goliath, par *Ratti*. — Cinq différens Sujets du Martyre de sainte Martine, par *Reatinus*. : 24 Estampes sur 16 feuilles.

929 Deux Etudes, l'une de soldat et l'autre de femme, par *Salv. Rosa*. Le Repos en Egypte, saint Michel, Saturne, Apollon et Marsyas, l'Enlèvement d'Europe, Amour sur un dauphin, et trois Enfans, l'un est assis sur un pourceau : Morceaux par *Gio. And. Sirani*, ou qui lui sont attribués. — Lucrèce, par *Elis. Sirani*. — Fig. pour la Jérusalem délivrée : 21 P. (compris une dédicace). — Soixante-six Pièces pour l'ouvrage intitulé : *Vocelleria overo Discorso della natura.....* Rome 1622 : les Pièces pour la Jérusalem, par *Tempesta* ; celles pour le second ouvrage, par *Tempesta* et *Villamena**. — Cavalier près de son cheval, par *Tiepolo*. — Onze Vues de Rome, par *Vasi*. 109 Estampes sur 33 feuilles.

ÉCOLE ALLEMANDE.

930 Les Quatre Saisons, par *Bergmüller*, 1730. — *Septem Liberales Artes*..... *Clein* 1645 : huit Pièces, titre compris. —Vues et

---

* Les Pièces de *Villamena* sont gravées au burin.

par différens Maîtres. 471
Suite de l'École d'Allemagne.

Paysages ; au nombre des vues, celles du château de Hala ching, onze Pièces, par *C. Dillis*, la plupart sur ses dessins; à plusieurs : *1793* à *1801*. — Chèvre et Chevreau, par *Egell* (de Manheim). — Homme conduisant un dromadaire, par *Findorff*. — Deux Paysages avec figures et animaux, par *Friedrich*. (Saxon), 1776. — Trois Paysages, par *Gabet*, 1792. — Deux Paysages, par *Gebhardt*. — Chevaux dans différentes attitudes par *C. Gessner* fils (de Zurich) : neuf Morceaux, deux sont à l'aquatinta. — Portraits du Souverain-Pontife Pie VI, 1782, Gustave III, roi de Suède, 1783 (*Portraits rares.*), et cinq petits Sujets et Vignettes, par *Goez* : 48 Est. sur 17 feuilles.

931 Quatre Portraits : Franç.-Charles, baron de Munster, Manara, Elisa, etc. : par *Haller* (Suisse). — *Alcune inventione di Ruini e Architectura*..... par *Harms*, *1673* : 6 Pièces. — Vues des châteaux d'Angerstein et de Lucens, et deux Paysages : par *Hartmann*, *1774* à *82*. — Allégorie sacrée on y voit la Sainte-Vierge portée par deux anges, par *Holzer*. — Marche de Bohémiens dans un bois, par *Holsman* (*Pièce rare.*) — Paysage : à la droite un villageois conduit une brouette ; une femme est près de lui : Morceau sans nom, par *Keuter* (de Winterthur). — Sept Paysages avec figures et animaux, par *Klass*, *1775*. — Apollon gardant les troupeaux d'Admète, par *Krausin* : 25 Estampes sur 15 feuilles.

932 Deux Paysages, par *Lautensack* (à ces Morceaux un monogramme formé des lettres *H. S. L.* et l'année *1553*.) — Le Portrait de Goethe, poète allemand, par *Lips*. — Villageois et Villageoise debout devant un Vieillard assis, par *Loder*. — Deux Paysages avec figures et animaux, par *Maloke*, *1775*. — Le Capitaine de Capharnaum aux pieds de Notre-Seigneur, par *Maulbersch*. — Cavalier au galop : Pièce sans nom, par *Mayer* (de Manheim). Six Pièces : Chevaliers de différens ordres, etc., gravés par *Meil*, pour des Almanachs. — Cinq Paysages, par *Merter* ; à deux : *1778* et *83*. — Le Portrait de Josias Simlerus, né en 1530, mort en 1576 : par *C. Meijer*, *1661*. — Vignette où est représentée une femme assise, un compas à la main, par *Nathe*. — Vues d'un Cou-

Estampes gravées à l'eau-forte

Suite de l'École d'Allemagne.

vent et d'un Village près du lac *Walchensee*, et quatre Paysages : par *Niesl* ; plus, quatre Epr. doubles des Paysages de Merter et de Niesl : en tout 31 Estampes sur 14 feuilles.

933 Villageois et Villageoise dans une chambre, par *Prestel*. — Quatre Scènes pastorales, l'une au clair de lune, *Q. f.* — Trois Paysages : à deux des cascades et des ruines, par *Reclam*, 1755 à 60. — Etudes de Figures de Napolitains et de Napolitaines, et autres : onze Pièces, par *Rehberg*. — Vénus assise près d'un satyre, l'Amour à ses pieds ; à terre : *Bart. Reiter Fec Monachij 1610 (Pièce rare.)* — Déserts où sont des ermites : deux petites Pièces par *Rieger*, 1781. — Vue d'une Campagne : des bois couvrent la gauche et partie du milieu ; le fond, à droite, présente un pays vaste ; de ce dernier côté, au ciel : *S. Ruifcher. Fecit ;* au-dessous : 1649 *(Pièce rare).* 23 Estampes sur 11 feuilles.

934 Cavalier se reposant près d'un rocher dans un bois, par *Schalch*. Etudes de Sujets et de Têtes : douze Pièces, par *Schenau*. — Vieillard assis entre des ruines ; à terre, à gauche, à un cercueil ouvert où est un squelette : *VANITAS ET....* dans la marge de ce dernier côté : *J H. Schoenfeldt fecit 1654 (Pièce rare).* — Deux Vues de Village des bords du Mein, par *Schutz*, 1783. — Etudes de Figures académiques : douze Pièces, par *Seidl*. — Bacchus assis sur un léopard ; près de lui, deux satyres, une bacchante, quatre enfans et une chèvre ; à droite, au ciel, à une banderole, la dédicace à Gaspard Hagens : Morceau rare, par *Storer*. — Paysage où un pâtre conduit des animaux près d'une rivière, par *Thiele*. — Bouvier à cheval : il fait avancer trois bœufs dans un chemin ; plus loin, de grands arbres, un taillis et des chaumières ; à la gauche du devant, sur un monticule : *W.* (*Wagner de Meissen*) : *Pièce rare*. — Homme vu en buste, des lunettes sur le nez, tête dans un ovale : Pièce sans nom, par *Wenger* (de Constance). Vue d'anciens Monumens, par *Zimmermann*, 1786. 33 Estampes sur 15 feuilles.

par différens Maîtres. 473

ÉCOLE FLAMANDE.

935 Vues d'Italie, autres d'Intérieurs de Jardins, par *Bloemen* dit *Horizonti*. — Vaste Campagne ; dans les airs, Mercure et Psyché : par *P. Breughel*, à Rome, en *1553*. — Trois Paysages par *P. Bril ;* à deux : *1590.* — Dix Paysages, ornés la plupart d'épisodes tirés de l'Histoire-Sainte et de la Fable, par *Cock ;* à quatre : *1550—58.* — Sainte Catherine une palme à la main : demi-figure. — Déification d'Enée. — Bergère près d'un Berger : ce dernier Sujet de demi-figures ; Morceau par *Van den Dyck.* * — La Victoire debout ; près d'elle des esclaves enchaînés et des armures, par *Floris*, 1552. — Quatre Vues prises sur les bords de la Seine, en Normandie, par *Le May.* — Traits historiques, Sujets fabuleux et Scènes pastorales : treize Pièces, par *R. V. Orley.* — L'Annonciation, la Visitation, par *J. V. Orley* (du prem. Sujet 2 Epr. avec différence). 43 Estampes sur 26 feuilles.

936 Deux Vues de Rivières ; à la gauche de la première, un village entouré d'une muraille ; du côté opposé, une barque à voile ; à droite, à la seconde Vue, une haute montagne couronnée d'un fort ; vers le devant, à gauche, une barque à voile, et à terre, sur le rivage : B. P. Pièces *rares*, par *Peters*. H. 3 p. 1 l. L. 4 p. 4 l. — Le Jugement de Salomon, par *A. Quellinus*. — Danse d'un Satyre et de trois Enfans ; à gauche un petit satyre assis et un enfant debout jouent de la flûte et du tambour de basque : la scène se passe dans un bois ; à terre : *E. Quellinius F.* (ce nom s'y trouve deux fois). — Deux Paysages avec ruines, par *Scalberge*, *1627—36.* — Dieu le père, la main droite sur le globe, Buste ; dans la marge : *Deus Pater.* Saint Paul, vu

---

* Selon *Basan*, Dan. Van den Dyck, peintre, est né à Venise, en 1651. *Fuesslin* père, dans son Dictionnaire universel des Artistes, publié en 1779, le dit, d'après *Boschini*, né en France. *Huber*, dans le Catalogue de Winckler (école des Pays-Bas), publié en 1801, s'exprime ainsi : « *Dyck (Daniel Van den), peintre d'histoire, présumé natif des Pays-Bas* ».

à mi-corps : il tient de sa main droite un grand livre ouvert ; dans la marge, en deux lignes, à rebours : *Bartolomeus Sprangers Antverpiensis fecit....... in praga 1589.* — Vue d'un Village de Flandre, par *Stalbant.* — Bergère debout, sa houlette sur l'épaule droite ; près d'elle, un berger ; Sujet de demi-figures ; à gauche, dans la marge : *Iohan Tomas in et fecit* (Pièce rare). — Villageois et Villageoise près d'un Charlatan ; dans le fond, à un écriteau attaché au bâton qui soutient le tableau de l'empirique : *H. Weijdmans inuen et fe.* Sujet de demi-figures, gravé en partie au burin. 11 Estampes sur 8 feuilles.

ÉCOLE HOLLANDAISE.

937 La Sainte-Vierge et l'Enfant-Jésus, par *Blassard*, 1650. — Junon le sceptre à la main, par *A. Bloemaert.* — Deux Paysages avec vaches et moutons; Etudes sur une même planche, par *Butthuys.* — Six Vues de Villages et de Campagnes de Hollande, par *Cats*, en 1768 (Epr. doubles, Eaux-Fortes et finis). — Bœufs et Vaches dans des prairies ; six Pièces , par *A. Cuyp.* — Onze Vues de Parcs et Paysages ; à la plupart des monumens et des figures, par *Dubourg* ; aux 2 plus grands de ces Morceaux : 1721. 32 Est. sur 12 feuilles.

938 Deux Suites de Vues, savoir : première Suite — *a te Rolde in Drenthe. — b à d te Eext in Drenthe. — e buyten Haarlem. — f te hoog Haale in Drenthe.* — Seconde Suite : *A te Eext in Drenthe. — B te Bergen in Kennemerland. — C buyten Haarlem. — D te Kockange in Drenthe. — E et F. buyten Haarlem.* Ces douze Morceaux, par *Hansen.* — Vue d'ancien Monument et de vieilles Mâsures ; à la gauche, un villageois marche les mains derrière le dos, par *Hooch.* — Jupiter et Antiope, et Vertumne et Pomone, par *Houbraken* ; la seconde Pièce en 1699. — Deux petits Paysages : à la droite de l'un, un étang ; à la gauche de l'autre, un canal et des chaumières ; et au ciel : *I. Immstract fe F. v. Wyngaerde ex.* - Petite Marine ; dans la marge, à gauche :

par différens maîtres. 475

Suite de l'Ecole hollandaise.

D. de Jong f; au milieu : EEN POONSCHUYT — Deux Vaches dans un pré. Deux Paysages : dans l'un un fumeur, dans l'autre un villageois et une villageoise : ces 3 Morceaux par *Kuipers;* au 1.er et au 3.e Morceau : *1789.* — Campagne : vers la gauche, deux hommes; un est assis à terre, par *L'Admiral*. — Rencontre de Cavalerie et Choc d'Infanterie et de Cavalerie; à gauche, au premier de ces Sujets, un combat sur un pont de bois; à terre, à ces Morceaux, numérotés de 1 à 6 : *W. V. Lande fec.* (Pièces en partie au burin). — Paysage avec figures et animaux, par *Langendyck 1777.* — Cavalier faisant halte devant une chaumière, sur le rivage de la mer, par *Langendyck* et *Kobell, 1777.* — Quatre Moulins à vent, par *Lons* (à ces Morceaux, des n.os de 1 à 4). 34 Estampes sur 16 feuilles.

939 Emblèmes divers, en cinquante petites Pièces, par *Luycken;* Suite avec des n.os de 1 à 50, au *verso* du premier Morceau : *DE ONWAARDIGE WERELD, Vertoond in ZINNEBEELDEN.* Pièces sur 13 feuilles.

940 Deux Anges présentant des fleurs à l'Enfant-Jésus, assis sur les genoux de la Sainte-Vierge, par *Maes* (Epr. et Contre-Epr.). Jacob allant en Mésopotamie, Pièce attribuée à *Van Merle.* — Six Paysages, par *Milatz.* — Six Paysages avec figures et animaux; à plusieurs, des ruines et des fabriques, par *Musculus.* — Cavaliers jouant au trictrac; Paysans faisant de la musique, et deux Scènes de bambochades, par *Nolpe;* du second Sujet, deux Epreuves (une avec *SR. exc delf*). Intérieur de Tabagie, par *Nypoort.* — L'Annonciation, par I. P. (*Jean Parcellis*). — Turc sur le devant d'une place; à terre, les lettres *PQ* réunies (*Pierre Quast*). — *IOHNNES SECVNDVS HAGIENSIS Poeta,* vu à mi-corps, dirigé vers la gauche, un papier à la main, par *Rodermont.* 24 Estampes sur 13 feuilles.

941 Le Portrait de Ger. Douw, par *Schalcken.* — Assemblée de fumeurs et de buveurs, et Paysans et Paysannes regardant un homme qui, les mains liées derrière le dos, doit attraper une pomme suspendue à une corde, par *Schoevardts.*

— Six Vues de mer où sont des navires et diverses embarcations, par *Silo*. — Paysage où un pâtre assis caresse une bergère; près d'eux, des animaux, par *Somer*, en *1673*. — Céphale et l'Aurore : aux pieds du chasseur, un javelot, un arc et un carquois; plus loin, à sa droite, un chien caniche et un levrier retenus par une laisse ; à gauche, dans la marge : *Stocade pinxit et fecit.* H. 16 p. 5 l. L. 13 p. 6 l. — La Cène, Sujet de demi-figures ; saint Luc montrant une toile blanche que soutient un ange, *1618*. — Jupiter et Antiope; près de la nymphe, l'Amour, une flèche à la main, *1622*. Un Homme cherchant à frapper d'un glaive la mort qui vient percer le sein d'une femme qui comptait son or : ces quatre Morceaux par *Valckert*. — Huit Paysages : *Wieringen Inu*. — Cinq Sujets, Allégories et Scènes représentées par des enfans, par de *Wit*. 28 Est. sur 15 feuilles.

ÉCOLE ANGLAISE.

942 Femme vue de profil et à mi-corps, à une croisée, par *Ardell*. — Intérieur de forêt où sont des Turcs, par *Colin*. — Deux Paysages; dans l'un des ruines ; par *Nennham* (Pièces sans noms). — Deux Paysages, par *Peak*, *1760*. — Six Ports de mer et Rades, par *Place*. — Et deux Paysages, ovales en haut, par *Sandby* : 14 Estampes sur 8 feuilles.

ÉCOLE FRANÇAISE.

943 La Bouillie, le Maître d'Ecole, par *Amand*. — Vue de Château et Paysage, par *Bailly*. — Paysage, par M. *Baltard*. — Le Christ mort, par *Bardon*. — Un Mage tenant un vase ; les trois Maries, par *Bellange*. — Deux Vues de Rome, par *Bellicard*, en *1750*. — Allégorie sur la Sculpture antique, par *Biard*, en *1627*. — Paysage et Feuille d'Etudes de têtes de moutons, par M. *Bidauld*. — Le Temps et la Vérité, par *Boitard*. — Vue de Village : à la gauche, un puits, par *Bonnecroy*. — Scènes pastorales et Jeux d'enfants ; quatre Pièces, par F. *Boucher;* à une *1756*. —

par différens Maîtres. 477

Suite de l'Ecole française.

Livre d'Architecture, par *Boucher* fils, six Pièces. — La Sainte-Famille, dite *à l'oiseau;* la Vierge et l'Enfant-Jésus; le Christ mort; saint Paul exorcisant un possédé; Décollation de saint Jean; le Martyre de saint Pierre; la Charité romaine; Arthémise, et le Dessinateur (titre d'un livre de *portraiture*), par *L. de Boullongne.* — L'Annonce aux Bergers, le Songe de saint Joseph, quatre diff. Comp., Fuite et Repos en Egypte, sept Comp. diff. du Sujet de la Sainte-Famille; dans ce nombre, celle où une femme lave du linge, une Scène de Bohémiens, et six Paysages; à plusieurs des Paysages des Épisodes tirés de l'Histoire-Sainte : ces vingt Morceaux par *Bourdon.* — Trois petits Paysages, par *Bruandet.* — Et un Paysage avec fabriques et figures, par *Vander Burch.* 58 Estampes sur 35 feuilles.

944 Le Remords par *Caroffe.* — Choc de Cavalerie, par *Casanova.*— Six Vues d'Italie, par M. *Castellan 1805.* — Porte du Parc de Versailles, et Vue de Village, par M. *Cazin.*—Nymphe au bain, deux Pièces, par *Challe, 1744.* — Quatre Scènes de Bacchanales, par *Chaperon;* à un de ces Morceaux : *1639.* — Jésus en croix, par *Re. Charpentier, 1708.* — Ananie et Saphire, par *L. Chéron.* — Chasses et Pêche; quatre Pièces, par *Cochin* le père. — Deux Paysages avec ruines et fabriques, par *Colandon.* — Petit Paysage avec pont de bois, par *Collignon.* — La Sainte-Vierge, l'Enfant-Jésus et saint Jean; Notre-Dame-des-Anges, et le Martyre de saint André, par *Mich. Corneille.* — Jésus-Christ apparaissant à sainte Thérèse et au B. H. Jean de la Croix, par *J.-B. Corneille.* —Vue d'un Moulin sur le Tibre, par *Cossard, 1788.* — La Sainte-Famille et saint Jean; la Sainte-Vierge et l'Enfant-Jésus, par *Noël Coypel.* — La Vierge tenant l'Enfant-Jésus endormi; le Christ au roseau; Satyre terrassé par deux amours; Démocrite; le Portrait de La Voisin; un Homme vu à mi-corps, dans un lit, par *Ant. Coypel.*— L'Extase de sainte Thérèse, par *Noël-Nicolas Coypel.* — L'Amour ramoneur, gravé à la pointe sèche, sur étain, par *Char.-Ant. Coypel.* 42 Estampes sur 24 feuilles.

Estampes gravées à l'eau-forte

Suite de l'Ecole française.

945 Vues des Villes de Crépy et de Bray, autre de la Maison de J. La Fontaine, par *Damame*. — Six Paysages dans des ronds, par M. *de La Barthe*. — Vue de Ville, par *de La Porte*, *1787*. — Paysage où coule une rivière, deux femmes y lavent du linge, par *Desfriches*, en *1759*. — Paysages; à plusieurs, des ruines et des monumens : on y voit Tobie et l'Ange; Alexandre et Diogène, et des Scènes pastorales; cinq Morceaux par *Dubois;* un daté de *1648* — Paysage avec monumens antiques, par *Duflos*. — Titre et Vignette; au titre: *Semaine-Sainte pour la maison d'Orléans*, *1738;* Glaucus et Scylla, 1726, par *Dumont dit le Romain*. — Très-petit Paysage avec rivière, par *Dur.* — Dessinateur traçant l'inscription : *Différens Sujets*..... — Trois Vues de Châteaux, aux environs du Brill; le Temps écrivant sur un tombeau : *Je respecte son souvenir;* dans la marge : *à la mémoire de madame la Duchesse de Polignac;* le Calme, la Tempête, Rochers avec ruines et cascades, Halte de militaires au bord de la mer; neuf Morceaux, par *Du Vivier*, le premier en haut. — La Vierge et l'Enfant-Jésus, saint Jérôme, et un enfant tenant des fruits, par *C. Eisen*. 33 Estampes sur 20 feuilles.

946 Six Paysages représentant des Vues de Sites d'Italie, où l'on remarque, savoir : au $1.^{er}$ un homme assis près d'un vase; plus loin, vers la gauche, au haut d'une colline, à un petit monument, l'inscription : *Strada daqua Chiusa;* 2 Pêcheurs tirant un filet d'une rivière dont les eaux tombent en cascade à la gauche de la composition; 3 deux Villageois et une Villageoise assis à la gauche d'une campagne; 4 jeune Garçon et jeune Fille gravissant une montagne, à la droite d'un lac (deux Epreuves, une à l'eau-forte seulement); 5 Homme tenant un bâton; à la droite, un vieillard et une femme assis près d'un groupe d'arbres; 6 jeune Homme se reposant au pied d'un grand arbre; à la droite du devant, une cascade; ces Morceaux, par *Focus*, sont la plupart ornés de fabriques, et rappellent les ouvrages du Guaspre, que ce Maître parait s'être proposé pour modèle. H. 8 p. 9 l. à 9 p. 5 l. L. 12 p. 8 l. à 13 p. (Dédié à

par différens Maîtres. 479

Suite de l'Ecole française.

Le Brun, par Audran). Suite de Paysages ; sept très-petits Morceaux, par *Germain* en 1769. — Fêtes de Bacchus, de Pan, de Faune et de Diane, par *Gillot.* — Mutius Scœvola, par *Goupy*, en 1726. — Paysage où, à la gauche du devant, deux moutons se reposent, par *Guichon.* — Antiochus renversé de son char, et Antiochus pansé par son médecin, par *Hallé*; au premier Morceau, 1739. — Villageoise et deux enfants, et deux Paysages, par *Houel.* 25 Estampes sur 16 feuilles.

947 Traits de l'Histoire-Sainte, Bacchanales, Scènes de Villageois, Intérieurs de Chaumières et d'Ecuries, Paysages, Etudes de Têtes d'hommes, Etudes de Têtes d'animaux, Cartouches, Ornemens dans des Frises. Suite précédée d'un grand cartouche, au haut duquel est un aigle, par *Huët.* 48 Est. tirées sur 20 feuilles.

948 Sujets divers, Etudes de Quadrupèdes, Etudes d'Oiseaux, Ornemens, etc.; Suite précédée d'un titre, où sont, dans le bas, un lion, un cheval et d'autres animaux, et dans le haut, un chat-huant, par *Huët.* 50 Estampes tirées sur 18 feuilles.

949 *Recueil de différens Sujets par Char. Hutin à Dresden 1763.* Traits de l'Histoire-Sainte et de l'Histoire-Profane, Monumens, etc.; trente-six Pièces. — Cinq autres Sujets, par *F.* et *P. Hutin.* — Deux feuilles où sont des Etudes de Figures et de Têtes, par *S. Julien*; à l'une des feuilles : *1764.* 43 Estampes sur 25 feuilles.

950 Fakir égyptien, et deux Etudes de Chiens, trois Pièces par M. *Lafitte.* — Le Sacrifice d'Abraham, Tobie et l'Ange, La Nativité, la Sainte-Vierge et l'Enfant-Jésus, saint Jérôme, Sacrifice au dieu Pan, Testament d'Eudamidas, etc.; onze Morceaux, par M. *Lagrenée* — La Circoncision, la Sainte-Famille servie par des Anges, Jésus en croix, la Conversion de saint Paul, Apollon et Marsyas, Vénus et Adonis, Céphale et Procris, Méléagre et Atalante; six Sujets d'Enfans, six Paysages, etc.; vingt-neuf Pièces, par *La Hire*; à plusieurs, des dates de *1639* à *1648.* — Divers Sujets militaires et autre, par *L. de Larue ;* vingt-quatre

Estampes gravées à l'eau-forte

Suite de l'Ecole française.

Pièces. — Six Sujets de Bacchanales, par *L. F. de Larue.* — Dix-neuf Sujets, Vues et Bordures avec arabesques, par *de La Vallée Poussin*, pour l'ouvrage sur le voyage de Mme Le Comte, et de MM. Watelet et Copette. — Un petit Paysage, par *Le Bas.* 93 Estampes sur 34 feuilles.

951 Jésus enfant, près des instrumens de la passion; le petit saint Jean caressant son agneau; les quatre Heures du Jour, représentées par des Scènes de Satyres et de Bacchantes, par *Char. Le Brun.* — Satyre présentant une coupe à deux Bacchantes, par *Le Clere*, en *1763*. — Embarquement des Grecs après la prise de Troie, Descente d'Enée aux enfers, et une Allégorie où la Renommée soutient le portrait d'un Souverain-Pontife, par *Le Lorrain*; au dernier Morceau: *1743*. — Quatre Paysages, par *Lempereur.* — Petit Paysage; à la gauche un monument, par *J. Le Pautre.* — Livre de Paysages représentant plusieurs petites fermes, par *L. Le Sueur*, *1772*; six Pièces. — Sujets de Vierges et de Sainte-Famille; Suite de douze petites Pièces; la Sainte-Vierge et l'Enfant-Jésus, Cléobis et Biton: tous ces Morceaux par *N. Loir.* — Les quatre Heures du Jour, représentées par des paysages; le Berger, la bonne petite Sœur; deux Suites d'Etudes de Figures, l'une de six soldats, l'autre de six villageois, etc.; des Etudes de Têtes d'Hommes, et repos d'Animaux; vingt-une Pièces, par *Loutherbourg.* 56 Estampes sur 23 feuilles.

952 Douze Etudes de Paysages, sur six planches, par M. *Mandevare.* — Sainte Scholastique aux pieds de la Sainte-Vierge et de l'Enfant-Jésus, par *P. Mignart* (pour *Mignard*). — Trois Paysages. *N. Moillon In 1613.* — Poète inspiré par Vénus et Minerve, par M. *Monnet.* — Vues d'extérieur et d'intérieur de monument; deux Pièces, par *P. Moreau.* — Dix-huit Paysages, par *L. Moreau* l'aîné; trois Suites, chacune de six Pièces. — Vignettes pour l'Histoire de France; Ane et Brebis qui boivent; Etudes de Têtes, et Cul-de-Lampe; six Pièces, par *J. Mich. Moreau* le jeune. — Deux Paysages, l'un où est un canal, l'autre avec rivière et pont de bois, par *Nardois*; au second morceau: *1548*.

par différens Maîtres.

Suite de l'École française.

L'Adoration des Mages ; les quatre Saisons, représentées par des enfans, par *Natoire*. — Vues de Monumens et de Ruines, Paysages, Etudes, etc.; trente-neuf Pièces, par *Naudet*. 89 Estampes sur 34 feuilles.

953 Marchands de Poissons sur le bord de la mer, et Suite d'Animaux en quatre Pièces ; à la première, la dédicace à L. Bontemps, 1725 ; ces Morceaux, par *Oudry*, quatre Epreuves s'y trouvent doubles. — Vue de mer et quatre Paysages, par *N. Ozanne* ; la Bayonnaise, corvette française, de 24 canons de 8, prenant à l'abordage l'Ambuscade, frégate anglaise, de 26 canons de 16, le 14 décembre 1798, par *P. Ozanne* ; les figures par *Coiny*. — Etude d'un groupe de dix figures, par *Parizeau*, 1768. — Scènes militaires et Etudes de cavaliers, etc., huit Morceaux, par *Char. Parrocel*. — Triomphe d'Amphitrite, Scènes de Bacchanales, Sujets militaires, Danses et Réjouissances de villageois, Jeux d'Enfans, Costumes d'Italie, Etudes d'Animaux, etc.; quarante-deux Pièces (deux sont doubles), par *P. Parrocel*; 66 Estampes, compris 7 Epreuves doubles.

954 Deux Paysages, l'un en haut., avec rivière et pont en pierres de deux arches ; à l'autre en larg., à la gauche, dans l'éloignement, une grande église ; par *P. Patel*. — Deux différentes Compositions du Sujet de la Sainte-Famille, et saint Sébastien ; par *Perrier*. — La Sainte-Vierge et l'Enfant-Jésus, par *Peters* de Cologne, *1760*. — Intérieur et Extérieur de Monument, et trois Cartouches avec arabesques, pour le Voyage à Rome de Mme Le Comte et de MM. Watelet et Copette ; par M. *Petit-Radel*. — Cimon faisant donner la sépulture à Miltiade son père ; Socrate détachant Alcibiade des bras de la Volupté, et la mort de Sénèque ; par *Peyron*. Rebecca et Eliezer, par *B. Picart*. — Jeune Garçon portant une tourte, et le Marchand de petits Pâtés, par *I. Piquet*. La Sainte-Famille (deux différentes Compositions), et deux Sujets de saint François ; Mascarade à Rome, en 1735 ; Scène dans un Marché ; Costumes, etc.; douze Pièces, par *Pierre*. — Le Christ mort, *N. P. In f.* (*Nic. Pinsonius* de Valence).

Suite de l'Ecole française.

— Chasse au Lièvre, par *Rabel*. — Saint Jérôme, par *J.-B. Restout.* — Saint François en prière, *1764* (deux Epreuves, une de l'eau-forte seulement); Etudes de Têtes d'hommes, Etudes de Têtes de femmes, 1764, Morceaux, par *Restout fils*, à Rome. — Diane chasseresse, demi-figure; six Allégories, une à la gloire du Poussin, à Rome, en 1700; les 4 autres, format in-12, pour un Traité de la Peinture; à une : Rome, *1694*; Morceaux par *A. Rivalz.* — Lot et ses Filles, titre : *Dederunt..... vinum;* Jupiter et Antiope, 1723, par *P.-P.-A. Robert de Sery.* — Monumens et Ruines, la plupart de la Suite dite *Soirées de Rome;* Paysage, etc.; douze Morceaux, par *Hub. Robert.* — Vénus sur les eaux, et un Sujet de Bacchanales : Compositions dans des ovales en larg., très-petites Pièces, par *F. Roëttiers.* — Cavaliers descendus de cheval, par *Rucholle.* 60 Est. sur 28 feuilles.

955 Femme assise et en prière, par *J. Sablet*, *1786*. — Adam et Eve chassés du Paradis terrestre, saint Jérôme, l'Education de l'Amour; en tout, cinq Pièces, par *Soalberge*, *1737—38.* — Etudes de demi-figures et de têtes, Pièces par *M.-A. Slodtz.* — Le Serpent d'airain, et le Repas du Pharisien, par *Subleyras.* — Le Baptême, et la Confirmation, par *Tremoliere.* — Cinq petits Paysages, par *Vaillant.* — La Flagellation, par *C. Vanloo.* — Allégorie, par *Vassé.* — Apollon et les Muses, et une Allégorie, par *Verdier.* — Paysage où une Bergère conduit des moutons et une vache, par *Verillot*, 1781. — Deux Paysages, par *Jos. Vernet.* — Lot et ses Filles, et quatre Sujets de Bacchanales, par *Vien.* — Sujets de la vie de N.-S., Repentir de saint Pierre, Prédication de saint Jean, Martyre de saint Laurent, Martyre de saint André, onze Pièces, par *Vignon.* — Etude d'un Groupe de quatre demi-figures du Sujet de la Piscine, et Vieillard à barbe, vu à mi-corps, par *Fr.-Andr. Vincent;* au second Morceau : *1785.* — La Sainte-Famille, par *Vouet*, *1633.* — Guérison d'un possédé; titre : *In Vmbra........* par *Vuibert*, en *1639*; Quatre petits Paysages, par *Wieilh;* un est dans un ovale. 49 Estampes sur 30 feuilles.

ESTAMPES A L'EAU-FORTE

D'APRÈS DIFFÉRENS MAITRES *.

ÉCOLE D'ITALIE.

956 La Vierge dite *au pistolet*, d'après Maratti; la Descente de Croix, d'après Ann. Carracci, etc., 6 Pièces, par *P. Aquila.*—Saint Antoine de Padoue, d'après Maratti, etc., 2 Pièces par *Bartoli*; Sainte-Famille et des Anges, d'après Cerrini, par *Benaschi.* — Saint Solitaire, et saint François, d'après Reni, par *Borbonius* et *Canuti.* — Les Peintures du dôme de Saint-André *della valle*, 8 Pièces, d'après Lanfranchi, et cinq autres Morceaux par *Cesio.*—Descente de Croix, d'après Van Dyck, par *J.-B. Cipriani,* 1767. — Saint Pierre et saint Paul, d'après Guido, par *Gal. Cipriani.* — Phaéton, d'après Milanus, par *Dal Rè.* — Saint Jean, d'après Ann. Carracci, etc., 3 Pièces, par *del Po.* 30 Estampes.

957 Le Passage de la Mer Rouge, 1591, et la Descente de Croix, par *Hor. Farinati.*— St. Sébastien, d'après Tintoretto, par *Fialetti.* — 12 Vues et Paysages, d'après Mar. Ricci, par *A D F* (*Fossati*). — 18 Bas-Reliefs, Frises, etc., d'après Polidoro, par *Galestruzzi.* — L'Adoration des Bergers, l'Enfant-Jésus, un Ange et deux Chérubins, d'après Maratti, par *Iuvants.* — L'Assomption, d'après Reni, par *Lorenzini.* — Education de l'Enfant-Jésus, d'après Barbieri, par *Loves.* — Les Vertus, etc., d'après Zampieri, 10 Pièces, par *Margottini.* — L'Adoration des Bergers, d'après Agos. Carracci, la Résurrection, d'après Crespi, par *Mattioli.* — La Pentecôte, d'après I.-L. Bassano, par *Menarola.* — Mariage de sainte Catherine, d'après Correggio, par *Mercati.* — Trois Pièces,

---

* On trouve, dans le nombre de ces Estampes, des Pièces terminées au burin.

Estampes gravées à l'eau-forte

Suite de *l'Ecole d'Italie.*

le Pauvre Lazare, d'après Cagliari, etc., par *Mitelli.* — Triomphe de l'Amour, d'après Albano, par *Mollo.* 56 Est.

958 Saint Jérôme, d'après Agos. Carracci, par *Paria (Perrier).* — La Ste.-Vierge et l'Enfant-Jésus, d'après Vieira, par *Ratti.* — La Sainte-Vierge et l'Enfant-Jésus, d'après Ann. Carracci; Gloire d'Anges, d'après Cambiasi, par *Reni.* — Sujet de Sacrifice, d'après Zampieri, par *Fr. Rosa.*—Jeux d'Enfans, d'après Reni et Barbieri, par *Rossi.*—Sainte Cécile à genoux; dans le haut, la Sainte-Vierge et l'Enfant-Jésus sur des nuées, d'après Cagliari, et la Magdeleine, portée au ciel par des anges, d'après Cambiasi, par *Schiaminossi.* — Judith, trois Sujets de Vierge, et Femme près de laquelle est un Ange, d'après Reni, par *Sirani.* — Pan et l'Amour, d'après Agos. Carracci, par *Torri.* — Le Couronnement d'épines, d'après Ann. Carracci, par *Viani.* — L'Ecole d'Athènes, d'après Raffaello, Eau-Forte de *Volpato.* — Trois Sujets allégoriques, d'après Castiglione, par *Zanetti.* — La Victoire, d'après Buonaroti, par *Zuccherelli,* 1728 — Plus, vingt-sept autres Morceaux, quelques-uns de la Suite dite *Pensieri Diversi;* Suite attribuée à *Ann. Carracci;* la plupart des autres par des *anonymes.* 48 Estampes.

959 Sujets de tous genres, et Paysages, par des *anonymes;* plusieurs de ces Morceaux, d'après Reni, Tiziano, etc. 79 *Estampes.*

ÉCOLE ALLEMANDE.

960 Soixante-sept Sujets, Vues et Paysages, par *Babo, Cannabich, Ad. D'Aretin, Geor. D'Aretin, D'Argent, Ign. Dillis, Fisscher-Felsenberg, Fronhofer, Geisser, Halm, Heilmann, Hohenhausen, Kaeser, Karcher, Krœher, Lerchenfeld Siesbach, de Posch, de la Rosée, de Ruffini, Scheyd, Schœpf, Schott, Stengel, Steuter, Taulphœus et Wallher,* amateurs allemands (celles de D'Argent et de Karcher, exécutées au pointillé). Plus, quarante-un Morceaux, par *Bartsch, Becker, Bissell, Boëtius, Calmé, Falbe, N. Flinck, Forrester* (six Paysages, gravés en 1760). *Gehring, Geissler,* 1812; *Griefsmann* (Châtaignex

d'après différens Maîtres. 485

Suite de l'Ecole allemande.

sur l'Etna, d'après Colson, et la Fille de Jaïre, d'après l'Estampe de Schmidt). *Haecht*, *Hafner* (Paysage d'après le chev. de Ros). *Hess*, *Kaltner*, *Landerer* (Homme tenant un violon, d'après Mart. Schmid). *Langer* (Jésus et les Apôtres, d'après Raffaello); et par *Lorenz* (Squelette en robe, d'après B. Rode). En tout, 110 Est. sur 40 feuilles.

961 Différens Sujets, Paysages, etc., par *Mayer* de Manheim, *Mechel*, *Nabholz*, *Oeser*, 1758 (la Circoncision, d'après Eeckhout). *Cath. Prestel*, *Primavesi* (d'après Boissieu) *Reclam*, *Riedel* (d'après Barocci, Maratti, Brauwer, Rembrandt et Pautiz, 1600). *Schultze*, *P. W. Schwarz*, *Schwieger* (2 Paysages, d'après Boissieu). *Sedelmayr* (Fête de Village, d'après D. Ryckaert). Sainte-Famille attribuée à *Wagner* fils; *Warnberger* (Paysages et Animaux). *Weisbrod*, *Wille* (Les Lansquenets); et *Wolfgang* : quarante Morceaux. Plus, 49 Copies, presque toutes à l'eau-forte, par des *anonymes;* le plus grand nombre d'après Adr. Van Ostade : en tout 100 Est. sur 42 f.

ÉCOLE FLAMANDE.

962 Paysages par *Baudouins*, *C.... W. v. Leouw* (6 Morceaux d'après Adr. Van Nieulant). — La Chûte des Réprouvés, d'après Rubens, par *Van Orley* (P. de 2 feuilles) — *Stock* (Paysage double d'Epr.). Seize Morceaux; plus vingt-quatre Vues et Paysages, d'après P. Breughel, sous le titre *REGIUNCULÆ ET VILLÆ ALIQUOT DUCATUS BRABANTIÆ*, ... 1612; et vingt-deux Sujets et Chasses, d'après Rubens, Teniers, Van Dyck et Sneiders. 63 Est. sur 27 feuilles.

ÉCOLE HOLLANDAISE.

963 La Sainte-Famille et trois saints Personnages, d'après Vasari, par *J.-E. Bisschop* ou *Episcopius*. — Paysage où sont deux brebis : très-petite Pièce sans nom, par *Brasser* (deux Epr.). — Paysage avec animaux, d'après Adr. Vande Velde, et cinq Etudes d'Animaux, d'après Vander Meer de Jonge, par *J.-M. Cok.* — Paysage avec animaux, d'après Berghem, par *Dancker Danckerts;* (n.° 130 de De Winter.) — Prairie où une villageoise trait une vache, d'après Potter, par *de Mare*.

Suite de l'Ecole hollandaise.

— Paysage avec baigneurs, d'après Van Huysum, par *L. F. D. B.* (*Dubourg*). — Six autres Paysages, d'après Van Huysum et Dubourg, par *Elgersma*. — Vue d'un bois, *Foucecl in*. — Deux Suites de Paysages avec animaux, d'après Berghem, par *Gronsvelt* : l'une est en quatre Pièces (prem. Epr. avec le nom de *Clemendt de Ionghe*); la seconde Suite de six Pièces, (n.os 148 à 157, de De Winter) — Six Vues de Campagnes de Hollande, d'après A. v. Boom, par *Gronsvelt*. — Deux Paysages avec figures et animaux, d'après Berghem, par *de Hooghe;* (n.os 175 et 176 de De Winter.) — Six Paysages, d'après Vander Meulen, par *Huchtenburg*. — Quatre petits Paysages en haut., d'après J. Both, par *Jacob Lutma*. 47 Est. sur 22 feuilles.

964 Cheval vu à mi-corps, d'après Potter, par *Schoumon*. — Marche du Sultan ; Sacre d'un Evêque, d'après Rubens; Jésus conduit par des soldats, d'après Van Dyck; saint Laurent, d'après Adam de Francfort, par *Soutman*. — Trois Vues de Campagnes de Flandre, d'après Foucquier, par *Ign. Vander Stock*. Trois Paysages, *J. V. V. f. 1766--67*. — Port de mer avec monumens, d'après J. Moucheron, *J. V. V. f. 1768*. — *Zes Prenten naar Tekeningen Van diverse Meesters*, ou six Estampes, d'après les dessins de différens Maitres, par *Varelen*. — Les quatre Saisons, et deux Paysages; le Laboureur, etc., d'après Saftleven, par *A. Winter*. 24 Estampes sur 12 feuilles.

965 Six Paysages, d'après Berghem ; (n.os 166 à 169, et 181 à 189, de De Winter,) et sept Copies, d'après Berghem. — *Diverfa ANIMALIA C. Jardijn delineavit;* huit Pièces. * — Cinq Paysages; à ces Morceaux, qu'on attribue à Van Goyen : *jan van goye*. — Chevaux d'après des Estampes de *Laer*, décrites à son œuvre, sous les n.os 3, 4 et 6. — Singe assis, d'après Saftleven. — Vingt-sept Paysages et Animaux, d'après Swanevelt ; dans ce nombre, une Suite de douze Mor-

---

* On trouve de cette Suite, des Epreuves avec le titre : *DIVERSA ANIMALIA C. P. B. Berghem delineavit*, n.os 170 à 173 de De Winter.

d'après différens Maîtres. 487

Suite de l'École hollandaise.

ceaux, sous le titre de *Verſcheyde Aerdige* LANTSCHAP-
PEN. *Geteeckent door H. V. Swanevelt.* — Paysage avec
satyre et nymphe, et Cheval dans une campagne, d'après
Uytenbrouck. — *Desseins de plusieurs Oiseaux d'Inde Orientale
et Occidentale*.........., Suite de seize pièces, publiée par
C. Allard, et d'autres Morceaux de graveurs *anonymes*, 75
Est. Le tout sur 34 feuilles.

ÉCOLE ANGLAISE.

966 Neuf Sujets et Etudes, par *Baillie*. (dans ce nombre, une Tête
et trois Paysages, d'après Rembrandt; et Daniel, d'après
Eeckhout.) — Divers Animaux, d'après Barlow, etc., treize
Pièces, par *Gaywood*. — *View of the Snuff Mills near the
Havana ou the River Chorara*........, d'après Harcourt, par
Newnham, en 1763. — Campagnes près de Tivoli, et Paysage;
trois Pièces (deux d'après Claude le Lorrain), par *Plimmer*,
1760. Six Morceaux, Caricatures, Têtes, etc., d'après Hogarth, par des *anonymes*. 32 Estampes sur 20 feuilles.

ÉCOLE FRANÇAISE.

967 Sujets et Paysages, par le comte de *Baudouin*, M.me de
Bessée, *Tonton Boucher*, *Louis-Charles de Bourbon*, 1727;
le comte de *Breteuil*, M.gr le duc de *Chartres*, 1762,
De la Live, *Dublin*, M. *Nitot Dufresne*, M. *Emmeric-
David* fils, M. le comte de *Forbin*, M.me *Le Comte*, 1754,
Lempereur, 1755, *Marianne Le Prince*, 1768, *Louis XVI*
(petit Cartouche terminé par *Le Gouaz*). Le baron de *Thiers*,
le chevalier de *Vallory*, tous amateurs français; plus, qua-
rante-sept Morceaux, par *Chauveau*, *Collignon*, *Mich. Corneille*, *Courtois*, *H. Coussin*, *Descamps*, *Du Viuier* (d'après
V. Heuuel), *Errard*, trois Paysages, par M.r *Fabre* (d'après
le Poussin), 1808—1809. — *Ferdinand* (le portrait du Poussin)
quinze de *Foulquier* (la plupart d'après Loutherbourg);
vingt-un par *Fragonard* (le plus grand nombre d'après
des Maîtres d'Italie), *Franchoys* (Adoration des Bergers,
d'après Van Dyck). En tout, 96 Estampes sur 36 feuilles.

Suite de l'Ecole française.

968 Sujets, Paysages, Architectures et Etudes, savoir : par *Germain*, *1765*, *Gayrand* (d'après Swanevelt et Mauperché) , *Guelard* d'après Van Bloom) ; M. *Guillemot* (la Descente de croix , d'après Ricciarelli de Volterre), M. *Hoin* (Tête, Sujet et Frise; le Sujet et la frise d'après M. Boichot) ; *Huquier*, *Gio. B. Hutin*, *1750*, *P. Hutin*, *M. Lagrenée jeune* ; *Le Lorrain*, *M. Malbeste :* Pièces au trait (les Œuvres de miséricorde, d'après M. Senave), *Marillier*, *Mazorie* (d'après Wouwermans , Du Jardin et Adr. Van Ostade) ; *Nic. Mignard*, *Pasquier* (paysage d'après Dorly) ; *J.-Michel Moreau* (d'après Le Prince , Cochin et Greuze); *P. Parrocel*, *Pesne*) Ravissement de saint Paul , d'après Le Poussin); *Peyron* (d'après Raffaello et Le Poussin); *Pierre* (d'après Subleyras) ; quatre par *Bart. Riualz* (dont le Portrait d'Ant. Riualz) ; *Scolberge* , *Soubeyran* (paysages , d'après Chaufourier et Vesevres) , *1664* ; M. *Thevenin*, *Tortebat*. *1664* ; *Vermont*, *Vien*, *Vignon*, *Vleughels* et *Watelet*. En tout , 72 Estampes sur 48 feuilles.

969 Eaux-Fortes pour des Estampes exécutées d'après des Tableaux et des Dessins de différens Maîtres : Pièces d'*Aliamet* , *Alix*, M. *De Saulx*, *Filhol*, M. *Fortier*, Germain, *Le Bas*, *Le Veau*, M. *Malbeste*, Mar. Ther. *Martinet*, *L.-J Masquelier*, MM. *Paris* , *Pauquet*, *Petit* , *Saint-Aubin*; (quelques-uns des Morceaux de Saint-Aubin s'y trouvent terminés) , et M. *Sayart 1779* ; 35 Pièces ; plus , 12 Morceaux par des *anonymes* , d'après Zampieri, J. Pillement, etc. En tout, 48 Estampes sur 20 feuilles.

ESTAMPES AU BURIN,
PAR ET D'APRÈS DIFFÉRENS MAITRES *.

ÉCOLE D'ITALIE.

970 Buste d'homme à barbe, d'après Guercino; Mort de saint Ignace, d'après Palcko; Carte de loge de Francs-Maçons, d'après Cipriani, par *Bartolozzi*. — Miracle de saint Martin, d'après Tiarini, par *Belmond*. — Le Baptême de N. S., d'après Albano, par *Bonauera*. — La Mort de saint Bonaventure, d'après Caprinozzi, par *Campanella*. — L'Annonciation, d'après Tiziano, par *Caralius*; Vénus endormie, par *Chiari*. Le Portrait de Guillaume II, d'après Mireveld, par *Gal. Cipriani* (Epr. avant la lettre). — Le Portrait du Guide, par *Dal Buono*. — Monument funéraire, d'après Mazzuoli, par *Falco*. — Quatre Sujets tirés de l'Ancien Testament, d'après Maratti; saint Pierre guérissant un malade, d'après Cantarini, par *Ferroni*. — Le Christ mort, et saint Pierre, saint Paul et saint François, d'après Ann. Carracci, par *Fidanza*. — Feuille d'Etudes, par *Franco*. — La Sainte-Famille, N. S. donnant les clefs à saint Pierre, l'Assomption de la Vierge, saint André Corsini, Pan et Diane, et le Jugement de Pâris, d'après Maratti; deux Sujets de Galathée, d'après Badalocchio; différens Sujets de la Galerie Vérospie, d'après Albano. Ces vingt-un Morceaux, par *Frezza*; en tout, 39 Estampes.

971 Vieillard vu à mi-corps, d'après Teniers, par M. *Gandolfi* (Epr. avant la lettre). — La Vierge et l'Enfant-Jésus, par *Ad. Ghisi*. La Vierge, l'Enfant-Jésus et trois Archanges, d'a-

---

* Sont compris dans ce nombre, les Morceaux où l'eau-forte a été employée pour la préparation des planches.

près Pipi, par *D. Ghisi.* — St. Jean dans le désert, par *C. Gregori.* — La Sainte-Famille et des Anges, par *Ferd. Gregori,* 1759 (ces deux Morceaux d'après Maratti). La Vierge et saint Jérôme, d'après Correggio, par *Iuvants.* — L'Eternel, d'après Guercino, par *Mantelli.* — Le B. Simon de Roxas, d'après Preziado, par *Ottaviani.* — Le Portrait de Raph. Morghen, par *Palmerinius.* — Judith, d'après Tiziano, par *Piccino,* 1658. — Six Sujets, d'après des peintures de Lod. Carracci, dans les palais Caprara, Casali, Magnani, Marescalchi et Zambeccari, par *Pisarri.* — L'Aurore, d'après Guercino, par *Pozzi.* — Saint Vincent Ferrerio, Naissance de Bacchus, Chasse de Diane, Diogène, et Clélie, d'après Maratti, par *A. Procaccini.* — Le Christ mort, d'après P. Aquilano, par *Horace Sanctis,* 1512. — Bas-Reliefs, d'après Polidoro; Prix de Diane, d'après Dominichino, par *Venturini.* — Sainte-Famille, saint Jean et deux Saintes, d'après Mazzuoli, par *Vious,* 1542. — Les Gourmeurs, par *Villamena*; 31 Morceaux; plus, douze Sujets et Paysages, d'après Berettini, Vannius, Ann. Carracci, Albano, Le Poussin, etc. En tout, 43 Estampes.

ÉCOLE ALLEMANDE.

2 Noce de village, d'après S. Beham, et sept Sujets, Triomphe, Marches et Danses, par *Th. De Bry.* — Le Christ mort, d'après, Ann. Carracci, par *Colbenschlag.* — Trois Paysages, par *Faud.* — Le Portrait de C. Maratti ; l'Adoration des Rois, la Sainte-Famille, la Sainte-Vierge sur le globe, la Clémence, allégorie sacrée; saint André, saint Bernard, Innocent II et l'anti-pape Victor; Cléopâtre, et Auguste fermant le temple de Janus, d'après Maratti; la Sainte-Trinité, d'après Guido; et la Chasteté de Joseph, d'après Cignani. Ces douze Morceaux par *J.-Jac. Frey*; à plusieurs, des dates de 1719 à 1743. — Jeune Fille vue à mi-corps; *Glume.f.* — Le Portrait d'Auguste, comte palatin, par *Luc. Kilian,* 1621. — Animaux dans un pré, d'après Adr. Vande Velde; et petite Vue du jardin de Schwetzingen, par *Kuntz*; à la 1.re, 1810. — Le Portrait de Maximilien Philippe, duc de Bavière ;

par et d'après différens Maitres. 491

Suite de l'Ecole allemande.

d'après J.-U. Meijr, par *Mel. Küsell.*—Vierge, Anges, Apôtres, etc.; 14 très-petites Pièces, par *Le Blond.* 44 Estampes.

973 Neuf Vues de Bohême et un petit Paysage, par *Is. Major.* — Deux Vues du Rhin, d'après Weirotter, par *Mechel.* — Première Suite d'Animaux, d'après Loutherbourg; 6 P. par *Pfenninger.* — Moïse, d'après le Feti, par *Ant. Jos. de Prenner.* — Quatre Vues, d'après Nicolovius et Rehberg, par *Schellenberg.* — Mars et Vénus, d'après Vouet, par *Stapffer.* — Le Portrait de Shakespeare, par *Verelst.*—Saint François, d'après Maratti, par *Verkruijs.* — Sujet de Saint, d'après Cignaroli; et deux Paysages, d'après Berghem, par *Jos. Wagner.* — Le Portrait de César d'Estrée, cardinal du Saint-Empire, d'après de Troy, par *Widmann.* Plus, Suite dite DIVERSÆ INSECTARUM VOLATILIUM... D. I HOEFNAGEL...... *Anno 1630* (16 Pièces).—Vues et Paysages, d'après Weirotter, sous l'adresse de Basan (6 Pièces). En tout, 52 Estampes.

974 Cent quatre-vingt-quatre Portraits, Sujets, Attitudes pantomimiques, Modes, Vues et Paysages pour des almanachs publiés en Allemagne, savoir : 4 d'après Ramberg, par *Boehm*; 4 d'après Junge, par *Bollinger*; 15 par *Bolt* (1 Est. d'après Ramberg, et 2 d'après Schadow); 19 par *Darnstedt* (plusieurs sont d'après Kaaz et Zingg); 2 Matin et Soir, d'après Taylor, par *Duttenhofer*; 12 d'après Chodowiecki, par *Geyser*; 4 d'après Fohr, par *Haldenwang*; 8 par *Henne*; 17 par *Hess* (Tabl. et Dessins de différens Maîtres); 6 d'après Catel et Ramberg, par *Jury*; 12 d'après Albano, par *Kaiser* (elles sont tirées au recto et au verso de 6 feuilles); 5 d'après Catel et Sambach, par *Kohl*; 9 d'après Sambach, par *I. G.* et *S. Mansfeld*; 1 d'après Daehling, par *Meyer*; 31 d'après Hogarth, Chatelain, Schubert et Ramberg, par *Riepenhausen*; 1 d'après Daelhing, par *Ringck*; 7 d'après Barthel et Ramberg, par *C. W. Schenck*; 8 par *H. Schmidt* (4 sont d'après Ramberg); 4 d'après Klinski et Fr. Schütz, par *Schumann*; 9 d'après Ramberg, Voltz, etc., par *Schwerdtgeburth*; 2 d'après Ramberg, par *Stoelzel*; et 4 d'après Lütke, par *Veith* : le tout sur 24 feuilles.

par et d'après différens Maîtres. 491

Suite de l'Ecole allemande.

d'après J.-U. Meijr, par *Mel. Küsell.*—Vierge, Anges, Apôtres, etc.; 14 très-petites Pièces, par *Le Blond*. 44 Estampes.

973 Neuf Vues de Bohême et un petit Paysage, par *Is. Major.* — Deux Vues du Rhin, d'après Weirotter, par *Mechel.* — Première Suite d'Animaux, d'après Loutherbourg; 6 P. par *Pfenninger.* — Moïse, d'après le Feti, par *Ant. Jos. de Prenner.* — Quatre Vues, d'après Nicolovius et Rehberg, par *Schellenberg.* — Mars et Vénus, d'après Vouet, par *Stapffer.* — Le Portrait de Shakespeare, par *Verelst.*—Saint François, d'après Maratti, par *Verkruijs.* — Sujet de Saint, d'après Cignaroli; et deux Paysages, d'après Berghem, par *Jos. Wagner.*—Le Portrait de César d'Estrée, cardinal du Saint-Empire, d'après de Troy, par *Widmann*. Plus, Suite dite DIVERSÆ INSECTARUM VOLATILIUM... D. IHOEFNAGEL...... *Anno 1630* (16 Pièces).—Vues et Paysages, d'après Weirotter, sous l'adresse de Basan (6 Pièces). En tout, 52 Estampes.

974 Cent quatre-vingt-quatre Portraits, Sujets, Attitudes pantomimiques, Modes, Vues et Paysages pour des almanachs publiés en Allemagne, savoir : 4 d'après Ramberg, par *Boehm*; 4 d'après Junge, par *Bollinger*; 15 par *Bolt* (1 Est. d'après Ramberg, et 2 d'après Schadow); 19 par *Darmstedt* (plusieurs sont d'après Kaaz et Zingg); 2 Matin et Soir, d'après Taylor, par *Duttenhofer*; 12 d'après Chodowiecki, par *Geyser*; 4 d'après Fohr, par *Haldenwang*; 8 par *Henne*; 17 par *Hess* (Tabl. et Dessins de différens Maîtres); 6 d'après Catel et Ramberg, par *Jury*; 12 d'après Albano, par *Kaiser* (elles sont tirées au recto et au verso de 6 feuilles); 5 d'après Catel et Sambach, par *Kohl*; 9 d'après Sambach, par *I. G.* et *S. Mansfeld*; 1 d'après Daehling, par *Meyer*; 31 d'après Hogarth, Chatelain, Schubert et Ramberg, par *Riepenhausen*; 1 d'après Daelbing, par *Ringck*; 7 d'après Barthel et Ramberg, par *C. W. Schenck*; 8 par *H. Schmidt* (4 sont d'après Ramberg); 4 d'après Klinski et Fr. Schütz, par *Schumann*; 9 d'après Ramberg, Voltz, etc., par *Schwerdtgeburth*; 2 d'après Ramberg, par *Stoelzel*; et 4 d'après Lütke, par *Veith* : le tout sur 24 feuilles.

Estampes au burin,

ÉCOLE FLAMANDE.

975 Sujets d'après différens Maîtres d'Italie : 26 Morceaux, par *Q. Boel* (Pièces de la Suite dite *le Cabinet de Teniers*). — Le Portrait de Brouwer, d'après Van Dyck; par *S. à Bolswert.* — Le Portrait du cardinal Camille, d'après Maratti; par *Clowet.* — Les Plaisirs de Village ; le Retour au Village, d'après Berghem ; par *De Ghendt.* — Les Quatre Elémens, d'après K. Mander ; par *I. De Gheijn.* — L'Ignorance tenant un hibou, d'après Jordaens ; par *Pet. de Jode le jeune.* — — 25 Sujets d'après des Maîtres d'Italie ; par *T. V. Kessel* (Pièces de la Suite dite *le Cabinet de Teniers*). — Le Chirurgien de Village, d'après Brouwer; *le Roi boit*, scène burlesque ; le Joueur de *Rummel pot, 1633*, d'après C. Sachtleuen ; par *Marinus.* — Femme à sa toilette, d'après Jordaens (Pièce attribuée à *J. Néef.*). — Le Groupe de Laocoon, d'après l'antique ; par *P. Perret 1501**. — La Fuite en Egypte, *Claes Pouwelfzoon fecit.* — La Magdeleine, d'après Guido ; par *V. Stieen (Steen).* — Deux Zèbres, *C. Vermeulen sc.* — Paysage, d'après Foucquier ; par *Alex. Voet.*— La Vierge et l'Enfant-Jésus, d'après Mazzuoli ; et saint Pierre repentant, buste d'après Reni ; par *Vorsterman.* — *Aloysius Contareno Eques, Patritius orator venetus A° 1628*, représenté à mi-corps, un papier à la main : *Vorstermanni op et excudit* (*Epr. avant toutes lettres*). — Villageois vu à mi-corps, un papier à la main, d'après Brouwer; par *Waumans*: Sujet dans un rond. — La Vierge et l'Enfant-Jésus, d'après Maratti; par *Westerhout 1698.* — Saint Nicolas apparaissant à l'empereur Constantin, d'après Schut; par *Wildoeck.* 75 Est.

976 Vues d'Italie et de Flandre, et Paysages ; à la plupart des paysages, des épisodes tirés de l'Histoire-Sainte, *BRVEGHEL INVE H. Cock excude.* différemment écrit (9 Pièces). — Suite de Vues, sous le titre de *TOPOGRAPHIA VARIARUM REGIONUM. INVENTA A MATHEO BRIL HAGÆ-*

---

* Selon Basan, Perret est né à Oudenarde, en 1569.

par et d'après différens Maîtres. 493

Suite de l'Ecole flamande.

COMIT AB HHONDIO excusa 1614 (28 P.). — *PISCIUM VIVAE ICONES INVENTÆ AB ADRIANO COLLARDO ET EXCUSÆ A NIC. 10: Viſſcher anno 1634* (20 P.) — Six Paysages ; aux 2.ᵉ et 4.ᵉ : *Iacob Focquier pinxit.* — Village au bord d'une rivière , d'après Jod. Van Lier. — Deux Hommes entourés de serpens, un Dragon ailé, et divers Animaux ; P. P. Rubens pinx. — Flamands et Flamandes réunis au bord d'une rivière pour tirer une oie ; titre : *Vreuchts verwecking*..... *I Saveri Inv.* Ces 66 Estampes par des graveurs anonymes (24 feuilles).

ÉCOLE HOLLANDAISE.

977 Vues sur l'Amstel (*Amstel-Gesjchjes*) : (six Pièces). Deux Vues du Cimetière des Juifs , à Amsterdam ; ces huit Morceaux d'après J. Ruisdael, par *Bloteling*. — Vieille Liseuse des lunettes sur le nez, d'après Venne, par *Bremden*. — Bourgeoisie armée d'Amsterdam , 1642, d'après Rembrandt. — Le Denier de César, d'après Le Valentin (Tabl. du Musée royal), Sujet de demi-figures (Epr. avant la lettre). Ces deux Morceaux par *Claessens*. — La Sainte-Famille dite, *la Vierge à l'écuelle*, d'après Barocci, par *Cort*. — Portrait d'homme à barbe courte , d'après Tiziano, par *Henr. Danckers*. — Ferd. de Neufville , évêque de Chartres, d'après Champagne , par M. *Forssell*, 1808, Epr. avant la lettre. — Les quatre Saisons, d'après Boons, *Hessel G. fecit*. — Le roi d'Espagne Charles II, descendu de son carrosse pour rendre hommage au Saint-Sacrement, par *Hooghe, 1635*. — Portrait d'Homme, d'après Cagliari, par *Houbraken* (Galerie de Dresde). — Le Matin, d'après Henr. Kobell, par *de Jong 1719*. — Vues de l'Eglise du Ouëst et de la Boucherie, à Amsterdam, d'après de Beyer, par *Van Liender 1760*. — Le Portrait de Goltzius, par J. *Matham*. — Vues dessinées d'après nature et gravées : S. *Vander Meulen 1707* (six Pièces). — Cinq jeunes Filles et un Enfant au bord d'une rivière, d'après Poelenburch , par *Mozijn*. — Deux Paysages où Elie est représenté, d'après

Suite de l'Ecole hollandaise.

Savery ; Tempête, Calme, et Vue où est un moulin à vent, d'après Willaerts, par *Mag. de Pas*. 36 Estampes.

978 Baleine échouée sur les côtes de Hollande, *Saenredam 1602*. — Treize Vignettes et Culs-de-Lampe, Morceaux par *Schley*, les uns sur ses propres dessins, les autres d'après B. Picart. — Habitation villageoise sous un rocher, d'après Berghem, par *Mar. Elis. Simons*. — Vue du Port et de la Ville d'Amsterdam, par *Stoopendael*. 16 Estampes.

979 Le Retour des Champs, d'après Berghem;(De Winter, n.° 62) Fumeurs sous la treille, Joueurs de trictrac, le Joueur de Violon, trois Scènes de Buveurs et de Fumeurs, et le Sujet dit *les trois Commères* (ces quatre dernières Compositions en demi-lig.), d'après Adr. V. Ostade, par *Suyderhoef*. 8 Estampes.

980 Cent huit Sujets, tirés des Fables d'Esope, Compositions dans des ronds, sur 18 feuilles, 6 à chaque feuille, par *J. V. Vianen;* aux planches numérotées 6, 7, 9, 10 et 17 : 1701 *. — Réunion de Villageois hollandais : *I. C. Visscher inventor feoit ;* à droite, au-dessus d'une porte : *1608;* dans la marge, six vers : *De Sieckgens Zijn seer verblijt*.... 19 Estampes.

981 Deux Paysages d'après Berghem (de Winter, n.°⁵ 183, 184). — Paysage avec pâtre et six animaux, d'après Loutherbourg. — *Verscheijden aerdige Lanthuijsen nae t' leven Gekonterfeijt deur ABLOEMAERT t'Amsterdam by I C. Vijscher 1620* (26 Pièces). — Vieille jouant de la flûte, le Fumeur, l'Avare vu à mi-corps et Buste de villageois (Original et Copie), d'après Brouwer. — Différens Animaux, copiés d'après les Est. de Laer (n.°⁵ 1 à 8 de son œuvre), Deux Suites d'Animaux, d'après C. Saftleven; l'une de 13 Pièces avec des n.°⁵, l'autre de 16 Pièces sans n°⁵. — La Mort et le Temps en guerre avec les hommes; à droite, à un monument : *1610;* à gauche, dans la marge, où sont six vers latins : *D. Vinck-boons Inuen*.

---

* Des curieux attribuent aussi à ce Maître les Vues d'Harlem, décrites sous le n.°797, page 388 du présent Catalogue.

par et d'après différens Maîtres.

Suite de l'École hollandaise.

B.A. *Bo'fuerd excudit.* Ces 72 Estampes par des graveurs anonymes.

ÉCOLE ANGLAISE.

982 Port de mer (*A. Sea Port*) et un Paysage, d'après Claude le Lorrain; un Paysage, d'après Gaspar Poussin, par *Canot*, 1744—75. — Campagne de Hollande, d'après Rembrandt, et neuf Paysages, d'après Gaspar Poussin, par *Chatelain*, 1741 à 44. — Deux Paysages avec cascades, Compositions dans des ronds, d'après Gaspar Poussin, par *Granville*, 1741. — *Morning* et *Evening*, d'après Berghem, et Paysages d'après Gaspar Poussin, par *T. Major* 1749 à 52. — Paysage où un dessinateur assis paraît faire une Etude d'après des ruines, d'après Claude le Lorrain; le Pêcheur (*The Fisherman*), et neuf autres Paysages, d'après Gaspar Poussin, par *Mason*, 1743 à 78. — Pâtre et Animaux passant un gué: Composition dans un ovale, d'après Claude le Lorrain, par *Newton*, 1777. — La Tempête, d'après Loutherbourg, par *Sam. Smith*, 1779 (Epr. avant la lettre). L'heureux Paysan (*The Happy Peasant*), la Blanchisseuse, d'après Berghem, par *Vivares*; à la première Pièce: 1750. — Le Repos de la Villageoise, d'après Berghem, par *J. White.* 35 Estampes.

ÉCOLE FRANÇAISE.

983 Deux Paysages avec figures et animaux, d'après Berghem; l'un en haut., par *Aliamet* (Pièce de la Galerie de Dresde); l'autre en larg., par *Aveline.* — Vue du Château de Saint-Cloud; petite Pièce par M. *Baltard.* — Le Portrait de J.-J. Rousseau, par *L. Barbié.* Le Temps protégeant la Vérité qu'il a tirée hors du puits, et la mettant à couvert des insultes de l'Envie et de la Médisance, d'après Le Poussin, par *Baudet.* — Quatre petits Paysages, d'après Breughel, Klengel, MM Bidauld et Demarne, par M.ʳ *Baugean.* — La Fuite en Egypte, d'après Guido, par *S. Bernard*, titre:

Suite de l'École française.

DEI ET MATRIS..... — Huit Vues de Monumens et de Campagnes d'Italie, par M. *Bourgeois.* — Judith, par *A. Coypel*, pl. terminée par *C. Simonneau* en *1694.* — Saint-Thomas de Villanova, d'après Maratti; et la Manne, d'après Le Poussin, par *Chasteau*; ce second Morceau gravé en 1680; Epreuve avec le nom de Goyton impr. — Six Paysages, d'après le Poussin, par *Chastillon* — Le bon Accord, d'après Teniers, par *Chenu.* — Saint Roch distribuant son bien aux pauvres, d'après Ann. Carracci; les Noces de Cana, d'après le Tableau de Cagliari, au Musée royal, par *Cochin* père. — Temple de la Sybile, Maison de Socrate et Place du Martroy, à Orléans, d'après M. de Bizemont : petites Pièces par madame *Coiny.* — Les sept Sacremens, d'après Le Poussin, très-petites Pièces par M. *Couché* fils (Epr. doubl. (Eaux-Fortes et Finis). 46 Estampes.

984 Vierge et Enfant-Jésus, d'après Maratti, et Paysannes au bord d'une rivière, d'après Dietricy, par *Daullé*, *1752—61.* — Expérience d'Electricité, d'après Le Prince, par *N. Delaunay.* — Pâtre et Animaux au bord d'une rivière, d'après Du Jardin, par *Dequevauviller 1778* : Epreuve avant la lettre (Pièce du Cabinet Le Brun). — Danaé, d'après Maratti, par *Desplaces.* — Bouvier faisant passer l'eau à des bœufs, d'après Berghem, très-petite Pièce par M. *de Villiers* l'ainé. —L'Adoration des Rois, la Mort de saint Joseph, saint Charles Borromée et saint Ignace près de la Ste.-Vierge et de l'Enfant-Jésus, saint Jean l'évangéliste parlant à un pape qu'inspire le Saint-Esprit: dans le haut, la Sainte-Vierge; l'Etude du Dessin, et l'Ignorance persécutant les Beaux-Arts, allégories. Ces six Morceaux d'après Maratti; saint Pierre, dominicain et grand inquisiteur, assassiné par Carin, d'après Lamberti ; par *N. Dorigny;* à trois de ces Pièces : *1687—88—93* et *1728.* — Le Repos en Egypte (Tableau du Palais Rospigliosi), d'après Le Poussin, par *Dughet.* — III.e et IV.e Vues sur la Meuse, d'après Weirotter, par *Du Four.* — La Prédication de saint Jean, d'après Maratti, par *C. Dupuis;* Epreuve avant la lettre (Pièce du Cabinet Crozat). Vue du Mail d'Utrecht,

par et d'après différens Maîtres.

Suite de l'Ecole française.

d'après Versteegs, par *Duret*. — Grand Paysage avec temple en ruine, figures et animaux, d'après Berghem; *Duret Direxit*. — Le Baptême de Notre-Seigneur, d'après Maratti, par *Farjat*. — Le Portrait de Quevedo, d'après Salvador Jordan, par *Gazán*. — Quatre petits Paysages, d'après Gessner, Bruandet et M. Bertin, par *L. Guyot* ainé et *Guyot* jeune. — Le Bain de la Bergère, d'après Berghem, par *Hill*. — Saint Jérôme, d'après Palma, *Honet fecit* ; titre : *Memini me clamantem Diem*........ — Trois Chérubins près de la Vierge et de l'Enfant-Jésus, d'après Maratti, par *Jardinier* (Pièce de la Galerie de Dresde). — Très-petit Paysage, d'après Berghem, par M. *Lameau*. 30 Estampes.

985 La Bohémienne consultée, grande estampe d'après Berghem; saint Paul, premier solitaire, saint Guillaume, duc d'Aquitaine, d'après Dietricy, par *P. Laurent* (du dernier Morceau, une seconde Epreuve où le duc d'Aquitaine est remplacé par deux bergères et des moutons; au bas, le titre : *Les Bergères en repos.*) — Les quatre Heures du Jour, les Satyres et les Dryades, l'Embarquement des Vivres, le Retour à la Ferme ; et deux petites Pièces, Vue des Environs de Sienne, le Retour des Bestiaux : ces neuf Morceaux d'après Berghem; Environs de Fribourg et Ermitage à deux lieues de Fribourg, d'après Dietricy, par *Le Bas*. — Le Repos du Berger, d'après Berghem, *Le Charpentier ex*. — Douze Vues d'Allemagne, de Hollande et de France, d'après Weirotter (Pièces avec des n.os de 1 à 12). Deux Vues du Mail d'Utrecht, et Vue du Gilburg, hors d'Utrecht, d'après Versteegs, par *Le Veau*. 31 Estampes.

986 La Présentation au Temple, d'après Maratti, par *Louvemont*. — Canal de Venise, Vestibule d'un Palais, d'après Marieschi, par *Loyer*. — Paysage, d'après Cornelio, *Moncornet fecit*. — Petit Paysage, d'après M. de Bizemont, par M.lle *Neveu*. — La Vierge à la chaise, d'après Raffaello, par M. *Pauquet*. — La Vierge et l'Enfant-Jésus, élevés sur le globe, d'après Maratti; la Peste, d'après Le Poussin (Tableau du Musée royal), par *Eti. Picart*, 1665—77 : à la seconde Estampe,

498 *Estampes au burin et en manière noire.*

Suite de l'Ecole française.

le nom de Goyton—Le Temps et les Saisons passant dans une barque qui approche du terme de l'Eternité, un jeune Homme enseveli dans les plaisirs, d'après Maratti ; le Christ mort, d'après Rembrandt, par *Bern. Picart*, 1730. — Le Portrait de Jules Romain, d'après le Tableau de ce Maitre, au Musée royal, par M. *Potrelle* ; Epreuve avant la lettre. — Petite Place à Venise, d'après Marieschi, par *Poulleau*. Amour dans un char, d'après Zampieri, par *Randon*. — Petit Paysage, *B. Rocque f.* — Deux Paysages avec figures, par *Rousseau*. — Rebecca, et Moïse tiré des eaux du Nil, d'après les Tableaux du Poussin, au Musée royal, par *Rousselet* ; au premier Morceau : *1677*. — Paysage d'après le Tableau de Berghem, de la Galerie de Florence; et le Portrait de Mich. Huber, d'après Graff, par M. *Tardieu*.—La Transfiguration, d'après Raffaello, par *S. Thomassin* ; Est. en 2 feuilles, Epr. avec le nom de Goyton imprimeur.—Judith, Lucrèce, d'après Guido, par *Vouillemont* ; au second Morceau : *1638*. 23 Est.

987 Halte de Chasseurs, Baraque hollandaise, d'après Berghem ; deux feuilles. — Têtes d'Animaux, d'après Le Brun ; Vue de Calabre. La plupart des Morceaux précédens, par des graveurs *anonymes*. — Quatre-vingt-neuf Vignettes, savoir : Sapho, par *Choffard*, *1766-1802* ; Jeux olympiques, d'après Catel, par *Boutrois*; Scène, d'après Lafitte, par *D Elvaux*; Scènes diverses, d'après Cochin fils, Bornet, MM. Flouest ; Le Barbier, Monnet, etc. ; trente-cinq Pièces, par *Gaucher* ; Triomphe et Fêtes, d'après Catel, par *Le Mire*, *1799* ; Cérémonie et Sacrifice, d'après Catel, par M. *Massard l'ainé*; Scènes, d'après M. J. Bertaux, par mademoiselle *Martinet* ; Scène d'après M. Lafitte, par M. *Ribault* ; et 44 Sujets, tirés des Contes de La Fontaine. En tout, 94 Estampes.

Pièces en manière noire.

988 Chat qui tient un poisson, et Chat qui dort, par *Bloteling* ; Tabagie, et jeune Fille tenant des fleurs, par *Bruggen* ; Portrait de la princesse Talleyrand, d'après M. Gérard, par *Dickinson* ;

Piéces en manière noire, etc.

les cinq Sens de l'homme; des Scènes burlesques et autres, d'après Du Sart, 13 Morceaux, par *Gole;* saint Antoine, d'après Mignard, par *Meheux;* la Vierge, l'Enfant-Jésus et trois Chérubins, d'après Maratti, par *B. Picart;* Fumeurs et Buveur à une fenêtre, d'après Haeften, par *Surrabat;* des Anges présentant à l'Enfant-Jésus assis sur les genoux de la Sainte-Vierge, des instruments de la Passion; près d'eux, saint Joseph, d'après Maratti, par *J. Smith;* Villagois une chandelle à la main; il montre une image à une femme qui tourne la tête, d'après Houbraken, par *Verkolje; Divinity,* d'après Adr. Van Ostade, par *J. Watson.* Plus, 14 Morceaux par des *anonymes,* savoir : l'heureux Paysan, d'après Berghem ; 9 Scènes diverses, d'après Du Sart ; Cabaret de village; Tabagie; Mère d'Ostade et Vielleur, d'après Adr. Van Ostade. En tout, 44 Estampes, compris 6 Epreuves doubles.

Pièces gravées sur bois, en manière de crayon, au pointillé, au lavis ou à l'aquatinta.

989 Junius Brutus, d'après M. Lethière : très-grande Estampe en larg., gravée au lavis par M. *Coqueret.*

990 La Paix, l'Abondance et une Sybille, d'après Guido, par *Coriolanus.* A la première Pièce *1627.* — Deux Paysages, d'après Weirotter, par *Pariset fils.* — Le Portrait de Cadoudal, d'après M. Dumontier, par M. *Gautier.* — Statues de Vénus et de l'Amour, d'après des fig. antiques; et saint Pierre, d'après Cantarini, par M. *Forssell.* — Jeux d'enfans, d'après F. Flamand, par *Raufchmayr, 1789;* et 6 Vignettes, d'après Thurston, par *Ridley.* — Deux Paysages, d'après Berghem, par M. *Bacler-Dalbe.* — Huit Paysages, par *J.-E. Grave.* — Le Christ mort, d'après Van Dyck. — Danaé, Léda, d'après M. Boichot; et petit Paysage, par M. *Hoin.*—Chûte du Staubbach, d'après Wolff, par *Janinet.*—Paysage avec pont et ruine, par *Kuntz.* — Alexandre faisant peindre sa maîtresse, par M. *Norblin, 1774.* — Quatre Paysages, deux d'après F. Kobell : Pièces par *Oftermeyer;* à une *1795.* — *Natürlicher Trab* (trot naturel); *Ausgedehnter Trab* (trot étendu), par

Pforr. — Un Paysage vu au clair de la lune, par *Rauſchmayr.* Six Paysages, quatre vus au clair de lune, d'après Fr. Kobell, par *Cath. Prestel.* — La Nativité, par *P.-P.-A Robert, 1727.* — Marche de Figures et d'Animaux, d'après Berghem; et jeune Fille dessinant d'après nature, d'après Boucher, par *Watelet.* Plus, quatre petites Etudes, d'après A. V. Ostade. Paysans et Paysannes; Morceaux en manière de crayon, par un *anonyme.* 52 Estampes.

OMISSION.

STENGEL, (STEPHAN *ou* ETIENNE, *baron* de) *dessinateur et graveur à l'eau-forte ; né à Manheim, résidant actuellement à Bamberg en Franconie.*

991 1 et 2 Deux Vues d'une des portes de la ville de Rosenheim en Bavière; à l'une, à terre, à droite : *St de Stengel f;* à l'autre, à gauche, dans la marge : *S. v. Stengel f.* H. 9 p. 9 à 10 l. L. 6 p. 10 à 11 l.

3 Vue du Château de Stahrenberg en Bavière; dans la marge : *Le Château de Starenberg ;* et à droite : *S. v. Stengel f. 1803.* H. 7 p. 3 l. L. 10 p. 1 l.

4 Vue de Bavière; à droite, sur une montagne, les ruines d'un château; à gauche, un paysan en marche près d'un rocher; Pièce sans nom. H. 7 p. 3 l. L. 10 p. 1 l.

5 à 7 Vues prises dans le Palatinat; deux avec châteaux en ruines, et une avec habitations villageoises; à un des premiers Morceaux, dans la marge, à droite, à la dernière, à gauche, sur l'eau : *S. de Stengel, 1773.* H. 6 p. 3 à 4 l. L. 8 p. 3 à 4 l.

8 à 16 Différentes Vues du château de Heidelberg : Morceaux avec des dates de 1770 à 1802; à l'une, à une pierre : LES ENVIRONS DE HEIDELBERG MDCCLXXI ; à une seconde, dans la marge : *Dessiné d'après la nature, le 17*

Omission, *Estampes doubles.* 501

Juillet 1770, *à Heidelberg, par Etienne de Stengel;* de ces Pièces, de proportions différentes, à la plus grande, dans la marge, à gauche: *S. v. Stengel 1802*; au milieu: *le Château de Heidelberg*.

17 à 26 Vues de Schriesheim, Weinheim, et autres vieux Châteaux du Palatinat; à ces Morceaux, de proportion différ., le nom du Maître, et des dates de 1771 et 1772.

27 à 30 Vues de Seckenheim, Ilbesheim et Schriesheim, dans le voisinage de Manheim et de Heidelberg. H. 2 p. à 2 p. 5 l L. 3 p. 1 à 3 l.

31 à 38 Sujets tirés du roman de Robinson Crusoé, et différentes petites Pièces; à l'une de ces dernières, sur un rocher, l'inscription: *Arbeitsamkeit und Maesigkeit* (assiduité et sobriété). 54 Estampes, compris 16 Epr. répétées avec des différences.

Marchands, Artisans, Mendians, etc., etc. 26 petits Morceaux par *Geor. v. Scheyndel*.

NOTA. *Ces Pièces doivent être réunies à celles de ce Maître, décrites sous le n.° 723, p. 327.*

ESTAMPES DOUBLES.

MORCEAUX A L'EAU-FORTE OU AU BURIN.

ÉCOLE D'ITALIE.

992 Vue de Ruines, par *Canal*. — Adam et Eve; Repos en Egypte; la Sainte-Famille; sainte Elisabeth et saint Jean. (2 Epr.) — La Vierge et l'Enfant-Jésus; saint Jean dans le Désert; l'Enlèvement d'Europe (Epr. avant la lettre), par *Cantarini*. — La Vierge au Rosaire, par *Carpioni*. — L'Adoration des Bergers (Epr. avant le nom de Van Aelst); l'Adoration des Rois

Estampes doubles.

Suite de l'École d'Italie.

(Epr. avant la lettre); le Couronnement d'Epines (Epr. avant le nom de Van Aelst); la Magdeleine; saint François en prière, 1585, par *Ann. Carracci*. — Le titre : *Genium Jo: Benedicti Castilionis Januen-Jnu. fe;* deux Sujets de Noé; Tobie; la Fille de Laban; la Nativité; Fuite en Egypte; l'Invention des Corps de saint Pierre et saint Paul; Homme découvrant des armures; Fête au dieu Pan; Marche d'Animaux; un Paysage; 19 Têtes d'Hommes, de Femmes, etc. : par *Castiglione*. — Un Paysage, par *Duché*. — 13 Paysages, par *Grimaldi*. — Lieux célèbres d'Italie; Etudes de Baudets, Boucs, Chèvres, etc., etc. : par *Leone*. En tout, 76 Estampes.

993 La Vierge, l'Enfant-Jésus, sainte-Elisabeth et saint Jean; les Armes de Gvasta Vilani; deux Amours près d'un arbre : par *Loli*. — Chambre rustique où une vieille fait rôtir des marrons : par *Londonio*. — La Nativité de la Vierge; l'Annonciation; la Nativité de N.-S. (2 Epr., l'une avant la lettre); l'Assomption (2 Epr., l'une avant la lettre); la Vierge, l'Enfant-Jésus et saint Jean; la Vierge, l'Enfant-Jésus et la Magdeleine (Epr. avant la lettre); le Mariage de sainte Catherine (Epr. avant la lettre); et saint André, par *Maratti*. — Apôtre, par *Mazzuoli*. — Le Portrait d'Arianne Pessutti (2 Epr.), par *Morghen*. — Martyre de Saints, par *Pasqualini*. — La Vierge assise : l'Enfant-Jésus derrière elle passe son bras pour prendre un pan de sa robe (2 Epr. avant la lettre); le même Sujet, où des anges dans les airs répandent des fleurs (2 Epr.); sainte Famille et sainte Elisabeth : saint Jean baise les pieds du Sauveur; saint Roch, d'après Ann. Carracci (2 Epr.) : par *Reni*, etc., etc. — Le Repos en Egypte; et saint Jérôme, par *Ribera*. En tout, 27 Estampes.

994 La Descente de Croix, d'après Allegri : par *Rosaspina* : 2 Epr.

ÉCOLE ALLEMANDE.

995 L'Amour, d'après Corregio; Bustes et Portraits, d'après Zampieri, Backer, Dorner et Kelhofer; et des Etudes, d'après des Estampes de Schmidt de Berlin; par *Am. Baader*. — Seize Sujets, les uns, tirés du Roman de Peregrine Pikle;

Estampes doubles. 503
Suite de l'Ecole allemande.

les autres pour l'Almanach patriotique de Salzmann : par
Chodowiecki. — Deux Paysages avec figures et animaux, par
Dietzsch. — Enfant appuyé sur un tambour, d'après F. Van
Mieris ; le Portrait de Rembrandt ; et des Etudes de Sujets,
Figures et Têtes : par *Dorner.* — Paysages et Bambochades,
par *J.-M. Frey.* — Suite de douze Idylles par *Gessner.* —
Des Sujets et des Vignettes, par Mr *Girardet.* — Quatre
Paysages, par *Jac.-Ph. Hackert.* — Junon ; Hébé ; Renaud
et Armide ; Vieillards discutant ; jeune Fille regardant dans
un livre ; jeune Garçon qui semble méditer : par *Kauffmann.*
— Jeux d'Enfans ; Cris de Paris ; Mendians et Paysages :
par *Ferd. Kobell.* — Agar ; saint Solitaire en prière ; et douze
Paysages : par *Franç. Kobell.* — Quatre Pièces, Adresses, etc. :
par *Mettenleitter.* — Faune, un verre à la main : par *F. Müller* de Creuznach. En tout, 134 Estampes.

996 Sujets divers et Paysages : par *Adr. Van Ostade.* (n.ºs 6 à 26,
28, 30 à 33, 36 à 50, 52 et 53 *) ; dans le nombre de ces
Morceaux, ceux numérotés 6, 31, 33, 37, 38, 42, 44 et
47 prem. Epr., et avec remarques. En tout, 48 Est.

997 Sujets divers et Paysages, par *Adr. Van Ostade* (n.ºs 6 à 9, 14,
18, 21, 23 à 26, 28, 30 à 33, 36, 37, 39 à 42, 44 et 46 à
50) ; le n.° 33 s'y trouve prem. Epr. — Vues d'Egypte ; Port
de Vendres, et Paysage : par *V. Pillement.* En tout, 35 Est.

998 Sujets et Paysages, par *Adr. Van Ostade* (n.ºs 7, 9, 28, 31,
33, 37, 40 à 42, 44, 46, 48 et 50.). — Vingt-un Paysages,
par *Primavesi.* — Deux Brebis, par *H. Roos.* — Nicaise ; les
Portraits d'Auguste III, de Philippe V, du comte d'Evreux,
de l'archevêque de Narbonne, de J.-B. Rousseau, de P. Mignard, de la baronne de Grapendorf, de Sophie Wiegerin,
de Frédéric-Guillaume, roi de Prusse, de Bignon, de Thiboust (2 Epr.), de Frédéric III, roi de Prusse, de l'abbé

---

* Voyez pour ces n.^{os} et ceux indiqués dans plusieurs des articles
suivans, les n.^{os} placés avant la description des Estampes de ces différens Maîtres.

Estampes doubles.

Suite de l'Ecole allemande.

Prévost, et diverses Vignettes et Culs-de-Lampe pour les Mémoires de Brandebourg : par *Schmidt*. En tout, 61 Est.

999 La Vierge, l'Enfant-Jésus et saint Jean, d'après Van Dyck ; Lot et ses Filles; la Juive fiancée; le Père de la Fiancée ; Homme tête nue; le jeune Seigneur; Bustes de jeune Homme et d'Homme de moyen âge; la Pouilleuse, et un Buste de Vieille, d'après Rembrandt; saint Pierre repentant, d'après Bol; jeune Fille tenant un chien, d'après Flinck (2 Epr., l'une sur papier jaune), et le Buste du comte Algarotti : par *Schmidt*. — Susanne au bain ; le Portement de Croix; saint Jérôme, et deux Paysages : par *Umbach*. — Un Paysage, par *Weirotter*. — Portraits de l'Electeur Charles-Théodore et de son épouse, d'après Ziesinis : par *Wille*. — Cerfs et autres Animaux, par *J.-G. Wintter*. — Quatre Vues de l'ancienne Alsace, par *Zix*. En tout, 41 Estampes.

ÉCOLE FLAMANDE.

1000 Poissons de mer, Poissons d'eau douce (n.ºs 1 à 60); la Suite, n.ºs 37 à 48, avant les n.^{os} et avant l'adresse de Van Merle ; aux quatre autres Suites le nom de Van Merle; LIVRE D'OYSEAUX (n.° 81 à 92), Epr. sans adresse ni n.^{os}; dix-neuf Vues, Environs de Paris, etc., etc., et un Paysage; les sept Demandes de l'Oraison dominicale, 8 Pièces, titre compris, et un Combat de Cavalerie : tous ces Morceaux par *Flamen*. 101 Estampes.

1001 Trois Suites, Poissons de mer; deux Suites, Poissons d'eau douce (ces derniers, Epreuves avec l'adresse de Van Merle et les n.^{os}); Livre d'Oyseaux; les sept Demandes de l'Oraison dominicale, huit Pièces, titre compris : par *Flamen*. 80 Estampes.

1002 Différens Animaux, par *Fyt* (n.ºs 3, 5 et 8). — Paysages, par *Genoels* (n.ºs 36, 43, 60, 61, 62, 63, 65 et 71). — Le Berger; la Vieille cherchant la vermine à un enfant, et le Soldat : par *Miele*. — La Fuite en Egypte; et la Sainte-Famille et le petit saint Jean, Pièces octogones; la Vierge, l'Enfant-Jésus sur ses genoux; saint Joseph donnant l'En-

Estampes doubles.

Suite de l'Ecole flamande.

fant-Jésus à la Sainte-Vierge montée sur un âne; Femme, un enfant dans ses bras; Femme traversant un ruisseau; Pélerin en marche; Dame, un rosaire à la main : les quatre derniers Morceaux de même proportion; et Berger qui trait une brebis : Pièces attribuées à *Miele*. — Différens Paysages d'après Millet; plusieurs par *Théodore;* et un par un anonyme (n.ºs 1 à 4, 6, 9, 15 et 28). Différens Paysages, par *Neve* (n.ºs 3, 4, 9 et 11). — L'Arc de Septime Sévère, par *Nieulant*. — Hérodiade; la Nativité; Toilette de Vénus; Vénus près d'Adonis mort : par *Panneels*. — Paysages, Marines et Vues : par *N. de la Platte-Montagne*. — Le bon Samaritain; la Vierge sortant d'une étable; la Fuite en Egypte : par *Uden*. — Vue d'un Canal, par *de Vadder*. — La Fileuse, par *Wyck*. En tout, 62 Estampes.

ÉCOLE HOLLANDAISE.

1003 Vues du Rhin, par *Aken* (n.ºs 18 à 21). — Les quatre Saisons, et les Vues de Rives, par *Almeloveen* (n.ºs 13 à 20). — La Vache qui s'abreuve, et le Pâtre vu par le dos : par *Berghem* *. — Vues de Campagnes d'Italie, par *J. Both* (n.ºs 5 à 10). — Une Marine, par *Casembrot*. — Paysages avec figures et animaux, par *Du Jardin* (n.ºs 2, 5, 6, 8, 10, 11, 12, 14, 18, 22, 24, 27, 28, 31, 32, 35, 36, 39 et 41). En tout, 41 Estampes.

1004 Sept Sujets, par *Du Sart* (n.ºs 12 à 17 et 34); plus, 2 Pièces attribuées à Bega. — Six Paysages, par *Everdingen* (n.ºs 11, 16, 24, 47, 61, 92). — Villageoise près d'une rivière; Laitière près la grille d'un parc : et trois Suites de Paysages, deux de sept, et une de six Pièces : tous ces Morceaux par *Fock*. — Six Paysages, par *Glauber* (n.ºs 8, 13, 15, 17, 20 et 21). — Deux Paysages, par *J. Hackert* (n.ºs 3 et 4). — Etudes de Têtes, par *Haeften* (n.ºs 26 et 30). En tout, 48 Estampes.

---

* N.ºs 1 et 6 du Catalogue de l'Œuvre de Berghem, par H. de Winter.

Suite de l'Ecole hollandaise.

1005 Le Marodeur, par *Vanden Hecke* (n.° 13). — Les Mois de l'Année; des Prairies; des Paysages; des Etudes de Têtes de moutons et de chèvres, etc., etc.: par *J. Janson*; neuf de ces Morceaux avant le nom et les n.ᵒˢ, et huit seulement avant les n.ᵒˢ. — Le Fumeur; le Retour à la Chaumière; le Pêcheur à la ligne; le Pont de pierre; le Canal glacé; les Patineurs au clair de lune; le Moulin à vent; deux Paysages; la Liseuse; et la Vieille à la fenêtre: par *P.-C. Janson*, fils de J. Janson. — Prairies où sont des vaches (6 Pièces avant le nom et les n.ᵒˢ); les 4 derniers Morceaux doubles d'Epr.; Chien épagneul (2 Epr., l'une avant le ciel, le nom et le n.°, à l'autre seulement le n.°); Etudes de Têtes de veau, de vache et de chèvres (des Etudes de Têtes de chèvres, quatre Epr. avec différences): tous ces Morceaux par *P. Janson*, autre fils de J. Janson. En tout, 76 Estampes.

1006 Six Vues de Prairies et Paysages, un des derniers pris au clair de lune: par *J. Janson*. — Retour à la Chaumière; Pêcheur à la ligne (2 Epr., l'une avant le nom); Moulin à vent; Liseuse, et Vieille à la fenêtre: par *P.-C. Janson*. — Vaches dans des prairies; Chien épagneul; Etudes de Têtes de vaches et de chèvres: par *P. Janson* (des Têtes de chèvres, 2 Epr. avec différences, et une Epr. double). — Grande Chaumière, avec grange à foin (2 Epr., l'une avant la retouche); et Canal avec barques (Epr. avant le nom) ces Morceaux par *H. Kobell* junior. — Chevaux, par *Laer* (n.ᵒˢ 4 et 6). — Têtes d'Hommes, de Femmes, de Vieillards et de Vieilles: par *Livins*. — Paysage, par *Meyeringh* (n.° 8). — Vaches, Beliers et une Laitière sur un pré: d'après Laer, par *Noordt*. — Différentes Vaches, par *Potter* (n.ᵒˢ 2, 6 et 8); et de la Suite attribuée à ce Maitre, (les n.ᵒˢ 3 et 7). — Quatre Vues, par *Roghman* (n.ᵒˢ 10 et 13 à 15). En tout, 42 Estampes.

1007 Différens Paysages, par *Ruisdael* (n.ᵒˢ 1 à 3, et n.° 6): anciennes Epr.; le n.° 6 s'y trouve taché d'huile. — Différens Paysages, par *H. Safileven* (n.ᵒˢ 26, 34 et 42). — Paysages

Estampes doubles.

Suite de l'Ecole hollandaise.

et Vue de vestiges antiques, par *Smees* (n.ᵒˢ 1 à 5). — Différens Chevaux, par *Stoop* (n.ᵒˢ 2, 4, 5, 6, 9, 10, 11); p'usieurs des Epreuves sont avant le n.°. En tout, 19 Est.

1008 Différens Paysages, les uns ornés d'épisodes tirés de l'Histoire-Sainte et de la Fable, les autres de Scènes pastorales, et des Etudes d'animaux, par *Suaneuelt* (n.ᵒˢ 26 à 32, 34 et 35, 49 à 52, 54 à 57, 59, 60, 62, 63, 65, 66 à 69, 70 et 71, 72, 77 à 80, 81 et 82, 83 à 94, 97 à 100, 101 à 106, 107 à 110, 111, et 112 à 115); les n.ᵒˢ 49 à 52 (les Satyres) s'y trouvent prem. Epr.. En tout, 66 Estampes.

1009 Paysages, par *Suaneuelt* (n.ᵒˢ 26 à 32, 52, 54, 65, 68, 69, 78 à 80, 82 à 84, 87, 91, 92, 94, 98, 104, 107, 108, 109, et 112 à 115). — Le Coup de Couteau, par *Suyderhoef*. — Quatre Sujets divers, par *Uytenbrouck* (n.ᵒˢ 2, 16, 18 et 60). — Histoire de Jonas; Histoire de Tobie, et divers Paysages: par *J. Van den Velde*. — Huit Paysages avec figures et animaux, quatre en haut., et quatre en larg.: d'après Berghem; Tabagie; dans la marge, le titre: *Vivitur parvo bene;* et Tabagie, où sont un homme et une femme ivres : d'après A. Van Ostade, par *C. Visscher*. En tout, 69 Estampes.

1010 Quatorze Paysages, d'après Berghem *; les quatre dernières Pièces, prem. Epr.; Noce de Village; Danse au Cabaret, et Tabagie : cette dernière Composition connue sous le titre du *Tatonneur* : ces trois Morceaux d'après A. Van Ostade; et le Portrait de Vander Hulst, par *J. de Visscher;* plus, trois Copies de Paysages, gravés d'après Berghem. — Quatre Figures, par *Van Vliet*. — Différens Paysages, par *Waterloo* (n.ᵒˢ 1 à 7, 13, 15 à 19, 21 à 37, 39 à 46, 48 à 54, 56, 59 à 71, 89, 90, 92, 93, 104, 109 à 113, 119 à 121, 123, 124, 126 à 130, 132, 135 et 136), et la Pièce douteuse. — Marine, par *Zeeman* (n.° 39). — *The Mystery of Masonry brought......* et *Revelling With Harlots*, par *Hogarth*. En tout, 117 Estampes (les deux dernières de l'Ecole anglaise).

---

* N.ᵒˢ 132 à 137, 147 et 166 à 169 du Catalogue par *H. de Winter*.

ÉCOLE FRANÇAISE.

1011 Scène aux Champs-Elysées; Sujets de fantaisie; Militaires de différentes armes; Arts et Métiers; Mendians (Pièces sur les Dessins du Graveur); Camées d'après des pierres antiques; la Moisson, d'après Rubens; deux Paysages d'après Berghem, et les Sacremens du Baptême et de l'Ordre, d'après Le Poussin; par M. *Bertaux*. 99 Estampes.

1012 Scènes diverses de la Révolution, Sujets dans des Frises, sur les Dessins du Graveur; Grétry traversant l'Achéron, d'après M. Joly; Scènes des Campagnes d'Italie, d'après M. Carle Vernet, et Sujets et Vues pour le voyage d'Egypte, d'après M. Denon; tous ces Morceaux, par M. *Bertaux*. 70 Estampes.

1013 La Sainte-Famille, sainte Elisabeth et saint Jean, d'après del Sarto; le Triomphe de la Sainte-Vierge, titre : *Jubilatio*......; Prêtre exorcisant une femme, d'après Boscoli; le Bénédicité (Original et Copie); les Sujets dits *les petites Misères de la Guerre*; Combat de quatre Galères du Grand-Duc, contre deux Vaisseaux turcs, *Battaglia del re Tessi e del re Tinta*; et Vues du Pont-Neuf et du Louvre, par *Callot*. — Neuf Paysages, par M. *Dunouy*. — Saint Nicolas; le Songe de saint Joseph : ce dernier Morceau d'après Krahe; par *Fratrel*. — Vues, Marines et Paysages, par *Claude Gelée* (n.ᵒˢ 5, 8, 9, 12, 16, 23 et 24). — Vue de Rome, et Marine, par *Manglard*. En tout, 46 Estampes.

1014 Portraits, Sujets et Paysages, par *Marcenay*, d'après différens Maîtres, ou sur ses propres Dessins (n.ᵒˢ 4 à 6, 8, 10, 11, 13 à 15, 19, 21, 24, 26, 28, 31, 32, 35, 36, 38, 39, 41, 44, 47, 49, 50, 53, 54 et 60); les Pièces n.ᵒˢ 8, 10, 28, 35 et 36 s'y trouvent doubles; 26 des Epreuves sont avant la lettre. En tout, 34 Estampes.

1015 L'Annonciation, la Nativité et 11 différens Paysages, par *Mauperché*. — Douze Portraits et quatre Paysages, par *Morin*. — Du Sujet représentant le Sacrement de l'Eucharistie, gravé d'après Le Poussin, par *Pesne* (Pièce en deux Feuilles), la feuille de droite; dans la marge : *Commemorationem. Hic*

Estampes diverses.

Suite de l'Ecole française.

est calix novi testamenti in sanguine meo, qui pro vobis fundetur. Luc. cap. 22; et à droite : *J. Pesne delin. et sculp. et excudit cum Priuil. Regis.* En tout, 30 Estampes.

ESTAMPES DIVERSES *.

1016 Différentes Estampes de Graveurs italiens, 26 Pièces : par *P. Aquila*, *Baldi*, *Burani*, *Carlone*, *Ag.* et *Ann. Carracci*, *Castiglione*, *Del Po*, *Faccini*, *P. Farinati*, *Galestruzzi*, *Ad.* et *Gio. Batta. Ghisi*, *Grimaldi*, *Leone* et *S. Rosa*. — Différentes Estampes de Graveurs allemands, 143 Pièces : par *Am. Baader*, *W. Baur*, *Chodowiecki*, *Durer*, *Endner*, *Gerstner*, *S. Gessner*, Mr *Girardet*, *Gottschick*, *Ferd.* et *Fr. Kobell*, *Kuntz*, *Liebe*, *Niesl*, *Ad. Van Ostade*, *Primavesi*, *Riepenhausen*, *Schoen*, (Maître moderne) *Stoelizel*, *Thourneyser*, *Et. de Stengel*, *Wallher* et *Widmann*. — Différentes Estampes de Graveurs flamands, 84 Pièces : par *Dancker-Danckerts*, *Fyt*, *Flamen*, *Genoels*, *Miele*, *N. de la Platte-Montagne*, *Schut*, *Wierx* et *Wyngaerde*. En tout, 253 Estampes.

1017 Différentes Estampes de Graveurs hollandais, 137 Pièces : par *Almeloveen*, *Berghem*, *J. Bisschop*, *Buytenweg*, *Du Jardin*, *Du Sart*, *Gronsvelt*, *Haeften*, *Hessel*, *Hesselinck*, *Hoogstraaten*, *Kobell junior*, *Jac. Lutma*, *R. Roghman*, *Ruisdael*, *Smees*, *Soutman*, *Suaneuelt*, *J.* et *N. Visscher*, *Waterlo* et *de Wit*. — Par des Graveurs anglais, 2 Pièces : par *Place* et *Smith*. — Différentes Estampes de Graveurs français, 103 Pièces : par *J. Aubert*, *Bougean*, *Boucher fils*, Mr *Bourgeois*, *Chaperon*, *Chauveau*, Mr *Castellan*, *Colignon*, *Damame*, *Desmaisons*, *B. Dubois*, *Duclos*, *Du Four*,

---

* Les Estampes comprises sous les n.ºs 1016 et 1017 sont des Epr. répétées, des Pièces précédemment décrites.

Gaucher, L. Gaultier, Goirand, Huët, Hutin, La Hyre, La rue, Lasne, Lavallée-Poussin, Le Clerc, J. Le Roy, Loutherbourg, J. Mariette, Mauperché, Moreau, Morin, Naudet, Pasquier, Peyron, Rivalz, Sarrabat, Simonneau, Subleyras, Verdier et Watelet. En tout, 242 Estampes.

1018 Sujets de l'Histoire sacrée et profane; Paysages; Etudes, etc., etc. : par des Maitres *anonymes*. 236 Estampes.

RECUEILS DIVERS, etc.

1019 *Variarum imaginum*...... ou Suite dite *le Cabinet du Bourguemestre Reynst*, en trente-six Estampes représentant des Sujets de l'Ancien et du Nouveau Testament, des Allégories, des Scènes familières, des Paysages et des Portraits, d'après des Tableaux de Raffaello, Mazzuoli, Reni, Barbieri, da Ponte, Robusti, Giorgio, Schiavone, Cagliari, Palma, Rubens et Laer; par *Dalen*, *J. Lutma*, *Jac. Matham*, *Vermeulen*, *C. Visscher*, etc.; Amsterdam, in-fol. relié en maroq. rouge, tr. dorée superbe exemplaire.

1020 *Liber Veritatis or, A Collection*...... ou Collection de deux cents Estampes, d'après les Dessins originaux de Claude le Lorrain, de la Collection du duc de Devonshire, exécutées par *Rich. Earlom*, dans la manière et à l'imitation du dessin; on y a ajouté un catalogue explicatif de chaque Estampe, avec les noms de ceux pour qui, et les places pour lesquelles les Tableaux originaux furent peints dans le principe, copié d'après la note écrite de la main même de Claude le Lorrain, au dos de chaque dessin, et celui des possesseurs actuels de plusieurs des Tabl. originaux. London, 1777, 2 vol. in-fol. v. jaspé, 100 Estampes à chaque vol. Plus, deux livraisons, N.° I et N.° II, contenant chacune 20 Estampes pour le troisième vol. de cet Ouvrage.

1021 *Albrecht Durers Christlich.—Mythologische handzeichnungen*...

Recueils divers.

ou Dessins d'Albert Durer, faits à la main, représentant des Sujets chrétiens et mythologiques, dans des arabesques, servant de bordures à des Cartouches blancs, propres à recevoir des inscriptions ou des figures. Suite de Morceaux lithographiés par *N. Strixner*, 43 Pièces, précédée d'un titre, d'un avertisssement, du Portrait de Durer, et suivie d'une table: en tout, 47 feuilles grand in-4°.

1022 Les Œuvres Lithographiques, par *N. Strixner, F. Piloti, etc.*, ou Suite de soixante Estampes, Sujets, Paysages et Etudes, d'après des maîtres célèbres d'Italie et de France, de la Collection du Musée Bavarois, 11 livraisons in-fol., Ouvrage publié à Munich.

1023 *Umrisse zu der Hoelle des Dante*........ ou gravures au trait, pour l'Enfer du Dante, d'après Flaxmann, par *Hummel*. 39 Pièces in-4.°, titre compris, exemplaire broché.

1024 *A Collection of fifty-three prints*......... ou Collection de cinquante-trois Estampes, par *Geor.* et *J. Smith*, de Chichester, etc. Londres, Boydell, 1770, petit in-fol. broch.

1025 Figures historiques du Vieux et du Nouveau Testament, gravées sur bois, par *Sal. Bernard*, dit *le Petit Bernard*. Genève, 1671, in-8. rel.

1026 Orpheus Eucharisticus, par *P. Aug. Chesneau.* Paris, 1657, fig. d'*Alb. Flamen* — Devises et Emblêmes d'Amour moralisés. Paris, 1658, fig. d'*Alb. Flamen*. 2 vol. in-8.; Vie de saint Jean-Baptiste; 22 Pièces (titre compris), d'après Devos, *Iac. de Weert.* — Vie de sainte Catherine de Sienne; 34 Pièces (titre et portrait compris), par *C. Galle*, vol. in-12, parch.

1027 Histoire de Geneviève de Brabant. Paris, 1813, gr. in-4. cart. fig. au trait; 13 Pièces (frontispice compris), par M.ʳ *Char. Johannot.*

1028 Les Fables d'Esope, avec réflexions morales, par *Lestrange*. Amsterdam, 1714, in-4. rel. fig., au nombre de 135, dessinées et gravées par *F. Barlouw. C. Th. Dudley*, in-4 relié.

1029 *Segmenta nobilium*........ Fragment de Statues antiques de

Rome, 100 planches, par *Perrier;* le frontispice représente le Temps qui détruit tout, et achève de dévorer la statue antique nommée le Torse, statue qui se voyait à Rome, dans le palais Belvédère, au Vatican : Morceau de l'invention et du dessin de Perrier ; les 100 figures de cette Suite ont été gravées de sens opposé aux originaux, ce que Perrier aurait dû éviter. En tout, 103 planches, 1 de frontispice, 100 de Statues et 2 d'index : Ouvrage publié en 1638, 1 vol. in-fol. relié.

1030 *L'Arti Pervia......* ou les Cris de Bologne, par *Gioseppe Mª Mitelli*, 1660. 41 Pièces, compris celle où est le titre, in-fol. parch. — Caravanne du Sultan à la Mecque ; mascarade exécutée à Rome en 1748, dessinée et gravée par *Jos. Vien ;* 32 Pièces (titre et frontispice compris), in-4. cart.

1031 *Kabinet van Nederlandsche oudheden en gezichten..........* ou Cabinet de Ruines et de Vues des Pays-Bas ; 300 pl., par *Abr. Rademaker ;* le texte en hollandais, en français et en anglais. Amsterdam, 1725, in-4. cart.

1032 *Topographia Galliæ*, par *Mart. Zeiller.* Francfort, Gasp. Merian, 1655 à 61, 4 vol. pet. in-fol. rel., fig. par *Math. Merian.*

1033 Histoire métallique de Guillaume III, roi d'Angleterre, par *N. Chevalier.* Amsterdam, 1692, pet. in-fol. rel., fig. par *R. de Hooghe.*

1034 Cours d'Architecture, par *Fr. Blondel.* Paris, 1675, pet. in-fol. rel., fig. par *de La Boissière.* — Essai d'Analyse des Jeux de Hazard. Paris, Jac. Quillau, 1708, in-4. rel., vignettes par *Seb. Le Clerc.*

1035 Atlas universel, dressé sur les meilleures cartes modernes. 1776, Venise, chez P. Santini, 2 vol. in-fol. cart.; Ouvrage divisé en deux parties, la première contient 60 cartes, la seconde 63.

LIVRES SUR LES ARTS.

1036 Dictionnaire des Artistes dont nous avons des Estampes, avec une notice détaillée de leurs ouvrages gravés (par *Heinecke*), lettre *A*. à *D*. Leipzig, 1778 à 90, 4 vol. in-8. reliés.

1037 *Allgemeines Künstlerlexicon*..... Dictionnaire universel des Artistes, ou courtes Notices de la vie et des œuvres des peintres, sculpteurs, architectes, graveurs, etc. (par *Joa: Gasp. Fuesslin* le père). Zurich, 1779, in-fol. broch.

1038 *Allgemeines Künstlerlexicon*..... Dictionnaire universel des Artistes, ou courtes Notices de la vie et des œuvres des peintres, sculpteurs, architectes, graveurs, etc. (par *Joa: Rodol. Fuesslin* le fils). Seconde partie divisée en trois livres, lettre *A*. à *Q*. Zurich, 1806 à 1809, 3 vol. in-fol. cartonnés.

1039 Dictionnaire des Graveurs anciens et modernes, depuis l'origine de la gravure, par *F. Basan*, graveur. Paris, 1789, 2 vol. in-8. rel.

1040 Notices générales des Graveurs, divisés par nations, et des Peintres, rangés par écoles, par *Mich. Huber*. Dresde et Leipzig, 1787, in-8. cart.

1041 *Handbuch für Kunstliebhaber und Sammler über die vornehmsten Kupferstecher und ihre Wercke*..... ou Manuel des Curieux et des Amateurs de l'Art, sur les principaux Graveurs, etc., par *C. C. H. Rost*, sur les manuscrits de Mich. Huber, et par *C. G. Martini*. Zurich, 1796 à 1804, 8 vol. in-8. cart.

1042 Manuel des Curieux et des Amateurs de l'Art, contenant une notice abrégée des principaux Graveurs, et un catalogue raisonné de leurs meilleurs ouvrages, depuis le commencement de la gravure jusqu'à nos jours, par *Mich. Huber* et *C. C. H. Rost*. Zurich, 1797 à 1800, 4 vol. in-8°. (Ecole allemande et italienne) in-8. cart. en 2 vol.

1043 Le Peintre Graveur, par *Adam Bartsch*. Vienne, 1802 à 1813, 15 vol. in-8., 5 cart. et 10 broch.

1044 Catalogue de livres d'Estampes et de figures en taille-douce, avec un dénombrement des Pièces qui y sont contenues, fait à Paris, en l'année 1666, par *De Marolles*, abbé de Villeloin. Paris, Fred. Léonard, 1666, in-12, rel.

1045 Cabinet de M. Paignon Dijonval, état détaillé et raisonné des Dessins et des Estampes dont il est composé, rédigé par M. *Benard*, Peintre et Graveur, par les soins et aux frais de M. *Morel de Vindé*. Paris, Mme Huzard, 1810, 1 vol. gr. in-4. broché.

1046 Catalogue raisonné des Estampes gravées à l'eau-forte par Guido Reni, et de celles de ses disciples, par *Adam Bartsch*. Vienne, 1795, in-12, br.

1047 Catalogue des Estampes gravées d'après Rubens, par *R. Hecquet*, Graveur. Paris, 1751, in-12, cart.

1048 Catalogue raisonné de toutes les Pièces qui forment l'Œuvre de Rembrandt, par *Gersaint*, mis au jour par *Helle* et *Glomy*. Paris, 1751. — Supplément au Catalogue raisonné par *Gersaint*, *Helle* et *Glomy*, de toutes les Pièces qui forment l'Œuvre de Rembrandt, par *P. Yver*. Amsterdam, 1756; ces 2 vol. in-12, rel.

1049 *Beredeneerde Catalogus Van alle de prenten Van Nic. Berchem*...... ou Catalogue raisonné de toutes les Estampes de Nic. Berchem, et de celles gravées d'après lui, Ouvrage d'*Hendrik de Winter*. Amsterdam, 1767, in-8. br.

1050 Catalogue raisonné de l'Œuvre de Geor. Frédéric Schmidt (par *Huber*). Londres, 1789, in-8. b.

1051 *Catalogo delle Opere d'intaglio di Raffaello Morghen, raccolte da Niccolo Palmerini Firenze Molini Landi e Comp,* 1810, in-8. br.

1052 Eloge historique de Callot, par *F. Husson.* Bruxelles, 1766, in-8. cart. — Eloge de Le Clerc, par l'abbé de Vallemont. Paris, 1715, in-12, rel.

1053 Catalogue raisonné des Dessins du Cabinet du prince Charles de Ligne, par *Adam Bartsch*. Vienne, 1794, in-12, cart. — *Beredeneerde Catalogus Der Werken Van Rembrandt Van Rhyn*..... ou Catalogue de l'Œuvre de Rembrandt, de ses Elèves et de ses Imitateurs, du Cabinet de Ploos Van Amstel. Amsterdam, Josi, 1810, in-8. br.

1054 Catalogue raisonné du Cabinet de Quentin de l'Orangère, par *E. F Gersaint.* Paris, 1744, in-12. — Catalogue raisonné du Cabinet Mariette, par *Basan.* Paris, 1775, in-8. Ces 2 vol. rel.

1055 Catalogues raisonnés des Cabinets Basan (1798); Charles de Valois, 1801; Mme Alibert, 1803; Leoffroy de Saint-Yves, 1805 (les prix imprimés); Prévost, 1810 (les prix imprimés); De Silvestre, 1811 (les prix imprimés); M. Bruun-Neergaard, 1814 (les prix imprimés); et Logette, 1817 (les prix imprimés) Tous ces différens Catalogues, par *F.-L. Regnault-Delalande,* 6 vol. in-8. br.

PLANCHES GRAVÉES.

1056 Fleurs et Fruits, gravés et coloriés sur les Peintures aquarelles faites d'après nature, par M. *P. Bessa,* Peintre d'histoire naturelle, Cahier de 12 pl. gravées par MM. *Cazenave, Chaponnier, Clément* et *Lambert* frères. Chaque planche porte de haut. 18 p. 6 l.; et de larg. 14 p. Ouvrage in-fol. publié à Paris, en 1808.

Désignation des Planches, et nombre des Epreuves.

1 Bouquet d'une Tulipe, d'une Jacinthe, de Narcisses et de Jonquilles : à une des feuilles de la Tulipe, un Papillon blanc. 1 planche; 292 Epreuves, 85 en noir, 153 en couleur et 54 coloriées au pinceau.

2 Bouquet de Digitale, Campanule, Pyramidales et fleurs de Crysanthemum. 1 planche; 298 Epreuves, 87 en noir, 124 en couleurs et 87 coloriées.

3 Branche de Pommier de Calville blanc, avec fruit. 1 pl.; 312 Epreuves, 86 en noir, 160 en couleur et 66 coloriées.

4 Branche d'Abricotier avec fruit : à une feuille de la branche, une grosse mouche noire. 1 planche, 310 Epreuves, 89 en noir, 156 en couleur et 65 coloriées.

Planches gravées.

5 Branche de Rosier dit *centfeuilles* : elle porte trois roses ouvertes et quatre boutons, à différens degrés d'avancement. 1 planche; 311 Epreuves, 89 en noir, 166 en couleur et 56 coloriées.

6 Branches de roses Trèmières rouge. 1 planche; 327 Epr., 93 en noir, 183 en couleur et 51 coloriées.

7 Branche de Coignassier, avec fruits. 1 planche; 325 Epr., 91 en noir, 190 en couleur et 44 coloriées.

8 Cep de Vigne dit *Bourdelas*, avec fruit noir. 1 planche; 322 Epreuves, 88 en noir, 179 en couleur et 55 coloriées.

9 Bouquet de Lilas de Marly, de Cytissus et de Narcisses blancs. 1 planche; 250 Epreuves, 97 en noir, 152 en couleur et une coloriée.

10 Branches de Cerisier (cerises, dites *belles de Choisy*), avec fruits. 1 planche; 257 Epreuves, 98 en noir, 139 en couleur et 20 coloriées.

11 Branche de Prunier (prunes dites de *Monsieur*), avec fruits, sur une des feuilles de la branche, un papillon jaune et noir. 1 planche; 1 Epreuve en noir.

12 Bouquet de Reine-Marguerite, de nuances différentes; de fleurs de Pomme de terre et de fleurs de Soleil vivace. 1 planche; 1 Epr.

En tout, 12 planches, 2999 Epreuves, tirées sur demi-colombier vélin, 898 en noir, 1602 imprimées en couleur, et 499 coloriées au pinceau.

NOTA. Les planches n.° 11 et 12 n'ont pas été publiées dans le tirage indiqué : on trouve quelques Epreuves tachées.

TABLE DES MAITRES.

A

Adam de Francfort. *Voyez* Elzheimer.
Agésandre, Rhodien, page 27.
Aken. *Jean Van*, 1, 2, 505.
Albano. *Francesco*, 484, 489 à 491.
Albert. *Voy.* Altdorfer et Durer.
Alberti. *Cherubino*, 2.
Alberti. *Pietro Francesco*, 469.
Aldegrever, Aldegraef *ou* Aldegraff. *Henri*, 188.
Aliamet. *Jacques*, 2, 488, 495.
Alix. *François*, 488.
Allegri *ou* Lieto, *dit* le Corrège. *Antonio*, 7, 58, 95, 183, 206, 217, 235, 286, 311, 483, 490, 502.
Almeloveen. *Jean*, 3, 4, 505, 509.
Altdorfer, Altorfer *ou* Altorffer, surnommé le petit Albert. *Albert*, 4.
Amand. *Jacques-François*, 476.
Amatus *ou* Amato. *Francesco*, 5.
Amcrighi, *dit* le Carravage. *Michel-Agnolo*, 5.
Anesi. *Paolo*, 469.
Anonymes, pages 336, 484, 485, 487, 488, 495, 498, 505, 510.
Antoinette - Marie, princesse royale de Pologne, électrice de Saxe, 214.
Antonio Triva, *dit* de Trévise, 469.
Aquila. *Pietro*, 483, 509.
Aquilano. *Pompeo*, 490.
Archimèdes. *Voyez* Genoels.
Ardell. *James-Mac*, 476.
Arétin. *Adam*, baron von, 484.
Arétin. *Georges*, baron von, 484.
Artois. *Jacques Van*, 176.
Asselin *ou* Asselyn, *dit* Crabetie, *Jean*, 53.
Athénodore *dit* le Rhodien, 27.
Aubin. *Voyez* Saint-Aubin.
Auden-Aerd. *Robert Van*, 5.
Aubert. *Jean*, 509.
Audouin, *Pierre*, 5.
Audran. *Germain*, 6,
Audran. *Girard ou Gérard*, 5, 6.
Audran. *Benoit*, 6.
Audran. *Jean*, 6.
Aved. *Jacques-Antoine-Joseph*, 214, 331.
Aveline, 174.
Aveline. *Pierre*, 495.

B

Baader. *Amélie*, 7, 502, 509.
Babo. *L.* 484.
Bacciarelli. *Frédérique*, *née* Richter, 212.
Backer. *Jacques*, 7, 502.
Backhuyzen. *Voyez* Bakhuyzen.
Bacler-Dalbe. *Albert-Louis*, 499.
Badalocchio *ou* Badolocchio, *Sisto*, 469, 489.

518   Table des Maîtres.

Baeck. *Elios*, 7.
Baillie. *William*, 487.
Bailly. *Nicolas*, 470.
Bakhuyzen, Backhuyzen ou Backhuysen. *Ludolf* ou *Louis*, 7, 8.
Baldi. *Lazzaro*, 4, 69, 509.
Balechou. *Jean-Joseph*, 8.
Balestra. *Antonio*, 9, 311.
Baltard. *Louis-Pierre*, 476, 495.
Bamboche. *Voyez* Laer.
Barara. *L.*... 9.
Barbié. *L.* 495.
Barbieri, *dit* Le Guerchin. *Giovanni-Francesco*, 11, 29, 58, 66, 236, 280, 469, 483, 484, 489, 490, 510.
Bardon. *Michel-François* Dandré, 476.
Bargas. *A.-F.* 9, 10.
Barlow ou Berlouw. *Francis* ou *François*, 10, 176, 487, 511.
Barocci. *Federico*, 95, 469, 485, 493.
Barrière. *Dominique*, 10.
Barthel, *F.* 491.
Bartoli. *Pietro-Santi*, 483.
Bartolozzi. *Francesco*, 10, 11, 450, 489.
Bartsch. *Adam*, 11, 114, 197, 222, 290, 308, 309, 403, 484.
Bas. *Voyez* Le Bas.
Basire. *James*, 11.
Bassan (*Bassano*). *Voy.* Ponte.
Baudet. *Etienne*, 495.
Baudouin *Simon-René*, comte de, 487.
Baudouins ou Bauduins. *Antoine-François*, 179, 226, 485.
Baugean, 495. 509.
Baur, Bauer ou Baver. *Jean-Willem* ou *Guillaume*, 509.
Bazicko. *C....lo*, 469.
Becker. 484.
Béga. *Corneille* Begyn ou, 12 à 15.
Béham ou Boeheim. *Hans* ou *Jean Sibald*, 490.
Beich, Beichs ou Beick. *Joachim-François*, 16, 187.

Beisson. *François-Joseph-Etienne*, 16, 17.
Bella. *Stefanino* della, 17.
Bellangé. *Jacques*, 476.
Belle. *Alexis-Simon*, 249.
Bellicard. *Charles*, 476.
Bellotti, *dit* Le Canaletto. *Bernardo*, 469.
Belmond. *Giovanni-Antonio*, 489.
Bemme. *J.* 290.
Bemmel. *Petrus Van*, 17.
Benaschi. *Giovanni-Battista*, 483.
Bénédette (*Benedetto*). *Voyez* Castiglione.
Berchem. *Voyez* Berghem.
Berettini de Cortone. *Pietro*, 28, 29, 490.
Berg. *Pieter Van den*, 193.
Bergen. *Thierry Van*, 187.
Berger le père. *Friedrich Gottlieb*, 336.
Berghem ou *plutôt* Berchem. *Clas* ou *Nicolas*, 2, 11, 18 à 25, 52, 53, 99 à 102, 118, 187, 227, 408 à 418, 448, 485, 480, 491, 492, 494 à 500, 505, 507 à 509.
Bergler. *Joseph*, 25.
Bergmüller. *Jean-Georges*, 470.
Berkheyden, *mieux* Berkeyden. *Guérard*, 102.
Berlingieri. *Camillo*. 25.
Bernard, *dit* le Petit Bernard. *Salomon*, 511.
Bernard. *Samuel*, 495.
Bertano Ghisi, *dit* Mantuano. *Giovanni-Battista*, 509.
Bertaux. *Jean-Duplessi*, 25, 26, 498, 508.
Bertin. *Jean-Victor*, 29, 98, 497.
Bertolini. 218.
Bervic ou Balvay. *Charles-Clément*, ou *Jean-Guillaume*, 27, 28.
Bessa. *Pancrace*, 515.
Bessée. Mad.^{me} de, *née* Erlach, 487.
Bettelini. *Pietro*, 28.

Table des Maîtres. 519

Beyer. *Jean de*, 493.
Biard. *Pierre*, 476.
Bidauld. *Jean-Pierre*, 476, 495.
Biedermann. *Jean-Jacques*, 28.
Biscaino. *Bartolomeo*, 469.
Biset. *Charles-Emmanuel*, 188.
Bisi. *Bonaventura*, 469.
Bisschop. *C.*, 28, 29.
Bisschop, Bischop ou Biskop, *dit* Episcopius. *Jean de*, 485, 509.
Bissell. 29, 66, 484.
Bizemont. *André-Gaspard-Parfait* comte de, 29, 98, 496, 497.
Blassard. *V.*, 474.
Bleker. *G....*, 29, 30.
Bloemaert. *Abraham*, 89, 474, 494.
Bloemen, surnommé Horizonti. *Jean-François van*, 473.
Bloemen. *Pierre Van*, 488.
Bloot. *Peter*, 233.
Blot. *Maurice*, 30, 31.
Bloteling, Blotelingh *ou* Blooteling. *Abraham.*, 193, 493, 498.
Boëce ou Boetius. *Chrétien-Frédéric*, 484.
Boehm. *A. W.*, 491.
Boel. *Pierre*, 32, 33.
Boel. *Quirin ou Coryn*, 33, 492.
Boichot. *Guillaume*, 488, 499.
Boissieu. *Jean-Jacques de*, 34 à 55, 485.
Boitard. *François*, 476.
Boizot. *Louis-Simon*, 26.
Bol. *Ferdinand*, 335.
Bollinger. 491.
Bolognèse. *Voyez* Grimaldi.
Bolognini. *Giovanni-Battista*, 469.
Bolswert. *Schelte* à, 55 à 57, 492.
Bolt. *J.-Frédéric*, 491.
Bonavera. *Domenico-Maria*, 489.
Bonnart. *Nicolas*, 226.
Bonnecroy. *S.*, 476.
Boom. *A.-H.-V.*, 58, 486.
Borbonio. *Matteo*, 483.
Boresum, *mieux* Boresom. *A. Van*, 58.

Borgiani. *Orazio*, 469.
Bornet. *C.*, 498.
Boscoli. *Andréa*, 89, 508.
Bosse. *Abraham*, 88.
Bossi. *Benigno*, 58, 59.
Both. *André*, 59, 60, 63, 64, 77.
Both. *Jean*, 60 à 64, 77, 101, 187, 486, 505.
Boucher. *François*, 335, 476, 500.
Boucher fils. *François*, 477, 509.
Boucher. *Tonton*, 487.
Bouchet. *Elisabeth*, 82.
Bouillard. *Jacques*, 64.
Bouillon. *Pierre*, 153 à 155, 218.
Boullongne. *Louis de*, 477.
Boulonois. *E. de*, 88.
Bourbon. *Louis-Charles de*, 487.
Bourdon. *Sébastien*, 64, 65, 477.
Bourgeois. *Florent-Fidel-Constant*, 496, 509.
Bourguignon. *Voyez* Courtois.
Bout. *Pierre*, 10, 65, 102.
Boutrois. *Philibert*, 498.
Brakenburg. *Reinier*, 67.
Brand *ou* Brandt, *dit le Vieux*. *Jean-Chrétien*, 65.
Brand *ou* Brandt, le jeune. *Frédéric-Auguste*, 66.
Brasser *ou* Brassens. *L.*, 485.
Brauwer *ou* Brouwer. *Adrien*, 66, 67, 485, 492, 494.
Bray. *Salomon de*, 67, 68.
Brebiette. *Pierre*, 68.
Breenberg *ou* Breenbergh. *Bartholomé*, 68 à 71, 101, 129.
Brek-lemkemp, Breckelencamp, *ou* Brecklinkam. *Quirin ou Coryn*, 99.
Bremden *ou* Bremdon. *D. van*, 493.
Breteuil. *Jacques-Laure*, chevalier, comte de, 487.
Breughel. *dit le Vieux*. *Pierre*. 473, 485, 492.
Breughel, *dit de Velours*. *Jean*, 101, 176, 495.
Bril. *Mathieu*, 142, 492.
Bril. *Paul*, 473.

Brinckmann. *Philippe - Jérôme*, 71 à 73.
Bronchorst. *Jean - G......*, 73 à 76.
Browne. *John*, 76, 77, 449, 453.
Bruandet. *Lazare.* 477, 497.
Brugen *ou* Bruggen. *Jean Vander,* 498.
Brusselles. *J.* ou *H.* 77.
Bry père, et *Jean-Théod.* de Bry. *Théodore* de, 490.

Buonaroti. *Michel-Agnolo*, 484.
Buono. *Voyez* Dal Buono.
Burani. *Francesco*, 469, 509.
Burch. *Jacques-Édouard Vander*, 477.
Butthnis *ou* Butthuys. *J.* 474.
Buytenweg *ou* Buyttewech. *William*, 396, 509.
Byc. *Marc*, de 77 à 81.
Byrne. *William*, 82.

C

Cabel. *Adrien Vander.* 82 à 87.
Cagliari *ou* Caliari, *dit* Véronèse. *Paolo*, 68, 91, 95, 484, 493, 496, 510.
Caldara *dit* Caravaggio. *Polidoro*, 2, 264, 483, 490.
Callet. *Antoine-François*, 27.
Callot. *Jacques*, 87 à 89, 508.
Calmé. *Ph.* 484.
Camassei. *Andrea*, 469.
Cambiasi *dit* le Cangiage, *Luca*, 484
Campanella. *Agnolo*, 489.
Campen. *I.-V.* 360.
Canal. *Giovanni-Antonio*, 89, 90, 501.
Canaletto. *Voyez* Bellotti.
Candidi. *Voyez* Dionigi.
Cangiage. *Voyez* Cambiasi.
Cannabich. *Charles*, 484.
Canot. *Pierre-Charles*, 495.
Canova. *Antonio*, 236.
Cantarini *dit* Le Pesarese. *Simone*, 90 à 92, 489, 499, 501.
Canuti. *Domenico - Maria*, 469, 483.
Caprini *ou* Caprinozzi, *surnommé* Ruspoli. *Marco*, 489.
Caraffe. *Armand-Charles*, 477.
Caralius *ou* Caraglio, *surnommé* Jacobus Veronensis. *Giovanni-Jacopo*, 489.
Caravage (Caravaggio). *Voyez* Amerighi et Caldara.

Carlone. *Carlo*, 509.
Carpioni. *Giulio*, 58, 92, 93, 222, 501.
Carracci. *Lodovico*, 91, 93, 235, 490.
Carracci. *Agostino*, 29, 94 à 96, 299, 483, 484, 509.
Carracci. *Annibale*, 5, 11, 29, 30, 96, 97, 160, 183, 211, 217, 278, 299, 333, 449, 483, 484, 489, 490, 496, 502, 509.
Carriera. *Rosalba*, 300.
Casanova. *François*, 477.
Casembrot. *Abraham*, 97, 505.
Cassas. *Louis-François*, 285.
Castellan. 477, 509.
Castellanus. *Vincentius*, 175.
Castiglione *dit* Le Bénédette. *Giovanni-Bened.*, 97, 484, 502, 509.
Castiglione. *Salvatore*, 98.
Catel. *François*, 98, 491, 498.
Cats. *J.* 474.
Cave. *Voyez* Le Cave.
Cazenave. 515.
Cazin. *Jean-Baptiste-Louis*, 477.
Cecchi Conti. *Francesco*, 469.
Cerrini *dit* Le Chevalier Perugin. *Giovanni-Domenico*, 483.
Cesio. *Carlo*, 483.
Challe. *Michel-Ange*, 477.
Chalon. *Christine*, 183.
Champagne *ou* Champaigne. *Philippe* de, 130, 153, 213, 240 à 245, 286.

Table des Maîtres. 521

Champagne ou Champaigne. *Jean-Baptiste* le, 286.
Chancourtois *René-Louis-Maurice* Beguyer de, 98.
Chaperon ou Chapron. *Nicolas*, 477, 509.
Chaponnier. *Alexandre*, 515.
Chardin. *Jean-Baptiste-Siméon*, 213.
Charpentier. *Renat*, 477.
Chartres. *Louis-Philippe-Joseph*, duc de, 487.
Château ou Chasteau. *Guillaume*, 496.
Chatelain. 491.
Chatelain. *Dominique*, 495.
Châtillon ou Chastillon. *Louis* de, 195, 496.
Chaudet. *Denis-Antoine*, 154.
Chaufourier. *Jean*, 488.
Chauveau. *François*, 487, 509.
Chenu. *Pierre*, 496.
Chéron. *Louis*, 477.
Chiari *Fabrizio*, 489.
Chodowiecki. *Daniel*, 98, 491, 503, 509.
Choffard. *Pierre-Philippe*, 498.
Cignani. *Carlo*, 469, 490.
Ciguaroli. *Giovanni-Battista*, 491.
Cipriani. *Giovanni-Battista*, 11, 483, 488.
Cipriani. *Galgano*, 483, 489.
Citermans ou Svttermans. *Josse* ou *Juste*, 241.
Claessens. *L.-A.* 493.
Claude le Lorrain. *Voyez* Gelée.
Clein ou Cleyn. *François*, 470.
Clément. 515
Clerc. *Voyez* Le Clerc.
Clere. *Voyez* Le Clerc.
Clouet *dit* Jannet. *François*, 213, 242, 286.
Clouet, Clouwet ou Clowet. *Albert*, 492.
Cochin père. *Charles-Nicolas*, 226. 477.
Cochin fils. *Charles-Nicolas*, 328. 329, 335, 488, 498.

Cock. *Jérome*, 473.
Coclers. *Leonard-Bernard*, 99, 180.
Coiny. *Jacques-Joseph*, 481.
Coiny. *Marie-Amélie*, née Le Gouaz, 496.
Cok. *J.-M.* 485.
Colandon. *D-* 477.
Colbenschlag, Colbenius ou Colbensius. *Etienne*, 490.
Colignon ou Collignon. *François*, 477, 487, 509.
Colin ou Collin. *Richard*, 476.
Colin, *Voyez* Vermont.
Collaert. *Adrien*, 493.
Colson. *Jean-Fr.-Gilles*, 485.
Columna. *Girolamo*, 152.
Comte. *Voyez* Le Comte.
Conti. *Voyez* Cecchi.
Coquerel. *Charles-Pierre*, 499.
Coriolano. *Bartolomeo*, 499.
Corneille *dit* Corneille des Gobelins. *Michel*, 477, 487.
Corneille. *Jean-Baptiste*, 477.
Cornelio. 497
Correge (Correggio). *Voyez* Allegri.
Cort. *Corneille*, 493.
Cortone. *Voyez* Berettini.
Cossard. *P.* 477.
Couché fils 496.
Courtois *dit* le Bourguignon. *Jacques*, 29.
Courtois. *P.* 487.
Coussin. *Hardouin*, 487.
Coypel père. *Noël*, 477.
Coypel. *Antoine*, 477, 496.
Coypel. *Noël-Nicolas*, 477.
Coypel. *Charles-Antoine*, 114, 477.
Crabetie. *Voyez* Asselin.
Cranach, Cranich, Kranach ou Kronach. *Lucas von*, 188.
Crespi, *surnommé* l'Espagnol. *Guiseppe-Maria*, 99, 483.
Crusius. *Gottlieb-Lebrecht*, 98.
Cuningham. *François*, 188.
Cuyp ou Kuyp. *Albert*, 186, 474.

D

Daehling. *H.* 491.
Dal Buono. *Floriano*, 489.
Dalen. *Corneille van*, 510.
Dal Ré. *Marco-Antonio.* 483.
Damame. 478, 509.
Danckerts. *Dancker*, 99, 100, 485, 509.
Danckerts. *Henri*, 493.
Dandré. *Voyez* Bardon.
Daniel. *Thomas*, 101.
D'Argent. *L.-A.* 484.
Darnstedt. *J.-A.* 491.
Dassonville, Dassonville ou Dassonneuille. *Jacques*, 101.
Daudet. *Robert*, 101, 102.
Daullé. *Jean*, 496.
David de Gènes, *Giovanni*, 152, 469.
David. *Jacq.-Louis*, 141, 216, 233.
De Ghendt. *Emmanuel - Jean-Népomucène*, 492.
De Gheyn. *Jacques*, 492.
De La Barthe. *Ant* Guerard, 478.
De La Porte. *J.-Ev.J-.* 477.
Delaunay. *Nicolas*, 496.
De Lorme. *P.* 329.
Del Po. *Pietro*, 483, 509.
DElvaux. *Remy*, 498.
De Mare. *P.* 485.
Demarne. *Jean-Louis*, 102, 495.
Denon. *Dominique Vivant*, 26, 102, 285, 508.
Dequevauviller. *Nicolas-François-Berthelmi*, 496.
De Saulx. 488.
Descamps. *Jean-Baptiste*, 487.
Desfriches *Agman. Thomas*, 478.
De Silvestre. *Voyez* Silvestre.
Desmaisons, 509.
Desnoyers. *Auguste - Gaspard - Louis* Boucher, 103.
Desplaces. *Louis*, 496.
Desprez. *Louis-Jean*, 26.
De Troy. *François*, 491.
De Villiers l'ainé, 496.

Devoge. 214.
De Vos. *Voyez* Vos.
De Weert. *Voyez* Weert.
Deyster. *Louis* de, 104, 105.
Dickinson. *William*, 498.
Diepenbeeck ou Diepenbeke. *Abraham*, 105, 176.
Dies. *Albert-Christophe*, 105.
Dietrich ou Dietricy. *Christian-William Ernest*, 106 à 113, 185, 188, 295, 335, 446, 447, 496, 497.
Dietzsch. *Jean-Christophe*, 113, 503.
Dietzsch. *Jean-Albert*, 113.
Dillis. *Georges*, 113.
Dillis. (*I. D.*) *Ignace*, 484.
Dillis. *Cantius*, 471.
Dionigi. *Marianna-Candidi.* 158.
Does père. *Jacq. Vander*, 113, 114.
Does. *A. Vander*, 186.
Dolci. *Carlino*, 346.
Dominicain (*Domenichino*). *Voyez* Zampieri.
Donstan. *F.*, 244.
Dorigny. *Nicolas*, 496.
Dorly. *F.*, 488.
Dorner. *Jacob*, 7, 113, 502, 503.
Dov, Dow ou Douw. *Gérard*, 171, 213, 447.
Drevet père. *Pierre*, 114.
Drevet fils. *Pierre-Imbert*, 114, 115.
Drevet. *Claude*, 115.
Drielst. *E. Van*, 340.
Drouais. *Germain-Jean*, 218.
Dublin. 487.
Dubois. *B.*, 478, 509.
Dubourg. *Louis-Fabrice*, 191, 474, 486.
Duché, Dughet ou Duget, surnommé Le Poussin. *Gasparo*, 77, 115, 155, 157, 187, 207, 219, 246, 418, 448, 453, 487, 495, 502.

Table des Maîtres.

Ducht. *Van*, 328.
Duclos. *Antoine-Jean*, 509.
Ducq. *Voyez* Le Ducq.
Dudley. *Thomas*, 511.
Duflos. *Claude*, 196.
Duflos. *F.-Pierre*, 478.
Du Four. *Noël*, 496, 509.
Dufresne. *Michel* Nitot *dit*, 487.
Dughet *ou* Duget *Voyez* Duché.
Dughet *Jean*, 496.
Du Jardin. *Karle*, 54, 102, 115, à 118, 187, 486, 488, 496, 505, 509.
Dumont, *dit* Le Romain. *Jacques.* 478.
Dumontier. 499
Dunker. *Balthazar-Antoine*, 118.
Dunouy. *Alexandre-Hippolyte*, 119, 508.
Dupin. *Pierre*, 196.
Duplessis. *J.-S.* 28, 248.

Dupréel. *Jean-Baptiste-Michel*, 119.
Dupuis. *Charles*, 496.
Dur. *J.-L.*, 478.
Durer. *Albert*, 175, 176, 509 à 511.
Duret. 497.
Duringer *Daniel*, 119.
Du Sart. *Corneille*, 119 à 128. 265, 266, 449, 499, 509.
Dutertre. *André*, 153, 247.
Duttenhofer. 491.
Du Vivier. *G.* 487.
Du Vivier. *Ignace*, 478.
Dyck. *Antoine Van*, 30, 51, 56, 57, 88, 128, 129, 140, 169, 176, 212, 237, 240 à 242, 333, 404, 424, 449, 483, 486, 487, 492, 499, 504.
Dyck. *Daniel Van den*, 473.

E

EARLOM. *Richard*, 129, 510.
Echard. *Charles*, 98, 129.
Edelinck. *Gérard*, 129, 130.
Eeckhout. *Gerbrandt Van den*, 485, 487.
Egell. *C.* 471.
Egmont. *Juste Van*, 240.
Eisen. *Charles*, 478.
Elgersma, *M.-C.* 191, 486.
Ellis. *William*, 452.
Elzheimer, *dit* Adam de Francfort. *Adam*, 176, 486.

Emes. *John*, 449.
Emméric-David fils, 487.
Endner. *Gustave-Georges*, 509.
Episcopius. *Voyez* Bisschop.
Eriksen *ou* Erichsen. *Virgile*, 331.
Erlach. *Voyez* Bessée.
Ermels. *G.-P.* 130.
Errard. *Charles*, 487.
Ertinger. *François*, 226.
Ettlinger, 239.
Everdingen. *Allart-Albert ou Albert Van*, 131 à 133, 505.

F

FABRE. *François-Xavier*, 239, 487.
Facini *ou* Faccini. *Pietro*, 469, 509.
Falbe. *Joachim-Martin*, 331, 484.
Falco. *Angelo*, 489.
Falda. *Giovanni-Battista*, 469.

Faldoni. *Giovanni-Antonio*, 300.
Fantetti. *Cesare*, 469.
Farinati. *Paolo*, 470, 483, 509.
Farinati. *Orazio*, 483, 509.
Farjat. *Benoît*, 497.
Faud. *J.-B.*, 490.
Felsenberg. *Voyez* Fischer.

Ferdinand. 214, 242, 244.
Ferdinand. *Louis*, 487.
Ferrato *ou* Ferrata, *Voyez* Salvi.
Ferroni. *Girolamo*, 489.
Feti. *Domenico*, 264, 491.
Fialetti. *Odoardo*, 483.
Fidanza. *Paolo*, 489.
Fiedler. *Jean-Chrétien*, 332.
Filhol. *Antoine-Michel*. 488.
Findorff. 471.
Fischer-Felsenberg. *Marie*, 484.
Fischietti. *Fidelis*, 238.
Fisscher. *J.*...., 134.
Fittler. *James*, 134.
Flamen. *Albert*, 134 à 140, 504, 509, 511.
Flaxmann. *Jean*, 511.
Flinck. *Govaert*, 141, 248, 335, 504.
Flinck. *N.*, 484.
Floris. *François*, 473.
Flouest. *J.-M.*, 498.
Fock. *Herman*. 140, 505.
Focus. *Georges*, 478.
Fohr. 491.
Fontaine. *Voyez* La Fontaine.
Forbin. *Auguste*, comte de, 487.
Forrester. *J.*, 484.
Forssell. 140, 493, 499.

Fortier. 488.
Fossati. *Davide-Antonio*, 483.
Fosséyeux. *J.-B.*, 141.
Fouceel. 486.
Foulquier. *J.-F.* 487.
Fouquières *ou* Foucquier. *Jacq.*, 245, 285, 427, 486, 492, 493.
Four, *Voyez* Du Four.
Fragonard. *Jean-Henoré*, 31, 102, 219, 487.
Franchoys. *L.*, 487.
Francisque. *Voyez* Milet
Franck. *François*, 186.
Franck. *Jerôme*, 241.
Franco. *Battista*, 489.
François-Flamand, *dit* le Quesnoy. *François*, 333, 499.
Fratrel. *Joseph*, 141, 508.
Frey. *Jean-Jacques ou Jacob* de, 490.
Frey. *J.* de, 141.
Frey. *Jean-Michel*, 141, 503.
Frezza. *Giovanni-Girolamo*, 489.
Friedrich. *Jean-Chrétien-Jacques*, 471.
Frisius *ou* Frysius. *Simon*, 142.
Fronhofer. (*L.-F.*) *Louis*, 484.
Fyt. *Jean*, 142, 143, 509.

G

Gabet. *P.*, 471.
Galestruzzi. *Giovanni - Battista*, 483, 509.
Galilia *ou* Galizia. *Fede*, 95.
Galle. *Corneille*, 511.
Gandolfi. *Gajetan*, 489.
Gaucher. *Charles-Etienne*, 498, 510.
Gauermann. *J.*...., 143.
Goultier. *Leonard*, 510.
Gautier. 499.
Gavwye *Peetrus*, 457.
Gaywod *ou* Gaywood. *Robert*, 487.
Gazan. *D.-F.*, 497.

Gebhardt. *W. M.*, 471.
Gebring. 484.
Geisser. (*A.-G.*) *Antoinette*, 484.
Geissler. *Frédéric*, 144, 484.
Gelée, Gille, Gielle *ou* Gellée, *dit* Le Lorrain. *Claude*, 25, 48, 55, 82, 134, 144 à 147, 159, 169, 186, 187, 199, 245, 285, 418, 448, 452, 453, 487, 495, 508, 510.
Genillon. *Jean-Baptiste-François*, 285.
Genoels, *surnommé* en Italie Archimede. *Abraham*, 148, à 151. 504, 509.

Gérard, Guérard *ou* Guérards. *Marc*, 79, 151.
Gérard. *Francesco - Pascale - Simone*, 31, 103, 159, 291. 498-
Germain. *J.-B.*, 479. 488.
Gerstner. *J.*, 509.
Gessner. *Salomon*, 151. 152, 189, 497, 503, 509.
Gessner. *Conrad*, 227, 471.
Geyser. *Frédéric-Auguste*, 491.
Ghezzi. *Pietro-Leone*, 470.
Ghisi de Mantoue. *Voyez* Bertano.
Ghisi Mantuano. *Adamo*, 489, 509.
Ghisi Mantuana. *Diana*, 490.
Giampiccoli *ou* Jampiccoli. *Juliano*, 152.
Gille *ou* Gielle. *Voyez* Gelée.
Gillot. *Claude*, 479.
Giordano *ou* Jordanus. *Luca*, 208.
Giorgione. *Voyez* Sanese.
Giorgioli. *Francesco-Antonio*, 470.
Giovanni. *Voyez* Iuvants.
Girardet. *Abraham*, 152 à 155, 503, 509.
Girodet Trioson. *Anne - Louis*, 155.
Glauber. *Jean*, 155 à 157, 191, 449, 505.
Glauber. *Jean-Gottlieb*, 157.
Glume. *Jean-Gottlieb*, 490.
Gmélin. *Guillaume-Frédéric*, 157 à 159.
Godefroi. *John*, 159.
Goetz *ou* Goez. *Joseph-François de*, 471.
Gole. *Jean*, 123, 126, 193, 265, 499.
Gottschick. 509.

Goupy. *Joseph*, 479.
Goyen. *Jean Van*, 446, 486.
Goyraud. *Claude*, 351, 488, 510.
Graff. *Antoine*, 248, 249, 498.
Graham. *J.* 101.
Graimberg. *Charles* de, 168.
Granger. 154, 218.
Granville *ou* Grenville. Jones, 495.
Grave. *J.-E.* 499.
Green. *Valentine*, 159, 160.
Gregori. *Carlo*, 490.
Gregori. *Ferdinando*, 490.
Greuze. *Jean-Baptiste*, 213, 249, 488.
Griessmann. *C. W.* 334, 484.
Grignon. *Jacques*, 174.
Grimaldi *dit* Le Bolognèse. *Giovanni-Francesco*, 160, 502, 509.
Grimou *ou* Grimoux. *Jean*, 31.
Gronsvelt *ou* Gronesvelt. *Jean*, 486.
Gros. *Voyez* Le Gros.
Grosmann. *Charles-Auguste*, 142.
Guaspre (Gasparo). *Voyez* Duché.
Guélard. *B. Antoine*, 488.
Guérard. *Nicolas*, 84, 85.
Guerard. *Voyez* de La Barthe.
Guérard *ou* Guérards. *Voyez* Gérard.
Guerchin (*Guercino*). *Voyez* Barbieri.
Guérin. *Pierre-Narcisse*, 25, 31, 103.
Guichon. 479.
Guide (*Guido*). *Voyez* Reni.
Guillemot. 488.
Guyot l'ainé. 497.
Guyot Jeune. *Laurent Patrice*, 497.

H

H. et J. Jonckheer. *P.-V.*, 160 à 162.
Haas. *Pierre*, 98.

Hackaert *ou* Hakkert. *Jean*, 162, 505.
Hackert. *Jacques-Philippe*, 118, 159, 163, 503,

Haecht. G. *Van*, 485.
Haeften *ou* Haften. *Nicolas Walraven Van*, 163 à 168, 499, 505, 509.
Hafner *ou* Haffner. *Jean-Christophe*, 485.
Hagedorn. *Chrétien-Louis*, 168.
Hakkert. *Voyez* Hackaert.
Haldenwang. *C.* 168, 169, 491.
Hall. *John*, 169.
Hallé. *Noël*, 479.
Haller von Hallerstein. *C.-W.*, baron de, 471.
Halm. 484.
Hals. *François*, 99, 398.
Hamilton. *Gavinus*, 238.
Hansen. *C.-L.* 474.
Harcourt. *William*, 487.
Harms. *Johann Osvald* de, 471.
Hartmann. *Jean-Jacques*, 152, 471.
Hauber. *Joseph*, 169.
Hecke. *Jean Van den*, 169, 170, 183, 506.
Heem. *Johan Davids* de, 457.
Heilmann. *Hans* ou *Jean-Gaspard*. 484.
Heimlich. *J. Daniel*, 170.
Helt. *Voyez* Stocade.
Henchoz. *J. P.* 330.
Henne. *Eberhard-Siegfried*, 98, 491.
Herman d'Italie. *V.* Swanevelt.
Hess. *Louis*, 152, 227.
Hess. *Charles*, 171, 491.
Hess, fils de *Charles*. 485.
Hessel. *G.* 493, 509.
Hesselinck. 509.
Hetsch. 250.
Heuvelen *ou* Heuuel. *Antoine Van*, 487.

Hill. *Voyez* Saint-Hill.
Hoecke. *Robert Van*, 172, 173.
Hoecke. *Jean Van den*, 173.
Hoefnagel. *D. J.* 491.
Hoelle. *Voyez* Prestel, *Cath*.
Hogarth. *William*, 173, 174, 487, 491, 507.
Hohenhausen. *Léopold*, baron de, 484.
Hoin. *Claude*, 488, 499.
Holbéen *ou* Holbein. *Jean*, 174 à 176, 188.
Hollar. *Wenceslas*. 175, 176.
Holstein. *Corneille*, 100.
Holzer. *Jean*, 471.
Hondius. *Henri*, 142.
Hondius *ou* de Hondt. *Abraham*, 176, 177.
Honthorst. *Guérard*, 171, 248.
Hooch. *Charles* de, 474.
Hooge *ou* Hooghe. *Romyn* de, 225, 486, 512.
Hoogstraaten. 509.
Horizonti. *Voyez* Bloemen.
Horst. *Gérard van der* 396.
Houbraken *Arnold*, 474, 499.
Houbraken. *Jacob*, 493.
Houel. *Jean-Pierre-Louis*, 479.
Houët. 497.
Huet *Jean-Baptiste*, 479, 510.
Hughtenburgh *ou* Huchtenburg. *Jean van*, 177 à 179, 486.
Hulsman. *Jean*, 471.
Hummel. *Erdmann*, 511.
Huquier. *Jacques*, 488.
Hutin. *Charles*, 479.
Hutin. *François*, 479.
Hutin. *Pierre*, 479, 488, 510.
Hutin. *Jean-Baptiste*, 488.
Huysum. *Jean Van*, 191, 486.

I

Immstraet. *I.* 474.
Ingres. *Jean-Auguste*, 218.
Isabey. *Jean-Baptiste*, 26.

Iuvants *ou* Giovanni. *Francesco*, 483.
Iuvants *ou* Giovanni. *Jacopo-Maria*, 490.

J

Jampiccoli. *Voyez* Giampiccoli.
Janinet. *Jean-François*, 499.
Jannet. *Voyez* Clouet.
Janson. *Jacob*, 180, 181, 506.
Janson. *P.....-C.....* 181, 183, 506.
Janson. *P.....* 181, 506.
Jardin. *Voyez* Du Jardin.
Jardinier. *Claude-Donat*, 497.
Jeaurat. *Edme*, 196.
Jode, *dit* le Jeune. *Pierre* de, 492.
Johannot. *Charles*, 511.
Jollain. *N.-R.* 248.

Joly. 26. 508.
Jonckheer. *Voyez H.* et *J.* Jonckheer. *P.-V.*
Jones. *Thomas*, 450.
Jong. *D.* de 474, 493.
Jordaens. *Jacques*, 182, 492.
Jordan. *Salvador*, 497.
Jouvenet. *Jean*, 25.
Julien de Toulon. *Simon*, 479.
June. *J.* 174.
Junge. 491.
Jury. *W.* 491.
Juste. *Voyez* Egmont.

K

Kaaz. *K.-L.* 491.
Kabel. *Voyez* Cabel.
Kaeser. 484.
Kaiser. *F.* 491.
Kaltner. *Joseph.* 485.
Karcher. *Antoine*, 484.
Kauffmann. *Marie-Angélique*, 182, 183, 237, 239, 503.
Kellerhofen. *M.* 7, 294, 502.
Kessel. *Théodore Van*, 183, 492.
Keuter de Winterthur. 471.
Kikkert. *P.* 183.
Kilian. *Lucas*, 490.
Klass. *Frédéric-Chrétien*, 471.
Klein. *Jean-Adam*, 184.
Klengel. *Jean-Chrétien*, 184, 185, 495.
Klinski. *J.-G.* 491.
Kobell. *Ferdinand*, 98, 185, 186, 187. 338, 503, 509.
Kobell. *François*, 29, 186, 187, 499, 500, 503, 509.
Kobell. *Wilhelm* ou *Guillaume*, 11, 144, 186, 187.

Kobell junior. *Henri*, 187, 188, 475, 493, 506, 509.
Koch. *F.* 188.
Kohl. *Clément*, 491.
Koker. *A.....-M.....-D.....* 189.
Kolbe. *Charles-Guillaume*, 189, 190.
Koning. *Salomon*, 141.
Koogen. *Léonard Vander*, 190.
Kopeski ou Kupetzky. *Jean*, 213.
Kracher, 484.
Krahe. *Lambert*, 508.
Kranach. *Voyez* Cranach.
Krausin. *Johanna Sybilla*, 471.
Kronach. *Voyez* Cranach.
Krüger. *Jean Conrad*, 337.
Kuipers. *H.* 474.
Kuntz. *Charles*, 292, 490, 499, 509.
Kussel, Kussell ou Kyssell. *Melchior*, 491.
Kuyp. *Voyez* Cuyp.
Kymli. *François-Pierre-Joseph*, 28.

L

Laan. *Adrien Vander*, 191.
Laar. *Voyez* Laer.

La Boissiere. de, 512.
La Croix. de, 196.

528   *Table des Maîtres.*

L'Amiral. *Jean*, 474.
Laer, Laeer ou Laar, surnommé Bamboche. *Pierre* de, 191, 192, 258, 264, 408, 448, 506, 510. *Voyez* Lauwers.
Lafitte. *Louis*, 26, 155, 479, 498.
La Fontaine. *Louis*, 214, 330.
Lagrenée, *Jean-Jacques*, 335, 479, 488.
La Hire, La Hyre ou Lahire. *Laurent* de, 479, 510.
Lairesse ou Laresse. *Gerard* de, 156, 192, 193, 449.
La Live de Julie. *Ange-Laurent* de, 487.
Lambert frères. 515.
Lamberti. *Bonaventura*, 496.
Lameau. 497.
Lancret. *Nicolas*, 328.
Lande. *Willem Van*, 475.
Landerer. *Ferdinand*, 485.
Lanfranchi. *Giovanni*, 470, 483.
Langendyck, Dirck ou Thierry. 475.
Langer *J.-P.*, 485.
Laresse. *Voyez* Lairesse.
Largillière. *Nicolas* de, 226.
La Rosée. *Didier* comte de, 484.
Larue. *Louis* de, 29, 479.
Larue. *Louis-Félix* de, 59, 480, 510.
Lasne. *Michel*, 87, 88, 510.
Lastman. *Pieter*, 142, 258.
Latour. *Maurice-Quentin* de, 331.
Laurent. *Pierre*, 497.
Lauri. *Filippo*, 82.
Lautensack. *Hans Sebald*, 471.
Lauwers ou Laeuwers. *Nicolas*, 193.
Lavallée-Poussin. *Etienne* de, 446, 480, 510.
Lebarbier. *Jean-Jacques-François*, 498.
Le Bas. *Jacques-Philippe*, 479, 497.
Le Blond. Michel, 491.
Le Brun. *Charles*, 6, 25, 130, 195, 213, 252, 480, 498.

Le Brun. *Louise-Elisabeth*, née Vigée, 31, 249.
Le Cave. 174.
Le Clerc. *Sébastien*, 194 à 196, 510, 512.
Le Clerc. *Pierre-Thomas*, 480.
Le Comte. *Marguerite*, 487.
Le Ducq ou Duc. *Jean*, 187, 196 à 198.
Leeuw. *William* de, 435.
Le Gouaz. *Yves-Marie*, 487.
Le Gouaz. *Voyez* Coiny.
Le Gros. *S.-J.*, 198.
Le Lorrain. *Louis-Joseph*, 480, 488.
Le Lorrain. *Voyez* Gelée.
Le Masson. *François*, 250.
Le May *Olivier*, 473.
Le Mire. *Noël*, 498.
Lempereur. *Jean-Baptiste-Denis*, 480, 487.
Leone. *Guglielmo*, 198, 502, 509.
Le Paon. *Louis*, 26.
Le Pautre. *Jean*, 480.
Lépicié. *Nicolas-Bernard*, 27.
Le Prince. *Jean-Baptiste*, 198, 199, 488, 496.
Le Prince. *Marianne*, 487.
Lerchenfeld-Siesbach. La baronne de, 484.
Le Roy. *Jacques*, 510.
Lerpinière. *Daniel*, 199.
L'Espagnol (*Spagnuolo*). *Voyez* Crespi.
L'Espagnolet (*Spagnoletto*). *Voyez* Ribera.
Le Sueur. *Eustache*, 6, 25, 217.
Le Sueur. *Blaise-Nicolas*, 332 337, 338.
Le Sueur. *Louis*, 480.
Lethière. 499
Leveau. *Jean-Jacques*, 488, 497.
Leydensdorf. *François-Antoine*, 199.
Liani. 238.
Lianno ou Liagno, surnommé le Napolitain. *Teodoro-Filippo* di, 470.

Table des Maîtres.

Liebe. *Gottlieb-Auguste*, 509.
Lier. *Joseph* ou *Jodocus Van*, 493.
Liender. *Paul Van*, 493.
Licto. *Voyez Allegri.*
Lievens. *Voyez Livins.*
Ligozio ou Ligotius. *Giacomo*, 95.
Lingelbach ou Lingelbac. *Jean*, 187.
Liotard. *Jean-Etienne*, 213.
Lips. *Jean-Henry*, 190, 471.
Live. *Voyez La Live.*
Livins, Lievens ou Lyvins. *Jean*, 200, 457, 506.
Locatelli ou Lucatelli. *Pietro*, 98.
Loder. *Astolphe*, 471.
Loir. *Nicolas*, 480.
Loli. *Lorenzo*, 200, 201, 502.
Lomezo. *Paolo*, 470.
Londonio. *Francesco*, 201 à 206, 502.

Longhi. *Giuseppe*, 206, 207.
Lons. *Dirk Eversen*, 475.
Lorentz. 485.
Lorenzini. *Giovanni - Antonio*, 483.
Lorrain. *Voyez le Lorrain.*
Louis XVI. 487.
Loutherbourg *Jacques - Philippe de*, 134, 480, 487, 491, 494, 495, 510.
Louvemont. *François de*, 497.
Loves. *Matteo*, 483.
Lowry. *Wilson*, 207.
Loyer. *Jean*, 497.
Lundberg ou Lungbeck, 330.
Lupresti. *Giacinto*, 470.
Lütke ou Lüdke, 491.
Lutma. *Jean*, 207, 510.
Lutma. *Jacob*, 486, 509.
Lützenkirchen. *P.-C.* 208.
Luyken ou Luycken. *Jean*, 475.

M

MAAS. *Dirck* ou *Thierry*, 186, 208.
Maes. *Peter*, 475.
Maetham. *A.* 176.
Magli. *Gabriele*, 470.
Major. *Isaac*, 491.
Major. *Thomas*, 495.
Malbeste. *J.-P.* 488.
Malcke. 471.
Mander ou Mandere. *Karle*, 492.
Mandevare. *Nicolas - Albert - Michel* de, 480.
Manfredi. *Bartolomeo*, 169.
Manglard. *Adrien*, 208, 209.
Mansfeld. *Joseph-Georges*, 491.
Mansfeld. *Sébastien*, 491.
Mantelli. 490.
Mantuan (*Mantuano* et *Mantuana*). *Voyez* Ghisi.
Maratti. *Carlo*, 5, 6, 209 à 211,

311, 483, 485, 489 à 492, 496 à 499, 502.
Marcenay de Ghuy. *Antoine de*, 211 à 215, 508.
Margottini. *Jacopo*, 483.
Marieschi. *Michele*, 497, 498.
Mariette. *Jean*, 510.
Marillier. *Clément-Pierre*, 488.
Marinus. *Ignace*, 492.
Martin. *Voyez Schoen.*
Martinet. *Marie-Thé*. 488, 498.
Martss le jeune. (*I.-M.-D. Jonge* dit) *Jean*, 215, 216, 257, 327, 396,
Mason. *James*, 495.
Masquelier. *Louis-Joseph*, 488.
Massard père. *Jean*, 216.
Massard. *Jean - Baptiste - Louis*, 498.
Massard. *Raphaël - Urbain*, 216 à 218.

34

Masson. *Antoine*, 218.
Matham. *Jacques*, 493, 510.
Mathieu. *Jean*, 219.
Matos. *Voyez* Vieira.
Matteini. *Teodoro*, 236.
Matthiolus *ou* Mattioli. *Domenico*, 470.
Mattioli. *Lodovico*, 483.
Mattue *ou* Matthue. *Cor.* 219.
Maulpertsch *ou* Maulbersch. *Antoine*, 471.
Mauperché. *Henri*, 220, 488, 508, 510.
Mayer. *Jean-François*, 471, 485.
Mazvrie. *L.* 488.
Mazzuoli *dit* le Parmesan. *Francesco*, 58, 59, 220, 221, 223, 299, 408, 489, 490, 492, 502, 510.
Mechau. *Jacques*, 221, 222.
Mechel. *Chrétien* de, 485, 491.
Meer de Jonge. *Jean Van der*, 222, 485.
Meheux. *François*, 499.
Meier *ou* Meyer. *Felix*, 149, 222, 223.
Meil. *Jean-Guillaume*, 338, 471.
Melchior. *Henri-Antoine*, 171.
Meldolla. (le Schiavone) *Andrea*, 223 à 225, 510.
Melling. 26.
Menarola. *Chrestano*, 483.
Mengs. *Antoine-Raphaël*, 237.
Mercati. *Giovanni-Battista*, 225, 483.
Merian. *Mathieu*, 512.
Mérimée. *Jean-François-Léonore*, 27.
Merlen. *Van*, 475.
Merter. *Jean-Michel*, 471, 472.
Mettenleitter. *J.-M.* 225, 503.
Meulen. *Antoine-François Van der*, 25, 101, 178, 179, 226, 486.
Meulen. *Sieuwert Van der*, 493.
Meyer. *Conrad.* 471.
Meyer. *Jean-Henri*, 226.
Meyer. 491.
Meyeringh. *Albert*, 227, 506.

Meijr. *Jean-Ulric*, 491.
Middiman. *Samuel*, 227.
Miel *ou* Miele. *Jean.* 228, 229, 504, 505, 509.
Mieris. *François Van*, 113, 447, 503.
Mignard l'aîné, *dit* Mignard d'Avignon. *Nicolas*, 219, 486.
Mignard le jeune, *dit* Mignard le Romain. *Pierre*, 6, 64, 218. 480, 499.
Milani. *Aureliano*, 483.
Milatz. *F.-A.* 475.
Milet, Milé *ou* Millé, *dit* Francisque. *Jean-François*, 191, 212, 229 à 231, 505.
Minozzi. *Bernardo*, 470.
Mirevelt *ou* Miereveld, *Michel-Janson*, 239, 489.
Mitelli. *Giuseppe - Maria*, 484, 512.
Moillon. *N.* 480.
Moitte. *Jean-Guillaume*, 31.
Mola. *Pietro-Francesco*, 238.
Molenaer. *Jean*, 231, 232.
Molitor. *Mar.*in de , 198.
Mollo. *Giovanni-Battista*, 484.
Molyn, *surnommé* Tempeest. *Pieter* de, 232, 397, 446.
Moncornet. *Balthazar*, 497.
Monnet. Charles, 26, 480, 498.
Moojaert. *Voyez* Moyaert.
Morace. *E.* 232.
Moreau. *P.* 480.
Moreau l'aîné. *Louis - Gabriel*, 480, 510.
Moreau *dit* le Jeune. *Jean-Michel*, 26, 31, 154, 480, 488.
Morel. *Antoine-Alexandre*, 233.
Morelse *ou* Moreelze. *Paul*, 31.
Morgenstern. *Jean-Frédéric*, 232.
Morghen. *Raphaël*, 233 à 239, 502.
Morghen, *Antoine*, 234.
Morillio. *Voyez* Murillio.
Morin. *Jean*, 239 à 245, 508, 510.
Mortimer. *Jean*, 450.
Moucheron. *Frédéric*, 102, 292.
Moucheron. *Isaac*, 245, 246, 486.

Moyaert ou Moojaert. *Claas* ou *Nicolas*, 246.
Moyaert. *Chrétien-Louis*, 257, 258.
Mozyn ou Mouzyn. *Michel*, 493.
Muller de Hermanstadt. 331.
Müller. *Jean Gotthard V*, 247 à 249.
Müller. *Frédéric*. 249, 250.
Müller. *Frédéric*, 251, 503.
Munnichuysen ou Munickhuysen. *Jean Van*, 193.
Murilio, Morillio ou Murillo. *Bartolomeo-Stefano*, 169, 236.
Murphy. *John*. 252.
Musculus. F. W., 475.

N

NABHOLZ. *Jean-Christophe*, 485.
Nahl jeune. *Jean-Auguste*, 249.
Naiwjnox. *Henri*, 252.
Nanteuil. *Robert*, 252, 253.
Napolitain (*Napolitano*). *Voyez* Lianno.
Nardois. *J. Galioth*, 480.
Nathe. *Christophe*, 471.
Natoire. *Charles*, 481.
Nattier. *Jean-Marc*, 214.
Naudet. *Thomas-Charles*, 481, 510.
Neef ou Neefs. *Jacob*, 492.
Neer. *Arnould Vander*, 446.
Nennham. *Lord*, 476, 487.
Netscher. *Gaspard*, 447.
Neue ou Neve. *François de*, 253, 505.
Neveu, épouse de Mr Queverdo. *Olympe*, 497.

Newton. *James*, 495.
Neyts. *G*. 254, 255.
Nicolovius. *G. H. L.*, 491.
Niekele ou Nikkelen. *Jean Van* 255.
Niesl. *Benno Von*, 472, 509.
Nieulant. *Adrien Van*, 485.
Nieulandt ou Nieulant. *Guillaume*, 255, 256, 505.
Nikkelen. *Voyez* Niekele.
Nitot. *Voyez* Dufresne.
Noël. *Jean*, 98.
Nolpe. *Pieter*, 256 à 258, 475.
Nooms dit Zeeman. *Voyez* Zeeman.
Noordt. *J. Van*, 258, 506.
Norblin. *Jean-Pierre*, 499.
Nothnagel. *Jean-André-Benjamin*, 259.
Nypoort. *Justus Van der*, 475.

O

OBERMAN. *A*. 259.
Oeser. *Adam-Frédéric*, 485.
Orizonti. *Voyez* Bloemen.
Orley. *Jean Van*, 473.
Orley. *Richard Van*, 473, 485.
Orsolino. *Carlo*, 152.
Os. *P.-G. Van*, 259.
Ossenbeeck. *J*......, 260, à 265.
Ostade. *Adrien Van*, 29, 140, 188,
265 à 278, 335, 409, 417, 485, 488, 494, 499, 500, 503, 507, 509.
Ostade. *Isaac Van*, 102.
Ostermeyer, *J.-W*. 499.
Ottaviani. *Giovanni*, 490.
Oudry. *Jean-Baptiste*, 481.
Ozanne. *Nicolas-Marie*, 481.
Ozanne. *Pierre*, 481.

P

Palcko. *François-Xavier-Charles*, 489.
Palma *dit* le Vieux. *Jacopo*, 68, 265.
Palma *dit* le Jeune. *Jacopo*, 470, 497, 510.
Palmerini. *Nicolao*, 239, 490.
Palmieri. *Pietro-Jacopo*, 29.
Panneels. *Guillaume*, 278, à 280, 505.
Paon. *Voyez* Le Paon.
Parcellis *ou* Percellis. *Jean*, 187, 475.
Paria. *Voyez* Perrier.
Parigii ou Parigij. *Giulio*, 88.
Paris. *G.* 488.
Pariset fils, 499.
Parizeau. *Philippe - Louis*, 185, 481.
Parrocel. *Charles*, 213, 481.
Parrocel, neveu de *Jos.* Parrocel. *Pierre*, 481, 488.
Pas, Pass *ou* Passe. *Magdeleine* de, 494.
Pasqualini. *Giovanni - Battista*, 280, 502.
Pasquier. *Jacques - Jean*, 488, 510.
Patel. *A. Pierre*, 481.
Pauditz, Paudiss *ou* Pudiss. *Christophe*, 485.
Pauquet. *Jean - Louis - Charles*, 488, 497.
Pautre. *Voyez* Le Pautre.
Peak. *James*, 476.
Pecheux. *Laurent*, 213.
Peeters *ou* Peters. *I.* 176.
Penzel. *Jean*, 98.
Percellis. *Voyez* Parcellis.
Percier. *Charles*, 155, 285.
Perdoux, *Joseph*, 285.
Perelle *ou* Perrelle. *Gabriel*, 136, 281.

Perelle *ou* Perrelle. *Nicolas*, 281.
Perelle *ou* Perrelle. *Adam*, 281.
Périguon. *Nicolas*, 280.
Peronneau. *Jean-Baptiste*, 213.
Perret. *Pierre*, 492.
Perrier, *nommé en Italie* Paria. *François*, 481, 484, 512.
Perscllis. *Voyez* Parcellis.
Perugin (*Perugino*). *Voy.* Cerrini.
Pesarese. *Voyez* Cantarini.
Pesne. *Jean*, 282 à 284, 488, 508.
Pesne. *Antoine*, 329 à 332, 335.
Peters *ou* Peeters. *Bonaventure*, 473.
Peters. *J.* de, 481.
Petit. *Louis*, 488.
Petitot. Le chevalier, *Ennemond Alexandre*, 59.
Petit-Radel. *Louis-François*, 481.
Peyron. *Jean - François - Pierre*, 481, 488, 510.
Pfenninger. *Mathieu*, 491.
Pforr. *Jean-Georges*, 500.
Picart *dit* le Romain. *Etienne*, 497.
Picart. *Bernard*, 481, 494, 498, 499.
Piccino. *Jacopo*, 490.
Picquet. *Jean*, 481.
Pierre. *Jean-Baptiste-Marie*, 481, 488.
Pillement. *Jean*, 488.
Pillement. *Victor*, 26, 198, 285, 503.
Piloti. *F.* 511.
Pinelli. *Bartolomeo*, 285.
Pinson. *Nicolas*, 481.
Pipi *ou* Pippi, *dit* Jules Romain. *Giulio*, 25, 153, 217, 232, 490, 498.
Picquet. *Voyez* Piquet.
Pisarri. *Carlo Antonio*, 490.
Place. *F.* 476, 509.
Platte-Montagne *ou* Montaigne.

Mathieu Van Platenberg dit, 285.
Platte-Montagne *ou* de la Platte Montaigne. *Nicolas*, 285, 286, 505. 509.
Plimmer. *J.* 487.
Plonski *M.* 286.
Podesta *Giovanni-Andrea*, 470,
Poelenburg, Poelenburgh *ou* Poelemburgh, *Corneille*, 73 à 76, 101, 245, 493,
Poilly. *François* de, 286.
Polidore (*Polidoro*) *Voyez* Caldara.
Polydore de Rhode. 27.
Ponte, *dit* le Bassan. *Jacopo* da, 176, 265, 510.
Ponte, *dit* le Bassan. *Leandro* da, 483.
Pool. *Mathieu*, 193.
Porbus. *François*, 213, 243.
Porporati. *Carlo*, 286.
Porte. *Voyez* De La Porte.
Posch (*X. P.*) *Xaverie* de, 484.
Pot. *Henri*, 398.
Potrelle. *Jean-Louis*, 498.
Potter. *Pieter* ou *Pierre*, 256, 257.

Potter. *Paul*, 77 à 79. 185, 287 à 291, 485, 486, 506.
Poulleau. 498.
Pouncy. *P.*, 449, 450, 452.
Poussin. *Nicolas*, 6, 25, 31, 55, 154, 213, 237, 238, 282 à 284, 286, 342, 488, 490, 495 à 498, 508.
Pouwelszoon. *Claas* ou *Nicolas*, 492.
Pozzi. *Francesco*, 490.
Pradier. *C.-S.*, 291.
Prenner. *Antoine-Joseph* de, 491,
Prestel. *Jean-Gottlieb*, 472.
Prestel. *Marie-Catherine, née* Hoelle, 485. 500.
Preziado. *Don Francesco della Vaga*, 490.
Primavesi. *Joseph-Georges*, 292, 293, 485, 503, 509.
Prince. *Voyez* Le Prince.
Prins. *J.-H.* 182, 293.
Procaccini. *Andrea*, 490.
Procaccini. *Camillo*, 207
Pynaker *ou* Pynacker. *Adam*, 294.

Q

Q. . . . . *G.* . . *F.* . . , 472.
Quadal. *Martin-Ferdinand*, 102.
Quaisser. *Joseph*, 25.
Quast. *Pierre*, 475.

Quellinus. *Arthus*, 473.
Quellinus. *Jean-Erasme*, 473.
Quesnoy. *Voyez* François-Flamand.

R

Rabel. *Daniel*, 482.
Raber. *J.-G.* 294.
Radel. *Voyez* Petit-Radel.
Rademaker. *Abraham*, 512.
Raffaello. *Voyez* Sanzio.
Ramberg. *Jean-Henri*, 491.
Ramsay. *Alan*, 450.

Randon. *Claude*, 498.
Ratti. *Giovanni-Agostino*, 470, 484.
Rauscher. *A.-F.*, 295.
Rauschmayr. *Joseph*, 499, 500.
Reatinus. *Antonio-Chérubino*, 470.

Rechberger. *François*, 198, 295
Rec'am. *Frédéric*, 472, 485.
Regnault. *Jean-Baptiste*, 27, 31.
Rehberg. *Frédéric*, 472, 491.
Reinhart. *Jean-Chrétien*, 296 à 298.
Reiter *ou* Reitter. *Bartholomé*, 472.
Rembrandt. *Paul Van Rhyn dit*, 11, 99, 102, 113, 141, 171, 207, 212, 213, 333 à 335, 338, 423, 424, 453, 485, 487, 493, 495, 498, 503, 504.
Reni *dit* le Guide. *Guido*, 11, 27, 29, 90 à 92, 200, 207, 232, 235, 236, 238, 298, 299, 483, 484, 489, 490, 492, 495, 498, 499, 502, 510.
Restout. *Jean-Bernard*, 482.
Reynolds. *Josua*, 341.
Rhein. *Nicolas*, 299.
Ribault. 498.
Ribera, *dit* l'Espagnolet. *Guiseppe*, 299, 502.
Ricci. *Marco*, 152, 300. 483.
Ricciarelli de Volterre, *Daniele*, 488.
Richards. *Jean*. 450.
Richter. *Voyez* Bacciarelli.
Ridley. 499.
Riedel. *Antoine-Henri*, 485.
Rieger. *Jacob*, 472.
Riepenhausen, 491, 509.
Rigaud. *Hyacinthe*, 114, 213, 329 à 331.
Rincklake. *J.-C.*, 248.
Ringck. *J.-S.*, 491.
Rivalz. *Antoine*, 482.
Rivalz. *Bartholomée*, 488. 510.
Robert de Sery. *Paul-Ponce-Antoine*, 482, 500.
Robert. *Hubert*, 98, 482.
Robusti, *dit* Le Tintoret. *Jacopo*, 95, 212, 264, 483, 510.
Rochman. *Voyez* Rogman.
Rocque *B.* 498.
Rode. *Chrétien-Bernard*, 300, 485.
Rode. *Jean-Henri*, 300.
Rode. *F.* 337.
Rodermont *ou* Rottermondt. *M.* 475.
Roehn. *Adolphe*, 26.
Roeser. 98.
Roëttiers. *François*, 482.
Rogman. Roghman *ou* Rochman. Roelant *ou* Roelandt, 301 à 305, 506. 509.
Rogman, Roghman *ou* Rochman. *Gertrude*, 304, 305.
Romain (Romano). *Voyez* Pipi.
Romeyn *ou* Romyn. William *ou* Guillaume van. 187.
Roos. *Jean-Henri*, 11, 129, 187. 233, 305 à 310. 503.
Roos. *Théodore*, 310.
Roos. *Jean-Melchior*, 448.
Roos *ou* Rose. *Joseph*, 310, 311.
Ros. Le chevalier de, 485.
Rosa, *dit* Salvatoriello. *Salvatore*, 76, 341, 470, 509.
Rosa. *Francesco*, 484.
Rosalba. *Voyez* Carriera.
Rosaspina. *Francesco*, 311, 502.
Rose. *Voyez* Roos.
Roslin. *Alexandre*, 28.
Rossi *ou* Rubeis. *Girolamo dit*, 484.
Rossi. *C.* 98.
Rotari. *Pietro*, comte de, 311.
Rousseau. *Jacques*, 498.
Rousselet. *Gilles*, 498.
Rubeis. *Voyez* Rossi.
Rubens. *Pierre-Paul*, 25, 32, 55, 56, 76, 119, 183, 207, 225, 237, 250, 278 à 280, 299, 312, 357, 377, 378, 456, 485, 486, 493, 508, 510.
Rucholle. *Pierre*, 482.
Ruffini. La comtesse, de 484.
Rugendas. *Georges-Philippe*, 312, 313.
Rugendas fils. *Chrétien*, 313.
Ruischer. *J.* 472.
Ruisdael, Ruysdael *ou* Ruysdaal. *Jacques*, 48, 53 à 55, 185, 187, 233, 292, 313 à 316, 493, 506, 509.

Table des Maîtres. 535

Ruspoli. *Voyez* Caprini.
Russ. *Karle*, 316.

Ryckaert. *David*, 485.
Rysbrack. *Pierre*, 316.

S

SABATELLI. *Francesco*, 238.
Sablet. *Jacob*, 482.
Sadeler. *Gilles*, 94.
Soenredam. *Jean*, 494.
Saft-Leven, Zachtleven *ou* Zacht-leeven. *Herman*, 2, 3, 317 à 325, 486, 506.
Saft-leven, Sachtleuen, Zachtleven *ou* Zachtleeven. *Corneille*, 325, 326, 486, 492, 494.
Saftleven. *D*. 317.
Saint-Aubin. *Augustin* de, 488.
Saint-Hill. *Antoine*, 497.
Salvatoriello. *Voyez* Rosa.
Salvi *ou* Salviani, *dit* Sasso-Ferrato. *Giovanni-Battista*, 333.
Sambach. *Gospard-François*, 491.
Sanctis. *Horace* de, 490.
Sandby. *Paul*, 476.
Sanèse *ou* Barbarelli, *dit* le Giorgion. *Francesco*, 510.
Santarelli. *Giovanni - Antonio*, 238.
Sanzio d'Urbino. *Raffaello*, 5, 17, 25, 27, 29, 103, 130, 153, 171, 206, 211, 216, 217, 234, 235, 239, 247, 286, 294, 339, 346, 361, 424, 484, 485, 488, 497, 498, 510.
Sarazin. *Jacques-Philippe*, 29, 98.
Sarrabat. *Jean*, 499, 510.
Sarto del. *Voyez* Vannucchi.
Sauerweid. *Alexandre*, 326.
Savart. 488.
Savary *ou* Savery. *Jacques*, 493.
Savery *ou* Savary. *Roelandt*, 494.
Savry *ou* Savery. *S*. 327.
Scalberge. *Frédéric*, 473.
Scalberge *Pierre*, 482, 488.
Schadow. *J.-G.* 491.

Schalch. *Jean-Jacques*, 472.
Schalcken. *Voyez* Sckalken.
Schellenberg. *Jean-Ulric* ou *Rodolphe*, 491.
Schellincks, *Wilhelm*, 258.
Schenau *ou* Schoenau. *Jean-Eléazar*, 472.
Schenck *ou* Schenk. *Pierre*, 193.
Scheuck. *C. W.* 491.
Schendel *ou* Scheyndel. *Georges*, 327, 501.
Scheyd. *Marie*, 484.
Schiaminossi *ou* Schiaminozi. *Raffaello*, 484.
Schiavone. *Voyez* Meldolla.
Schinnagel. *Maximilien-Joseph*, 66.
Schley. 494.
Schlüter. *André*, 300.
Schmid. *Martin*, 485.
Schmidt de Berlin. *Georges-Frédéric*, 7, 328 à 338, 504.
Schmidt. *Mathias*, 338.
Schmidt. *H.* 491.
Schmuzer. *Jacques*, 106.
Schoedlberger. *Jean-Nepomucène*, 338.
Schoen *ou* Shon, *dit* aussi Israel Martin. *Martin*, 175.
Schoen. 509.
Schoenberger. *L.* 339.
Schoenfeldt. *Jean-Henri*, 472.
Schoepf Mademoiselle. 484.
Schoevaerdts. *M.* 475.
Schott. (C.-S.) *Crescence*, 484.
Schouman. *Arthus*, 290, 486.
Schubert. 249, 491.
Schultze. *Chrétien-Godefroy*, 339, 485.

Schumann. *Jean-Georges*, 491.
Schuppen. *Pierre Van*, 226,
Schut. *Corneille*, 339, 492, 509.
Schütz. *Chrétien-Georges*, 472.
Schütz. *François*, 491.
Schwarz. *P.-W.* 485.
Schwegman. *H.* 340.
Schweickhardt. *H.-W.* 340.
Schwerdgeburth. *C.-A.* 491.
Schwieger. 485.
Sckalken *ou* Schalcken. *Godefroy*, 31, 447, 475.
Scotin. *Louis-Gérard*, 226.
Sedelmayr. *Jérémie-Jacques*, 485.
Segers *ou* Seghers. *Guérard*, 57, 193, 340.
Seidl. 472.
Senave. *Jacques-Albert*, 488.
Sharp. *William*, 341.
Siesbach. *Voyez* Lerchenfeld.
Sieuwert. *Voyez* Meulen.
Silo. *Adam*, 476.
Silvestre. *Israel*, 139, 140, 341, 352.
Silvestre. *Louis* de, 329, 332.
Simonneau. *Charles*, 226, 496, 510.
Simons. *Marie-Elisabeth*, 449.
Sirani. *Giovanni-Andrea*, 201, 470, 484.
Sirani. *Elisabetta*, 470.
Slodtz. *Michel-Ange*, 482.
Smees. *J.* 341, 342, 507, 509.
Smith *ou* Smyth. *Jean*, 499.
Smith. *Georges*, 450, 509, 511.
Smith. *Samuel*, 342, 449, 495.
Smith. *Jean*, 509, 511.
Snayers. *Pieter*, 183.
Sneyders *ou* Sneiders. *François*, 102, 485.
Somer. *Paul Van*, 399, 476.
Soubeyran. *Pierre*, 488.
Soutman. *Pierre*, 486, 509.
Spada. *Leonello*, 141, 233.
Spagnoletto. *Voyez* Ribera.
Spagnuolo. *Voyez* Crespi.
Specth. *P.* 293.
Spranger. *Barthelemi*, 473.
Stahl. *Jacques*, 312.
Stalbant *ou* Stalbent. *Adrien Van*, 473.
Stapffer. *Jean-Ulric*, 491.
Steen. *François-Vander ou Vanden*, 492.
Stella. *Claudine-Bousonnet*, 87, 342.
Stengel. *Stephan ou Etienne*, baron de, 500, 509.
Stengel. *Georges*, baron de, 484.
Steuler. *Marc-Christophe*, 484.
Stocade. *Nicolas de Helt*, 476.
Stock. *Ignace Vanden ou Vander*, 342, 343, 486.
Stock. *André*, 485.
Stoeltzel. *Chrétien-Frédéric*, 491, 509.
Stoop. *Theodore ou Dirck*, 343 à 346, 507.
Stoopendael. *Daniel*, 494.
Storer. *Jean-Christophe*, 472.
Stradan *ou* Straet. *Jean*, 87.
Strange. *Robert*, 346.
Strixner. *N.* 511.
Stubbs. *Georges*, 451.
Suaneuelt, Suanevelt *ou* Swanevelt, *surnommé* Herman d'Italie. *Herman Van*, 292, 347 à 357, 449, 486, 487, 488, 507, 509.
Subleyras. *Pierre*, 482, 488, 510.
Sullivan. *Lucas*, 174.
Suyderhoef *ou* Suiderhoef. *Jonas*, 357, 494, 507.
Svttermans. *Voyez* Citermans.
Swanenburg. *Wilhelm Van*, 89,
Swanevelt. *Voyez* Suaneuelt.
Swebach-des-Fontaine. *Jacques-Louis*, 358.
Sweerts. Le chevalier, *Michel* 358 à 360.

T

Tardieu. *Nicolas-Henri*, 6.
Tardieu. *Pierre-Alexandre*, 360, 498.
Taunay. *Nicolas-Antoine*, 98.
Tautphœus. (*P. T.*) *Philippine de*, 484.
Taylor. *Jean*, 491.
Tempeest. *Voyez* Molyn.
Tempesta. *Antonio*, 470.
Teniers le vieux. *David*, 361 à 366.
Teniers le jeune. *David*, 25, 33, 34, 52, 101, 186, 212, 225, 361 à 366, 448, 457, 485, 489, 496.
Terburg *ou* Terburgh. *Gérard*, 357, 404.
Testa. *Pietro*, 328.
Théodore. 229, 230, 505,
Thévenin. *Charles*, 488.
Thiele. *Jean-Alexandre*, 472.
Thier. *B.-H.* 183, 366, 367.
Thiers. Le baron de, 487.

Thomas *ou* Tomas. *Jean*, 457, 473.
Thomassin. *Simon-Henri*, 498.
Thourneyser. *Jean-Jacques*, 509.
Thurston. 499.
Tiarini. *Alessandro*, 489.
Tiepolo. *Giovanni-Battista*, 333, 470.
Tischbein. *Frédéric*, 248 à 250.
Tintoret (*Tintoretto*). *Voyez* Robusti.
Titien (*Tiziano*). *Voy*. Veccellio.
Tocqué. *Louis*, 249, 329, 330, 332.
Tofanelli. *Stefano*, 238.
Torri. *Flaminio*, 484.
Tortebat. *François*, 488.
Trémollière. *Pierre-Charles*, 482.
Trioson. *Voyez* Girodet.
Triva. *Voy*. Antonio de Trévise.
Troostwyck. *W. J. Van*, 367, 368.
Trumbull. *John*, 247.

U

Uden, *mieux* Vden. *Lucas Van*, 212, 368 à 378, 505.
Ulft. *Jacob Van der*, 102, 379.
Umbach *ou* Vmbach. *Jonas*, 379 à 381, 504.

Uytenbrouck, Vtenbroeck, Wtenbrouck, *ou* Wtenbrvck. *Moïse Van*, 382 à 388, 398, 487, 507.

V

V..... J..... *V*. 388 à 392.
V..... J.... *V*. 486.
Vadder. *Lucas ou Louis de*, 392 à 394, 505.

Vaillant. *Jean*, 482.
Valentin. *Moyse*, 493.
Valck. *Georges*, 193.

538   *Table des Maîtres.*

Valckert *ou* Walkert. *Wilhelm*, 476.
Valenciennes. *Pierre-Henri*, 98.
Vallory. Le chevalier de, 487.
Vander-Burch. *Voyez* Burch.
Vanderneer. *Voyez* Neer.
Vanloo. *Jacques*, 115.
Vanloo. *Charles-André*, 8, 329.
Vanloo. *Charles - Amédée - Philippe*, 329.
Vanni *ou* Vannius, *Francesco*, 95, 394, 490.
Vannucchi *dit* del Sarto. *Andrea*, 88, 217, 234, 508.
Varelen. *J.-E. Van*, 486.
Vasari. *Giorgio*, 485.
Vasi. *Giuseppe*, 470.
Vassé. *Louis-Claude*, 482.
Vden. *Voyez* Uden.
Vecellio *ou* Vecellio *dit* Le Titien. *Tiziano*, 25, 29, 30, 95, 129, 160, 169, 175, 218, 239, 243, 376, 377, 484, 489, 490, 493.
Veith. 491.
Velde. *Esaïe ou Isaïe Vanden*, 394, 395, 397.
Velde. *Jean Van de*, 395 à 398, 507.
Velde. *Adrien Van de*, 25, 54, 102, 186, 398 à 403, 485, 490.
Venne. *Adrien Vander*, 493.
Venturini. *Giovanni - Francesco*, 490.
Verbeecq. *P*......, 404.
Verdier. *François*, 482, 510.
Verelst *ou* Verhelst. *Gilles*, 404. 491.
Vérillot. 482.
Verkolje. *Nicolas*, 499.
Verkruys *ou* Vercruys. *Théodore*, 491.
Vermeulen. *Corneille*, 492.
Vermont. *Hiacynthe-Colin* de, 488.
Vernet. *Claude-Joseph*, 8, 213, 219, 446, 482.
Vernet. *Ignace*, 446.
Vernet. *Carle-Antoine*, *Charles-Horace*, 26, 508.

Veronensis. *Voyez* Caralius.
Veronese. *Voyez* Cagliari.
Verschuring *ou* Verschuuring. *Henri*, 405.
Verschyppen. *Voyez* Schuppen.
Versteegs. *J*. 497.
Vesevres. 488.
Vianen. *Jean-Van*, 494.
Vianni *on* Viani. *Giovanni-Maria*, 484.
Vicus, Vico *ou* Vighi. *Æneas*, 490.
Vieira *ou* Viera, *dit* Matos. *Francesco*, 239, 484.
Vien. *Marie-Joseph*, 199, 482, 488, 511.
Vigée. *Voyez* Le Brun.
Vighi. *Voyez* Vicus.
Vignon. *Jean - Claude*, 482, 488.
Villamena. *Francesco*, 470, 490.
Villiers. *H*. 208.
Vincent. *François-André*, 26, 482.
Vinci. *Leonardo da*, 103, 175, 208, 217, 234.
Vinckbons, Vinckenboons *ou* Vinckhoons. *David*, 493, 494.
Viola. *Giovanni-Battista*, 10.
Visentini. *Antonio*, 152.
Visscher *ou* de Visscher. *Corneille*, 129, 405 à 409, 507, 510.
Visscher *ou* de Visscher. *Jean*, 409 à 418, 507, 509.
Visscher. *Nicolas*, 494, 509.
Vivarès. *François*, 418, 495.
Vivien. *Joseph*, 6, 114.
Vleughels *ou* Wleughels. *Nicolas*, 488.
Vlieger. *Simon de*, 327, 418 à 420.
Vliet. *Jean ou Isaac-Georges-Van*, 421 à 424, 507.
Voet. *Alexandre*, 492.
Volpato. *Giovanni*, 238, 424, 484.
Volterre (Volterra). *Voyez* Ricciarelli.

Voltz. 491.
Vos. *Martin* de, 448, 511.
Vorsterman, *dit le Vieux*. *Lucas*, 424, 492.
Vouet. *Simon*; 482, 491.
Vouillemont. *Sébastien*, 498.
Vstri *ou* Vsteri. 152.
Vtenbroeck. *Voy.* Uytenbrouck.
Vuibert. *Remy*, 482.
Vyl. *J. den*, 425.

W

Wael. *Jean-Baptiste* de 425 à 427.
Wael. *Corneille* de, 426, 427.
Wagner. *Jean - Georges*, 102, 185, 198, 472.
Wagner. *Joseph*, 491.
Wagner fils de J. Georges. 485.
Wagnerin. *M.-D.* 142.
Walckert. *Voyez* Valckert.
Waldherr. *F*, 25.
Wallher. *C.* 485, 509.
Warnberger. *Simon*, 485.
Watelet. *Claude-Henri*, 488, 500, 510.
Waterlo *ou* Waterloo. *Antoine*, 428 à 443, 507, 509.
Watson. *James*, 499.
Waumans, Coenrad *ou* Conrad, 60, 492.
Weeninx *ou* Weenix. *Jean-Baptiste*, 443, 444.
Weert. *Jacques* de, 511.
Weirotter. *François - Edmund*, 444 à 446, 491, 496, 497, 499.
Weisbrod. *Charles*, 485.
Wenger. *Antoine*, 472.
Werff, *mieux* Werf. *Adrien Van der*, 30, 31.
West. *Benjamin*, 11, 159, 160, 169, 252, 451.
Westerhout. *Arnold Van*, 492.
Weijdmans. *H.* 473.
White. *J.* 495.
Wicar. *J.-B.* 26.
Widmann. *Joseph*, 491, 509.
Wieilh. *R.-A.* 482.
Wieringen. *Corneille*, 476.
Wier x *ou* Wierx. *Jérôme et Antoine*, 447, 509.
Willaerts. *Adam*, 493.
Willaerts *ou* Willars. *Abraham*, 60.
Wille. *Jean-Georges*, 329, 446, 447, 485, 504.
Wille. *Pierre - Alexandre*, 26, 248.
Wilson. *Richard*, 450, 452.
Winter. *A.* 486.
Wintter. *Joseph-Georges*, 447, 448, 504.
Wit *ou* Witt. *Jacq.* de, 476, 509.
Witdouc, Witdoeck *ou* Withouc. *Hans ou Jean*, 492.
Wolff. 499.
Wolfgang. *Georges-André*, 485.
Wood. *John*, 448.
Woollett. *William.* 418, 449, à 453.
Worlidge. *Thomas.* 453.
Wouwermans. *Philippe*, 11, 25, 101, 119, 186, 187, 233, 448, 488.
Wright. *Richard*, 452.
Wtenbrouck *ou* Wtenbrvck. *V.* Uytenbrouck.
Wüst *ou* Wüest. *Jean - Henri*, 159.
Wyck *ou* Wyk. *Thomas*, 186, 454 à 456, 505.
Wynants. *Jean*, 52, 187.
Wyngaerde. *François Van*, 456, 457, 509.

Z

ZACHTLEVEN *ou* Zachtleeven, *Voyez* Saftleven.
Zampieri *dit* le Dominicain. *Domenico*, 6, 7, 10, 211, 233. 236, 247, 250, 280, 341, 483, 488, 490.
Zanetti. *Antonio-Maria*, 484.
Zeeman. *Reinier Nooms* dit, 458 à 467, 507.
Zeeman. *A.* 468.
Ziesinis. *Jean-Georges*, 504.
Zimmermann. *Georges - Guillaume*, 472.
Zingg. *Adrien*, 491.
Zix. *Benjamin*, 468, 504.
Zoffani. *Giovanni*, 129.
Zuccarelli *ou* Zuccherelli. *Francesco*, 342, 449, 484.

Fin de la Table des Maîtres.

LISTE DE CATALOGUES
FAITS PAR F.-L. REGNAULT-DELALANDE.

1785.

1 Catalogue d'une belle Collection de Tableaux, Esquisses, Dessins, Pastels, Gouaches, Marbres, Bronzes, et autres objets de curiosité, provenant du Cabinet de M. NOURRI, conseiller au grand conseil. 24 *février*.

2 Catalogue de Tableaux, Bronzes, et autres objets de curiosité, provenant du Cabinet de M. le comte DE SAUVETERRE, ci-devant ministre plénipotentiaire du roi, à la cour de Berlin, etc. 21 *mars*.

3 Catalogue de Tableaux, Gouaches, Pastels, Dessins, Estampes, Médailles, Bronzes, et autres objets de curiosité, provenant de l'étranger. 18 *avril*.

4 Notice de Tableaux, Dessins et Estampes. 6 *mai*.

5 Notice de Tableaux, Dessins et Estampes. 13 *mai*.

1786.

6 Catalogue de Tableaux, Dessins, Estampes, Miniatures, Gouaches, Pastels, Marbres, Bronzes, Porcelaines, Bijoux, et autres objets de curiosité, provenant de feu M. BAUDOIN. 11 *mars*.

7 Catalogue de Tableaux, Gouaches, Miniatures, Pastels, Dessins, Estampes, Marbres, Bronzes, Terre cuite, Porcelaines, et autres effets précieux qui composaient le Cabinet de feu M. BERGERET, commandeur, trésorier-honoraire de l'ordre royal et militaire de Saint-Louis, receveur général des finances. 24 *avril*.

8 Catalogue de Tableaux du Cabinet de M. ***. 15 *mai*.

9 Notice de Tableaux, Marbres, Terre cuite, Meubles de marqueterie, et autres objets. 17 *mai.*

10 Notice d'Estampes et Volumes. 30 *juin.*

11 Notice de Tableaux, Bronzes, Marbres, Porcelaines, et autres objets provenant du Cabinet de M. *** 14 *novembre.*

1787.

12 Catalogue de Dessins et d'Estampes. 12 *janvier.*

13 Catalogue de Tableaux, Dessins, Estampes, Marbres, Bronzes, Porcelaines, et autres objets curieux. 12 *février.*

14 Notice de Tableaux, Bronzes, Marbres, Bijoux, et autres effets de curiosité, après le décès de M. l'abbé DE LATTAIGNANT. 5 *septembre.*

15 Catalogue de Tableaux, Pastels, Dessins, Estampes, Monnoies, Médailles, Marbres, Bronzes, Porcelaines, Bijoux, et autres effets précieux, après le décès de M. DE BOULLONGNE, conseiller-d'état, etc. 19 *novembre.*

1788.

16 Catalogue de Tableaux. 1 *mars.*

17 Catalogue de Tableaux, Dessins, Estampes, Meubles précieux, Bijoux, Laques, Marbres, Bronzes, Porcelaines, et autres objets de curiosité. 26 *mars.*

18 Notice de Tableaux, Marbres, Bronzes, Porcelaines, et autres objets curieux, après le décès de M. le chevalier DE LA DOUCHETIERE, officier-major des invalides. 14 *avril.*

19 Notice de Tableaux, Dessins, Terres cuites et Estampes, provenant des décès de madame LE PAON, de M. SURUGUE, sculpteur, et d'un amateur des Pays-Bas. 8 *mai.*

20 Catalogue de Tableaux, Estampes, Bronzes, Porcelaines, Ivoires, et autres objets curieux, après le décès de madame la marquise D'ALBERT. 11 *août.*

21 Catalogue de Tableaux, Miniatures, Gouaches, Estampes, Œuvres et Recueils, Marbres, Bronzes, Porcelaines, Meubles précieux, Bijoux, Diamans, et autres effets curieux qui

composaient le Cabinet de M. le duc DE RICHELIEU, pair et premier maréchal de France, etc. 18 *décembre.*

1789.

22 Notice de différens objets de curiosité, tels que Pendules, Girandoles, Lustres, Marbres, Porcelaines, Instrumens, Estampes, etc., provenant du Cabinet de feu M. LE VASSEUR, ancien directeur général de l'entreprise des fourrages militaires. 16 *mars.*

23 Catalogue d'Estampes, Œuvres et Recueils, du Cabinet de feu M. MICHEL, avocat. 23 *mars.*

24 Catalogue de Tableaux, Miniatures, Gouaches, Estampes, Marbres, Bronzes, Porcelaines, Armes, Bijoux, et autres objets curieux qui composaient le Cabinet de feu M. DUBOIS DE COURVAL, conseiller de grand'chambre. 11 *mai.*

25 Catalogue des Médailles antiques et modernes, et autres objets curieux, provenant du Cabinet de feu M. l'abbé COURBON DU TERNAY. 6 *octobre.*

26 Catalogue de Tableaux, Peintures en émail, Marbres, Porcelaines, Meubles précieux, Bijoux, Diamans, et autres objets curieux qui composaient le Cabinet de feu M. le maréchal DE CHOISEUL STAINVILLE. 23 *novembre.*

27 Catalogue de Marbres, Porcelaines, Meubles précieux, Bronzes, Diamans, Bijoux, et autres effets curieux, qui composaient le Cabinet de feu M. le maréchal DUC DE DURAS. 23 *décembre.*

1790.

28 Catalogue de Tableaux, Estampes, Porcelaines, Histoire naturelle, et autres objets curieux, qui composaient le Cabinet de feu M. BELLANGER, doyen de MM. les Substituts de M. le procureur du Roi. 18 *février.*

29 Catalogue de Tableaux, Pastels, Gouaches, Dessins, Marbres, Terres cuites, Estampes et Recueils, qui composaient le Cabinet de feu M. le marquis DE BIÈVRE. 23 *février.*

1791.

30 Catalogue de quelques Tableaux, Miniatures, Gouaches, Dessins, Estampes, Bronzes et Porcelaines, provenant du Cabinet

de feu M. DOUCET DE BANDEVILLE, conseiller honoraire au ci-devant parlement. 15 *février*.

31 Catalogue de Tableaux, Marbres, Porcelaines, Histoire naturelle, et autres objets, après le décès de mademoiselle BELLANGER, de l'académie de Saint-Luc. 21 *mars*.

32 Catalogue de quelques Tableaux, Dessins, Estampes, Recueils, etc., provenant du Cabinet de feu M. QUINBEAUX, architecte. 30 *mars*.

1792.

33 Catalogue de Tableaux, Dessins, Estampes et Estensiles de peinture, etc., après le décès de M. BRENET, membre et professeur de l'académie royale de peinture et sculpture. 16 *avril*.

34 Catalogue de Tableaux, Gouaches, Dessins, Estampes, Fonds de planches gravées, et autres objets précieux, provenant du Cabinet de M. DELAUNAY, graveur du roi, membre des académies royales de peinture et de sculpture de Paris et de Copenhague. 7 *mai*.

35 Notice d'Estampes, Fonds de planches gravées, et autres objets de ce genre, provenant du Cabinet de feu M. DE LONGUEIL, graveur du roi, membre de l'académie impériale et royale de Vienne, etc. 13 *août*.

1793.

36 Notice de quelques Tableaux, Dessins et Estampes, après le décès de feu M. BAADER, peintre allemand. 14 *février*.

37 Notice de Tableaux, Dessins, Estampes, Ustensiles de peinture, etc., après le décès de M. FOLLIOT, peintre. 15 *avril*.

38 Notice de quelques Tableaux, Miniatures, Gouaches, Emaux, Dessins, Estampes, etc., qui composaient le cabinet de feu TIRON DE NANTEUIL 28 *mai*.

39 Notice d'Estampes encadrées, en volumes et en feuilles, provenant du Cabinet de M.*** 20 *août*.

40 Notice d'Estampes, Gouaches, Dessins, Marbres, Pièces plaquées en argent, Porcelaines, et autres objets curieux, provenant du Cabinet de M. MORETON. 7 *septembre*.

Liste de Catalogues. 545

41 Catalogue de quelques Tableaux, Gouaches, Dessins, Estampes, Livres à figures, Planches gravées, etc. 1 *octobre.*

42 Catalogue de quelques Tableaux, Gouaches, Dessins, Estampes, Planches gravées, provenant du Cabinet de BONNET, graveur. 7 *novembre.*

43 Catalogue de Pastels, Gouaches, Dessins, Estampes, Livres à figures, et autres objets curieux. 26 *novembre.*

44 Catalogue de Tableaux, Bronzes, Marbres, Porcelaines, Laques, et autres objets curieux. 29 *novembre.*

45 Catalogue de Tableaux, Gouaches, Dessins, Estampes, Livres précieux, et autres objets curieux. 27 *décembre.*

1794.

46 Catalogue d'Estampes encadrées et en feuilles, provenant du C. 24 *janvier.*

47 Catalogue de Dessins précieux, Estampes, Livres à figures, et autres objets du Cabinet du C. 15 *mars.*

48 Catalogue de Gouaches, Dessins, Estampes et Livres précieux, du Cabinet du C.... 23 *avril.*

49 Catalogue de quelques Estampes, Vignettes, Portraits, etc., du C.... 15 *mai.*

50 Catalogue d'une Collection nombreuse d'Estampes, Œuvres, Galeries, Porte-Feuilles de dessins, provenant du Cabinet du C.... 19 *juin.*

51 Notice de quelques Estampes, Dessins, etc., du Cabinet du C.... 16 *août.*

52 Notice de quelques Tableaux, Dessins, Estampes, Machines électriques, et autres objets, provenant du Cabinet de feu le C. COCQUEREST. 26 *septembre.*

53 Catalogue de Dessins, Estampes, Vignettes, Planches gravées, et autres objets, du Cabinet du C.... 15 *novembre.*

54 Notice de quelques Tableaux, et objets de Curiosité, du Cabinet de feu le C. LE NORMAND DE MÉZIÈRES. 21 *décembre.*

55 Catalogue d'un choix précieux de Dessins, Gouaches, Es-

35

tampes, Livres à figures, etc., du Cabinet du C.... 25 *décembre.*

1795.

56 Catalogue de Dessins et Gouaches, Collection d'Estampes, du Cabinet du C.... 15 *mars.*

57 Catalogue de quelques Tableaux, Dessins, Marbres, Bronzes, Instrumens, Bijoux et Estampes, du Cabinet des C..... 21 *mars.*

58 Catalogue de Dessins et Gouaches, précieuses Collection d'Estampes, du cabinet du C.... 31 *Mars.*

59 Catalogue d'Objets précieux, Tableaux, Miniatures, Gouaches, Estampes, Bronzes, Marbres, Terres cuites, Porcelaines, Laques, Diamans, Bijoux, etc., du Cabinet du C... 6 *mai.*

60 Catalogue d'Estampes, Miniatures, Dessins, Gouaches, Effets précieux, Diamans, Bijoux, Livres à figures, etc., provenant du Cabinet du C.... 11 *mai.*

61 Catalogue de Dessins et Gouaches, Estampes, Vignettes, etc., du Cabinet du C.... 5 *juin.*

62 Catalogue de quelques Tableaux, Collection de Pastels, Gouaches, Dessins, Estampes, Livres à figures, provenant du Cabinet du C.... 13 *juillet.*

63 Notice d'un choix précieux d'Estampes du Cabinet du C.... 3 *août.*

64 Catalogue d'une Collection précieuse de Tableaux, Peintures en émail, Miniatures, Gouaches, Dessins, Estampes, Bronzes, Marbres, Porcelaines, Laques, Bijoux, et autres objets précieux, du Cabinet DUCLOS-DUFRESNOY. 18 *août.*

65 Catalogue de Tableaux, Gouaches, Dessins, Estampes, Marbres, Terres cuites, Souffres, Porcelaines et autres objets, du Cabinet du C.... 3 *septembre.*

66 Catalogue d'Objets rares et précieux, tels que Dessins, Estampes, Bronzes, Marbres, Laques, Instrumens de géométrie, de mathématiques, etc., qui composaient le Cabinet de feu le C. ANISSON-DUPERRON. 10 *septembre.*

67 Catalogue d'un beau choix d'Estampes, Galeries, Recueils, et autres objets, du Cabinet du C.... 23 *septembre.*

Liste de Catalogues.

68 Catalogue de quelques Tableaux, Dessins, Estampes, Statues, Figures de petites proportions, Bustes en bronze, en marbre et en terre cuite, Vases, et autres objets, du Cabinet du C. HOUDON, sculpteur. 8 *octobre.*

69 Catalogue d'une belle et nombreuse Collection d'Estampes, Recueils, Galeries, etc., qui composaient le Cabinet d'HÉRICOURT. 19 *octobre.*

70 Notice d'Objets précieux, tels que Tableaux, Dessins, Estampes, Bronzes, Marbres, Terre cuite, Pyramides, Colonnes, Coupes et Tables en matières précieuses, etc., du Cabinet du C.... 9 *novembre.*

71 Notice de quelques Tableaux, Pastels, Dessins et Estampes, qui composaient le Cabinet de feu le C. VILLERS, peintre. 2 *décembre.*

72 Notice d'Estampes, Recueils, Tableaux, Dessins, Gouaches, Médailles, Bronzes, etc., du Cabinet du C.... 8 *décembre.*

73 Notice d'Estampes, Suites, Galeries, etc., du Cabinet du C.... 18 *décembre.*

1796.

74 Catalogue d'Objets précieux, tels que Tableaux, Gouaches, Dessins, Estampes, Bronzes, Albâtres, Porcelaines, etc., du Cabinet du C.... 7 *janvier.*

75 Notice d'Estampes, Recueils, Œuvres, etc., du Cabinet BOUQUILLARD. 13 *janvier.*

76 Notice d'Estampes, Vignettes, Suites, Galeries, etc., qui composaient le Cabinet du C.... 31 *janvier.*

77 Catalogue d'un choix précieux d'Estampes, Galeries, Porte-Feuilles de Dessins, qui composaient le Cabinet du C.... 16 *février.*

78 Catalogue d'un beau choix d'Estampes, Galeries, Œuvres, Gouaches et Dessins, qui composaient le Cabinet du C.... 1 *mars.*

79 Notice de Dessins, Gouaches, Estampes, Œuvres, etc., du Cabinet du C.... 18 *mars.*

80 Notice d'Estampes, Recueils d'Antiquités, Portraits, Porte-

Feuilles de Dessins, et autres objets, du Cabinet du C.... 2 avril.

81 Notice de Dessins, Estampes, Galeries, et autres objets, du Cabinet du C.... 10 avril.

82 Notice d'Estampes, Recueils, Galeries, etc., du Cabinet du C.... 4 mai.

83 Notice d'un choix précieux d'Estampes, Galeries, et autres objets, du Cabinet du C.... 30 mai.

84 Notice d'Estampes, Œuvres, Suites diverses, etc., du Cabinet du C.... 15 juillet.

85 Notice d'Objets précieux, tels que Tableaux, Gouaches, Dessins, Marbres, Bronzes, Porcelaines, et autres objets précieux, du Cabinet du C.... 29 juillet.

86 Catalogue de Dessins, Gouaches, Estampes, Recueils, Œuvres, etc., qui composaient le Cabinet CHEREAU. 1 août.

87 Catalogue d'Objets précieux, tels que Tableaux, Miniatures, Gouaches, Dessins, Recueils d'Estampes, Livres à figures, Figures, Vases, Vasques, Coupes, Fûts de colonnes et Tables en matières précieuses, Bronzes, Porcelaines, et autres effets curieux, qui composaient le Cabinet de feu le C. T. DE B.*** 30 août.

88 Catalogue d'une nombreuse Collection d'Estampes, Recueils et Œuvres, Tableaux, Dessins, etc., qui composaient le Cabinet HAUMONT. 12 septembre.

89 Catalogue d'une belle Collection d'Estampes, Suites diverses et Livres à figures, qui composaient le Cabinet de M. LA VOYE-PIERRE. 3 octobre.

90 Catalogue d'Estampes, Recueils, Œuvres et Livres d'Estampes, qui composaient le Cabinet du C.... 5 décembre.

91 Catalogue de Tableaux précieux, Pastels, Miniatures, Gouaches, Collection de Dessins, Bronzes, Vases, Emaux, et autres objets, du Cabinet de feu le C. LEMPEREUR. 27 décemb.

1797.

92 Notice de quelques Tableaux précieux, Dessins, Gouaches,

Liste de Catalogues. 549

Estampes, et autres objets, qui composaient le Cabinet du C.... 16 *janvier.*

93 Notice d'Estampes, Suites diverses et Volumes d'Estampes, provenant du Cabinet du C.... 24 *février.*

94 Notice succincte de Tableaux, Miniatures, Gouaches, Dessins, et autres objets, provenant du Cabinet du C.... 1 *mars.*

95 Notice de Tableaux, Estampes, Œuvres diverses, etc., du Cabinet du C.... 3 *avril.*

96 Notice de quelques Tableaux, Collection de Dessins, Marbres, et autres objets, du Cabinet de M.ᵣ M....... DE PARME. 5 *avril.*

97 Catalogue d'Estampes, Œuvres, Galeries, etc., du Cabinet du C.... 1 *mai.*

98 Catalogue d'une Collection de Tableaux, Estampes, Bronzes, Marbres, Porcelaines, Diamans, Bijoux, et autres objets curieux, provenant du Cabinet de feu le C. DE BAUDOUIN. 4 *mai.*

99 Notice de Tableaux, Estampes, Marbres, Bronzes, Biscuit, Porcelaines, Instrumens divers, et autres objets, après le décès du C.ⁿ et de la C.ⁿᵉ.... 18 *mai.*

100 Notice d'Estampes, Œuvres et Recueils, du Cabinet du C..... 30 *mai.*

101 Catalogue de Tableaux, Miniatures, Peintures en émail, Recueils d'Estampes, Bronzes, Marbres, Porcelaines, et autres objets précieux, provenant du Cabinet du C. DRUYER-DUPOINTÉ 3 *juillet.*

102 Catalogue d'un choix d'Estampes modernes du Cabinet du C... 10 *juillet.*

103 Catalogue d'un beau choix d'Estampes, Recueils, Galeries, etc., provenant du Cabinet du C.... 15 *juillet.*

104 Notice d'Estampes, Instrumens d'astronomie et autres, Histoire naturelle, etc., du Cabinet de feu le C. BLONDEL. 4 *septembre.*

105 Notice d'un bon choix d'Estampes, Livres à figures, etc., du Cabinet du C.... 24 *octobre.*

106 Catalogue de Tableaux, Dessins, nombreuse Collection d'Estampes, Recueils et Planches gravées, qui composaient le Fonds de Commerce et le Cabinet de feu le C. BULDET, ancien marchand d'estampes. 4 *décembre.*

1798.

107 Catalogue raisonné d'un choix très-précieux d'Estampes du Cabinet du C.... A.... 3 *février.*

108 Notice d'Estampes, Recueils, Galeries, etc., du Cabinet du C.... 24 *février.*

109 Catalogue d'un choix très-précieux d'Estampes, Recueils et Livres à figures, provenant du Cabinet du C. C..., médecin. 6 *mars.*

110 Catalogue de Tableaux, Dessins, Estampes, Marbres, Bronzes, Porcelaines, divers autres objets précieux, Fonds de Planches gravées, etc., après le décès du C. BEAUVARLET, graveur. 13 *mars.*

111 Catalogue de Planches gravées et Estampes, après le décès du C. RAPILLY.... 2 *mai* (13 *floréal an* 6).

112 Catalogue de Tableaux, Gouaches, Marbre, Terre cuite, Dessins, Estampes et Recueils, du Cabinet du C.... 11 *juillet* (23 *messidor*).

113 Catalogue d'Estampes, Galeries, Tableaux, Miniatures, Dessins, Pantographe et autres instrumens, Livres précieux à figures, qui composaient le Cabinet et le Fonds de Commerce de feu le C. DELORME, ancien relieur et marchand d'estampes. 8 *octobre* (17 *vendémiaire an* 7).

114 Notice d'Estampes, Suites, Œuvres, Ustensiles de peinture, etc., du Cabinet du C.... 8 *novembre* (18 *brumaire*).

115 Catalogue raisonné d'un choix précieux de Dessins et d'une nombreuse et riche Collection d'Estampes, Livres à figures, Tableaux, et autres objets, qui composaient le Cabinet de feu *Pierre-François* BASAN *père*, graveur et ancien marchand d'estampes. 1 *décembre* (11 *frimaire*).

1799.

116 Catalogue de Tableaux, Miniatures, Gouaches, Dessins,

Liste de Catalogues.   551

Bronzes, Marbres, Porcelaines, et autres effets précieux, qui composaient le Cabinet de feu le C. COCHU, médecin. 21 *février* (3 *ventôse*).

117 Catalogue d'un choix précieux d'Estampes, Tableaux, Gouaches, Dessins, et objets de curiosité, du Cabinet du C.... 25 *février* (7 *ventôse*).

118 Catalogue d'Estampes, Galeries, Recueils, etc., du Cabinet du C.... 4 *avril* (15 *germinal*).

119 Notice de Tableaux, Gouaches et Dessins, Pierre de rapport, etc., du Cabinet du C.... 9 *avril* (17 *germinal*).

120 Catalogue d'une Collection nombreuse d'Estampes, Recueils, Galeries et Dessins. 10 *avril* (21 *germinal*).

121 Catalogue d'Estampes, Recueils, Galeries, Cabinets, Tableaux, et autres objets, qui composaient le Cabinet de feu le C. DE MILLY. 3 *juin* (15 *prairial*).

122 Notice de quelques Tableaux, Collection d'Estampes et Suites diverses du Cabinet du C.... 21 *juin* (3 *messidor*).

123 Notice d'Estampes et Volumes du Cabinet du C.... 29 *novembre* (8 *frimaire an* 8).

1800.

124 Notice de bonnes Estampes. 18 *février* (29 *pluviôse*).

125 Catalogue des Dessins, Planches gravées, etc., qui composaient le Fonds de l'entreprise de la Galerie de Florence. 20 *mars* (29 *ventôse*).

126 Notice de Dessins et d'Estampes, Œuvres diverses, Bronzes, Marbres, Cristaux de roche, etc. du Cabinet du C.... 4 *avril* (14 *germinal*).

127 Catalogue de Tableaux et Dessins, Collection d'Estampes en Recueils, Livres d'Estampes, etc., qui composaient le Cabinet de feu *Fr.-Hip*. LÉLU, ancien commissaire des guerres, et sous-chef au bureau des fortifications de l'artillerie et du génie. 25 *juin* (6 *messidor*).

128 Notice d'Estampes et Recueils. 21 *octobre* (29 *vemdémiaire an* 9).

1801.

129 Catalogue d'une riche et très-précieuse Collection d'Estampes

modernes ; le tout provient du Cabinet du C. H.... 7 *janvier* (17 *nivôse*).

130 Notice d'une Collection nombreuse d'Estampes, Recueils, Portraits, etc., du Cabinet du C.... 5 *février* (16 *pluviôse*).

131 Notice d'Estampes, Recueils, etc., du Cabinet du C..... 25 *avril* (4 *floréal*).

132 Notice de Planches gravées, Impressions, Dessins, Estampes, et autres objets de Fonds de Commerce de marchand d'estampes, après le décès de *Jacques* GAMBLE *fils*. 30 *juillet* (11 *thermidor*).

133 Notice succincte de Tableaux, Dessins, Estampes, Collection de Portraits, Recueils, etc. 10 *août* (22 *termidor*).

134 Catalogue d'Estampes, Suites, Galeries, Recueils, Planches gravées, etc., après le décès d'*Ant.-Ferd.* BASAN *jeune*, marchand d'estampes. 31 *août* (13 *fructidor*).

135 Catalogue raisonné d'une précieuse Collection d'Estampes, du Cabinet de feu *Charles* DE VALOIS. 14 *novembre* (23 *frimaire an* 10).

1802.

136 Notice d'Estampes du Cabinet du C.... 23 *février* (4 *ventôse*).

137 Notice d'Estampes provenant du Cabinet du C.... 12 *avril* (22 *germinal*).

138 Notice de Tableaux, Gouaches, Dessins, Estampes, Recueils, Ustensiles de peinture, Outils de graveur, etc. 18 *juin* (22 *prairial*).

139 Notice d'Estampes, après le décès du C.... 5 *juillet* (16 *messidor*).

140 Notice d'une Collection de plus de quarante mille Estampes, Œuvres, Suites, Dessins, etc. 2 *septembre* (15 *fructidor*).

141 Notice de Planches gravées, Impression de Planches, Estampes, et autres objets de Fonds de Commerce de marchand d'estampes, 10 *septembre* (23 *fructidor*).

142 Notice de Tableaux, Gouaches, Cornalines, Marbres, Porcelaines, et autres objets curieux du Cabinet de feu M. P...T. 12 *novembre* (20 *vendémiaire an* 11).

Liste de Catalogues. 553

143 Notice de Tableaux, Dessins, Gouaches, Marbres, Estampes, Recueils, Galeries, etc. 19 *octobre* (27 *vendémiaire*).
144 Notice de Tableaux, Dessins, Gouaches, Objets de curiosité, etc. 11 *décembre* (20 *frimaire*).
145 Catalogue d'une précieuse Collection d'Estampes. 13 *décembre* (22 *frimaire*).

1803.

146 Notice de Dessins et Estampes, Galeries, Livres à figures, Planches gravées, après le décès de M. DÉMARTEAU, graveur. 10 *février* (21 *pluviôse*).
147 Catalogue de Tableaux, Pastels, Miniatures, Gouaches, Dessins, Estampes, Marbres, Ivoires, Bronzes, Cristaux de roche, Agates, Porphyres, et autres curiosités du Cabinet de feu M. DUQUESNOY. 1 *mars* (10 *ventôse*).
148 Notice d'une précieuse Collection d'Estampes, Galeries, Cabinets, etc. 4 *avril* (14 *germinal*).
149 Catalogue des Dessins de grands Maîtres, Tableaux, Recueils, et autres objets, qui composaient le Cabinet de feu M. PELLETAN. 14 *avril* (24 *germinal*).
150 Catalogue d'une nombreuse Collection d'Estampes et de Dessins de grands Maîtres, après le décès de madame ALIBERT, et cessation de commerce de J.-Guil. ALIBERT, marchand d'estampes. 25 *avril* (5 *floréal*).
151 Catalogue de Tableaux, Gouaches, Dessins, Estampes, Vases en marbre, et autres objets, qui composaient le Cabinet de feu M. SOURY. 6 *mai* (16 *floréal*).
152 Catalogue d'une Collection de Tableaux de Maîtres des trois écoles, provenant du Cabinet de feu M. SPRUYT, peintre, ancien professeur de l'académie de Gand. 11 *mai*.
153 Catalogue de Tableaux, Gouaches, Pastels, Dessins, Albâtres, Estampes, Recueils, Planches gravées, etc. 6 *juin* (17 *prairial*).
154 Notice de Tableaux, Dessins, Estampes, Galeries, Livres à figures, Morceaux en biscuit, Porcelaines, etc., du Cabinet de M.*** 21 *juillet* (2 *thermidor*).
155 Notice d'Estampes et Recueils du Cabinet de M.*** 28 *juillet* (9 *thermidor*).
156 Notice de Tableaux, Estampes, Vases, etc., en bronze, et autres objets de curiosité. 2 *novembre* (10 *brumaire an* 12).

554 *Liste de Catalogues.*

157 Notice de Tableaux, d'une nombreuse Collection d'Esquisses et de Dessins, et de quelques Estampes, qui composaient le Cabinet de feu M.*** 18 *novembre* (26 *brumaire*).

158 Notice de Tableaux et Estampes, après le décès de feu M. JOLIVET DU PAN. 21 *décembre* (29 *frimaire*).

159 Catalogue de Gouches et Dessins, Terres cuites, nombreuse Collection d'Estampes, Livres sur les arts, etc., du Cabinet de M.*** 28 *décembre* (6 *nivôse*).

1804.

160 Notice d'Estampes, Tableaux, Dessins, du Cabinet de M.*** 7 *janvier* (18 *nivôse*).

161 Catalogue d'une riche et précieuse Collection d'Estampes, Tableaux, Granit, Bronzes dorés, Biscuit, et autres objets curieux, qui composaient le Cabinet de M.*** 12 *mars* (21 *ventôse*).

162 Catalogue d'Estampes, Recueils et Galeries, Tableaux, etc., du Cabinet de feu M.*** 22 *mars* (1 *germinal*).

163 Catalogue d'une Collection nombreuse d'Estampes, Œuvres et Recueils, quelques Tableaux et Dessins, Planches gravées, etc. 5 *avril* (15 *germinal*).

164 Catalogue d'une belle Collection d'Estampes, Suites, Recueils, Galeries, Cabinet, etc., du Cabinet de M.*** 23 *avril* (3 *floréal*).

165 Notice d'une belle Collection d'Estampes, qui composaient le Cabinet de feu M.*** 8 *juin* (19 *prairial*).

166 Catalogue d'une belle Collection d'Estampes, Galeries, Cabinets, Voyages, etc., du Cabinet de M.*** 12 *novembre* (21 *brumaire*).

1805.

167 Notice d'Estampes, Suites, et belle Collection de Dessins, du Cabinet de M.*** 8 *janvier.*

168 Catalogue de Dessins en feuilles et en recueils, Estampes, etc., qui composaient le Cabinet de M. H...., ex-chanoine de Liége. 21 *janvier.*

169 Catalogue de Tableaux, Gouaches et Dessins, Collection considérable d'Estampes, Galeries, Cabinets, Œuvres, Livres à figures, Planches gravées, etc., du Cabinet de M.*** 11 *mars.*

170 Notice d'Ouvrages en marbre, etc., Tableaux, Dessins, Es-

Liste de Catalogues. 555

tampes, et autres objets, après le décès de M. JULIEN, statuaire, membre de l'institut et de la légion d'honneur. 19 *mars* (28 *ventôse an* 13).

171 Notice de Tableaux, Porte-Feuilles de Dessins, Estampes, etc., après le décès de M. DELHAAS. 4 *avril* (14 *germinal*).

172 Catalogue raisonné du Cabinet de feu M. LÉOFROY DE SAINT-YVES. 2 *mai* (12 *floréal*).

173 Catalogue de Tableaux, Gouaches, Dessins, Estampes, Marbres, Bronzes, etc., du Cabinet de M.*** 6 *juin* (17 *prair.*)

174 Catalogue d'une Collection considérable d'Estampes, Suites, Galeries, Cabinets, Œuvres, Recueils, Tableaux, Dessins, et autres objets, du Cabinet de M.*** 29 *juillet* (10 *thermidor*).

175 Catalogue d'un choix très-précieux d'Estampes, Groupes et Vases en bronze, etc., du Cabinet de M. B..... 13 *août* (25 *thermidor*).

1806.

176 Catalogue de Tableaux, Gouaches, Dessins, Estampes, Galeries, Cabinets, Marbres, Terres cuites, Médailles, Porcelaines, et autres objets, du Cabinet de M.*** 27 *janvier*.

177 Catalogue de Planches gravées, Impressions, nombre d'Estampes, etc., qui composaient le Fonds de Commerce connu sous le nom des Deux Pilliers d'or, appartenant à mademoiselle JOUBERT, *fille aînée*. 26 *février*.

178 Notice de Dessins, Estampes et Recueils, après le décès de Mr M...., graveur d'architecture. 31 *mars*.

179 Notice de Tableaux, Gouaches, Dessins, Estampes, Albâtres, Bronze, Porcelaines, et autres effets précieux. 15 *avril*.

180 Notice d'Estampes, Galeries, Recueils, et autres objets, de Fonds de Commerce de marchand d'Estampes, après le décès de M. GOSSELIN, marchand d'estampes. 19 *mai*.

181 Catalogue d'Estampes, Œuvres et Recueils, Tableaux et Dessins. 28 *mai*.

182 Catalogue de bonnes Estampes, Recueils, Galeries, Cabinets, Livres d'Estampes, Planches gravées, Tableaux, Gouaches et Dessins. 14 *juillet*.

183 Catalogue de Tableaux, Gouaches, Dessins et Estampes, Planches gravées, et autres objets, après le décès M. NICOLAS, doreur et marchand d'estampes. 3 *novembre*.

184 Catalogue de Tableaux, Gouaches, Dessins, Estampes, Recueils, Marbres, Terres cuites, Bronzes, et autres objets, du Cabinet de M.*** 24 *novembre.*
185 Catalogue d'une belle Collection de Dessins, Estampes, Tableaux, Peinture en émail, et divers objets de curiosité, qui composaient le Cabinet de M.r D. L. M. 29 *décembre.*

1807.

186 Catalogue de Tableaux, Dessins, Estampes, Galeries et Recueils, Planches gravées, après le décès de M. BOUILLIARD, graveur, membre de la ci-devant académie. 8 *janvier.*
187 Catalogue d'une Collection d'Estampes de graveurs célèbres des 15.me, 16.me, 17.me et 18.me siècles, Recueils, quelques Tableaux et Dessins, du Cabinet de M. G.... 1 *avril.*
188 Catalogue d'une précieuse Collection d'Estampes, Gouaches et Dessins, qui composaient le Cabinet de feu M. DETIENNE. 29 *avril.*
189 Notice succincte d'Estampes, Œuvres, Recueils, Tableaux, Dessins, etc. 28 *juillet*
190 Notice de quelques Tableaux, Dessins, Estampes, Galeries, Recueils, Terres cuites, Plâtres, Blocs de marbre, etc., après le décès de madame MOITTE, peintre, épouse de M. MOITTE, sculpteur, membre de l'Institut de France, de la légion d'honneur. 20 *août.*
191 Notice de Tableaux, Gouaches, etc., qui composaient le Cabinet de feu M. DE GANAY, ancien major de cavalerie. 28 *octobre.*
192 Catalogue de Tableaux, Miniatures, Dessins, Estampes, Plâtres, etc., après le décès de M. SUVÉE, peintre, directeur de l'école de France à Rome, professeur de l'école spéciale de peinture et sculpture de Paris, membre de la légion d'honneur, correspondant de l'Institut de France, membre de l'ancienne académie royale de peinture et de sculpture, etc. 4 *novembre.*
193 Catalogue de Tableaux, miniatures, Gouaches, Ivoires, Dessins et Estampes, Galeries, Œuvres, Recueils, Livres à figures, Planches gravées, etc., du Cabinet de M. L.*** 14 *décembre.*

1808.

194 Notice de Tableaux, Gouaches, Dessins, Estampes, et autres

Liste de Catalogues. 357

  objets curieux, du Cabinet de feu M. GUILLAUMOT, directeur de la manufacture impériale des Gobelins, membre de l'ancienne académie d'architecture et de la légion d'honneur. 15 *janvier.*

195 Catalogue d'Estampes, Galeries, Cabinets, Recueils, Livres à figures, Gouaches et Dessins, provenant des Cabinets de M. P......, graveur, et de M. D.... 23 *février.*

196 Notice de Tableaux, Dessins, Estampes, Bronzes, Marbres, Porcelaines, et autres objets de curiosité, qui composaient le Cabinet de feu M. AMIEL. 7 *mars.*

197 Catalogue de Tableaux, Dessins, Estampes, Recueils, Livres à figures, Planches gravées, et divers objets de curiosité, qui composaient le Cabinet de M. AUGUSTIN DE SAINT-AUBIN, graveur de la bibliothèque impériale, et membre de l'ancienne académie royale de peinture et de sculpture. 4 *avril.*

198 Catalogue d'Estampes, Galeries, Cabinets, Œuvres, Recueils, Livres à figures, quelques Tableaux, Gouaches, Dessins, et autres objets, du Cabinet de M.*** 23 *mai.*

199 Catalogue de Tableaux, Pastels, Gouaches, Dessins, Estampes, Albâtres, Cristaux de roche, et autres objets, du Cabinet de M. M.*** 22 *juillet.*

200 Notice de Tableaux qui composaient le Cabinet de feu M. DE SAINT-E..... 24 *août.*

201 Catalogue de Planches gravées, Impressions, nombre d'Estampes en feuilles, Dessins, et autres objets, qui composaient le Fonds de Commerce de M. DEMARTEAU. 5 *septembre.*

202 Notice de Planches gravées. 3 *octobre.*

203 Catalogue de Tableaux, Gouaches, Dessins, Estampes, Œuvres, Recueils, Livres à figures, Planches gravées, Editions diverses, et autres objets, après le décès de M. GUYOT, graveur et marchand d'estampes. 14 *novembre.*

204 Notice d'Estampes, de quelques Tableaux, Gouaches et Dessins, Email, objets de curiosité, Livres sur les arts, etc. 13 *décembre.*

1809.

205 Catalogue de Tableaux, Miniatures, Gouaches, Dessins, Estampes, Livres à figures, Bronzes, et autres objets de curiosité, qui composaient le Cabinet de feu M. BELLE, Peintre, membre de l'ancienne académie royale, professeur et recteur

des écoles spéciales des beaux-arts inspecteur et professeur de dessin à la manufacture impériale et royale des tapisseries de la couronne. 18 *janvier.*

206 Catalogue de Tableaux et Esquisses, Dessins, Bronzes, Marbres et objets de curiosité, Estampes et Planches gravées, provenant de feu M. L. M. H..... 10 *avril.*

207 Catalogue de Planches gravées, Editions, Impressions, quelques Tableaux, Dessins, Estampes, et autres objets, après cessation de commerce de *Mar.-Franc.* DROUHIN. 20 *avril.*

208 Notice de quelques bonnes Estampes, Tableaux, Miniatures et Bronzes, du Cabinet de feu M. LE ROUGE. 12 *mai.*

209 Catalogue d'une nombreuse Collection d'Estampes, Recueils et Œuvres, Galeries, etc., quelques Tableaux et Dessins, du Cabinet de feu M. HOUZÉ DE GRANDCHAMP. 12 *juin.*

210 Notice succincte de Tableaux, Dessins et Estampes, Recueils, Planches gravées, et autres objets, après le décès de M. CHOFFARD, dessinateur et graveur. 11 *septembre.*

211 Notice d'Estampes du Cabinet de M.*** 4 *octobre.*

212 Catalogue de Tableaux, quelques Dessins, Marbres et Terres cuites, du Cabinet de M. LÉGÉE, employé à la banque de France. 11 *décembre.*

1810.

213 Catalogue raisonné d'Estampes, quelques Recueils, Livres à figures et sur les arts, Tableaux et Dessins, du Cabinet de M. PREVOST, dessinateur et graveur. 8 *janvier.* (Imprimé en 1809).

214 Catalogue de Tableaux, Dessins, bonnes Estampes, Peintures, Galeries, Cabinets, Œuvres, etc., qui composaient le Cabinet de M. J. B. H. 21 *mars.*

215 Notice de Tableaux, Estampes, Recueils, etc., provenant du Cabinet de M.*** 17 *avril.*

216 Catalogue de bons Tableaux, Buste de marbre, etc., du Cabinet de M.*** 30 *avril.*

217 Catalogue de Tableaux, Dessins, Statues en Bronze, Vases et Coupes en albâtre, etc., après le décès de M. MOITTE, statuaire de l'ancienne académie royale de peinture et de sculpture, professeur à l'école des arts, membre de l'Institut de France et de la légion d'honneur, de la société philotechnique, etc. 7 *juin.*

218 Catalogue de Planches gravées, Impressions d'icelles, nombre d'Estampes, Recueils, Galeries, Cabinets, etc., Livres à figures, Collection de Dessins, qui composaient un Fonds de Commerce considérable. 13 *juin.*

219 Catalogue de Tableaux du Cabinet de M.*** 28 *juin.*

220 Notice de quelques Tableaux, Gouaches, Dessins et Estampes, Galeries, Livres à figures et Planches gravées, après cessation de commerce de M. DELAUNAY, graveur. 12 *novembre.*

221 Notice de Tableaux, Dessins, Estampes, Recueils, et autres objets provenant du Cabinet de M. L.***, peintre, membre de l'ancienne académie royale de peinture et de sculpture. 26 *novembre.*

222 Notice de Tableaux, Gouaches, Dessins, Estampes, Recueils, et objets de curiosité, après le décès de M. *François* PIRANESI 17 *décembre.*

223 Catalogue de Tableaux, Miniatures, Gouaches, Dessins, Estampes, Marbres, Ivoires, Bronzes, et autres objets curieux, du Cabinet de feu M. LANDRY. 26 *décembre.*

1811.

224 Catalogue raisonné d'Objets d'arts du Cabinet de feu M. DE SILVESTRE, chevalier de l'ordre de Saint-Michel, et maitre à dessiner des Enfans de France. 28 *février.*

225 Catalogue de Dessins, Estampes anciennes et modernes, Marbres, Bronzes, Porcelaines, et autres objets, après le décès de M. GRUEL. 15 *avril.*

226 Catalogue de Tableaux, Esquisses, Dessins, Estampes, Œuvres, Recueils, Livres à figures et sur les arts, et autres objets, après le décès de M. *Pierre* LÉLU, peintre d'histoire. 23 *avril.*

227 Notice de Tableaux, Dessins, Estampes et Planches gravées, après le décès de M. DE MARCENAY DE GUY, peintre et graveur, écuyer, correspondant pour les belles-lettres, de l'académie royale de Rouen, et honoraire de celle de Saint-Luc. 26 *juin.*

228 Notice de Gouaches, Dessins, Estampes, Recueils et Sujets en cire du Cabinet de M.*** 19 *novembre.*

229 Catalogue d'Objets d'arts des Cabinets de feu M. OZANNE,

ancien ingénieur de la marine, et de feu M. COINY, dessinateur et graveur. *2 décembre.*

1812.

230 Catalogue d'Objets d'arts et de curiosité, provenant du Cabinet de feu M. NOGARET. *30 janvier.*

231 Catalogue d'une Collection nombreuse de Dessins et d'Estampes, Recueils, et Œuvres, Livres à figures, et sur les arts, etc., du Cabinet de M.*** *6 avril.*

232 Catalogue de Gouaches, Dessins, Tableaux, Marbres, Terre cuite, Plâtres, Stucs, Moules et autres objets, après le décès de M.*** *14 avril.*

233 Catalogue d'une Collection précieuse d'Estampes de célèbres graveurs modernes, qui composaient le Cabinet de M.*** *5 mai.*

234 Catalogue d'une Collection précieuse d'Estampes de célèbres graveurs modernes, qui composaient le Cabinet de M. J. L. *9 juin.*

235 Notice de quelques Tableaux, Estampes, Recueils et Livres à figures, après le décès de M.*** *20 août.*

236 Catalogué de quelques Tableaux, Estampes, Recueils, et Livres, après le décès de M.***, graveur et marchand d'estampes. *1 décembre.*

1813.

237 Catalogue d'Estampes, Œuvres, Recueils, quelques Tableaux, Dessins, Meubles genre de Boulle, après le décès de Mme DE LA MICHODIÈRE, veuve de M. THIROUX DE CROSNE D'ARCONVILLE, ancien lieutenant-général de police, conseiller-d'état, et intendant de Rouen. *18 janvier.*

238 Catalogue de Tableaux, Dessins et Estampes, qui composaient la Collection de M. KYMLI, peintre du Cabinet de la Cour palatine de Bavière. *22 février.*

239 Catalogue d'Estampes, Recueils, Livres à figures, Planches gravées, Tableaux, Dessins, etc., après le décès de M. *François-Robert* INGOUF *jeune*, dessinateur et graveur, membre des académies royales espagnoles de Saint-Ferdinand de Madrid, et de Saint-Charles de Valence, et après le décès de Mme INGOUF. *8 mars.*

Liste de Catalogues. 561

240 Catalogue d'Estampes et Planches gravées, après le décès de M. Esnault, M. d'Estampes. 22 *mars.*
241 Catalogue raisonné d'une précieuse Collection d'Estampe, du Cabinet de M. L. T.... 5 *avril.*
242 Catalogue d'Estampes, après le décès de M. Robin l'aîné, marchand d'Estampes. 27 *avril.*
243 Catalogue de Tableaux, Gouaches, Dessins, Meubles de Boulle et autres objets, du Cabinet de M.*** 4 *mai.*
244 Catalogue d'Estampes, Planches gravées, Tableaux, Emaux, Gouaches et Dessins, Ustensiles de peinture, etc., provenant de M.*** 1 *juin.*
245 Catalogue de Planches gravées, Editions de divers ouvrages, Dessins, Estampes et Recueils, qui composaient le Fonds de Calcographie de M. B....., architecte. 22 *juin.*
246 Notice de Planches gravées, Impressions d'icelles, qui composaient le Fonds de feu Mme veuve B..... 23 *juin.*
247 Catalogue d'Estampes, Recueils, Planches gravées, quelques Tableaux et Dessins, Marbres, etc., provenant de M.*** 21 *juillet.*
248 Notice de Tableaux, Gouaches, Dessins, Estampes, Recueils, Planches gravées, etc., provenant de M. Blankenstein. 12 *août.*
249 Catalogue d'Estampes, Recueils, Livres à figures, Tableaux et Dessins, provenant du Cabinet de M.*** 14 *octobre.*
250 Notice de Tableaux, Gouaches, Estampes, Recueils, Terres cuites, Albâtre, etc., après le décès de M. le comte de Cossé Brissac, officier de la légion d'honneur, grande croix de l'ordre de Saint-Hubert de Bavière. 9 *décembre.*
251 Notice d'Estampes, Recueils, Livres à figures, Gouaches, Dessins, et autres objets, du Cabinet de M.*** 1 *décembre.*
252 Notice de Tableaux, Dessins, Estampes, Planches gravées, et autres objets, après le décès de M. J.-B. Tilliard, graveur. 30 *décembre.*

1814.

253 Catalogue de Tableaux, Peinture en émail, Peinture sur porcelaine, Miniatures, Dessins, Terres cuites, Souffres, Es-

tampes, Recueils, Marbres, et autres objets, du Cabinet de M.*** 17 *janvier.*

254 Catalogue de Tableaux, Gouaches, Dessins, Estampes, Recueils, Livres à figures, Edition, Planches gravées et Curiosités diverses, après le décès de M. HOUEL, peintre et graveur, membre de la ci-devant académie royale de peinture et de sculpture, et de plusieurs autres académies et sociétés savantes. 3 *mars.*

255 Notice d'Estampes, Volumes divers, quelques Gouaches, Dessins et Sujets en écaille, du Cabinet de M.*** 20 *juin.*

256 Catalogue d'une Collection précieuse d'Estampes, du Cabinet de M.*** 12 *juillet.*

257 Catalogue raisonné de Gouaches et de Dessins, du Cabinet de M. BRUUN-NEERGAARD, Gentilhomme de la chambre du roi de Danemarck. 30 *août.*

258 Catalogue de Planches gravées, du Fonds de l'ouvrage dit *Gallerie des Peintres flamands, hollandais et allemands*, après le décès de M. LE BRUN, et après le décès de M. FOUQUET d'Amsterdam. 30 *septembre.*

259 Notice de quelques Tableaux, Musée Robillard, etc., après le décès de M.me veuve RENAULT. 27 *octobre.*

260 Notice de quelques Tableaux, Gouaches, Dessins, Estampes, Planches gravées, etc., après le décès de M. ROBERT DELAUNAY, graveur. 2 *novembre.*

261 Catalogue d'Estampes, Recueils et Livres à figures, après le décès de M. D....... 8 *novembre.*

262 Notice de Tableaux et Esquisses, Gouaches, Dessins, Laques, Médailles, etc., après le décès de M. LAGRENÉE l'aîné, peintre du roi, et d'Elizabeth, impératrice de Russie, membre de la légion d'honneur, ancien directeur de l'académie de France à Rome, recteur des écoles spéciales de peinture et de sculpture de Paris, etc., et de M.me LAGRENÉE, sa veuve. 12 *novembre.*

263 Catalogue d'Estampes, OEuvres et Recueils, Tableaux, etc., qui composaient le Cabinet de feu M. SINSON. 20 *décembre.*

1815.

264 Catalogue de Tableaux, Miniatures et Emaux, Colonnes, Bas-

Liste de Catalogues. 563

Reliefs, Figures et Bustes en bronze, en ivoire et en cristal de roche, Coupes et Vases en agathe, jade orientale, jaspe, lapis-lazzuli et pierre de lard, figure en prime d'émeraudes, Pierres diverses, Armures, Instrumens, Monnaies, Médailles, et autres objets, du Cabinet de M. PETIT-JEAN. 3o *Janvier.*

265. Catalogue de Planches gravées, Estampes et Recueils, après cessation de commerce de M. TRESCA, graveur, 21 *février.*

266 Catalogue de Tableaux, Pastels, Gouaches, Dessins, Estampes, Bustes en marbre, Vase en granit rose, et autres objets, du Cabinet de M.*** 13 *mars.*

267 Notice d'Estampes, Ivoire, Agathe, Jaspe, Lapis, etc., après le décès de M. BOURDUGE. 23 *mai.*

268 Catalogue d'Estampes, Œuvres, Recueils, Livres à figures, Sphères, Cartes géographiques, etc., du Cabinet de M.*** 3o *novembre.*

1816.

269 Catalogue d'Estampes, Suites d'Eaux-Fortes, Œuvres, Recueils et Livres à figures, du Cabinet de M.*** 29 *janvier.*

270 Catalogue d'un bon choix de Gouaches et Dessins, du Cabinet de M.*** 3 *février.*

271 Catalogue d'Estampes, Œuvres, Recueils, Livres sur les arts, Modèles de Bâtimens de mer, Planches gravées, etc., qui composaient le Cabinet et le Fonds de feu M. LE GOUAZ, ancien graveur de l'académie royale des sciences. 18 *mars.*

272 Catalogue de Tableaux, Pastels, Gouaches et Dessins, Bas-Reliefs en argent, Bronzes, Marbres et Ivoires, Pendules, Porcelaines, Meubles de Boulle, et autres objets de curiosité, du Cabinet de M.*** 2 *avril.*

273 Catalogue d'Estampes, Œuvres, Recueils, Planches gravées, Gouaches, et autres objets, après cessation de commerce de M. MARTIN père, ancien marchand d'estampes. 20 *mai.*

274 Catalogue de Tableaux, Dessins, Estampes, Recueils, Planches gravées, Bronzes, Ustensiles de Peinture, et autres objets, après le décès de M. PEYRON, peintre, membre de l'ancienne académie royale de peinture et de sculpture. 10 *juin.*

275 Notice d'Estampes, Suites de Vignettes, Recueils et Livres à

figures, quelques Tableaux, Miniatures, Gouaches, Dessins, Bronze, Terre cuite, et autres objets, du Cabinet de M.*** 26 *juin.*

276 Catalogue de Tableaux, Dessins, Recueils, Estampes, Granit, Marbre, Albâtre, Porcelaine, Bronze, etc., du Cabinet de feu Mme *** 27 *novembre.*

277 Catalogue de Tableaux, Pastels, Emaux, Miniatures, Gouaches, Dessins, Estampes, Recueils, Ivoires, Tabatières, Meubles avec panneaux en matière précieuse, et autres objets, qui composaient le Cabinet de feu M. RICHARD DE LEDAN, ancien lieutenant-colonel d'infanterie, chevalier de l'ordre royal et militaire de Saint-Louis, ancien gouverneur des pages de feu S. M. la Reine, alors MADAME, comtesse de Provence. 3 *décembre.*

1817.

278 Catalogue d'Estampes, Recueils et Dessins du Cabinet de M.*** 24 *février.*

279 Notice de Planches gravées, Estampes encadrées, et autres objets, après cessation de commerce de M. JAGOT, marchand d'estampes. 9 *avril.*

280 Catalogue d'Estampes, Bronzes, Meubles en laque, et autres objets, après le décès de Mme *** 14 *avril.*

281 Catalogue raisonné de la rare et précieuse Collection d'Estampes, et de quelques Tableaux, Bronzes, Porcelaines et Meubles, du Cabinet de feu M. LOGETTE, négociant. 6 *mai.*

282 Catalogue de Tableaux, Gouaches, Dessins, Estampes, Œuvres, Recueils, Livres à figures, et autres objets, provenant du Cabinet de M. HAUBIGANT. 29 *mai.*

Catalogue raisonné du Cabinet d'Estampes de M. le comte RIGAL.

FIN.

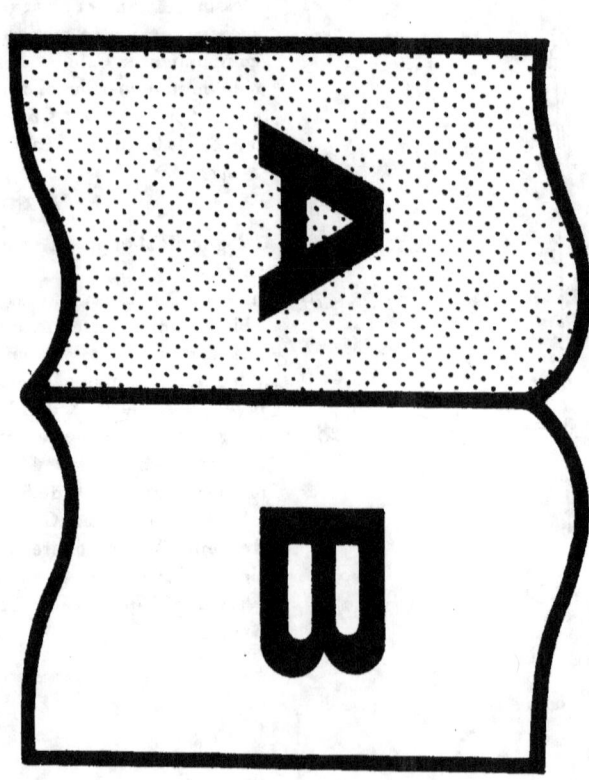

Contraste insuffisant
NF Z 43-120-14

Texte détérioré — reliure défectueuse

NF Z 43-120-11

www.ingramcontent.com/pod-product-compliance
Lightning Source LLC
Chambersburg PA
CBHW071040240526
45471CB00014B/7